U0216117

吉林人民出版社

简体字本二十六史

梁书

卷一——卷五六

〔唐〕 姚思廉 撰

陈苏镇等 标点

目　录

梁书卷一
本纪第一

武帝上

高祖武皇帝讳衍,字叔达,小字练儿,南兰陵中都里人,汉相国
何之后也。何生酇定侯延,延生侍中彪,彪生公府掾章,章生皓,皓
生仰,仰生太傅望之,望之生光禄大夫育,育生御史中丞绍,绍生光
禄勋闳,闳生济阴太守阐,阐生吴郡太守冰,冰生中山相苞,苞生博
士周,周生蛇丘长矫,矫生州从事逴,逴生孝廉休,休生广陵郡丞
豹,豹生太中大夫裔,裔生淮阴令整,整生济阴太守辖,辖生州治中
副子,副子生南台治书道赐。道赐生皇考讳顺之,齐高帝族弟也。参
预佐命,封临湘县侯。历官侍中,卫尉,太子詹事,领军将军,丹阳
尹,赠镇北将军。

高祖以宋孝武大明八年甲辰岁生于秣陵县同夏里三桥宅。生
而有奇异,两胛骈骨,顶上隆起,有文在右手曰"武"。帝及长,博学
多通,好筹略,有文武才干,时流名辈咸推许焉。所居室常若云气,
人或过者,体辄肃然。

起家巴陵王南中郎法曹行参军,迁卫将军王俭东阁祭酒。俭一
见深相器异,谓庐江何宪曰:"此萧郎三十内当作侍中,出此则贵不
可言。"竟陵王子良开西邸,招文学,高祖与沈约、谢朓、王融、萧琛、
范云、任昉、陆倕等并游焉,号曰八友。融俊爽,识鉴过人,尤敬异高
祖,每谓所亲曰:"宰制天下,必在此人。"累迁随王镇西谘议参军,
寻以皇考艰去职。隆昌初,明帝辅政,起高祖为宁朔将军,镇寿春。

服阕，除太子庶子、给事黄门侍郎，入直殿省。预萧谌等定策勋，封建阳县男，邑三百户。

建武二年，魏遣将刘昶、王肃帅众寇司州，以高祖为冠军将军、军主，隶江州刺史王广为援。距义阳百余里，众以魏军盛，趑趄莫敢前。高祖请为先启，广即分麾下精兵配高祖。尔夜便进，去魏军数里，迳上贤首山。魏军不测多少，未敢逼。黎明，城内见援至，因出军攻魏栅，高祖帅所领自外进战。魏军表里受敌，乃弃重围退走。军罢，以高祖为右军晋安王司马、淮陵太守。还为太子中庶子，领羽林监。顷之，出镇石头。

四年，魏帝自率大众寇雍州，明帝令高祖赴援。十月，至襄阳，诏又遣左民尚书崔慧景总督诸军，高祖及雍州刺史曹武等并受节度。明年三月，慧景与高祖进行邓城，魏主帅十万余骑奄至。慧景失色，欲引退，高祖固止之，不从，乃狼狈自拔。魏骑乘之，於是大败。高祖独帅众距战，杀数十百人，魏骑稍却，因得结阵断后，至夕得下船。慧景军死伤略尽，惟高祖全师而归。俄以高祖行雍州府事。

七月，仍授持节、都督雍梁南北秦四州郢州之竟陵司州之随郡诸军事、辅国将军、雍州刺史。其月，明帝崩，东昏即位，扬州刺史始安王遥光、尚书令徐孝嗣、尚书右仆射江祐、右将军萧坦之、侍中江祀、卫尉刘暄更直内省，分日帖敕。高祖闻之，谓从舅张弘策曰："政出多门，乱其阶矣。《诗》云：'一国三公，吾谁适从？'况今有六，而可得乎？嫌隙若成，方相诛灭，当今避祸，惟有此地。勤行仁义，可坐作西伯。但诸弟在都，恐罹世患，须与益州图之耳。"

时高祖长兄懿罢益州还，仍行郢州事，乃使弘策诣郢，陈计于懿曰："昔晋惠庸主，诸王争权，遂内难九兴，外寇三作。今六贵争权，人握王宪，制主画敕，各欲专威，睚眦成憾，理相屠灭。且嗣主在东宫本无令誉，媟近左右，蜂目忍人。一总万机，恣其所欲，岂肯虚坐主诺，委政朝臣。积相嫌贰，必大诛戮。始安欲为赵伦，形迹已见，蹇人上天，信无此理，且性甚猜狭，徒取乱机。所可当轴，惟有江、刘而已。祐怯而无断，暄弱而不才，折鼎覆𫗧，翘足可待。萧坦之胸怀猜忌,动言相伤,徐孝嗣才非柱石,听人穿鼻,若隙开衅起,必中外土崩。今得守外藩,幸图身计,智者见机,不俟终日。及今猜防未生,宜召诸弟以时聚集,后相防疑,拔足无路。郢州控带荆、湘,西注汉、沔;雍州士马,呼吸数万,兽际其间,以观天下。代化则竭诚本朝,时乱则为国蒴暴,可得与时进退,此盖万全之策。如不早图,悔无及也。"懿闻之变色,心弗之许。弘策还,高祖乃启迎弟伟及憺,是岁至襄阳。于是潜造器械,多伐竹木,沉于檀溪,密为舟装之备。时所住斋常有五色回转,状若蟠龙,其上紫气腾起,形如伞盖,望者莫不异焉。

　　永元二年冬,懿被害信至,高祖密召长史王茂、中兵吕僧珍、别驾柳庆远、功曹史吉士瞻等谋之。既定,以十一月乙巳召僚佐集于厅事,谓曰:"昔武王会孟津,皆曰'纣可伐'。今昏主恶稔,穷虐极暴,诛戮朝贤,罕有遗育,生人涂炭,天命殛之。卿等同心疾恶,共兴义举,公侯将相,良在兹日。各尽勋效,我不食言。"是日建牙,于是收集得甲士万余人,马千余匹,船三千艘,出檀溪竹木装舰。

　　先是,东昏以刘山阳为巴陵太守,配精兵三千,使过荆州,就行事萧颖胄,以袭襄阳。高祖知其谋,乃遣参军王天兽、庞庆国诣江陵,遍与州府书。及山阳西上,高祖谓诸将曰:"荆州本畏襄阳人;如唇亡齿寒,自有伤弦之急,宁不暗同邪?我若总荆、雍之兵,扫定东夏,韩、白重出,不能为计。况以无算之昏主,役御刀应敕之徒哉!我能使山阳至荆便即授首,诸君试观何如。"及山阳至巴陵,高祖复令天兽赍书与颖胄兄弟。去后,高祖谓张弘策曰:"夫用兵之道,攻心为上,攻城次之,心战为上,兵战次之,今日是也。近遣天兽往州府,人皆有书,今段乘驿甚急,止有两封与行事兄弟,云'天兽口具'。及问天兽,而口无所说,行事不得相闻,不容妄有所道。天兽是行事心膂,彼闻,必谓行事与天兽共隐其事,则人人生疑。山阳惑于众口,判相嫌贰,则行事进退无以自明,必漏吾谋内。是驰两空函定一州矣。"山阳至江安,闻之,果疑不上。颖胄大惧,乃斩天兽,送首山阳。山阳信之,将数十人驰入,颖胄伏甲斩之,送首高祖。仍以南康王尊号之议来告，且曰："时月未利，当须来年二月。遽便进兵，恐非庙算。"高祖答曰："今坐甲十万，粮用自竭，况所藉义心，一时骁锐，事事相接，犹恐疑怠，若顿兵十旬，必生悔吝。童儿立异，便大事不成。今太白出西方，杖义而动，天时人谋，有何不利？处分已定，安可中息？昔武王伐纣，行逆太岁，复须待年月乎？"竟陵太守曹景宗遣杜思冲劝高祖迎南康王都襄阳，待正尊号，然后进军，高祖不从。王茂又私于张弘策曰："我奉事节下，义无进退。然今者以南康置人手中，彼便挟天子以令诸侯，而节下前去为人所使。此岂岁寒之计？"弘策言之，高祖曰："若使前途大事不捷，故自兰艾同焚；若功业克建，威詟四海，号令天下，谁敢不从！岂是碌碌受人处分？待至石城，当面晓王茂、曹景宗也。"于沔南立新野郡，以集新附。

三年二月，南康王为相国，以高祖为征东将军，给鼓吹一部。戊申，高祖发襄阳。留弟伟守襄阳城，总州府事，弟詹守垒城，府司马庄丘黑守樊城，功曹史吉士询兼长史，白马戍主黄嗣祖兼司马，都令杜永兼别驾，小府录事郭俨知转漕。移檄京邑曰：

　　夫道不常夷，时无永化，险泰相沿，晦明非一，皆屯困而后亨，资多难以启圣。故昌邑悖德，孝宣聿兴；海西乱政，简文升历；并拓绪开基，绍隆宝命，理验前经，事昭往策。

　　独夫扰乱天常，毁弃君德，奸回淫纵，岁月滋甚。挺虐于髫龀之年，植险于鬌髦之日。猜忌凶毒，触涂而著，暴戾昏荒，与事而发。自大行告渐，喜容前见，梓宫在殡，觊无哀色，欢娱游宴，有过平常，奇服异衣，更极夸丽。至于选采妃嫔，姊妹无别，招侍巾栉，姑侄莫辨，掖庭有稗贩之名，姬姜被干戈之服。至乃形体宣露，亵衣颠倒，斩断其间，以为欢笑。骋肆淫放，驱屏郊邑，老弱波流，士女涂炭，行产盈路，舆尸竞道，母不及抱，子不遑哭，劫掠剽虏，以日继夜。昼伏宵游，曾无休息。淫酗茵肆，酣歌垆邸。宠恣愚竖，乱惑妖孽。梅虫儿、茹法珍臧获厮小，专制威柄，诛剪忠良，屠灭卿宰。刘镇军舅氏之尊，尽忠奉国；江仆射外戚之重，竭诚事上；萧领军葭莩之宗，志存柱石；徐司空、沈仆射搢绅冠冕,人望攸归。或《渭阳》余感,或动庸允穆,或诚著艰难,或勤劳王室,并受遗托,同参顾命,送往事居,俱竭心力。宜其庆溢当年,祚隆后裔,而一朝齑粉,孩稚无遗。人神怨结,行路嗟愤。萧令君忠公干代,诚贯幽显。往年寇贼游魂,南郑危逼,拔刃飞泉,孤城独振。及中流逆命,凭陵京邑,谋猷禁省,指授群帅,克翦鲸鲵,清我王度。崔慧景奇锋迅骇,兵交象魏,武力丧魂,义夫夺胆,投名送款,比屋交驰,负粮景从,愚智竞赴。复誓旅江甸,奋不顾身,奖厉义徒,电掩强敌,克殄大憝,以固皇基。功出桓、文,勋超伊、吕,而劳谦省己,事昭心迹,功遂身退,不祈荣满。敦赏未闻,祸酷遄及,预禀精灵,孰不冤痛!而群孽放命,蜂虿怀毒,乃遣刘山阳驱扇遄逃,招逼亡命,潜图密构,规见掩袭。萧右军、夏侯征虏忠断凤举,义形于色,奇谋宏振,应手枭悬,天道祸淫,罪不容戮。至于悖礼违教,伤化虐人,射天弹路,比之犹善,刳胎斩胫,方之罪酷,尽宇县之竹,未足纪其过,穷山泽之兔,不能书其罪。自草昧以来,图牒所记,昏君暴后,未有若斯之甚者也。

既人神乏主,宗稷阽危,海丙沸腾,氓庶板荡,百姓懔懔,如崩厥角,苍生喁喁,投足无地。幕府荷眷前朝,义均休戚,上怀委付之重,下惟在原之痛,岂可卧薪引火,坐观倾覆!至尊体自高宗,特锺慈宠,明并日月,粹昭灵神,祥启元龟,符验当璧,作镇陕藩,化流西夏,讴歌攸奉,万有乐推。右军萧颖胄、征虏将军夏侯详并同心翼戴,即宫旧楚,三灵再朗,九县更新,升平之运,此焉复始,康哉之盛,在乎兹日。然帝德虽彰,区宇大定,无恶未黜,天邑犹梗。仰禀宸规,率前启路。即日遣冠军,竟陵内史曹景宗等二十军主,长槊五万,骧駷为群,鹗视争先,龙骧并驱,步出横江,直指朱雀。长史、冠军将军、襄阳太守王茂率三十军主,戈船七万,乘流电激,推锋扼险,斜趣白城。南中郎谘议参军、军主萧伟等三十九军主,巨舰迅楫,冲波噎水,旗鼓八万,焱集石头。南中郎谘议参军、军主萧憺等四十二军主,熊罴之士，甲楯十万，沿波驰艓，掩据新亭。益州刺史刘季连、梁州刺史柳惔、司州刺史王僧景、魏兴太守裴师仁、上庸太守韦睿、新城太守崔僧季，并肃奉明诏，龚行天罚。蜀、汉果锐，沿流而下；淮、汝劲勇，望波遄骛。幕府总率貔猍，骁勇百万，缋甲燕弧，屯兵冀马，拟金沸地，鸣鞞聒天，霜锋曜日，朱旗绛宇，方舟千里，骆驿系进。萧右军讦谟上才，兼资文武，英略峻远，执钧匡世。拥荆南之众，督四方之师，宣赞中权，奉卫舆辇。旌麾所指，威棱无外，龙骧兽步，并集建业。黜放愚狡，均礼海昏，廓清神甸，扫定京宇。譬犹崩泰山而厌蚁壤，决悬河而注煁烬，岂有不殄灭者哉！

今资斧所加，止梅虫儿、茹法珍而已。诸君或世胄羽仪，书勋王府，皆俛眉奸党，受制凶威。若能因变立功，转祸为福，并誓河、岳，永纡青紫。若执迷不悟，距逆王师，大众一临，刑兹罔赦，所谓火烈高原，芝兰同泯。勉求多福，无贻后悔。赏罚之科，有如白水。

高祖至竟陵，命长史王茂与太守曹景宗为前军，中兵参军张法安守竟陵城。茂等至汉口，轻兵济江，逼郢城。其刺史张冲置阵据石桥浦，义师与战不利，军主朱僧起死之。诸将议欲并军围郢，分兵以袭西阳、武昌。高祖曰："汉口不阔一里，箭道交至，房僧寄以重兵固守，为郢城人掎角。若悉众前进，贼必绝我军后，一朝为阻，则悔无所及。今欲遣王、曹诸军济江，与荆州军相会，以逼贼垒；吾自后围鲁山，以通沔、汉。郧城、竟陵间粟，方舟而下；江陵、湘中之兵，连旗继至。粮食既足，士众稍多，围守两城，不攻自拔。天下之事，卧取之耳。"诸将皆曰"善"。乃命王茂、曹景宗帅众济岸，进顿九里。其日，张冲出军迎战，茂等邀击，大破之，皆弃甲奔走。荆州遣冠军将军邓元起、军主王世兴、田安等数千人，会大军于夏首。高祖筑汉口城以守鲁山，命水军主张惠绍、朱思远等游遏江中，绝郢、鲁二城信使。

三月，乃命元起进据南堂西渚，田安之顿城北，王世兴顿曲水故城。是时，张冲死，其众复推军主薛元嗣及冲长史程茂为主。乙巳，南康王即帝位于江陵，改永元三年为中兴元年，遥废东昏为涪陵王。以高祖为尚书左仆射，加征东大将军、都督征讨诸军事，假黄钺。西台又遣冠军将军萧颖达领兵会于军。是日，元嗣军主沈难当离轻舸数千，乱流来战，张惠绍等击破，尽擒之。

四月，高祖出沔，命王茂、萧颖达等进军逼郢城。元嗣战颇疲，因不敢出。诸将欲攻之，高祖不许。

五月，东昏遣宁朔将军吴子阳、军主光子衿等十三军救郢州，进据巴口。

六月，西台遣卫尉席阐文劳军，赍萧颖胄等议，谓高祖曰："今顿兵两岸，不并军围郢，定西阳、武昌，取江州，此机已失；莫若请救于魏，与北连和，犹为上策。"高祖谓阐文曰："汉口路通荆、雍，控引秦、梁，粮运资储，听此气息，所以兵厌汉口，连给数州。今若并军围城，又分兵前进，鲁山必阻沔路，所谓扼喉。若粮运不通，自然离散，何谓持久？邓元起近欲以三千兵往定寻阳，彼若欢然悟机，一郿生亦足；脱距王师，故非三千能下。进退无据，未见其可。西阳、武昌，取便得耳，得便应镇守。守两城不减万人，粮储称是，卒无所出。脱贼军有上者，万人攻一城，两城势不得相救。若我分军应援，则首尾俱弱，如其不遣，孤城必陷。一城即没，诸城相次土崩，天下大事於是去矣。若郢州即拔，席卷沿流，西阳、武昌自然风靡，何遽分兵散众，自贻其忧？且丈夫举动，言静天步，况拥数州之兵以诛群竖，悬河注火，奚有不灭？岂容北面请救，以自示弱！彼未必能信，徒贻我丑声。此之下计，何谓上策？卿为我白镇军，前途攻取，但以见付，事在目中，无患不捷，恃镇军靖镇之耳。"吴子阳等进军武口，高祖乃命军主梁天惠、蔡道佑据渔湖城，唐修期、刘道曼屯白阳垒，夹两岸而待之。子阳又进据加湖，去郢三十里，傍山带水，筑垒栅以自固。鲁山城主房僧寄死，众复推助防张乐祖代之。

七月，高祖命王茂帅军主曹仲宗、康绚、武会超等潜师袭加湖。将逼子阳，水涸不通舰，其夜暴长，众军乘流齐进，鼓噪攻之。贼俄而大溃，子阳等窜走，众尽溺于江，王茂虏其余而旋。于是，郢、鲁二城相视夺气。先是，东昏遣冠军将军陈伯之镇江州，为子阳等声援。高祖乃谓诸将曰："夫征讨未必须实力，所听威声耳。今加湖之败，谁不弭服。陈兽牙即伯之子，狼狈奔归，彼间人情，理当惮惧。我谓九江传檄可定也。"因命搜所获俘囚，得伯之幢主苏隆之，厚加赏赐，使致命焉。鲁山城主张乐祖，郢城主程茂、薛元嗣，相继请降。初，郢城之闭，将佐文武男女口十余万人，疾疫流肿，死者十七八。及城开，高祖并加隐恤，其死者命给棺槥。先是，汝南人胡文超起义于溠阳，求讨义阳、安陆等郡以自效，高祖又遣军主唐脩期攻随郡，并克之。司州刺史王僧景遣子贞孙入质。司部悉平。陈伯之遣苏隆之反命，求未便进军。高祖曰："伯之此言，意怀首鼠，及其犹豫，急往逼之，计无所出，势不得暴。"乃命邓元起率众，即日沿流。

八月，天子遣黄门郎苏回劳军。高祖登舟，命诸将以次进路，留上庸太守韦睿守郢城，行州事。邓元起将至寻阳，陈伯之犹猜惧，乃收兵退保湖口，留其子兽牙守盆城。及高祖至，乃束甲请罪。

九月，天子诏高祖平定东夏，并以便宜从事。是月，留少府、长史郑绍叔守江州城。前军次芜湖，南豫州刺史申胄弃姑熟走，至是时大军进据之。仍遣曹景宗、萧颖达领马步进顿江宁。东昏遣征虏将军李居士率步军迎战，景宗击走之。于是，王茂、邓元起、吕僧珍进据赤鼻逻，曹景宗、陈伯之为游兵。是日，新亭城主江道林率兵出战，众军擒之于阵。大军次新林，命王茂进据越城，曹景宗据皂荚桥，邓元起据道士墩，陈伯之据篱门。道林余众退屯航南，义军迫之，因复散走，退保朱爵，凭淮以自固。时李居士犹据新亭垒，请东昏烧南岸邑屋以开战场。自大航以西、新亭以北，荡然矣。

十月，东昏石头军主朱僧勇率水军二千人归降。东昏又遣征虏将军王珍国率军主胡兽牙等，列阵于航南大路，悉配精手利器，尚十余万人。阉人王㑇子持白虎幡督率诸军，又开航背水，以绝归路。王茂、曹景宗等掎角奔之，将士皆殊死战，无不一当百，鼓噪震天地。珍国之众一时土崩，投淮死者积尸与航等，后至者乘之以济。于是,朱爵诸军望之皆溃。义军追至宣阳门,李居士以新亭垒、徐元瑜以东府城降,石头、白下诸军并宵溃。壬午,高祖镇石头,命众军围六门,东昏悉焚烧门内,驱逼营署、官府并入城,有众二十万。青州刺史桓和给东昏出战,因以其众来降。高祖命诸军筑长围。初,义师之逼,东昏遣军主左僧庆镇京口,常僧景镇广陵,李叔献屯瓜步,及申胄自姑孰奔归,又使屯破墩以为东北声援。至是,高祖遣使晓喻,并率众降。乃遣弟辅国将军秀镇京口,辅国将军恢屯破墩,从弟宁朔将军景镇广陵。吴郡太守蔡夤弃郡赴义师。

十二月景寅旦,兼卫尉张稷、北徐州刺史王珍国斩东昏,送首义师。高祖命吕僧珍勒兵封府库及图籍,收孽妾潘妃及凶党王咺之以下四十一人属吏,诛之。宣德皇后令废涪陵王为东昏侯,依汉海昏侯故事。授高祖中书监、都督扬南徐二州诸军事、大司马、录尚书、骠骑大将军、扬州刺史,封建安郡公,食邑万户,给班剑四十人,黄钺、侍中、征讨诸军事并如故,依晋武陵王遵承制故事。

己卯,高祖入屯阅武堂。下令曰:“皇家不造,遘此昏凶,祸挺动植,虐被人鬼,社庙之危,蠢焉如缀。吾身籍皇宗,曲荷先顾,受任边疆,推毂万里,眷言瞻乌,痛心在目,故率其尊主之情,厉其忘生之志。虽宝历重升,明命有绍,而独夫丑纵,方煽京邑。投袂援戈,克弭多难。虐政横流,为日既久,同恶相济,谅非一族。仰禀朝命,任在专征,思播皇泽,被之率土。凡厥负衅,咸与惟新。可大赦天下,唯王咺之等四十一人不在赦例。”又令曰:“夫树以司牧,非役物以养生;视人如伤,岂肆上以纵虐。废主弃常,自绝宗庙,穷凶极悖,书契未有。征赋不一,苛酷滋章,缇绣土木,菽粟犬马,征发闾左,以充缮筑。流离寒暑,继以疫疠,转死沟渠,曾莫救恤,朽肉枯骸,鸟鸢是厌。加以天灾人火屡焚宫掖,官府台寺尺椽无遗,悲甚《黍离》,痛兼《麦秀》,遂使亿兆离心,疆徼侵弱。斯人何辜,离此涂炭!今明昏递运,大道公行,思治之氓,来苏兹日。猥以寡薄,属当大宠,虽运距中兴,艰同草昧,思阐皇休,与之更始。凡昏制、谬赋、淫刑、滥役,外可详检前源,悉皆除荡。其主守散失,诸所损耗,精立科条,咸从原例。”又曰：“永元之季，乾维落纽。政实多门，有殊卫文之代；权移于下，事等曹恭之时。遂使阉尹有翁媪之称，高安有法尧之旨。鬻狱贩官，锢山护泽，开塞之机，奏成小丑。直道正义，拥抑弥年，怀冤抱理，莫知谁诉。奸吏因之，笔削自己。岂直贾生流涕，许伯哭时而已哉！今理运惟新，政刑得所，矫革流弊，实在兹日。可通检尚书众曹，东昏时诸净讼失理及主者淹停不时施行者，精加讯辨，依事议奏。”又下令，以义师临阵致命及疾病死亡者，并加葬敛，收恤遗孤。又令曰：“朱爵之捷，逆徒送死者，特许家人殡葬；若无亲属，或有贫苦，二县长尉即为埋掩。建康城内，不达天命自取沦灭，亦同此科。”

二年正月，天子遣兼侍中席阐文、兼黄门侍郎乐法才慰劳京邑。追赠高祖祖散骑常侍、左光禄大夫，考侍中、丞相。高祖下令曰：“夫在上化下，草偃风从，世之浇淳，恒由此作。自永元失德，书契未纪，穷凶极悖，焉可胜言。既而璇室外构，倾宫内积，奇技异服，殚所未见。上慢下暴，淫侈竞驰。国命朝权，政移近习。贩官鬻爵，贿货公行。并甲第康衢，渐台广室。长袖低昂，等和戎之赐，珍羞百品，同伐冰之家。愚人因之，侵以成俗，骄艳竞爽，夸丽相高。至乃市井之家，貂狐在御，工商之子，缇绣是袭。日入之次，夜分未反，昧爽之朝，期之清旦。圣明肇运，厉精惟始，虽曰缵戎，殆同创革。且淫费之后，继以兴师，巨桥、鹿台，凋罄不一。孤忝荷大宠，务在澄清，思所以仰述皇朝大帛之旨，俯厉微躬鹿裘之义，解而更张，斫雕为朴。自非可以奉粢盛，修绂冕，习礼乐之容，缮甲兵之备，此外众费，一皆禁绝。御府中署，量宜罢省。掖庭备御妾之数，大予绝郑卫之音。其中有可以率先卿士，准的甿庶，菲食薄衣，请自孤始。加群才并轨，九官咸事，若能人务退食，竞存约己，移风易俗，庶期月有成。昔毛玠在朝，士大夫不敢靡衣偷食，魏武叹曰：‘孤之法不如毛尚书。’孤虽德谢往贤，任重先达，实望多士得其此心。外可详为条格。”

戊戌，宣德皇后临朝，入居内殿。拜帝大司马，解承制，百僚致敬如前。诏进高祖都督中外诸军事，剑履上殿，入朝不趋，赞拜不

名,加前后部羽葆鼓吹,置左右长史、司马、从事中郎、掾、属各四人,并依旧辟士,余并如故。诏曰:

夫日月丽天,高明所以表德;山岳题地,柔博所以成功。故能庶物出而资始,河海振而不泄。二象贞观,代之者人。是以七辅、四叔,致无为于轩、昊;韦、彭、齐、晋,靖衰乱于殷、周。

大司马攸纵自天,体兹齐圣,文洽九功,武苞七德。钦惟厥始,徽猷早树,诚著艰难,功参帷幕,锡赋开壤,式表厥庸。建武升历,边隙屡启,公释书辍讲,经营四方。司、豫悬切,樊、汉危殆,覆强寇于沔滨,僵胡马于邓汭。永元肇号,难结群丑,专威擅虐,毒被含灵,溥天惴惴,命悬晷刻。否终有期,神谟载挺,首建大策,惟新鼎祚。投袂勤王,沿流电举,鲁城云撤,夏汭露披,加湖群盗,一鼓殄拔,姑孰连旌,倏焉冰泮。取新垒其如拾芥,扑朱爵其犹扫尘。霆电外骇,省闼内倾,余丑纤蠹,蚳蝝必尽。援彼已溺,解此倒悬,涂欢里抃,自近及远。畿甸夷穆,方外肃宁,解兹虐网,被以宽政。积弊穷昏,一朝载廓,声教遐渐,无思不被。虽伊尹之执兹壹德,姬旦之光于四海,方斯蔑如也。

昔吕望翼佐圣君,犹享四履之命,文侯立功平后,尚荷二弓之锡,况于盛德元勋,超迈自古。黔首慄慄,待以为命,救其已然,拯其方斮,式闾表墓,未或能比,而大辂渠门,辍而莫授,眷言前训,无忘终食。便宜敬升大典,式允群望。其进位相国、总百揆、扬州刺史,封十郡为梁公,备九锡之礼,加玺绂远游冠,位在诸王上,加相国绿綟绶,其骠骑大将军如故,依旧置梁百司。

策曰:

二仪寂寞,由寒署而代行,三才并用,资立人以为宝,故能流形品物,仰代天工。允兹元辅,应期挺秀,裁成天地之功,幽协神明之德。拨乱反正,济俗宁人,盛烈光于有道,大勋振于无外,虽伊陟之保义王家,姬公之有此丕训,方之蔑如也。今将授公典策,其敬听朕命:

　　上天不造,难锺皇室,元帝以休明早崩,简文以仁弱不嗣,高宗袭统,宸居弗永,虽凤夜劬劳,而隆平不洽。嗣君昏暴,书契弗睹。朝权国柄,委之群孽。剿戮忠贤,诛残台辅,含冤抱痛,噍类靡余。实繁非一,并专国命。謦笑致灾,睚眦及祸。严科毒赋,载离比屋,溥天熬熬,置身无所。冤颈引决,道树相望,无近无远,号天靡告。公藉昏明之期,因兆人之愿,援帅圣后,翊成中兴,宗社之危已固,天人之望允塞。此实公纽我绝纲,大造皇家者也。

　　永明季年,边隙大启,荆河连率,招引戎荒,江、淮扰逼,势同履虎。公受言本朝,轻兵赴袭,縻以长算,制之环中。排危冒险,强柔递用,坦然一方,还成藩服。此又公之功也。在昔隆昌,洪基已谢,高宗虑深社稷,将行权道。公定策帷帐,激扬大节,废帝立王,谋猷深著。此又公之功也。建武阐业,厥猷虽远,戎狄内侵,凭陵关塞,司部危逼,沦陷指期。公治兵外讨,卷甲长骛,接距交绥,电激风扫,摧坚覆锐,咽水涂原,执俘象魏,献馘海渚,焚庐毁帐,号哭言归。此又公之功也。樊、汉阽切,羽书续至。公星言鞠旅,禀命徂征,而军机戎统,事非己出,善策嘉谋,抑而莫允。邓城之役,胡马卒至,元帅潜及,不相告报,弃甲捐师,饵之虎口。公南收散卒,北御雕骑,全众方轨,案路徐归,拯我边危,重获安堵。此又公之功也。汉南迥弱,咫尺勍寇,兵粮盖阙,器甲靡遗。公作藩爰始,因资靡托,整兵训卒,搜狩有序,俾我危城,翻为强镇。此又公之功也。永元纪号,瞻乌已及,虽废昏有典,而伊、霍称难。公首建大策,爰立明圣,义逾邑纶,勋高代入,易乱以化,俾昏作明。此又公之功也。文王之风,虽被江、汉,京邑蠢动,湮为洪流,句吴、于越,巢幕匪喻。公投袂万里,事惟拯溺,义声所覃,无思不毙。此又公之功也。鲁城、夏汭,梗据中流,乘山置垒,萦川自固。公御此乌集,陵兹地险,顿兵坐甲,塞往暑移,我行永久,士忘归愿,经以远图,御以长策,费无遗矢,战未穷兵,践华之固,相望俱拔。此又公之功也。

惟此群凶，同恶相济，缘江负险，蚁聚加湖，水陆盘据，规援夏首，桴蔟一临，应时褫溃。此又公之功也。奸孽震皇，复怀举斧，蓄兵九派，用拟勤王。公棱威直指，势逾风电，旌旆未临，全州稽服。此又公之功也。姑熟冲要，密迩京畿，凶徒炽聚，断塞津路。公偏师启涂，排方继及，兵威所震，望旗自骇，焚舟委壁，卷甲宵遁。此又公之功也。群竖猖狂，志在借一，豕突淮涘，武骑如云。公爰命英勇，因机骋锐，气冠版泉，势逾洹水，追奔逐北，奄有通津，熊耳比峻，未足云拟，睢水不流，曷其能及。此又公之功也。琅邪、□首，襟带岨固，新垒、东埔，金汤是埒。凭险作守，兵食兼资，风激电骇，莫不震叠，城复于隍，于是乎在。此又公之功也。独夫昏很，凭城靡惧，鼓钟鼙鞑，慯若有余。狎是邪孽，忌斯冠冕，凶狡因之，将逞孥戮。公奇谟密运，盛略潜通，忠勇之徒，得申厥效，白旗宣室，未之或比。此又公之功也。

公有拯亿兆之勋，重之以明德，爰初厉志，服道儒门，濯缨来仕，清猷映代。时运艰难，宗社危殆，昆岗已燎，玉石同焚。驱率貔貅，抑扬霆电，义等南巢，功齐牧野。若夫禹功寂漠，微管谁嗣，拯其将鱼，驱其被发，解兹乱网，理此棼丝，复礼祍席，反乐河海。永平故事，闻之者叹息；司隶旧章，见之者陨涕。请我民命，还之斗极。恂恂搢绅，重荷戴天之庆；哀哀黔首，复蒙履地之恩。德逾嵩、岱，功邻造物，超哉邈矣，越无得而言焉。

朕又闻之：畴庸命德，建侯作屏，咸用克固四维，永隆万叶。是以二南流化，九伯斯征，王道淳洽，刑措罔用。覆政弗兴，历兹永久，如燬既及，晋、郑靡依。惟公经纶天地，宁济区夏，道冠乎伊、稷，赏薄于桓、文，岂所以宪章齐、鲁，长辔宇宙。敬惟前烈，朕甚惧焉。今进授相国，改扬州刺史为牧，以豫州之梁郡、历阳，南徐州之义兴，扬州之淮南、宣城、吴兴、会稽、新安、东阳十郡，封公为梁公。锡兹白土，苴以白茅，爰定尔邦，用建冢社。在昔旦、奭入居保佑，逮于毕、毛，亦作卿士，任兼内外，礼实宜之。今命使持节、兼太尉王亮授相国、扬州牧印绶，梁公

玺绂；使持节、兼司空王志授梁公茅土，金虎符第一至第五左，
竹使符第一至第十左。相国位冠群后，任总百司，恒典彝数，宜
与事革。其以相国总百揆，去录尚书之号，上所假节、侍中貂
蝉、中书监印、中外都督大司马印绶，建安公印策，骠骑大将军
如故。又加公九锡，其敬听后命：以公礼律兼修，刑德备举，哀
矜折狱，罔不用情，是用锡公大辂、戎辂各一，玄牡二驷。公劳
心稼穑，念在人天，丕崇本务，惟谷是宝，是用锡公衮冕之服，
赤舄副焉。公熔钧所被，变风以雅，易俗陶民，载和邦国，是用
锡公轩悬之乐，六佾之舞。公文德广覃，义声远洽，椎髻黡首，
夷歌请吏，是用锡公朱户以居。公扬清抑浊，官方有序，多士聿
兴，《或朴》流咏，是用锡公纳陛以登。公正色御下，以身轨物，
式遏不虞，折冲惟远，是用锡公虎贲之士三百人。公威同夏日，
志清奸宄，放命圮族，刑兹罔赦，是用锡公铁、钺各一。公跨蹑
嵩溟，陵厉区宇，譬诸日月，容光必至，是用锡公彤弓一，彤矢
百；卢弓十，卢矢千。公永言惟孝，至感通神，恭严祀典，祭有余
敬，是用锡公秬鬯一卣，圭瓒副焉。梁国置丞相以下，一遵旧
式。钦哉！其敬循往策，祗服大礼，对扬天眷，用膺多福，以弘
我太祖之休命！

高祖固辞。府僚劝进曰：“伏承嘉命，显至仁策。明公逡巡盛礼，斯
实谦尊之旨，未穷远大之致。何者？嗣君弃常，自绝宗社，国命人主，
翦为仇仇，折栋崩榱，压焉自及，卿士怀脯醢之痛，黔首惧比屋之
诛。明公亮格天之功，拯水火之切，再躔日月，重缀参辰，反龟玉于
涂泥，济斯民于坑岸，使夫匹妇二儿，羞言伊、旦，乡校里塾，耻谈五
霸。而位卑乎阿衡，地狭于曲阜，庆赏之道，尚其未洽。夫大宝公器，
非要非距，至公至平，当仁谁让？明公宜祗奉天人，允膺大礼。无使
后予之歌，同彼胥怨，兼济之人，翻为独善。”公不许。

二月辛酉，府僚重请曰：“近以朝命蕴策，冒奏丹诚，奉被还令，
未蒙虚受，搢绅颙颙，深所未达。盖闻受金于府，通人弘致，高蹈海
隅，匹夫小节，是以履乘石而公不以为疑，赠玉璜而太公不以为让。

况代哲继轨,先德在人,经纶草昧,叹深微管。加以朱方之役,荆河是依,班师振旅,大造台阁。虽复累茧救宋,重胝存楚,居今观古,曾何足云。而惑甚盗钟,功疑不赏,皇天后土,不胜其酷。是以玉马骏奔,表微子之去;金板出地,告龙逢之冤。明公据鞍辍哭,厉三军之志,独居掩涕,激义士之心,故能使海若登祇,罄图效祉,山戎、孤竹,束马景从,伐罪吊人,一匡静乱,匪叨天功,实勤濡足。且明公本自诸生,取乐名教,道风素论,坐镇雅俗,不习孙、吴,遘兹神武。驱尽诛之氓,济必封之俗,龟玉不毁,谁之功与?独为君子,将使伊、周何地?"于是始受相国、梁公之命。

是日,焚东昏淫奢异服六十二种于都街。湘东王宝晊谋反,赐死。诏追赠梁公故夫人为梁妃。乙丑,南兖州队主陈文兴于桓城内凿井,得玉镂麒麟、金镂玉璧、水精环各二枚。又建康令羊瞻解称凤皇见县之桐下里。宣德皇后称美符瑞,归于相国府。

景寅,诏:"梁国初建,宜须综理,可依旧选诸要职,悉依天朝之制。"高祖上表曰:

　　臣闻以言取士,士饰其言;以行取人,人竭其行。所谓才生于代,穷达惟时,而风流遂往,驰骛成俗,媒孽夸炫,利尽锥刀,遂使官人之门,肩摩毂击。岂直暴盖露冠,不避寒署,遂乃戢屦杖策,风雨必至。良由乡举里选,不师古始,称肉度骨,遗之管库。加以山河梁毕,阙舆征之恩;金、张、许、史,忘旧业之替。吁,可伤哉!且夫谱牒讹误,诈伪多绪,人物雅俗,莫肯留心。是以冒袭良家,即成冠族;妄修边幅,便为雅士;负俗深累,遽遭宠擢;墓木已拱,方被徽荣。故前代选官,皆立选簿,应在贯鱼,自有铨次。胄籍升降,行能臧否,或素定怀抱,或得之余论,故得简通宾客,无事扫门。顷代陵夷,九流乖失。其有勇退忘进,怀质抱真者,选部或以未经朝谒,难于进用。或有晦善藏声,自埋衡荜,又以名不素著,绝其阶绪。必须画刺投状,然后弹冠,则是驱迫廉挢,奖成浇竞。愚谓自今选曹宜精隐括,依旧立簿,使冠屦无爽,名实不违,庶人识崖涘,造请自息。

　　且闻中间立格，甲族以二十登仕，后门以过立试吏，求之愚怀，抑有未达。何者？设官分职，惟才是务。若八元立年，居皂隶而见抑；四凶弱冠，处鼎族而宜甄。是则世禄之富，无意为善；布衣之士，肆心为恶。岂所以弘奖风流，希向后进？此实巨蠹，尤宜刊革。不然，将使周人有路傍之泣，晋臣兴渔猎之叹。且俗长浮竞，人寡退情，若限岁登朝，必增年就宦，故貌实昏童，籍已逾立，滓秽名教，于斯为甚。

　　臣总司内外，忧责是任，朝政得失，义不容隐。伏愿陛下垂圣淑之姿，降听览之末，则彝伦自穆，宪章惟允。

诏依高祖表施行。

景戌，诏曰：

　　嵩高惟岳，配天所以流称；大启南阳，霸德所以光阐。忠诚简帝，番君膺上爵之尊；勤劳王室，姬公增附庸之地。前王令典，布诸方策，长祚字氓，罔不由此。

　　相国梁公，体兹上哲，齐圣广渊。文教内洽，武功外畅。推毂作藩，则威怀被于殊俗；治兵教战，则霆雷赫于万里。道丧时昏，谗邪孔炽。岂徒宗社如缀、神器莫主而已哉！至于兆庶歼亡，衣冠殄灭，余类残喘，指命崇朝，含生业业，投足无所，遂乃山川反覆，草木涂地。与夫仁被行苇之时，信及豚鱼之日，何其辽复相去之远欤！公命师鞠旅，指景长骛。而本朝危切，樊、邓遐远，凶徒盘据，水陆相望，爰自姑熟，届于夏首，严城劲卒，凭川为固。公沿汉浮江，电激风扫，舟徒水覆，地险云倾，藉兹义勇，前无强阵，拯危京邑，清我帝畿，扑既燎于原火，免将诛于比屋。悠悠兆庶，命不在天，茫茫六合，咸受其赐。匡俗正本，人不失职，仁信并行，礼乐同畅。伊、周未足方轨，桓、文远有惭德。而爵后藩牧，地终秦、楚，非所以式酬光烈，允答元勋。实由公履谦为本，形于造次，嘉数未申，晦朔增仵。便宜崇斯礼秩，允副遐迩之望。可进梁公爵为王。以豫州之南谯、庐江，江州之寻阳，郢州之武昌、西阳，南徐州之南琅邪、南东海、晋陵，扬州之临海、永嘉十郡,益梁国,并前为二十郡。其相国、扬州牧、骠骑大将军如故。

公固辞,有诏断表。相国左长史王莹等率百僚敦请。

三月辛卯,延陵县华阳逻主戴车牒称云:"十二月乙酉,甘露降茅山,弥漫数里。正月己酉,逻将潘道盖于山石穴中得毛龟一。二月辛酉,逻将徐灵符又于山东见白獐一。景寅平旦,山上云雾四合,须臾有玄黄之色,状如龙形,长十余丈,乍隐乍显,久乃从西北升天。"丁卯,兖州刺史马元和签:"所领东平郡寿张县见驺虞一。"

癸巳,受梁王之命。令曰:"孤以虚昧,任执国钧,虽夙夜勤止,念在兴治,而育德振民,邈然尚远。圣朝永言旧式,隆此眷命。侯伯盛典,方轨前烈,嘉锡隆被,礼数昭崇。徒守愿节,终隔体谅。群后百司,重兹敦奖,勉兹厚颜,当此休祚。望昆、彭以长想,钦桓、文而叹息,思弘政涂,莫知津济。邦甸初启,藩宇惟新,思覃嘉庆,被之下国。国内殊死以下,今月十五日昧爽以前,一皆原赦。鳏寡孤独不能自存者,赐谷五斛。府州所统,亦同蠲荡。"景午,命王冕十有二旒,建天子旌旗,出警入跸,乘金根车,驾六马,备五时副车,置旄头云罕,乐舞八佾,设钟虡宫县。王妃、王子、王女爵命之号,一依旧仪。

景辰,齐帝禅位于梁王。诏曰:

夫五德更始,三正迭兴,驭物资贤,登庸启圣,故帝迹所以代昌,王度所以改耀。革晦以明,由来尚矣。齐德沦微,危亡荐袭。隆昌凶虐,实违天地;永元昏暴,取紊人神。三光再沉,七庙如缀。鼎业几移,含识知泯。我高、明之祚,眇焉将坠。永惟屯难,冰谷载怀。

相国梁王,天诞睿哲,神纵灵武,德格玄祇,功均造物。止宗社之横流,反生人之涂炭。扶倾颓构之下,拯溺逝川之中。九区重缉,四维更纽。绝礼还纪,崩乐复张。文馆盈绅,戎亭息警。浃海宇以驰风,馨轮裳而禀朔。八表呈祥,五灵效祉。岂止鳞羽祯奇,云星瑞色而已哉!勋茂于百王,道昭乎万代,固以明配上天，光华日月者也。河岳表革命之符，图谶纪代终之运。乐推之心，幽显共积，歌颂之诚，华裔同著。昔水政既微，木德升绪，天之历数，实有所归。握镜琁枢，允集明哲。

朕虽庸蔽，暗于大道，永鉴崇替，为日已久，敢忘列代之高义，人祇之至愿乎！今便敬禅于梁，即安姑熟，依唐虞、晋宋故事。

四月辛酉，宣德皇后令曰："西诏至，帝宪章前代，敬禅神器于梁。明可临轩遣使，恭授玺绂。未亡人便归于别宫。"壬戌，策曰：

咨尔梁王：惟昔遂古之载，肇有生人，皇雄、大庚之辟，赫胥、尊卢之后，斯并龙图鸟迹以前，慌忽杳冥之世，固无得而详焉。洎乎农、轩、炎、皞之代，放勋、重华之主，莫不以大道君万姓，公器御八纮。居之如执巧索，去之若捐重负。一驾汾阳，便有窅然之志；暂适箕岭，即动让王之心。故知戴黄屋，服玉玺，非所以示贵称尊；乘大辂，建旂旌，盖欲令归趣有地。是故忘己而字兆人，殉物而君四海。及于精华内竭，畚橇外劳，则抚兹归运，惟能是与。况兼乎笙管革文，威图启瑞，摄提夜朗，荧光昼发者哉！四百告终，有汉所以高揖；黄德既谢，魏氏所以乐推。爰及晋、宋，亦弘斯典。我太祖握河受历，应符启运，二叶重光，三圣系轨。嗣君丧德，昏弃纪度，毁紊天纲，凋绝地纽，茫茫九域，蔑为仇仇，溥天相顾，命县晷刻。斩涉刳孕，于事已轻；求鸡征杖，曾何足譬。是以谷满川枯，山飞鬼哭，七庙已危，人神无主。

惟王体兹上哲，明圣在躬，禀灵五纬，明并日月。彝伦攸序，则端冕而协邕熙；时难孔棘，则推锋而拯涂炭。功逾造物，德济苍生，泽无不渐，仁无不被，上达苍昊，下及川泉。文教与鹏翼齐举，武功与日车并运。固以幽显宅心，讴讼斯属；岂徒桴鼓播地，卿云丛天而已哉！至如昼睹争明，夜飞枉矢，土沦彗刺，日既星亡，除旧之征必显，更姓之符允集。是以义师初践，芳露凝甘，仁风既被，素文自扰，北阙藁街之使，风车火徼之民，膜拜稽首，愿为臣妾。钟石毕变，事表于迁虞；蛟鱼并出，义彰于事夏。若夫长人御众，为之司牧，本同己于万物，乃因心于百姓。宝命无常主，帝王非一族。今仰祗乾象，俯藉人愿，敬禅神器，授帝位于尔躬。大祚告穷，天禄永终。于戏！王允执其中，式遵前典，以副昊天之望。禋上帝而临亿兆，格文祖而膺大业，以传无疆之祚，岂不盛欤！

又玺书曰：

夫生者天地之大德，人者含生之通称，并首同本，未知所以异也。而禀灵造化，贤愚之情不一；托性五常，强柔之分或舛。群后靡一，争犯交兴，是故建君立长，用相司牧。非谓尊骄在上，以天下为私者也。兼以三正迭改，五运相迁，绿文赤字，征河表洛。在昔勋、华，深达兹义，眷求明哲，授以蒸人。迁虞事夏，本因心于百姓；殷化为周，实受命于苍昊。爰自汉、魏，罔不率由；降及晋、宋，亦遵斯典。我高皇所以格文祖而抚归运，畏上天而恭宝历者也。至于季世，祸乱荐臻，王度纷纠，奸回炽积。亿兆夷人，刀俎为命，已然之逼，若线之危，蹐天踏地，逃形无所。群凶狭煽，志逞残戮，将欲先殄衣冠，次移龟鼎。衡、保、周、召，并列宵人；巢幕累卵，方此非切。自非英圣远图，仁为己任，则鸱枭厉吻，蕲焉已及。

惟王崇高则天，博厚仪地，熔铸六合，陶甄万有。锋驲交驰，振灵武以遄略；云雷方扇，鞠义旅以勤王。扬旃旆于远路，戮奸宄于魏阙。德冠往初，功无与二。弘济艰难，缉熙王道。怀柔万姓，经营四方。举直措枉，较如画一。待旦同乎殷后，日昃过于周文。风化肃穆，礼乐交畅。加以赦过宥罪，神武不杀，盛德昭于景纬，至义感于鬼神。若夫纳彼大麓，膺此归运，烈风不迷，乐推攸在。治五趐于已乱，重九鼎于既轻。自声教所及，车书所至，革面回首，讴吟德泽。九山灭褫，四渎安流，祥风扇起，淫雨静息，玄甲游于芳荃，素文驯于郊苑，跃九川于清汉，鸣六象于高岗，灵瑞杂沓，玄符昭著。至于星字紫宫，水效孟月，飞

鸿满野，长彗横天，取新之应既昭，革故之征必显。加以天表秀
特，轩状尧姿，君临之符，谅非一揆。《书》云："天鉴厥德，用集
大命。"《诗》云："文王在上，于昭于天。"所以二仪乃眷，幽明允
叶，岂惟宅是万邦，缉兹讴讼而已哉！

　　朕是用拥璇沉首，属怀圣哲。昔水行告厌，我太祖既受命，
代终在日，天禄云谢，亦以木德而传于梁。远寻前典，降惟近
代，百辟遐迩，莫违朕心。今遣使持节、兼太保、侍中、中书监、
兼尚书令汝南县开国侯亮，兼太尉、散骑常侍、中书令新吴县
开国侯志，奉皇帝玺绂。受终之礼，一依唐虞故事。王其陟兹
元后，君临万方，式传洪烈，以答上天之休命！

高祖抗表陈让，表不获通。于是，齐百官豫章王元琳等八百一十九
人，及梁台侍中臣云等一百一十七人，并上表劝进，高祖谦让不受。
是日，太史令蒋道秀陈天文符谶六十四条，事并明著，群臣重表固
请，乃从之。

梁书卷二
本纪第二

武帝中

天监元年夏四月景寅，高祖即皇帝位于南郊，设坛柴燎，告类于天曰："皇帝臣讳，敢用玄牡昭告于皇天后帝：齐氏以历运斯既，否终则亨，钦若天应，以命于讳。夫任是司牧，惟能是授，天命不于常，帝王非一族。唐谢虞受，汉替魏升，爰及晋、宋，宪章在昔。咸以君德驭四海，元功子万姓，故能大庇氓黎，光宅区宇。齐代云季，世主昏凶，狡焉群慝，是崇是长，肆厥奸回暴乱，以播虐于我有邦，俾薄天惴惴，将坠于深壑。九服八荒之内，连率岳牧之君，蹶角顿颡，匡救无术，卧薪待然，援天靡诉。讳投袂星言，推锋万里，厉其挂冠之情，用拯兆民之切。衔胆誓众，覆锐屠坚，建立人主，克翦昏乱。遂因时来，宰司邦国，济民康世，实有厥劳。而晷纬呈祥，川岳效祉，朝夕坰牧，日月郊畿。代终之符既显，革运之期已萃，殊俗百蛮，重译献款，人神迩迩，罔不和会。于是群公卿士，咸致厥诚，并以皇乾降命，难以谦拒。齐帝脱屣万邦，授以神器。讳自惟匪德，辞不获许，仰迫上玄之眷，俯惟亿兆之心，宸极不可久旷，民神不可乏主，遂藉乐推，膺此嘉祚。以兹寡薄，临御万方，顾求凤志，永言祇惕。敬简元辰，恭兹大礼，升坛受禅，告类上帝，克播休祉，以弘盛烈，式传厥后，用永保于我有梁。惟明灵是飨。"

礼毕，备法驾即建康宫，临太极前殿。诏曰："五精递袭，皇王所以受命，四海乐推，殷、周所以改物。虽禅代相舜，遭会异时，而微明

迭用,其流远矣。莫不振民育德,光被黎元。朕以寡暗,命不先后,
宁济之功,属当期运,乘此时来,因心万物,遂振厥弛维,大造区夏,
永言前踪,义均惭德。齐氏以代终有征,历数云改,钦若前载,集大
命于朕躬。顾惟菲德,辞不获命,寅畏上灵,用膺景业。执禋柴之礼,
当与能之祚,继迹百王,君临四海,若涉大川,罔知攸济。洪基初兆,
万品权舆,思俾庆泽,覃被率土。可大赦天下。改齐中兴二年为天
监元年。赐民爵二级,文武加位二等,鳏寡孤独不能自存者,人谷五
斛。逋布、口钱、宿债勿复收。其犯乡论清议,赃污淫盗,一皆荡涤,
洗除前注,与之更始。"

封齐帝为巴陵王,全食一郡。载天子旌旗,乘五时副车,行齐正
朔,效祀天地,礼乐制度,皆用齐典。齐宣德皇后为齐文帝妃,齐后
王氏为巴陵王妃。诏曰:"兴运升降,前代旧章。齐世王侯封爵,悉
皆降省。其有效著艰难者,别有后命。惟宋汝阴王不在除例。"诏曰:
"大运肇升,嘉庆惟始,劫贼余口没在台府者,悉可蠲放。诸流徙之
家,并听还本。"

追尊皇考为文皇帝,庙曰太祖,皇妣为献皇后,追谥妃郗氏为
德皇后。追封兄太傅懿为长沙郡王,谥曰宣武;齐后军谘议敷为永
阳郡王,谥曰昭;弟齐太常畅为衡阳郡王,谥曰宣;齐给事黄门侍郎
融为桂阳郡王,谥曰简。

是日,诏封文武功臣新除车骑将军夏侯详等十五人为公、侯,
食邑各有差。以弟中护军宏为扬州刺史,封为临川郡王,南徐州刺
史秀安成郡王,雍州刺史伟建安郡王,左卫将军恢鄱阳郡王,荆州
刺史憺始兴郡王。

丁卯,加领军将军王茂镇军将军。以中书监王亮为尚书令、中
军将军,相国左长史王莹为中书监、抚军将军,吏部尚书沈约为尚
书仆射,长兼侍中范云为散骑常侍、吏部尚书。诏曰:"宋氏以来,并
恣淫侈,倾宫之富,遂盈数千。推算五都,愁穷四海,并婴罹冤横,拘
逼不一。抚弦命管,良家不被蠲;织室绣房,幽厄犹见役。弊国伤和,
莫斯为甚。凡后宫乐府,西解暴室,诸如此例,一皆放遣。若衰老不

能自存,官给廪食。”

戊辰,车骑将军高句骊王高云进号车骑大将军,镇东大将军百济王余大进号征东大将军,安西将军宕昌王梁弥颉进号镇西将军,镇东大将军倭王武进号征东将军,镇西将军河南王吐谷浑休留代进号征西将军。巴陵王薨于姑熟,追谥为齐和帝,终礼一依故事。己巳,以光禄大夫张环为右光禄大夫。庚午,镇南将军、江州刺史陈伯之进号征南将军。

诏曰:“观风省俗,哲后弘规;狩岳巡方,明王盛轨。所以重华在上,五品丰修;文命肇基,四载斯履。故能物色幽微,耳目屠钧,致王业于缉熙,被淳风于遐迩。朕以寡薄,昧于治方,藉代终之运,当符命之重,取监前古,凛若驭朽。思所以振民育德,去杀胜残,解网更张,置之仁寿;而明惭照远,智不周物,兼以岁之不易,未遑卜征,兴言夕惕,无忘鉴寐。可分遣内侍,周省四方,观政听谣,访贤举滞。其有田野不辟,狱讼无章,忘公殉私,侵渔是务者,悉随事以闻。若怀宝迷邦,蕴奇待价,蓄响藏真,不求闻达,并依名腾奏,罔或遗隐。使辎轩所届,如朕亲览焉。”

又诏曰:“金作赎刑,有闻自昔,入缣以免,施于中代,民悦法行,莫尚乎此。永言叔世,偷薄成风,婴愆入罪,厥涂匪一。断弊之书,日缠于听览;钳钛之刑,岁积于牢犴。死者不可复生,生者无因自返,由此而望滋实,庸可致乎?朕夕惕思治,念崇政术,斟酌前王,择其令典,有可以宪章邦国,罔不由之。庶愧心于四海,昭情素于万物。俗伪日久,禁网弥繁。汉文四百,邈焉已远。虽省事清心,无忘日用,而委衔废策,事未获从。可依周、汉旧典,有罪入赎,外详为条格,以时奏闻。”

辛未,以中领军蔡道恭为司州刺史。以新除谢沐县公萧宝义为巴陵王,以奉齐祀。复南兰陵武进县,依前代之科。征谢朏为左光禄大夫、开府仪同三司,何胤为右光禄大夫。改南东海为兰陵郡。土断南徐州诸侨郡县。

癸酉,诏曰:“商俗甫移,遗风尚炽,下不上达,由来远矣。升中驭索,增其懔然。可于公车府谤木肺石傍各置一函,若肉食莫言,山阿欲有横议,投谤木函。若从我江、汉,功在可策,犀兕徒弊,龙蛇方蛰;次身才高妙,捱压莫通,怀傅、吕之术,抱屈、贾之叹,其理有皦然,受困包匦;夫大政侵小,豪门陵贱,四民已穷,九重莫达。若欲自申,并可投肺石函。”

甲戌,诏断远近上庆礼。又诏曰:“礼闱文阁,宜率旧章,贵贱既位,各有差等,俯仰拜伏,以明王度,济济洋洋,具瞻斯在。顷因多难,治纲弛落,官非积及,荣由幸至。六军尸四品之职,青紫治白簿之劳。振衣朝伍,长揖卿相,趋步广闼,并驱丞郎。遂冠履倒错,圭甎莫辨。静言疚怀,思返流弊。且玩法惰官,动成逋弛,罚以常科,终未惩革。夫檟楚申威,盖代断趾,笞捶有令,如或可从。外详共平议,务尽厥理。”癸未,诏“相国府职吏,可依资劳度台;若职限已盈,所度之余及骠骑府,并可赐满。”

闰月丁酉,以行宕昌王梁弥邕为安西将军、河凉二州刺史,正封宕昌王。壬寅,以车骑将军夏侯详为右光禄大夫。诏曰:“成务弘风,肃厉内外,实由设官分职,互相惩纠。而顷壹拘常式,见失方奏,多容违惰,莫肯执咎,宪网日弛,渐以为俗。今端右可以风闻奏事,依元熙旧制。”

五月乙亥夜,盗入南、北掖,烧神兽门、总章观,害卫尉卿张弘策。戊子,江州刺史陈伯之举兵反,以领军将军王茂为征南将军、江州刺史,率众讨之。

六月庚戌,以行北秦州刺史杨绍先为北秦州刺史、武都王。是月,陈伯之奔魏,江州平。前益州刺史刘季连据成都反。

八月戊戌,置建康三官。乙巳,平北将军、西凉州刺史象舒彭进号安西将军,封邓至王。丁未,诏中书监王莹等八人参定律令。是月,诏尚书曹郎依音奏事。林邑、干陁利国各遣使献方物。

冬十一月己未,立小庙。甲子,立皇子统为皇太子。

十二月景申,以国子祭酒张稷为护军将军。辛亥,护军将军张稷免。

是岁大旱，米斗五千，人多饿死。

二年春正月甲寅朔，诏曰："三讯五听，著自圣典，哀矜折狱，义重前诰。盖所以明慎用刑，深戒疑枉，成功致治，罔不由兹。朕自藩部，常躬讯录，求理得情，洪细必尽。末运弛网，斯政又阙，牢犴沉壅，申诉靡从。朕属当期运，君临兆亿，虽复齐居宣室，留心听断；而九牧遐荒，无因临览。深惧怀冤就鞫，匪惟一方。可申敕诸州，月一临讯，博询择善，务在确实。"乙卯，以尚书仆射沈约为尚书左仆射，吏部尚书范云为尚书右仆射，前将军鄱阳王恢为南徐州刺史，尚书令王亮为左光禄大夫，右卫将军柳庆远为中领军。景辰，尚书令、新除左光禄大夫王亮免。

夏四月癸卯，尚书删定郎蔡法度上《梁律》二十卷、《令》三十卷、《科》四十卷。

五月丁巳，尚书右仆射范云卒。乙丑，益州刺史邓元起克成都，曲赦益州。壬申，断诸郡县献奉二宫，惟诸州及会稽，职惟岳牧，许荐任土，若非地产，亦不得贡。

六月丁亥，诏以东阳、信安、丰安三县水潦，漂损居民资业，遣使周履，量蠲课调。是夏，多疠疫。以新除左光禄大夫谢朏为司徒、尚书令。甲午，以中书监王莹为尚书右仆射。

秋七月，扶南、龟兹、中天竺国各遣使献方物。

冬十月，魏寇司州。

十一月乙卯，雷电大雨，晦。是夜又雷。乙亥，尚书左仆射沈约以母忧去职。

三年春正月戊申，后将军、扬州刺史临川王宏进号中军将军。癸丑，以尚书右仆射王莹为尚书左仆射，太子詹事柳憕为尚书右仆射，前尚书左仆射沈约为镇军将军。

二月，魏陷梁州。

三月，陨霜杀草。

五月丁巳，以扶南国王憍陈如阇耶跋摩为安南将军。

六月景子，诏曰："昔哲王之宰世也，每岁卜征，躬事巡省，民俗政刑，罔不必逮。末代风凋，久旷兹典，虽欲肆远忘劳，究临幽仄，而居今行古，事未易从，所以日晏跔躇，情同再抚。总总九州，远近民庶，或川路幽遐，或贫羸老疾，怀冤抱理，莫由自申，所以东海匹妇，致灾邦国，西土孤魂，登楼请诉。念此于怀，中夜太息。可分将命巡行州部，其有深冤钜害，抑郁无归，听诣使者，依源自列。庶以矜隐之念，昭被四方，遏听远闻，事均亲览。"癸未，大赦天下。

秋七月丁未，以光禄大夫夏侯详为车骑将军、湘州刺史，湘州刺史杨公则为中护军。甲子，立皇子综为豫章郡王。

八月，魏陷司州，诏以南义阳置司州。

九月壬子，以河南王世子伏连筹为镇西将军、西秦河二州刺史、河南王。北天竺国遣使献方物。

冬十一月甲子，诏曰："设教因时，淳薄异政，刑以世革，轻重殊风。昔阛俗未移，民散久矣，婴网陷辟，日夜相寻。若悉加正法，则赭衣塞路，并申弘宥，则难用为国。故使有罪入赎，以全元元之命。今遐迩知禁，圜犴稍虚，率斯以往，庶几刑措。金作权典，宜在蠲息。可除赎罪之科。"

是岁，多疾疫。

四年春正月癸卯朔，诏曰："今九流常选，年未三十，不通一经，不得解褐。若有才同甘、颜，勿限年次。"置五经博士各一人。以镇北将军、雍州刺史建安王伟为南徐州刺史，南徐州刺史鄱阳王恢为郢州刺史，中领军柳庆远为雍州刺史。丙午，省《凤皇衔书伎》。戊申，诏曰："夫禋郊飨帝，至敬攸在，致诚尽悫，犹惧有违。而往代多令宫人纵观兹礼，帷宫广设，辎轩耀路，非所以仰虔苍昊，昭感上灵。属车之间，见讥前世。便可自今停止。"辛亥，舆驾亲祠南郊，赦天下。

二月壬午，遣卫尉卿杨公则率宿卫兵塞洛口。壬辰，交州刺史李凯据州反,长史李畟讨平之,曲赦交州。戊戌,以前郢州刺史曹景宗为中护军。是月,立建兴苑于秣陵建兴里。

夏四月丁巳,以行宕昌王梁弥博为安西将军、河凉二州刺史、宕昌王。是月,自甲寅至壬戌,甘露连降华林园。

五月辛卯,建康县朔阴里生嘉禾,一茎十二穗。

六月庚戌,立孔子庙。壬戌,岁星昼见。

秋七月辛卯,右光禄大夫张环卒。

八月庚子,老人星见。

冬十月丙午,北伐,以中军将军、扬州刺史临川王宏都督北讨诸军事,尚书右仆射柳惔为副。是岁,以兴师费用,王公以下各上国租及田谷,以助军资。

十一月辛未,以都官尚书张稷为领军将军。甲午,天晴朗,西南有电光,闻如雷声三。

十二月,司徒、尚书令谢朏以所生母忧去职。

是岁大穰,米斛三十。

五年春正月丁卯朔,诏曰:"在昔周、汉,取士方国。顷代凋讹,幽仄罕被,人孤地绝,用隔听览,士操沦胥,因兹靡劝。岂其岳渎纵灵,偏有厚薄,实由知与不知、用与不用耳。朕以菲德,君此兆民,而兼明广照,屈于堂户,飞耳长目,不及四方,永言愧怀,无忘旦夕。凡诸郡国旧族邦内无在朝位者,选官搜括,使郡有一人。"乙亥,以前司徒谢朏为中书监、司徒、卫将军,镇军将军沈约为右光禄大夫,豫章王综为南徐州刺史。丁丑,以尚书左仆射王莹为护军将军,仆射如故。甲申,立皇子讳为晋安郡王。丁亥,太白昼见。

二月庚戌,以太常张充为吏部尚书。

三月景寅朔,日有蚀之。癸未,魏宣武帝从弟翼率其诸弟来降。辅国将军刘思效破魏青州刺史元系于胶水。丁亥,陈伯之自寿阳率众归降。

夏四月丙申,庐陵高昌之仁山获铜剑二,始丰县获八目龟一。

甲寅，诏曰："朕昧旦齐居，惟刑是恤，三辟五听，寝兴载怀。故陈肺石于都街，增官司于诏狱，殷勤亲览，小大以情。而明慎未洽，图圄尚拥，永言纳隍，在予兴愧。凡犴狱之所，可遣法官近侍，递录囚徒，如有枉滞，以时奏闻。"

五月辛未，太子左卫率张惠绍克魏宿预城。乙亥，临川王宏前军克梁城。辛巳，豫州刺史韦睿克合肥城。丁亥，庐江太守裴邃克羊石城；庚寅，又克霍丘城。辛卯，太白昼见。

六月庚子，青、冀二州刺史桓和前军克朐山城。

秋七月乙丑，邓至国遣使献方物。

八月戊戌，老人星见。辛酉，作太子宫。

冬十一月甲子，京师地震。乙丑，以师出淹时，大赦天下。魏寇锺离，遣右卫将军曹景宗率众赴援。

十二月癸卯，司徒谢朏薨。

六年春正月辛酉朔，诏曰："径寸之宝，或隐沙泥；以人废言，君子斯戒。朕听朝晏罢，思阐政术，虽百辟卿士，有怀必闻。而蓄响边遐，未臻魏阙，或屈以贫陋，或间以山川，顿足延首，无因奏达。岂所以沉浮靡漏，远迩兼得者乎？四方士民，若有欲陈言刑政，益国利民，沦碍幽远，不能自通者，可各诠条布怀于刺史二千石。有可申采，大小以闻。"己卯，诏曰："夫有天下者，义非为己。凶荒疾疠，兵革水火，有一于此，责归元首。今祝史请祷，继诸不善，以朕身当之，永使灾害不及万姓，俾兹下民稍蒙宁息。不得为朕祈福，以增其过。时班远迩，咸令遵奉。"

二月甲辰，老人星见。

三月庚申朔，陨霜杀草。是月，有三象入京师。

夏四月壬辰，置左右骁骑、左右游击将军官。癸巳，曹景宗、韦睿等破魏军于邵阳州，斩获万计。癸卯，以右卫将军曹景宗为领军将军、徐州刺史。己酉，以江州刺史王茂为尚书右仆射，中书令安成王秀为平南将军、江州刺史。分湘、广二州置衡州。丁巳，以中军将军、扬州刺史临川王宏为骠骑将军、开府仪同三司,抚军将军建安王伟为扬州刺史,右光禄大夫沈约为尚书左仆射,尚书左仆射王莹为中军将军。

五月己未,以新除左骁骑将军长沙王深业为中护军。癸亥,以侍中袁昂为吏部尚书。已巳,置中卫、中权将军,改骁骑为云骑,游击为游骑。辛未,右将军、扬州刺史建安王伟进号中权将军。

六月庚戌,以车骑将军、湘州刺史夏侯详为左光禄大夫,新除金紫光禄大夫柳惔为安南将军、湘州刺史。新吴县获四目龟一。

秋七月甲子,太白昼见。景寅,分广州置桂州。丁亥,以新除尚书右仆射王茂为中卫将军。八月戊子,赦天下。戊戌,大风折木。京师大水,因涛入,加御道七尺。

九月,嘉禾一茎九穗,生江陵县。丁亥,改阅武堂为德阳堂,听讼堂为仪贤堂。景戌,以左卫将军吕僧珍为平北将军、南兖州刺史,豫章内史萧昌为广州刺史。

冬十月壬寅,以五兵尚书徐勉为吏部尚书。

闰月乙丑,以骠骑将军、开府仪同三司临川王宏为司徒、行太子太傅,尚书左仆射沈约为尚书令、行太子少傅,吏部尚书袁昂为左仆射。戊寅,平西将军、荆州刺史始兴王憺进号安西将军。甲申,以光禄大夫夏侯详为尚书左仆射。

十二月丙辰,尚书左仆射夏侯详卒。乙丑,魏淮阳镇都军主常邕和以城内属。分豫州置霍州。

七年春正月乙酉朔,诏曰:"建国君民,立教为首。不学将落,嘉植靡由。朕肇基明命,光宅区宇,虽耕耘雅业,傍阐艺文,而成器未广,志本犹阙,非所以熔范贵游,纳诸轨度。思欲式敦让齿,自家刑国。今声训所渐,戎夏同风,宜大启庠教,博延胄子,务彼十伦,弘此三德,使陶钧远被,微言载表。"中卫将军、领太子詹事王茂进号车骑将军。戊戌,作神龙、仁兽阙于端门、大司马门外。壬子,以领军将军曹景宗为中卫将军,卫尉萧景兼领军将军。

二月乙卯,庐江灊县获铜钟二。新作国门于越城南。乙丑,增置镇卫将军以下各有差。庚午,诏于州、郡、县置州望、郡宗、乡豪各一人,专掌搜荐。乙亥,以车骑大将军高丽王高云为抚东大将军、开府仪同三司,平北将军、南兖州刺史吕僧珍为领军将军。景子,以中护军长沙王深业为南兖州刺史,兼领军将军萧景为雍州刺史,雍州刺史柳庆远为护军将军。

夏四月乙卯,皇太子纳妃,赦大辟以下,颁赐朝臣及近侍各有差。辛未,秣陵县获灵龟一。戊寅,余姚县获古铜剑二。

五月己亥,诏复置宗正、太仆、大匠、鸿胪,又增太府、太舟,仍先为十二卿。癸卯,以平南将军、江州刺史安成王秀为平西将军、荆州刺史,安西将军、荆州刺史始兴王憺为护军将军,中卫将军曹景宗为安南将军、江州刺史。

六月辛酉,复建、修二陵周回五里内居民,改陵监为令。

秋七月丁亥,月犯氐。

八月癸丑,安南将军、江州刺史曹景宗卒。丁巳,赦大辟以下未结正者。甲戌,平西将军、荆州刺史安成王秀进号安西将军,云麾将军、郢州刺史鄱阳王恢进号平西将军。老人星见。

九月丁亥,诏曰:"刍牧必往,姬文垂则;雉兔有刑,姜宣致贬。薮泽山林,毓材是出,斧斤之用,比屋所资。而顷世相承,并加封固,岂所谓与民同利,惠兹黔首?凡公家诸屯戍见封烧者,可悉开常禁。"壬辰,置童子奉车郎。癸巳,立皇子绩为南康郡王。己亥,月犯东井。

冬十月景寅,以吴兴太守张稷为尚书左仆射。景子,魏阳关主许敬珍以城内附。诏大举北伐。以护军将军始兴王憺为平北将军,率众入清;车骑将军王茂率众向宿预。丁丑,魏悬瓠镇军主白皁生、豫州刺史胡逊以城内属,以皁生为镇北将军、司州刺史,逊为平北将军、豫州刺史。

十一月辛巳,鄞县言甘露降。

八年春正月辛巳,舆驾亲祠南郊,赦天下,内外文武各赐劳一年。壬辰,魏镇东参军成景俊斩宿预城主严仲宝,以城内属。

二月壬戌,老人星见。

夏四月,以北巴西郡置南梁州。戊申,以护军将军始兴王憺为中卫将军,司徒、行太子太傅临川王宏为司空、扬州刺史,车骑将军、领太子詹事王茂即本号开府仪同三司。丁卯,魏楚王城主李国兴以城内附。景子,以中军将军、丹阳尹王莹为右光禄大夫。

五月壬午,诏曰:“学以从政,殷勤往哲,禄在其中,抑亦前事。朕思阐治纲,每敦儒术,轼间辟馆,造次以之。故负帙成风,甲科间出,方当置诸周行,饰以青紫。其有能通一经、始末无倦者,策实之后,选可量加叙录。虽复牛监羊肆,寒品后门,并随才试吏,勿有遗隔。”

秋七月癸巳,巴陵王萧宝义薨。

八月戊午,老人星见。

冬十月乙巳,以中军将军始兴王憺为镇北将军、南兖州刺史,南兖州刺史长沙王深业为护军将军。

九年春正月乙亥,以尚书令、行太子少傅沈约为左光禄大夫,行少傅如故,右光禄大夫王莹为尚书令,行中抚将军建安王伟领护军将军,镇北将军、南兖州刺史始兴王憺为镇西将军、益州刺史,太常卿王亮为中书监。景子,以轻车将军晋安王讳为南兖州刺史。庚寅,新作缘淮塘,北岸起石头迄东冶,南岸起后渚篱门迄三桥。

三月己丑,车驾幸国子学,亲临讲肆,赐国子祭酒以下帛各有差。乙未,诏曰:“王子从学,著自礼经,贵游咸在,实惟前诰,所以式广义方,克隆教道。今成均大启,元良齿让,自斯以降,并宜隶业。皇太子及王侯之子,年在从师者,可令入学。”于阗国遣使献方物。

夏四月丁巳,革选尚书五都令史用寒流。林邑国遣使献白猴一。

五月己亥,诏曰:“朕达听思治,无忘日昃,而百司群务,其途不一，随时适用，各有攸宜，若非总会众言，无以备兹亲览。自今台阁省府州郡镇戍应有职僚之所，时共集议，各陈损益，具以奏闻。"中书监王亮卒。

六月癸丑，盗杀宣城太守朱僧勇。癸酉，以中抚将军、领护军建安王伟为镇南将军、江州刺史。

闰月己丑，宣城盗转寇吴兴县，太守蔡撙讨平之。

秋七月己巳，老人星见。

冬十二月癸未，舆驾幸国子学，策试胄子，赐训授之司各有差。

十年春正月辛丑，舆驾亲祠南郊，大赦天下，居局治事赐劳二年。癸卯，以尚书左仆射张稷为安北将军、青冀二州刺史，郢州刺史鄱阳王恢为护军将军。甲辰，以南徐州刺史豫章王综为郢州刺史，轻车将军南康王绩为南徐州刺史。戊申，驺虞一，见荆州华容县。以左民尚书王暕为吏部尚书。辛酉，舆驾亲祠明堂。

三月辛丑，盗杀东莞、琅邪二郡太守邓晰，以朐山引魏军，遣振远将军马仙琕讨之。是月，魏徐州刺史卢昶帅众赴朐山。

夏五月癸酉，安丰县获一角玄龟。丁丑，领军吕僧珍卒。己卯，以国子祭酒张充为尚书左仆射，太子詹事柳庆远为领军将军。乙酉，嘉莲一茎三花生乐游苑。

秋七月景辰，诏曰："昔公卿面陈，载在前史，令仆陛奏，列代明文，所以厘彼庶绩，成兹群务。晋氏陵替，虚诞为风，自此相因，其失弥远，遂使武帐空劳，无汲公之奏，丹墀徒辟，阙郑生之履。三槐八座，应有务之百官，宜有所论，可入陈启，庶藉周爰，少匡寡薄。"

九月景申，天西北隆隆有声，赤气下至地。

冬十二月癸酉，山车见于临城县。庚辰，马仙琕大破魏军，斩馘十余万，克复朐山城。

是岁，初作宫城门三重楼及开二道。宕昌国遣使献方物。

十一年春正月壬辰，诏曰："夫刑法悼耄，罪不收孥，礼著明文，史彰前事,盖所以申其哀矜,故罚有弗及。近代相因,厥网弥峻,髫年华发,同坐入愆。虽惩恶劝善,宜穷其制,而老幼流离,良亦可愍。自今遘谪之家及罪应质作,若年有老小,可停将送。"加左光禄大夫、行太子少傅沈约特进,镇南将军、江州刺史建安王伟仪同三司。司空、扬州刺史临川王宏进位为太尉。骠骑将军王茂为司空。尚书令、云麾将军王莹进号安左将军。安北将军、青冀二州刺史张稷进号领北将军。

二月戊辰,新昌、济阳二郡野蚕成茧。

三月丁巳,曲赦扬、徐二州。筑西静坛于钟山。庚申,高丽国遣使献方物。

四月戊子,诏曰:"去岁朐山大歼丑类,宜为京观,用旌武功;但伐罪吊民,皇王盛轨,掩骼埋胔,仁者用心。其下青州,悉使收藏。"百济、扶南、林邑国并遣使献方物。

六月辛巳,以司空王茂领中权将军。

九月辛亥,宕昌国遣使献方物。

冬十一月乙未,以吴郡太守袁昂兼尚书右仆射。己酉,降太尉、扬州刺史临川王宏为骠骑将军、开府同三司之仪。癸丑,齐宣德太妃王氏薨。

十二月己未,以安西将军、荆州刺史安成王秀为中卫将军,护军将军鄱阳王恢为平西将军、荆州刺史。

十二年春正月辛卯,舆驾亲祠南郊,赦大辟以下。

二月辛酉,以兼尚书右仆射袁昂为尚书左仆射。景寅,诏曰:"掩骼埋胔,义重周经,槽橹有加,事美汉策。朕向隅载怀,每勤造次,收藏之命,亟□哀矜;而宇县遐深,遵奉未洽,骇然路隅,往往而有,言愍沉枯,弥劳伤恻。可明下远近,各巡境界,若委骸不葬,或除衣莫改,即就收敛,量给棺具。庶夜哭之魂斯慰,沾霜之骨有归。"辛巳,新作太极殿,改为十三间。

三月癸卯,以湘州刺史王珍国为护军将军。

闰月乙丑,特进、中军将军沈约卒。

夏四月,京邑大水。

六月癸巳,新作太庙,增基九尺。庚子,太极殿成。

秋九月戊午,以镇南将军、开府仪同三司、江州刺史建安王伟为抚军将军,仪同如故;骠骑将军、开府同三司之仪、扬州刺史临川王宏为司空;领中权将军王茂为骠骑将军、开府同三司之仪、江州刺史。

冬十月丁亥,诏曰:"明堂地势卑湿,未称乃心。外可量就埤起,以尽诚敬。"

十三年春正月壬戌,以丹阳尹晋安王讳为荆州刺史。癸亥,以平西将军、荆州刺史鄱阳王恢为镇西将军、益州刺史。景寅,以翊右将军安成王秀为安西将军、郢州刺史。

二月丁亥,舆驾亲耕籍田,赦天下,孝悌力田赐爵一级。老人星见。

三月辛亥,以新除中抚将军、开府仪同三司建安王伟为左光禄大夫。

夏四月辛卯,林邑国遣使献方物。壬辰,以郢州刺史豫章王综为安右将军。

五月辛亥,以通直散骑常侍韦睿为中护军。

六月己亥,以南兖州刺史萧景为领军将军,领军将军柳庆远为安北将军、雍州刺史。

秋七月乙亥,立皇子纶为邵陵郡王,绎为湘东郡王,纪为武陵郡王。

八月癸卯,抚南、于阗国各遣使献方物。

是岁作浮山堰。

十四年春正月乙巳朔,皇太子冠,赦天下,赐为父后者爵一级,王公以下班赉各有差,停远近上庆礼。景午,安左将军、尚书令王莹进号中权将军。以镇西将军始兴王憺为中抚将军。辛亥,舆驾亲祠南郊。诏曰:"朕恭祗明祀,昭事上灵,临竹宫而登泰坛,服衮冕而奉苍璧,柴望既升,诚敬克展,思所以对越乾元,弘宣德教,而缺于治道,政法多昧,实伫群才,用康庶绩。可班下远近,博采英异。若有确然乡党,独行州闾,肥遁丘园,不求闻达,藏器待时,未加收采,或贤良方正,孝悌力田,并即腾奏,具以名上。当擢彼周行,试以邦邑,庶百司咸事,兆民无隐。又世轻世重,随时约法,前以劓墨,用代重辟,犹念改悔,其路已壅。并可省除。"景寅,汝阴王刘胤薨。

二月庚寅,芮芮国遣使献方物。戊戌,老人星见。辛丑,以中护军韦睿为平北将军、雍州刺史,新除中抚将军始兴王憺为荆州刺史。

夏四月丁丑,骠骑将军、开府同三司之仪、江州刺史王茂薨。

五月丁巳,以荆州刺史晋安王讳为江州刺史。

秋八月乙未,老人星见。

九月癸亥,以长沙王深业为护军将军。狼牙脩国遣使献方物。

十五年春正月己巳,诏曰:"观时设教,王政所先,兼而利之,实惟务本,移风致治,咸由此作。顷因革之令,随事必下,而张弛之要,未臻厥宜,民瘼犹繁,廉平尚寡,所以伫旒纩而载怀,朝玉帛而兴叹。可申下四方,政有不便于民者,所在具条以闻。守宰若清洁可称,或侵渔为蠹,分别奏上,将行黜陟。长吏劝课,躬履堤防,勿有不修,致妨农事。关市之赋,或有未允,外时参量,优减旧格。"

三月戊辰朔,日有蚀之。

夏四月丁未,以安右将军豫章王综兼护军。高丽国遣使献方物。

五月癸未,以司空、扬州刺史临川王宏为中书监,骠骑大将军、刺史如故。

六月景申,改作小庙毕。庚子,以尚书令王莹为左光禄大夫、开府仪同三司,尚书右仆射袁昂为尚书左仆射,吏部尚书王暕为尚书右仆射。

秋八月，老人星见。芮芮、河南遣使献方物。

九月辛巳，左光禄大夫、开府仪同三司王莹薨。壬辰，赦天下。

冬十月戊午，以丹阳尹长沙王深业为湘州刺史。

十一月丁卯，以兼护军豫章王综为安前将军。交州刺史李畟斩交州反者阮宗孝，传首京师，曲赦交州。壬午，以雍州刺史韦睿为护军将军。

十六年春正月辛未，舆驾亲祠南郊，诏曰："朕当宸思治，政道未明，昧旦劬劳，亟移星纪。今太皞御气，句芒首节，升中就阳，禋敬克展，务承天休，布兹和泽。尤贫之家，勿收今年三调。其无田业者，所在量宜赋给。若民有产子，即依格优蠲。孤老鳏寡不能自存，咸加赈恤。班下四方。诸州郡县，时理狱讼，勿使冤滞，并若亲览。"

二月庚戌，老人星见。甲寅，以安前将军豫章王综为南徐州刺史。

三月景子，河南王遣使献方物。

夏四月甲子，初去宗庙牲。潮沟获白雀一。

六月戊申，以庐陵王续为江州刺史。

七月丁丑，以郢州刺史安成王秀为镇北将军、雍州刺史。

八月辛丑，老人星见。扶南、婆利国各遣使献方物。

冬十月，去宗庙荐脩，始用蔬果。

十七年春正月丁巳朔，诏曰："夫乐所自生，含识之常性；厚下安宅，驭世之通规。朕矜此庶氓，元忘待旦，亟弘生聚之略，每布宽恤之恩；而编户未滋，迁徙尚有，轻去故乡，岂其本志？资业殆阙，自返莫由，巢南之心，亦何能弭。今开元发岁，品物惟新，思俾黔黎，各安旧所。将使郡无旷土，邑靡游民，鸡犬相闻，桑柘交畛。凡天下之民，有流移他境，在天监十七年正月一日以前，可开恩半岁，悉听还本，蠲课三年。其流寓过远者，量加程日。若有不乐还者，即使著土籍为民,准旧课输。若流移之后,本乡无复居宅者,村司三老及余亲属,即为诣县,占请村内官地官宅,令相容受,使恋本者还有所托。凡坐为市埭诸职割盗衰减应被封籍者,其田宅车牛,是民生之具,不得悉以没入,皆优量分留,使得自止。其商贾富室,亦不得顿相兼并。遁叛之身,罪无轻重,并许首出,还复民伍。若有拘限,自还本役。并为条格,咸使知闻。”

二月癸巳,镇北将军、雍州刺史安成王秀薨。甲辰,大赦天下。乙卯,以领石头戍事南康王绩为南兖州刺史。

三月甲申,老人星见。景申,改封建安王伟为南平王。

夏五月戊寅,骠骑大将军、扬州刺史临川王宏免。己卯,干陁利国遣使献方物。以领军将军萧景为安右将军,监扬州。辛巳,以临川王宏为中军将军、中书监。

六月乙酉,以益州刺史鄱阳王恢为领军将军。中军将军、中书监临川王宏以本号行司徒。癸卯,以国子祭酒蔡撙为吏部尚书。

秋八月壬寅,老人星见。诏以兵驺奴婢,男年登六十,女年登五十,免为平民。

冬十月乙亥,以中军将军、行司徒临川王宏为中书监、司徒。

十一月辛亥,以南平王伟为左光禄大夫、开府仪同三司。

十八年春正月甲申,以领军将军鄱阳王恢为征西将军、开府仪同三司、荆州刺史,荆州刺史始兴王憺为中抚将军、开府仪同三司、领军。以尚书左仆射袁昂为尚书令,尚书右仆射王暕为尚书左仆射,太子詹事徐勉为尚书右仆射。辛卯,舆驾亲祠南郊,孝悌力田赐爵一级。

二月戊午,老人星见。

四月丁巳,大赦天下。

秋七月甲申,老人星见。于阗、扶南国各遣使献方物。

梁书卷三
本纪第三

武帝下

普通元年春正月乙亥朔，改元，大赦天下，赐文武劳位，孝悌力田爵一级，尤贫之家，勿收常调，鳏寡孤独，并加赡恤。景子，日有蚀之。已卯，以司徒临川王宏为太尉、扬州刺史，安右将军、监扬州萧景为安西将军、郢州刺史。尚书左仆射王暕以母忧去职，金紫光禄大夫王份为尚书左仆射。庚子，扶南、高丽国各遣使献方物。

二月壬子，老人星见。癸丑，以高丽王世子安为宁东将军、高丽王。

三月景戌，滑国遣使献方物。

夏四月甲午，河南王遣使献方物。

六月丁未，以护军将军韦睿为车骑将军。

秋七月已卯，江、淮、海并溢。辛卯，以信威将军邵陵王纶为江州刺史。

八月庚戌，老人星见。甲子，新除车骑将军韦睿卒。

九月乙亥。有星晨见东方，光烂如火。

冬十月辛亥，以宣惠将军长沙王深业为护军将军。辛酉，以丹阳尹晋安王讳为平西将军、益州刺史。

二年春正月甲戌，以南徐州刺史豫章王综为镇右将军。新除益州刺史晋安王讳改为徐州刺史。辛已，舆驾亲祠南郊。诏曰："春司御气,虔恭报祀,陶甄克诚,苍璧礼备,思随乾覆,布兹亭育。凡民有单老孤稚不能自存,主者郡县咸加收养,赡给衣食,每令周足,以终其身。又于京师置孤独园,孤幼有归,华发不匮。若终年命,厚加料理。尤穷之家,勿收租赋。戊子,大赦天下。

二月辛丑,舆驾亲祠明堂。

三月庚寅,大雪,平地三尺。

夏四月乙卯,改作南北郊。景辰,诏曰:"夫钦若昊天,历象无违,躬执耒耜,尽力致敬,上协星鸟,俯训民时,平秩东作,义不在南。前代因袭,有乖礼制,可于震方,简求沃野,具兹千亩,庶允旧章。"

五月癸卯,琬琰殿火,延烧后宫屋三千间。丁巳,诏曰:"王公卿士,今拜表贺瑞,虽则百辟体国之诚,朕怀良有多愧。若其泽漏川泉,仁被动植,气调玉烛,治致太平,爰降嘉祥,可无惭德;而政道多缺,淳化未凝,何以仰叶辰和,远臻冥贶?此乃更彰寡薄,重增其尤。自今可停贺瑞。"

六月丁卯,信威将军、义州刺史文僧明以州叛,入于魏。

秋七月丁酉,假大匠卿裴邃节,督众军北讨。甲寅,老人星见。魏荆州刺史桓叔兴帅众降。

八月丁亥,始平郡中石鼓村地自开成井,方六尺六寸,深三十二丈。

冬十一月,百济、新罗国各遣使献方物。

十二月戊辰,以镇东大将军百济王余隆为宁东大将军。

三年春正月庚子,以尚书令袁昂为中书监,吴郡太守王暕为尚书左仆射,尚书左仆射王份为右光禄大夫。庚戌,京师地震。己未,以宣毅将军庐陵王续为雍州刺史。

三月巳卯,巴陵王萧屏薨。

夏四月丁卯,汝阴王刘端薨。

五月壬辰朔,日有蚀之,既。癸巳,赦天下,并班下四方,民所疾苦,咸即以闻,公卿百僚各上封事,连率郡国举贤良方正直言之士。

秋八月辛酉,作二郊及籍田并毕,班赐工匠各有差。甲子,老人星见。婆利、白题国各遣使献方物。

冬十月景子,加中书监袁昂中卫将军。

十一月甲午,抚军将军、开府仪同三司、领军将军始兴王憺薨。辛丑,以太子詹事萧深藻为领军将军。

四年春正月辛卯,舆驾亲祠南郊,大赦天下,应诸穷疾,咸加赈恤,并班下四方,时理狱讼。景午,舆驾亲祠明堂。

二月庚午,老人星见。乙亥,躬耕籍田。诏曰:"夫耕籍之义大矣哉!粱盛由之而兴,礼节因之以著,古者哲王咸用此作。卷言八政,致兹千亩,公卿百辟,恪恭其仪,九推毕礼,馨香靡替。兼以风云叶律,气象光华,属览休辰,思加奖劝。可班下远近,广辟良畴,公私畎亩,务尽地利。若欲附农而粮种有乏,亦加贷恤,每使优遍。孝悌力田赐爵一级。预耕之司,克日劳酒。"

三月壬寅,以镇右将军豫章王综为平北将军、南兖州刺史。

六月乙丑,分益州置信州,分交州置爱州,分广州置成州、南定州、合州、建州,分霍州置义州。

秋八有丁卯,老人星见。

冬十月庚午,以中书监、中卫将军袁昂为尚书令,即本号开府仪同三司。已卯,护军将军昌义之卒。

十一月癸未朔,日有蚀之,太白昼见。甲辰,尚书左仆射王暕卒。

十二月戊午,始铸铁钱。狼牙脩国遣使献方物。

五年春正月,以左光禄大夫、开府仪同三司南平王伟为镇卫大将军,改领右光禄大夫,仪同三司如故。征西将军、开府仪同三司、荆州刺史鄱阳王恢进号骠骑大将军。太府卿夏侯亶为中护军。右光禄大夫王份为左光禄大夫,加特进。辛卯,平北将军、南兖州刺史豫章王综进号镇北将军。平西将军、雍州刺史晋安王讳进号安北将军。

二月庚午，特进、左光禄大夫王份卒。丁丑，老人星见。

三月甲戌，分扬州、江州置东扬州。

夏四月乙未，以云麾将军南康王绩为江州刺史。

六月乙酉，龙斗于曲阿王陂，因西行至建陵城。所经处树木倒折，开地数十丈。戊子，以会稽太守武陵王纪为东扬州刺史。庚子，以员外散骑常侍元树为平北将军、北青兖二州刺史，率众北伐。

秋七月辛未，赐北讨义客位一阶。

八月庚寅，徐州刺史成景隽克魏童栈。

九月戊申，又克睢陵城。戊午，北兖州刺史赵景悦围荆山。壬戌，宣毅将军裴邃袭寿阳，入罗城，弗克。

冬十月戊寅，裴邃、元树攻魏建陵城，破之。辛巳，又破曲木。扫虏将军彭宝孙克琅邪。甲申，又克檀丘城。辛卯，裴邃破狄城。景申，又克甓城，遂进屯黎将。壬寅，魏东海太守韦敬欣以司吾城降。定远将军□□太守曹世宗破魏曲阳城。甲辰，又克秦墟。魏郿、潘溪守悉皆弃城走。

十一月景辰，彭宝孙克东莞城。壬戌，裴邃攻寿阳之安城，克之。景寅，魏马头、安城并来降。

十二月戊寅，魏荆山城降。乙巳，武勇将军李国兴攻平静关，克之。辛丑，信威长史杨法乾攻武阳关；壬寅，攻岘关；并克之。

六年春正月景午，安北将军晋安王讳遣长史柳津破魏南乡郡，司马董当门破魏晋城。庚戌，又破马圈、凋阳二城。辛亥，舆驾亲祠南郊，大赦天下。庚申，魏镇东将军、徐州刺史元法僧以彭城内附。己巳，雍州前军克魏新蔡郡。诏曰："庙谟已定，王略方举。侍中、领军将军西昌侯深藻，可便亲戎，以前启行；镇北将军、南兖州刺史豫章王综董驭雄桀，风驰次迈；其余众军，计日差遣。初中后师，善得严办。朕当六军云动，龙舟济江。"癸酉，克魏郑城。甲戌，以魏镇东将军、徐州刺史元法僧为司空。

二月丁丑,老人星见。庚辰,南徐州刺史庐陵王续还朝,禀承戎略。乙未,赵景悦下魏龙亢城。

三月景午,岁星见南斗。赐新附民长复除,应诸罪失一无所问。己酉,行幸白下城,履行六军顿所。乙丑,镇北将军、南兖州刺史豫章王综权顿彭城,总督众军,并摄徐州府事。己巳,以魏假平东将军元景隆为衡州刺史,魏征虏将军元景仲为广州刺史。

夏五月己酉,筑宿预堰,又修曹公堰於济阴。太白昼见。壬子,遣中护军夏侯亶督寿阳诸军事,北伐。

六月庚辰,豫章王综奔于魏,魏复据彭城。

秋七月壬戌,大赦天下。

八月景子,以散骑常侍曹仲宗兼领军。壬午,老人星见。

十二月戊子,邵陵王纶有罪,免官,削爵土。壬辰,京师地震。

七年春正月辛丑朔,赦殊死以下。丁卯,滑国遣使献方物。

二月甲戌,北伐众军解严。河南王遣使献方物。丁亥,老人星见。

三月乙卯,高丽国遣使献方物。

夏四月乙酉,太尉临川王宏薨。南州津改置校尉,增加俸秩。诏在位群臣,各举所知,凡是清吏,咸使荐闻,州年举二人,大郡一人。

六月己卯,林邑国遣使献方物。

秋九月己酉,骠骑大将军、开府仪同三司、荆州刺史鄱阳王恢薨。

冬十月辛未,以丹阳尹湘东王讳为荆州刺史。

十一月庚辰,大赦天下。是日,丁贵嫔薨。辛巳,夏侯亶、胡龙牙、元树、曹世宗等众军克寿阳城。丁亥,放魏扬州刺史李宪还北。以寿阳置豫州,合肥改为南豫州。以中护军夏侯亶为豫、南豫二州刺史。平西将军、郢州刺史元树进号安西将军。魏新野太守以郡降。

大通元年春正月乙丑，以尚书左仆射徐勉为尚书仆射、中卫将军。诏曰："朕思利兆民，惟日不足，气象环回，每弘优简。百官俸禄，本有定数，前代以来，皆多评准，顷者因循，未遑改革。自今已后，可长给见钱，依时即出，勿令逋缓。凡散失官物，不问多少，并从原宥。惟事涉军储，取公私见物，不在此例。"辛未，舆驾亲祠南郊。诏曰："奉时昭事，虔荐苍璧，思承天德，惠此下民。凡因事去土，流移他境者，并听复宅业，蠲役五年。尤贫之家，勿收三调。孝悌力田赐爵一级。"是月，司州刺史夏侯夔进军三关，所至皆克。

三月辛未，舆驾幸同泰寺舍身。甲戌，还宫，赦天下，改元。以左卫将军萧深藻为中护军。林邑、师子国各遣使献方物。

夏五月景寅，成景隽克魏临潼、竹邑。

秋八月壬辰，老人星见。

冬十月庚戌，魏东豫州刺史元庆和以涡阳内属。甲寅，曲赦东豫州。

十一月丁卯，以中护军萧深藻为北讨都督、征北大将军，镇涡阳。戊辰，加尚书令、中卫将军、开府仪同三司袁昂中书监。以涡阳置西徐州。高丽国遣使献方物。

二年春正月庚申，司空元法僧以本官领中军将军。中书监、尚书令、中卫将军、开府仪同三司袁昂进号中抚大将军。卫尉卿萧昂为中领军。乙酉，芮芮国遣使献方物。

二月甲午，老人星见。是月，筑寒山堰。

三月壬戌，以江州刺史南康王绩为安右将军。

夏四月辛丑，魏郢州刺史元愿达以义阳内附，置北司州。时魏大乱，其北海王元颢、临淮王元彧、汝南王元悦并来奔；其北青州刺史元世隽、南荆州刺史李志亦以地降。

六月丁亥，魏临淮王元彧求还本国，许之。

冬十月丁亥，以魏北海王元颢为魏主，遣东宫直阁将军陈庆之卫送还北。魏豫州刺史邓献以地内属。

中大通元年正月辛酉，舆驾亲祠南郊，大赦天下，孝悌力田赐爵一级。甲子，魏汝南王元悦求还本国，许之。辛巳，舆驾亲祠明堂。

二月甲申，以丹阳尹武陵王纪为江州刺史。辛丑，芮芮国遣使献方物。

三月丙辰，以河南王阿罗真为宁西将军、西秦河沙三州刺史。庚辰，以中护军萧深藻为中权将军。

夏四月癸未，以安右将军南康王绩为护军将军。癸巳，陈庆之攻魏梁城，拔之；进屠考城，擒魏济阴王元晖业。

五月戊辰，克大梁。癸酉，克武牢城。魏主元子攸弃洛阳，走河北。乙亥，元颢入洛阳。

六月壬午，大赦天下。辛亥，魏淮阴太守晋鸿以湖阳城内属。

闰月己未，安右将军、护军南康王绩薨。己卯，魏尔朱荣攻杀元颢，复据洛阳。

秋九月辛巳，朱雀航华表灾。以安北将军羊侃为青、冀二州刺史。癸巳，舆驾幸同泰寺，设四部无遮大会，因舍身，公卿以下，以钱一亿万奉赎。

冬十月己酉，舆驾还宫，大赦，改元。

十二月景戌，加中抚大将军、开府仪同三司袁昂中书监。加镇卫大将军、开府仪同三司南平王伟太子少傅。加金紫光禄大夫萧琛、陆杲并特进。司空、中军将军元法僧进号车骑将军。中权将军萧深藻为中护军将军。中领军萧昂为领军将军。戊子，魏巴州刺史严始欣以城降。

十二月丁巳，盘盘国遣使献方物。

二年春正月戊寅，以雍州刺史晋安王讳为骠骑大将军、扬州刺史，南徐州刺史庐陵王续为平北将军、雍州刺史。癸未，老人星见。

夏四月庚申，大雨雹。壬申，以河南王佛辅为宁西将军、西秦河二州刺史。

六月丁巳，遣魏太保汝南王元悦还北为魏主。庚申，以魏尚书左仆射范遵为安北将军、司州牧，随元悦北讨。林邑国遣使献方物。壬申，扶南国遣使献方物。

秋八月庚戌，舆驾幸德阳堂，设丝竹会，祖送魏主元悦。山贼聚结，寇会稽郡所部县。

九月壬午，假昭武将军湛海珍节以讨之。

三年春正月辛巳，舆驾亲祠南郊，大赦天下，孝悌力田赐爵一级。景申，以魏尚书仆射郑先护为征北大将军。

二月辛丑，舆驾亲祠明堂。甲寅，老人星见。乙卯，特进萧琛卒。乙丑，以广州刺史元景隆为安右将军。

夏四月乙巳，皇太子统薨。

六月丁未，以前太子詹事萧深猷为中护军。尚书仆射徐勉加特进、右光禄大夫。丹丹国遣使献方物。癸丑，立昭明太子子南徐州刺史华容公欢为豫章郡王，枝江公誉为河东郡王，曲阿公督为岳阳郡王。

秋七月乙亥，立晋安王讳为皇太子，大赦天下，赐为父后者及出处忠孝文武清勤，并赐爵一级。乙酉，以侍中、五兵尚书谢举为吏部尚书。庚寅，诏曰："推恩六亲，义彰九族，班以侯爵，亦曰惟允。凡是宗戚有服属者，并可赐沐食乡亭侯，各随远近以为差次。其有昵亲，自依旧章。"壬辰，以吏部尚书何敬容为尚书右仆射。癸巳，老人星见。

九月庚午，以太子詹事萧深藻为征北将军、南兖州刺史。戊寅，狼牙脩国奉表献方物。

冬十月己酉，行幸同泰寺，高祖升法座，为四部众说《大般涅盘经》义，迄于乙卯。前乐山县侯萧正则有罪流徒，至是招诱亡命，欲寇广州，在所讨平之。

十一月乙未，行幸同泰寺，高祖升法座，为四部众说《摩诃般若波罗蜜经》义，讫于十二月辛丑。

是岁，吴兴郡生野谷，堪食。

四年春正月景寅朔，以镇卫大将军、开府仪同三司南平王伟进位大司马，司空元法僧进位太尉，尚书令、中权大将军、开府仪同三司袁昂进位司空。立临川靖惠王宏子正德为临贺郡王。戊辰，以丹阳尹邵陵王纶为扬州刺史。太子右卫率薛法护为平北将军、司州牧，卫送元悦入洛。庚午，立嫡皇孙大器为宣城郡王。癸未，魏南兖州刺史刘世明以城降，改魏南兖州为谯州，以世明为刺史。

二月壬寅，老人星见。新除太尉元法僧还北，为东魏主。以安右将军元景隆为征北将军、徐州刺史，云麾将军杨侃为安北将军、兖州刺史，散骑常侍元树为镇北将军。庚戌，新除扬州刺史邵陵王纶有罪，免为庶人。壬子，以江州刺史武陵王纪为扬州刺史，领军将军萧昂为江州刺史。景辰，邵陵县获白鹿一。

三月庚午，侍中、领国子博士萧子显上表置《制旨孝经》助教一人，生十人，专通高祖所释《孝经》义。

夏四月壬申，盘盘国遣使献方物。

秋七月甲辰，星陨如雨。

八月景子，特进陆杲卒。

九月乙巳，以太子詹事南平王世子恪为领军将军，平北将军、雍州刺史庐陵王续为安北将军，西中郎将、荆州刺史湘东王讳为平西将军，司空袁昂领尚书令。

十一月己酉，高丽国遣使献方物。

十二月庚辰，以太尉元法僧为骠骑大将军、开封同三司之仪、郢州刺史。

五年春正月辛卯，舆驾亲祠南郊，大赦天下，孝悌力田赐爵一级。先是一日，东南郊令解涤之等到郊所履行，忽闻空中有异香三随风至，及将行事，奏乐迎神毕，有神光满坛上，朱紫黄白杂色，食顷方灭。兼太宰武陵王纪等以闻。戊申，京师地震。己酉。长星见。

辛亥,舆驾亲祠明堂。癸丑,以宣城王大器为中军将军。河南国遣
使献方物。

二月癸未,行幸同泰寺,设四部大会,高祖升法座,发《金字摩
诃波若经》题,讫于己丑。老人星见。

三月景辰,大司马南平王伟薨。

夏四月癸酉,以御史中丞臧盾兼领军。

五月戊子,京邑大水,御道通船。

六月己卯,魏建义城主兰宝杀魏东徐州刺史,以下邳城降。

秋七月辛卯,改下邳为武州。

八月庚申,以前徐州刺史元景隆为安右将军。老人星见。甲子,
波斯国遣使献方物。甲申,中护军萧深猷卒。

九月己亥,以轻车将军、临贺王正德为中护军。甲寅,以尚书
令、司空袁昂为特进、右光禄大夫,司空如故。盘盘国遣使献方物。

冬十月庚申,以尚书右仆射何敬容为尚书左仆射,吏部尚书谢
举为尚书右仆射,侍中、国子祭酒萧子显为吏部尚书。

六年春二月癸亥,舆驾亲耕籍田,大赦天下,孝悌力田赐爵一
级。

三月己亥,以行河南王可沓振为西秦河五州刺史、河南王。甲
辰,百济国遣使献方物。

夏四月丁卯,荧惑在南斗。

秋七月甲辰,林邑国遣使献方物。

八月己未,以南梁州刺史武兴王杨绍先为秦、南秦二州刺史。

冬十月丁卯,以信武将军元庆和为镇北将军,率众北伐。

闰十二月景午,西南有雷声二。

大同元年春正月戊申朔,改元,大赦天下。

二月己卯,老人星见。辛巳,舆驾亲祠明堂。丁亥,舆驾躬耕籍
田。辛丑,高丽国、丹丹国各遣使献方物。

三月辛未，滑国王安乐萨丹王遣使献方物。

夏四月庚子，波斯国献方物。甲辰，以魏镇东将军刘济为徐州刺史。壬戌，以安北将军庐陵王续为安南将军、江州刺史。

秋七月乙卯，老人星见。辛卯，扶南国遣使献方物。

冬十月辛卯，以前南兖州刺史萧深藻为护军将军。

十一丁月未，中卫将军、特进、右光禄大夫徐勉卒。壬戌，北梁州刺史兰钦攻汉中，克之，魏梁州刺史元罗降。癸亥，赐梁州归附者复除有差。甲子，雄勇将军、北益州刺史阴平王杨法深进号平北将军。月行左角星。

十二月乙酉，以魏北徐州刺史杨徽逸为平北将军。十二月戊戌，以平西将军、秦南秦二州刺史武兴王杨绍先进号车骑将军，平北将军、北益州刺史阴平王杨法深进号骠骑将军。辛丑，平西将军、荆州刺史湘东王讳进号安西将军。

二年春正月甲辰，以兼领军臧盾为中领军。

二月乙亥，舆驾躬耕籍田。景戌，老人星见。

三月庚申，诏曰：“政在养民，德存被物，上令如风，民应如草。朕以寡德，运属时来，拨乱反正，倏焉三纪。不能使重门不闭，守在海外，疆场多阻，车书未一。民疲转输，士劳边防，彻田为粮，未得顿止。治道不明，政用多僻，百辟无沃心之言，四聪阙飞耳之听，州辍刺举，郡忘共治。致使失理负谤，无由闻达，侮文弄法，因事生奸，肺石空陈，悬钟徒设。《书》不云乎：‘股肱惟人，良臣惟圣。’实赖贤佐，匡其不及。凡厥在朝，各献谠言。政治不便于民者，可悉陈之，若在四远，刺史二千石长吏并以奏闻。细民有言事者，咸为申达。朕将亲览，以纾其过。文武在位，举尔所知，公侯将相，随才擢用，拾遗补阙，勿有所隐。”

夏四月乙未，以骠骑大将军、开府同三司之仪元法僧为太尉，领军师将军。

先是，尚书右丞江子四上封事，极言政治得失。五月癸卯，诏曰:"古人有言,屋漏在上,知之在下。朕所钟过,不能自觉。江子四等封事如上,尚书可时加检括,于民有蠹患者,便即勒停,宜速详启,勿致淹缓。"乙巳,以魏前梁州刺史元罗为征北大将军、青冀二州刺史。

六月丁亥,诏曰:"南郊、明堂、陵庙等令,与朝请同班,于事为轻,可改视散骑侍郎。"

冬十月乙亥,诏大举北伐。

十一月己亥,诏北伐众班师。辛亥,京师地震。

十二月壬申,魏请通和,诏许之。丁酉,以吴兴太守、驸马都尉、利亭侯张缵为吏部尚书。

三年春正月辛丑,舆驾亲祠南郊,大赦天下,孝悌力田赐爵一级。是夜,朱雀门灾。壬寅,天无云,雨灰,黄色。癸卯,以中书令邵陵王纶为江州刺史。

二月乙酉,老人星见。丁亥,舆驾亲耕籍田。己丑,以尚书左仆射何敬容为中权将军,护军将军萧深藻为安右将军、尚书左仆射,以尚书右仆射谢举为右光禄大夫。庚寅,以安南将军庐陵王续为中卫将军、护军将军。

三月戊戌,立昭明太子子謇为武昌郡王,譬为义阳郡王。

夏四月丁卯,以南琅邪彭城二郡太守河东王誉为南徐州刺史。

五月景申,以前扬州刺史武陵王纪复为扬州刺史。

六月,青州朐山境陨霜。

秋七月癸卯,魏遣使来聘。己酉,义阳王譬薨。是月,青州雪,害苗稼。

八月甲申,老人星见。辛卯,舆驾幸阿育王寺,赦天下。

九月,南兖州大饥。是月,北徐州境内旅生稻稗二千许顷。

闰月甲子,安西将军、荆州刺史湘东王讳进号镇西将军,扬州刺史武陵王纪为安西将军、益州刺史。

冬十月景辰,京师地震。是岁,饥。

四年春正月庚辰,以中军将军宣城王大器为中军大将军、扬州刺史。

二月己亥,舆驾亲耕籍田。

三月戊寅,河南国遣使献方物。癸未,芮芮国遣使献方物。

五月甲戌,魏遣使来聘。

秋七月己未,以南琅邪彭城二郡太守岳阳王詧为东扬州刺史。癸亥,诏以东治徒李胤之降如来真形舍利,大赦天下。

八月甲辰,诏:“南兖、北徐、西徐、东徐、青、冀、南北青、武、仁、潼、睢等十二州,既经饥馑,曲赦逋租宿责,勿收今年三调。”

冬十二月丁亥,兼国子助教皇侃表上所撰《礼记义疏》五十卷。

五年春正月乙卯,以护军将军庐陵王续为骠骑将军、开府仪同三司,安右将军、尚书左仆射萧深藻为中卫将军、开府仪同三司。中权将军、丹阳尹何敬容以本号为尚书令,吏部尚书张缵为尚书仆射,都官尚书刘孺为吏部尚书。丁巳,御史中丞、参礼仪事贺琛奏:“今南北二郊及籍田往还并宜御辇,不复乘辂。二郊请用素辇,籍田往还乘常辇,皆以侍中陪乘,停大将军及太仆。”诏付尚书博议施行,改素辇名大同辇,昭祀宗庙乘玉辇。辛未,舆驾亲祠南郊,诏孝悌力田及州闾乡党称为善人者,各赐爵一级,并勒属所以时腾上。

三月己未,诏曰:“朕四聪既阙,五识多蔽,画可外牒,或致纰缪。凡是政事不便于民者,州郡县即时皆言,勿得欺隐。如使怨讼,当境任失。而今而后,以为永准。”

秋七月己卯,以骠骑将军、开府仪同三司庐陵王续为荆州刺史,湘东王讳为护军将军、安右将军。

八月乙酉,扶南国遣使献生犀及方物。

九月庚申,以都官尚书到溉为吏部尚书。

冬十一月乙亥,魏遣使来聘。

十二月癸未,以吴郡太守谢举为中书监,新除中书令鄱阳王范为中领军。

六年春正月庚戌朔，曲赦司、豫、徐、兖四州。

二月己亥，舆驾亲耕籍田。景午，以江州刺史邵陵王纶为平西将军、郢州刺史，云麾将军豫章王欢为江州刺史。秦郡献白鹿一。

夏四月癸未，诏曰："命世兴王，嗣贤传业，声称不朽，人代徂迁，二宾以位，三恪义在，时事浸远，宿草榛芜，望古兴怀，言念怆然。晋、宋、齐三代诸陵，有职司者勤加守护，勿令细民妄相侵毁。作兵有少，补使充足。前无守视，并可量给。"

五月戊寅，以前青、冀二州刺史元罗为右光禄大夫。己卯，河南王遣使献马及方物。

六月丁未，平阳县献白鹿一。

秋七月丁亥，魏遣使来聘。

八月戊午，赦天下。辛未，诏曰："经国有体，必询诸朝，所以尚置令、仆、丞、郎，旦旦上朝，以议时事，前共筹怀，然后奏闻。顷者不尔，每有疑事，倚立求决。古人有云，主非尧舜，何得发言便是。是故放勋之圣，犹咨四岳，重华之睿，亦待多士。岂朕寡德，所能独断。自今尚书中有疑事，前於朝堂参议，然后启闻，不得习常。其军机要切，前须谘审，自依旧典。"盘盘国遣使献方物。

九月，移安州置定远郡，受北徐州都督，定远郡改属安州。始平太守崔硕表献嘉禾一茎十二穗。戊戌，特进、左光禄大夫、司空袁昂薨。

冬十一月己卯，曲赦京邑。

十二月壬子，江州刺史豫章王欢薨。以护军将军湘东王讳为镇南将军、江州刺史。置桂州于湘州始安郡，受湘州督；省南桂林等二十四郡，悉改属桂州。

七年春正月辛巳，舆驾亲祠南郊，赦天下，其有流移及失桑梓者，各还田宅，蠲课五年。辛丑，舆驾亲祠明堂。

二月乙巳，以行宕昌王梁弥泰为平西将军、河凉二州刺史、宕昌王。辛亥，舆驾躬耕籍田。乙卯，京师地震。丁巳，以中领军、鄱阳王范为镇北将军、雍州刺史。

三月乙亥，宕昌王遣使献马及方物。高丽、百济、滑国各遣使献方物。

夏四月戊申，魏遣使来聘。

五月癸巳，以侍中南康王会理兼领军。

秋九月戊寅，芮芮国遣使献方物。

冬十月景午，以侍中刘孺为吏部尚书。

十一月景子，诏停在所役使女丁。丁丑，诏曰："民之多幸，国之不幸，恩泽屡加，弥长奸盗，朕亦知此之为病矣。如不优赦，非仁人之心。凡厥愆耗逋负，起今七年十一月九日昧爽以前，在民间无问多少，言上尚书督所未入者，皆赦除之。"又诏曰："用天之道，分地之利，盖先圣之格训也。凡是田桑废宅没入者，公创之外，悉以分给贫民，皆使量其所能以受田分。如闻顷者，豪家富室多占取公田，贵价僦税，以与贫民，伤时害政，为蠹已甚。自今公田悉不得假与豪家，已假者特听不追，其若富室给贫民种粮共营作者，不在禁例。"己丑，以金紫光禄大夫臧盾为领军将军。

十二月壬寅，诏曰："古人云，一物失所，如纳诸隍，未是切言也。朕寒心消志，为日久矣，每当食投箸，方眠彻枕，独坐怀忧，愤慨申旦，非为一人，万姓故耳。州牧多非良才，守宰兽而傅翼，杨阜是故忧愤，贾谊所以流涕。至于民间诛求万端，或供厨帐，或共厩库，或遣使命，或待宾客，皆无自费，取给于民。又复多遣游军，称为遏防，奸盗不止，暴掠繁多，或求供设，或责脚步。又行劫纵，更相枉逼，良人命尽，富室财殚。此为怨酷，非止一事。亦频禁断，犹自未已。外司明加听采，随事举奏。又复公私传、屯、邸、冶，爰至僧尼，当其地界，止应依限守视；乃至广加封固，越界分断水陆采捕及以樵苏，遂致细民措手无所。凡自今有越界禁断者，禁断之身，皆以军法从事。若是公家创内，止不得辄自立屯，与公竞作，以收私利。至百姓樵采以供烟爨者,悉不得禁;及以采捕,亦勿诃问。若不遵承,皆以死罪结正。"魏遣使来聘。景辰,于宫城西立士林馆,延集学者。

是岁,交州士民李贲攻刺史萧谘,谘输赂,得还越州。

八年春正月,安成郡民刘敬躬挟左道以反,内史萧说委郡东奔,敬躬据郡,进攻庐陵,取豫章,妖党遂至数万,前逼新淦、柴桑。

二月戊戌,江州刺史湘东王讳遣中兵曹子郢讨之。

三月戊辰,大破之,擒敬躬送京师,斩于建康市。是月,于江州新蔡、高埭立颂平屯,垦作蛮田。遣越州刺史陈侯、罗州刺史宁巨、安州刺史李智、爱州刺史阮汉,同征李贲于交州。

九年春闰月景申,地震,生毛。

二月甲戌,使江州民三十家出奴婢一户,配送司州。

三月,以太子詹事谢举为尚书仆射。

夏四月,林邑王破德州,攻李贲,贲将范脩又破林邑王于九德,林邑王败走。

冬十一月辛丑,安西将军、益州刺史武陵王纪进号征西将军、开府仪同三司。

十二月壬戌,领军将军臧盾卒,以轻车将军河东王誉为领军将军。

十年春正月,李贲于交趾窃位号,署置百官。

三月甲午,舆驾幸兰陵,谒建宁陵。辛丑,至脩陵。壬寅,诏曰:"朕自违桑梓,五十余载,乃眷东顾,靡日不思。今四方款关,海外有截,狱讼稍简,国务小闲,始获展敬园陵,但增感恸。故乡老少,接踵远至,情貌孜孜,若归于父,宜有以慰其此心。并可锡位一阶,并加颁赉。所经县邑,无出今年租赋。监所责民,蠲复二年。并普赉内外从官军主左右钱米各有差。"因作《还旧乡》诗。癸卯,诏园陵职司,恭事勤劳,并锡位一阶,并加沾赉。丁未,仁威将军、南徐州刺史临川王正义进号安东将军。己酉,幸京口城北固楼,改名北顾。庚戌,幸回宾亭,宴帝乡故老及所经近县奉迎候者少长数千人,各赉钱二千。

夏四月乙卯,舆驾至自兰陵。诏鳏寡孤独尤贫者赡恤各有差。

五月丁酉,尚书令何敬容免。

秋九月己丑,诏曰:“今兹远近,雨泽调适,其获已及,冀必万箱,宜使百姓因斯安乐。凡天下罪无轻重,已发觉、未发觉、讨捕未擒者,皆赦宥之。侵割耗散官物,无问多少,亦悉原除。田者荒废、水旱不作、无当时文列,应追税者,并作田不登公格者,并停。各备台州以文最通殿,罪悉从原。其有因饥逐食,离乡去土,悉听复业,蠲课五年。”

冬十二月,大雪,平地三尺。

十一年春三月庚辰,诏曰:“皇王在昔,泽风未远,故端居玄扈,拱默岩廊。自大道既沦,浇波斯逝,动竞日滋,情伪弥作。朕负扆君临,百年将半,宵漏未分,躬劳政事,白日西浮,不遑飧饭。退居犹於布素,含咀匪过藜藿。宁以万乘为贵,四海为富,唯欲亿兆康宁,下民安义。虽复三思行事,而百虑多失。凡远近分置,内外条流,四方所立屯、传、邸、冶、市埭、桁渡、津税、田园,新旧守宰,游军戍逻,有不便于民者,尚书州郡各速条上,当随言除省,以舒民患。”

夏四月,魏遣使来聘。

冬十月己未,诏曰:“尧、舜以来,便开赎刑,中年依古,许罪身入赎,吏下因此,不无奸猾,所以一旦复敕禁断。川流难壅,人心惟危,既乖内典慈悲之义,又伤外教好生之德。书云:‘与杀不辜,宁失不经。’可复开罪身,皆听入赎。”

中大同元年春正月丁未,曲阿县建陵隧口石麒麟动,有大蛇斗隧中,其一被伤奔走。癸丑,交州刺史杨暕克交趾嘉宁城,李贲窜入獠洞,交州平。

三月乙巳，大赦天下，凡主守割盗放散官物，及以军粮器下，凡是赦所不原者，起十一年正月以前，皆悉从恩，十一年正月已后，悉原加责；其或为事逃叛流移，因饥以后亡乡失土，可听复业，蠲课五年，停其徭役；其被拘之身，各还本郡，旧业若在，皆悉还之。庚戌，法驾出同泰寺大会，停寺省，讲《金字三慧经》。

夏四月景戌，于同泰寺解讲，设法会。大赦，改元，孝悌力田为父后者赐爵一级，赉宿卫文武各有差。是夜，同泰寺灾。

六月辛巳，竟天有声，如风雨相击薄。

秋七月辛酉，以武昌王誻为东扬州刺史。甲子，诏曰："禽兽知母而不知父，无赖子弟过于禽兽，至于父母并皆不知，多触王宪，致及老人。耆年禁执，大可伤愍。自今有犯罪者，父母祖父母勿坐。唯大逆不预今恩。"景寅，诏曰："朝四而暮三，众狙皆喜，名实未亏，而喜怒为用。顷闻外间多用九陌钱，陌减则物贵，陌足则物贱，非物有贵贱，是心有颠倒。至于远方，日更滋甚，岂直国有异政，乃至家有殊俗，徒乱王制，无益民财。自今可通用足陌钱。令书行后，百日为期，若犹有犯，男子谪运，女子质作，并同三年。"

八月丁丑，东扬州刺史武昌王誻薨。以安东将军、南徐州刺史临川王正义即本号东扬州刺史，丹阳尹邵陵王纶为镇东将军、南徐州刺史。甲午，渴槃陁国遣使献方物。

冬十月癸酉，汝阴王刘哲薨。乙亥，以前东扬州刺史岳阳王督为雍州刺史。

太清元年正月壬寅，骠骑大将军、开府仪同三司、荆州刺史庐陵王续薨；以镇南将军、江州刺史湘东王讳为镇西将军、荆州刺史。辛酉，舆驾亲祠南郊，诏曰："天行弥纶，覆焘之功博；乾道变化，资始之德成。朕沐浴斋宫，虔恭上帝，祗事樵燎，高煇太一，大礼克遂，感庆兼怀，思与亿兆同其福惠。可大赦天下，尤穷者无出即年租调；清议禁锢，并皆宥释；所讨逋叛，巧籍隐年，暗丁匿口，开恩百日，各令自首，不问往罪；流移他乡，听复宅业，蠲课五年；孝悌力田赐爵一级;居局治事赏劳二年。可班下远近,博采英异,或德茂州闾,道行乡邑,或独行特立,不求闻达,咸使言上,以时招聘。"甲子,舆驾亲祠明堂。

二月己卯,白虹贯日。庚辰,魏司徒侯景求以豫章、广、颍、洛、阳、西扬、东荆、北荆、襄、东豫、南兖、西兖、齐等十三州内属。壬午,以景为大将军,封河南王,大行台,承制承如邓禹故事。丁亥,舆驾躬耕籍田。

三月庚子,高祖幸同泰寺,设无遮大会,舍身,公卿等以钱一亿万奉赎。甲辰,遣司州刺史羊鸦仁、兖州刺史桓和、仁州刺史湛海珍等应接北豫州。

夏四月丁亥,舆驾还宫,大赦天下,改元,孝悌力田为父后者赐爵一级,在朝群臣宿卫文武并加颁赉。

五月丁酉,舆驾幸德阳堂,宴群臣,设丝竹乐。

六月戊辰,以前雍州刺史鄱阳王范为征北将军,总督汉北征讨诸军事。

秋七月庚申,羊鸦仁入悬瓠城。甲子,诏曰:"二豫分置,其来久矣。今汝、颍克定,可依前代故事,以悬瓠为豫州,寿春为南豫,改合肥为合州,北广陵为淮州,项城为殷州,合州为南合州。"

八月乙丑,王师北伐,以南豫州刺史萧深明为大都督。诏曰:"今汝南新复,嵩、颍载清,瞻言遗黎,有劳鉴寐,宜覃宽惠,与之更始。应是缘边初附诸州部内百姓,先有负罪流亡,逃叛入北,一皆旷荡,不问往愆,并不得挟以私仇而相报复。若有犯者,严加裁问。"戊子,以大将军侯景录行台尚书事。

九月癸卯,王游苑成。庚戌,舆驾幸苑。

冬十一月,魏遣大将军慕容绍宗等至寒山。景午,大战,深明败绩,及北兖州刺史胡贵孙等并陷魏。绍宗进围潼州。

十二月戊辰,遣太子舍人元贞还北为魏主。辛巳,以前征北将军鄱阳王范为安北将军、南豫州刺史。

二年春正月戊戌,诏在位各举所知。己亥,魏陷涡阳。辛丑,以尚书仆射谢举为尚书令,守吏部尚书王克为尚书仆射。甲辰,豫州刺史羊鸦仁、殷州刺史羊思达并弃城走,魏进据之。乙卯,以大将军侯景为南豫州牧,安北将军、南豫州刺史鄱阳王范为合州刺史。

三月甲辰,抚东将军高丽王高延卒,以其息为宁东将军、高丽王、乐浪公。己未,以镇东将军、南徐州刺史邵陵王纶为平南将军、湘州刺史、同三司之仪,中卫将军、开府仪同三司萧深藻为征东将军、南徐州刺史。是日,屈獠洞斩李贲,传首京师。

夏四月景子,诏在朝及州郡各举清人任治民者,皆以礼送京师。戊寅,以护军将军河东王誉为湘州刺史。

五月辛丑,以新除中书令邵陵王纶为安前将军、开府仪同三司,前湘州刺史张缵为领军将军。辛亥,曲赦交、爱、德三州。癸丑,诏曰:“为国在于多士,宁下寄于得人。朕暗于行事,尤阙治道,孤立在上,如临深谷。凡尔在朝,咸思匡救,献替可否,用相启沃。班下方岳,傍求俊乂,穷其屠钓,尽其岩穴,以时奏闻。”是月,两月夜见。

秋八月乙未,以右卫将军朱异为中领军。戊戌,侯景举兵反,擅攻马头、木栅、荆山等戍。甲辰,以安前将军、开府仪同三司邵陵王纶都督众军讨景。曲赦南豫州。

九月景寅,加左光禄大夫元罗镇右将军。

冬十月,侯景袭谯州,执刺史萧泰。丁未,景进攻历阳,太守庄铁降之。戊申,以新除光禄大夫临贺王正德为平北将军,都督京师诸军,屯丹阳郡。己酉,景自横江济于采石。辛亥,景师至京,临贺王正德率众附贼。

十一月辛酉,贼攻陷东府城,害南浦侯萧推、中军司马杨曒。庚辰,邵陵王纶帅武州刺史萧弄璋、前谯州刺史赵伯超等入援京师,顿钟山爱敬寺。乙酉,纶进军湖头,与贼战,败绩。景戌,安北将军鄱阳王范遣世子嗣、雄信将军裴之高等帅众入援,次于张公洲。

十二月戊申,天西北中裂,有光如火。尚书令谢举卒。景辰,司州刺史柳仲礼、前衡州刺史韦粲、高州刺史李迁仕、前司州刺史羊鸦仁等并帅军入援,推仲礼为大都督。

三年春正月丁巳朔,柳仲礼帅众分据南岸。是日,贼济军于青塘,袭破韦粲营,粲拒战死。庚申,邵陵王纶、东扬州刺史临成公大连等帅兵集南岸。乙丑,中领军朱异卒。景寅,以司农卿傅岐为中领军。戊辰,高州刺史李迁仕、天门太守樊文皎进军青溪东,为贼所破,文皎死之。壬午,荧惑守心。乙酉,太白昼见。

二月丁未,南兖州刺史南康王会理、前青冀二州刺史湘潭侯萧退帅江州之众,顿于兰亭苑。庚戌,安北将军、合州刺史鄱阳王范以本号开府仪同三司。

三月戊午,前司州刺史羊鸦仁等进军东府北,与贼战,大败。己未,皇太子妃王氏薨。丁卯,贼攻陷宫城,纵兵大掠。己巳,贼矫诏遣石城公大款解外援军。庚午,侯景自为都督中外诸军事、大丞相、录尚书。辛未,援军各退散。景子,荧惑守心。壬午,新除中领军傅岐卒。

夏四月己丑,京师地震。丙申,地又震。己酉,高祖以所求不供,忧愤寝疾。是月,青冀二州刺史明少遐、东徐州刺史湛海珍、北青州刺史王奉伯各举州附于魏。

五月景辰,高祖崩于净居殿,时年八十六。辛巳,迁大行皇帝梓宫于太极前殿。

冬十一月,追尊为武皇帝,庙曰高祖。乙卯,葬于脩陵。

高祖生知淳孝,年六岁,献皇太后崩,水浆不入口三日,哭泣哀苦,有过成人,内外亲党,咸加敬异。及丁文皇帝忧,时为齐随王谘议,随府在荆镇,仿佛奉闻,便投列星驰,不复寝食,倍道就路,愤风惊浪,不暂停止。高祖形容本壮,及还至京都,销毁骨立,亲表士友,不复识焉。望宅奉讳,气绝久之,每哭辄欧血数升。服内不复尝米,惟资大麦,日止二溢。拜扫山陵,涕泪所洒,松草变色。及居帝位,即于钟山造大爱敬寺,青溪边造智度寺,又于台内立至敬等殿。又立七庙堂,月中再过,设净馔。每至展拜,恒涕洒滂沱,哀动左右。加以文思钦明，能事毕究，少而笃学，洞达儒玄。虽万机多务。犹卷不辍手，燃烛侧光，常至戊夜。造《制旨孝经义》，《周易讲疏》，及六十四卦、二系、文言、序卦等义，《乐社义》，《毛诗答问》，《春秋答问》，《尚书大义》，《中庸讲疏》，《孔子正言》，《老子讲疏》，凡二百余卷，并正先儒之迷，开古圣之旨。王侯朝臣皆奉表质疑，高祖皆为解释。修饰国学，增广生员，立五馆，置五经博士。天监初，则何伦之、贺场、严植之、明山宾等覆述制旨，并撰吉凶军宾嘉五礼，凡一千余卷，高祖称制断疑。于是穆穆恂恂，家知礼节。大同中，于台西立士林馆，领军朱异、太府卿贺琛、舍人孔子祛等递相讲述。皇太子、宣城王亦于东宫宣猷堂及扬州解开讲，于是四方郡国，趋学向风，云集于京师矣。兼笃信正法，尤长释典，制《涅盘》、《大品》、《净名》、《三彗》诸经义记，复数百卷。听览余闲，即于重云殿及同泰寺讲说，名僧硕学，四部听众，常万余人。又造《通史》，躬制赞序，凡六百卷。天情睿敏，下行成章，千赋百诗，直疏便就，皆文质彬彬，超迈今古。诏铭赞诔，箴颂笺奏，爰初在田，泊登宝历，凡诸文集，又百二十卷。六艺备闲，棋登逸品，阴阳纬侯，卜筮占决，并悉称善。又撰《金策》三十卷。草隶尺牍，骑射弓马，莫不奇妙。勤于政务，孜孜无怠。每至冬月，四更竟，即敕把烛看事，执笔触寒，手为皲裂。纠奸插伏，洞尽物情，常哀矜涕泣，然后可奏。日止一食，膳无鲜腴，惟豆羹粝食而已。庶事繁拥，日傥移中，便嗽口以过。身衣布衣，木绵皂帐，一冠三载，一被二年。常克俭于身，凡皆此类。五十外便断房室。后宫职司贵妃以下，六宫袆褕三翟之外，皆衣不曳地，傍无锦绮。不饮酒，不听音声，非宗庙祭祀、大会飨宴及诸法事，未尝作乐。性方正，虽居小殿暗室，恒理衣冠，小坐押襏，盛夏暑月，未尝褰袒。不正容止，不与人相见，虽亲内贤小臣，亦如遇大宾也。历观古昔帝王人君，恭俭庄敬，艺能博学，罕或有焉。

史臣曰：齐季告终，君临昏虐，天弃神怒，众叛亲离。高祖英武睿哲，义起樊、邓，仗旗建号，濡足救焚，总苍兕之师，翼龙豹之阵，云骧雷骇，翦暴夷凶，万邦乐推，三灵改卜。于是御凤历，握龙图，辟四门弘招贤之路，纳十乱引谅直之规。兴文学，修郊祀，治五礼，定六律，四聪既达，万机斯理，治定功成，远安迩肃。加以天祥地瑞，无绝岁时。征赋所及之乡，文轨傍通之地，南超万里，西拓五千。其中瑰财重宝，千夫百族，莫不充牣王府，踆角阙庭。三四十年，斯为盛矣。自魏、晋以降，未或有焉。及乎耄年，委事群倖。然朱异之徒，作威作福，挟朋树党，政以贿成，服冕乘轩，由其掌握，是以朝经混乱，赏罚无章。"小人道长"，抑此之谓也。贾谊云"可为恸哭者"矣。遂使滔天羯寇，承间掩袭，鹙羽流王屋，金契辱乘舆，涂炭黎元，黍离宫室。呜呼！天道何其酷焉。虽历数斯穷，盖亦人事然也。

梁书卷四
本纪第四

简文帝

　　太宗简文皇帝讳纲，字世缵，小字六通，高祖第三子，昭明太子母弟也。天监二年十月丁未，生于显阳殿。五年，封晋安王，食邑八千户。八年，为云麾将军，领石头戍军事，量置佐史。九年，迁使持节、都督南北兖青徐冀五州诸军事、宣毅将军、南兖州刺史。十二年，入为宣惠将军、丹阳尹。十三年，出为使持节、都督荆雍梁南北秦益宁七州诸军事、南蛮校尉、荆州刺史，将军如故。十四年，徙为都督江州诸军事、云麾将军、江州刺史，持节如故。十七年，征为西中郎将、领石头戍军事，寻复为宣惠将军、丹阳尹，加侍中。普通元年，出为使持节、都督益宁雍梁南北秦沙七州诸军事、益州刺史，未拜，改授云麾将军、南徐州刺史。四年，徙为使持节、都督雍梁南北秦四州郢州之竟陵司州之随郡诸军事、平西将军、宁蛮校尉、雍州刺史。五年，进号安北将军。七年，权进都督荆益南梁三州诸军事。是岁，丁所生穆贵嫔丧，上表陈解，诏还摄本任。中大通元年，诏依先给鼓吹一部。二年，征为都督南扬徐二州诸军事、骠骑将军、扬州刺史。三年四月乙巳，昭明太子薨。五月景申，诏曰：“非至公无以主天下，非博爱无以临四海。所以尧舜克让，惟德是与、文王舍伯邑考而立武王，格于上下，光于四表。今岱宗牢落，天步艰难，淳风犹郁，黎民未乂，自非克明克哲，允武允文，岂能荷神器之重，嗣龙图之尊。晋安王纲，文义生知，孝敬自然，威惠外宣，德行内敏，群后归

美,率土宅心。可立为皇太子。"七月乙亥。临轩策拜,以修缮东宫,
权居东府。四年九月,移还东宫。

太清三年五月景辰,高祖崩。辛巳,即皇帝位,诏曰:"朕以不
造,夙丁闵凶。大行皇帝奄弃万国,攀慕号擗,厝身靡所。猥以寡德,
越居民上,茕茕在疚,罔知所托,方赖藩辅,社稷用安。谨遵先旨,顾
命遗泽,宜加亿兆。可大赦天下。"壬午,诏曰:"育物惟宽,驭民惟
惠,道著兴王,本非隶役。或开奉国,便致擒虏;或在边疆,滥被抄
劫。二邦是竞,黎元何罪!朕以寡昧,创承鸿业,既临率土,化行宇
宙,岂欲使彼独为匪民。诸州见在北人为奴婢者,并及妻儿,悉可原
放。"癸未,追谥妃王氏为简皇后。

六月戊戌,以南康嗣王会理为司空。丁亥,立宣城王大器为皇
太子。壬辰,封当阳公大心为寻阳郡王,石城公大款为江夏郡王,宁
国公大临为南海郡王,临城公大连为南郡王,西丰公大春为安陆郡
王,新涂公大成为山阳郡王,临湘公大封为宜都郡王。

秋七月甲寅,广州刺史元景仲谋应侯景,西江督护陈霸先起兵
攻之,景仲自杀,霸先迎定州刺史萧勃为刺史。戊辰,以吴郡置吴
州,以安陆王大春为刺史。庚午,以司空南康嗣王会理兼尚书令,南
海王大临为扬州刺史,新兴王大壮为南徐州刺史。是月,九江大饥,
人相食十四五。

八月癸卯,征东大将军、开府仪同三司、南徐州刺史萧深藻薨。

冬十月丁未,地震。

十二月,百济国遣使献方物。

大宝元年春正月辛亥朔,以国哀不朝会。诏曰:"盖天下者,至
公之神器,在昔三五,不获已而临莅之。故帝王之功,圣人之余事,
轩冕之华,傥来之一物。太祖文皇帝含光大之量,启西伯之基。高
祖武皇帝道洽二仪,智周万物。属齐季荐瘥,彝伦剥丧,同气离入苑
之祸,元首怀无厌之欲,乃当乐推之运,因亿兆之心,承彼掎角,雪
兹仇耻。事非己,义实从民,故功成弗居,卑宫菲食,大慈之业普

薰,汾阳之诏屡下。于兹四纪,无得而称。朕以寡昧,哀茕孔棘,生灵已尽,志不图全,俛俛视阴,企承鸿绪。悬旌履薄,未足云喻。痛甚愈迟,谅暗弥切。方当玄默在躬,栖心事外。即王道未直,天步犹艰,式凭宰辅,以弘庶政。履端建号,抑惟旧章。可大赦天下,改太清四年为大宝元年。"丁未,天雨黄沙。己未,太白经天,辛酉乃止。西魏寇安陆,执同州刺史柳仲礼,尽没汉东之地。丙寅,月昼见。癸酉,前江都令祖皓起义,袭广陵,斩贼南兖州刺史董绍先。侯景自帅水步军击皓。

二月癸未,景攻陷广陵,皓等并见害。景戌,以安陆王大春为东扬州刺史。省吴州,如先为郡。诏曰:"近东垂扰乱,江阳纵逸。上宰运谋,猛士雄奋,吴、会肃清,济、兖澄谧,京师畿内,无事戎衣。朝廷达官,斋内左右,并可解严。"乙巳,以尚书仆射王克为左仆射。是月,邵陵王纶自寻阳至于夏口,郢州刺史南平王恪以州让纶。景午,侯景逼太宗幸西州。

夏五月庚午,征北将军、开府仪同三司鄱阳嗣王范薨。自春迄夏,大饥,人相食,京师尤甚。

六月辛巳,以南郡王大连行扬州事。庚子,前司州刺史羊鸦仁自尚书省出奔西州。

秋七月戊辰,贼行台任约寇江州,刺史寻阳王大心以州降约。是月,以南郡王大连为江州刺史。

八月甲午,湘东王讳遣领军将军王僧辩率众逼郢州。乙亥,侯景自进位相国,封二十郡为汉王。邵陵王纶弃郢州走。

冬十月乙未,侯景又逼太宗幸西州曲宴,自加宇宙大将军、都督六合诸军事。立皇子大钧为西阳郡王,大威为武宁郡王,大球为建安郡王,大昕为义安郡王,大挚为绥建郡王,大圆为乐梁郡王。壬寅,景害南康嗣王会理。

十一月,任约进据西阳,分兵寇齐昌,执衡阳王献送京师,害之。湘东王讳遣前宁州刺史徐文盛督众军拒约。南郡王前中兵张彪起义于会稽若邪山,攻破浙东诸县。

二年春二月,邵陵王纶走至安陆董城,为西魏所攻,军败,死。

三月,侯景自帅众西寇。丁未,发京师,自石头至新林,舳舻相接。

四月,至西阳。乙亥,景分遣伪将宋子仙、任约袭郢州。景子,执刺史萧方诸。

闰月甲子,景进寇巴陵,湘东王讳所遣领军将军王僧辩连战不能克。

五月癸未,湘东王讳遣游击将军胡僧佑、信州刺史陆法和援巴陵,景遣任约帅众拒援军。

六月甲辰朔,僧佑等击破任约,擒之。乙巳,景解围宵遁,王僧辩督众军追景。庚申,攻鲁山城,克之,获魏司徒张□仁、仪同门洪庆。辛酉,进围郢州,下之,获贼帅宋子仙等。鄱阳王故将侯瑱起兵,袭伪仪同于庆于豫章,庆败走。

秋七月丁亥,侯景还至京师。辛丑,王僧辩军次湓城,贼行江州事范希荣弃城走。

八月景午,晋熙人王僧振、郑宠起兵袭郡城,伪晋州刺史夏侯威生、仪同任延遁走。戊午,侯景遣卫尉卿彭儁、厢公王僧贵率兵入殿,废太宗为晋安王,幽于永福省。害皇太子大器、寻阳王大心、西阳王大钧、武宁王大球、义安王大昕及寻阳王诸子二十人。矫为太宗诏,禅于豫章嗣王栋,大赦,改年。遣使害南海王大临于吴郡,南郡王大连于姑熟,安陆王大春于会稽,新兴王大壮于京口。

冬十月壬寅,帝谓舍人殷不害曰:“吾昨夜梦吞土,卿试为我思之。”不害曰:“昔重耳馈块,卒还晋国。陛下所梦,得符是乎。”及王伟等进觞于帝曰:“丞相以陛下忧愤既久,使臣上寿。”帝笑曰:“寿酒,不得尽此乎?”于是并赍酒肴、曲项琵琶,与帝饮。帝知不免,乃尽醉,曰:“不图为乐一至于斯!既醉寝,王伟、彭儁进土囊,王脩纂坐其上,于是太宗崩于永福省,时年四十九。贼伪谥曰明皇帝,庙称高宗。明年,三月癸丑,王僧辩率前百官奉梓宫升朝堂,世祖追崇为简文皇帝,庙曰太宗。四月乙丑,葬庄陵。

初,太宗见幽縶,题壁自序云:"有梁正士兰陵萧世缵,立身行道,终始如一,风雨如晦,鸡鸣不已,弗欺暗室。岂况三光。数至于此,命也如何!"又为《连珠》二首,文甚凄怆。

太宗幼而敏睿,识悟过人,六岁便属文,高祖惊其早就,弗之信也,乃于御前面试,辞采甚美。高祖叹曰:"此子,吾家之东阿。"既长,器宇宽弘,未尝见愠喜。方颊丰下,须鬓如画,眄睐则目光烛人。读书十行俱下,九流百氏,经目必记;篇章辞赋,操笔立成。博综儒书,善言玄理。自年十一,便能亲庶务,历试蕃政,所在有称。在穆贵嫔忧,哀毁骨立,昼夜号泣不绝声,所坐之席,沾湿尽烂。在襄阳拜表北伐,遣长史柳津、司马董当门、壮武将军杜怀宝、振远将军曹义宗等众军进讨,克平南阳、新野等郡,魏南荆州刺史李志据安昌城降,拓地千余里。及居监抚,多所弘宥,文案簿领,纤毫不可欺。引纳文学之士,赏接无倦,恒讨论篇籍,继以文章。高祖所制《五经讲疏》,尝于玄圃奉述,听者倾朝野。雅好题诗,其序云:"余七岁有诗癖,长而不倦。"然伤于轻艳,当时号曰"宫体"。所著《昭明太子传》五卷,《诸王传》三十卷,《礼大义》二十卷,《老子义》二十卷,《庄子义》二十卷,《长春义记》一百卷,《法宝连璧》三百卷,并行于世焉。

史臣曰:太宗幼年聪睿,令问夙摽,天方纵逸,冠于今古。文则时以轻华为累,君子所不取焉。及养德东朝,声被夷夏,洎乎继统,实有人君之懿矣。方符文、景,运钟《屯》、《剥》,受制贼臣,弗展□□终罹怀、愍之酷,哀哉!

梁书卷五
本纪第五

元　帝

　　世祖孝元皇帝讳绎，字世诚，小字七符，高祖第七子也。天监七年八月丁巳生。十三年，封湘东郡王，邑二千户。初为宁远将军、会稽太守，入为侍中、宣威将军、丹阳尹。普通七年，出为使持节、都督荆湘郢益宁南梁六州诸军事、西中郎将、荆州刺史。中大通四年，进号平西将军。大同元年，进号安西将军。三年，进号镇西将军。五年，入为安右将军、护军将军，领石头戍军事。六年，出为使持节、都督江州诸军事、镇南将军、江州刺史。太清元年，徙为使持节、都督荆雍湘司郢宁梁南北秦九州诸军事、镇西将军、荆州刺史。三年三月，侯景寇没京师。四月，太子舍人萧歆至江陵宣密诏，以世祖为侍中、假黄钺、大都督中外诸军事、司徒、承制，余如故。是月，世祖征兵于湘州，湘州刺史河东王誉拒不遣。十月景午，遣世子方等帅众讨誉，战所败死。是月，又遣镇兵将军鲍泉代讨誉。九月丁卯，雍州刺史岳阳王詧举兵反，来寇江陵，世祖婴城拒守。乙丑，詧将杜崱与其兄弟及杨混各率其众来降。景寅，詧遁走。鲍泉攻湘州不克，又遣左卫将军王僧辩代将。

　　太宝元年，世祖犹称太清四年，正月辛亥朔，左卫将军王僧辩获橘三十子共蒂，以献。二月甲戌，衡阳内史周弘直表言凤皇见郡界。

夏五月辛未，王僧辩克湘州，斩河东王誉，湘州平。

六月，江夏王大款、山阳王大成、宜都王大封，自信安间道来奔。

九月辛酉，以前郢州刺史南平王恪为中卫将军、尚书令、开府仪同三司，中抚军将军世子方诸为郢州刺史，左卫将军王僧辩为领军将军。改封大款为临川郡王，大成为桂阳郡王，大封为汝南郡王，是月，任约进寇西阳、武昌，遣左卫将军徐文盛、右卫将军阴子春、太子右卫率萧慧正、𪩘州刺史席文献等下武昌拒约。以中卫将军、尚书令、开府仪同三司南平王恪为荆州刺史，镇武陵。

十一月甲子，南平王恪、侍中临川王大款、桂阳王大成、散骑常侍江安侯圆正、侍中左卫将军张绾、司徒左长史咠等府州国一千人奉笺曰：

窃以嵩岳既峻，山川出云；大国有蕃，申甫惟翰。岂非皇建斯极，以位为宝；圣教辨方，眚名与器。是知太尉佐帝，重华表黄玉之符；司空相土，伯禹降玄圭之锡。伏惟明公大王殿下，命世应期，挺生将圣，忠为令德，孝实天经，地切应、韩，寄深旦、奭，五品斯训，七政以齐，志存社稷，功济屯险。夷狄内侵，枕戈泣血，鲸鲵未扫，投袂勤王，能使游魂请盟以屈膝，丑徒衔璧而耆气。亲蕃外叛，衅均吴、楚，义讨申威，兵不血刃。湘波自息，非筑杜弢之垒；岷山离贰，不伐刘表之城。九江致梗，二别殊派，才命戈船，底定�、霍。溯流穷讨，路绝窥窬，胡兵侵界，铁马雾合，神规独运，皆即枭悬，翻同翅折，遂修职贡。梁、汉合契，肆犀利之兵，巴、汉俱下，竭骁勇之阵。南通五岭，北出力原；东夷不怨，西戎即序。可谓上流千里，持戟百万，天下之至贵，四海之所推也。

今海水飞云，昆山起燎，魏文悲乐推之岁，韩宣叹成礼之日，阳台之下，独有冠盖相趋；梦水之傍，尚致车舆结辙。嘉麦两穗，出于南平之邦；甘露泥枝，降乎当阳之境。野蚕自绩，何谢欧丝；闲田生稻，宁殊雨粟。莫非品物咸亨，是称文明光大，岂可徽号不彰于彝典,明试不陈乎车服者哉!

　　昔晋、郑入周,尚作卿士;萧、曹佐汉,且居相国。宜崇兹盛
礼,显答群望。恪等稽寻申令,博询惇史,谨再拜上,进位相国,
总百揆,竹使符一,别准恒仪。杖金斧以翦逆暴,乘玉辂而定社
稷。傍罗丽于日月,贞明合于天地。扶危翼治,岂不休哉!

　　恪等不通大体,自昧伏奏以闻。

世祖令答曰:“数钟阳九,时惟百六,鲸鲵未翦,痭瘝痛心。周粤
天官,秦称相国,东至于海,西至于河,南次朱鸢,北渐玄塞。率兹小
宰,弘斯大德。将何用继踪曲阜,拟迹桓、文,终建一匡,肃其五拜。
虽义属随时,事无虚纪,传称皆让,《象》著鸣谦,瞻言前典,再怀哽
恋。

　　十二月壬辰,以定州刺史萧勃为镇南将军、广州刺史。遣护军
将军尹悦、巴州刺史王珣、定州刺史杜多安帅众下武昌,助徐文盛。

　　大宝二年,世祖犹称太清五年,二月己亥,魏遣使来聘。

　　三月,侯景悉兵西上,会任约军。

　　闰四月景午,景遣其将宋子仙、任约袭郢州,执刺史萧方诸。戊
申,徐文盛、阴子春等奔归,王珣、尹悦、杜多安并降贼。庚戌,领军
将军王僧辩帅众屯巴陵。甲子,景进寇巴陵。

　　五月癸未,世祖遣游击将军胡僧佑、信州刺史陆法和帅众下援
巴陵。任约败,景遂遁走。以王僧辩为征东将军、开府仪同三司、尚
书令,胡僧佑为领军将军,陆法和为护军将军。仍令僧辩率众军追
景,所至皆捷。

　　八月甲辰,僧辩下次湓城。辛亥,以镇南将军、湘州刺史萧方矩
为中卫将军。司空、征南将军南平王恪进号征南大将军、湘州刺史,
余如故。

　　九月己亥,以征东将军、开府仪同三司、尚书令王僧辩为江州
刺史,余如故。盘盘国献驯象。

　　冬十月辛丑朔,有紫云如车盖,临江陵城。是月,太宗崩。侍中、

征东将军、开府仪同三司、江州刺史、尚书令、长宁县侯王僧辩等表
曰：

　　众军薄伐，涂次九水，即日获临城县使人报称：侯景杀逆
皇帝，贼害太子，宗室在寇庭者，并罹祸酷。六军恸哭，三辰改
曜。哀我皇极，四海崩心。我大梁纂尧构绪，基商启祚。太祖
文皇帝徇齐作圣，肇有六州。高祖武皇帝聪明神武，奄宅天下。
依日月而和四时，履至尊而制六合。丽正居贞，大横固祉。四
叶相系，三圣同基。蠢尔凶渠，遂凭天邑。闾阖受白登之辱，象
魏致尧城之疑。云宸承华，一朝俱酷。金桢玉干，莫不同冤。悠
悠彼苍，何其罔极！

　　臣闻丧君有君，《春秋》之茂典；以德以长，先王之通训。少
康则牧众抚职，祀夏所以配天；平王则居正东迁，宗周所以卜
世。汉光以能捕不道，故景历重昌；中宗以不违群议，故江东可
立。俦今考古，更无二谋。伏惟陛下至孝通幽，英武灵断，当七
九之厄，而应千载之期；启殷忧之明，而居百王之会。取威定
霸，嵁阻艰难，建社治兵，载循古道。家国之事，一至于斯。天
祚大梁，必将有主。轩辕得姓，存者二人；高祖五王，代实居长。
乘屈完而陈诸侯，拜子武而服大辂。功齐九有，道济生民。非
奉圣明，谁嗣下武！

　　臣闻日月贞明，太阳不可以阙照；天地贞观，乾道不可以
久惕。黄屋左纛，本为亿兆之尊；鸾辂龙章，盖以郊禋而贵。宝
器存乎至重，介石慎于易差。黔首岂可少选无君，宗祏岂可一
日无主。伏愿陛下扫地升中，柴天改物。事迫凶危，运钟扰攘，
盖不劳宗正奉诏，博士择时，南面即可居尊，西向无所让德。四
方既知有奉，八百始可同期。残寇潜居，器藏社处，乾象既倾，
坤仪已覆，斩莽锐车，烧卓照市，廓清函夏，正为莹陵，开雪宫
闱，庶存钟鼎，彼黍离离，伊何可言。陛下继明阐祚，即宫旧楚。
左庙右社之制，可以权宜，五礼六乐之容，岁时取备。金芝九
茎，琼茅三脊，要卫率职，尉候相望。坐庙堂以朝四夷，登灵台

而望云物，禅梁甫而封泰山，临东滨而礼日观。然后与三事大
夫，更谋都鄙。左瀍右涧，夹雒可以为居，抗殿疏龙，惟王可以
在镐，何必勤勤建业也哉。

　　臣等不胜控款之至，谨拜表以闻。

世祖奉讳，大临三日，百官缟素。乃答曰："孤以不德，天降之灾，枕
戈饮胆，扣心泣血。风树之酷，万始不追；霜露之哀，百忧总萃。甫
闻伯升之祸，弥切仲谋之悲。若封豕既殄，长蛇即戮，方欲追延陵之
逸轨，继子臧之高让，岂资秋亭之坛，安事繁阳之石。侯景，项籍也；
萧栋，殷辛也。赤泉未赏，刘邦尚曰汉王；白旗弗悬，周发犹称太子。
飞龙之位，孰谓可跻；附凤之徒，既闻来议。群公卿士，其谕孤之志，
无忽！"司空南平王恪率宗室五十余人，领军将军胡僧佑率群僚二
百余人，江州别驾张俣率吏民三百余人，并奉笺劝进。世祖固让。

十一月乙亥，王僧辩又奉表曰：

　　紫宸旷位，赤县无主，百灵耸动，万国回皇。虽醉醒相扶，
同归景亳，式歌且诵，总赴唐郊，犹惧陛下俛首潜然，让德不
嗣。传车在道，方慎宋昌之谋；法驾已陈，尚杜耿纯之劝。岳牧
翘首，天民累息。

　　臣闻星回日薄，击雷鞭电者之谓天；岳立川流，吐雾蒸云
者之谓地。苞天地之混成，洞阴阳之不测，而以裁成万物者，其
在圣人乎！故云"天地之大德曰生，圣人之大宝曰位"。黄屋庙
堂之下，本非获己而居；明镜四衢之镈，盖由应物取训。伏惟陛
下稽古文思，英雄特达。比以周旦，则文王之子；方之放勋，则
帝挚之季。千年旦暮，可不在斯。庭阙湮亡，钟鼎沦覆，嗣膺景
历，非陛下而谁？岂可使赤眉更立盆子，隗嚣托置高庙。陛下
方复从容高让，用执谦光，展其矫行伪书，诬罔正朔，见机而
作，断可识矣。匪疑何卜，无待著龟。

　　日者，公卿失驭，祸缠霄极，侯景凭陵，奸臣互起，率戎伐
颍，无处不然，劝明诛晋，侧足皆尔。刁斗夜鸣，烽火相照。中
朝人士，相顾衔悲；凉州义徒，东望殒涕，慄慄黔首，将欲安归！

陛下英略纬天，沉明内断，横剑泣血，枕戈尝胆，农山圯下之
策，金匮玉鼎之谋，莫不定算帷帷，决胜千里。击灵鼍之鼓，而
建翠华之旗，驱六州之兵，而总九伯之伐，四方虽虞，一战以
霸。斩其鲸鲵，既章大戮，何校灭耳，莫匪奸回，史不绝书，府无
虚月。自洞庭安波，彭蠡厎定，文昭武穆，芳若椒兰，敌国降城，
和如亲戚，九服同谋，百道俱进，国耻家怨，计期就雪，社稷不
坠，繄在圣明。今也何时，而申帝启之避，凶危若此，方陈泰伯
之辞。国有具臣，谁敢奉诏。

天下者高祖之天下，陛下者万国之欢心，万国岂可无君，
高祖岂可废祀。即日五星夜聚，八风通吹，云烟纷郁，日月光
华，百官象物而动，军政不戒而备。飞舻巨舰，竟水浮川；铁马
银鞍，陵山跨谷。英杰接踵，忠勇相顾，湛宗族以酬恩，焚妻子
以报主，莫不覆盾衔威，提斧击众，风飞电耀，志灭凶丑。所待
陛下昭告后土，虔奉上帝，广发明诏，师出以名，五行夕返，六
军晓进，便当尽司寇之威，穷蚩尤之伐，执石赵而求玺，斩姚秦
而取钟，修扫茔陵，奉近宗庙。陛下岂得不仰存国计，俯从民
请。汉宣嗣位之后，即遣蒲类之军；光武登极既竟，始有长安之
捷。由此言之，不无前准。

臣等或世受朝恩，或身荷重遇，同休等戚，自国刑家，苟有
腹心，敢以死夺。不任惓惓之至，谨重奉表以闻。

世祖答曰："省示，复具一二。孤闻天生蒸民而树之以君，所以对扬
天休，司牧黔首。括提、合雒以前，粟陆、骊连之外，书契不传，无得
称也。自阪泉彰其武功，丹陵表其文德，有人民焉，有社稷焉，或歌
谣所归，或惟天所相。孤遭家多难，大耻未雪，国贼则蚩尤弗翦，同
姓则有扈不宾，卧而思之，坐以待旦，何以应宝历，何以嗣龙图。庶
一戎既定，罪人斯得，祀夏配天，方申来议也。"是时巨寇尚存，未欲
即位，而四方表劝，前后相属，乃下令曰："《大壮》乘乾，《明夷》垂
翼，睿度亟移，玉律屡徙，四岳频遣劝进，九棘比者表闻。谯、沛未
复，茔陵永远，于居于处，癏寐疚怀，何心何颜，抚兹归运。自今表

奏,所由并断,若有启疏,可写此令施行。"是日,贼司空、东南道大行台刘神茂率仪同刘归义、留异赴义,奉表请降。

大宝三年,世祖犹称太清六年,正月甲戌,世祖下令曰:"军国多虞,戎旃未静,青领虽炽,黔首宜安。时惟星鸟,表年祥于东秩;春纪宿龙,歌岁取于南睃。况三农务业,尚看夭桃渍水;四人有令,犹及落杏飞花。化俗移风,常在所急;劝耕且战,弥须自许。岂直燕垂寒谷,积黍自温,宁可堕此玄苗,坐餐红粒,不植燕颔,空候蝉鸣。可悉深耕概种,安堵复业,无弃民力,并分地利。班勒州郡,咸使遵承。"以智武将军、南平内史王褒为吏部尚书。

二月,王僧辩众军发自寻阳。世祖驰檄告四方曰:

夫剥极生灾,乃及龙战,师贞终吉,方制猰㺔。岂不以侵阳荡薄,源之者乱阶;定凳艰难,成之者忠义。故羿、浇灭于前,莽、卓诛于后。是故使桓、文之勋,复兴于周代,温、陶之绩,弥盛于金行。粤若梁兴五十余载,平台宇内,德惠悠长,仁育苍生,义征不服。左伊右瀍,咸皆仰化;浊泾清渭,靡不向风。建翠凤之旗,则六龙骧首;击灵鼍之鼓,则百神警肃。风、牧、方、邵之贤,卫、霍、辛、赵之将,羽林黄头之士,兽贲缇骑之夫,叱咤则风云兴起,鼓动则嵩、华倒拔。自桐柏以北,孤竹以南,碣石之前,流沙之后,延颈举踵,交臂屈膝。胡人不敢牧马,秦士不敢弯弓。叶和万邦,平章百姓,十尧九舜,曷足云也。

贼臣侯景,匈奴叛臣,鸣镝余噍。悬瓠空城,本非国宝,寿春畿要,赏不逾月。开海陵之仓,赈常平之米,檄九府之费,锡三官之钱,冒于贷贿,不知纪极。敢兴逆乱,梗我王畿。贼臣正德,阻兵安忍。日者结怨江芈,远适单于。简牍屡彰,彭生之魂未弭;聚敛无度,景卿之诮已及。为兽傅翼,远相招致。虔刘我生民,离散我兄弟。我是以董率皋貔,躬擐甲胄,霜戈照日,则晨离夺晖,龙骑蔽野,则平原掩色,信与江水同流,气与寒风俱愤。凶丑畏威,委命下吏,乞活淮、肥,苟存徐、兖。涣汗既行,

丝纶爰被。我是以班师凯归,休牛息马。贼犹不悛。遂复矢流
王屋,兵躔象魏。总章之观,非复听讼之堂;甘泉之宫,永乖避
署之地。坐召宪司,卧制朝宰,矫托天命,伪作符书。重增赋敛,
肆意裒剥,生者逃窜,死者暴尸,道路以目,庶僚钳口。刑戮失
衷,爵赏由心,老弱波流,士女涂炭。臧获之人,五宗及赏;晋绅
之士,三族见诛。谷粟腾踊,自相吞噬。慄慄黔首,路有衔索之
哀;蠢蠢黎民,家陨□山之泣。偃师南望,无复储胥、露寒,河阳
北临,或有穹庐毡帐。南山之竹,未足言其愆;西山之兔,不足
书其罪。

　　外监陈莹之至,伏承先帝登□,宫车晏驾。奉讳惊号,五内
摧裂,州冤本毒,□地容身。景阻饥既甚,民且狼顾,遂侵轶我
彭蠡,凭凌我郢邑,窃据我江夏,掩袭我巴丘。我是以义勇争
先,忠贞尽力。斩馘凶渠,不可称算,沙同赤岸,水□绛河。任
约泥首于安南,化仁面缚于汉口,子仙乞活于鄀郢,希荣败绩
于柴桑。侯景奔窜,十鼠争穴,郭默清夷,晋熙附义,计穷力屈,
反杀后主。毕、原、郫、郇,并离祸患,凡、蒋、邢、茅,皆伏铁锧。
是可忍也,孰不可容!

　　莫府据有上流,实惟分陕,投袂荷戈,志在毕命。昔周依
晋、郑,汉有虚、牟。彼惟末属,犹能如此;况朕华日月,天下不
贱,为臣为子,兼国兼家者哉!咸以义旗既建,宜须总一,共推
莫府,实用主盟。粤以不佞,谬董连率,远惟国艰,不遑宁处。中
权后劲,龚行天罚,提戈蒙险,陨越以之。天马千群,长毂百万,
驱贲获之士,资智勇之力,大楚逾荆山,浅源度彭蠡,舳舻泛
水,以掎其南,辎轸委输,以冲其北。华夷百濮,赢粮影从。雷
震风骇,直指建业。按剑而叱,江水为之倒流;抽戈而挥,皎日
为之还舍。方驾长驱,百道俱入,夷山殄谷,充原蔽野。挟辀曳
牛之侣,拔距磓石之夫,骑则逐日追风,弓则吟猿落雁。捧昆仑
而压卵,倾渤海而灌荧。如驷马之载鸿毛,若奔牛之触鲁缟。以
此众战,谁能御之!脱复蜂虿若毒,兽穷则斗。谓山盖高,则四

郊多垒；谓地盖远，则三千弗违。如彼怒蛙，譬诸鼳鼠，岂费万
钧，无劳百溢。加以日临黄道，兵起绛宫，三门既启，五将咸发，
举整整之旗，扫亭亭之气，故以临机密运，非贼所解，奉义而
诛，何罪不服。

　　今遣使持节、大都督、征东将军、开府仪同三司、江州刺
史、尚书令、长宁县开国侯王僧辩率众十万，直扫金陵。鸣鼓聒
天，拟金振地。朱旗夕建，如赤城之霞起；戈船夜动，若沧海之
奔流。计其同恶，不盈一旅。君子在野，小人比周。何校灭耳，
匪朝伊夕。春长狄之喉，系郅支之颈。今司寇明罚，质铁所诛，
止侯景而已。黎元何辜，一无所问。诸君或世树忠贞，身荷宠
爵，羽仪鼎族，书勋王府，俛眉猾竖，无由自效，岂不下惭泉壤，
上愧皇天！失忠与义，难以自立。想诚南风，乃眷西顾，因变立
功，转祸为福。有能缚侯景及送首者，封万户开国公，绢布五万
匹。有能率动义众，以应官军，保全城邑，不为贼用，上赏方伯，
下赏剖符，并裂山河，以纡青紫。昔由余入秦，礼同卿佐；日䃅
降汉，且珥金貂。必有其才，何恤无位。若执迷不反，拒逆王师，
大军一临，刑兹罔赦。孟诸焚燎，芝艾俱尽；宣房河决，玉石同
沉。信赏之科，有如皎日、黜陟之制，事均白水。檄布远近，咸
使知闻。

三月，王僧辩等平侯景，传其首于江陵。戊子，以贼平告明堂、
太社。己丑，王僧辩等又奉表曰：

　　众军以今月戊子总集建康。贼景鸟伏兽穷，频击频挫，奸
竭诈尽，深沟自固。臣等分勒武旅，百道同趣，突骑短兵，犀函
铁盾，结队千群，持戟百万，止纾七步，围项三重，轰然大溃，群
凶四灭。京师少长，俱称万岁。长安酒食，于此价高。九县云
开，六合清朗，矧伊黔首，谁不载跃！伏惟陛下咀痛茹哀，婴忍
愤酷。自紫庭绛阙，胡尘四起，墙垣好畤，冀马云屯，泣血治兵，
尝胆誓众。而吴、楚一家，方与七国俱反；管、蔡流言，又以三监
作乱。西凉义众，阻强秦而不通；并州遗民，跨飞狐而见泯。豺

狼当路，非止一人；鲸鲵不枭，倏焉五载。英武克振，怨耻并雪，永寻霜露，如何可言！臣等辄依故实，奉修社庙，使者持节，分告莹陵。嗣后升遐，龙辅未殡，承华掩曜，梓宫莫测，并即随由备办，礼具凶荒。四海同哀，六军祖哭，圣情孝友，理当感恸。

日者，百司岳牧，祈仰宸鉴。以锡圭之功，既归有道，当璧之礼，允属圣明；而优诏谦冲，眘然凝邈。飞龙可跻，而《乾》爻在四；帝阍云叫，而阊阖未开。讴歌再驰，是用翘首。所以越人固执，熏丹穴以求君；周民乐推，逾岐山而事主。汉王不即位，无以贵功臣；光武不止戈，岂谓绍宗庙。黄帝游于襄城，尚访治民之道；放勋入于姑射，犹使樽俎有归。伊此傥来，岂圣人所欲，帝王所应，不获已而然。伏读玺书，寻讽制旨，顾怀物外，未奉慈衷。陛下日角龙颜之姿，表于徇齐之日；彤云素气之瑞，基于应物之初。博览则大哉无所与名，深言则晔乎昭章之观。忠为令德，孝实动天。加以英威茂略，雄图武算，指麾则丹浦不战，顾眄则阪泉自荡。地维绝而重纽，天柱倾而更植。凿河津于孟门，百川复启；补穹仪以五石，万物再生。纵陛下拂袗衣而游广成，登挂山而去东土，群臣安得仰诉，兆庶何所归仁？况郊祀配天，叠笾礼旷，齐宫清庙，匏竹不陈，仰望銮舆，匪朝伊夕，瞻言法驾，载渴且饥，岂可久稽众议，有旷彝则！旧郊既复，函、雒已平。高奴、栎阳，宫馆虽毁；浊河清渭，佳气犹存。皋门有伉，甘泉四敞，土圭测景，仙人承露。斯盖九州之赤县，六合之枢机。博士捧图书而稍还，太常定礼仪而已列。岂得不扬清驾而赴名都，具玉銮而游正寝！昔东周既迁，镐京遂其不复；长安一乱，郑、洛永以为居。夏后以万国朝诸侯，文王以六州臣天下。迹基百里，剑杖三尺。以残楚之地，抗拒九戎；一旅之师，翦灭三叛。坦然大定，御辇东归。解五牛于冀州，秣六马于谯郡。缅求前古，其可得欤？对扬天命，何所让德！有理存焉，敢重所奏。

相国答曰："省表，复具一二。群公卿士，亿兆夷人，咸以皇天眷命，归运所属,用集宝位于予一人。文叔金吾之官,事均往愿;孟德征西之位,且符前说。今淮海长鲸,虽云授首;襄阳短狐,未全革面。太平玉烛,尔乃议之。"辛卯,宣猛将军朱买臣密害豫章嗣王栋,及其二弟桥、樛,世祖志也。

四月乙巳,益州刺史、新除假黄钺、太尉武陵王纪窃位于蜀,改号天正元年。世祖遣兼司空萧太、祠部尚书乐子云拜谒莹陵,修复社庙。丁巳,世祖令曰:"军容不入国,国容不入军。虽子产献捷,戎服从事,亚夫弗拜,义止将兵。今凶丑歼夷,逆徒殄溃,九有既截,四海乂安。汉官威仪,方陈盛礼,卫多君子,寄是式瞻。便可解严,以时宣勒。"是月,以东阳太守张彪为安东将军。

五月庚午,司空南平王恪及宗室王侯、大都督王僧辩等,复拜表上尊号,世祖犹固让不受。庚辰,以征南将军、湘州刺史、司空南平嗣王恪为镇东将军、扬州刺史,余如故。甲申,以尚书令、征东将军、开府仪同三司、江州刺史王僧辩为司徒、镇卫将军。乙酉,斩贼左仆射王伟、尚书吕季略、少卿周石珍、舍人严亶于江陵市。是日,世祖令曰:"君子赦过,著在周经;圣人解网,闻之汤令。自猃狁孔炽,长蛇荐食,赤县阽危,黔黎涂炭,终宵不寐,志在雪耻。元恶稽诛,本属侯景;王伟是其心膂,周石珍负背恩义,今并烹诸鼎镬,肆之市朝。但比屯遭寇扰,为岁已积,衣冠旧贵,被逼偷生,猛士勋豪,和光苟免,凡诸恶侣,谅非一族。今特阐以王泽,削以刑书,自太清六年五月二十日昧爽以前,咸使惟新。"是月,魏遣太师潘洛、辛等寇秦郡,王僧辩遣杜崱帅众拒之。以陈霸先为征北大将军、开府仪同三司、南徐州刺史。是月,魏遣使贺平侯景。

八月,萧纪率巴、蜀大众连舟东下,遣护军陆法和屯巴峡以拒之。兼通直散骑常侍、聘魏使徐陵于业奉表曰:

臣闻封唐有圣,还承帝喾之家;居代惟贤,终纂高皇之祚。无为称于革鸟,至治表于垂衣,而拨乱反正,非间前古。至如金行重作,源出东莞;炎运犹昌,枝分南顿。岂得掩显姓于轩辕,非才子于颛顼?莫不时因多难,俱继神宗者也。伏惟陛下,出

《震》等于勋、华，明让同于旦、奭。握图执钺，将在御天，王胜珠衡，先彰元后。神祇所命，非惟太室之祥；图书斯归，何止尧门之瑞。若夫大孝圣人之心，中庸君子之德，固以作训生民，贻风多士。一日二日，研览万机；允文允武，包罗群艺。拟兹三大，宾是四门，历试诸难，咸熙庶绩，斯无得而称也。自无妄兴暴，皇祚寝微，封豨修蛇，行灾中国，灵心所宅，下武其兴，望紫极而长号，胆丹陵而殒恸。家冤将报，天赐黄鸟之旗；国害宜诛，神奉玄狐之箓。滕公拥树，雄气方严；张绣交兵，风神弥勇。忠诚冠于日月，孝义感于冰霜。如霆如雷，如貔如兽，前驱效命，元恶斯殄。既挂胆于西州，方燃脐于东市。蚩尤三冢，宁谓严诛；王莽千刳，非云明罚。青羌赤狄，同昇豺狼，胡服夷言，咸为京观。邦畿济济，还见隆平；宗庙愔愔，方承多福。自氤氲浑沌之世，骊连、栗陆之君，封起龙图，文因鸟迹。云师火帝，非无战阵之风；尧誓汤征，咸用干戈之道。星躔东井，时破崤、潼；雷震南阳，初平寻、邑。未有援三灵之已坠，救四海之群飞，赫赫明明，龚行天罚，莫如当今之盛者也。于是卿云似盖，晨映姚乡；甘露如珠，朝华景寝。芝房感德，咸出铜池；冀莱伺辰，无劳银箭。重以东渐玄兔，西逾白狼，高柳生风，扶桑盛日，莫不编名属国，归质鸿胪，荒服来宾，遐迩同福。其文昭武穆，跗尊也如彼；天平地成，功业也如此。久应旁求掌图，谘询天官，斟酌繁昌，经营高邑。宋王启霸，非劳阳武之侯；清跸无虞，何事长安之邸。正应扬銮旗以飨帝，仰凤宸以承天，历数在躬，畴与为让！去月二十日，兼散骑常侍柳晖等至邺，伏承圣旨谦冲，为而弗宰，或云泾阳未复，函谷无泥，旋驾金陵，方膺天眷。愚为有大庭、少昊，非有定居；汉祖、殷宗，皆无恒宅。登封岱岳，犹置明堂；巡狩章陵，时行司隶。何必西瞻虎据，乃建王宫；南望牛头，方称天阙。抑又闻之：玄圭既锡，苍玉无陈，乃梽朴之愆期，非苞茅之不贡。云和之瑟，久废甘泉；孤竹之管，无闻方泽。岂不惧欤！

　　伏愿陛下因百姓之心,拯万邦之命。岂可逡巡固让,方求石户之农;高谢君临,徒引箕山之客!未知上德之不德,惟见圣人之不仁。率土翘翘,苍生何望!昔苏季、张仪,违乡负俗,尚复招三方以事赵,请六国以尊秦。况臣等显奉皇华,亲承朝命,圭璋特达,通聘河阳,貂珥雍容,寻盟漳水,加牢贬馆。随势污隆,瞻望乡关,诚均休戚。但轻生不造,命与时乖。忝一介之行人,同三危之远摈。承闻内殿,事绝耿弇之恩;封奏边城,私等刘琨之哭。不胜区区之至,谨拜表以闻。

　　九月甲戌,司空、镇东将军、扬州刺史南平王恪薨。

　　冬十月乙未,前梁州刺史萧循自魏至于江陵,以循为平北将军、开府仪同三司。戊申,执湘州刺史王琳于殿内,琳副将殷晏下狱死。辛酉,以子方略为湘州刺史。庚戌,林州长史陆纳及其将潘乌累等举兵反,袭陷湘州。是月,四方征镇王公卿士复劝世祖即尊号,犹谦让未许。表三上,乃从之。

　　承圣元年冬十一月景子,世祖即皇帝位于江凌。诏曰:“夫树之以君,司牧黔首。帝尧之心,岂贵黄屋,诚弗获已而临苍之。朕皇祖太祖文皇帝积德岐、梁,化行江、汉,道映在田,具瞻斯属。皇考高祖武皇帝明并日月,功格区宇,应天从民,惟睿作圣。太宗简文皇帝地侔启、诵,方符文、景。羯寇凭凌,时难孔棘。朕大拯横流,克复宗社。群公卿士、百辟庶僚,咸以皇灵眷命,归运斯及,天命不可以久淹,宸极不可以久旷,粤若前载,宪章令范,畏天之威,算隆宝历,用集神器于予一人。昔虞、夏、商、周,年无嘉号,汉、魏、晋、宋,因循以久。朕虽云拨乱,且非创业,思得上系宗祧,下惠亿兆。可改太清六年为承圣元年。逋租宿责,并许弘贷;孝子义孙,可悉赐爵;长徒锁士,特加原宥;禁锢夺劳,一皆旷荡。”是日,世祖不升正殿,公卿陪列而已。丁丑,以平北将军、开府仪同三司萧循为骠骑将军、湘州刺史,余如故。己卯,立王太子方矩为皇太子,改名元良。立皇子方智为晋安郡王,方略为始安郡王。追尊所生姚阮修容为文宣太后。是月,陆纳遣将潘乌累等攻破衡州刺史丁道贵于渌口,道贵走零陵。

十二月壬子,陆纳分兵袭巴陵,湘州刺史萧循击破之。是月,营州刺史李洪雅自零陵率众出空云滩,将下讨纳,纳遣将吴藏等袭破洪雅,洪雅退守空云城。

二年春正月乙丑,诏王僧辩率众军士讨陆纳。戊寅,以吏部尚书王褒为尚书左仆射,刘珏为吏部尚书。西魏遣大将尉迟迥袭益州。

二月庚午,诏曰:“食乃民天,农为治本,垂之千载,贻诸百王,莫不敬授民时,躬耕帝籍。是以稼穑为宝,《周颂》嘉其乐章;禾麦不成,鲁史书其方册。秦人有农力之科,汉氏开屯田之利。顷岁屯否,多难荐臻,干戈不戢,我则未暇。广田之令,无闻于郡国;载师之职,有陋于官方。今元恶殄歼,海内方一,其大庇黔首,庶拯横流。一廛旷务,劳心日昃;一夫废业,乌卤无遗。国富刑清,家给民足。其力田之身,在所蠲免。外即宣勒,称朕意焉。”辛未,李洪雅,洪雅以空云城降贼,贼执之而归。初,丁道贵走零陵投洪雅,洪雅使收余众,与之俱降。洪雅既降贼,贼乃害道贵。景子,贼将吴藏等帅兵据车轮。庚寅,有两龙见湘州西江。

夏四月景申,僧辩军次车轮。

五月甲子,众军攻贼,大破之。乙丑,僧辩军至长沙。甲戌,尉迟迥进逼巴西,潼州刺史杨虔运以城降,纳迥。己丑,萧纪军至西陵。

六月乙酉,湘州平。是月,尉迟迥围益州。

秋七月辛未,巴人苻升、徐子初斩贼城主公孙晃,举城来降。纪众大溃,遇兵死。乙未,王僧辩班师江陵,诏诸军各还所镇。

八月戊戌,尉迟迥陷益州。庚子,诏曰:“夫爱始居亳,不废先王之都;受命于周,无改旧邦之颂。顷戎旟既息,关柝无警。去鲁兴叹,有感宵分,过沛殒涕,实劳夕寐。仍以潇、湘作乱,庸、蜀阻兵,命将授律,指期克定。今八表乂清,四郊无垒,宜从青盖之兴,言归白水之乡。江、湘委输，方船连舳，巴峡舟舰，精甲百万，先次建邺，行实京师；然后六军遄征，九旗扬旆，拜谒茔陵，修复宗社。主者详依旧典，以时宣勒。"

九月庚午，司徒王僧辩旋镇。景子，以护军将军陆法和为郢州刺史。乙酉，以晋安王讳为江州刺史。是月，魏遣郭元建治舟师于合肥，又遣大将邢杲远、步六汗萨、东方老率众会之。

冬十一月辛酉，僧辩次于姑熟，即留镇焉。遣豫州刺史侯瑱据东关垒，征吴兴太守裴之横帅众继之。戊戌，以尚书右仆射王褒为尚书左仆射，湘东太守张绾为尚书右仆射。

十二月，宿预土民东方光据城归化，魏江西州郡皆起兵应之。

三年春正月甲午，加南豫州刺史侯瑱征北将军、安东开府仪同三司。陈霸先帅众攻广陵城。秦州刺史严超达自秦郡围泾州，侯瑱、张彪出石梁，为其声援。辛丑，陈霸先遣晋陵太守杜僧明率众助东方光。

三月甲辰，以司徒王僧辩为太尉、车骑将军。丁未，魏遣将王球率众七百攻宿预，杜僧明逆击，大破之。戊申，以护军将军、郢州刺史陆法和为司徒。

夏四月癸酉，以征北大将军、开府仪同三司陈霸先为司空。

六月壬午，魏复遣将步六汗萨率众泾州。癸未，有黑气如龙，见于殿内。

秋七月甲辰，以都官尚书宗懔为吏部尚书。

九月辛卯，世祖于龙光殿述《老子》义，尚书左仆射王褒为执经。乙巳，魏遣其柱国万纽于谨率大众来寇。

冬十月景寅，魏军至于襄阳，萧詧率众会之。丁卯，停讲，内外戒严，舆驾出行都栅。是日，大风拔木。景子，征王僧辩等军。

十一月，以领军胡僧佑都督城东城北诸军事，右仆射张绾为副；左仆射王褒都督城西城南诸军事，直殿省元景亮为副。王公卿士各有守备。景戌，世祖遍行都栅，皇太子巡行城楼，使居民助运水石,诸要害所,并增兵备。丁亥,魏军至栅下。景申,征广州刺史王琳入援。丁酉,大风,城内火。以胡僧佑为开府仪同三司,嶲州刺史裴畿为领军将军。庚子,信州刺史徐世普、晋安王司马任约军次马头岸。戊申,胡僧佑、朱买臣等率兵出战,买臣败绩。己酉,降左仆射王褒为护军将军。辛卯,魏军大攻,世祖出枇杷门,亲临阵督战。胡僧佑中流矢薨,六军败绩,反者斩西门关以纳魏师。城陷于西魏,世祖见执,如萧詧营,又迁还城内。

十二月景辰,徐世谱、任约退戍巴陵。辛未,西魏害世祖,遂崩焉,时年四十七。太子元良、始安王方略皆见害。乃选百姓男女数万口,分为奴婢,驱入长安,小弱者皆杀之。明年四月,追尊为孝元皇帝,庙曰世祖。

世祖聪悟俊朗,天才英发。年五岁,高祖问:"汝读何书?"对曰:"能诵《曲礼》。"高祖曰:"汝试言之。"即诵上篇,左右莫不惊叹。初生患眼,高祖自下意治之,遂盲一目,弥加愍爱。既长好学,博总群书,下笔成章,出言为论,才辩敏速,冠绝一时。高祖尝问曰:"孙策昔在江东,于时年几?"答曰:"十七。"高祖曰:"正是汝年。"贺革为府谘议,敕革讲三《礼》。世祖性不好声色,颇有高名,与裴子野、刘显、萧子云、张缵及当时才秀为布衣之交,著述辞章,多行于世。在寻阳,梦人曰:"天下将乱,王必维之。"又背生黑子,巫媪见曰:"此大贵兆,当不可言。"初,贺革西上,意甚不悦,过别御史中丞江革,以情告之。革曰:"吾尝梦主上遍见诸子,至湘东王,手脱帽授之。此人后必当璧,卿其行乎!"革从之。及太清之难,乃能克复,故遐迩乐推,遂膺宝命矣。所著《孝德传》三十卷,《忠臣传》三十,《丹阳尹传》十卷。《注汉书》一百一十五卷,《周易讲疏》十卷,《内典博要》一百卷,《连山》三十,《洞林》三卷,《玉韬》十卷,《补阙子》十卷,《老子讲疏》四卷,《全德志》、《怀旧志》、《荆南志》、《江州记》、《贡职图》、《古今同姓名录》一卷,《筮经》十二卷,《式赞》三卷,《文集》五十卷。

史臣曰:梁季之祸,巨寇凭垒,世祖时位长连率,有全楚之资,应身率群后,枕戈先路,虚张外援,事异勤王,在于行师,曾非百舍,后方歼夷大憝,用宁宗社,握图南面,光启中兴,亦世祖雄才英略,绍兹宝运者也。而禀性猜忌,不隔疏近,御下无术,履冰弗惧,故凤阙伺晨之功,火无内照之美。以世祖之神睿特达,留情政道,不怵邪说,徙跸金陵,左邻强寇,将何以作。是以天未悔祸,荡覆斯生,悲夫!

《元帝纪》云:"召兵于湘州,湘州刺史河东王誉不遣。遣世子方等帅众讨誉,战所败死。"《方等传》云:"至麻溪,军败,溺死。"《誉传》云:"遣世子方等征之,反为誉所败死。"疑《纪》阙误。

梁书卷六
本纪第六

敬　帝

　　敬皇帝讳方智，字慧相，小字法真，世祖第九子也。太清三年，封兴梁侯。承圣元年，封晋安王，邑二千户。二年，出为平南将军、江州刺史。三年十一月，江陵陷，太尉扬州刺史王僧辩、司空南徐州刺史陈霸先定议，以帝为太宰、承制，奉迎还京师。四年二月癸丑，至自寻阳，入居朝堂。以太尉王僧辩为中书监、录尚书、骠骑将军、都督中外诸军事，加司空陈霸先班剑三十人，以豫州刺史侯瑱为江州刺史，仪同三司、湘州刺史萧循为太尉，仪同三司、广州刺史萧勃为司徒，镇东将军张彪为郢州刺史。

　　三月，齐遣其上党王高涣送贞阳侯萧深明来主梁嗣，至东关，遣吴兴太守裴之横与战，败绩，之横死。太尉王僧辩率众出屯姑熟。四月，司徒陆法和以郢州附于齐，遣江州刺史侯瑱讨之。七月辛丑，王僧辩纳贞阳侯萧深明，自采石济江。甲辰，入于京师，以帝为皇太子。九月甲辰，司空陈霸先举义，袭杀王僧辩，黜萧深明。景午，帝即皇帝位。

　　绍泰元年冬十月己巳，诏曰：“王室不造，婴罹祸衅，西都失守，朝廷沦覆，先帝梓宫，播越非所，王基倾弛，率土罔戴。朕以荒幼，仍属艰难，泣血枕戈，志复仇逆。大耻未雪，凤宵鲠愤。群公卿尹，勉以大义，越登寡暗，嗣奉洪业。顾惟眇心，念不至此。庶仰凭先灵，傍资将相，克清元恶，谢冤陵寝。今坠命载新，宗祊更祀，庆流亿兆，岂予一人。可改承圣四年为绍泰元年，大赦天下，内外文武赐位一等。"以贞阳侯深明为司徒，封建安郡公，食邑三千户。壬子，以司空陈霸先为尚书令、都督中外诸军事、车骑将军、扬南徐二州刺史，司空如故。震州刺史杜龛举兵，攻信武将军陈茜于长城，义兴太守韦载据郡以应之。癸丑，进太尉萧循为太保，新除司徒建安公深明为太傅，司徒萧勃为太尉，以镇南将军王琳为车骑将军、开府仪同三司。戊午，尊所生夏贵妃为皇太后，立妃王氏为皇后。镇东将军、扬州刺史张彪进号征东大将军，镇北将军、谯秦二州刺史徐嗣徽进号征北大将军，征南将军、南豫州刺史任约进号征南大将军。辛未，诏司空陈霸先东讨韦载。景子，任约、徐嗣徽举兵反，乘京师无备，窃据石头。丁丑，韦载降，义兴平。遣晋陵太守周文育率军援长城。

十一月庚辰，齐安州刺史翟子崇、楚州刺史刘仕荣、淮州刺史柳达摩率众赴任约，入于石头。庚寅，司空陈霸先旋于京师。

十二月庚戌，徐嗣徽、任约又相率至采石，迎齐援。景辰，遣猛烈将军侯安都水军于江宁邀之，贼众大溃，嗣徽、约等奔于江西。庚申，翟子崇等请降，并放还北。

太平元年春正月戊寅，大赦天下，其与任约、徐嗣徽叶契同谋，一无所问。追赠简文皇帝诸子，以故永安侯确子后袭封邵陵王，奉携王后。癸未，镇东将军、震州刺史杜龛降，诏赐死，曲赦吴兴郡。已亥，以太保、宜丰侯萧循袭封鄱阳王。东扬州刺史张彪围临海太守王怀振于刭岩。

二月庚戌，遣周文育、陈茜袭会稽，讨彪。癸丑，彪长史谢岐、司马沈泰、军主吴宝真等举城降，彪败走。以中卫将军临川王大款即本号开府仪同三司，中护军桂阳王大成为护军将军。景辰，若耶村人斩张彪，传首京师，曲赦东扬州。已未，罢震州，还复吴兴郡。癸亥，贼徐嗣徽、任约袭采石戍，执戍主明州刺史张怀钧入于齐。甲子，以东土经杜龛、张彪抄暴，遣大使巡省。

三月景子，罢东扬州，还复会稽郡。壬午，班下远近，并杂用古今钱。戊戌，齐遣大将萧轨出栅口，向梁山，司空陈霸先军主黄䓕逆击，大破之。轨退保芜湖。遣周文育、侯安都众军，据梁山拒之。

夏四月丁巳，司空陈霸先表诣梁山抚巡将帅。壬申，侯安都轻兵袭齐行台司马恭于历阳，大破之，俘获万计。

五月癸未，太傅建安公深明薨。庚寅，齐军水步入丹阳县。景申，至秣陵故治。敕周文育还顿方丘，徐度顿马牧，杜棱顿大桁。癸卯，齐军进据兒塘，舆驾出顿赵建故篱门，内外纂严。

六月甲辰，齐潜军至蒋山龙尾，斜趋莫府山北，至玄武庙西北。乙卯，司空陈霸先授众军节度，与齐军交战，大破之，斩齐北兖州刺史杜方庆及徐嗣徽、弟嗣宗，生擒徐嗣产、萧轨、东方老、王敬宝、李希光、裴英起、刘归义等，皆诛之。戊午，大赦天下，军士身殒战场，悉遣敛祭，其无家属，即为瘗埋。辛酉，解严。

秋七月景子，车骑将军、司空陈霸先进位司徒，加中书监，余如故。丁亥，以开府仪同三司侯瑱为司空。

八月己酉，太保鄱阳王循薨。

九月壬寅，改元大赦，孝悌力田赐爵一级，殊才异行，所在奏闻，饥难流移，勒归本土。进新除司徒陈霸先为丞相、录尚书事、镇卫大将军、扬州牧，封义兴郡公。中权将军王冲即本号开府仪同三司。吏部尚书王通为尚书右仆射。丁巳，以郢州刺史徐度为领军将军。

冬十一月乙卯，起云龙、神兽门。

十二月壬申，进太尉、镇南将军萧勃为太保、骠骑将军。以新除左卫将军欧阳頠为安南将军、衡州刺史。壬午，平南将军刘法瑜进号安南将军。甲午，以前昌令刘睿为汝阴王，前镇西法曹行参军萧统为巴陵王，奉宋、齐二代后。

二年春正月壬寅，诏曰："夫子降灵体哲，经仁纬义，允光素王，载阐玄功，仰之者弥高，诲之者不倦。立忠立孝，德被蒸民，制礼作

乐,道冠群后。虽泰山颓峻,一篑不遗,而泗水余澜,千载犹在。自
国图屯阻,桃荐不修,奉圣之门,胤嗣歼灭,敬神之寝,簠簋寂寥。永
言声烈,实兼钦怆。外可搜举鲁国之族,以为奉圣后;并缮庙堂,供
备祀典,四时荐秩,一皆遵旧。"是日,又诏:"诸州各置中正,依旧访
举。不得辄承单状序官,皆须中正押上,然后量授。详依品制,务使
精实。其荆、雍、青、兖虽暂为隔阂,衣冠多寓淮海,犹宜不废司存。
会计罢州,尚为大郡,人士殷旷,可别置邑居。至如分割郡县,新号
州牧,并系本邑,不劳兼置。其选中正,每求耆德该悉,以他官领
之。"以车骑将军、开府仪同三司王琳为司空、骠骑大将军。分寻阳、
太原、齐昌、高唐、新蔡五郡,置西江州,即於寻阳仍充州镇。又诏:
"宗室在朝开国承家者,今犹称世子,可悉听袭本爵。"以尚书右仆
射王通为尚书左仆射。丁巳,镇西将军、益州刺史长沙王韶进号征
南将军。

　　二月庚午,领军将军徐度入东关。太保、广州刺史萧勃举兵反,
遣伪帅欧阳𬱃、傅泰、勃从子孜为前军,南江州刺史余孝顷以兵会
之。诏平西将军周文育、平南将军侯安都等率众军南讨。戊子,徐
度至合肥。烧齐船三千艘。癸巳,周文育军于巴山生获欧阳𬱃。

　　三月庚子,文育前军丁法洪于蹠口生俘傅泰。萧孜、余孝顷军
退走。甲辰,以新除司空王琳为湘、郢二州刺史。甲寅,德州刺史陈
法武、前衡州刺史谭世远于始兴攻杀萧勃。

　　夏四月癸酉,曲赦江、广、衡三州,并督内为贼所拘逼者,并皆
不问。己卯,铸四柱钱,一准二十。齐遣使请和。壬辰,改四柱钱一
准十。景申,复闭细钱。萧勃故主帅前直阁兰敳袭杀谭世远,敳仍
为亡命夏侯明彻所杀。勃故记室李宝藏奉怀安侯萧任据广州作乱。
戊戌,侯安都进军,余孝顷弃军走,萧孜请降,豫章平。

　　五月乙巳,平西将军周文育进号镇南将军,侯安都进号镇北将
军,并以本号开府仪同三司。景午,以镇军将军徐度为南豫州刺史。
戊辰,余孝顷遣使诣丞相府乞降。

　　秋八月甲午,加丞相陈霸先黄钺,领太傅,剑履上殿,入朝不

趋,赞拜不名,给羽葆、鼓吹。

九月辛丑,崇丞相为相国,总百揆,封十郡为陈公,备九锡之礼,加玺绂远游冠,位在王公上,加相国绿绶绶,置陈国百司。

冬十月戊辰,进陈公爵为王,增封十郡,并前为二十郡。命陈王冕十有二旒,建天子旌旗,出警入跸,乘金根车,驾六马,备五时副车,置旄头云罕,乐舞八佾,设钟虡宫县。王后王子女爵命之典,一依旧仪。辛未,诏曰:

> 五运更始,三正迭代,司牧黎庶,是属圣贤,用能经纬乾坤,弥纶区宇,大庇黔首,阐扬洪烈。革晦以明,积代同轨,百王踵武,咸由此则。梁德湮微,祸难荐发,太清云始,用困长蛇,承圣之年,又罹封豕,爰至天成,重窃神器。三光亟改,七庙乏祀,含生已泯,鼎命斯坠。我皇之祚,眇若缀旒,静惟《屯》、《剥》,夕惕载怀。

> 相国陈王,有纵自天,降神惟岳,天地合德,晷曜齐明。拯社稷之横流,提亿兆之涂炭。东诛叛逆,北歼獯丑,威加四海,仁渐万国。复张崩乐,重纪绝礼,儒馆聿修,戎亭虚候。虽大功在舜,盛绩维禹,巍巍荡荡,无得而称。来献白环,岂直皇虞之世;入贡素雉,非止隆周之日。故效珍川陆,表瑞烟云,玉露醴泉,旦夕凝涌,嘉禾瑞草,挺植郊甸,道昭于悠代,勋格于皇穹。明明上天,光华日月,革故著于玄象,代德彰于谶图,狱讼有违,讴歌爰适,天之历数,实有攸在。朕虽庸藐,暗于古昔,永稽崇替,为日已久,敢忘列代之至愿乎! 今便逊位别宫,敬禅于陈,一依唐虞、宋齐故事。

陈王践祚,奉帝为江阴王,薨于外邸,时年十六,追谥敬皇帝。

史臣曰:梁季横溃,丧乱屡臻,当此之时,天历去矣,敬皇高让,将同释负焉。

史臣侍中、郑国公魏征曰:"高祖固天攸纵,聪明稽古,道亚生知,学为博物,允文允武,多艺多才。爰自诸生,有不羁之度,属昏凶肆虐,天伦及祸,收合义旅,将雪家冤。曰纣可伐,不期而会,龙跃樊、汉,电击湘、郢,翦离德如振槁,取独夫如拾遗。其雄才大略,固无得而称矣。既悬白旗之首,方应皇天之眷,布德施惠,悦近来远,开荡荡之王道,革靡靡之商俗,大修文教,盛饰礼容,鼓扇玄风,阐扬儒业,介胄仁义,折冲樽俎,声振寰宇,泽流遐裔,干戈载戢,凡数十年。济济焉,洋洋焉,魏晋已来,未有若斯之盛。然不能息末敦本,斫雕为朴,慕名好事,崇尚浮华,抑扬孔、墨,流连释、老。或经夜不寝,或终日不食,非弘道以利物,惟饰智以惊愚。且心未遗荣,虚厕苍头之伍;高谈脱屣,终恋黄屋之尊。夫人之大欲,在乎饮食男女,至于轩冕殿堂,非有切身之急。高祖屏除嗜欲,眷恋轩冕,得其所难,而滞于所易,可谓神有所不达,智有所不通矣。逮夫精华稍竭,凤德已衰,惑于听受,权在奸佞,储后百辟,莫得尽言。险躁之心,暮年愈甚。见利而动,愎谏违卜,开门揖盗,弃好即仇,衅起萧墙,祸成戎羯,身殒非命,灾被亿兆,衣冠毙锋镝之下,老幼粉戎马之足。瞻彼《黍离》,痛深周庙;永言《麦秀》,悲甚殷虚。自古以安为危,既成而败,颠覆之速,书契所未闻也。《易》曰:'天之所助者信,人之所助者顺。'高祖之遇斯《屯》、《剥》,不得其死,盖动而之险,不由信顺,失天人之所助,其能免于此乎!

　　"太宗聪睿过人,神彩秀发,多闻博达,富赡词藻。然文艳用寡,华而不实,体穷淫丽,义罕疏通,哀思之音,遂移风俗,以此而贞万国,异乎周诵、汉庄矣。我生不辰,载离多难,桀逆构扇,巨猾滔天,始自牖里之拘,终类望夷之祸。悠悠苍天,其可问哉!

　　"昔国步初屯,兵缠魏阙,群后释位,投袂勤王。元帝以盘石之宗,受分陕之位,属君亲之难,居连率之长,不能抚剑尝胆,枕戈泣血,躬先士卒,致命前驱;遂及拥众逡巡,内怀觖望,坐观时变,以为身幸。不忿莽、卓之诛,先行昆弟之戮。又沉猜忌酷,多行无礼。骋智辩以饰非,肆忿戾以害物。爪牙重将,心膂谋臣,或顾眄以就拘囚,或一言而及菹醢,朝之君子,相顾懔然。自谓安若太山,举无遗策，怵于邪说，即安荆楚。虽元恶克翦，社稷未宁，而西邻责言，祸败旋及。上天降鉴，此焉假手，天道人事，其可诬乎！其笃志艺文，采浮淫而弃忠信；戎昭果毅，先骨肉而后寇仇。虽口诵六经，心通百氏，有仲尼之才，适足以益其骄矜，增其祸患，何补金陵之覆没，何救江陵之灭亡哉！敬帝遭家不造，绍兹屯运，征伐有所同出，政刑不由于己，时无伊、霍之辅，焉得不为高让欤？”

梁书卷七
列传第一

后　妃

太祖张皇后　　高祖郗皇后
太宗王皇后　　高祖丁贵嫔
高祖阮修容　　世祖徐妃

《易》曰:"有天地然后有万物,有万物然后有男女,有男女然后有夫妇。"夫妇之义尚矣哉! 周礼:王者立后六宫,三夫人、九嫔、二十七世妇、八十一御妻,以听天下之内治。故《昏义》云:"天子之与后,犹日之与月,阴之与阳,相须而成者也。"汉初因秦称号,帝母称皇太后,后称皇后,而加以美人、良人、八子、七子之属。至孝武,制婕妤之徒凡十四等。降及魏晋,母后之号,皆因汉法;自夫人以下,世有增损焉。高祖拨乱反正,深鉴奢逸,恶衣菲食,务先节俭。配德早终,长秋旷位,嫔嫱之数,无所改作。太宗、世祖出自储藩,而妃并先殂,又不建椒阃。今之撰录,正备阙云。

太祖献皇后张氏讳尚柔,范阳方城人也。祖次惠,宋濮阳太守。后尝母萧氏,即文帝从姑。后,宋元嘉中嫔于文帝,生长沙宣武王懿、永阳昭王敷,次生高祖。

初,后尝于室内,忽见庭前昌蒲生花,光彩照灼,非世中所有。

后惊视，谓侍者曰："汝见不？"对曰："不见。"后曰："常闻见者当富贵。"因遽取吞之，是月产高祖。将产之夜，后见庭内若有衣冠陪列焉。次生衡阳宣王畅、义兴昭长公主令嬑。宋泰始七年，殂于秣陵县因夏里舍，葬武进县东城里山。天监元年五月甲辰，追上尊号为皇后，谥曰献。

父穆之，字思静，晋司空华六世孙。曾祖舆坐华诛，徙兴古，未至召还。及过江，为丞相掾，太子舍人。穆之少方雅，有识鉴。宋元嘉中，为员外散骑侍郎。与吏部尚书江湛、太子左率袁淑善，淑荐之于始兴王濬，濬深引纳焉。穆之鉴其祸萌，思违其难，言于湛，求外出。湛将用为东县，固乞远郡，久之，得为宁远将军、交趾太守，治有异绩。会刺史死，交土大乱，穆之威怀循拊，境内以宁。宋文帝闻之嘉焉，将以为交州刺史，会病卒。子弘籍，字真艺，齐初为镇西参军，卒于官。高祖践阼，追赠穆之光禄大夫，加金章。又诏曰："亡舅齐镇西参军，素风雅猷，凤肩名辈，降年不永，早世潜辉。朕少离苦辛，情地弥切，虽宅相克成，辒车靡赠，兴言永往，触目恸心。可追赠廷尉卿。"弘籍无子，从父弟策以第三子缵为嗣，别有传。

高祖德皇后郗氏讳徽，高平金乡人也。祖绍，国子祭酒，领东海王师。父烨，太子舍人，早卒。初，后母寻阳公主方娠，梦当生贵子。及生后，有赤光照于室内，器物尽明，家人皆怪之。巫言此女光采异常，将有所妨，乃于水滨祓除之。

后幼而明悊，善隶书，读史传。女工之事，无不闲习。宋后废帝将纳为后，齐初，安陆王缅又欲婚，郗氏并辞以女疾，乃止。建元末，高祖始娉焉。生永兴公主玉姚，永世公主玉婉，永康公主玉嬛。

建武五年，高祖为雍州刺史，先之镇，后乃迎后。至州未几，永元元年八月殂于襄阳官舍，时年三十二。其年归葬南徐州南东海武进县东城里山。中兴二年，齐朝进高祖位相国，封十郡，梁公，诏赠后为梁公妃。高祖践阼，追崇为皇后。有司议谥，吏部尚书兼右仆射臣约议曰："表号垂名，义昭不朽。先皇后应祥月德，比载坤灵，柔范阴化,仪形自远。倪天作合,义先造舟,而神猷夙掩,所隔升运,宜式遵景行,用昭大典。谨按《谥法》,忠和纯备曰德,贵而好礼曰德。宜崇曰德皇后。"诏从之。陵曰脩陵。

后父烨,诏赠金紫光禄大夫。烨尚宋文帝女寻阳公主,齐初降封松滋县君。烨子泛,中军临川王记室参军。

太宗简皇后王氏讳灵宾,琅邪临沂人也。祖俭,太尉、南昌文宪公。

后幼而柔明淑德,叔父暕见之曰:"吾家女师也。"天监十一年,拜晋安王妃。生哀太子大器、南郡王大连、长山公主妙契。大通三年十月,拜皇太子妃。太清三年三月,薨于永福省,时年四十五。其年,太宗即位,追崇为皇后,谥曰简。大宝元年九月,葬庄陵。先是诏曰:"简皇后窀穸有期。昔西京霸陵,因山为藏;东汉寿陵,流水而已。朕属值时艰,岁饥民弊,方欲以身率下,永示敦朴。今所营庄陵,务存约俭。"又诏金紫光禄大夫萧子范为哀策文。

父骞,字思寂,本名玄成,与齐高帝偏讳同,故改焉。以公子起家员外郎,迁太子洗马,袭封南昌县公,出为义兴太守,还为骠骑谘议,累迁黄门郎,司徒右长史。性凝简,不狎当世。尝从容谓诸子曰:"吾家门户,所谓素族,自可随流平进,不须苟求也。"永元末,迁侍中,不拜。高祖霸府建,引为大司马谘议参军,俄迁侍中,领越骑校尉。

高祖受禅,诏曰:"庭坚世祀,靡辍于宗周,乐毅锡壤,乃昭于洪汉。齐故太尉南昌公,含章履道,草昧兴齐,谟明翊赞,同符在昔。虽子房之蔚为帝师,文若之隆比王佐,无以尚也。朕膺历受图,惟新宝命,莘莘玉帛,升降有典。永言前代,敬惟徽烈,匪直懋勋,义兼怀树。可降封南昌县公为侯,食邑千户。"骞袭爵,迁度支尚书。天监四年,出为东阳太守,寻徙吴郡。八年,入为太府卿,领后军将军,迁太常卿。十一年,迁中书令,加员外散骑常侍。

时高祖于钟山造大爱敬寺,骞旧墅在寺侧,有良田八十余顷,即晋丞相王导赐田也。高祖遣主书宣旨，就骞求市，欲以施寺。骞答旨云："此田不卖，若是敕取，所不敢言。"酬对又脱略。高祖怒，遂付市评田价，以直逼还之。由是忤旨，出为吴兴太守。在郡卧疾不视事。征还，复为度支尚书，加给事中，领射声校尉。以母忧去职。普通三年十月卒，时年四十九。诏赠侍中、金紫光禄大夫，谥曰安。子规袭爵，别有传。

高祖丁贵嫔讳令光，谯国人也，世居襄阳。贵嫔生于樊城，有神光之异，紫烟满室，故以"光"为名。相者云："此女当大贵。"高祖临州，丁氏因人以闻。贵嫔时年十四，高祖纳焉。初，贵嫔生而有赤痣在左臂，治之不灭，至是无何忽失所在。事德皇后小心祗敬，尝于供养经案之侧，仿佛若见神人，心独异之。高祖义师起，昭明太子始诞育，贵嫔与太子留在州城。京邑平，乃还京都。

天监元年五月，有司奏为贵人，未拜；其年八月，又为贵嫔，位在三夫人上，居于显阳殿。及太子定位，有司奏曰：

礼，母以子贵。皇储所生，不容无敬。宋泰豫元年六月，议百官以吏敬敬帝所生陈太妃，则宋明帝在时，百官未有敬。臣窃谓"母以子贵"，义著《春秋》。皇太子副贰宸极，率土咸执吏礼，既尽礼皇仪，则所生不容无敬。但帝王妃嫔，义与外隔，以理以例，无致敬之道也。今皇太子圣睿在躬，储礼凤备，子贵之道，抑有旧章。王侯妃主常得通信问者及六宫三夫人，虽与贵嫔同列，并应以敬皇太子之礼敬贵嫔。宋元嘉中，始兴、武陵国臣并以吏敬敬所生潘淑妃、路淑媛。贵嫔于宫臣虽非小君，其义不异，与宋泰豫朝议百官以吏敬敬帝所生，事义正同。谓宫闱施敬宜同吏礼，诣神兽门奉笺致谒。年节称庆，亦同如此。妇人无阃外之事，贺及问讯笺什，所由官报闻而已。夫妇人之道，义无自专，若不仰系于夫，则当俯系于子。荣亲之道，应极其所荣，未有子所行而所从不足者也。故《春秋》凡王命为夫人，则礼秩与子等。列国虽异于储贰，而从尊之义不殊，前代依准，布在旧事。贵嫔载诞元良,克固大业,礼同储君,实惟旧典。寻前代始置贵嫔,位次皇后,爵无所视;其次职者,位视相国,爵比诸侯王。此贵嫔之礼,已高朝列,况母仪春宫,义绝常算。且储妃作配,率由盛则,以妇逾姑,弥乖从序。谓贵嫔典章,太子不异。

于是,贵嫔备典章礼数,同于太子,言则称令。

贵嫔性仁恕,及居宫内,接驭自下,皆得其欢心。不好华饰,器服无珍丽,未尝为亲戚私谒。及高祖弘佛教,贵嫔奉而行之,屏绝滋腴,长进蔬膳。受戒日,甘露降于殿前,方一丈五尺。高祖所立经义,皆得其指归,尤精《净名经》。所受供赐,悉以充法事。普通七年十一月庚辰,薨,殡于东宫临云殿,年四十二。诏吏部郎张缵为哀策文曰:

蕝涂既启,桂樽虚凝,龙帷已荐,象服将升。皇帝伤璧台之永闷,悼曾城之不践,罢乡歌乎燕乐,废彻齐于祀典。《风》有《采繁》,化行南国,爰命史臣,俾流嫔德。其辞曰:

轩纬之精,江汉之英;归于君袂,生此离明。诞自厥初,时维载育;枢电绕郊,神光照屋。爰及待年,含章早穆;声被洽阳,誉宣中谷。龙德在田,聿恭兹祀;阴化代终,王风攸始。动容谘式,出言顾史;宜其家人,刑于国纪。膺斯眷命,从此宅心,狄缀采珩,珮动雅音。日中思戒,月满怀箴;如何不蹢,天高照临。玄纮莫修,祎章早缺;成物谁能,芳猷有烈。素魄贞明,紫宫炤晰;逮下靡伤,思贤罔蔽。躬俭则节,昭事惟虔;金玉无玩,箧笥不捐。祥流德化,庆表亲贤;甄昌轶启,孕鲁陶燕。方论妇教,明章阃席;玄池早扃,湘沅已岁。展衣委华,朱帱寝迹,慕结储闱,哀深蕃辟。呜呼哀哉!

令龟兆良,葆引迁祖;具僚次列,承华接武。日杳杳以霾春,风凄凄而结绪;去曾掖以依迟,饰新宫而延伫。呜呼哀哉!

启丹旗之星旆,振容车之黼裳;拟灵金而郁楚,泛凄管而凝伤。遗备物乎营寝,掩重闉于窀穸;椒风暖兮犹昔,兰殿幽而不阳。呜呼哀哉!

　　侧围高义,彤管有怿;道变虞风,功参唐迹。婉如之人,休光赤鸟;施诸天地,而无朝夕。呜呼哀哉!

有司奉谥曰穆。太宗即位,追崇曰穆太后。

　　太后父仲迁,天监初,官至兖州刺史。

　　高祖阮修容讳令嬴,本姓石,会稽余姚人也。齐始安王遥光纳焉。遥光败,入东昏宫。建康城平,高祖纳为彩女。天监六年八月,生世祖。寻拜为修容,常随世祖出蕃。大同六年六月,薨于江州内寝,时年六十七。其年十一月,归葬江宁县通望山,谥曰宣。世祖即位,有司奏追崇为文宣太后。承圣二年,追赠太后父齐故奉朝请灵宝散骑常侍、左卫将军,封武康县侯,邑五百户;母陈氏,武康侯夫人。

　　世祖徐妃讳昭佩,东海郯人也。祖孝嗣,太尉、枝江文忠公。父绲,侍中、信武将军。天监十六年十二月,拜湘东王妃。生世子方等、益昌公主含贞。太清三年五月,被谴死,葬江陵瓦官寺。

　　史臣曰:后妃道赞皇风,化行天下,盖取《葛覃》、《关雎》之义焉。至于穆贵嫔,徽华早著,诞育元良,德懋六宫,美矣!世祖徐妃之无行,自致歼灭,宜哉!

梁书卷八
列传第二

昭明太子　　哀太子
愍怀太子

　　昭明太子统字德施，高祖长子也，母曰丁贵嫔。初，高祖未有男，义师起，太子以齐中兴元年九月生于襄阳。高祖既受禅。有司奏立储副，高祖以天下始定，百度多阙，未之许也。群臣固请，天监元年十一月，立为皇太子。时太子年幼，依旧居于内，拜东宫官属，文武皆入直永福省。

　　太子生而聪睿，三岁受《孝经》、《论语》，五岁遍读五经，悉能讽诵。五年五月庚戌，始出居东宫。太子性仁孝，自出宫，恒思恋不乐。高祖知之，每五日一朝，多便留永福省，或五日三日乃还宫。八年九月，于寿安殿讲《孝经》，尽通大义。讲毕，亲临释奠于国学。十四年正月朔旦，高祖临轩，冠太子于太极殿。旧制，太子著远游冠，金蝉翠緌缨；至是，加金博山。

　　太子美姿貌，善举止。读书数行并下，过目皆忆。每游宴祖道，赋诗至十数韵。或命作剧韵赋之，皆属思便成，无所点易。高祖大弘佛教，亲自讲说，太子亦崇信三宝，遍览众经。乃于宫内别立慧义殿，专为法集之所，招引名僧，谈论不绝。太子自立三谛、法身义，并有新意。普通元年四月，甘露降于慧义殿，咸以为至德所感焉。

　　三年十一月，始兴王憺薨。旧事，以东宫礼绝傍亲，书翰并依常仪。太子意以为疑，命仆射刘孝绰议其事。孝绰议曰："案张镜撰

《东宫仪记》称：'三朝发哀者，逾月不举乐，鼓吹寝奏，服限亦然'。寻傍绝之义，义在去服，服虽可夺，情岂无悲，铙歌辍奏，良亦为此。既有悲情，宜称兼慕，卒哭之后，依常举乐，称悲竟，此理例相符。谓犹应称兼慕，至卒哭。"仆射徐勉、左率周舍、家令陆襄并同孝绰议。太子令曰："张镜《仪记》云：'依士礼，终服月称慕悼'。又云：'凡三朝发哀者，逾月不举乐'。刘仆射议云：'傍绝之义，义在去服，服虽可夺，情岂无悲，卒哭之后，依常举乐，称悲竟，此理例相符。'寻情悲之说，非止卒哭之后，缘情为论，此自难一也。用张镜之举乐，弃张镜之称悲，一镜之言，取舍有异，此自难二也。陆家令止云'多历年所'，恐非事证；虽复累稔所用，意常未安。近亦常经以此问外，由来立意，谓犹应有慕悼之言。张岂不知举乐为大，称悲事小，所以用小而忽大，良亦有以。如元正六佾，事为国章；虽情或未安，而礼不可废。铙吹军乐，比之亦然，书疏方之，事则成小，差可缘心。声乐自外，书疏自内，乐自他，书自己。刘仆射之议，即情未安。可令诸贤更共详衷。"司农卿明山宾、步兵校尉朱异议，称"慕悼之解，宜终服月"。于是令付典书遵用，以为永准。

　　七年十一月，贵嫔有疾，太子还永福省，朝夕侍疾，衣不解带。及薨，步从丧还宫，至殡，水浆不入口，每哭辄恸绝。高祖遣中书舍人顾协宣旨曰："毁不灭性，圣人之制。《礼》，不胜丧比于不孝。有我在，那得自毁如此！可即强进饮食。"太子奉敕，乃进数合。自是至葬，日进麦粥一升。高祖又敕曰："闻汝所进过少，转就羸瘵。我比更无余病，正为汝如此，胸中亦坦塞成疾。故应强加饘粥，不使我恒尔悬心。"虽屡奉敕劝逼，日止一溢，不尝菜果之味。体素壮，腰带十围，至是减削过半。每入朝，士庶见者莫不下泣。

　　太子自加元服，高祖便使省万机，内外百司奏事者填塞于前。太子明于庶事，纤毫必晓，每所奏有谬误及巧妄，皆即就辩析，示其可否，徐令改正，未尝弹纠一人。平断法狱，多所全宥，天下皆称仁。

　　性宽和容众，喜愠不形于色。引纳才学之士，赏爱无倦。恒自讨论篇籍，或与学士商榷古今，闲则继以文章著述，率以为常。于时东宫有书几三万卷,名才并集,文学之盛,晋、宋以来未之有也。

性爱山水,于玄圃穿筑,更立亭馆,与朝士名素者游其中。尝泛舟后池,番禺侯轨盛称"此中宜奏女乐"。太子不答,咏左思《招隐诗》曰:"何必丝与竹,山水有清音。"侯惭而止。出宫二十余年,不畜声乐。少时,敕赐大乐女妓一部,略非所好。

普通中,大军北讨,京师谷贵,太子因命菲衣减膳,改常馔为小食。每霖雨积雪,遣腹心左右,周行闾巷,视贫困家,有流离道路,密加振赐。又出主衣绵帛,多作襦裤,冬月以施贫冻。若死亡无可以敛者,为备棺槽。每闻远近百姓赋役勤苦,辄敛容色。常以户口未实,重于劳扰。

吴兴郡屡以水灾失收,有上言当漕大渎以泻浙江。中大通二年春,诏遣前交州刺史王弁假节,发吴郡、吴兴、义兴三郡民丁就役。太子上疏曰:"伏闻当发王弁等上东三郡民丁,开漕沟渠,导泄震泽,使吴兴一境,无复水灾,诚矜恤之至仁,经略之远旨。暂劳永逸,必获后利。未萌难睹,窃有愚怀。所闻吴兴累年失收,民颇流移。吴郡十城,亦不全熟。唯义兴去秋有稔,复非常役之民。即日东境谷稼犹贵,劫盗屡起,在所有司,不皆闻奏。今征戍未归,强丁疏少,此虽小举,窃恐难合。吏一呼门,动为民蠹,又出丁之处,远近比得齐集,已妨蚕农。去年称为丰岁,公私未能足食,如复今兹失业,虑恐为弊更深。且草窃多伺候民间虚实,若善人从役,则抄盗弥增,吴兴未受其益,内地已罹其弊。不审可得权停此功,待优实不?圣心垂矜黎庶,神量久已有在。臣意见庸浅,不识事宜,苟有愚心,愿得上启。"高祖优诏以喻焉。

太子孝谨天至,每入朝,未五鼓便守城门开。东宫虽燕居内殿,一坐一起,恒向西南面台。宿被召当入,危坐达旦。三年三月,寝疾,恐贻高祖忧,敕参问,辄自力手书启。及稍笃,左右欲启闻,犹不许,曰"云何令至尊知我如此恶",因便呜咽。四月乙巳薨,时年三十一。高祖幸东宫,临哭尽哀。诏敛以衮冕,谥曰昭明。五月庚寅,葬安宁陵。诏司徒左长史王筠为哀册,文曰:

蜃辂俄轩，龙骖跼步，羽翮前驱，云旂北御。皇帝哀继明之寝耀，痛嗣德之殂芳；御武帐而凄恸，临甲观而增伤。式稽令典，载扬鸿烈；诏撰德于旌旒，永传徽于舞缀。其辞曰：

式载明两，实惟少阳；既称上嗣，且曰元良。仪天比峻，俪景腾光；奉祀延福，守器传芳。睿哲膺期，旦暮斯在；外弘庄肃，内含和恺。识洞机深，量苞瀛海；立德不器，至功弗宰。宽绰居心，温恭成性；循时孝友，率由严敬。咸有种德，惠和齐圣；三善递宣，万国同庆。

轩纬掩精，阴羲弛位；缠哀在疚，殷忧衔恤。孺泣无时，蔬馔不溢；谭遵逾月，哀号未毕。实惟监抚，亦嗣郊禋；问安肃肃，视膳恂恂。金华玉璪，玄驷班轮；隆家干国，主祭安民。光奉成务，万机是理；矜慎庶狱，勤恤关市。诚存隐恻，容无愠喜；殷勤博施，绸缪恩纪。

爱初敬业，离经断句；莫爵崇师，卑躬待傅。宁资导习，匪劳审谕；博约是司，时敏斯务。辩究空微，思探几赜，驰神图纬，研精爻画。沉吟典礼，优游方册；餍饫膏腴，含咀肴核。括囊流略，包举艺文；遍该缃素，殚极丘贲。縢峡充积，儒墨区分；瞻河阐训，望鲁扬芬。吟咏性灵，岂惟薄伎；属词婉约，缘情绮靡。字无点窜，笔不停纸；壮思泉流，清章云委。

总览时才，网罗英茂；学穷优洽，辞归繁富。或擅谈丛，或称文囿；四友推德，七子惭秀。望苑招贤，华池爱客，托乘同舟，连舆接席。撷文捃藻，飞觞泛醑；恩隆置醴，赏逾赐璧。徽风遐被，盛业日新；仁器非重，德辂易遵。泽流兆庶，福降百神；四方慕义，天下归仁。

云物告征，祲沴寨象；星霣恒耀，山颓朽壤。灵仪上宾，德音长往；具僚无荫，谘承安仰。呜呼哀哉！

皇情悼愍，切心缠痛；胤嗣长号，跗萼增恸。慕结亲游，悲动氓众；忧若殄邦，惧同折栋。呜呼哀哉！

首夏司开，麦秋纪节；容卫徒警，菁华委绝。书幌空张，谈筵罢设;虚馈憿憿,孤灯翳翳。呜呼哀哉!

简辰请日,筮合龟贞。幽埏凤启,玄宫献成。武校齐列,文物增明。昔游漳滏,宾从无声;今归郊郭,徒御相惊。呜呼哀哉!

背绛阙以远祖,辗青门而徐转;指驰道而诅前,望国都而不践。陵脩阪之威夷,溯平原之悠缅;骥蹀足以酸嘶,挽凄锵而流泫。呜呼哀哉!

混哀音于箫籁,变愁容于天日;虽夏木之森阴,返寒林之萧瑟。既将反而复疑,如有求而遂失;谓天地其无心,遽永潜于容质。呜呼哀哉!

即玄宫之冥漠,安神寝之清閟;传声华于懋典,观德业于徽谥。悬忠贞于日月,播鸿名于天地;惟小臣之纪言,实含毫而无愧。呜呼哀哉!

太子仁德素著,及薨,朝野恸愕。京师男女,奔走宫门,号泣满路。四方氓庶,及疆徼之民,闻丧皆恸哭。所著文集二十卷;又撰古今典诰文言,为《正序》十卷;五言诗之善者,为《文章英华》二十卷;《文选》三十卷。

哀太子大器字仁宗,太宗嫡长子也。普通四年五月丁酉生。中大通三年,封宣城郡王,食邑二千户。寻为侍中、中卫将军,给鼓吹一部。大同四年,授使持节、都督扬徐二州诸军事、中军大将军、扬州刺史,侍中如故。

太清二年十月,侯景寇京邑,敕太子为台内大都督。三年五月,太宗即位。六月癸酉,立为皇太子。大宝二年八月,贼景废太宗,将害太子。时贼党称景命召太子,太子方讲《老子》,将欲下床,而刑人掩至,太子颜色不变,徐曰:“久知此事,嗟其晚耳。”刑者欲以衣带绞之,太子曰:“此不能见杀。”乃指系帐竿下绳,命取绞之而绝,时年二十八。

太子性宽和,兼神用端嶷,在于贼手,每不屈意。初,侯景西上,携太子同行,及其败归,部伍不腹整肃,太子所乘船居后,不及贼众，左右心腹并劝因此入北，太子曰："家国丧败，志不图生，主上蒙尘，宁忍违离？吾今逃匿，乃是叛父，非谓避贼。"便涕泗呜咽，令即前进。贼以太子有器度，每常惮之，恐为后患，故先及祸。承圣元年四月，追谥哀太子。

愍怀太子方矩字德规，世祖第四子也。初封南安县侯，随世祖在荆镇。太清初，为使持节、督湘郢桂宁成合罗七州诸军事、镇南将军、湘州刺史。寻征为侍中、中卫将军，给鼓吹一部。世祖承制，拜王太子，改名元良。承圣元年十一月丙子，立为皇太子。及西魏师陷荆城，太子与世祖同为魏人所害。太子聪颖，颇有世祖风，而凶暴猜忌。敬帝承制，追谥愍怀太子。

陈吏部尚书姚察曰：孟轲有言，"鸡鸣而起，孳孳为善者，舜之徒也。"若乃布衣韦带之士，在于畎亩之中，终日为之，其利亦已博矣。况乎处重明之位，居正体之尊，克念无怠，蒸蒸以孝，大舜之德，其何远之有哉！

梁书卷九
列传第三

王茂　曹景宗　柳庆远

　　王茂字休远,太原祁人也。祖深,北中郎司马。父天生,宋末为列将,于石头克司徒袁粲,以勋至巴西、梓潼二郡太守,上黄县男。茂年数岁,为大父深所异,常谓亲识曰:"此吾家之千里驹,成门户者必此儿也。"及长,好读兵书,驳略究其大旨。性沉隐,不妄交游。身长八尺,洁白美容观。齐武帝布衣时,见之叹曰:"王茂年少,堂堂如此,必为公辅之器。"

　　宋升明末,起家奉朝请,历后行军参军,司空骑兵、太尉中兵参军。魏将李乌奴寇汉中,茂受诏西讨。魏军退,还为镇南司马,带临湘令。入为越骑校尉。魏寇兖州,茂时以宁朔将军长史镇援北境,入为前军将军江夏王司马,又迁宁朔将军、江夏内史。建武初,魏围司州,茂以郢州之师救焉。高祖率众先登贤首山,魏将王肃、刘昶来战,茂从高祖拒之,大破肃等。魏军退,茂还郢,仍迁辅国长史、襄阳太守。

　　高祖义师起,茂私于张弘策,劝高祖迎和帝,高祖以为不然,语在《高祖纪》。高祖发雍部,每遣茂为前驱。师次郢城,茂进平加湖,破光子衿、吴子阳等,斩馘万计,还献捷于汉川。郢、鲁既平,从高祖东下,复为军锋。师次秣陵,东昏遣大将王珍国盛兵朱雀门,众号二十万,度航请战。茂与曹景宗等会击,大破之,纵兵追奔,积尸与航栏等,其赴淮死者,不可胜算。长驱至宣阳门。建康城平,以茂为护军将军，俄迁侍中、领军将军。群盗之烧神兽门也，茂率所领到东掖门应赴，为盗所射，茂跃马而进，群盗反走。茂以不能式遏奸盗，自表解职，优诏不许。加镇军将军，封望蔡县公，邑二千三百户。是岁，江州刺史陈伯之举兵叛，茂出为使持节、散骑常侍、都督江州诸军事、征南将军、江州刺史，给鼓吹一部，南讨伯之。伯之奔于魏。时九江新离军寇，民思反业，茂务农省役，百姓安之。四年，魏侵汉中，茂受诏西讨，魏乃班师。六年，迁尚书右仆射，常侍如故，固辞不拜。改授侍中、中卫将军，领太子詹事。七年，拜车骑将军，太子詹事如故。八年，以本号开府仪同三司、丹阳尹，侍中如故。时天下无事，高祖方信仗文雅，茂心颇怏怏，侍宴醉后，每见言色，高祖常宥而不之责也。十一年，进位司空，侍中、尹如故。茂辞京尹，改领中权将军。

茂性宽厚，居官虽无誉，亦为吏民所安。居处方正，在一室衣冠俨然，虽仆妾莫见其惰容。姿表瓌丽，须眉如画，出入朝会，每为众所瞻望。明年，出为使持节、散骑常侍、骠骑将军、开府仪同三司之仪、都督江州诸军事、江州刺史。视事三年，薨于州，时年六十。高祖甚悼惜之，赙钱三十万，布三百匹。诏曰："旌德纪勋，哲王令轨；念终追远，前典明诰。故使持节、散骑常侍、骠骑将军、开府仪同三司、江州刺史茂，识度渊广，器宇凝正。爰初草昧，尽诚宣力，绸缪休戚，契阔屯夷。方赖谋猷，永隆朝寄；奄至薨殒，朕用恸于厥心。宜增礼数，式昭盛烈。可赠侍中、太尉，加班剑二十人，鼓吹一部。谥曰忠烈。"

初，茂以元勋，高祖赐以钟磬之乐。茂在江州，梦钟磬在格，无故自堕，心恶之。及觉，命奏乐。既成列，钟磬在格，果无故编皆绝，堕地。茂谓长史江铨曰："此乐，天子所以惠劳臣也。乐既极矣，能无忧乎！"俄而病，少日卒。

子贞秀嗣，以居丧无礼，为有司奏，徙越州，后有诏留广州，乃潜结仁威府中兵参军杜景，欲袭州城，长史萧昂讨之。景，魏降人，与贞秀同戮。

　　曹景宗字子震,新野人也。父欣之,为宋将,位至征虏将军、徐州刺史。景宗幼善骑射,好畋猎,常与少年数十人泽中逐獐鹿,无还骑趁鹿,鹿马相乱,景宗于众中射之,人皆惧中马足,鹿应弦辄毙,以此为乐。未弱冠,欣之于新野遣出州,以匹马将数人,于中路卒逢蛮贼数百围之。景宗带百余箭,乃驰骑四射,每箭杀一蛮,蛮遂散走,因是以胆勇知名。颇爱史书,每读《穰苴》、《乐毅传》,辄放卷叹息曰:"丈夫当如是!"

　　辟西曹,不就。宋元徽中,随父出京师,为奉朝请,员外,迁尚书左民郎。寻以父忧去职,还乡里。服阕,刺史萧赤斧板为冠军中兵参军,领天水太守。时建元初,蛮寇群动,景宗东西讨击,多所擒破。齐鄱阳王锵为雍州,复以为征虏中兵参军,带冯翊太守,督岘南诸军事,除屯骑校尉。少守督岘南与州里张道门厚善。道门,齐车骑将军敬儿少子也,为武陵太守。敬儿诛,道门于郡伏法,亲属故吏莫敢收,景宗自襄阳遣人船到武陵,收其尸骸,迎还殡葬,乡里以此义之。

　　建武二年,魏主托跋宏寇赭阳,景宗为偏将,每冲坚陷阵,辄有斩获,以勋除游击将军。四年,太尉陈显达督众军北围马圈,景宗从之,以甲士二千设伏,破魏援托跋英四万人。及克马圈,显达论功,以景宗为后,景宗退无怨言。魏主率众大至,显达宵奔,景宗导入山道,故显达父子获全。

　　五年,高祖为雍州刺史,景宗深自结附,数请高祖临其宅。时天下方乱,高祖亦厚加意焉。永元初,表为冠军将军、竟陵太守。及义师起,景宗聚众,遣亲人杜思冲劝先迎南康王于襄阳即帝位,然后出师,为万全计,高祖不从,语在《高祖纪》。高祖至竟陵,以景宗与冠军将军王茂济江,围郢城,自二月至于七月,城乃降。复帅众前驱至南州,领马步军取建康,道次江宁。东昏将李居士以重兵屯新亭,是日选精骑一千至江宁行顿,景宗始至,安营未立,且师行日久,器甲穿弊,居士望而轻之,因鼓噪前薄景宗。景宗被甲驰战,短兵裁

接,居士弃甲奔走,景宗皆获之。因鼓而前,径至皂荚桥筑垒。景宗
又与王茂、吕僧珍犄角,破王珍国于大航。茂冲其中坚,应时而陷,
景宗纵兵乘之。景宗军士皆桀黠无赖,御道左右,莫非富室,抄掠财
物,略夺子女,景宗不能禁。及高祖入顿新城,严申号令,然后稍息。
复与众军长围六门。城平,拜散骑常侍、右卫将军,封湘西县侯,食
邑一千六百户。仍迁持节、都督郢司二州诸军事、左将军、郢州刺
史。天监元年,进号平西将军,改封竟陵县侯。

景宗在州,鬻货聚敛。于城南起宅,长堤以东,夏口以北,开街
列门,东西数里。而部曲残横,民颇厌之。二年十月,魏寇司州,围
刺史蔡道恭。时魏攻日苦,城中负板而汲,景宗望门不出,但耀军游
猎而已。及司州城陷,为御史中丞任昉所奏,高祖以功臣寝而不治。
征为护军,既至,复拜散骑常侍、右卫将军。

五年,魏托跋英寇钟离,围徐州刺史昌义之,高祖诏景宗督众
军援义之,豫州刺史韦睿亦预焉,而受景宗节度。诏景宗顿道人洲,
待众军齐集俱进。景宗固启,求先据邵阳洲尾,高祖不听。景宗欲
专其功,乃违诏而进,值暴风卒起,颇有湹溺,复还守先顿。高祖闻
之,曰:“此所以破贼也。景宗不进,盖天意乎!若孤军独往,城不时
立,必见狼狈。今得待众军同进,始大捷矣。”及韦睿至,与景宗进顿
邵阳洲,立垒去魏城百余步。魏连战不能却,杀伤者十二三,自是魏
军不敢逼。景宗等器甲精新,军仪甚盛,魏人望之夺气。魏大将杨
大眼对桥北岸立城,以通粮运,每牧人过岸伐刍槁,皆为大眼所略。
景宗乃募勇敢士千余人,径渡大眼城南数里筑垒,亲自举筑。大眼
率众来攻,景宗与战破之,因得垒成。使别将赵草守之,因谓为赵草
城。是后恣刍牧焉,大眼时遣抄掠,辄反为赵草所获。先是,高祖诏
景宗等逆装高舰,使与魏桥等,为火攻计。令景宗与睿各攻一桥,睿
攻其南,景宗攻其北。六年三月,春水生,淮水暴长六七尺。睿遣所
督将冯道根、李文钊、裴邃、韦寂等乘舰登岸,击魏洲上军尽殪。景
宗因使众军皆鼓噪乱登诸城,呼声震天地,大眼于西岸烧营,英自
东岸弃城走。诸垒相次土崩,悉弃其器甲,争投水死,淮水为之不

流。景宗令军主马广踏大眼至涉水上,四十余里,伏尸相枕。义之
出逐英至洛口,英以匹马入梁城,缘淮百余里,尸骸枕藉。生擒五万
余人,收其军粮器械,积如山岳,牛马驴骡,不可胜计。景宗乃搜军
所得生口万余人,马千匹,遣献捷,高祖诏还本军,景宗振旅凯入。
增封四百,并前为二千户,进爵为公。诏拜侍中、领军将军,给鼓吹
一部。

　　景宗为人自恃尚胜,每作书,字有不解,不以问人,皆以意造
焉。虽公卿无所推捔;惟韦睿年长,且州里胜流,特相敬重,同燕御
筵,亦曲躬谦逊,高祖以此嘉之。景宗好内,妓妾至数百,穷极锦绣。
性躁动,不能沉默,出行常欲褰车帷幔,左右辄谏以位望隆重,人所
具瞻,不宜然。景宗谓所亲曰:"我昔在乡里,骑快马如龙,与年少辈
数十骑,拓弓弦作霹雳声,箭如饿鸱叫,平泽中逐獐,数肋射之,渴
饮其血,饥食其肉,甜如甘露浆,觉耳后风生,鼻头出火。此乐使人
忘死,不知老之将至。今来扬州作贵人,动转不得,行路开车幔,小
人辄言不可。闭置车中,如三日新妇。遭此邑邑,使人无气。"为人
嗜酒好乐,腊月于宅中,使作野虖逐除,遍往人家乞酒食。本以为
戏,而部下多剽轻,因弄人妇女,夺人财货。高祖颇知之,景宗乃止。
高祖数燕见功臣,共道故旧,景宗醉后谬忘,或误称下官,高祖故纵
之以为笑乐。

　　七年,迁侍中、中卫将军、江州刺史。赴任卒于道,时年五十二。
诏赙钱二十万,布三百匹,追赠征北将军、雍州刺史、开府仪同三
司。谥曰壮。子皎嗣。

　　柳庆远字文和,河东解人也。伯父元景,宋太尉。
　　庆远起家郢州主簿,齐初为尚书都官郎,大司马中兵参军,建
武将军、魏兴太守。郡遭暴水,流漂居民,吏请徙民祀城,庆远曰:
"天降雨水,岂城之所知。吾闻江河长不过三日,斯亦何虑。"命筑土
而已。俄而水过,百姓服之。入为长水校尉,出为平北录事参军、襄
阳令。

高祖之临雍州，问京兆人杜恽求州纲，恽举庆远，高祖曰："文和吾已知之，所问未知者耳。"因辟别驾从事史。齐方多难，庆远谓所亲曰："方今天下将乱，英雄必起，庇民定霸，其吾君乎！"因尽诚协赞。及义兵起，庆远常居帷幄为谋主。中兴元年，西台选为黄门郎，迁冠军将军、征东长史。从军东下，身先士卒。高祖行营垒，见庆远顿舍严整，每叹曰："人人若是，吾又何忧！"建康城平，入为侍中，领前军将军，带淮陵、齐昌二郡太守。城内尝夜失火，禁中惊惧，高祖时居宫中，悉敛诸钥，问："柳侍中何在？"庆远至，悉付之。其见任如此。

霸府建，以为太尉从事中郎。高祖受禅，迁散骑常侍、右卫将军，加征虏将军，封重安侯，食邑千户。母忧去职，以本官起之，固辞不拜。天监二年，迁中领军，改封云杜侯。四年，出为使持节、都督雍梁南北秦四州诸军事、征虏将军、宁蛮校尉、雍州刺史。高祖饯于新亭，谓曰："卿衣锦还乡，朕无西顾之忧矣。"七年，征为护军将军，领太子庶子。未赴职，仍迁通直散骑常侍、右卫将军，领右骁骑将军。至京都，直魏宿预城请降，受诏为援，于是假节守淮阴。魏军退，八年，还京师，迁散骑常侍、太子詹事、雍州大中正。十年，迁侍中、领军将军，给扶，并鼓吹一部。十二年，迁安北将军、宁蛮校尉、雍州刺史。庆远重为本州，颇厉清节，士庶怀之。

明年春，卒，时年五十七。诏曰："念往笃终，前王令则；式隆宠数，列代恒规。使持节、都督雍梁南北秦四州郢州之竟陵司州之随郡诸军事、安北将军、宁蛮校尉、雍州刺史、云杜县开国侯柳庆远，器识淹旷，思怀通雅。爰初草昧，预属经纶；远自升平，契阔禁旅。重牧西藩，方弘治道，奄至殒丧，伤恸于怀。宜追荣命，以彰茂勋。可赠侍中、中军将军、开府仪同三司，鼓吹、侯如故。谥曰忠惠。"赗钱二十万，布二百匹。"及丧还京师，高祖出临哭。子津嗣。

初，庆远从父兄卫将军世隆尝谓庆远曰："吾昔梦太尉以褥席见赐，吾遂亚台司；适又梦以吾褥席与汝，汝必光我公族。"至是，庆远亦继世隆焉。

　　陈吏部尚书姚察曰：王茂、曹景宗、柳庆远虽世为将家，然未显奇节。梁兴，因日月末光，以成所志，配迹方、邵，勒勋钟鼎。伟哉！昔汉光武全爱功臣，不过朝请、特进，寇、邓、耿、贾咸不尽其器力。茂等迭据方岳，位终上将，君臣之际，迈于前代矣。

梁书卷一〇
列传第四

萧颖达　夏侯详　蔡道恭
杨公则　邓元起

　　萧颖达，兰陵兰陵人，齐光禄大夫赤斧第五子也。少好勇使气，起家冠军。兄颖胄，齐建武末亦为西中郎外兵参军，俱在西府。齐季多难，颇不自安。会东昏遣辅国将军刘山阳为巴西太守，道过荆州，密敕颖胄袭雍州。时高祖已为备矣，仍遣颖胄亲人王天兽以书疑之。山阳至，果不敢入城。颖胄计无所出，夜遣钱塘人朱景思呼西中郎城局参军席阐文、谘议参军柳忱闭斋定议。阐文曰："萧雍州畜养士马，非复一日，江陵素畏襄阳人，人众又不敌，取之必不可制之，岁寒复不为朝廷所容。今若杀山阳，与雍州举事，立天子以令诸侯，则霸业成矣。山阳持疑不进，是不信我。今斩送天兽，则彼疑可释。至而图之，罔不济矣。"忱亦劝焉。颖达曰："善。"及天明，颖胄谓天兽曰："卿与刘辅国相识，今不得不借卿头。"乃斩天兽以示山阳。山阳大喜，轻将步骑数百到州。阐文勒兵待於门，山阳车逾限而门阖，因执斩之，传首高祖。且以奉南康王之议来告，高祖许焉。

　　和帝即位，以颖胄为假节、侍中、尚书令、领吏部尚书、都督行留诸军事、镇军将军、荆州刺史，留卫西朝。以颖达为冠军将军。及杨公则等率师随高祖，高祖围郢城，颖达会军於汉口，与王茂、曹景宗等攻郢城，陷之。随高祖平漂州。高祖进江州，使与曹景宗先率马步进趋江宁，破东昏将李居士，又下东城。

初，义师之起也，巴东太守萧惠训子瓛、巴西太守鲁休烈弗从，举兵侵荆州，败辅国将军任议之於硖口，破大将军刘孝庆於上明，颖胄遣军拒之；而高祖已平江、郢，图建康。颖胄自以职居上将，不能拒制瓛等，忧愧不乐，发疾数日而卒。州中秘之，使似其书者假为教命。及瓛等闻建康将平，众惧而溃，乃始发丧。和帝赠颖胄丞相。

义师初，颖达弟颖孚自京师出亡，庐陵人循景智潜引与南归，至庐陵，景智及宗人灵佑为起兵，得数百人，屯西昌药山湖。颖达闻之，假颖孚节、督庐陵豫章临川南康安成五郡军事、冠军将军、庐陵内史。颖孚率灵佑等进据西昌，东昏遣安西太守刘希祖自南江入湖拒之。颖孚不能自立，以其兵由建安复奔长沙，希祖追之，颖孚缘山逾嶂，仅而获免。在道绝粮，后因食过饱而卒。

建康城平，高祖以颖达为前将军、丹阳尹。上受禅，诏曰：“念功惟德，列代所同，追远怀人，弥与事笃。齐故侍中、丞相、尚书令颖胄，风格峻远，器宇深邃，清猷盛业，问望斯归。缔构义始，肇基王迹，契阔屯夷，载形心事。朕膺大改物，光宅区宇，望岱观河，永言号恸。可封巴东郡开国公，食邑三千户，本官如故。”赠颖孚右卫将军。加颖达散骑常侍，以公事免。及大论功赏，封颖达吴昌县侯，邑千五百户。寻为侍中，改封作唐侯，县邑如故。

迁征虏将军、太子左卫率。御史中丞任昉奏曰：

臣闻贫观所取，穷视不为。在於布衣，穷居介然之行，尚可以激贪厉俗，享此薄夫；况乎伐冰之家，争鸡豚之利；衣绣之士，受贾人之服。风闻征虏将军臣萧颖达启乞鱼军税，辄摄颖达宅督彭难当到台辨问。列称：“寻生鱼典税，先本是邓僧琰启乞，限讫今年五月十四日。主人颖达时谓非新立，仍启乞接代僧琰，即蒙降许登税，与史法论一年收直五十万。”知其列状，则与风闻符同，颖达即主。

臣谨案：征虏将军、太子左卫率、作唐县开国侯臣颖达，备位大臣，预闻执宪，私谒亟陈，至公寂寞。屠中之志，异乎鲍肆之求；鱼飧之资，不俟潜有之数。遂复申兹文二，追彼十一，风

　　体若兹，准绳斯在。陛下弘惜勋良，每为曲法；臣当官执宪，敢
　　不直绳。臣等参议，请以见事免颖达所居官，以俟还第。
有诏原之。转散骑常侍、左卫将军。俄复为侍中，卫尉卿。出为信
威将军、豫章内史，加秩中二千石。治任威猛，郡人畏之。迁使持节、
都督江州诸军事、江州刺史，将军如故。顷之，征为通直散骑常侍、
右骁骑将军。既处优闲，尤恣声色，饮酒过度，颇以此伤生。

　　九年，迁信威将军、右卫将军。是岁卒，年三十四。车驾临哭，
给东园秘器，朝服一具，衣一袭，钱二十万，布二百匹。追赠侍中、中
卫将军，鼓吹一部，谥曰康。子敏嗣。

　　颖胄子靡，袭巴东公，位至中书郎，早卒。

　　夏侯详字叔业，谯郡人也。年十六，遭父艰，居丧哀毁。三年庐
于墓，尝有雀三足，飞来集其庐户，众咸异焉。服阕，刺史殷琰召补
主簿。

　　宋泰始初，琰举豫州叛，宋明帝遣辅国将军刘勔讨之，攻守连
月，人情危惧，将请救于魏。详说琰曰：“今日之举，本效忠节；若社
稷有奉，便归身朝廷，何可屈身北面异域？且今魏氏之卒，近在淮
次，一军未测去就，惧有异图。今若遣使归款，必厚相慰纳，岂止免
罪而已。若谓不然，请充一介。”琰许之。详见勔曰：“将军严围峭垒，
矢刃如霜，城内愚徒，实同困兽，士庶惧诛，咸欲投魏。仆所以逾城
归德，敢布腹心。愿将军弘旷荡之恩，垂霈然之惠，解围退舍，则皆
相率而至矣。”勔许之。详曰：“审尔，当如君言，而详请反命。”勔遣
到城下，详呼城中人，语以勔辞，即日琰及众俱出，一州以全。勔为
刺史，又补主簿。顷之，为新汲令，治有异绩，刺史段佛荣班下境内，
为属城表。转治中从事史，仍迁别驾。历事八将，州部称之。

　　齐明帝为刺史，雅相器遇。及辅政，招令出都，将大用之。每引
详及乡人裴叔业日夜与语，详辄末略不酬。帝以问叔业，叔业告详，
详曰：“不为福始，不为祸先。”由此微有忤。出为征虏长史、义阳太
守。顷之，建安戍为魏所围，仍以详为建安戍主，带边城、新蔡二郡

太守，并督光城、弋阳、汝邓五郡众赴之。详至建安，魏军引退。先是，魏又於淮上置荆亭戍，常为寇掠，累攻不能御，详率锐卒攻之，贼众大溃，皆弃城奔走。建武□，征为游击将军，出为南中郎司马、南新蔡太守。齐南康王为荆州，迁西中郎司马、新兴太守，便道先到江阳。时始安王遥光称兵京邑，南康王长史萧颖胄并未至，中兵参军刘山阳先在州，山阳副潘绍欲谋作乱，详伪呼绍议事，即於城门斩之，州府乃安。迁司州刺史，辞不之职。

　　高祖义兵起，详与颖胄同创大举。西台建，以详为中领军，加散骑常侍、南郡太守。凡军国大事，颖胄多决於详。及高祖围郢城未下，颖胄遣卫尉席阐文如高祖军。详献议曰："穷壁易守，攻取势难；顿甲坚城，兵家所忌。诚宜大弘经略，询纳群言，军主以下至于匹夫，皆令献其所见，尽其所怀，择善而从，选能而用，不以人废言，不以多闷寡。又须量我众力，度贼樵粮，窥彼人情，权其形势。若使贼人众而食少，故宜计日而守之；食多而力寡，故宜悉众而攻之。若使粮力俱足，非攻守所屈，便宜散金宝，纵反间，使彼智者不用，愚者怀猜，此魏武之所以定大业也。若三事未可，宜思变通，观於人情，计我粮谷。若德之所感，万里同符，仁之所怀，远迩归义，金帛素积，粮运又充，乃可以列围宽守，引以岁月，此王霸之所以克楚也。若围之不卒降，攻之未可下，间道不能行，金粟无人积，天下非一家，人情难可豫，此则宜更思变计矣。变计之道，实资英断，此之深要，难以纸宣，辄布言於席卫尉，特愿垂采。"高祖嘉纳焉。顷之，颖胄卒。时高祖弟始兴王憺留守襄阳，详乃遣使迎憺，共参军国。和帝加详禁兵，出入殿省，固辞不受。迁侍中、尚书右仆射。寻授使持节、抚军将军、荆州刺史。详又固让于憺。

　　天监元年，征为侍中、车骑将军，论功封宁都县侯，邑二千户。详累辞让，至於恳切，乃更授右光禄大夫，侍中如故，给亲信二十人，改封丰城县公，邑如故。二年，抗表致仕，诏解侍中，进特进。三年，迁使持节、散骑常侍、车骑将军、湘州刺史。详善吏事，在州四载，为百姓所称。州城南流水有峻峰，旧老相传，云"刺史登此山辄被代"。因是历政莫敢至。详於其地起台榭，延僚属，以表损挹之志。

六年，征为侍中、右光禄大夫，给亲信二十人。未至，授尚书右仆射、金紫光禄大夫，侍中如故。道病卒，时年七十四，上为素服举哀，赠右光禄。

先是，荆府城局参军吉士瞻役万人浚仗库防火池，得金革带钩，隐起雕镂甚精巧，篆文曰"锡尔金钩，既公且侯。"士瞻，详兄女胥也。女窃以与详，详喜佩之，期岁而贵矣。

蔡道恭字怀俭，南阳冠军人也。父郡，宋益州刺史。

道恭少宽厚有大量。齐文帝为雍州，召补主簿，仍除员外散骑常侍。后累有战功，迁越骑校尉、后军将军。建武末，出为辅国司马、汝南令。齐南康王为荆州，荐为西中郎中兵参军，加辅国将军。

义兵起，萧颖胄以道恭旧将，素著威略，专相委任，迁冠军将军、西中郎谘议参军，仍转司马。中兴元年，和帝即位，迁右卫将军。巴西太守鲁休烈等自巴、蜀连兵寇上明，以道恭持节、督西讨诸军事，次土台，与贼合战。道恭潜以奇兵出其后，一战大破之，休烈等降于军门。以功迁中领军，固辞不受，出为使持节、右将军、司州刺史。

天监初，论功封汉寿县伯，邑七百户，进号平北将军。三年，魏围司州，时城中众不满五千人，食裁支半岁，魏军攻之，昼夜不息，道恭随方抗御，皆应手摧却。魏乃作大车载土，四面俱前，欲以填堑，道恭辄於堑内列艨冲斗舰以待之，魏人不得进。又潜作伏道以决堑水，道恭载土狙塞之。相持百余日，前后斩获不可胜计。魏大造梯冲，攻围日急，道恭於城内作土山，厚二十余丈；多作大槊，长二丈五尺，施长刃，使壮士刺魏人登城者。魏军甚惮之，将退。会道恭疾笃，乃呼兄子僧勰、从弟灵恩及诸将帅谓曰："吾受国厚恩，不能破灭寇贼，今所苦转笃，势不支久，汝等当以死固节，无令吾没有遗恨。"又令取所持节谓僧勰曰："禀命出疆，凭此而已；即不得奉以还朝，方欲携之同逝，可与棺枢相随。"众皆流涕。其年五月，卒。魏知道恭死，攻之转急。先是，朝廷遣郢州刺史曹景宗率众赴援，景宗到凿岘，顿兵不前。至八月，城内粮尽，乃陷。诏曰："持节、都督司州诸军事、平北将军、司州刺史、汉寿县开国伯道恭，器干详审，才志通烈。王业肇构，致力陕西，受任边垂，效彰所莅。寇贼凭陵，谒诚守御，奇谋间出，捷书日至。不幸抱疾，奄至殒丧，遗略所固，得移气朔。自非徇国忘已，忠果并至，何能身没守存，穷而后屈！言念伤悼，特兼常怀，追荣加等，抑有恒数。可赠镇西将军，使持节、都督、刺史、伯如故，并寻购丧槥，随宜资给。"八年，魏许还道恭丧，其家以女乐易之，葬襄阳。

子澹嗣，卒於河东太守。孙固早卒，国除。

杨公则字君翼，天水西县人也。父仲怀，宋泰始初为豫州刺史殷琰将。琰叛，辅国将军刘勔讨琰，仲怀力战，死於横塘。公则随父在军，年未弱冠，冒阵抱尸号哭，气绝良久。勔命还仲怀首，公则殓毕，徒步负丧归乡里，由此著名。

历官员外散骑侍郎，梁州刺史范柏年板为宋熙太守、领白马戍主。氐贼李乌奴作乱，攻白马，公则固守经时，矢尽粮竭，陷于寇，抗声骂贼。乌奴壮之，更厚待焉，要与同事。公则伪许而图之，谋泄，单马逃归。梁州刺史王玄邈以事表闻，齐高帝下诏褒美。除晋寿太守，在任清洁自守。

永明中，为镇北长流参军，迁扶风太守，母忧去官。雍州刺史陈显达起为宁朔将军，复领太守。顷之，荆州刺史巴东王子响构乱，公则率师进讨。事平，迁武宁太守。在郡七年，资无担石，百姓便之。入为前军将军。南康王为荆州，复为西中郎中兵参军。领军将军萧颖胄协同义举，以公则为辅国将军、领西中郎谘议参军，中兵如故，率众东下。时湘州行事张宝积发兵自守，未知所附，公则军及巴陵，仍回师南讨。军次白沙，宝积惧，释甲以俟焉。公则到，抚纳之，湘境遂定。

和帝即位，授持节、都督湘州诸军事、湘州刺史。高祖勒众军次于沔口，曾山城主孙乐祖、郢州刺史张冲各据城未下，公则率湘府之众会于夏口。时荆州诸军受公则节度，虽萧颖达宗室之贵亦隶焉。累进征虏将军、左卫将军，持节、刺史如故。郢城平，高祖命众军即日俱下，公则受命先驱，径掩柴桑。江州既定，连旌东下，直造京邑。公则号令严明，秋毫不犯，所在莫不赖焉。大军至新林，公则自越城移屯领军府垒北楼，与南掖门相对。尝登楼望战，城中遥见麾盖，纵神锋弩射之，矢贯胡床，左右皆失色，公则曰："几中吾脚。"谈笑如初。东昏夜选勇士攻公则栅，军中惊扰，公则坚卧不起，徐命击之，东昏军乃退。公则所领是湘溪人，性怯懦，城内轻之，以为易与，每出荡，辄先犯公则垒。公则奖厉军士，克获更多。及平，城内出者或被剥夺，公则亲率麾下，列阵东掖门，卫送公卿士庶，故出者多由公则营焉。

进号左将军，持节、刺史如故，还镇南蕃。初，公则东下，湘部诸郡多未宾从，及公则还州，然后诸屯聚并散。天监元年，进号平南将军，封宁都县侯，邑一千五百户。湘州寇乱累年，民多流散，公则轻刑薄敛，顷之，户口充复。为政虽无威严，然保已廉慎，为吏民所悦。湘俗单家以赂求州职，公则至，悉断之，所辟引皆州郡著姓，高祖班下诸州以为法。

四年，征中护军。代至，乘二舸便发，赆送一无所取。仍迁卫尉卿，加散骑常侍。时朝廷始议北伐，以公则威名素著，至京师，诏假节先屯洛口。公则受命遄疾，谓亲人曰："昔廉颇、马援以年老见遗，犹自力请用。今国家不以吾朽懦，任以前驱，方於古人，见知重矣。虽临途疾苦，岂可偄俛辞事。马革还葬，此吾志也。"遂强起登舟。至洛口，寿春士女归降者数千户。魏豫州刺史薛恭度遣长史石荣等前锋接战，即斩石荣，逐北至寿春，去城数十里乃反。疾卒于烈。

公则为人敦厚慈爱，居家笃睦，视兄子过于其子，家财悉委焉。性好学，虽居军旅，手不辍卷，士大夫以此称之。

子膘嗣，有罪，国除。高祖以公则勋臣，特诏听庶长子朓嗣，固让，历年乃受。

邓元起字仲居,南郡当阳人也。少有胆干,膂力过人。性任侠,好赈施,邓元起乡里年少多附之。起家州辟议曹从事史,转奉朝请。雍州刺史萧缅板为槐里令。迁弘农太守、平西军事。时西阳马荣率众缘江寇抄,商旅断绝,刺史萧遥欣使元起率众讨平之。

迁武宁太守。永元末,魏军逼义阳,元起自郡援焉。蛮帅田孔明附于魏,自号郢州刺史,寇掠三关,规袭夏口。元起率锐卒攻之,旬月之间,频陷六城,斩获万计,余党悉皆散走。仍戍三关。郢州刺史张冲督河北军事,元起累与冲书,求旋军。冲报书曰:"足下在彼,吾在此,表里之势,所谓金城汤池;一旦舍去,则荆棘生焉。"乃表元起为平南中兵参军事。自是,每战必捷,勇冠当时,敢死之士乐为用命者万有余人。

义师起,萧颖胄与书招之。张冲待元起素厚,众皆惧冲。及书至,元起部曲多劝其还郢,元起大言于众曰:"朝廷暴虐,诛戮宰臣,群小用命,衣冠道尽。荆、雍二州同举大事,何患不克?且我老母在西,岂容背本!若事不成,政受戮昏朝,幸免不孝之罪。"即日治严上道。至江陵,为西中郎中兵参军,加冠军将军,率众与高祖会于夏口:高祖命王茂、曹景宗及元起等围城,结垒九里,张冲屡战,辄大败,乃婴城固守。和帝即位,授假节、冠军将军、平越中郎将、广州刺史,迁给事黄门侍郎,移镇南堂西渚。中兴元年七月,郢城降,以本号为益州刺史,仍为前军,先定寻阳。及大军进至京邑,元起筑垒於建阳门,与王茂、曹景宗等合长围,身当锋镝。建康城平,进号征虏将军。天监初,封当阳县侯,邑一千二百户。又进号左将军,刺史如故,始述职焉。

初,义师之起,益州刺史刘季连持两端,及闻元起将至,遂发兵拒守。语在《委连传》。元起至巴西,巴西太守朱士略开门以待。先时蜀人多逃亡,至是出投元起,皆称起义应朝廷,师人新故三万余。元起在道久,军粮乏绝。或说之曰:"蜀土政慢,民多诈疾,若检巴西一部籍注,因而罚之,所获必厚。"元起然之。涪令李膺谏曰:"使君前有严敌,后无继援,山民始附,于我观德。纠以刻薄,民必不堪,众心一离,虽悔无及。何必起疾,可以济师,膺请出图之,不患资粮不足也。"元起曰:"善,一以委卿。"膺退,率富民上军资米,俄得三万斛。元起先遣将王元宗等,破季连将李奉伯于新巴,齐晚盛於赤水,众进屯西平。季连始婴城自守。晚盛又破元起将鲁方达於斛石,士卒死者千余人,师众咸惧。元起乃自率兵稍进至蒋桥,去成都二十里,留辎重於郫。季连复遣奉伯、晚盛二千人,间道袭郫,陷之,军备尽没。元起遣鲁方达之众救之,败而反,遂不能克。元起舍郫,迳围州城,栅其三面而堑焉。元起出巡视围栅,季连使精勇掩之,将至麾下,元起下舆持盾叱之,众辟易不敢进。时益部兵乱日久,民废耕农,内外苦饥,人多相食,道路断绝,季连计穷。会明年,高祖使赦季连罪,许之降。季连即日开城纳元起,元起送季连于京师。城开,郫乃降。斩奉伯、晚盛。高祖论平蜀勋,复元起号平西将军,增封八百户,并前二千户。

元起以乡人庾黔娄为录事参军,又得荆州刺史萧遥欣故客蒋光济,并厚待之,任以州事。黔娄甚清洁,光济多计谋,并劝为善政。元起之克季连也,城内财宝无所私,勤恤民事,口不论财色。性本能饮酒,至一斛不乱,及是绝之。蜀土翕然称之。元起舅子梁矜孙性轻脱,与黔娄志行不同,乃言於元起曰:"城中称有三刺史,节下何以堪之。"元起由此疏黔娄、光济,而治迹稍损。

在州二年,以母老乞归供养,诏许焉,征为右卫将军,以西昌侯萧深藻代之。是时,梁州长史夏侯道迁以南郑叛,引魏人,白马戌主尹天宝驰使报蜀,魏将王景胤、孔陵寇东西晋寿,并遣告急。众劝元起急救之,元起曰:"朝廷万里,军不卒至,若寇贼侵淫,方须朴讨,董督之任,非我而谁? 何事匆匆便救。"黔娄等苦谏之,皆不从。高祖亦假元起都督征讨诸军,将救汉中,比是,魏已攻陷两晋寿。萧藻将至,元起颇营还装,粮储器械,略无遗者。藻入城,甚怨望之,因表其逗留不忧军事,收付州狱,於狱自缢,时年四十八。有司追劾削爵土,诏减邑之半,乃更封松滋县侯,邑千户。

　　初，元起在荆州，刺史随王板元起为从事，别驾庾荜坚执不可，元起恨之。大军既至京师，荜在城内，甚惧。及城平，元起先遣迎荜，语人曰："庾别驾若为乱兵所杀，我无以自明。"因厚遗之。少时又尝至其西沮田舍，有沙门造之乞，元起问田人曰："有稻几何？"对曰："二十斛。"元起悉以施之。时人称其有大度。

　　元起初为益州，过江陵迎其母，母事道，方居馆，不肯出。元起拜请同行，母曰："贫贱家儿忽得富贵，讵可久保？我宁死不能与汝共入祸败。"元起之至巴东，闻蜀乱，使蒋光济筮之，遇《蹇》，喟然叹曰："吾岂邓艾而及此乎！"后果如筮。子铿嗣。

　　陈吏部尚书姚察曰：永元之末，荆州方未有衅，萧颖胄悉全楚之兵，首应义举。岂天之所启，人甚之谋？不然，何其响附之决也？颖达叔侄庆流后嗣，夏侯、杨、邓咸享隆名，盛矣！详之谨厚，杨、蔡廉节，君子有取焉。

梁书卷一一
列传第五

张弘策 庾域　郑绍叔　吕僧珍

　　张弘策字真简，范阳方城人，文献皇后之从父弟也。幼以孝闻。母尝有疾，五日不食，弘策亦不食，母强为进粥，乃食母所余。遭母忧，三年不食盐菜，几至灭性。兄弟友爱，不忍暂离，虽各有室，常同卧起，世比之姜肱兄弟。起家齐邵陵王国常侍，迁奉朝请，西中郎江夏王行参军。

　　弘策与高祖年相辈，幼见亲狎，恒随高祖游处。每入室，常觉有云烟气，体辄肃然，弘策由此特敬高祖。建武末，弘策从高祖宿，酒酣，徙席星下，语及时事。弘策因问高祖曰：“纬象云何？国家故当无恙？”高祖曰：“其可言乎？”弘策因曰：“请言其兆。”高祖曰：“汉北有失地气，浙东有急兵祥。今冬初，魏必动；若动则亡汉北。帝今久疾，多异议，万一伺衅，稽部且乘机而作，是亦无成，徒自驱除耳。明年都邑有乱，死人过於乱麻，齐之历数自兹亡矣。梁、楚、汉当有英雄兴。”弘策曰：“英雄今何在？为已富贵，为在草茅？”高祖笑曰：“光武有云，‘安知非仆’。”弘策起曰：“今夜之言，是天意也，请定君臣之分。”高祖曰：“舅欲效邓晨乎？”是冬，魏军寇新野，高祖将兵为援，且受密旨，仍代曹武为雍州。弘策闻之心喜，谓高祖曰：“夜中之言，独当验矣。”高祖笑曰：“且勿多言。”弘策从高祖西行，仍参帷幄，身亲劳役，不惮辛苦。

　　五年秋，明帝崩，遗诏以高祖为雍州刺史，乃表弘策为录事参军,带襄阳令。高祖睹海内方乱,有匡济之心,密为储备,谋猷所及,惟弘策而已。时长沙宣武王罢益州还,仍为西中郎长史,行郢州事。高祖使弘策到,陈计於宣武王,语在《高祖纪》。弘策因说王曰:"昔周室既衰,诸侯力争,齐桓盖中人耳,遂能一匡九合,民到于今称之。齐德告微,四海方乱,苍生之命,会应有主。以郢州居中流之要,雍部有戎马之饶,卿兄弟英武,当今无敌,虎据两州,参分天下,纠合义兵,为百姓请命,废昏立明,易於反掌。如此,则桓、文之业可成,不世之功可建。无为竖子所欺,取笑身后。雍州揣之已熟,愿善图之。"王颇不怿,而无以拒也。

　　义师将起,高祖夜召弘策、吕僧珍入宅定议,旦乃发兵,以弘策为辅国将军、军主,领万人督后部军事。西台建,为步兵校尉,迁车骑谘议参军。及郢城平,萧颖达、杨公则诸将皆欲顿军夏口,高祖以为宜乘势长驱,直指京邑,以计语弘策,弘策与高祖意合。又访宁远将军庾域,域又同。乃命众军即日上道,缘江至建康,凡矶浦村落,军行宿次,立屯处所,弘策逆为图测,皆在目中。义师至新林,王茂、曹景宗等於大航方战,高祖遣弘策持节劳勉,众咸奋厉。是日,仍破朱雀军。高祖入屯石头城,弘策屯门禁卫,引接士类,多全免。城平,高祖遣弘策与吕僧珍先入清宫,封检府库。于时城内珍宝委积,弘策申勒部曲,秋毫无犯。迁卫尉卿,加给事中。天监初,加散骑常侍,洮阳县侯,邑二千二百户。弘策尽忠奉上,知无不为。交友故旧,随才荐拔,搢绅皆趋焉。

　　时东昏余党初逢赦令,多未自安,数百人因运获炬束仗,得入南北掖作乱,烧神兽门、总章观。前军司马吕僧珍直殿内,以宿卫兵拒破之,盗分入卫尉府,弘策方救火,盗潜后害之,时年四十七。高祖深恸惜焉,给第一区,衣一袭,钱十万,布百匹,蜡二百斤。诏曰:"亡从舅卫尉,虑发所忽,殒身祆竖。其情理清贞,器识淹济,自藩升朝,契阔夷阻。加外氏凋衰,飨尝屡绝,兴感《渭阳》,情寄斯在。方赖忠勋,翼宣寡薄,报效无征,永言增恸。可赠散骑常侍、车骑将军,给鼓吹一部。谥曰愍。"

弘策为人实厚通率，笃旧故。及居隆重，不以贵执自高。故人宾客，礼接如布衣时。禄赐皆散之亲友。及其遇害，莫不痛惜焉。子缅嗣，别有传。

庾域字司大，新野人。长沙宣武王为梁州，以为录事参军，带华阳太守。时魏军攻围南郑，州有空仓数十所，域封题，指示将士云："此中粟皆满，足支二年，但努力坚守。"众心以安。虏退，以功拜羽林监，迁南中郎记室参军。永元末，高祖起兵，遣书招域。西台建，以为宁朔将军，领行选，从高祖东下。师次阳口，和帝遣御史中丞宗史衔命劳军。域乃讽史曰："黄钺未加，非所以总率侯伯。"夬反西台，即授高祖黄钺。萧颖胄既都督中外诸军事，论者谓高祖应致笺，域争不听，乃止。郢城平，域及张弘策议与高祖意合，即命众军便下。每献谋画，多被纳用。霸府初开，以为谘议参军。天监初，封广牧县子，后军司马。出为宁朔将军、巴西梓潼二郡太守。梁州长史夏侯道迁举州叛降魏，魏骑将袭巴西，域固守百余日，城中粮尽，将士皆龁草食土，死者太半，无有离心。魏军退，诏增封二百户，进爵为伯。六年，卒於郡。

郑绍叔字仲明，荥阳开封人也，世居寿阳。祖琨，宋高平太守。

绍叔少孤贫。年二十余，为安丰令，居县有能名。本州召补主簿，转治中从事史。时刺史萧诞以弟谌诛，台遣收兵卒至，左右莫不惊散，绍叔闻难，独驰赴焉。诞死，侍送丧枢，众咸称之。到京师，司空徐孝嗣见而异之，曰："祖逖之流也。"

高祖临司州，命为中兵参军，领长流，因是厚自结附。高祖罢州还京师，谢遣宾客，绍叔独固请愿留。高祖谓曰："卿才幸自有用，我今未能相益，宜更思他涂。"绍叔曰："委质有在，义无二心。"高祖固不许，于是乃还寿阳。刺史萧遥昌苦引绍叔，终不受命。遥昌怒，将囚之，救解得免。及高祖为雍州刺史，绍叔间道西归，补宁蛮长史、校风太守。

东昏既害朝宰，颇疑高祖。绍叔兄植为东昏直后，东昏遣至雍州,托以候绍叔,实潜使为刺客。绍叔知之,密以白高祖。植既至,高祖于绍叔处置酒宴之,戏植曰:"朝廷遣卿见图,今日闲宴,是见取良会也。"宾主大笑。令植登临城隍,周观府署,士卒、器械、舟舻、战马,莫不富实。植退谓绍叔曰:"雍州实力,未易图也。"绍叔曰:"兄还,具为天子言之。兄若取雍州,绍叔请以此众一战。"送兄于南岘,相持恸哭而别。

义师起,为冠军将军,改骁骑将军,侍从东下江州,留绍叔监州事,督江、湘二州粮运,事无阙乏。天监初,入为卫尉卿。绍叔忠于事上,外所闻知,纤毫无隐。每为高祖言事,善,则曰:"臣愚不及,此皆圣主之策。"其不善,则曰:"臣虑出浅短,以为其事当如是,殆以此误朝廷,臣之罪深矣。"高祖甚亲信之。母忧去职。绍叔有至性,高祖常使人节其哭。顷之,起为冠军将军、右军司马,封营道县侯,邑千户。俄复为卫尉卿,加冠军将军。以营道县户凋弊,改封东兴县侯,邑如故。初,绍叔少失父,事母及祖母以孝闻,奉兄恭谨。及居显要,禄赐所得及四方贡遗,悉归之兄室。

三年,魏军围合肥,绍叔以本号督众军镇东关。事平,复为卫尉。既而义阳为魏所陷,司州移镇关南。四年,以绍叔为使持节、征虏将军、司州刺史。绍叔创立城隍,缮修兵器,广田积谷,招纳流民,百姓安之。性颇矜躁,以权执自居;然能倾心接物,多所荐举,士类亦以此归之。

六年,征为左将军,加通直散骑常侍,领司豫二州大中正。绍叔至家疾笃,诏于宅拜授,舆载还府,中医药一日数至。七年,卒於府舍,时年四十五。高祖将临其殡,绍叔宅巷狭陋,不容舆驾,乃止。诏曰:"追往念功,前王所笃;在诚惟旧,异代同规。通直散骑常侍、右卫将军、东兴县开国侯绍叔,立身清正,奉上忠恪,契阔藩朝,情绩显著。爰及义始,实立茂勋,作牧疆境,效彰所莅。方申任寄,协赞心膂,奄至殒丧,伤痛于怀。宜加优典,隆兹宠命。可赠散骑常侍、护军将军,给鼓吹一部,东园秘器,朝服一具,衣一袭,凶事所须,随由资给。谥曰忠。"

绍叔卒后,高祖尝潸然谓朝臣曰:"郑绍叔立志忠烈,善则称君,过则归己,当今殆无其比。"其见赏惜如此。子贞嗣。

吕僧珍字元瑜,东平范人也,世居广陵,起自寒贱。始童儿时,从师学,有相工历观诸生,指僧珍谓博士曰:"此有奇声,封侯相也。"年二十余,依宋丹阳尹刘秉,秉诛后,事太祖文皇为门下书佐。身长七尺五寸,容貌甚伟。在同类中少所亵狎,曹辈皆敬之。

太祖为豫州刺史,以为典签,带蒙令,居官称职。太祖迁领军,补主簿。妖贼唐瑀寇东阳,太守率众东讨,使僧珍知行军众局事。僧珍宅在建阳门东,自受命当行,每日由建阳门道,不过私室,太祖益以此知之。为丹阳尹,复命为郡督邮。齐随王子隆出为荆州刺史,齐武以僧珍为子隆防阁,从之镇。永明九年,雍州刺史王奂反,敕遣僧珍隶平北将军曹武,西为典签,带新城令。魏军寇沔北,司空陈显达出讨,一见异之,因屏人呼上座,谓曰:"卿有贵相,后当不见减,努力为之。"建武二年,魏大举南侵,五道。高祖率师援义阳,僧珍从在军中。长沙宣武王时为梁州刺史,魏围守连月,间谍所在不通,义阳与雍州路断。高祖欲遣使至襄阳,求梁州问,众皆惮,莫敢行,僧珍固请充使,即日单舸上道。既至襄阳,督遣援军,且获宣武王书而反,高祖甚嘉之。事宁,补羽林监。

东昏即位,司空徐孝嗣管朝政,欲与共事,僧珍揣不久安,竟弗往。时高祖已临雍州,僧珍固求西归,得补邛令。既至,高祖命为中兵参军,委以心膂。僧珍阴养死士,归之者甚众。高祖颇招武猛,士庶响从,会者万余人,因命按行城西空地,将起数千间屋,以为止舍,多伐林竹,沉于檀溪,积茅盖若山阜,皆不乏用。僧珍独悟其旨,亦私具橹数百张。义兵起,高祖夜召僧珍及张弘策定议,明旦乃会众发兵,悉取檀溪材竹,装为艨舰,葺之以茅,并立办。众军将发,诸将果争橹,僧珍乃出先所具者,每船付二张,争者乃息。

高祖以僧珍为辅国将军、步兵校尉,出入卧内,宣通意旨。师及郢城,僧珍率所领顿偃月垒,俄又进据骑城。郢州平,高祖进僧珍为前锋大将军。大军次江宁,高祖令僧珍与王茂率精兵先登赤鼻逻。其日,东昏将李居士与众来战,僧珍等要击,大破之。乃与茂进军于白板桥筑垒。垒立,茂移顿越城,僧珍犹守白板。李居士密觇知众少,率锐卒万人,直来薄城。僧珍谓将士曰:"今力既不敌,不可与战;可勿遥射,须至堑里,当并力破之。"俄而皆越堑拔栅,僧珍分人上城,矢石俱发,自率马步三百人出其后,守隅者复逾城而下,内外齐击,居士应时奔散,获其器甲不可胜计。僧珍又进据越城。东昏大将王珍国列车为营,背淮而阵。王茂等众军击之,僧珍纵火车焚其营,即日瓦解。建康城平,高祖命僧珍率所领先入清宫,与张弘策封检府库。即日以本官带南彭城太守,迁给事黄门侍郎,领武贵中郎将。

高祖受禅,以为冠军将军、前军司马,封平固县侯,邑一千二百户。寻迁给事中、右卫将军。顷之,转左卫将军,加散骑常侍,入直秘书省,总知宿卫。天监四年冬,大举北伐,自是军机多事,僧珍昼直中书省,夜还秘书。五年夏,又命僧珍率羽林劲勇出梁城。其年冬旋军,以本官领太子中庶子。

僧珍去家久,表求拜墓,高祖欲荣之,使为本州,乃授使持节、平北将军、南兖州刺史。僧珍在任,平心率下,不私亲戚。从父兄子先以贩葱为业,僧珍既至,乃弃业欲求州官。僧珍曰:"吾荷国重恩,无以报效。汝等自有常分,岂可妄求叨越,但当速反葱肆耳。"僧珍旧宅在市北,前有督邮廨,乡人咸劝徙廨,以益其宅。僧珍怒曰:"督邮官廨也,置立以来,便在此地,岂可徙之益吾私宅!"姊适于氏,住在市西,小屋临路,与列肆杂处,僧珍常导从卤簿到其宅,不以为耻。在州百日,征为领军将军,寻加散骑常侍,给鼓吹一部,直秘书省如先。

僧珍有大勋,任总心膂,恩遇隆密,莫与为比。性甚恭慎,当直禁中,盛暑不敢解衣。每侍御座,屏气鞠躬,果食未尝举箸。尝因醉后,取一柑食之。高祖笑谓曰:"便是大有所进。"禄俸之外,又月给钱十万;其余赐赉不绝於时。

十年，疾病，车驾临幸，中使医药，日有数四。僧珍语亲旧曰："吾昔在蒙县，热病发黄，当时必谓不济，主上见语，'卿有富贵相，必当不死，寻应自差'，俄而果愈。今已富贵而复发黄，所苦与昔正同，必不复起矣。"竟如其言。卒于领军府舍，时年五十八。高祖即日临殡，诏曰："思旧笃终，前王令典；追荣加等，列代通规。散骑常侍、领军将军、平固县开国侯僧珍，器思淹通，识宇详济，竭忠尽礼，知无不为。与朕契阔，情兼屯泰。大业初构，茂勋克举。及居禁卫，朝夕尽诚。方参任台槐，式隆朝寄，奄致丧逝，伤恸于怀。宜加优典，以隆宠命。可赠骠骑将军、开府仪同三司，常侍、鼓吹、侯如故。给东园秘器，朝服一具，衣一袭，丧事所须，随由备办。谥曰忠敬侯。"高祖痛惜之，言为流涕。长子峻早卒，峻子淡嗣。

陈吏部尚书姚察曰：张弘策敦厚慎密，吕僧珍恪勤匪懈，郑绍叔忠诚亮尽，缔构王业，三子皆有力焉。僧珍之肃恭禁省，绍叔之造膝诡辞，盖识为臣之节矣。

梁书卷一二
列传第六

柳惔 弟忱　席阐文　韦睿
族弟爱

柳惔字文通,河东解人也。父世隆,齐司空。

惔年十七,齐武帝为中军,命为参军,转主簿。齐初,入为尚书三公郎,累迁太子中舍人,巴东王子响友。子响为荆州,惔随之镇。子响昵近小人,惔知将为祸,称疾还京。及难作,惔以先归得免。历中书侍郎,中护军长史,出为新安太守。居郡,以无政绩,免归。久之,为右军谘议参军事。

建武末,为西戎校尉、梁南秦二州刺史。及高祖起兵,惔举汉中应义。和帝即位,以为侍中,领前军将军。高祖践阼,征为护军将军,未拜,仍迁太子詹事,加散骑常侍。论功封曲江县侯,邑千户。高祖因燕为诗以贻惔曰:“尔实冠群后,惟余实念功。”又尝侍座,高祖曰:“徐元瑜违命岭南,《周书》罪不相及,朕已宥其诸子,何如?”惔对曰:“罚不及嗣,赏延于世,今复见之圣朝。”时以为知言。寻迁尚书右仆射。

天监四年,大举北伐,临川王宏都督众军,以惔为副。军还,复为仆射。以久疾,转金紫光禄大夫,加散骑常侍,给亲信二十人。未拜,出为使持节、安南将军、湘州刺史。六年十月,卒于州,时年四十六。高祖为素服举哀。赠侍中、抚军将军,给鼓吹一部。谥曰穆。惔著《仁政传》及诸诗赋,粗有辞义。子照嗣。

恢第四弟憕，亦有美誉，历侍中、镇西长史。天监十二年卒，赠宁远将军、豫州刺史。

忱字文若，恢第五弟也。年数岁，父世隆及母阎氏时寝疾，忱不解带经年。及居丧，以毁闻。起家为司徒行参军，累迁太子中舍人，西中郎主簿，功曹史。

齐东昏遣巴西太守刘山阳由荆袭高祖，西中郎长史萧颖胄计未有定，召忱及其所亲席阐文等夜入议之。忱曰：“朝廷狂悖，为恶日滋。顷闻京师长者，莫不重足累息。今幸在远，得假日自安。雍州之事，且藉以相毙耳。独不见萧令君乎？以精兵数千，破崔氏十万众，竟为群邪所陷，祸酷相寻。前事之不忘，后事之师也。若使彼凶心已逞，岂知使君不系踵而及？且雍州士锐粮多，萧使君雄姿冠世，必非山阳所能拟，若破山阳，荆州复受失律之责。进退无可，且深虑之。”阐文亦深劝同高祖，颖胄乃诱斩山阳。以忱为宁朔将军。

和帝即位，为尚书吏部郎，进号辅国将军、南平太守。寻迁侍中、冠军将军，太守如故。转吏部尚书，不拜。郢州平，颖胄议迁都夏口，忱复同谏，以为巴硖未宾，不宜轻舍根本，摇动民志。颖胄不从。俄而巴东兵至硖口，迁都之议乃息。论者以为见机。

高祖践阼，以忱为五兵尚书，领骁骑将军。论建义功，封州陵伯，邑七百户。天监二年，出为安西长史、冠军将军、南郡太守。六年，征为员外散骑常侍、太子右卫率。未发，迁持节、督湘州诸军事、辅国将军、湘州刺史。八年，坐辄放从军丁免。俄入为秘书监，迁散骑常侍，转祠部尚书，未拜遇疾，诏改授给事中、光禄大夫，疾笃不拜。十年，卒於家，时年四十一。追赠中书令，谥归穆。子范嗣。

席阐文，安定临泾人也。少孤贫，涉猎书史。齐初，为雍州刺史萧赤斧中兵参军，由是与其子颖胄善。复历功西中郎中兵参军，领城局。高祖之将起义也，阐文深劝之，颖胄同焉，仍遣田祖恭私报高祖，并献银装刀，高祖报以金如意。和帝称尊号，为给事黄门侍郎，寻迁卫尉卿。颖胄暴卒，州府骚扰，阐文以和帝幼弱，中流任重，城始兴王憺留镇雍部,乃与西朝群臣迎王总州事,故赖以宁辑。

高祖受禅,除都官尚书、辅国将军,封山阳伯,邑七百户。出为东阳太守,又改封湘西,户邑如故。视事二年,以清白著称。卒於官,诏赗钱三万,布五十匹。谥曰威。

韦睿字怀文,京兆杜陵人也。自汉丞相贤以后,世为三辅著姓。祖玄,避吏隐於长安南山。宋武帝入关,以太尉掾征,不至。伯父祖征,宋末为光禄勋。父祖归,宁远长史。睿事继母以孝闻。睿兄纂、阐,并早知名。纂、睿皆好学,阐有清操。祖征累为郡守,每携睿之职,视之如子。时睿内兄王憕、姨弟杜恽,并有乡里盛名。祖征谓睿曰:"汝自谓何如憕、恽?"睿谦不敢对。祖征曰:"汝文章或小减,学识当过之;然而干国家,成功业,皆莫汝远也。"外兄杜幼文为梁州刺史,要睿俱行。梁土富饶,往者多以贿败;睿时虽幼,独用廉闻。

宋永光初,袁顗为雍州刺史,见而异之,引为主簿。顗到州,与邓琬起兵,睿求出为义成郡,故免顗之祸。后为晋平王左常侍,迁司空桂阳王行参军,随齐司空柳世隆守郢城,拒荆州刺史沈攸之。攸之平,迁前军中兵参军。久之,为广德令。累迁齐兴太守,本州别驾,长水校尉,右军将军。齐末多故,不欲远乡里,求为上庸太守,加建威将军。俄而太尉陈显达、护军将军崔慧景频逼京师,民心遑骇,未有所定。西土人谋之於睿,睿曰:"陈虽旧将,非命世才;崔颇更事,懦而不武。其取赤族也,宜哉!天下真人,殆兴於吾州矣。"乃遣其二子,自结於高祖。

义兵檄至,睿率郡人伐竹为筏,倍道来赴,有众二千,马二百匹。高祖见睿甚悦,拊几曰:"他日见君之面,今日见君之心,吾事就矣。"义师克鲁,平加湖,睿多建谋策,皆见纳用。大军发郢,谋留守将,高祖难其人,久之,顾睿曰:"弃骐骥而不乘,焉遑遑而更索?"即日以为冠军将军、江夏太守,行郢府事。初,郢城之拒守也,男女口垂十万,闭垒经年,疾疫死者十七八,皆积尸於床下,而生者寝处其上,每屋辄盈满。睿科简隐恤,咸为营理,于是死者得埋藏,生者反居业,百姓赖之。

梁台建,征为大理。高祖即位,迁廷尉,封梁都子,邑三百户。天监二年,改封永昌,户邑如先。东宫建,迁太子右卫率,出为辅国将军、豫州刺史,领历阳太守。三年,魏遣众来寇,率州兵击走之。

四年,王师北伐,诏睿都督众军。睿遣长史王超宗、梁郡太守冯道根攻魏小岘城,未能拔。睿巡行围栅,魏城中忽出数百人陈於门外,睿欲击之,诸将皆曰:“向本轻来,未有战备,徐还授甲,乃可进耳。”睿曰:“不然。魏城中二千余人,闭门坚守,足以自保,无故出人于外,必其骁勇者也。若能挫之,其城自拔。”众皆犹迟疑,睿指其节曰:“朝廷授此,非以为饰,韦睿之法,不可犯也。”乃进兵。士皆殊死战,魏军果败走,因急攻之,中宿而城拔。遂进讨合肥。先是,右军司马胡略等至合肥,久未能下,睿按行山川,曰:“吾闻‘汾水可以灌平阳,绛水可以灌安邑’,即此是也。”乃堰肥水,亲自夜率,顷之,堰成水通,舟舰继至。魏初分筑东西小城夹合肥,睿先攻二城。既而魏援将扬灵胤帅军五万奄至,众惧不敌,请表益兵。睿笑曰:“贼已至城下,方复求军,临难铸兵,岂及马腹?且吾求济师,彼亦征众,犹如吴益巴丘,蜀增白帝耳。‘师克在和不在众’,古之义也。”因与战,破之,军人少安。初,肥水堰立,使军主王怀静筑城於岸守之,魏攻陷怀静城,千余人皆没。魏人乘胜至睿堤下,其执甚盛。军监潘灵佑劝睿退还巢湖,诸将又请走保三叉,睿怒曰:“宁有此邪!将军死绥,有前无却。”因令取伞扇麾幢,树之堤下,示无动志。睿素羸,每战未尝骑马,以板舆自载,督厉众军。魏兵来凿堤,睿亲与争之,魏军少却,因筑垒于堤以自固。睿起斗舰,高与合肥城等,四面临之。魏人计穷,相与悲哭,睿攻具既成,堰水又满,魏救兵无所用。魏守将杜元伦登城督战,中弩死,城遂溃。俘获万余级,牛马万数,绢满十间屋,悉充军赏。睿每昼接客旅,夜算军书,三更起张灯达曙。抚循其众,常如不及,故投募之士争归之。所至顿舍修立,馆宇藩篱墙壁,皆应准绳。合肥既平,高祖诏众军进次东陵。东陵去魏甓城二十里,将会战,有诏班师。去贼既近,惧为所蹑,睿悉遣辎重居前,身

乘小舆殿后，魏人服睿威名，望之不敢逼，全军而还。至是迁豫州於
合肥。

　　五年，魏中山王元英寇北徐州，围刺史昌义之於钟离，众号百
万，连城四十余。高祖遣征北将军曹景宗都督众军二十万以拒之，
次邵阳洲，筑垒相守。高祖诏睿率豫州之众会焉。睿自合肥迳道由
阴陵大泽行，值涧谷，辄飞桥以济。师人畏魏军盛，多劝睿缓行，睿
曰："钟离今凿穴而处，负户而汲，车驰卒奔，犹恐其后，而况缓乎！
魏人已堕吾腹中，卿曹勿忧也。"旬日而至邵阳。初，高祖敕景宗曰：
"韦睿，卿之乡望，宜善敬之。"景宗见睿，礼甚谨。高祖闻之，曰："二
将和，师必济矣。"睿于景宗营前二十里，夜掘长堑，树鹿角，截洲为
城，比晓而营立。元英大惊，以杖击地曰："是何神也！"明旦，英自率
众来战，睿乘素木舆，执白角如意麾军，一日数合。英甚强，魏军又
夜来攻城，飞矢雨集，睿子黯请下城以避箭，睿不许。军中惊，睿於
城上厉声呵之，乃定。魏人先於邵阳洲两岸为两桥，树栅数百步，跨
淮通道。睿装大舰，使梁郡太守冯道根、庐江太守裴邃、秦郡太守李
文钊等为水军。值淮水暴长，睿即遣之，斗舰竞发，皆临垒，以小船
载草，灌之以膏，从而焚其桥。风怒火盛，烟尘晦冥，敢死之士，拔栅
斫桥，水又漂疾，倏忽之间，桥栅尽坏。而道根等皆身自搏战，军人
奋勇，呼声动天地，无不一当百，魏人大溃。元英见桥绝，脱身遁去。
魏军趋水死者十余万，斩首亦如之。其余释甲稽颡，乞为囚奴，犹数
十万。所获军实牛马，不可胜纪。睿遣报昌义之，义之且悲且喜，不
暇答语，但叫曰："更生！更生！"高祖遣中书郎周舍劳于淮上，睿积
所获于军门，舍观之，谓睿曰："君此获复与熊耳山等。"以功增封七
百户，进爵为侯，征通直散骑常侍、右卫将军。

　　七年，迁左卫将，俄为安西长史、南郡太守，秩中二千石。会司
州刺史马仙琕北伐还军，为魏人所蹑，三关扰动，诏睿督众军援焉。
睿至安陆，增筑城二丈余，更开大堑，起高楼，众颇讥其示弱。睿曰：
"不然，为将当有怯时，不可专勇。"是时元英复追仙琕，将复邵阳之
耻，闻睿至，□□□亦诏罢军。明年，迁信武将军、江州刺史。九年，

征员外散骑常侍、右卫将军，累迁左卫将军、太子詹事，寻加通直散骑常侍。十三年，迁智武将军、丹阳尹，以公事免。顷之，起为中护军。

十四年，出为平北将军、宁蛮校尉、雍州刺史。初，睿起兵乡中，客阴俊光泣止睿。睿还为州，俊光道候睿，睿笑谓之曰："若从公言，乞食於路矣。"饷耕牛十头。睿於故旧，无所遗惜，士大夫年七十以上，多与假板县令，乡里甚怀之。十五年，拜表致仕，优诏不许。十七年，征散骑常侍、护军将军，寻给鼓吹一部，入直殿省。居朝廷，恂恂未尝忤视，高祖甚礼敬之。性慈爱，抚孤兄子过于己子，历官所得禄赐，皆散之亲故，家无余财。后为护军，居家无事，慕万石、陆贾之为人，因画之于壁以自玩。时虽老，暇日犹课诸儿以学。第三子棱尤明经史，世称其洽闻，睿每坐棱使说书，其所发摘，棱犹弗之逮也。高祖方锐意释氏，天下咸从风而化；睿自以信受素薄，位居大臣，不欲与俗俯仰，所行略如他日。

普通元年夏，迁侍中、车骑将军，以疾未拜。八月，卒于家，时年七十九。遗令薄葬，敛以时服。高祖即日临哭甚恸。赐钱十万，布二百匹，东园秘器，朝服一具，衣一袭，丧事取给于官，遣中书舍人监护。赠侍中、车骑将军、开府仪同三司。谥曰严。

初，邵阳之役，昌义之甚德睿，请曹景宗与睿会，因设钱二十万官赌之。景宗掷得雉，睿徐掷得卢，遽取一子反之，曰"异事"，遂作塞。景宗时与群帅争先启之捷，睿独居后，其不尚胜，率多如是，世尤以此贤之。子放、正、棱、黯，放别有传。

正字敬直，起家南康王行参军，稍迁中书侍郎，出为襄阳太守。初，正与东海王僧孺友善，及僧孺为尚书吏部郎，参掌大选，宾友故人莫不倾意，正独澹然。及僧孺摈废之后，正复笃素分，有逾曩日，论者称焉。历官至给事黄门侍郎。

棱字威直，性恬素，以书史为业，博物强记，当世之士，咸就质疑。起家安成王府行参军，稍迁治书侍御史，太子仆，光禄卿。著《汉书续训》三卷。

黯字务直,性强正,少习经史,有文词。起家太子舍人,稍迁太仆卿,南豫州刺史,太府卿。侯景济江,黯屯六门,寻改为都督城西面诸军事。时景於城外起东西二土山,城内亦作以应之,太宗亲自负土,哀太子以下躬执畚锸。黯守西土山,昼夜苦战,以功授轻车将军,加持节。卒於城内,赠散骑常侍、左卫将军。

爱字孝友,沉静有器局。高祖父广,晋后军将军、北平太守。曾祖轨,以孝武太元之初,南迁襄阳,为本州别驾,散骑侍郎。祖公循,宋义阳太守。父义正,早卒。

爱少而偏孤,事母以孝闻。性清介,不妄交游,而笃志好学,每虚室独坐,游心坟素,而埃尘满席,寂若无人。年十二,尝游京师,值天子出游南苑,邑里喧哗,老幼争观,爱独端坐读书,手不释卷,宗族见者,莫不异焉。及长,博学有文才,尤善《周易》及《春秋左氏》义。

袁颛为雍州刺史,辟为主簿。遭母忧,庐於墓侧,负土起坟。高祖临雍州,闻之,亲往临吊。服阕,引为中兵参军。义师之起也,以爱为壮武将军、冠军南平王司马,带襄阳令。时京邑未定,雍州空虚,魏兴太守颜僧都等据郡反,州内惊扰,百姓携贰。爱沉敏有谋,素为州里信伏,乃推心抚御,晓示逆顺,兼率募乡里,得千余人,与僧都等战于始平郡南,大破之,百姓乃安。

萧颖胄之死也,和帝征兵襄阳,爱从始兴王憺赴焉。先是,巴东太守萧璜、巴西太守鲁休烈举兵来逼荆州,及憺至,令爱书谕之,璜即日请降。

中兴二年,从和帝东下。高祖受禅,进号辅国将军,仍为骁骑将军,寻除宁蜀太守,与益州刺史邓元起西上袭刘季连,行至公安,道病卒,赠卫尉卿。子乾向,官至骁骑将军,征北长史,汝阴、钟离二郡太守。

陈吏部尚书姚察曰:昔窦融以河右归汉,终为盛族;柳恢举南郑响从,而家声弗陨,时哉! 忱之谋画,亦用有成,智矣。韦睿起上庸以附义,其地比悛则薄,及合肥、邵阳之役,其功甚盛,推而弗有,君子哉!

梁书卷一三
列传第七

范云　沈约

范云字彦龙，南乡舞阴人，晋平北将军汪六世孙也。年八岁，遇宋豫州刺史殷琰于涂，琰异之，要就席，云风姿应对，傍若无人。琰令赋诗，操笔便就，坐者叹焉。尝就亲人袁照学，昼夜不怠。照抚其背曰："卿精神秀朗而勤於学，卿相才也。"少机警，有识具，善属文，便尺牍，下笔辄成，未尝定稿，时人每疑其宿构。父抗，为郢府参军，云随父在府，时吴兴沈约、新野庾杲之与抗同府，见而友之。

起家郢州西曹书佐，转法曹行参军。俄而沈攸之举兵围郢城，抗时为府长流，入城固守，留家属居外。云为军人所得，攸之召与语，声色甚厉，云容貌不变，徐自陈说。攸之乃笑曰："卿定可儿，且出就舍。"明旦，又召令送书入城。城内或欲诛之，云曰："老母弱弟，悬命沈氏，若违其命，祸必及亲，今日就戮，甘心如荠。"长史柳世隆素与云善，乃免之。

齐建元初，竟陵王子良为会稽太守，云始随王，王未之知也。会游秦望，使人视刻石文，时莫能识，云独诵之，王悦，自是宠冠府朝。王为丹阳尹，召为主簿，深相亲任。时进见齐高帝，值有献白乌者，帝问此为何瑞，云位卑，最后答曰："臣闻王者敬宗庙，则白乌至。"时谒庙始毕。帝曰："卿言是也。感应之理，一至此乎！"转补征北南郡王刑狱参军事，领主簿如故，迁尚书殿中郎。子良为司徒，又补记室参军事，寻授通直散骑侍郎、领本州大中正。出为零陵内史，在任洁己，省烦苛，去游费，百姓安之。明帝召还都，及至，拜散骑侍郎。
复出为始兴内史。郡多豪猾大姓，二千石有不善者，谋共杀害，不则
逐去之。边带蛮俚，尤多盗贼，前内史皆以兵刃自卫。云入境，抚以
恩德，罢亭候，商贾露宿，郡中称为神明。仍迁假节、建武将军、平越
中郎将、广州刺史。初，云与尚书仆射江佑善，佑姨弟徐艺为曲江
令，深以托云。有谭俨者，县之豪族，艺鞭之，俨以为耻，诣京诉云，
云坐俨还下狱，会赦免。永元二年，起为国子博士。

初，云与高祖遇於齐竟陵王子良邸，又尝接里闬，高祖深器之。
及义兵至京邑，云时在城内。东昏既诛，侍中张稷使云衔命出城，高
祖因留之，便参帷幄，仍拜黄门侍郎，与沈约同心翊赞。俄迁大司马
谘议参军，领录事。梁台建，迁侍中。时高祖纳齐东昏余妃，颇妨政
事，云尝以为言，未之纳也。后与王茂同入卧内，云又谏曰："昔汉祖
居山东，贪财好色，及入关定秦，财帛无所取，妇女无所幸，范增以
为其志大故也。今明公始定天下，海内想望风声，奈何袭昏乱之踪，
以女德为累？"王茂因起拜曰："范云言是，公必以天下为念，无宜留
惜。"高祖默然。云便疏令以余氏赉茂，高祖贤其意而许之。明日，
赐云、茂钱各百万。

天监元年，高祖受禅，柴燎於南郊，云以侍中参乘。礼毕，高祖
升辇，谓云曰："朕之今日，所谓懔乎若朽索之驭六马。"云对曰："亦
愿陛下日慎一日。"高祖善之。是日，迁散骑常侍、吏部尚书。以佐
命功封霄城县侯，邑千户。云以旧恩见拔，超居佐命，尽诚翊亮，知
无不为。高祖亦推心仗之，所奏多允。尝侍燕，高祖谓临川王宏、鄱
阳王恢曰："我与范尚书少亲善，申四海之敬。今为天下主，此礼既
革，汝宜代我呼范为兄。"二王下席拜，与云同车还尚书下省，时人
荣之。其年，东宫建，云以本官领太子中庶子，寻迁尚书右仆射，犹
领吏部。顷之，坐违诏用人，免吏部，犹为仆射。

云性笃睦，事寡嫂尽礼，家事必先谘而后行。好节尚奇，专趣人
之急。少时与领军长史王㬚善，㬚亡於官舍，贫无居宅，云乃迎丧还
家，躬营唅殡。事竟陵王子良，恩礼甚隆，云每献损益，未尝阿意。子

良尝启齐武帝论云为郡，帝曰："庸人，闻其恒相卖弄，不复穷法，当
宥之以远。"子良曰："不然。云动相规诲，谏书具存，请取以奏。"既
至，有百余纸，辞皆切直。帝叹息，因谓子良曰："不谓云能尔。方使
弼汝，何宜出守。"齐文惠太子尝出东田观获，顾谓众宾曰："刈此亦
殊可观。"众皆唯唯。云独曰："夫三时之务，实为长勤。伏愿殿下知
稼穑之艰难，无徇一朝之宴逸。"既出，侍中萧缅先不相识，因就车
握云手曰："不图今早复闻谠言。"及居选官，任守隆重，书牍盈案，
宾客满门，云应对如流，无所壅滞，官曹文墨，发摘若神，时人咸服
其明赡。性颇激厉，少威重，有所是非，形於造次，士或以此少之。
初，云为郡，号称廉洁，及居贵重，颇通馈饷，然家无蓄积，随散之亲
友。

　　二年，卒，时年五十三。高祖为之流涕，即日舆驾临殡。诏曰：
"追远兴悼，常情所笃，况问望斯在，事深朝寄者乎！故散骑常侍、尚
书右仆射、霄城侯云，器范贞正，思怀经远，爰初立志，素履有闻。脱
巾来仕，清绩仍著。燮务登朝，具瞻惟允。绸缪翊赞，义简朕心。虽
勤非负扆，而旧同论讲。方骋远涂，永毗庶政，奄致丧殒，伤悼於怀。
宜加命秩，式备徽典。可追赠侍中、卫将军，仆射、侯如故。并给鼓
吹一部。"礼官请谥曰宣，敕赐谥文。有集三十卷。子孝才嗣，官至
太子中舍人。

　　沈约字休文，吴兴武康人也。祖林子，宋征虏将军。父璞，淮南
太守。璞元嘉末被诛，约幼潜窜，会赦免。既而流寓孤贫，笃志好学，
昼夜不倦。母恐其以劳生疾，常遣减油灭火。而昼之所读，夜辄诵
之，遂博通群籍，能属文。

　　起家奉朝请。济阳蔡兴宗闻其才而善之。兴宗为郢州刺史，引
为安西外兵参军，兼记室。兴宗尝谓其诸子曰："沈记室人伦师表，
宜善事之。"及为荆州，又为征西记室参军，带厥西令。兴宗卒，始为
安西晋安王法曹参军，转外兵，并兼记室。入为尚书度支郎。齐初
为征虏记室，带襄阳令，所奉之王，齐文惠太子也。太子入居东宫，

为步兵校尉，管书记，直永寿省，校四部图书。时东宫多士，约特被亲遇，每直入见，景斜方出。当时王侯到宫，或不得进，约每以为言。太子曰："吾生平懒起，是卿所悉，得卿谈论，然后忘寝。卿欲我夙兴，可恒早入。"迁太子家令，后以本官兼著作郎，迁中书郎，本邑中正，司徒右长史，黄门侍郎。时竟陵王亦招士，约与兰陵萧琛、琅邪王融、陈郡谢朓、南乡范云、乐安任昉等皆游焉，当世号为得人。俄兼尚书左丞，寻为御史中丞，转车骑长史。隆昌元年，除吏部郎，出为宁朔将军、东阳太守。明帝即位，进号辅国将军，征为五兵尚书，迁国子祭酒。明帝崩，政归冢宰，尚书令徐孝嗣使约撰定遗诏。迁左卫将军，寻加通直散骑常侍。永元二年，以母老表求解职，改授冠军将军、司徒左长史，征虏将军、南清河太守。

高祖在西邸，与约游旧，建康城平，引为骠骑司马，将军如故。时高祖勋业即就，天人允属，约尝扣其端，高祖默而不应。佗日又进曰："今与古异，不可以淳风期万物。士大夫攀龙附凤者，皆望有尺寸之功，以保其福禄。今童儿牧竖，悉知齐祚已终，莫不云明公其人也。天文人事，表革运之征，永元以来，尤为彰著。谶云'行中水，作天子'，此又历然在记。天心不可违，人情不可失，苟是历数所至，虽欲谦光，亦不可得已。"高祖曰："吾方思之。"对曰："公初杖兵樊、沔，此时应思，今王业已就，何所复思？昔武王伐纣，始入，民便曰吾君，武王不违民意，亦无所思。公自至京邑，已移气序，比于周武，迟速不同。若不早定大业，稽天人之望，脱有一人立异，便损威德。且人非金玉，时事难保。岂可以建安之封，遗之子孙？若天子还都，公卿在位，则君臣分定，无复异心。君明于上，臣忠于下，岂复有人方更同公作贼？"高祖然之。约出，高祖召范云告之，云对略同约旨。高祖曰："智者乃尔暗同，卿明早将休文更来。"云出语约，约曰："卿必待我。"云许诺，而约先期入。高祖命草其事，约乃出怀中诏书并诸选置，高祖初无所改。俄而云自外来，至殿门不得入，徘徊寿光阁外，但云"咄咄"。约出，问曰："何以见处？"约举手向左，云笑曰："不乖所望。"有顷，高祖召范云谓曰："生平与沈休文群居，不觉有异人处;今日才智纵横,可谓明识。"云曰:"公今知约,不异约今知公。"高祖曰:"我起兵于今三年矣,功臣诸将,实有其劳,然成帝业者,乃卿二人也。"

梁台建,为散骑常侍、吏部尚书,兼右仆射。高祖受禅,为尚书仆射,封建昌县侯,邑千户,常侍如故。又拜约母谢为建昌国太夫人。奉策之日,右仆射范云等二十余人咸来致拜,朝野以为荣。俄迁尚书左仆射,常侍如故。寻兼领军,加侍中。天监二年,遭母忧,舆驾亲出临吊,以约年衰,不宜致毁,遣中书舍人断客节哭。起为镇军将军、丹阳尹,置佐史。服阕,迁侍中、右光禄大夫,领太子詹事、扬州大中正,关尚书八条事。迁尚书令,侍中、詹事、中正如故,累表陈让,改授尚书左仆射,领中书令、前将军,置佐史,侍中如故。寻迁尚书令,领太子少傅。九年,转左光禄大夫,侍中、少傅如故,给鼓吹一部。

初,约久处端揆,有志台司,论者咸谓为宜,而帝终不用,乃求外出,又不见许。与徐勉素善,遂以书陈情于勉曰:"吾弱年孤苦,傍无期属,往者将坠于地,契阔屯邅,困于朝夕,崎岖薄宦,事非为己,望得小禄,傍此东归。岁逾十稔,方忝襄阳县,公私情计,非所了具,以身资物,不得不任人事。永明末,出守东阳,意在止足,而建武肇运,人世胶加,一去不返,行之未易。及昏猜之始,王政多门,因此谋退,庶几可果。托卿布怀于徐令,想记未忘。圣道聿兴,谬逢嘉运,往志宿心,复成乖爽。今岁开元,礼年云至,悬车之请,事由恩夺。诚不能弘宣风政,光阐朝猷,尚欲讨寻文簿,时议同异。而开年以来,病增虑切,当由生灵有限,劳役过差,总此凋竭,归之暮年,牵策行止,努力祗事。外观傍览,尚似全人,而形骸力用,不相综摄。常须过自束持,方可俙偻。解衣一卧,支体不复相关。上热下冷,月增日笃,取暖则烦,加寒必利,后差不及前差,后剧必甚前剧。百日数旬,革带常应移孔;以手握臂,率计月小半分。以此推算,岂能支久?若此不休,日复一日,将贻圣主不追之恨。冒欲表闻,乞归老之秩。若天假其年,还得平健,才力所堪,惟思是策。"勉为言于高祖,请三司之仪，弗许，但加鼓吹而已。

约性不饮酒，少嗜欲，虽时遇隆重，而居处俭素。立宅东田，瞩望郊阜。尝为《郊居赋》，其辞曰：

惟至人之非己，固物我而兼忘。自中智以下洎，咸得性以为场。兽因窟而获骋，鸟先巢而后翔。陈巷穷而业泰，婴居湫而德昌。侨栖仁于东里，凤晦迹于西堂。伊吾人之褊志，无经世之大方。思依林而羽戢，愿托水而鳞藏。固无情於轮奂，非有欲於康庄。披东郊之寥廓，入蓬藋之荒茫。既从竖而横构，亦风除而雨攘。

昔西汉之标季，余播迁之云始。违利建于海昏，创惟桑于江汜。同河济之重世，逾班生之十纪。或辞禄而反耕，或弹冠而来仕。逮有晋之隆安，集艰虞于天步。世交争而波□，民失时而狼顾。延乱麻于井邑，暴如莽于衢路。大地旷而靡容，旻天远而谁诉。伊皇祖之弱辰，逢时艰之孔棘。违危邦而窘惊，访安土而移即。肇胥宇于朱方，掩闲庭而晏息。值龙颜之郁起，乃凭风而矫翼。指皇邑而南辕，驾修衢以骋力。迁华扉而来启，张高衡而徙植。傍逸陌之修平，面淮流之清直。芳尘浸而悠远，世道忽其窳隆。绵四代于兹日，盈百祀于微躬。嗟弊庐之难保，若陨箨之从风。或诛茅而翦棘，或既西而复东。乍容身于白社，亦寄孥于伯通。

迹平生之耿介，实有心于独往。思幽人而轸念，望东皋而长想。本忘情于徇物，徒羁绁于天壤。应屡叹于牵丝，陆兴言于世网。事滔滔而未合，志悁悁而无爽。路将殚而弥峭，情薄暮而逾广。抱寸心其如兰，何斯愿之浩荡。咏归欤而踯躅，眷岩阿而抵掌。

逢时君之丧德，何凶昏之孔炽。乃战牧所未陈，实升陑所不记。彼黎元之喋喋，将垂兽而为饵。瞻穹昊而无归，虽非牢而被戮。始叹丝而未睹，终道组而后值。寻赉爱乎上天，固非民其莫甚。授冥符于井翼，实灵命之所禀。当降监之初辰，值积恶之云稔。宁方割于下垫，廓重氛于上垠。躬靡暇于朝食，常求衣于夜枕。既牢笼于妫、夏，又驱驰乎轩、顼。德无远而不被，明无微而不烛。鼓玄泽于大荒，播仁风于遐俗。辟终古而遐念，信王猷其如玉。

值衔《图》之盛世，遇兴圣之嘉期。谢中涓于初日，叨光佐于此时。阙投石之猛志，无飞矢之丽辞。排阳鸟而命邑，方河山而启基。翼储光于三善，长王职于百司。兢鄙夫之易失，惧宠禄之难持。伊前世之贵仕，罕纡情于丘窟。譬丛华于楚、赵，每骄奢以相越。筑甲馆于铜驼，并高门于北阙。辟重扃于华闱，岂蓬蒿所能没。教传嗣于堍壤，何安身于穷地。味先哲而为言，固余心之所嗜。不慕权于城市，岂邀名于屠肆。咏希微以考室，幸风霜之可庇。

尔乃傍穷野，抵荒郊；编霜菼，葺寒茅。构栖噪之所集，筑町疃之所交。因犯檐而刊树，由妨基而翦巢。决渟洿之汀渰，塞井甃之沦坳。艺芳枳于北渠，树修杨于南浦。迁瓮牖于兰室，同肩墙于华堵。织宿楚以成门，籍外扉而为户。既取阴于庭槛，又因篱于芳杜。开阁室以远临，辟高轩而旁睹。渐沼沚于雷垂，周塍陌于堂下。其水草则蘋萍芰芰，菁藻兼菰；石衣海发，黄荇绿蒲。动红荷于轻浪，覆碧叶于澄湖。餐嘉实而却老，振羽服于清都。其陆卉则紫蟞绿薉，天著山韭；雁齿麋舌，牛唇彘首。布濩南池之阳，烂漫北楼之后。或幕渚而芘地，或萦窗而窥牖。若乃园宅殊制，田圃异区。李衡则橘林千树，石崇则杂果万株。并豪情之所侈，非俭志之所娱。欲令纷披菴郁，吐绿攒朱；罗窗映户，接雷承隅。开丹房以四照，舒翠叶而九衢。抽红英于紫带，衔素蕊于青跗。其林鸟则翻泊颉颃，遗音上下；楚雀多名，流嘤杂响。或班尾而绮翼，或绿衿而绛颡。好叶隐而枝藏，乍间关而来往。其水禽则大鸿小雁，天狗泽虞；秋鹥寒鹈，修鸲短凫。曳参差之弱藻，戏潋潏之轻躯；翅抨流而起沫，翼鼓浪而成珠。其鱼则赤鲤青鲂，纤鯈钜鳣。碧鳞朱尾，修颅偃额。小则戏渚成文,大则喷流扬白。不兴羡于江海,聊相忘于余宅。其竹则东南独秀,九府擅奇。不迁植于淇水,岂分根于乐池。秋蜩吟叶,寒雀噪枝。来风南轩之下,负雪北堂之垂。访往涂之轸迹,观先识之情伪。每诛空而索有,皆指难以为易。不自己而求足,并尤物以兴累。亦昔士之所迷,而今余之所避也。

原农皇之攸始,讨厥播之云初。肇变腥以粒食,乃人命之所储。寻井田之往记,考阡陌于前书。颜箪食而乐在,郑高廪而空虚。顷四百而不足,亩五十而有余。抚幽衷而跼念,幸取给于庭庐。纬东甾之故耡,浸北亩之新渠。无寨蓬于晓蓐,不抱愁于朝蔬。排外物以齐遣,独为累之在余。安事千斯之积,不羡汶阳之墟。

临巽维而骋目,即堆冢而流眄。虽兹山之培塿,乃文靖之所宴。驱四牡之低昂,响繁笳之清啭。罗方员而绮错,穷海陆而兼荐。奚一权之足伟,委千金其如线。试抚臆而为言,岂斯风之可扇。将通人之远旨,非庸情之所见。聊迁情而徙眄,识方卓于归津。带修汀于桂渚,肇举锤于强秦。路萦吴而款越,涂被海而通闽。怀三鸟以长念,伊故乡之可珍。实赛期于晚岁,非失步於方春。何东川之泫泫,独流涕于吾人。谬参贤于昔代,亟徒游于兹所。侍彩旄而齐镳,陪龙舟而遵渚。或列席而赋诗,或班觞而宴语。穗帷一朝冥漠,西陵忽其葱楚。望商飙而永叹,每乐恺於斯观。始则钟石锵钺,终以鱼龙澜漫。或升降有序,或浮白无算。贵则景、魏、萧、曹,亲则梁武、周旦。莫不共霜雾而歇灭,与风云而消散。眺孙后之墓田,寻雄霸之遗武。实接汉之后王,信开吴之英主。指衡岳而作镇,苞江汉而为宇。徒征言于石椁,遂延灾于金缕。忽芜秽而不修,同原陵之朓朓。宁知蝼蚁之与狐兔,无论樵刍之与牧竖。睇东嶽以流目,心凄怆而不怡。盖昔储之旧苑,实博望之余基。修林则表以桂树,列草则冠以芳芝。风台累翼,月榭重栭。千栌捷嶭,百栱相持。皂辕林驾,兰枻水嬉。逾三龄而事往,忽二纪以历兹。咸夷漫以荡涤,非古今之异时。

回余眸于艮域,觌高馆于兹岭。虽混成以无迹,实遗训之可秉。始餐霞而吐雾,终陵虚而倒景。驾雌蜺之连卷,泛天江之悠永。指咸池而一息,望瑶台而高骋,匪爽言以自姱,冀神方之可请。惟钟岩之隐郁,表皇都而作峻,盖望秩之所宗,含风云而吐润。其为状也,则巍峨崇崒,乔枝拂日;峣嶷岩崿,坠石堆星。岑崟嶂屺,或坳或平;盘坚枕卧,诡状殊形。孤嶂横插,洞穴斜经;千丈万仞,三袭九成。亘绕州邑,款跨郊坰;素烟晚带,白雾晨萦。近循则一岩异色,远望则百岭俱青。

观二代之茔兆,睹摧残之余隧。成颠沛于虐竖,康敛衽于虚耰;穆恭已于岩廊,简游情于玄肆;烈穷饮以致灾,安忘怀而受祟。何宗祖之奇杰,威横天而陵地。惟圣文之缵武,殆隆平之可至。余世德之所君,仰遗封而掩泪。神寝匪一,灵馆相距。席布骈驹,堂流桂醑。降紫皇于天阙,延二妃于湘渚。浮兰烟于桂栋,召巫阳于南楚。扬玉桴,握椒糈。况临风以浩唱,折琼茅而延伫。敬惟空路邈远,神踪遐阔。念甚惊飙,生犹聚沫。归妙轸于一乘,启玄扉于三达。欲息心以遣累,必违人而后豁。或结橑于岩根,或开棨于木末。室暗萝茑,檐梢松栝。既得理于兼谢,固忘怀于饥渴。或攀枝独远,或陵云高蹋。因茸茨以结名,犹观空以表号。得忘己于兹日,岂期心于来报。天假余以大德,荷兹赐之无强。受老夫之嘉称,班燕礼于上庠。无希骥之秀质,乏如圭之令望。邀昔恩于旧主,重匪服于今皇。仰休老之盛则,请微躯于夕阳。劳蒙司而获谢,犹奉职于春坊。时言归于陋宇,聊暇日以翱翔。栖余志于净国,归余心于道场。兽依墀而莫骇,鱼牣沼而不纲。旋迷涂于去辙,笃后念于徂光。晚树开花,初英落蕊。或异林而分丹青,乍因风而杂红紫。紫莲夜发,红荷晓舒。轻风微动,其芳袭余。风骚屑于园树,月笼连于池竹。蔓长柯于檜桂,发黄华于庭菊。冰悬坎而带坻,雪萦松而被野。鸭屯飞而不散,雁高翔而欲下。并时物之可怀,虽外来而非假。实情性之所留滞，亦志之而不能舍也。

伤余情之颓暮，罹忧患其相溢。悲异轸而同归，欢殊方而并失。时复托情鱼鸟，归闲蓬荜。旁阙吴娃，前无赵瑟。以斯终老，於为请日。惟以天地之恩不报，书事之官靡述；徒重于高门之地，不载于良史之笔。长太息其何言，羌愧心之非一。

寻加特进，光禄、侍中、少傅如故。十二年，卒官，时年七十三。诏赠本官，赙钱五万，布百匹，谥曰隐。

约左目重瞳子，腰有紫志，聪明过人。好坟籍，聚书至二万卷，京师莫比。少时孤贫，丐于宗党，得米数百斛，为宗人所侮，覆米而去。及贵，不以为憾，用为郡部传。尝侍燕，有妓师是齐文惠宫人。帝问识座中客不？曰："惟识沈家令。"约伏座流涕，帝亦悲焉，为之罢酒。约历仕三代，该悉旧章，博物洽闻，当世取则。谢玄晖善为诗，任彦升工於文章，约兼而有之，然不能过也。自负高才，昧於荣利，乘时藉势，颇累清谈。及居端揆，稍弘止足，每进一官，辄殷勤请退，而终不能去，论者方之山涛。用事十余年，未尝有所荐达，政之得失，唯唯而已。

初，高祖有憾于张稷，及稷卒，因与约言之。约曰："尚书左仆射出作边州刺史，已往之事，何足复论。"帝以为婚家相为，大怒曰："卿言如此，是忠臣邪！"乃辇归内殿。约惧，不觉高祖起，犹坐如初。及还，未至床而凭空顿于户下，因病，梦齐和帝以剑断其舌。召巫视之，巫言如梦。乃呼道士奏赤章于天，称禅代之事，不由己出。高祖遣上省医徐奘视约疾，还具以状闻。先此，约尝侍燕，值豫州献栗，径寸半，帝奇之，问曰："栗事多少？"与约各疏所忆，少帝三事。出谓人曰："此公护前，不让即羞死。"帝以其言不逊，欲抵其罪，徐勉固谏乃止。及闻赤章事，大怒，中使谴责者数焉，约惧，遂卒。有司谥曰文，帝曰："怀情不尽曰隐。"故改为隐云。所著《晋书》百一十卷，《宋书》百卷，《齐纪》二十卷，《高祖纪》十四卷，《迩言》十卷，《谥例》十卷，《宋文章志》三十卷，《文集》一百卷，皆行于世。又撰《四声谱》，以为在昔词人，累千载而不悟，而独得胸衿，穷其妙旨，自谓入神之作,高祖雅不好焉。帝问周舍曰:"何谓四声?"舍曰:"天子圣哲"是也,然帝竟不遵用。

　　子旋,及约时已历中书侍郎,永嘉太守,司徒从事中郎,司徒右长史。免约丧,为太子仆,复以母忧去官,而蔬食辟谷。服除,犹绝粳粱。为给事黄门侍郎,中抚军长史。出为招远将军、南康内史,在部以清治称。卒官,谥曰恭侯。子是嗣。

　　陈吏部尚书姚察曰:昔木德将谢,昏嗣流虐,慄慄黔黎,命悬晷漏。高祖义拯横溃,志宁区夏,谋谟帷幄,实寄良、平。至于范云、沈约,参预缔构,赞成帝业。加云以机警明赡,济务益时,约高才博洽,名亚迁、董,俱属兴运,盖一代之英伟焉。

　　"终逌组而后值","逌组"疑。

梁书卷一四
列传第八

江淹　任昉

江淹字文通，济阳考城人也。少孤贫好学，沉靖少交游。起家
南徐州从事，转奉朝请。

宋建平王景素好士，淹随景素在南兖州。广陵令郭彦文得罪，
辞连系淹州狱。淹狱中上书曰：

昔者，贱臣叩心，飞霜击于燕地；庶女告天，振风袭于齐
堂。下官每读其书，未尝不废卷流涕。何者？士有一定之论，
女有不易之行。信而见疑，贞而为戮，是以壮夫义士伏死而不
顾者也。下官闻“仁不可恃，善不可依”，始谓徒语，乃令知之。
伏愿大王暂停左右，少加怜鉴。

下官本蓬户桑枢之民，布衣韦带之士，退不饰《诗》《书》以
惊愚，进不买名声于天下。日者，谬得升降承明之阙，出入金华
之殿，何尝不局影凝严，侧身扃禁者乎？窃慕大王之义，为门下
之宾，备鸣盗浅术之余，豫三五贱伎之末。大王惠以恩光，眄以
颜色。实佩荆卿黄金之赐，窃感豫让国士之分矣。常欲结缨伏
剑，少谢万一，剖心摩踵，以报所天。不图小人固陋，坐贻谤缺，
迹坠昭宪，身限幽圄。履影吊心，酸鼻痛骨。下官闻“亏名为辱，
亏形次之”，是以每一念来，忽若有遗。加以涉旬月，迫季秋，天
光沉阴，左右无色。身非木石，与狱吏为伍，此少卿所以仰天捶
心，泣尽而继之以血者也。下官虽乏乡曲之誉，然尝闻君子之

行矣。其上则隐于帘肆之间,卧于岩石之下;次则结绶金马之庭,高议云台之上;次则虏南越之君,系单于之颈。俱启丹册,并图青史。宁当争分寸之末,竞刀锥之利哉!然下官闻积毁销金,积谗糜骨。古则直生取疑于盗金,近则伯鱼被名于不义。彼之二才,犹或如此,况在下官,焉能自免。昔上将之耻,绛侯幽狱,名臣之羞,史迁下室,如下官当何言哉!夫鲁连之智,辞录而不反;接舆之贤,行歌而忘归。子陵闭关于东越,仲蔚杜门于西秦。亦良可知也。若使下官事非其虚,罪得其实,亦当钳口吞舌,伏匕首以殒身,何以见齐鲁奇节之人,燕赵悲歌之士乎?

方今圣历钦明,天下乐业,青云浮洛,荣光塞河。西洎临洮、狄道,北距飞狐、阳原,莫不浸仁沐义,照景饮醴。而下官抱痛圆门,含愤狱户,一物之微,有足悲者。仰惟大王少垂明白,则梧丘之魂,不愧于沉首;鹄亭之鬼,无恨于灰骨。不任肝胆之切,敬因执事以闻。此心既照,死且不朽。

景素览书,即日出之。寻举南徐州秀才,封策上第,转巴陵王国左常侍。

景素为荆州,淹从之镇。少帝即位,多失德。景素专据上流,咸劝因此举事。淹每从容谏曰:“流言纳祸,二叔所以同亡;抵局衔怨,七国于焉俱毙。殿下不求宗庙之安,而信左右之计,则复见麋鹿霜露栖于姑苏之台矣。”景素不纳。及镇京口,淹又为镇军参军事,领南东海郡丞。景素与腹心日夜谋议,淹知祸机将发,乃赠诗十五首以讽焉。

会南东海太守陆澄丁艰,淹自谓郡丞应行郡事,景素用司马柳世隆。淹固求之,景素大怒,言于选部,黜为建安吴兴令。淹在县三年,升明初,齐帝辅政,闻其才,召为尚书驾部郎、骠骑参军事。俄而荆州刺史沈攸之作乱,高帝谓淹曰:“天下纷纷若是,君谓何如?”淹对曰:“昔项强而刘弱,袁众而曹寡,羽号令诸侯,卒受一剑之辱,绍跨蹑四州,终为奔北之虏。此谓‘在德不在鼎’。公何疑哉。”帝曰:“闻此言者多矣,试为虑之。”淹曰:“公雄武有奇略,一胜也;宽容而仁恕,二胜也;贤能毕力,三胜也;民望所归,四胜也;奉天子而伐叛逆,五胜也。彼志锐而器小,一败也;有威而无恩,二败也;士卒解体,三败也;搢绅不怀,四败也;悬兵数千里,而同恶相济,五败也。故虽豺狼十万,而终为我获焉。"帝笑曰:"君谈过矣。"是时军书表记,皆使淹具草。相国建,补记室参军事。建元初,又为骠骑建安王记室,带东武令,参掌诏册,并典国史。寻迁中书侍郎。永明初,迁骁骑将军,掌国史。出为建武将军、庐陵内史。视事三年,还为骁骑将军,兼尚书左丞,寻复以本官领国子博士。少帝初,以本官兼御史中丞。

时明帝作相,因谓淹曰:"君昔在尚书中,非公事不妄行,在官宽猛能折衷。今为南司,足以震肃百僚。"淹答曰:"今日之事,可谓当官而行,更恐才劣志薄,不足以仰称明旨耳。"于是弹中书令谢瀹、司徒左长史王缋、护军长史庾弘远,并以久疾不预山陵公事;又奏前益州刺史刘悛、梁州刺史阴智伯,并赃货巨万,辄收付廷尉治罪。临海太守沈昭略、永嘉太守庾昙隆,及诸郡二千石并大县官长,多被劾治,内外肃然。明帝谓淹曰:"宋世以来,不复有严明中丞,君今日可谓近世独步。"

明帝即位,为车骑临海王长史。俄除廷尉卿,加给事中,迁冠军长史,加辅国将军。出为宣城太守,将军如故。在郡四年,还为黄门侍郎、领步兵校尉,寻为秘书监。永元中,崔惠景举兵围京城,衣冠悉投名刺,淹称疾不往。及事平,世服其先见。东昏末,淹以秘书监兼卫尉,固辞不获免,遂亲职。谓人曰:"此非吾任,路人所知,正取吾空名耳。且天时人事,寻当翻覆。孔子曰:'有文事者必有武备。'临事图之,何忧之有?"顷之,又副领军王莹。

及义师至新林,淹微服来奔,高祖板为冠军将军,秘书监如故,寻兼司徒左长史。中兴元年,迁吏部尚书。二年,转相国右长史,冠军将军如故。天监元年,为散骑常侍、左卫将军,封临沮县开国伯,食邑四百户。淹乃谓子弟曰:"吾本素宦,不求富贵,今之忝窃,遂至于此。平生言止足之事,亦以备矣。人生行乐耳,须富贵何时。吾功名既立，正欲归身草莱耳。"其年，以疾迁金紫光禄大夫，改封醴陵侯。四年，卒，时年六十二。高祖为素服举哀。赗钱三万，布五十匹。谥曰宪伯。

淹少以文章显，晚节才思微退，时人皆谓之才尽。凡所著述百余篇，自撰为前後集，并《齐史》十志，并行于世。

子芃袭封嗣，自丹阳尹丞为长城令，有罪削爵。普通四年，高祖追念淹功，复封芃吴昌伯，邑如先。

任昉字彦升，乐安博昌人，汉御史大夫敖之後也。父遥，齐中散大夫。遥妻裴氏，尝昼寝，梦有彩旗盖四角悬铃，自天而坠，其一铃落入裴怀中，心悸动，既而有娠，生昉。身长七尺五寸，幼而好学，早知名。

宋丹阳尹刘秉辟为主簿。时昉年十六，以气忤秉子。久之，为奉朝请，举兖州秀才，拜太常博士，迁征北行参军。永明初，卫将军王俭领丹阳尹，复引为主簿。俭雅钦重昉，以为当时无辈。迁司徒刑狱参军事，入为尚书殿中郎，转司徒竟陵王记室参军，以父忧去职。性至孝，居丧尽礼。服阕，续遭母忧，常庐于墓侧，哭泣之地，草为不生。服除，拜太子步兵校尉，管东宫书记。

初，齐明帝既废郁林王，始为侍中、中书监、骠骑大将军、开府仪同三司、扬州刺史、录尚书事，封宣城郡公，加兵五千，使昉具表草。其辞曰："臣本庸才，智力浅短。太祖高皇帝笃犹子之爱，降家人之慈；世祖武皇帝情等布衣，寄深同气。武皇大渐，实奉诏言。虽自见之明，庸近所蔽，愚夫一至，偶识量己，实不忍自固于缀衣之辰，拒违于玉几之侧，遂荷顾托，导扬末命。虽嗣君弃常，获罪宣德，王室之乱，职臣之由。何者？亲则东牟，任惟博陆，徒怀子孟社稷之对，何救昌邑争臣之讥。四海之议，于何逃责。陵土未干，训誓在耳，家国之事，一至于斯，非臣之尤，谁任其咎！将何以肃拜高寝，虔奉武园？悼心失图，泣血待旦。宁容复徼荣于家耻，宴安于国危。骠骑上将之元勋，神州仪刑之列岳，尚书是称司会，中书实管王言。且虚饰宠章，委成御侮，臣知不惬，物谁谓宜。但命轻鸿毛，责重山岳，存没同归，毁誉一贯。辞一官不减身累，增一职已黩朝经。便当自同体国，不为饰让。至于功均一匡，赏同千室，光宅近旬，奄有全邦，殒越为期，不敢闻命，亦愿曲留降鉴，即垂听许。钜平之恳诚必固，永昌之丹慊获申，乃知君子之道，绰有余裕，苟曰易照，敢守难夺。"帝恶其辞斥，甚愠，昉由是终建武中，位不过列校。

昉雅善属文，尤长载笔，才思无穷，当世公王表奏，莫不请焉。昉起草即成，不加点窜。沈约一代词宗，深所推挹。明帝崩，迁中书侍郎。永元末，为司徒右长史。

高祖克京邑，霸府初开，以昉为骠骑记室参军。始高祖与昉过竟陵王西邸，从容谓昉曰："我登三府，当以卿为记室。"昉亦戏高祖曰："我若登三事，当以卿为骑兵。"谓高祖善骑也。至是，故引昉符昔言焉。昉奉笺曰："伏承以今令辰，肃膺典策，德显功高，光副四海，天生之伦，庇身有地；况昉受教君子，将二十年，咳唾为恩，眄睐成饰，小人怀惠，顾知死所。昔承清宴，属有绪言，提挈之旨，形乎善谑，岂谓多幸，斯言不渝。虽情谬先觉，而迹沦骄饵，汤沐具而非吊，大厦构而相欢。明公道冠二仪，勋超遂古，将使伊、周奉辔，桓、文扶毂，神功无纪，化物何称。府朝初建，俊贤骧首，惟此鱼目，唐突玙璠。顾已循涯，实知尘忝，千载一逢，再造难答。虽则殒越，且知非报。"梁台建，禅让文诰，多昉所具。高祖践阼，拜黄门侍郎，迁吏部郎中，寻以本官掌著作。

天监二年，出为义兴太守。在任清洁，儿妾食麦而已。友人彭城到溉、溉弟洽，从昉共为山泽游。及被代登舟，止有米五斛。既至无衣，镇军将军沈约遣裙衫迎之。重除吏部郎中，参掌大选，居职不称。寻转御史中丞，秘书监，领前军将军。自齐永元以来，秘阁四部篇卷纷杂，昉手自仇校，由是篇目定焉。

六年春，出为宁朔将军、新安太守。在郡不事边幅，率然曳杖，徒行邑郭，民通辞讼者，就路决焉。为政清省，吏民便之。视事期岁，卒于官舍，时年四十九。阖境痛惜，百姓共立祠堂于城南。高祖闻问，即日举哀，哭之甚恸。追赠太常卿，谥曰敬子。

昉好交结，奖进士友，得其延誉者，率多升擢，故衣冠贵游，莫不争与交好，坐上宾客，恒有数十。时人慕之，号曰任君，言如汉之三君也。陈郡殷芸与建安太守到溉书曰：“哲人云亡，仪表长谢。元龟何寄？指南谁托？”其为士友所推如此。昉不治生产，至乃居无室宅。世或讥其多乞贷，亦随复散之亲故。昉常叹曰：“知我亦以叔则，不知我亦以叔则。”昉坟籍无所不见，家虽贫，聚书至万余卷，率多异本。昉卒后，高祖使学士贺纵共沈约勘其书目，官所无者，就昉家取之。昉所著文章数十万言，盛行于世。

初，昉立于士大夫间，多所汲引，有善己者则厚其声名。及卒，诸子皆幼，人罕赡恤之。平原刘孝标为著论曰：

客问主人曰：“朱公叔《绝交论》，为是乎？为非乎？”主人曰：“客奚此之问？”客曰：“夫草虫鸣则阜螽跃，雕兽啸而清风起。故绸缪相感，雾涌云蒸；嘤鸣相召，星流电激。是以王阳登则贡公喜，罕生逝而国子悲。且心同琴瑟，言郁郁于兰茞，道叶胶漆，志婉娈于埙篪。圣贤以此镂金版而镌盘盂，书玉牒而刻钟鼎。若匠人辍成风之妙巧，伯牙息流波之雅引。范、张款款于下泉，尹、班陶陶于永夕。骆驿纵横，烟霏雨散，皆巧历所不知，心计莫能测。而朱益州汨彝叙，越谟训，捶直切，绝交游，视黔首以鹰鹯，媲人伦于豺虎。蒙有猜焉，请辨其惑。”

主人听然曰：“客所谓抚弦徽音，未达燥湿变响；张罗沮泽，不睹鹄雁高飞。盖圣人握金镜，阐风烈，龙骧蠖屈，从道污隆。日月联璧，叹岉岉之弘致；云飞雷薄，显棅华之微旨。若五音之变化，济九成之妙曲。此朱生得玄珠于赤水，谟神睿而为言。至夫组织仁义，琢磨道德，欢其愉乐，恤其陵夷。寄通灵台之下，遗迹江湖之上，风雨急而不辍其音，霜雪零而不渝其色，斯贤达之素交，历万古而一遇。逮叔世民讹，狙诈飙起，溪谷不能逾其险，鬼神无以究其变，竞毛羽之轻，趋锥刀之末。于是素交尽，利交兴，天下蚩蚩，鸟惊雷骇。然利交同源，派流则异，较言其略，有五术焉：

"若其宠钧董、石，权压梁、窦。雕刻百工，炉锤万物，吐漱兴云雨，呼吸下霜露，九域耸其风尘，四海叠其熏灼。靡不望影星奔，藉响川骛，鸡人始唱，鹤盖成阴，高门旦开，流水接轸。皆愿摩顶至踵，躄胆抽肠，约同要离焚妻子，誓徇荆卿湛士族。是曰势交，其流一也。

"富埒陶、白，赀巨程、罗，山擅铜陵，家藏金穴，出平原而联骑，居里闬而鸣钟。则有穷巷之宾，绳枢之士，冀宵烛之末光，邀润屋之微泽，鱼贯凫踊，飒沓鳞萃，分雁鹜之稻粱，沾玉斝之余沥。衔恩遇，进款诚，援青松以示心，指白水而旌信。是曰贿交，其流二也。

"陆大夫燕喜西都，郭有道人伦东国，公卿贵其籍甚，搢绅羡其登仙。加以颔颐蹙頞，涕唾流沫，骋黄马之剧谈，纵碧鸡之雄辩，叙温燠则寒谷成暄，论严枯则春丛零叶，飞沉出其顾指，荣辱定其一言。于是弱冠王孙，绮纨公子，道不绁于通人，声未遒于云阁，攀其鳞翼，丐其余论，附骐骥之毫端，轶归鸿于碣石。是曰谈交，其流三也。

"阳舒阴惨，生民大情，忧合欢离，品物恒性。故鱼以泉涸而煦沫，鸟因将死而悲鸣。同病相怜，缀河上之悲曲；恐惧寘怀，昭《谷风》之盛典。斯则断金由于漱隘，刎颈起于苦盖。是以伍员濯溉于宰嚭，张王抚翼于陈相。是曰穷交，其流四也。

"驰骛之俗，浇薄之伦，无不操权衡，秉纤纩。衡所以揣其轻重，纩所以属其鼻息。若衡不能举，纩不能飞，虽颜、冉龙翰凤雏，曾、史兰薰雪白，舒、向金玉泉海，卿、云黼黻江汉，视若游尘，遇同土梗，莫肯费其半菽，罕有落其一毛。若衡重锱铢，纩微影撇，虽共工之搜慝，驩兜之掩义，南荆之跋扈，东陵之巨猾，皆为匍匐委蛇，折枝舐痔，金膏翠羽将其意，脂韦便辟导其城。故轮盖所游，必非夷、惠之室；苞苴所入，实行张、霍之家。谋而後动，芒毫寡忒。是曰量交，其流五也。

"凡斯五交,义同贾鬻,故桓谭譬之于阛阓,林回喻之于甘
醴。夫寒暑递进,盛衰相袭,或前荣而后瘁,或始富而终贫,或
初存而末亡,或古约而今泰,循环翻覆,迅彼波澜。此则徇利之
情未尝异,变化之道不得一。由是观之,张、陈所以凶终,萧、朱
所以隙末,断焉可知矣。而翟公方规规然勒门以箴客,何所见
之晚乎?

"然因此五交,是生三衅:败德殄义,禽兽相若,一衅也;难
固易携,仇□所聚,二衅也;名陷饕餮,贞介所羞,三衅也。古人
知三衅之为梗,惧五交之速尤。故王丹威子以棰楚,朱穆昌言
而示绝,有旨哉!

"近世有乐安任昉,海内髦杰,早绾银黄,夙招民誉。遒文
丽藻,方驾曹、王;英特俊迈,联横许、郭。类田文之爱客,同郑
庄之好贤。见一善则盱衡扼腕,遇一才则扬眉抵掌。雌黄出其
唇吻,朱紫由其目旦。于是冠盖辐凑,衣裳云合,辒辌击辖,坐
客恒满。蹈其阃阈,若升阙里之堂;入其奥隅,谓登龙门之坂。
至于顾盼增其倍价,翦拂使其长鸣,彰组云台者摩肩,趋走丹
墀者叠迹。莫不缔恩狎,结绸缪,想惠、庄之清尘,庶羊、左之徽
烈。及瞑目东越,归体洛浦,穗帐犹悬,门罕渍酒之彦;坟未宿
草,野绝动轮之宾。藐尔诸孤,朝不谋夕,流离大海之南,寄命
瘴疠之地。自昔把臂之英,金兰之友,曾无羊舌下泣之仁,宁慕
郈成分宅之德。呜呼!世路险巇,一至于此!太行孟门,宁云
崭绝。是以耿介之士,疾其若斯,裂裳裹足,弃之长骛。独立高
山之顶,欢与麋鹿同群,皭然绝其雰浊,诚耻之也,诚畏之也。"
昉撰《杂传》二百四十七卷,《地记》二百五十二卷,文章三十三卷。
昉第四子东里,颇有父风,官至尚书外兵郎。

陈吏部尚书姚察曰:观夫二汉求贤,率先经术;近世取人,多由
文史。二子之作,辞藻壮丽,允值其时。淹能沉静,昉持内行,并以
名位终始,宜哉!江非先觉,任无旧恩,则上秩显赠,亦末由也已。

梁书卷一五
列传第九

谢朏 弟子览

谢朏字敬冲,陈郡阳夏人也。祖弘微,宋太常卿,父庄,右光禄大夫,并有名前代。朏幼聪慧,庄器之,常置左右。年十岁,能属文。庄游土山赋诗,使朏命篇,朏揽笔便就。琅邪王景文谓庄曰:"贤子足称神童,复为后来特达。"庄笑,因抚朏背曰:"真吾家千金。"孝武帝游姑孰,敕庄携朏从驾,诏使为《洞井赞》,于坐奏之,帝曰:"虽小,奇童也。"

起家抚军法曹行参军,迁太子舍人,以父忧去职。服阕,复为舍人。历中书郎,卫将军袁粲长史。粲性简峻,罕通宾客,时人方之李膺。朏谒既退,粲曰:"谢令不死。"寻迁给事黄门侍郎。出为临川内史,以贿见劾,案经袁粲,粲寝之。

齐高帝为骠骑将军辅政,选朏为长史,敕与河南褚炫、济阳江斅、彭城刘俣俱入侍宋帝,时号为天子四友。续拜侍中,并掌中书、散骑二省诏册。高帝进太尉,又以朏为长史,带南东海太守。高帝方图禅代,思佐命之臣,以朏有重名,深所钦属。论魏、晋故事,因曰:"晋革命时事久兆,石苞不早劝晋文,死方恸哭,方之冯异,非知机也。"朏答曰:"昔魏臣有劝魏武即帝位者,魏武曰:'如有用我,其为周文王乎!'晋文世事魏氏,将必身终北面;假使魏早依唐虞故事,亦当三让弥高。"帝不悦。更引王俭为左长史,以朏侍中,领秘书监。及齐受禅,朏当日在直,百僚陪位,侍中当解玺,朏伴不知,曰:

"有何公事?"传诏云:"解玺授齐王。"朏曰:"齐自应有侍中。"乃引枕卧。传诏惧,乃使称疾,欲取兼人。朏曰:"我无疾,何所道。"遂朝服,步出东掖门,乃得车,仍还宅。是日遂以王俭为侍中解玺。既而武帝言于高帝,请诛朏。帝曰:"杀之则遂成其名,正应容之度外耳。"遂废于家。

永明元年,起家拜通直散骑常侍,累迁侍中,领国子博士。五年,出为冠军将军、义兴太守,加秩中二千石。在郡不省杂事,悉付纲纪,曰:"吾不能作主者吏,但能作太守耳。"视事三年,征都官尚书、中书令。隆昌元年,复为侍中,领新安王师,未拜,固求外出。仍为征虏将军、吴兴太守,受召便述职。时明帝谋入嗣位,朝之旧臣皆引参谋策。朏内图止足,且实避事。弟瀹,时为吏部尚书。朏至郡,致瀹数斛酒,还书曰:"可力饮此,勿豫人事。"朏居郡每不治,而常务聚敛,众颇讥之,亦不屑也。

建武四年,诏征为侍中、中书令,遂抗表不应召。遣诸子还京师,独与母留,筑室郡之西郭。明帝下诏曰:"夫超然荣观,风流自远;蹈彼幽人,英华罕值。故长揖楚相,见称南国;高谢汉臣,取贵良史。新除侍中、中书令朏,早藉羽仪,凤摽清尚,登朝树绩,出守驰声。遂敛迹康衢,拂衣林汜,抱箕颍之余芳,甘颎颔而无闷。抚事怀人,载留钦想。宜加优礼,用旌素概。可赐床帐褥席,俸以卿禄,常出在所。"时国子祭酒庐江何胤亦抗表还会稽。永明二年,诏征朏为散骑常侍、中书监,胤为散骑常侍、太常卿,并不屈。三年,又诏征朏为侍中、太子少傅,胤散骑常侍、太子詹事。时东昏皆下在所,使迫遣之,值义师已近,故并得不到。

及高祖平京邑,进位相国,表请朏、胤曰:"夫穷则独善,达以兼济。虽出处之道,其揆不同,用舍惟时,贤哲是蹈。前新除侍中、太子少傅朏,前新除散骑常侍、太子詹事、都亭侯胤,羽仪世胄,徽猷冠冕,道业德声,康济雅俗。昔居朝列,素无宦情,宾客简通,公卿罕预,簪绂未襳,而风尘摆落。且文宗儒肆,互居其长;清规雅裁,兼擅其美。并达照深识,预睹乱萌,见庸质之如初,知贻厥之无寄。拂衣东山，眇绝尘轨。虽解组昌运，实避昏时。家膺鼎食，而甘兹橡艾；世袭青紫，而安此悬鹑。自浇风肇扇，用南成俗，淳流素轨，余烈颇存。谁其激贪，功归有道，康俗振民，朝野一致。虽在江海，而勋同魏阙。今泰运甫开，贱贫为耻；况乎久蕴瑚琏，暂厌承明，而可得求志海隅，永迫松子。臣负荷殊重，参赞万机，实赖群才，共成栋干。思挹清源，取镜止水。愚欲屈居僚首，朝夕谘诹，庶足以翼宣寡薄，式是王度。请并补臣府军谘祭酒，朏加后将军。"并不至。

高祖践阼，征朏为侍中、光禄大夫、开府仪同三司，胤散骑常侍、特进、右光禄大夫，又并不屈。仍遣领军司马王果宣旨敦譬。明年六月，朏轻舟出，诣阙自陈。既至，诏以为侍中、司徒、尚书令。朏辞脚疾不堪拜谒，乃角巾自舆，诣云龙门谢。诏见于华林园，乘小车就席。明旦，舆驾出幸朏宅，燕语尽欢。朏固陈本志，不许；因请自还东迎母，乃许之。临发，舆驾复临幸，赋诗饯别。王人送迎，相望于道。到京师，敕材官起府于旧宅，高祖临轩，遣谒者于府拜授，诏停诸公事及朔望朝谒。

三年元会，诏朏乘小舆升殿。其年，遭母忧，寻有诏摄职如故。后五年，改授中书监、司徒、卫将军，并固让不受。遣谒者敦授，乃拜受焉。是冬，薨於府，时年六十六。舆驾出临哭，诏给东园秘器，朝服一具，衣一袭，钱十万，布百匹，蜡百斤。赠侍中、司徒。谥曰靖孝。朏所著书及文章，并行于世。

子谖，官至司徒右长史，坐杀牛免官，卒于家。次子篹，颇有文才，仕至晋安太守，卒官。

览字景涤，朏弟瀹之子也。选尚齐钱唐公主，拜驸马都尉、秘书郎、太子舍人。高祖为大司马，召补东阁祭酒，迁相国户曹。天监元年，为中书侍郎，掌吏部事，顷之即真。

览为人美风神，善辞令，高祖深器之。尝侍座，受敕与侍中王暕为诗答赠，其文甚工，高祖善之。仍使重作，复合旨，乃赐诗云："双文既后进，二少实名家；岂伊止栋隆，信乃俱声华。"以母忧去职。服阕,除中庶子,又掌吏部郎事,寻除吏部郎,迁侍中。览颇乐酒,因燕席与散骑常侍萧琛辞相诋毁,为有司所奏。高祖以览年少不直,出为中权长史。顷之,敕掌东宫管记。迁明威将军、新安太守。

九年夏,山贼吴承伯破宣城郡,余党散入新安,叛吏鲍叙等与合,攻没黟、歙诸县,进兵击览。览遣郡丞周兴嗣于锦沙立坞拒战,不敌,遂弃郡奔会稽。台军平山寇,览复还郡,左迁司徒谘议参军,仁威长史、行南徐州事,五兵尚书。寻迁吏部尚书。览自祖至孙,三世居选部,当世以为荣。

十二年春,出为吴兴太守,中书舍人黄睦之家居乌程,子弟专横,前太守皆折节事之。览未到郡,睦之子弟来迎,览逐去其船,杖吏为通者。自是睦之家杜门不出,不敢与公私门通。郡境多劫,为东道患,览下车肃然,一境清谧。初,齐明帝及览父瀹、东海徐孝嗣,并为吴兴,号称名守,览皆欲过之。昔览在新安颇聚敛,至是遂称廉洁,时人方之王怀祖。卒于官,时年三十七。诏赠中书令。子罕,早卒。

陈吏部尚书姚察曰:谢朏之于宋代,盖忠义者欤?当齐建武之世,拂衣止足,永元多难,确然独善,其疏、蒋之流乎。洎高祖龙兴,旁求物色,角巾来仕,首陟台司,极出处之致矣。览终能善政,君子题之。

梁书卷一六
列传第一〇

王亮　　张稷　　王莹

王亮字奉叔，琅邪临沂人，晋丞相导之六世孙也。祖偃，宋右光禄大夫、开府仪同三司。父攸，给事黄门侍郎。

亮以名家子，宋末选尚公主，拜驸马都尉，秘书郎，累迁桂阳王文学，南郡王友，秘书丞。齐竟陵王子良开西邸，延才俊以为士林馆，使工图画其像，亮亦预焉。迁中书侍郎，大司马从事中郎，出为衡阳太守。以南土卑湿，辞不之官，迁给事黄门侍郎。寻拜晋陵太守，在职清公有美政。时齐明帝作相，闻而嘉之，引为领军长史，甚见赏纳。及即位，累迁太子中庶子，尚书吏部郎，诠序著称，迁侍中。

建武末，为吏部尚书。是时尚书右仆射江祏管朝政，多所进拔，为士子所归。亮自以身居选部，每持异议。始亮未为吏部郎时，以祏帝之内弟，故深友祏，祏为之延誉，益为帝所器重；至是与祏昵之如初。及祏遇诛，群小放命，凡所除拜，悉由内宠，亮更弗能止。外若详审，内无明鉴，其所选用，拘资次而已，当世不谓为能。频加通直散骑常侍、太子右卫率，为尚书右仆射、中护军。既而东昏肆虐，淫刑已逞，亮倾侧取容，竟以免戮。

义师至新林，内外百僚皆道迎，其未能拔者，亦间路送诚款，亮独不遣。及城内既定，独推亮为首。亮出见高祖，高祖曰："颠而不扶，安用彼相。"而弗之罪也。霸府开，以为大司马长史、抚军将军、琅邪清河二郡太守。梁台建，授侍中、尚书令，固让不拜，乃为侍中、中书监,兼尚书令。高祖受禅,迁侍中、尚书令、中军将军,引参佐命,封豫宁县公,邑二千户。天监二年,转左光禄大夫,侍中、中军如故。元日朝会万国,亮辞疾不登殿,设馔别省,而语笑自若。数日,诏公卿问讯,亮无疾色,御史中丞乐蔼奏大不敬,论弃市刑。诏削爵废为庶人。

四年夏,高祖燕于华光殿,谓群臣曰:"朕日昃听政,思闻得失。卿幸可谓多士,宜各尽献替。"尚书左丞范缜起曰:"司徒谢朏本有虚名,陛下擢之如此,前尚书令王亮颇有治实,陛下弃之如彼,是愚臣所不知。"高祖变色曰:"卿可更余言。"缜固执不已,高祖不悦。御史中丞任昉因奏曰:

臣闻息夫历诋,汉有正刑;白褒一奏,晋以明罚。况乎附下讪上,毁誉自口者哉。风闻尚书左丞臣范缜,自晋安还,语人云:"我不诣余人,惟诣王亮;不饷余人,惟饷王亮。"辄收缜白从左右万休到台辨问,与风闻符同。又今月十日,御饯梁州刺史臣珍国,宴私既洽,群臣并已谒退,时诏留侍中臣昂等十人,访以政道。缜不答所问,而横议沸腾,遂贬裁司徒臣朏,褒举庶人王亮。臣于时预奉恩留,肩随并立,耳目所接,差非风闻。窃寻王有游豫,亲御轩陛,义深推毂,情均《湛露》。酒阑宴罢,当宸正立,记事在前,记言在后,轸早朝之念,深求瘼之情,而缜言不逊,妄陈褒贬,伤济济之风,缺侧席之望。不有严裁,宪准将颓,缜即主。

臣谨案:尚书左丞臣范缜,衣冠绪余,言行舛驳,夸谐里落,喧诟周行。曲学谀闻,未知去代;弄口鸣舌,只足饰非。乃者,义师近次,缜丁罹艰棘,曾不呼门,墨缞景附,颇同先觉,实奉龙颜。而今党协叠余,翻为矛盾,人而无恒,成兹奸诐。日者,饮至策勋,功微赏厚,出守名拜,入司管辖,苞篚冈遗,而假称折辕,衣裙所弊,谗激失所,许与疵废,廷辱民宗。自居枢宪,纠奏寂寞。顾望纵容,无至公之议;恶直丑正,有私诉之谈。宜寘之徽缠,肃正国典。臣等参议,请以见事免缜所居官,辄勒外收付廷尉法狱治罪。应诸连逮,委之狱官,以法制从事。缜位应黄纸,臣辄奉白简。

诏闻可。玺书语缜曰:"亮少乏才能,无闻时辈,昔经冒入群英,相与訾薄,晚节谄事江祏,为吏部,末协附梅虫儿、茹法珍,遂执昏政。比屋罹祸,尽家涂炭,四海沸滕,天下横溃,此谁之咎!食乱君之禄,不死于治世。亮协固凶党,作威作福,靡衣玉食,女乐盈房,势危事逼,自相吞噬。建石首题,启靡请罪。朕录其白旗之来,贳其既往之咎。亮反覆不忠,奸贿彰暴,有何可论,妄相谈述?具以状对。"所诘十条,缜答支离而已。亮因屏居闭扫,不通宾客。遭母忧,居丧尽礼。

八年,诏起为秘书监,俄加通直散骑常侍,数日迁太常卿。九年,转中书监,加散骑常侍。其年卒。诏赗钱三万,布五千匹。谥曰炀子。

张稷字公乔,吴郡人也。父永,宋右光禄大夫。稷所生母遭疾历时,稷始年十一,夜不解衣而养,永异之。及母亡,毁瘠过人,杖而后起。性疏率,朗悟有才略,与族兄充、融、卷等具知名,时称之曰:"充融卷稷,是为四张。"起家著作佐郎,不拜。频居父母忧,六载庐于墓侧。服除,为骠骑法曹行参军,迁外兵参军。

齐永明中,为剡县令,略不视事,多为山水游。会贼唐瑶作乱,稷率厉县人,保全县境。入为太子洗马,大司马东曹掾,建安王友,大司马从事中郎。武陵王晔为护军,转护军司马,寻为本州治中。明帝领牧,仍为别驾。时魏寇寿春,以稷为朔将军、军主,副尚书仆射沈文季镇豫州。魏众称百万,围城累日,时经略处分,文季悉委稷焉。军退,迁平西司马、朔将军、南平内史。魏又寇雍州,诏以本号都督荆、雍诸军事。时雍州刺史曹武度樊城岸,以稷知州事。魏师退,稷还荆州,就拜黄门侍郎,复为司马、新兴永宁二郡太守。郡犯私讳,改永宁为长宁。寻迁司徒司马,加辅国将军。及江州刺史陈显达举兵反,以本号镇历阳、南谯二郡太守,迁镇南长史、寻阳太守、辅国将军、行江州事。寻征还,为持节、辅国将军、都督北徐州诸军事、北徐州刺史。出次白下，仍迁都督南兖州诸军事、南兖州刺史。俄进督北徐州、兖州、冀五州诸军事，将军并如故。永元末，征为侍中，宿卫宫城。

义师至，兼卫尉江淹出奔，稷兼卫尉，副王莹都督城内诸军事。时东昏淫虐，义师围城已久，城内思亡而莫有先发。北徐州刺史王珍国就稷谋之，乃使直阁张齐害东昏于含德殿。稷召尚书右仆射王亮等列坐殿前西钟下，谓曰："昔桀有昏德，鼎迁于殷；商纣暴虐，鼎迁于周。今独夫自绝于天，四海已归圣主，斯实微子去殷之时，项伯归汉之日，可不勉哉！"乃遣国子博士范云、舍人裴长穆等使石头城诣高祖，高祖以稷为侍中、左卫将军。高祖总百揆，迁大司马左司马。梁台建，为散骑常侍、中书令。高祖受禅，以功封江安县侯，邑一千户。又为侍中、国子祭酒，领骁骑将军。迁护军将军、扬州大中正，以事免。寻为度支尚书、前将军、太子右卫率，又以公事免。俄为祠部尚书，转散骑常侍、都官尚书、扬州大中正，以本职知领军事。寻迁领军将军，中正、侯如故。时魏寇青州，诏假节、行州事。会魏军退，仍出为散骑常侍、将军、吴兴太守，秩中二千石。下车存问遗老，引其子孙，置之右职，政称宽恕，进号云麾将军。征尚书左仆射。舆驾将欲幸稷宅，以盛□，留幸仆射省，旧临幸供具皆酬太官馔直，帝以稷清贫，手诏不受。出为使持节、散骑常侍、都督青冀二州诸军事、安北将军、青冀二州刺史。会魏寇朐山，诏稷权顿六里，都督众军。退，进号镇北将军。

初，郁州接边陲，民俗多与魏人交市，及朐山叛，或与魏通。既不自安矣，且稷宽弛无防，僚吏颇侵渔之，州人徐道角等夜袭州城，害稷，时年六十三。有司奏削爵土。

稷性烈亮，善与人交。历官无蓄聚，俸禄皆颁之亲故，家无余财。初去吴兴郡，以仆射征，道由吴，乡候稷者满水陆。稷单装径还京师，人莫之识，其率素如此。

稷长女楚瑗，适会稽孔氏，无子归宗。至稷见害，女以身蔽刃，先父卒。稷子崟，别有传。

卷字令远，稷从兄也。少以知理著称，能清言，仕至都官尚书，天监初，卒。

王莹字奉光，琅邪临沂人也。父懋，光禄大夫、南乡僖侯。

莹选尚宋临淮公主，拜驸马都尉，除著作佐郎，累迁太子舍人，抚军功曹，散骑侍郎，司徒左西属。齐高帝为骠骑将军，引为从事中郎。顷之，出为义兴太守，代谢超宗。超宗去郡，与莹交恶，既还，间莹于懋。懋言之于朝廷，以莹供养不足，坐失郡废弃。久之，为前军谘议参军，中书侍郎，大司马从事中郎，未拜，丁母忧。服阕，为给事黄门郎，出为宣城太守，迁为骠骑长史，复为黄门侍郎，司马，太子中庶子，仍迁侍中，父忧去职。服阕，复为侍中，领射声校尉。又为冠军将军、东阳太守，居郡有惠政，迁吴兴太守。明帝勤忧庶政，莹频处二郡，皆有能名，甚见褒美。还为太子詹事、中领军。

永元初，政由群小，莹守职而不能有所是非。莹从弟亮既当朝，于莹素虽不善，时欲引与同事。迁尚书左仆射，未拜，会护军崔慧景自京口奉江夏王入伐，莹假节，率众拒慧景于湖头。夜为慧景所袭，众散，莹赴水，乘榜入乐游，因得还台城。慧景败，还居领军府。

义师至，复假节，都督宫城诸军事。建康平，高祖为相国，引莹为左长史，加冠军将军，奉法驾迎和帝于江陵。帝至南洲，逊位于别宫。高祖践阼，迁侍中、抚军将军，封建城县公，邑千户。寻迁尚书左仆射，侍中、抚军如故。顷之，为护军将军，复迁散骑常侍、中军将军、丹阳尹。视事三年，迁侍中、光禄大夫，领左卫将军。俄迁尚书令、云麾将军，侍中如故。累进号左、中权将军，给鼓吹一部。莹性清慎，居官恭格，高祖深重之。

天监十五年，迁左光禄大夫、开府仪同三司、丹阳尹，侍中如故。莹将拜，印工铸其印，六铸而龟六毁，既成，颈空不实，补而用之。居职六日，暴疾卒。赠侍中、左光禄大夫、开府仪同三司。

陈吏部尚书姚察曰：孔子称"殷有三仁，微子去之，箕子为之奴,比干谏而死。"王亮之居乱世,势位见矣。其于取舍,何与三仁之异欤?及奉兴王,蒙宽政,为佐命,固将愧于心。其自取废故,非不幸也。《易》曰:"非所据而据之,身必危。"亮之进退,失所据矣。惜哉!张稷因机制变,亦其时也。王莹印章六毁,岂神之害盈乎?

梁书卷一七
列传第一一

王珍国　马仙琕　张齐

　　王珍国字德重，沛国相人也。父广之，齐世良将，官至散骑常侍、车骑将军。

　　珍国起家冠军行参军，累迁武贲中郎将、南谯太守，治有能名。时郡境苦饥，乃发米散财，以拯穷乏。齐高帝手敕云："卿爱人治国，甚副吾意也。"永明初，迁桂阳内史，讨捕盗贼，境内肃清。罢任还都，路经江州，刺史柳世隆临渚钱别，见珍国还装轻素，乃叹曰："此真可谓良二千石也。"还为大司马中兵参军。武帝雅相知赏，每叹曰："晚代将家子弟，有如珍国者少矣。"复出为安成内史。入为越骑校尉，冠军长史，钟离太守。仍迁巴东、建平二郡太守。还为游击将军，以父忧去职。建武末，魏军围司州，明帝使徐州刺史裴叔业攻拔涡阳，以为声援，起珍国为辅国将军，率兵助焉。魏将杨大眼大众奄至，叔业惧，弃军走，珍国率其众殿，故不至大败。永泰元年，会稽太守王敬则反，珍国又率众距之。敬则平，迁宁朔将军、青冀二州刺史，将军如故。

　　义师起，东昏召珍国以众还京师，入顿建康城。义师至，使珍国出屯朱雀门，为王茂先所败，乃入城。仍密遣郗纂奉明镜献诚于高祖，高祖断金以报之。时城中咸思从义，莫敢先发，侍中、卫尉张稷都督众军，珍国潜结稷腹心张齐要稷，稷许之。十二月丙寅旦，珍国引稷于卫尉府，勒兵入自云龙门，即东昏于内殿斩之，与稷会尚书仆射王亮等于西钟下，使中书舍人裴长穆等奉东昏首归高祖。以功授右卫将军，辞不拜；又授徐州刺史，固乞留京师。复赐金帛，珍国又固让。敕答曰："昔田子泰固辞绢谷。卿体国情深，良在可嘉。"后因侍宴，帝问曰："卿明镜尚存，昔金何在？"珍国答曰："黄金谨在臣肘，不敢失坠。"复为右卫将军，加给事中，迁左卫将军，加散骑常侍。天监初，封滠阳县侯，邑千户。除都官尚书，常侍如故。

五年，魏任城王元澄寇钟离。高祖遣珍国，因问讨贼方略，珍国对曰："臣常患魏众少，不苦其多。"高祖壮其言，乃假节，与众军同讨焉。魏军退，班师。出为使持节、都督梁秦二州诸军事、征虏将军、南秦梁二州刺史。会梁州长史夏侯道迁以州降魏，珍国步道出魏兴，将袭之，不果，遂留镇焉。以无功，累表请解，高祖弗许。改封宜阳县侯，户邑如前。征还为员外散骑常侍、太子右卫率，加后军。顷之，复为左卫将军。九年，出为使持节、都督湘州诸军事、信武将军、湘州刺史。视事四年，征还为护军将军，迁通直散骑常侍、丹阳尹。十四年，卒。诏赠车骑将军，给鼓吹一部，赙钱十万，布百匹。谥曰威。子僧度嗣。

马仙琕字灵馥，扶风郿人也。父伯鸾，宋冠军司马。

仙琕少以果敢闻，遭父忧，毁瘠过礼，负土成坟，手植松柏。起家郢州主簿，迁武骑常侍，为小将。随齐安陆王萧缅。缅卒，事明帝。永元中，萧遥光、崔慧景乱，累有战功，以勋至前将军。出为龙骧将军、南汝阴谯二郡太守。会寿阳新陷，魏将王肃侵边，仙琕力战，以寡克众，魏人甚惮之。复以功迁宁朔将军、豫州刺史。

义师起，四方多响应，高祖使仙琕故人姚仲宾说之，仙琕于军斩仲宾以徇。义师至新林，仙琕犹持兵于江西，日钞运漕。建康城陷，仙琕号哭经宿，乃解兵归罪。高祖劳之曰："射钩斩袪，昔人弗忌。卿勿以戮使断运，苟自嫌绝也。"仙琕谢曰："小人如失主犬，后主饲之，便复为用。"高祖笑而美之。俄而仙琕母卒，高祖知其贫，赙给甚厚。仙琕号泣，谓弟仲艾曰："蒙大造之恩，未获上报。今复荷殊泽,当与尔以心力自效耳。"

天监四年,王师北讨,仙琕每战,勇冠三军,当其冲者,莫不摧破。与诸将论议,口未尝言功。人问其故,仙琕曰:"丈夫为时所知,当进不求名,退不逃罪,乃平生愿也。何功可论?"授辅国将军、宋安安蛮二郡太守,迁南义阳太守。累破山蛮,郡境清谧。以功封浛洭县伯,邑四百户,仍迁都督司州诸军事、司州刺史,辅国将军如故。俄进号贞威将军。

魏豫州人白早生杀其刺史琅邪王司马庆曾,自号平北将军,推乡人胡遥为刺史,以悬瓠来降。高祖使仙琕赴之,又遣直阁将军武会超、马广率众为援。仙琕进顿楚王城,遣副将齐苟儿以兵二千助守悬瓠。魏中山王元英率众十万攻悬瓠,仙琕遣广、会超等守三关。十二月,英破悬瓠,执齐苟儿,遂进攻马广,又破广,生擒之,送洛阳。仙琕不能救。会超等亦相次退散,魏军遂进据三关。仙琕坐征还,为云骑将军。出为仁威司马,府主豫章王转号云麾,复为司马,加振远将军。

十年,朐山民杀琅邪太守刘晰,以城降魏,诏假仙琕节,讨之。魏徐州刺史卢昶以众十余万赴焉。仙琕与战,累破之,昶遁走,仙琕纵兵乘之,魏众免者十一二,收其兵粮牛马器械,不可胜数。振旅还京师,迁太子左卫率,进爵为侯,增邑六百户。十一年,迁持节、督豫北豫霍三州诸军事、信武将军、豫州刺史,领南汝阴太守。

初,仙琕幼名仙婢,及长,以"婢"名不典,乃以"玉"代"女",因成"琕"云。自为将及居州郡,能与士卒同劳逸。身衣不过布帛,所居无帷幕衾屏,行则饮食与厮养最下者同。其在边境,常单身潜入敌庭,伺知壁垒村落险要处所,故战多克捷,士卒亦甘心为之用。高祖雅爱仗之。在州四年,卒,赠左卫将军,谥曰刚。子岩夫嗣。

张齐字子响,冯翊郡人。世居横桑,或云横桑人也。少有胆气。初事荆府司马垣历生。历生酗酒,遇下严酷,不甚礼之。历生罢官归,吴郡张稷为荆府司马,齐复从之。稷甚相知重,以为心腹,虽家居细事,皆以任焉。齐尽心事稷,无所辞惮。随稷归京师。稷为南兖州,又擢为府中兵参军,始委以军旅。

齐永元中,义师起,东昏征稷归,都督宫城诸军事,居尚书省。义兵至,外围渐急,齐日造王珍国,阴与定计。计定,夜引珍国就稷造膝,齐自执烛以成谋。明□□稷、珍国即东昏于内殿,齐手刃焉。明年,高祖受禅,封齐安昌县侯,邑五百户,仍为宁朔将军、历阳太守。齐手不知书,目不识字,而在郡有清政,吏事甚修。

天监二年,还为虎贲中郎将,未拜,迁天门太守,宁朔将军如故。四年,魏将王足寇巴、蜀,高祖以齐为辅国将军救蜀。未至,足退走,齐进戍南安。七年秋,使齐置大剑、寒𡑭二戍,军还益州。其年,迁武旅将军、巴西太守,寻加征远将军。十年,郡人姚景和聚合蛮蜒,抄断江路,攻破金井。齐讨景和于平昌,破之。初,南郑没于魏,乃于益州西置南梁州。州镇草创,皆仰益州取足。齐上夷獠义租,得米二十万斛。又立台传,兴冶铸,以应赡南梁。

十一年,进假节、督益州外水诸军。十二年,魏将傅竖眼寇南安,齐率众距之,竖眼退走。十四年,迁信武将军、巴西梓潼二郡太守。是岁,葭萌人任令宗因众之患魏也,杀魏晋寿太守,以城归款。益州刺史鄱阳王遣齐帅众三万,督南梁州长史席宗范诸军迎令宗。十五年,魏东益州刺史元法僧遣子景隆来拒齐帅,南安太守皇甫谌及宗范逆击之,大破魏军于葭萌,屠□余城,魏将丘突、王穆等皆隆。而魏更增傅竖眼兵,复来拒战,齐兵少不利,军引还,于是葭萌复没魏。

齐在益部累年,讨击蛮獠,身无宁岁。其居军中,能身亲劳辱,与士卒同其勤苦。自画顿舍城垒,皆委曲得其便,调给衣粮资用,人人无所困乏。既为物情所附,蛮獠亦不敢犯,是以威名行于庸、蜀。巴西郡居益州之半,又当东道冲要,刺史经过,军府远涉,多所穷匮。齐缘路聚粮食,种蔬菜,行者皆取给焉。其能济办,多此类也。

十七年,迁持节、都督南梁州诸军事、智武将军、南梁州刺史。普通四年,迁信武将军、征西鄱阳王司马、新兴永宁二郡太守。未发而卒，时年六十七。追赠散骑常侍、右卫将军。赙钱十万，布百匹。谥曰壮。

　　陈吏部尚书姚察曰：王珍国、申胄、徐元瑜、李居士，齐末咸为列将，拥强兵，或面缚请罪，或斩关献捷；其能后服，马仙琕而已。仁义何常，蹈之则为君子，信哉！及其临边抚众，虽李牧无以加矣。张齐之政绩，亦有异焉。胄、元瑜、居士入梁事迹鲜，故不为之传。

梁书卷一八
列传第一二

张惠绍　　冯道根　　康绚
昌义之

　　张惠绍字德继，义阳人也。少有武干。齐明帝时为直阁，后出补竟陵横桑戍主。永元初，母丧，归葬于乡里。闻义师起，驰归高祖，板为中兵参军，加宁朔将军、军主。师次汉口，高祖使惠绍与军主朱思远游遏江中，断郢、鲁二城粮运。郢城水军主沈难当帅轻舸数十挑战，惠绍击破，斩难当，尽获其军器。义师次新林、朱雀，惠绍累有战功。建康城平，迁辅国将军、前军、直阁、左细仗主。高祖践阼，封石阳县侯，邑五百户。迁骁骑将军，直阁、细仗主如故。时东昏余党数百人，窃入南北掖门，烧神兽门，害卫尉张弘策。惠绍驰率所领赴战，斩首数十级，贼乃散走。以功增邑二百户，迁太子右卫率。

　　天监四年，大举北伐，惠绍与冠军长史胡辛生、宁朔将军张豹子攻宿预，执城主马成龙，送于京师，使部将蓝怀恭于水南立城为掎角。俄而魏援大至，败陷怀恭，惠绍不能守，是夜奔还淮阴，魏复得宿预。六年，魏军攻钟离，诏左卫将军曹景宗督众军为援，进据邵阳，惠绍与冯道根、裴邃等攻断魏连桥，短兵接战，魏军大溃。以功增邑三百户，还为左骁骑将军。寻出为持节、都督北兖州诸军事、冠军将军、北兖州刺史。魏宿预、淮阳二城内附，惠绍抚纳有功，进号智武将军，益封二百户。入为卫尉卿，迁左卫将军。出为持节、都督司州诸军事、信威将军、司州刺史，领安陆太守。在州和理，吏民亲爱之。

征还为左卫将军,加通直散骑常侍,甲仗百人,直卫殿内。十八年,卒,时年六十三。诏曰:"张惠绍志略开济,干用贞果。诚勤义始,绩闻累任。爰居禁旅,尽心朝夕。奄至殒丧,恻怆于怀。宜追宠命,以彰勋烈。可赠护军将军,给鼓吹一部,布百匹,蜡二百斤。谥曰忠。"子澄嗣。

澄初为直阁将军,丁父忧。起为晋熙太守,随豫州刺史裴邃北伐,累有战功。与湛僧智、胡绍世、鱼弘文并当时之骁将。历官卫尉卿、太子左卫率。卒官,谥曰愍。

冯道根字巨基,广平�人也。少失父,家贫,佣赁以养母。行得甘肥,不敢先食,必遽还以进母。年十三,以孝闻于乡里。郡召为主簿,辞不就。年十六,乡人蔡道斑为湖阳戍主,道斑攻蛮锡城,反为蛮所困,道根救之,匹马转战,杀伤甚多,道斑以免,由是知名。

齐建武末,魏主托跋宏寇没南阳等五郡,明帝遣太尉陈显达率众复争之。师入沔均口,道根与乡里人士以牛酒候军,因说显达曰:"沔均水迅急,难进易退。魏若守隘,则首尾俱急。不如悉弃船舰于鄩城,方道步进,建营相次,鼓行而前。如是,则立破之矣。"显达不听,道根犹以私属从军。及显达败,军人夜走,多不知山路;道根每及险要,辄停马指示之,众赖以全。寻为沔均口戍副。

永元中,以母丧还家。闻高祖起义师,乃谓所亲曰:"金革夺礼,古人不避,扬名后世,岂非孝乎!时不可失,吾其行矣。"率乡人子弟胜兵者,悉归高祖。时有蔡道福为将从军,高祖使道根副之,皆隶于王茂。茂伐沔,攻郢城,克加湖,道根常为前锋陷阵。会道福卒于军,高祖令道根并领其众。大军次新林,随王茂于朱雀航大战,斩获尤多。高祖即位,以为骁骑将军。封增城县男,邑二百户。领文德帅,迁游击将军。是岁,江州刺史陈伯之反,道根随王茂讨平之。

天监二年,为宁朔将军、南梁太守,领阜陵城戍。初到阜陵,修城隍,远斥候,有如敌将至者,众颇笑之,道根曰:"怯防勇战,此之谓也。"修城未毕,会魏将党法宗、傅竖眼率众二万奄至城下,道根堑垒未固,城中众少,皆失色。道根命广开门,缓服登城,选精锐二百人,出与魏军战,败之。魏人见意闲,且战又不利,因退走。是时魏分兵于大小岘、东桑等,连城相持。魏将高祖珍以三千骑军其间,道根率百骑横击,破之,获其鼓角军仪。于是粮运既绝,诸军乃退。迁道根辅国将军。

豫州刺史韦睿围合肥,克之,道根与诸军同进,所在有功。六年,魏攻钟离,高祖复诏睿救之,道根率众三千为睿前驱。至徐州,建计据邵阳洲,筑垒掘堑,以逼魏城。道根能走马步地,计足以赋功,城隍立办。及淮水长,道根乘战舰,攻断魏连桥数百丈,魏军败绩。益封三百户,进爵为伯。还,迁云骑将军、领直阁将军,改封豫宁县,户邑如前。累迁中权中司马、右游击将军、武旅将军、历阳太守。八年,迁贞毅将军、假节、督豫州诸军事、豫州刺史,领汝阴太守。为政清简,境内安定。十一年,征为太子右卫率。十三年,出为信武将军、宣惠司马、新兴永宁二郡太守。十四年,征为员外散骑常侍、右游击将军,领朱衣直阁。十五年,为右卫将军。

道根性谨厚,木讷少言,为将能检御部曲,所过村陌,将士不敢房掠。每所征伐,终不言功,诸将谯哗争竞,道根默然而已。其部曲或怨非之,道根喻曰:"明主自鉴功之多少,吾将何事?"高祖尝指道根示尚书令沈约曰:"此人口不论勋。"约曰:"此陛下之大树将军也。"处州郡,和理清静,为部下所怀。在朝廷,虽贵显而性俭约,所居宅不营墙屋,无器服侍卫,入室则萧然如素士之贫贱者。当时服其清退,高祖亦雅重之。微时不学,既贵,粗读书,自谓少文,常慕周勃之器重。

十六年,复假节、都督豫州诸军事、信武将军、豫州刺史。将行,高祖引朝臣宴别道根于武德殿,召工视道根,使图其形像。道根踧踖谢曰:"臣所可报国家,惟余一死;但天下太平,臣恨无可死之地。"豫部重得道根,人皆喜悦。高祖每称曰:"冯道根所在,能使朝廷不复忆有一州。"

　　居州少时，遇疾，自表乞还朝，征为散骑常侍、左军将军。既至疾甚，中使累加存问。普通元年正月，卒，时年五十八。是日，舆驾春祠二庙，既出宫，有司以闻。高祖问中书舍人朱异曰："吉凶同日，今行乎？"异对曰："昔柳庄寝疾，卫献公当祭，请于尸曰：'有臣柳庄，非寡人之臣，是社稷之臣也，闻其死，请往。'不释祭服而往，遂以襚之。道根□未为社稷之臣，亦有劳王室，临之礼也。"高祖即幸其宅，哭之甚恸。诏曰："豫宁县开国伯、新除散骑常侍、领左军将军冯道根，奉上能忠，有功不伐，抚人留爱，守边难犯，祭遵、冯异、郭伋、李牧，不能过也。奄致殒丧，恻怆于怀。可赠信威将军、左卫将军，给鼓吹一部。赙钱十万，布百匹。谥曰威。"子怀嗣。

　　康绚字长明，华山蓝田人也。其先出自康居。初，汉置都护，尽臣西域，康居亦遣侍子待诏于河西，因留为黔首，其后即以康为姓。晋时陇右乱，康氏迁于蓝田。绚曾祖因为苻坚太子詹事，生穆。穆为姚苌河南尹。宋永初中，穆举乡族三千余家，入襄阳之岘南，宋为置华山郡蓝田县，寄居于襄阳，以穆为秦、梁二州刺史，未拜，卒。绚世父元隆，父元抚，并为流人所推，相继为华山太守。

　　绚少俶傥有志气。齐文帝为雍州刺史，所辟皆取名家，绚特以才力召为西曹书佐。永明三年，除奉朝请。文帝在东宫，以旧恩引为直后，以母忧去职。服阕，除振威将军、华山太守。推诚抚循，荒余悦服。迁前军将军，复为华山太守。

　　永元元年，义兵起，绚举郡以应高祖，身率敢勇三千人、私马二百五十匹以从。除西中郎南康王中兵参军，加辅国将军。义师方围张冲于郢城，旷日持久，东昏将吴子阳壁于加湖，军锋甚盛，绚随王茂力攻屠之。自是常领游兵，有急应赴，斩获居多。天监元年，封南安县男，邑三百户。除辅国将军、竟陵太守。魏围梁州，刺史王珍国使请救，绚以郡兵赴之，魏军退。七年，司州三关为魏所逼，诏假绚节、武旅将军，卒众赴援。九年，迁假节、督北兖州缘淮诸军事、振远将军、北兖州刺史。及朐山亡徒以城降魏，绚驰遣司马霍奉伯分军据崄，魏军至，不得越朐城。明年，青州刺史张稷为土人徐道角所杀，绚又遣司马茅荣伯讨平之。征骠骑临川王司马，加左骁骑将军，寻转朱衣直阁。十三年，迁太子右卫率，甲仗百人，与领军萧景直殿内。

绚身长八尺，容貌绝□，虽居显官，犹习武艺。高祖幸德阳殿戏马，敕绚马射，抚弦贯的，观者悦之。其日，上使画工图绚形，遣中使持以问绚曰："卿识此图不？"其见亲如此。

时魏降人王足陈计，求堰淮水以灌寿阳。足引北方童谣曰："荆山为上格，浮山为下格，潼沱为激沟，并灌钜野泽。"高祖以为然，使水工陈承伯、材官将军祖暅视地形，咸谓淮内沙土漂轻，不坚实，其功不可就。高祖弗纳，发徐、扬人，率二十户取三丁以筑之。假绚节、都督淮上诸军事，并护堰作，人及战士，有众二十万。于钟离南起浮山，北抵巉石，依岸以筑土，合脊于中流。十四年，堰将合，淮水漂疾，辄复决溃，众患之。或谓江、淮多有蛟，能乘风雨决坏崖岸，其性恶铁。因是引东西二冶铁器，大则釜鬲，小则锄锄，数千万斤，沉于堰所，犹不能合。乃伐树为井干，填以巨石，加土其上。缘淮百里内，冈陵木石，无巨细必尽，负担者肩上皆穿。夏日疾疫，死者相枕，蝇虫昼夜声相合。高祖愍役人淹久，遣尚书右仆射袁昂、侍中谢举假节慰劳之，并加蠲复。是冬又寒甚，淮、泗尽冻，士卒死者十七八，高祖复遣赐以衣裤。十一月，魏遣将杨大眼杨声决堰，绚命诸军撤营露次以待之。遣其子悦挑战，斩魏咸阳王府司马徐方兴，魏军小却。十二月，魏遣其尚书仆射李昙定督众军来战，绚与徐州刺史刘思祖等距之。高祖又遣右卫将军昌义之、太仆卿鱼弘文、直阁曹世宗、徐元和相次距守。十五年四月，堰乃成。其长九里，下阔一百四十丈，上广四十五丈，高二十丈，深十九丈五尺。夹之以堤，并树杞柳，军人安堵，列居其上。其水清洁，俯视居人坟墓，了然皆在其下。或人谓绚曰："四渎，天所以节宣其气，不可久塞。若凿湫东注，则游波宽缓，堰得不坏。"绚然之，开湫东注。又纵反间于魏曰："梁人所惧开湫，不畏野战。"魏人信之，果凿山深五丈，开湫北注，水日夜分流，潋犹不减。其月，魏军竟溃而归。水之所及，夹淮方数百里地。魏寿阳城戍稍徙顿于八公山，此南居人散就冈垄。

初，堰起于徐州界，刺史张豹子宣言于境，谓己必尸其事，既而绚以他官来监作，豹子甚惭，俄而敕豹子受绚节度，每事辄先咨焉。由是遂谮绚与魏交通，高祖虽不纳，犹以事毕征绚。寻以绚为持节、都督司州诸军事、信武将军、司州刺史，领安陆太守，增封二百户。绚还后，豹子不修堰，至其秋八月，淮水暴长，堰悉坏决，奔流于海，祖暅坐下狱。绚在州三年，大修城隍，号为严政。

十八年，征为员外散骑常侍，领长水校尉，与护军韦睿、太子右卫率周舍直殿省。普通元年，除卫尉卿，未拜，卒，时年五十七。舆驾即日临哭。赠右卫将军，给鼓吹一部。赙钱十万，布百匹。谥曰壮。

绚宽和少喜惧，在朝廷，见人如不能言，号为长厚。在省，每寒月见省官蓝缕，辄遗以襦衣，其好施如此。子悦嗣。

昌义之，历阳乌江人也，少有武干。齐代随曹武征伐，累有战功。武为雍州，以义之补防阁，出为冯翊戍主。及武代还，义之留事高祖。时天下方乱，高祖亦厚遇之。义师起，板为辅国将军、军主，除建安王中兵参军。时竟陵芊口有邸阁，高祖遣驱，每战必捷。大军次新林，随王茂于新亭并朱雀航力战，斩获尤多。建康城平，以为直阁将军、马右夹毂主。天监元年，封永丰县侯，邑五百户。除骁骑将军。出为盱眙太守。二年，迁假节、督北徐州诸军事、辅国将军、北徐州刺史，镇钟离。魏寇州境，义之击破之。三年，进号冠军将军，增封二百户。

四年，大举北伐，扬州刺史临川王督众军军洛口，义之以州兵受节度，为前军，攻魏梁城戍，克之。五年，高祖以征役久，有诏班师，众军各退散，魏中山王元英乘势追蹑，攻没马头，城内粮储，魏悉移之归北。议者咸曰："魏运米北归，当无复南向。"高祖曰："不然，此必进兵，非其实也。"乃遣土匠修营钟离城，敕义之为战守之备。是冬，英果率其安乐王元道明、平东将军杨大眼等众数十万，来寇钟离。钟离城北阻淮水，魏人于邵阳洲西岸作浮桥，跨淮通道。英据东岸，大眼据西岸，以攻城。时城中众才三千人，义之督帅，随方抗御。魏军乃以车载土填堑，使其众负土随之，严骑自后蹙焉，人有未及回者，因以土迮之，俄而堑满。英与大眼躬自督战，昼夜苦攻，分番相代，坠而复升，莫有退者。又设飞楼及冲车撞之，所值城上辄颓落。义之乃以泥补缺，冲车虽入而不能坏。义之善射，其被攻危急之处，辄驰往救之，每弯弓所向，莫不应弦而倒。一日战数十合，前后杀伤者万计，魏军死者与城平。六年四月，高祖遣曹景宗、韦睿帅众二十万救焉。既至，与魏战，大破之，英、大眼等各脱身奔走。义之因率轻兵追至洛口而还，斩首俘生，不可胜计。以功进号军师将军，增封二百户。

迁持节、督青冀二州诸军事、征虏将军、青冀二州刺史。未拜，改督南兖兖徐青冀五州诸军事、辅国将军、南兖州刺史。坐禁物出藩，为有司所奏免。其年，补朱衣直阁，除左骁骑将军，直阁如故。迁太子右卫率，领越骑校尉，假节。八年，出为持节、督湘州诸军事、征远将军、湘州刺史。九年，以本号还朝，俄为司空临川王司马，将军如故。十年，迁右卫将军。十三年，徙为左卫将军。

是冬，高祖遣太子右卫率康绚帅众军作荆山堰。明年，魏遣将李昙定大众逼荆山，扬声欲决堰，诏假义之节，帅太仆卿鱼弘文、直阁将军曹世宗、徐元和等救绚，军未至，绚等已破。魏又遣大将李平攻峡石，围直阁将军赵祖悦，义之又率朱衣直阁王神念等救之。时魏兵盛，神念攻峡石浮桥不能克，故援兵不得时进，遂陷峡石。义之班师，为有司所奏，高祖以其功臣，不问也。十五年，复以为使持节、都督湘州诸军事、信威将军、湘州刺史。其年，改授都督北徐州缘淮诸军事、平北将军、北徐州刺史。

义之性宽厚，为将能抚御，得人死力，及居藩任，吏民安之。俄给鼓吹一部，改封营道县侯，邑户如先。普通三年，征为护军将军，鼓吹如故。四年十月，卒。高祖深痛惜之，诏曰："护军将军、营道县开国侯昌义之，干略沉济，志怀宽隐，诚著运始，效彰边服。方申爪牙，寄以禁旅，奄至殒丧，恻怆于怀。可赠散骑常侍、车骑将军，并鼓吹一部。给东园秘器，朝服一具。赙钱二万，布二百匹，蜡二百斤。谥曰烈。"

子宝业嗣，官至直阁将军、谯州刺史。

陈史部尚书姚察曰：张惠绍、冯道根、康绚、昌义之，初起从上，其功则轻。及群盗焚门，而惠绍以力战显；□肥、邵阳之逼，而道根、义之功多；浮山之役起，而康绚典其事。牙有厥劳，宠进宜矣。先是镇星守天江而堰兴，及退舍而堰决，非徒人事，有天道矣。

梁书卷一九
列传第一三

宗夬　刘坦　乐蔼

宗夬字明扬，南阳涅阳人也，世居江陵。祖景，宋时征太子庶子，不就，有高名。父繁，西中咨议参军。

夬少勤学，有局干。弱冠，举郢州秀才，历临川王常侍、骠骑行参军。齐司徒竟陵王集学士于西邸，并见图画，夬亦预焉。永明中，与魏和亲，敕夬与尚书殿中郎任昉同接魏使，皆时选也。

武帝嫡孙南郡王居西州，以夬管书记。夬既以笔札被知，亦以贞正见许，故任焉。俄而文惠太子薨，王为皇太孙，夬仍管书记。及太孙即位，多失德，夬颇自疏，得为秣陵令，迁尚书都官郎。隆昌末，少帝见诛，宠旧多罹其祸，惟夬及傅昭以清正免。

明帝即位，以夬为郢州治中，有名称职。以父老去官还乡里。南康王为荆州刺史，引为别驾。义师起，迁西中郎咨议参军，别驾如故。时西土位望，惟夬与同郡乐蔼、刘坦为州人所推信，故领军将军萧颖胄深相委仗，每事咨焉。高祖师发雍州，颖胄遣夬出自杨口，面禀经略，并护送军资，高祖甚礼之。天兴初，迁御史中丞，以父忧去职。起为冠军将军、卫军长史。天监元年，迁征虏长史、东海太守，将军如故。二年，征为太子右卫率。是冬，迁五兵尚书，参掌大选。三年，卒，时年四十九。子曜卿嗣。

夬从弟岳，有名行，州里称之，出于夬右。仕历尚书库部郎，郢州治中，北中郎录事参军事。

　　刘坦字德度，南阳安众人也，晋镇东将军乔之七世孙。坦少为从兄虬所知。齐建元初，为南郡王国常侍，寻补屏陵令，迁南中郎录事参军，所居以干济称。

　　南康王为荆州刺史，坦为西中郎中兵参军，领长流。义师起，迁咨议参军。时辅国将军杨公则为湘州刺史，帅师赴夏口，西朝议行州事者，坦谓众曰："湘境人情，易扰难信。若专用武士，则百姓畏侵渔；若遣文人，则威略不振。必欲镇静一州城，军民足食，则无逾老臣。先零之役，窃以自许。"遂从之。乃除辅国长史、长沙太守，行湘州事。坦尝在湘州，多旧恩，道迎者甚众。下车简选堪事吏，分诣十郡，悉发人丁，运租米三十余万斛，致之义师，资粮并给。

　　时东昏遣安成太守刘希祖破西台所选太守范僧简于平都，希祖移檄湘部，于是始兴内史王僧粲应之。邵陵人逐其内史褚浍，永阳人周晖起兵攻始安郡，并应僧粲。桂阳人邵昙弄、邓道介报复私仇，因合党，亦同焉。僧粲自号平西将军、湘州刺史，以永阳人周舒为谋主，师于建宁。自是湘部诸郡，悉皆蜂起，惟临湘、湘阴、浏阳、罗四县犹全。州人咸欲泛舟逃走，坦悉聚船焚之，遣将尹法略距僧粲，相持未决。前湘州镇军钟玄绍潜谋应僧粲，要结士庶数百人，皆连名定计，刻日反州城。坦闻其谋，伪为不知，因理讼至夜，而城门遂不闭，以疑之。玄绍未及发，明旦诣坦问其故，坦久留与语，密遣亲兵收其家书。玄绍在坐未起，而收兵已报，具得其文书本末，玄绍即首伏，于坐斩之。焚其文书，其余党悉无所问，众愧且服，州部遂安。法略与僧粲相持累月，建康城平，公则还州，群贼始散。

　　天监初，论功封荔浦县子，邑三百户。迁平西司马、新兴太守。天监三年，迁西中郎。卒，时年六十二。子泉嗣。

　　乐蔼字蔚远，南阳涅阳人，晋尚书令广之六世孙，世居江陵。其舅雍州刺史宗悫，尝陈器物，试诸甥侄。蔼时尚幼，而所取惟书，悫由此奇之。又取史传各一卷授蔼等，使读毕，言所记。蔼略读具举，悫益善之。

　　宋建平王景素为荆州刺史,辟为主簿。景素为南徐州,复为征北刑狱参军,迁龙阳相。以父忧去职,吏民诣州请之,葬讫起焉。时齐豫章王嶷为武陵太守,雅善蔼为政,及嶷为荆州刺史,以蔼为骠骑行参军、领州主簿,参知州事。嶷尝问蔼风土旧俗,城隍基趾,山川险易,蔼随问立对,若按图牒,嶷益重焉。州人嫉之,或谮蔼廨门如市,嶷遣觇之,方见蔼暗阁读书。嶷还都,以蔼为太尉刑狱参军,典书记,迁枝江令。还为大司马中兵参军,转署记室。永明八年,荆州刺史巴东王子响称兵反,既败,焚烧府舍,官曹文书一时荡尽。武帝引见蔼,问以西事,蔼上对详敏,帝悦焉。用为荆州治中,敕付以修复府州事。蔼还州,缮修廨署数百区,顷之咸毕,而役不及民。荆部以为自晋王悦移镇以来府舍,未之有也。九年,豫章王嶷薨,蔼解官赴丧,率荆、湘二牧故吏,建碑墓所。

　　累迁车骑平西录事参军、步兵校尉,求助戍西归。南康王为西中郎,以蔼为谘议参军。义师起,萧颖胄引蔼及宗支、刘坦,任以经略。梁台建,迁镇军司马、中书侍郎、尚书左丞。时营造器甲,舟舰军粮,及朝廷仪宪,悉资蔼焉。寻迁给事黄门侍郎,左丞如故。和帝东下,道兼卫尉卿。

　　天监初,迁骁骑将军,领少府卿。俄迁御史中丞,领本州大中正。初,蔼发江陵,无故于船得八车辐,如中丞健步避道者,至是果迁焉。蔼性公强,居宪台甚称职。时长沙宣武王将葬,而车府忽于库失油络,欲推主者。蔼曰:“昔晋武库火,张华以为积油万匹必然。今库若有灰,非吏罪也。”既而检之,果有积灰,时称其博物弘恕焉。

　　二年,出为持节、督广交越三州诸军、冠军将军、平越中郎将、广州刺史。前刺史徐元瑜罢归,道遇始兴人士反,逐内史崔睦舒,因掠元瑜财产。元瑜走归广州,借兵于蔼,托欲讨贼,而实谋袭蔼。蔼觉之,诛元瑜。寻进号征虏将军,卒官。

　　蔼姊适征士同郡刘虬,亦明识有礼训。蔼为州,迎姊居官舍,参分禄秩,西土称之。

　　子法才,字元备,幼与弟藏俱有美名。少游京师,造沈约,约见而称之。齐和帝为相国，召为府参军，镇军萧颖胄辟主簿。梁台建，除起部郎。天监二年，蔼出镇岭表，法才留任京邑，迁金部郎，父忧去官。服阕，除中书通事舍人，出为本州别驾。入为通直散骑侍郎，复掌通事，迁尚书右丞。晋安王为荆州，重除别驾从事史。复征为尚书右丞，出为招远将军、建康令。不受俸秩，比去任，将至百金，县曹启输台库。高祖嘉其清节，曰："居职若斯，可以为百城表矣。"即日迁太府卿。寻除南康内史，耻以让俸受名，辞不拜。俄转云骑将军、少府卿。出为信武长史、江夏太守。因被代，表便道还乡。至家，割宅为寺，栖心物表。皇太子以法才旧臣，累有优令，召使东下，未及发而卒，时年六十三。

陈吏部尚书姚察曰：萧颖胄起大州之众以会义，当其时，人心未之能悟。此三人者，楚之镇也。经营缔构，盖有力焉。方面之功，坦为多矣；当官任事，蔼则兼之。咸登宠秩，宜乎！

梁书卷二〇
列传第一四

刘季连　陈伯之

　　刘季连字惠续,彭城人也。父思考,以宋高祖族弟显于宋世,位至金紫光禄大夫。

　　季连有名誉,早历清官。齐高帝受禅,悉诛宋室近属,将及季连等,太宰褚渊素善之,固请乃免。建元中,季连为尚书左丞。永明初,出为江夏内史,累迁平南长沙内史、冠军长史、广陵太守,并行府州事。入为给事黄门侍郎,转太子中庶子。建武中,又出为平西萧遥欣长史、南郡太守。时明帝诸子幼弱,内亲则仗遥欣兄弟,外亲则倚后弟刘暄、内弟江祏。遥欣之镇江陵也,意寄甚隆。而遥欣至州,多招宾客,厚自封植,明帝甚恶之。季连族甥琅邪王会为遥欣谘议参军,美容貌,颇才辩,遥欣遇之甚厚。会多所傲忽,于公座与遥欣竞侮季连,季连憾之,乃密表明帝,称遥欣有异迹。明帝纳焉,乃以遥欣为雍州刺史。明帝心德季连,四年,以为辅国将军、益州刺史,令据遥欣上流。季连父,宋世为益州,贪鄙无政绩,州人犹以义故,善待季连。季连下车,存问故老,抚纳新旧,见父时故吏,皆对之流涕。辟遂宁人龚𢚴为府主簿。𢚴,龚颖之孙,累世有学行,故引焉。

　　东昏即位,永元元年,征季连为右卫将军,道断不至。季连闻东昏失德,京师多故,稍自骄矜。本以文吏知名,性忌而褊狭,至是遂严慘酷狠,土人始怀怨望。其年九月,季连因聚会,发人丁五千人,声以讲武,遂遣中兵参军宋买率之以袭中水。穰人李托豫知之,设备守险,买与战不利,退州,郡县多叛乱矣。是月,新城人赵续伯杀五城令,逐始平太守。十月,晋原人乐宝称、李难当杀其太守,宝称自号南秦州刺史,难当益州刺史。十二月,季连遣参军崔茂祖率众二千讨之,赍三日粮。值岁大寒,群贼相聚,伐树塞路,军人水火无所得,大败而还,死者十七八。明年正月,新城人帛养逐遂宁太守谯希渊。三月,巴西人雍道晞率群贼万余逼巴西,去郡数里,道晞称镇西将军,号建义。巴西太守鲁休烈与涪令李膺婴城自守,季连遣中兵参军李奉伯率众五千救之。奉伯至,与郡兵破擒道晞,斩之涪市。奉伯因独进巴西之东乡讨余贼。李膺止之曰:“卒堕将骄,乘胜履险,非良策也。不如小缓,更思后计。”奉伯不纳,悉众入山,大败而出,遂奔还州。六月,江阳人程延期反,杀太守何法藏。鲁休烈惧不自保,奔投巴东相萧慧训。十月,巴西人赵续伯又反,有众二万,出广汉,乘佛舆,以五采裹青石,诳百姓云:“天与我王印,当王蜀。”愚人从之者甚众。季连进讨之,遣长史赵越常前驱。兵败,季连复遣李奉伯由涪路讨之。奉伯别军自潺亭与大军会于城,进攻其栅,大破之。

时会稽人石文安守休,隐居乡里,专行礼让,代季连为尚书左丞,出为江夏内史,又代季连入为御史中丞,与季连相善。子仲渊字钦回,闻义师起,率乡人以应高祖。天监初,拜郢州别驾,从高祖平京邑。

明年春,遣左右陈建孙送季连弟通直郎子渊及季连二子使蜀,喻旨慰劳。季连受命,饬还装。高祖以西台将邓元起为益州刺史。元起,南郡人。季连为南郡之时,素薄元起。典签朱道琛者,尝为季连府都录,无赖小人,有罪,季连欲杀之,逃叛以免。至是说元起曰:“益州乱离已久,公私府库必多耗失,刘益州临归空竭,岂办复能远遣候递。道琛请先使检校,缘路奉迎;不然,万里资粮,未易可得。”元起许之。道琛既至,言语不恭,又历造府州人士,见器物辄夺之,有不获者,语曰:“会当属人,何须苦惜。”于是军府大惧,谓元起至必诛季连,祸及党与,竞言之于季连。季连亦以为然;又恶昔之不礼元起也,益愤懑。司马朱士略说季连,求为巴西郡,留三子为质,季连许之。顷之,季连遂召佐史,矫称齐宣德皇后令,聚兵复反,收朱道琛杀之。书报朱士略,兼召李膺。膺、士略并不受使。使归,元起收兵于巴西以待之,季连诛士略三子。

天监元年六月,元起至巴西,季连遣其将李奉伯等拒战。兵交,互有得失,久之,奉伯乃败退还成都。季连驱略居人,闭城固守。元起稍进围之。是冬,季连城局参军江希之等谋以城降,不果,季连诛之。蜀中丧乱已二年矣,城中食尽,升米三千,亦无所籴,饿死者相枕。其无亲党者,又杀而食之。季连食粥累月,饥窘无计。二年正月,高祖遣主书赵景悦宣诏降季连,季连肉袒请罪。元起迁季连于城外,俄而造焉,待之以礼。季连谢曰:“早知如此,岂有前日之事。”元起诛李奉伯并诸渠帅,送季连还京师。季连将发,人莫之视,惟龚恢送焉。初,元起在道,惧事不集,无以为赏,士之至者,皆许以辟命,于是受别驾、治中檄者,将二千人。

季连既至,诣阙谢,高祖引见之。季连自东掖门入,数步一稽颡,以至高祖前。高祖笑谓曰:“卿欲慕刘备而曾不及公孙述,岂无卧龙之臣乎。”季连复稽颡谢。赦为庶人。四年正月,因出建阳门,为蜀人蔺道恭所杀。季连在蜀,杀道恭父,道恭出亡,至是而报复焉。

陈伯之,济阴睢陵人也。幼有膂力。年十三四,好著獭皮冠,带刺刀,候伺邻里稻熟,辄偷刈之。尝为田主所见,呵之云:“楚子莫动!”伯之谓田主曰:“君稻幸多,一担何苦?”田主将执之,伯之因杖刀而进,将刺之,曰:“楚子定何如!”田主皆反走,伯之徐担稻而归。及年长,在钟离数为劫盗,尝授面觇人船,船人斫之,获其左耳。后随乡人车骑将军王广之,广之爱其勇,每夜卧下榻,征伐尝自随。齐安陆王子敬为南兖州,颇持兵自卫。明帝遣广之讨子敬,广之至欧阳,遣伯之先驱,因城开,独入斩子敬。又频有战功,以勋累迁为冠军将军、骠骑司马,封鱼复县伯,邑五百户。

　　义师起，东昏假伯之节、督前驱诸军事、豫州刺史，将军如故。寻转江州，据寻阳以拒义军。郢城平，高祖得伯之幢主苏隆之，使说伯之，即以为安东将军、江州刺史。伯之虽受命，犹怀两端，伪云"大军未须便下"。高祖谓诸将曰："伯之此答；其心未定，及其犹豫，宜逼之。"众军遂次寻阳，伯之退保南湖，然后归附。进号镇南将军，与众俱下。伯之顿篱门，寻进西明门。建康城未平，每降出，伯之辄唤与耳语。高祖恐其复怀翻覆，密语伯之曰："闻城中甚忿卿举江州降，欲遣刺客中卿，宜以为虑。"伯之未之信。会东昏将郑伯伦降，高祖使伯伦过伯之，谓曰："城中甚忿卿，欲遣信诱卿以封赏。须卿复降，当生割卿手脚；卿若不降，复欲遣刺客杀卿。宜深为备。"伯之惧，自是无异志矣。力战有功。城平，进号征南将军，封丰城县公，邑二千户，遣还之镇。

　　伯之不识书，及还江州，得文牒辞讼，惟作大诺而已。有事，典签传口语，与夺决于主者。伯之与豫章人邓缮、永兴人戴永忠并有旧，缮经藏伯之息英免祸，伯之尤德之。及在州，用缮为别驾，永忠记室参军。河南褚緭，京师之薄行者，齐末为扬州西曹，遇乱居闾里；而轻薄互能自致，惟緭独不达。高祖即位，緭频造尚书范云，云不好緭，坚距之。緭益怒，私语所知曰："建武以后，草泽底下悉化成贵人，吾何罪而见弃！今天下草创，饥馑不已，丧乱未可知。陈伯之拥强兵在江州，非代来臣，有自疑意；且荧惑守南斗，讵非为我出？今者一行，事若无成，入魏，何处减作河南郡。"于是遂投伯之书佐王思穆事之，大见亲狎。及伯之乡人朱龙符为长流参军，并乘伯之愚暗，恣行奸险，刑政通塞，悉共专之。

　　伯之子虎牙封示伯之，高祖又遣代江州别驾邓缮，伯之并不受命，答高祖曰："龙符骁勇健儿，邓缮事有绩效，台所遣别驾，请以为治中。"缮于是日夜说伯之云："台家府库空竭，复无器仗，三仓无米，东境饥流，此万代一时也，机不可失。"緭、永忠等每赞成之。伯之谓缮："今段启卿，若复不得，便与卿共下使反。"高祖敕部内一郡处缮，伯之于是集府州佐史谓曰："奉齐建安王教，率江北义勇十万，已次六合，见使以江州见力运粮速下。我荷明帝厚恩，誓死以报，今便纂严备办。"使綯诈为萧亹书，以示僚佐。于厅事前为坛，杀牲以盟，伯之先饮，长史已下次第歃血。綯说伯之曰："今举大事，宜引众望。程元冲不与人同心；临川内史王观，僧虔之孙，人身不恶，便可召为长史，以代元冲。"伯之从之，仍以綯为寻阳太守，加讨逆将军；永忠辅义将军、龙符为豫州刺史，率五百人守大雷。大雷戍主沈慧休、镇南参军李延伯。又遣乡人孙邻、李景受龙符节度，邻为徐州，景为郢州。豫章太守郑伯伦起郡兵距守。程元冲既失职，于家合率数百人，使伯之典签吕孝通、戴元则为内应。伯之每旦常作使，日晡辄卧，左右仗身皆休息。元冲因其解弛，从北门入，径至厅事前。伯之闻叫声，自率出荡，元冲力不能敌，走逃庐山。

初，元冲起兵，要寻阳张孝季，孝季从之。既败，伯之追孝季不得，得其母郎氏，蜡灌杀之。遣信还都报虎牙兄弟，虎牙等走盱眙，盱眙人徐安、庄兴绍、张显明邀击之，不能禁，反见杀。高祖遣王茂讨伯之。伯之闻茂来，谓綯等曰："王观既不就命，郑伯伦又不肯从，便应空手受困。今先平豫章，开通南路，多发丁力，益运资粮，然后席卷北向，以扑饥疲之众，不忧不济也。"乃留乡人唐盖人守城，遂相率趣豫章。太守郑伯伦坚守，伯之攻之不能下。王茂前军既至，伯之表里受敌，乃败走，间道亡命出江北，与子虎牙及褚綯俱入魏。魏以伯之为使持节、散骑常侍、都督淮南诸军事、平南将军、光禄大夫、曲江县侯。

天监四年，诏太尉、临川王宏率众军北讨，宏命记室丘迟私与伯之书曰：

> 陈将军足下无恙，幸甚。将军勇冠三军，才为世出。弃燕雀之小志，慕鸿鹄以高翔。昔因机变化，遭逢明主，立功立事，开国承家，朱轮华毂，拥旄万里，何其壮也！如何一旦为奔亡之虏，闻鸣镝而股战，对穹庐以屈膝，又何劣耶？寻君去就之际，非有他故，直以不能内审诸已，外受流言，沉迷猖蹶，此至于此。圣朝赦罪论功，弃瑕录用，收赤心于天下，安反侧于万物，

将军之所知，非假仆一二谈也。朱鲔涉血于友于，张绣剚刃于爱子，汉主不以为疑，魏君待之若旧。况将军无昔人之罪，而勋重于当代。

夫迷涂知反，往哲是与；不远而复，先典攸高。主上屈法申恩，吞舟是漏。将军松柏不翦，亲戚安居；高台未倾，爱妾尚在。悠悠尔心，亦何可述。今功臣名将，雁行有序。怀黄佩紫，赞帷幄之谋；乘轺建节，奉疆场之任。并刑马作誓，传之子孙。将军独靦颜借命，驱驰异域，宁不哀哉！

夫以慕容超之强，身送东□□之盛，面缚西都。故知霜露所均，不育异类；□汉旧邦，无取杂种。北虏僭盗中原，多历年所，恶积祸盈，理至燋烂。况伪孽昏狡，自相夷戮，部落携离，酋豪猜贰，方当系颈蛮邸，悬首藁街。而将军鱼游于沸鼎之中，燕巢于飞幕之上，不亦惑乎！

暮春三月，江南草长，杂花生树，群莺乱飞。见故国之旗鼓，感平生于畴日，抚弦登陴，岂不怆恨？所以廉公之思赵将，吴子之泣西河，人之情也。将军独无情哉？想早励良图，自求多福。

伯之乃于寿阳拥众八千归。虎牙为魏人所杀。

伯之既至，以为使持节、都督西豫州诸军事、平北将军、西豫州刺史，永新县侯，邑千户。未之任，复以为通直散骑常侍、骁骑将军，又为太中大夫。久之，卒于家。其子犹有在魏者。

褚緭在魏，魏人欲擢用之。魏元会，緭戏为诗曰："帽上著笼冠，裤上著朱衣，不知是今是，不知非昔非。"魏人怒，出为始平太守。日日行猎，堕马死。

史臣曰：刘季连之文吏小节，而不能以自保全，习乱然也。陈伯之小人而乘君子之器，群盗又诬而夺之，安能长久矣。

梁书卷二一
列传第一五

王瞻　王志　王峻　王暕
子训　王泰　王份　孙锡　金　张充
柳恽　蔡撙　江茜

　　王瞻字思范,琅邪临沂人,宋太保弘从孙也。祖柳,光禄大夫、东亭侯。父猷,廷尉卿。瞻年数岁,尝从师受业,时有伎经其门,同学皆出观,瞻独不视,习诵如初。从父尚书仆射僧达闻而异之,谓瞻父曰:"吾宗不衰,寄之此子。"年十二,居父忧,以孝闻。服阕,袭封东亭侯。瞻幼时轻薄,好逸游,为闾里所患。及长,颇折节,有士操,涉猎书记,于棋射尤善。

　　起家著作佐郎,累迁太子舍人、太尉主簿、太子洗马。顷之,出为鄱阳内史。秩满,授太子中舍人。又为齐南海王友,寻转司徒竟陵王从事中郎,王甚相宾礼。南海王为护军将军,瞻为长史。又出补徐州别驾从事史,迁骠骑将军王晏长史。晏诛,出为晋陵太守。瞻洁己为政,妻子不免饥寒。时大司马王敬则举兵作乱,路经晋陵,郡民多附。敬则军败,台军讨贼党,瞻言于朝曰:"愚人易动,不足穷法。"明帝许之,所全活者万数。征拜给事黄门侍郎,抚军建安王长史,御史中丞。

　　高祖霸府开,以瞻为大司马、相国谘议参军,领录事。梁台建,为侍中,迁左民尚书,俄转吏部尚书。瞻性率亮,居选部,所举多行其意。颇嗜酒，每饮或弥日，而精神益朗赡，不废簿领。高祖每称瞻有三术，射、棋、酒也。寻加左军将军，以疾不拜，仍为侍中，领骁骑将军。未拜，卒，时年四十九。谥康侯。子长玄，著作佐郎，早卒。

王志字次道，琅邪临沂人。祖昙首，宋左光禄大夫、豫宁文侯，父僧虔，齐司空、简穆公，并有重名。志年九岁，居所生母忧，哀容毁瘠，为中表所异。

弱冠，选尚宋孝武女安固公主，拜驸马都尉、秘书郎。累迁太尉行参军，太子舍人，武陵王文学。褚渊为司徒，引志为主簿。渊谓僧虔曰："朝廷之恩，本为殊特，所可光荣，在屈贤子。"累迁镇北竟陵王功曹史，安陆、南郡二王友。入为中书侍郎，寻除宣城内史，清谨有恩惠。郡民张倪、吴庆争田，经年不决，志到官，父老乃相谓曰："王府君有德政，吾曹乡里乃有此争。"倪因相携请罪，所讼地遂为闲田。征拜黄门侍郎，寻迁吏部侍郎。出为守朔将军、东阳太守。郡狱有重囚十余人，冬至悉遣还家，过节皆返，惟一人失期，狱司以为言。志曰："此自太守事，主者勿忧。"明旦，果自诣狱，辞以妇孕，吏民益叹服之。视事三年，齐永明二年，入为侍中。未拜，转吏部尚书，在选以和理称。崔慧景平，以例加右军将军，封临汝侯，固让不受，改领右卫将军。

义师至，城内害东昏，百僚署名送其首。志闻而叹曰："冠虽弊，可加足乎？"因取庭中树叶挼服之，伪闷，不署名。高祖览笺无志署，心嘉之，弗以让也。霸府开，以志为右军将军、骠骑大将军长史。梁台建，迁散骑常侍、中书令。天监元年，以本官领前军将军。其年，迁冠军将军、丹阳尹。为政清静，去烦苛。京师有寡妇无子，姑亡，举债以敛葬，既葬而无以还之，志悯其义，以俸钱偿焉。时年饥，每旦为粥于郡门，以赋百姓，民称之不容口。三年，为散骑常侍、中书令，领游击将军。

志为中书令及居京尹，便怀止足。常谓诸子侄曰："谢庄在宋孝武世，位止中书令，吾自视岂可以过之。"因多谢病，简通宾客。迁前将军、太常卿。六年，出为云麾将军、安西始兴王长史、南郡太守。明年，迁军师将军、平西鄱阳郡王长史、江夏太守，并加秩中二千石。九年，迁为散骑常侍、金紫光禄大夫。十二年，卒，时年五十四。

志善草隶，当时以为楷法。齐游击将军徐希秀亦号能书，常谓志为"书圣"。志家世居建康禁中里马蕃巷，父僧虔以来，门风多宽恕，志尤惇厚。所历职，不以罪咎劾人。门下客尝盗脱志车辖卖之，志知而不问，待之如初。宾客游其门者，专覆其过而称其善。兄弟子侄皆笃实谦和，时人号马蕃诸王为长者。普通四年，志改葬，高祖厚赙赐之，追谥曰安。有五子，缉、休、諲、操、素，并知名。

王峻字茂远，琅邪临沂人。曾祖敬弘，有重名于宋世，位至左光禄大夫、开府仪同三司。祖瓒之，金紫光禄大夫。父秀之，吴兴太守。

峻少美风姿，善举止。起家著作佐郎，不拜，累迁中军庐陵王法曹行参军，太子舍人，邵陵王文学，太傅主簿，府主齐竟陵王子良甚相赏遇。迁司徒主簿，以父忧去职。服阕，除太子洗马，建安王友。出为宁远将军、桂阳内史。会义师起，上流诸郡多相惊扰，峻闭门静坐，一郡帖然，百姓赖之。

天监初，还除中书侍郎。高祖甚悦其风采，与陈郡谢览同见赏擢。俄迁吏部，当官不称职，转征虏安成王长史，又为太子中庶子、游击将军。出为宣城太守，为政清和，吏民安之。视事三年，征拜侍中，迁度支尚书。又以本官兼起部尚书，监起太极殿。事毕，出为征远将军、平西长史、南郡太守。寻为智武将军、镇西长史、蜀郡太守。还为左民尚书，领步兵校尉。迁吏部尚书，处选甚得名誉。

峻性详雅，无趣竞心。尝与谢览约，官至侍中，不复谋进仕。览自吏部尚书出为吴兴郡，平心不畏强御，亦由处世之情既薄故也。峻为侍中以后，虽不退身，亦淡然自守，无所营务。久之，以疾表解职，迁金紫光禄大夫，未拜。普通二年，卒，时年五十六，谥惠子。

子琮，玩。琮为国子生，尚始翼王女繁昌县主，不惠，为学生所嗤，遂离婚。峻谢王，王曰："此自上意，仆极不愿如此。"峻曰："臣太祖是谢仁祖外孙,亦不藉殿下姻媾为门户。"

王暕字思晦,琅邪临沂人。父俭,齐太尉、南昌文宪公。暕年数岁,而风神警拔,有成人之度。时文宪作宰,宾客盈门,见暕相谓曰:"公才公望,复在此矣。"

弱冠,选尚淮南长公主,拜驸马都尉,除员外散骑侍郎,不拜,改授晋安王文学,迁庐陵王友,秘书丞。明帝诏求异士,始安王遥光表荐暕及东海王僧孺曰:"臣闻求贤暂劳,垂拱永逸,方之疏壤,取类导川。伏惟陛下道隐旒纩,信充符玺,白驹空谷,振鹭在庭;犹惧隐鳞卜祝,藏器屠保,物色关下,委裘河上。非取制于一狐,谅求味于兼采。而五声倦响,九工是询;寝议庙堂,借听舆皂。臣位任隆重,义兼邦家,实欲使名实不违,徽幸路绝。势门上品,犹当裕以清谈;英俊下僚,不可限以位貌。窃见秘书丞琅邪王暕,年二十一,七叶重光,海内冠冕,神清气茂,允迪中和。叔宝理遣之谈,彦辅名教之乐,故以晖映先达,领袖后进。居无尘杂,家有赐书;辞赋清新,属言玄远;室迩人旷,物疏道亲。养素丘园,台阶虚位;庠序公朝,万夫倾首。岂徒苟令可想,李公不亡而已哉!乃东序之秘宝,瑚琏之茂器。"除骠骑从事中郎。

高祖霸府开,引为户曹属,迁司徒左长史。天监元年,除太子中庶子,领骁骑将军。入为侍中,出为宁朔将军、中军长史。又为侍中,领射声校尉。迁五兵尚书,加给事中。出为晋陵太守。征为吏部尚书,俄领国子祭酒。暕名公子,少致美称,及居选曹,职事修理。然世贵显,与物多隔,不能留心寒素,众颇谓为刻薄。迁尚书右仆射,寻加侍中,复迁右仆射。以母忧去官,起为云麾将军、吴郡太守。还为侍中、尚书左仆射,领国子祭酒。普通四年冬,暴疾卒,时年四十七。诏赠侍中、中书令、中军将军,给东园秘器,朝服一具,衣一袭,钱十万,布百匹。谥曰靖。有四子,训、承、稚、讦,并通显。

训字怀范,幼聪警有识量,征士何胤见而奇之。年十三,暕亡忧毁,家人莫之识。十六,召见文德殿,应对爽彻。上目送久之,顾谓朱异曰:"可谓相门有相矣。"补国子生,射策高第,除秘书郎,迁太子舍人、秘书丞。转宣城王文学、友、太子中庶子,掌管记。俄迁侍中,既拜入见,高祖从容问何敬容曰:"褚彦回年几为宰相?"敬容对曰:"少过三十。"上曰:"今之王训,无谢彦回。"训美容仪,善进止,文章之美,为后进领袖。在春宫特被恩礼。以疾终于位,时年二十六。赠本官,谥温子。

王泰字仲通,志长兄慈之子也。慈,齐时历侍中、吴郡,知名在志右。泰幼敏悟,年数岁时,祖母集诸孙侄,散枣栗于床上,群儿皆竞之,泰独不取。问其故,对曰:"不取,自当得赐。"由是中表异之。既长,通和温雅,人不见其喜愠之色。

起家为著作郎,不拜,改除秘书郎。迁前将军法曹行参军,司徒东阁祭酒,车骑主簿。高祖霸府建,以泰为骠骑功曹史。天监元年,迁秘书丞。齐永元末,后宫火,延烧秘书,图书散乱殆尽。泰为丞,表校定缮写,高祖从之。顷之,迁中书侍郎。出为南徐州别驾从事史,居职有能名。复征中书侍郎,敕掌吏部郎事。累迁给事黄门侍郎,员外散骑常侍,并掌吏部如故,俄即真。自过江,吏部郎不复典大选,令史以下,小人求竞者辐凑,前后少能称职。泰为之不通关求,吏先至者即补,不为贵贱请嘱易意,天下称平。累迁为廷尉,司徒左长史。出为明威将军、新安太守,在郡和理得民心。征为宁远将军、安右长史,俄迁侍中。寻为太子庶子,领步兵校尉,复为侍中。仍迁仁威长史、南兰陵太守,行南康王府、州、国事。王迁职,复为北中郎长史,行豫章王府、州、国事,太守如故。入为都官尚书。泰能接人士,士多怀泰,每愿其居选官。顷之,为吏部尚书,衣冠属望。未及选举,仍疾,改除散骑常侍、左骁骑将军。未拜,卒,时年四十五。谥夷子。

初,泰无子,养兄子祁,晚有子廓。

王份字季文,琅邪人也。祖续朗,宋开府仪同三司、元公。父粹,黄门侍郎。

　　份十四而孤，解褐车骑主簿。出为宁远将军、始安内史。袁粲之诛，亲故无敢视者，份独往致恸，由是显名。迁太子中舍人，太尉属。出为晋安内史。累迁中书侍郎，转大司农。份兄奂于雍州被诛，奂子肃奔于魏，份自拘请罪，齐世祖知其诚款，喻而遣之。属肃屡引魏人来侵疆场，世祖尝因侍坐，从容谓份曰："比有北信不？"份敛容对曰："肃既近忘坟柏，宁远忆有臣。"帝亦以此亮焉。寻除宁朔将军、零陵内史。征为黄门侍郎，以父终于此职，固辞不拜，迁秘书监。

　　天监初，除散骑常侍，领步兵校尉，兼起部尚书。高祖尝于宴席问群臣曰："朕为有为无？"份对曰："陛下应万物为有，体至理为元。"高祖称善。出为宣城太守，转吴郡太守，迁宁朔将军、北中郎豫章王长史、兰陵太守，行南徐府州事。迁太常卿，太子右率、散骑常侍，侍东宫。除金紫光禄大夫。复为智武将军、南康王长史，秩中二千石。复入为散骑常侍、金紫光禄、南徐州大中正，给亲信二十人。迁尚书左仆射，寻加侍中。时修建二郊，份以本官领大匠卿，迁散骑常侍、右光禄大夫，加亲信四十人。迁侍中、特进、左光禄，复以本官监丹阳尹。普通五年三月，卒，时年七十九。诏赠本官，赙钱四十万，布四百匹，蜡四百斤，给东园秘器，朝服一具，衣一袭，谥胡子。

　　长子琳，字孝璋，举南徐州季才，释褐征虏建安王法曹，司徒东阁祭酒，南平王文学。尚义兴公主，拜驸马都尉。累迁中书侍郎，卫军谢朏长史，员外散骑常侍。出为明威将军、东阳太守，征司徒左长史。

　　锡字公嘏，琳之第二子也。幼而警悟，与兄弟受业，至应休散，常独留不起。年七八岁，犹随公主入宫，高祖嘉其聪敏，常为朝士说之。精力不倦，致损右目。公主每节其业，为饰居宇。虽童稚之中，一无所好。十二，为国子生。十四，举清茂，除秘书郎，与范阳张伯绪齐名，俱为太子舍人。丁父忧，居丧尽礼。服阕，除太子洗马。时昭明尚幼，未与臣僚相接。高祖敕："太子洗马王锡、秘书郎张缵，亲表英华，朝中髦俊，可以师友事之。"以戚属封永安侯，除晋安王友，称疾不行,敕许受诏停都。王冠日,以府僚摄事。

普通初,魏始连和,使刘善明来聘,敕使中书舍人朱异接之,预燕者皆归化北人。善明负其才气,酒酣谓异曰:"南国辩学如中书者几人?"异对曰:"异所以得接宾宴者,乃分职是司。二国通和,所敦亲好。若以才辩相尚,则不容见使。"善明乃曰:"王锡、张缵,北间所闻,云何可见?"异具启,敕即使于南苑设宴,锡与张缵、朱异四人而已。善明造席,遍论经史,兼以嘲谑,锡、缵随方酬对,无所稽疑,未尝访彼一事。善明甚相叹挹,佗日谓异曰:"一日见一贤,实副所期。不有君子,安能为国!"

转中书郎,迁给事黄门侍郎,尚书吏部郎中,时年二十四。谓亲友曰:"吾以外戚,谬被时知,多叨人爵,本非其志,兼比羸病,庶务难拥,安能舍其所好而徇所不能。"乃称疾不拜。便谢遣胥徒,拒绝宾客,掩扉覃思,室宇萧然。中大通六年正月,卒,时年三十六。赠侍中,给东园秘器,朝服一具,衣一袭。谥贞子。子泛、湜。

金字公会,锡第五弟也。八岁丁父忧,哀毁过礼。服阕,召补国子生,祭酒袁昂称为通理。策高第,除长史,兼秘书郎中。历尚书殿中郎,太子中舍人,与吴郡陆襄对掌东宫管记。出为建安太守。山酋方善、谢稀聚徒依险,屡为民患,金潜设方略,率众平之,有诏褒美,颁示州郡。除威武将军、始兴内史,丁所生母忧,固辞不拜。又除宁远将军、南康内史。属循垆作乱,复转金为安成内史,以镇抚之。还除黄门侍郎,寻为安西武陵王长史、蜀郡太守。金惮岷嶮,固以疾辞,因以黜免。久之,除戎昭将军、尚书左丞。复补黄门侍郎,迁太子中庶子,掌东宫管记。太清二年十二月,卒,时年四十五。赠侍中,给东园秘器,朝服一具,衣一袭。承圣三年,世祖追诏曰:"贤而不伐曰恭,谥恭子。"

张充字延符,吴郡人。父绪,齐特进、金紫光禄大夫,有名前代。充少时,不持操行,好逸游。绪尝请假还吴,始入西郭,值充出猎,左手臂鹰,右手牵狗,遇绪船至,便放绁脱韝,拜于水次。绪曰:"一身两役,无乃劳乎?"充跪对曰:"充闻三十而立,今二十九矣,请至来岁而敬易之。"绪曰:"过而能改,颜氏子有焉。"及明年,便修身改节。学不盈载,多所该览,尤明《老》、《易》,能清言,与从叔稷俱有令誉。

起家抚军行参军,迁太子舍人,尚书殿中郎,武陵王友。时尚书令王俭当朝用事,武帝皆取决焉。武帝尝欲以充父绪为尚书仆射,访于俭,俭对曰:"张绪少有清望,诚美选也;然东士比无所执,绪诸子又多薄行,臣谓此宜详择。"帝遂止。先是,充兄弟皆轻侠,充少时又不护细行,故俭言之。充闻而愠,因与俭书曰:

吴国男子张充致书于琅邪王君侯侍者:顷日路长,愁霖韬晦,凉暑未平,想无亏摄。充幸以鱼钓之闲,镰采之暇,时复以卷轴自娱,逍遥前史。从横万古,动默之路多端;纷纶百年,升降之徒不一。故以圆行方止,用之异也;金刚水柔,性之别也。善御性者,不违金石之质,善为器者,不易方圆之用。所以北海挂簪带之高,河南降玺言之贵。充生平少偶,不以利欲干怀,三十六年,差得以栖贫自澹。介然之志,峭耸霜崖,确乎之情,峰横海岸。影缨天阁,既谢廊庙之华;缀组云台,终惭衣冠之秀。所以摈迹江皋,阳狂陇畔者,实由气岸疏凝,情涂狷隔。独师怀抱,不见许于俗人,孤秀神崖,每遭回于在世。故君山直上,麿压于当年;叔阳复举,辖辚乎千载。充所以长群鱼鸟,毕影松阿。半顷之田,足以输税;五亩之宅,树以桑麻。啸歌于川泽之间,讽味于渑池之上,泛滥于渔父之游,偃息于卜居之下。如此而已,充何谢焉。

若夫惊岩罩日,壮海逢天;竦石崩寻,分危落仞。桂兰绮靡,丛杂于山幽;松柏森阴,相缭于涧曲。元卿于是乎不归,伯休亦以兹长往。若乃飞竿钓渚,濯足沧洲;独浪烟霞,高卧风月。悠悠琴酒,岫远谁来;灼灼文谈,空罢方寸。不觉郁然千里,路阻江川。每至西风,何尝不眷?聊因疾隙,略举诸襟;持此片言,轻枉高听。

丈人岁路未强,学优而仕;道佐苍生,功横海望。入朝则协长倩之诚,出议则抗仲子之节。可谓盛德维时,孤松独秀者也。素履未详,斯旅尚眇。茂陵之彦,望冠盖而长怀;霸山之氓,伫衣车而耸叹。得无惜乎?若鸿装撰御,鹤驾轩空,则岸不辞枯,山被其润。奇禽异羽,或岩际而逢迎;弱雾轻烟,乍林端而菴蔼。东都不足奇,南山岂为贵。

充昆西之百姓,岱表之一民。蚕而衣,耕且食,不能事王侯,觅知己,造时人,骋游说,蓬转于屠博之间,其欢甚矣。丈人早遇承华,中逢崇礼。肆上之眷,望溢于早辰;乡下之言,谬延于造次。然举世皆谓充为狂,充亦何能与诸君道之哉?是以披闻见,扫心胸,述平生,论语默,所以通梦交魂,推衿送抱者,其惟丈人而已。

关山复阻,书罢莫因,倘遇樵者,妄尘执事。

俭言之武帝,免充官,废处久之。后为司徒谘议参军,与琅邪王思远、同郡陆慧晓等,并为司徒竟陵王宾客。入为中书侍郎,寻转给事黄门侍郎。

明帝作相,以充为镇军长史。出为义兴太守,为政清静,民吏便之。寻以母忧去职,服阕,除太子中庶子,迁侍中。义师近次,东昏召百官入宫省,朝士虑祸,或往来酣宴,充独居侍中省,不出阁。城内既害东昏,百官集西钟下,召充,不至。

高祖霸府开,以充为大司马谘议参军,迁梁王国郎中令,祠部尚书,领屯骑校尉,转冠军将军、司徒左长史。天监初,除太常卿。寻迁吏部尚书,居选称为平允。俄为散骑常侍、云骑将军。寻除晋陵太守,秩中二千石。征拜散骑常侍、国子祭酒。充长于义理,登堂讲说,皇太子以下皆至。时王侯多在学,执经以拜,充朝服而立,不敢当也。转左卫将军,祭酒如故。入为尚书仆射,顷之,除云麾将军、吴郡太守。下车恤贫老,故旧莫不欣悦。以疾自陈,征为散骑常侍、金紫光禄大夫。未及还朝,十三年,卒于吴,时年六十六。诏赠侍中、护军将军。谥穆子。子最嗣。

柳恽字文畅，河东解人也。少有志行，好学，善尺牍。与陈郡谢瀹邻居，瀹深所友爱。

初，宋世有嵇元荣、羊盖，并善弹琴，云传戴安道之法。恽幼从之学，特穷其妙。齐竟陵王闻而引之，以为法曹行参军，雅被赏狎。王尝置酒后园，有晋相谢安鸣琴在侧，以授恽，恽弹为雅弄。子良曰："卿巧越嵇心，妙臻羊体，良质美手，信在今辰。岂止当世称奇，足可追踪古烈。"累迁太子洗马，父忧去官。服阕，试守鄱阳相，听吏属得尽三年丧礼，署之文教，百姓称焉。还除骠骑从事中郎。高祖至京邑，恽候谒石头，以为冠军将军、征东府司马。时东昏未平，士犹苦战，恽上笺陈便宜，请城平之日，先收图籍，及遵汉祖宽大爱民之义，高祖从之。会萧颖胄薨于江陵，使恽西上迎和帝，仍除给事黄门侍郎，领步兵校尉，迁相国右司马。天监元年，除长史，兼侍中，与仆射沈约等共定新律。

恽立行贞素，以贵公子早有令名，少工篇什。始为诗曰："亭皋木叶下，陇首秋云飞。"琅邪王元长见而嗟赏，因书斋壁。至是预曲宴，必被诏赋诗。尝奉和高祖《登景阳楼》中篇云："太液沧波起，长杨高树秋。翠华承汉远，雕辇逐风游。"深为高祖所美。当时咸共称传。恽善弈棋，□每敕侍坐，仍令定棋谱，第其优劣。

二年，出为吴兴太守。六年。征为散骑常侍，迁左民尚书。八年，除持节、都督广交桂越四州诸军事、仁武将军、平越中郎将、广州刺史。征为秘书监，领左军将军。复为吴兴太守六年，为政清静，民吏怀之。于郡感疾，自陈解任，父老千余人拜表陈请，事未施行。天监十六年，卒，时年五十三。赠侍中、中护军将军。

恽既善琴，尝以今声转弃古法，乃著《清调论》，具有条流。

少子偃，字彦游。年十二，引见，诏问读何书，对曰《尚书》。又曰："有何美句?"对曰："德惟善政，政在养民。"众咸异之。诏尚长城公主，拜驸马都尉，都亭侯，太子舍人、洗马，庐陵、鄱阳内史。大宝元年，卒。

蔡撙字景节，济阳考城人。父兴宗，宋左光禄大夫、开府仪同三司，有重名前代。撙少方雅退默，与兄寅俱知名。

选补国子生，举高第，为司徒法曹行参军。齐左卫将军王俭高选府僚，以撙为主簿。累迁建安王文学，司徒主簿、左西属。明帝为镇军将军，引为从事中郎，迁中书侍郎，中军长史，给事黄门侍郎。丁母忧，庐于墓侧。齐末多难，服阕，因居墓所。除太子中庶子，太尉长史，并不就。梁台建，为侍中，迁临海太守，坐公事左迁太子中庶子。复为侍中、吴兴太守。

天监元年，宣城郡吏吴承伯挟袄道聚众攻宣城，杀太守朱僧勇，因转屠旁县，逾山寇吴兴，所过皆残破，众有二万，奄袭郡城。东道不习兵革，吏民恇扰奔散，并请撙避之。撙坚守不动，募勇敢固郡。承伯尽锐攻撙，撙命众出，拒战于门，应手摧破，临阵斩承伯，余党悉平。加信武将军，征度支尚书，迁中书令。复为信武将军、晋陵太守。还除通直散骑常侍、国子祭酒。迁吏部尚书，居选，弘简有名称。又为侍中，领秘书监，转中书令，侍中如故。普通二年，出为宣毅将军、吴郡太守。四年，卒，时年五十七。追赠侍中、金紫光禄大夫、宣惠将军。谥康子。子彦熙，历官中书郎，宣城内史。

江蒨字彦摽，济阳考城人。曾祖湛，宋左光禄、仪同三司，父敩，齐太常卿，并有重名于前世。蒨幼聪警，读书过目便能讽诵。选为国子生，通《尚书》，举高第。

起家秘书郎，累迁司徒东阁祭酒，庐陵王主簿。居父忧以孝闻，庐于墓侧，明帝敕遣齐仗二十人防墓所。服阕，除太子洗马，累迁司徒左南属，太子中舍人，秘书丞。出为建安内史，视事期月，义师下次江州，遣宁朔将军刘讱之为郡，蒨帅吏民据郡拒之。及建康城平，蒨坐禁锢，俄被原，起为后军临川王外兵参军。累迁临川王友，中书侍郎，太子家令，黄门侍郎，领南兖州大中正。迁太子中庶子，中正如故。转中权始兴王长史。出为伏波将军、晋安内史。在政清约，务在宽惠，吏民便之。诏征为宁朔将军、南康王长史，行府、州、国事。顷之，迁太尉临川王长史，转尚书吏部郎，右将军。

茜方雅有风格。仆射徐勉以权重自遇，在位者并宿士敬之，惟茜及王规与抗礼，不为之屈。勉因茜门客翟景为第七儿縡求茜女婚，茜不答，景再言之，乃杖景四十，由此与勉有忤。除散骑常侍，不拜。是时勉又为子求茜弟葺及王泰女，二人并拒之。葺为吏部郎，坐杖曹中干免官，泰以疾假出守，乃迁散骑常侍，皆勉意也。初，天监六年，诏以侍中、常侍并侍帷幄，分门下二局入集书，其官品视侍中，而非华胄所悦，故勉斥泰为之。茜寻迁司徒左长史。初，王泰出阁，高祖谓勉云："江茜资历，应居选部。"勉对曰："茜有眼患，又不悉人物。"高祖乃止。迁光禄大夫。大通元年，卒，时年五十三。诏赠本官。谥肃子。

茜好学，尤悉朝仪故事，撰《江左遗典》三十卷，未就，卒。文集十五卷。子纾经，在《孝行传》。

史臣曰：王氏自姬姓已降，及乎秦汉，继有英哲。洎东晋王茂弘经纶江左，时人方之管仲。其后蝉冕交映，台衮相袭，勒名帝籍，庆流子孙，斯为盛族矣。王瞻等承藉兹基，国华是贵，子有才行，可得而称。张充少不持操，晚乃折节，在于典选，实号廉平。柳恽以多艺称，蔡撙以方雅著，江茜以风格显，俱为梁室名士焉。

《王俭传》"属循垆作乱"，疑。

梁书卷二二
列传第一六

太祖五王

太祖十男：张皇后生长沙宣武王懿、永阳昭王敷、高祖、衡阳宣王畅，李太妃生桂阳简王融。懿及融，齐永明中为东昏所害；敷、畅，建武中卒。高祖践阼，并追封郡王。陈太妃生临川静惠王宏、南平元襄王伟，吴太妃生安成康王秀、始兴忠武王憺，费太妃生鄱阳忠烈王恢。

临川静惠王宏字宣达，太祖第六子也。长八尺，美须眉，容止可观。齐永明十年，为卫军庐陵王法曹行参军，迁太子舍人。时长沙王懿镇梁州，为魏所围。明年，给宏精兵千人赴援，未至，魏军退。迁骠骑晋安王主簿，寻为北中郎桂阳王功曹史。衡阳王畅，有美名，为始安王萧遥光所礼。及遥光作乱，逼畅入东府，畅惧祸，先赴台。高祖在雍州，常惧诸弟及祸，谓南平王伟曰："六弟明于事理，必先还台。"及信至，果如高祖策。

高祖义师下，宏至新林奉迎，拜辅国将军。建康平，迁西平郎将、中护军，领石头戍军事。天监元年，封临川郡王，邑二千户。寻为使持节、散骑常侍、都督扬南徐州诸军事、后将军、扬州刺史，又给鼓吹一部。三年，加侍中，进号中军将军。

四年，高祖诏北伐，以宏为都督南北兖北徐青冀豫司霍八州北讨诸军事。宏以帝之介弟，所领皆器械精新，军容甚盛，北人以为百数十年所未之有。军次洛口，宏前军克梁城，斩魏将晁清。会征役久，有诏班师。六年夏，迁骠骑将军、开府仪同三司，侍中如故。其年，迁司徒，领太子太傅。八年夏，为使持节、都督扬南徐二州诸军事、司空、扬州刺史，侍中如故。其年冬，以公事左迁骠骑大将军、开府同三司之仪，侍中如故。未拜，迁始持节、都督扬徐二州诸军事、扬州刺史，侍中、将军如故。十二年，迁司空，使持节、侍中、都督、刺史、将军并如故。

十五年春，所生母陈太妃寝疾，宏与母弟南平王伟侍疾，并衣不解带，每二宫参问，辄对使涕泣。及太妃薨，水浆不入口者五日，高祖每临幸慰勉之。宏少而孝谨，齐之末年，避难潜伏，与太妃异处，每遣使参问起居。或谓宏曰："逃难须密，不宜往来。"宏衔泪答曰："乃可无我，此事不容暂废。"寻起为中书监，骠骑大将军、使持节、都督如故，固辞，弗许。

十七年夏，以公事左迁侍中、中军将军、行司徒。其年冬，迁侍中、中书监、司徒。普通元年，迁使持节、都督扬南徐州诸军事、太尉、扬州刺史，侍中如故。二年，改创南北郊，以本官领起部尚书，事竟罢。七年三月，以疾累表自陈，诏许解扬州，余如故。四月，薨，时年五十四。自疾至于薨，舆驾七出临视。及葬，诏曰："侍中、太尉临川王宏，器宇冲贵，雅量弘通。爰初弱龄，行彰素履，逮于应务，嘉猷载缉。自皇业启基，地惟介弟，久司神甸，历位台阶，论道登朝，物无异议。朕友于之至，家国兼情，方弘燮赞，仪刑列辟。天不慭遗，奄焉不永，哀痛抽切，震恸于厥心。宜增峻礼秩，式昭懋典。可赠侍中、大将军、扬州牧、假黄钺，王如故。并给羽葆鼓吹一部，增班剑为六十人。给温明秘器，敛以衮服。谥曰靖惠。"宏性宽和笃厚，在州二十余年，未尝以吏事按郡县，时称其长者。

宏有七子：正仁，正义，正德，正则，正立，正表，正信。世子正仁，为吴兴太守，有治能。天监十年，卒，谥曰哀世子。无子，高祖诏以罗平侯正立为世子，由宏意也。宏薨，正立表让正义为嗣，高祖嘉而许之，改封正立为建安侯，邑千户。卒，子贵嗣。正义先封平乐侯，正德西丰侯，正则乐山侯，正立罗平侯，正表封山侯，正信武化侯。正德别有传。

安成康王秀字彦达，太祖第七子也。年十二，所生母吴太妃亡，秀母弟始兴王憺时年九岁，并以孝闻，居丧，累日不进浆饮，太祖亲取粥授之。哀其早孤，命侧室陈氏并母二子。陈亦无子，有母德，视二子如亲生焉。秀既长，美风仪，性方静，虽左右近侍，非正衣冠不见也，由是亲友及家人咸敬焉。

齐世，弱冠为著作佐郎，累迁后军法曹行参军，太子舍人。永元中，长沙宣武王懿入平崔慧景，为尚书令，居端右；弟衡阳王畅为卫尉，掌管籥。东昏日夕逸游，出入无度，众颇劝懿，因其出闭门举兵废之，懿不听。帝左右既恶懿勋高，又虑废立，并间懿，懿亦危之，自是诸王侯咸为之备。及难作，临川王宏以下诸弟侄各得奔避。方其逃也，皆不出京师，而罕有发觉，惟桂阳王融及祸。

高祖义师至新林，秀与诸王侯并自拔赴军，高祖以秀为辅国将军。是时东昏弟晋熙王宝嵩为冠军将军、南徐州刺史，镇京口，长史范岫行府州事，遣使降，且请兵于高祖，以秀为冠军长史、南东海太守，镇京口。建康平，仍为使持节、都督南徐兖二州诸军事、南徐州刺史，辅国将军如故。天监元年，进号征虏将军，封安成郡王，邑二千户。京口自崔慧景作乱，累被兵革，民户流散，秀招怀抚纳，惠爱大行。仍值年饥，以私财赡百姓，所济活甚多。二年，以本号征领石头戍军，加散骑常侍。三年，进号右将军。五年，加领军、中书令，给鼓吹一部。

六年，出为使侍节、都督江州诸军事、平南将军、江州刺史。将发，主者求坚船以为斋舫。秀曰："吾岂爱财而不爱士！"乃教所由，以牢者给参佐，下者载斋物。既而遭风，斋舫遂破。及至州，闻前刺史取征士陶潜曾孙为里司。秀叹曰："陶潜之德，岂可不及后世！"即日辟为西曹。时盛夏，水泛长，津梁断绝，外司请依旧僦度，收其价直。秀教曰："刺史不德，水潦为患，可利之乎！给船而已。"七年，遭慈母陈太妃忧，诏起视事。寻迁都督荆湘雍益宁南北梁秦州九州诸军事、平西将军、荆州刺史。其年，迁号安西将军。立学校，招隐逸。下教曰："夫鹑火之禽，不匿影于丹山；昭华之宝，乍耀采于蓝田。是以江汉有濯缨之歌，空谷著来思之咏，弘风阐道，靡不由兹。处士河东韩怀明、南平韩望、南郡庾承先、河东郭麻，并脱落风尘，高蹈其事。两韩之孝友纯深，庾、郭之形骸枯槁，或橡饭菁羹，惟日不足，或蔑墙艾席，乐在其中。昔伯武贞坚，就仕河内，史云孤劭，屈志陈留。岂曰场苗，实惟攻玉。可加引辟，并遣喻意。既同魏侯致礼之请，庶无辟强三缄之叹。"

是岁，魏悬瓠城民反，杀豫州刺史司马悦，引司州刺史马仙琕。仙琕签荆州求应赴，众咸谓宜待台报，秀曰："彼待我而为援，援之宜速，待敕虽旧，非应急也。"即遣兵赴之。先是，巴陵马营蛮为缘江寇害，后军司马高江产以郢州军伐之，不克，江产死之，蛮遂盛。秀遣防阁文炽率众讨之，燔其林木，绝其蹊迳，蛮失其嵓，期岁而江路清，于是州境盗贼遂绝。及沮水暴长，颇败民田，秀以谷二万斛赡之。使长史萧琛简府州贫老单丁吏，一日散遣五百余人，百姓甚悦。

十一年，征为侍中、中卫将军，领宗正卿、石头戍事。十三年，复出为使持节、散骑常侍、都督郢司霍三州诸军事、安西将军、郢州刺史。郢州当涂为剧地，百姓贫，至以妇人供役，其弊如此。秀至镇，务安之。主者或求召吏，秀曰："不识救弊之术。此州凋残，不可扰也。"于是务从约已，省去游费，百姓安堵，境内晏然。先是，夏口常为兵冲，露骸积骨于黄鹤楼下，秀祭而埋之，一夜，梦数百人拜谢而去。每冬月，常作襦裤以赐冻者。时司州叛蛮田鲁生、弟鲁贤、超秀，据蒙笼来降，高祖以鲁生为北司州刺史，鲁贤北豫州刺史，超秀定州刺史，为北境捍蔽。而鲁生、超秀互相谗毁，有去就心，秀抚喻怀纳，各得其用，当时赖之。

十六年，迁使持节、都督雍梁南北秦四州郢州之竟陵司州之随郡诸军事、镇北将军、宁蛮校尉、雍州刺史，便道之镇。十七年春，行至竟陵之石梵，薨，时年四十四。高祖闻之，甚痛悼焉，遣皇子南康王绩缘道迎候。初，秀之西也，郢州民相送出境，闻其疾，百姓商贾咸为请命。既薨，四州民裂裳为白帽，哀器以迎送之。雍州蛮迎秀，闻薨，祭哭而去。丧至京师，高祖使使册赠侍中、司空，谥曰康。

秀有容观，每朝，百僚属目。性仁恕，喜愠不形于色。左右尝以石掷杀所养鹄，斋帅请治其罪。秀曰："吾岂以鸟伤人。"在京师，旦临公事，厨人进食，误而覆之，去而登车，竟朝不饭，亦不之诮也。精意术学，搜集经记，招学士平原刘孝摽，使撰《类苑》，书未及毕，而已行于世。秀于高祖布衣昆弟，及为君臣，小心畏敬，过于疏贱者，高祖益以此贤之，少偏孤，于始兴王憺尤笃。梁兴，憺久为荆州刺史，自天监初，帝以所得俸中分与秀，秀称心受之，亦弗辞多也。昆弟之睦，时议归之。故吏夏侯亶等表立墓碑，诏许焉。当世高才游王门者，东海王僧孺、吴郡陆倕、彭城刘孝绰、河东裴子野，各制其文，古未之有也。世子机嗣。

机字智通，天监二年，除安成国世子。六年，为宁远将军、会稽太守。还为给事中。普通元年，袭封安成郡王，其年为太子洗马，迁中书侍郎。二年，迁明威将军、丹阳尹。三年，迁持节、督湘衡桂三州诸军事、宁远将军、湘州刺史。大通二年，薨于州，时年三十。机美姿容，善吐纳。家既多书，博学强记。然而好弄，尚力，远士子，近小人。为州专意聚敛，无治绩，频被案劾。及将葬，有司请谥，高祖诏曰："王好内怠政，可谥曰炀。"所著诗赋数千言，世祖集而序之。子操嗣。

南浦侯推，字智进，机次弟也。少清敏，好属文，深为太宗所赏。普通六年，以王子例封。历宁远将军、淮南太守。迁轻车将军、晋陵太守，给事中，太子洗马，秘书丞。出为戎昭将军、吴郡太守。所临必赤地大旱，吴人号"旱母"焉。侯景之乱，守东府城，贼设楼车，尽锐攻之，推随方抗拒，频击挫之。至夕，东北楼主许郁华启关延贼，城遂陷，推握节死之。

南平元襄王伟字文达，太祖第八子也。幼清警好学。齐世起家晋安镇北法曹行参军,府迁骠骑,转外兵。高祖为雍州,虑天下将乱,求迎伟及始兴王憺来襄阳。俄闻已入沔,高祖欣然谓佐吏曰:"吾无忧矣。"义师起,南康王承制,拔为冠军将军,留行雍州开府事。义师发后,州内储备及人皆虚竭。魏兴太守裴师仁、齐兴太守颜僧都并据郡不受命,举兵将袭雍州,伟与始兴王憺遣兵于始平郡待师仁等,要击,大破之,州境以安。

高祖既克郢、鲁,下寻阳,围建业,而巴东太守萧慧训子璝及巴西太守鲁休烈起兵逼荆州,屯军上明,连破荆州。镇军萧颖胄遣将刘孝庆等距之,反为璝所败,颖胄忧愤暴疾卒,西朝凶惧。尚书仆射夏侯详议征兵雍州,伟乃割州府将吏,配始兴王憺往赴之。憺既至,璝等皆降。和帝诏以伟为使持节、都督雍梁南北秦四州郢州之竟陵司州之随郡诸军事、宁蛮校尉、雍州刺史,将军如故。寻加侍中,进号镇北将军。天监元年,加散骑常侍,进督荆、宁二州,余如故。封建安郡王,食邑二千户,给鼓吹一部。四年,徙都督南徐州诸军事、南徐州刺史,使持节、常侍、将军如故。五年,至都,改为抚军将军、丹阳尹,常侍如故。六年,迁使持节、都督扬南徐二州诸军事、右军将军、扬州刺史。未拜,进号中权将军。七年,以疾表解州,改侍中、中抚军,知司徒事。九年,迁护军、石头戍军事,侍中、将军、鼓吹如故。其年,出为使持节、散骑常侍、都督江州诸军事、镇南将军、江州刺史,鼓吹如故。十一年,以本号加开府仪同三司。其年,复以疾陈解。十二年,征为抚军将军,仪同、常侍如故,以疾不拜。十三年,改为左光禄大夫。加亲信四十人,岁给米万斛,布绢五千匹,药直二百四十万,厨供月二十万,并二卫两营杂役二百人,倍先,置防阁白直左右职局一百人。伟末年疾浸剧,不复出藩,故俸秩加焉。

十五年,所生母陈太妃寝疾,伟及临川王宏侍疾,并衣不解带。及太妃薨,毁顿过礼,水浆不入口累日,高祖每临幸譬抑之。伟虽奉诏,而毁瘠殆不胜丧。

十七年,高祖以建安土瘠,改封南平郡王,邑户如故。迁侍中、左光禄大夫、开府仪同三司。普通四年,增邑一千户。五年,进号镇卫大将军。中大通元年,以本官领太子太傅。四年,迁中书令、大司马。五年,薨,时年五十八。诏敛以衮冕,给东园秘器。又诏曰:"旌德纪功,前王令典;慎终追远,列代通规。故侍中、中书令、大司马南平王伟,器宇宏旷,鉴识弘简。爰在弱龄,清风载穆,翼佐草昧、勋高樊、沔,契阔艰难,勤劳任寄。及赞务论道,弘兹硕职。奄焉薨逝,朕用震恸于厥心。宜隆宠命,式召茂典。可赠侍中、太宰,王如故。给羽葆鼓吹一部,并班剑四十人。谥曰元襄。"

伟少好学,笃诚通恕,趋贤重士,常如不及。由是四方游士,当世知名者,莫不毕至。齐世,青溪宫改为芳林苑,天监初,赐伟为第,伟又加穿筑,增植嘉树珍果,穷极雕丽,每与宾客游其中,命从事中郎萧子范为之记。梁世藩邸之盛,无以过焉。而性多恩惠,尤愍穷乏。常遣腹心左右,历访闾里人士,其有贫困吉凶不举者,即遣赡恤之。太原王曼颖卒,家贫无以殡敛,友人江革往哭之,其妻儿对革号诉。革曰:"建安王当知,必为营理。"言未讫而伟使至,给其丧事,得周济焉。每祁寒积雪,则遣人载樵米,随乏绝者即赋给之。晚年崇信佛理,尤精玄学,著《二旨义》,别为新通。又制《性情》、《几神》等论,其义,僧宠及周舍、殷钧、陆倕并名精解,而不能屈。

伟四子:恪、恭、虔、祗。世子恪嗣。

恭字敬范,天监八年,封衡山县侯,以元襄功,加邑至千户。初,乐山侯正则有罪,敕让诸王,独谓元襄曰:"汝儿非直无过,并有义方。"

恭起家给事中,迁太子洗马。出为督齐安等十一郡事、宁远将军、西阳武昌二郡太守。征为秘书丞,迁中书郎,监丹阳尹,行徐、南徐州事,转衡州刺史。母忧去职,寻起为云麾将军、湘州刺史。

恭善解吏事,所在见称,而性尚华侈,广营第宅,重斋步榈,模写宫殿。尤好宾友,酣燕终辰,座客满筵,言谈不倦。时世祖居藩,颇事声誉,勤心著述,厄酒未尝妄进。恭每从容谓人曰:"下官历观世人,多有不好欢乐,乃仰眠床上,看屋梁而著书,千秋万岁,谁传此者。劳神苦思,竟不成名,岂如临清风,对朗月,登山泛水,肆意酣歌也。"寻以雍州蛮文道拘引魏寇,诏恭赴援,仍除持节、仁威将军、宁蛮校尉、雍州刺史,便道之镇。太宗少与恭游,特被赏狎,至是手令曰:"彼士流肮脏,有关辅余风,黔首扞格,但知重剑轻死。降胡惟尚贪惏,边蛮不知敬让,怀抱不可皂白,法律无所用施。愿充实边戍,无数迁徙,谍候惟远,箱庾惟积,长以控短,静以制躁。早蒙爱念,敢布腹心。"恭至州,治果有声绩,百姓陈奏,乞于城南立碑颂德,诏许焉。

先高祖以雍为边镇,运数州之粟,以实储仓,恭后多取官米,赡给私宅,为荆州刺史庐陵王所启,由是免官削爵,数年竟不叙用。侯景乱,卒于城中,时年五十二。诏特复本封。世祖追赠侍中、左卫将军。谥曰僖。

世子静,字安仁,有美名,号为宗室后进。有文才,而笃志好学,既内足于财,多聚经史,散书满席,手自仇校。何敬容欲以女妻之,静忌其太盛,距而不纳,时论服焉。历官太子舍人、东宫领直。迁丹阳尹丞,给事黄门侍郎,深为太宗所爱赏。太清三年,卒,赠侍中。

鄱阳忠烈王恢字弘达,太祖第九子也。幼聪颖,年七岁,能通《孝经》、《论语》义,发擿无所遗。既长,美风表,涉猎史籍。齐隆昌中,明帝作相,内外多虞,明帝就长沙宣武王懿求诸弟有可委以腹心者,宣武言恢焉。明帝以恢为宁远将军,甲仗百人卫东府,且引为骠骑法曹行参军。明帝即位,东宫建,为太子舍人,累迁北中郎外兵参军,前军主簿。宣武之难,逃在京师。

高祖义兵至,恢于新林奉迎,以为辅国将军。时三吴多乱,高祖命出顿破岗。建康平,还为冠军将军、右卫将军。天监元年,为侍中、前将军、领石头戍军事。封鄱阳郡王,食邑二千户。二年,出为使持节、都督南徐州诸军事、征虏将军、南徐州刺史。四年,改授都督郢司二州诸军事、后将军、郢州刺史,持节如故。义兵初,郢城内疾疫死者甚多,不及藏殡,及恢下车,遽命埋掩。又遣四使巡行州部,境内大治。七年,进号云麾将军,进督霍州。八年,复进号平西将军。

十年，征为侍中、护军将军、石头戍军事，领宗正卿。十一年，出为使
持节、都督荆湘雍益宁南北梁南北秦九州诸军事、平西将军、荆州
刺史，给鼓吹一部。十三年，迁散骑常侍、都督益宁南北秦沙七州诸
军事、镇西将军、益州刺史，使持节如故，便道之镇。成都去新城五
百里，陆路往来，悉订私马，百姓患焉，累政不能改。恢乃市马千匹，
以付所订之家，资其骑乘，有用则以次发之，百姓赖焉。十七年，征
为侍中、安前将军、领军将军。十八年，出为使持节、散骑常侍、都督
荆湘雍梁益宁南北秦八州诸军事、征西将军、开府仪同三司、荆州
刺史。普通五年，进号骠骑大将军。七年九月，薨于州，时年五十一。
诏曰："故使持节、散骑常侍、都督荆湘雍梁益宁南北秦八州诸军
事、骠骑大将军、开府仪同三司、荆州刺史鄱阳王恢，风度开朗，器
情凝质。爰在弱岁，美誉克宣，泊于从政，嘉猷载缉。方入正论道，
弘燮台阶，奄焉薨逝，朕用伤恸于厥心。宜隆宠命，以申朝典。可赠
侍中、司徒，王如故。并给班剑二十人。谥曰忠烈。"遣中书舍人刘
显护丧事。

恢有孝性，初镇蜀，所生费太妃犹停都，后于都下不豫，恢未之
知，一夜忽梦还侍疾，既觉忧遑，便废寝食。俄而都信至，太妃已廖。
后又目有疾，久废视瞻，有北渡道人慧龙得治眼术，恢请之。既至，
空中忽见圣僧，及慧龙下针，豁然开朗，咸谓精诚所致。

恢性通恕，轻财好施，凡历四州，所得俸禄随而散之。在荆州，
常从容问宾僚曰："中山好酒，赵王好吏，二者孰愈？"众未有对者。
顾谓长史萧琛曰："汉时王侯，藩屏而已，视事亲民，自有其职。中山
听乐，可得任说，彭祖代吏，近于侵官。今之王侯，不守藩国，当佐天
子临民，清白其优乎！"坐宾咸服。世子范嗣。

范字世仪，温和有器识。起家太子洗马，秘书郎，历黄门郎，迁
卫尉卿。每夜自巡警，高祖嘉其劳苦。出为益州刺史，开通剑道，克
复华阳，增邑一千户，加鼓吹。征为领军将军、侍中。

范虽无学术，而以筹略自命，爱奇玩古，招集文才，率意题章，
亦时有奇致。复出为使持节、都督雍梁东益南北秦五州诸军事、镇

北将军、雍州刺史。范作牧莅民，甚得时誉；抚循将士，尽获欢心。太清元年，大举北伐，以范为使持节、征北大将军、总督汉北征讨诸军事，进伐穰城。寻迁安北将军、南豫州刺史。侯景败于涡阳，退保寿阳，乃改范为合州刺史，镇合肥。时景已蓄奸谋，不臣将露，范屡启言之，朱异每抑而不奏。及景围京邑，范遣世子嗣与裴之高等入援，迁开府仪同三司，进号征北将军。京城不守，范乃弃合肥，出东关，请兵于魏，遣二子为质。魏人据合肥，竟不出师助范，范进退无计，乃溯流西上，军于枞阳，遣信告寻阳王。寻阳要还九江，欲共治兵西上，范得书大喜，乃引军至湓城，以晋熙为晋州，遣子嗣为刺史。江州郡县，辄更改易，寻阳政令所行，惟存一郡，时论以此少之。既商旅不通，信使距绝，范数万之众，皆无复食，人多饿死。范恚，发背薨，时年五十二。

世子嗣，字长胤。容貌丰伟，腰带十围。性骁果有胆略，倜傥不护细行，而能倾身养士，皆得其死力。范之薨也，嗣犹据晋熙，城中食尽，士乏绝，景遣任约来攻，嗣躬擐甲胄，出垒距之。时贼势方盛，咸劝且止，嗣按剑叱之曰："今之战，何有退乎？此萧嗣效命死节之秋也。"遂中流矢，卒于阵。

始兴忠武王憺字僧达，太祖第十一子也。数岁，所生母吴太妃卒，憺哀感傍人。

齐世，弱冠为西中郎法曹行参军，迁外兵参军。义师起，南康王承制，以憺为冠军将军、西中郎咨议参军，迁相国从事中郎，与南平王伟留守。和帝立，以憺为给事黄门侍郎。时巴东太守萧慧训子璝等及巴西太守鲁休烈举兵逼荆州，屯军上明，镇军将军萧颖胄暴疾卒，西朝甚惧，尚书仆射夏侯详议征兵雍州，南平王伟遣憺赴之。憺以书喻璝等，旬日皆请降。是冬，高祖平建业。明年春，和帝将发江陵，诏以憺为使持节、都督荆湘益宁南北秦六州诸军事、平西将军、荆州刺史，未拜。天监元年，加安西将军，都督、刺史如故，封始兴郡王，食邑三千户。时军旅之后，公私空乏，憺厉精为治，广辟屯田，减省力役，存问兵死之家，供其穷困，民甚安之。憺自以少年始居重任，思欲开导物情，乃谓佐吏曰："政之不臧，士君子所宜共惜。言可用，用之可也；如不用，于我何伤？吾开怀矣，尔其无吝。"于是小人知恩，而君子尽意。民辞讼者，皆立前待符教，决于俄顷。曹无留事，下无滞狱，民益悦焉。三年，诏加鼓吹一部。

六年，州大水，江溢堤坏，憺亲率府将吏，冒雨赋丈尺筑治之。雨甚水壮，众皆恐，或请憺避焉。憺曰："王尊尚欲身塞河堤，我独何心以免。"乃刑白马祭江神。俄而水退堤立。邴州在南岸，数百家见水长惊走，登屋缘树，憺募人救之，一口赏一万，估客数十人应募救焉，州民乃以免。又分遣行诸郡。遭水死者给棺椁，失田者与粮种。是岁，嘉禾生于州界，吏民归美，憺谦让不受。

七年，慈母陈太妃薨，水浆不入口六日，居丧过礼，高祖优诏勉之，使摄州任。是冬，诏征以本号还朝。民为之歌曰："始兴王，民之爹<small>徒可反</small>。赴人急，如水火。何时复来哺乳我？"八年，为平北将军、护军将军，领石头戍事。寻迁中军将军、中书令，俄领卫尉卿。憺性劳谦，降意接士，常与宾客连榻而坐，时论称之。是秋，出为使持节、散骑常侍、都督南北充徐青冀五州诸军事、镇北将军、南兖州刺史。九年春，迁都督益宁南梁南北秦沙六州诸军事、镇西将军、益州刺史。开立学校，劝课就业，遣子映亲受经焉，由是多向方者。时魏袭巴南，西围南安，南安太守垣季珪坚壁固守，憺遣军救之，魏人退走，所收器械甚众。十四年，迁都督荆湘雍宁南梁南北秦七州诸军事、镇右将军、荆州刺史。同兄安成王秀将之雍州，薨于道。憺闻丧，自投于地，席槁哭泣，不饮不食者数日，倾财产赗送，部伍小大皆取足焉。天下称其悌。十八年，征为侍中、中抚将军、开府仪同三司、领军将军。普通三年十一月，薨，时年四十五。追赠侍中、司徒、骠骑将军。给班剑三十人，羽葆鼓吹一部。册曰："咨故侍中、司徒、骠骑将军始兴王：夫忠为令德，武谓止戈，于以用之，载在前志。王有佐命之元勋，利民之厚德，契阔二纪，始终不渝，是用方轨往贤，稽择故训，鸿名美义，允臻其极。今遣兼大鸿胪程爽，谥曰忠武。魂而有灵，歆兹显号。呜呼哀哉！"憺未薨前，梦改封中山王，策授如他日，意颇恶之，数旬而卒。世子亮嗣。

史臣曰：自昔王者创业，广植亲亲，割裂州国，封建子弟。是以大旆少帛，崇于鲁、卫，盘石凝脂，树斯梁、楚。高祖远遵前轨，藩屏懿亲。至于安成、南平、鄱阳、始兴，俱以名迹著，盖亦汉之间、平矣。

梁书卷二三
列传第一七

长沙嗣王业　　永阳嗣王伯游
衡阳嗣王元简　　桂阳嗣王象

长沙嗣王业字静旷,高祖长兄懿之子也。

懿字元达,少有令誉,解褐齐安南邵陵王行参军,袭爵临湘县侯。迁太子舍人,洗马,建安王友。出为晋陵太守,曾未期月,讼理人和,称为善政。入为中书侍郎。永明季,授持节、都督梁南北秦沙四州诸军事、西戎校尉、梁南梁二州刺史,加冠军将军。是岁,魏人入汉中,遂围南郑。懿随机拒击,伤杀甚多,乃解围遁去。懿又遣氐帅杨元秀攻魏历城、皋兰、骆火、坑池等六戍,克之,魏人震惧,边境遂宁。进号征虏将军,增封三百户,迁督益宁二州军事、益州刺史。入为太子右卫率,尚书吏部郎,卫尉卿。永元二年,裴叔业据豫州反,授持节、征虏将军、督豫州诸军事、豫州刺史,领历阳南谯二郡太守,讨叔业,叔业惧,降于魏。既而平西将军崔慧景入寇京邑,奉江夏王宝玄围台城,齐室大乱,诏征懿。懿时方食,投箸而起,率锐卒三千人援城。慧景遣其子觉来拒,懿奔击大破之,觉单骑走。乘胜而进,慧景众溃,追奔之。授侍中、尚书右仆射,未拜,仍迁尚书令、都督征讨水陆诸军事,持节、将军如故,增邑二千五百户。时东昏肆虐,茹法珍、王咺之等执政,宿臣旧将,并见诛夷。懿既立元勋,独居朝右,深为法珍等所惮,乃说东昏曰:"懿将行隆昌故事,陛下命在晷刻。"东昏信之,将加酷害,而懿所亲知之,密具舟江渚,劝令西奔。懿曰："古皆有死,岂有叛走尚书令耶?"遂遇祸。中兴元年,追憎侍中、中书监、司徒。宣德太后临朝,改赠太傅。天监元年,追崇丞相,封长沙郡王,谥曰宣武。给九旒、鸾辂、辒辌车,黄屋左纛,前后部羽葆鼓吹,挽歌二部,武贲班剑百人,葬礼一依晋安平王故事。

业幼而明敏,识度过人。仕齐为著作郎、太子舍人。宣武之难,与二弟藻、象俱逃匿。高祖既至,乃赴于军,以为宁朔将军。中兴二年,除辅国将军、南琅邪清河二郡太守。天监二年,袭封长沙王,征为冠军将军,量置佐史,迁秘书监。四年,改授侍中。六年,转散骑常侍、太子右卫率,迁左骁骑将军,寻为中护军,领石头戍军事。七年,出为使持节、都督南兖兖徐青冀五州诸军事、仁威将军、南兖州刺史。八年,征为护军。九年,除中书令,改授安后将军,镇琅邪彭城二郡,领南琅邪太守。十年,征为安右将军、散骑常侍。十四年,复为护军,领南琅邪彭城,镇于琅邪。复征中书令,出为轻车将军、湘州刺史。业性敦笃,所在留惠。深信因果,笃诚佛法,高祖每嘉叹之。普通三年,征为散骑常侍、护军将军。四年,改为侍中、金紫光禄大夫。七年,薨,时年四十八。谥曰元。有文集行于世。子孝俨嗣。

孝俨字希庄,聪慧有文才。射策甲科,除秘书郎,太子舍人。从幸华林园,于座献《相风乌》、《华光殿》、《景阳山》等颂,其文甚美,高祖深赏异之。普通元年,薨,时年二十三。谥曰章。子慎嗣。

藻字靖艺,元王弟也。少立名行,志操清洁。齐永元初,释褐著作佐郎。天监元年,封西昌县侯,食邑五百户。出为持节、都督益宁二州诸军事、冠军将军、益州刺史。时天下草创,边徼未安,州民焦僧护聚众数万,郫、樊作乱。藻年未弱冠,集僚佐议,欲自击之。或陈不可,藻大怒,斩于阶侧。乃乘平肩舆,巡行贼垒。贼弓乱射,矢下如雨,从者举盾御箭,又命除之,由是人心大安。贼乃夜遁,藻命骑追之,斩首数千级,遂平之。进号信威将军。九年,征为太子中庶子。十年,为左骁骑将军,领南琅邪太守。入为侍中。

藻性谦退，不求闻达。善属文辞，尤好古体，自非公燕，未尝妄有所为，纵有小文，成辄弃本。一年，出为使持节、都督雍梁秦三州竟陵随二郡诸军事、仁威将军、宁蛮校尉、雍州刺史。十二年，征为使持节、都督南兖兖徐青冀五州诸军事、兖州刺史，军号如故。频莅数镇，民吏称之。推善下人，常如弗及。征为太子詹事。普通三年，迁领军将军，加侍中。六年，为军师将军，与西丰侯正德北伐涡阳，辄班师，为有司所奏，免官削爵土。七年，起为宗正卿。八年，复封爵，寻除左卫将军，领步兵校尉。大通元年，迁侍中、中护军。时涡阳始降，乃以藻为使持节、北讨都督、征北大将军，镇于涡阳。二年，为中权将军、金紫光禄大夫，置佐史，加侍中。中大通元年，迁护军将军，中权如故。三年，为中将军、太子詹事，出为丹阳尹。高祖每叹曰："子弟并如迦叶，吾复何忧。"迦叶，藻小名也。入为安左将军、尚书左仆射，加侍中，藻固辞不就，诏不许。大同五年，迁中卫将军、开府仪同三司、中书令，侍中如故。

藻性恬静，独处一室，床有膝痕，宗室衣冠，莫不楷则。常以爵禄太过，每思屏退，门庭闲寂，宾客罕通，太宗尤敬爱之。自遭家祸，恒布衣蒲席，不食鲜禽，非在公庭，不听音乐，高祖每以此称之。出为使持节、督南徐州刺史。侯景乱，藻遣长子彧率兵入援。及城开，加散骑常侍、大将军。景遣其仪同萧邕代之，据京口，藻因感气疾，不自疗。或劝奔江北，藻曰："吾国之台铉，位任特隆，既不能诛翦逆贼，正当同死朝廷，安能投身异类，欲保余生！"因不食累日。太清三年，薨，时年六十七。

永阳嗣王伯游字士仁，高祖次兄敷之子。

敷字仲达，解褐齐后将军、征虏行参军，转太子舍人、洗马，迁丹阳尹丞。入为太子中舍人，除建威将军、随郡内史。招怀远近，黎庶安之，以为前后之政莫之及也。进号宁朔将军，征为庐陵王谘议参军。建武四年，薨。高祖即位，追赠侍中、司空，封永阳郡王，谥曰昭。

伯游美风神，善言玄理。天监元年四月，诏曰："兄子伯游，虽年识未弘，意尚粗可。浙东奥区，宜须抚莅，可督会稽东阳新安永嘉临海五郡诸军事、辅国将军、会稽太守。"二年，袭封永阳郡王。五年，薨，时年二十三。谥曰恭。

衡阳嗣王元简字熙远，高祖第四弟畅之子。

畅仕齐至太常，封江陵县侯，卒。天监元年，追赠侍中、骠骑大将军、开府仪同三司。封衡阳郡王。谥曰宣。

元简三年袭封，除中书郎，迁会稽太守。十三年，入为给事黄门侍郎，出为持节、都督广交越三州诸军事、平越中郎将、广州刺史。还为太子中庶子，迁使持节、都督郢司霍三州诸军事、信武将军、郢州刺史。十八年正月，卒于州。谥曰孝。子俊嗣。

桂阳嗣王象字世翼，长沙宣武王第九子也。初，叔父融仕齐至太子洗马。永元中，宣武之难，融遇害。高祖平京邑，赠给事黄门侍郎。天监元年，加散骑常侍、抚军大将军，封桂阳郡王。谥曰简。无子，乃诏象为嗣，袭封爵。

象容止闲雅，善于交游，事所生母以孝闻。起家宁远将军、丹阳尹。到官未几，简王妃薨，去职。服阕，复授明威将军、丹阳尹。象生长深宫，始亲庶政，举无失德，朝廷称之。出为持节、督司霍郢三州诸军事、征远将军、郢州刺史。寻迁湘衡二州诸军事、轻车将军、湘州刺史。湘州旧多虎暴，及象在任，为之静息，故老咸称德政所感。除中书侍郎，俄以本官行石头戍军事，转给事黄门侍郎，兼领军，又以本官兼宗正卿。寻迁侍中、太子詹事，未拜，改授持节、督江州诸军事、信武将军、江州刺史。以疾免。寻除太常卿，加侍中，迁秘书监，领步兵校尉。大同二年，薨，谥曰敦。子恺嗣。

史臣曰：长沙诸嗣王，并承袭土宇，光有藩服。桂阳王象以孝闻，在于牧湘，猛虎息暴，盖德惠所致也。昔之善政，何以加焉！

梁书卷二四
列传第一八

萧景 弟昌 昂 昱

　　萧景字子昭,高祖从父弟也。父崇之,字茂敬,即左光禄大夫道赐之子。道赐三子:长子尚之,字茂先;次太祖文皇帝;次崇之。初,左光禄居于乡里,专行礼让,为众所推,仕历宋太尉江夏王参军,终于治书侍御史。齐末,追赠散骑常侍、左光禄大夫。尚之敦厚有德器,为司徒建安王中兵参军,一府称为长者,琅邪王僧虔尤善之,每事多与议决。迁步兵校尉,卒官。天监初,追谥文宣侯。尚之子灵钧,仕齐广德令。高祖义师至,行会稽郡事,顷之卒。高祖即位,追封东昌县侯,邑一千户。子謇嗣。崇之以干能显,为政尚严厉,官至冠军将军、东阳太守。永明中,钱唐唐寓之反,别众破东阳,崇之遇害。天监初,追谥忠简侯。

　　景八岁随父在郡,居丧以毁闻。既长好学,才辩能断。齐建武中,除晋安王国左常侍,迁永宁令,政为百城最。永嘉太守范述曾居郡,号称廉平,雅服景为政,乃榜郡门曰:"诸县有疑滞者,可就永宁令决。"顷之,以疾去官。永嘉人胡仲宣等千人诣阙,表请景为郡,不许。还为骠骑行参军。永元二年,以长沙宣武王懿勋,除步兵校尉。是冬,宣武王遇害,景亦逃难。高祖义师至,以景为宁朔将军、行南兖州军事。时天下未定,江北伧楚各据坞壁,景示以威信,渠帅相率面缚请罪,旬日境内皆平。中兴二年,迁督南兖州诸军事、辅国将军、监南兖州。高祖践阼,封吴平县侯,食邑一千户,仍为使持节、都

督北兖徐青冀四州诸军事、冠军将军、南兖州刺史。诏景母毛氏为
国太夫人,礼如王国太妃,假金章紫绶。景居州,清恪有威裁,明解
吏职,文案无拥,下不敢欺,吏人畏敬如神。会年荒,计口赈恤,为馆
粥于路以赋之,死者给棺具,人甚赖焉。

天监四年,王师北伐,景帅众出淮阳,进屠宿豫。丁母忧,诏起
摄职。五年,班师,除太子右卫率,迁辅国将军、卫尉卿。七年,迁左
骁骑将军,兼领军将军。领军管天下兵要,监局官僚,旧多骄侈,景
在职峻切,官曹肃然。制局监皆近幸,颇不堪命,以是不得久留中。
寻出为使持节、督雍梁南北秦郢州之竟陵司州之随郡诸军事、信武
将军、宁蛮校尉、雍州刺史。八年三月,魏荆州刺史元志率众七万寇
潺沟,驱迫群蛮,群蛮悉渡汉水来降。议者以蛮累为边患,可因此除
之。景曰:“穷来归我,诛之不祥。且魏人来侵,每为矛盾,若悉诛蛮,
则魏军无碍,非长策也。”乃开樊城受降。因命司马朱思远、宁蛮长
史曹义宗、中兵参军孟惠俊击志于潺沟,大破之,生擒志长史杜景。
斩首万余级,流尸盖汉水,景遣中兵参军崔缋率军士收而瘗焉。

景初到州,省除参迎羽仪器服,不得烦扰吏人。修营城垒,申警
边备,理辞讼,劝农桑。郡县皆改节自励,州内清肃,缘汉水陆千余
里,抄盗绝迹。十一年,征右卫将军,领石头戍军事。十二年,复为
使持节、督南北兖北徐青冀五州诸军事、信威将军、南兖州刺史。十
三年,征为领军将军,直殿省,知十州损益事,月加禄五万。

景为人雅有风力,长于辞令。其在朝廷,为众所瞻仰。于高祖
属虽为从弟,而礼寄甚隆,军国大事,皆与议决。十五年,加侍中。十
七年,太尉、扬州刺史临川王宏坐法免。诏曰:“扬州应须缉理,宜得
其人。侍中、领军将军吴平侯景才任此举,可以安右将军监扬州,并
置佐史,侍中如故,即宅为府。”景越亲居扬州,辞让甚恳恻,至于涕
泣,高祖不许。在州尤称明断,符教严整。有田舍老姥尝诉得符,还
至县,县吏未即发,姥语曰:“萧监州符,火爛汝手,何敢留之!”其为
人所畏敬如此。

十八年,累表陈解,高祖未之许。明年,出为使持节、散骑常侍、

都督郢司霍三州诸军事、安西将军、郢州刺史。将发，高祖幸建兴苑饯别，为之流涕。既还宫，诏给鼓吹一部。在州复有能名。齐安、竟陵郡接魏界，多盗贼，景移书告示，魏即禁坞戍保境，不复侵略。普通四年，卒于州，时年四十七。诏赠侍中、中抚军、开府仪同三司。谥曰忠。子励嗣。

昌字子建，景第二弟也。齐豫章末，为晋安王左常侍。天监初，除中书侍郎，出为豫章内史。五年，加宁朔将军。六年，迁持节、督广交越桂四州诸军事、辅国将军、平越中郎将、广州刺史。七年，进号征远将军。九年，分湘州置衡州，以昌为持节、督广州之绥建湘州之始安诸军事、信武将军、衡州刺史，坐免。十三年，起为散骑侍郎，寻以本官兼宗正卿。其年，出为安右长史。累迁太子中庶子、通直散骑常侍，又兼宗正卿。昌为人亦明悟，然性好酒，酒后多过。在州郡，每醉辄迳出入人家，或独诣草野。其于刑戮，颇无期度。醉时所杀，醒或求焉，亦无悔也。属为有司所劾，入留京师，忽忽不乐，遂纵酒虚悴。在石头东斋，引刀自刺，左右救之，不殊。十七年，卒，时年三十九。子伯言。

昂字子明，景第三弟也。天监初，累迁司徒右长史，出为轻车将军、监南兖州。初，兄景再为南兖，德惠在人，及昂来代，时人方之冯氏。征为琅邪、彭城二郡太守，军号如先。复以轻车将军出为广州刺史。普通二年，为散骑常侍、信威将军。四年，转散骑侍郎、中领军、太子中庶子，出为吴兴太守。大通二年，征为仁威将军、卫尉卿，寻为侍中，兼领军将军。中大通元年，为领军将军。二年，封湘阴县侯，邑一千户。出为江州刺史。大同元年，卒，时年五十三。谥曰恭。

昱字子真，景第四弟也。天监初，除秘书郎，累迁太子舍人、洗马，中书舍人，中书侍郎。每求自试，高祖以为淮南、永嘉、襄阳郡，并不就。志愿边州，高祖以其轻脱无威望，抑而不许。迁给事黄门侍郎。上表曰："夏初陈启，未垂采照，追怀惭惧，实战胸心。臣闻暑雨祁寒，小人犹怨；荣枯宠辱，谁能忘怀！臣藉以往因，得预枝戚之重；缘报既杂，时逢坎壈之运。昔在齐季，义师之始，臣乃幼弱，粗有识虑，东西阻绝，归赴无由，虽未能负戈�ग甲，实衔泪愤澧。潜伏东境，备履艰危，首尾三年，亟移数处，虽复饥寒切身，亦不以冻馁为苦。每涉惊疑，惶怖失魄，既乖致命之节，空有项领之忧，希望开泰，冀蒙共乐。岂期二十余年，功名无纪，毕此身骸，方填沟壑，丹诚素愿，溘至长罢，俯自哀怜，能不伤叹！夫自媒自炫，诚哉可鄙，自誉自伐，实在可羞。然量已揆分，自知者审，陈力就列，宁敢空言。是以常愿一试，屡成干请。夫上应玄象，实不易叨，锦不轻裁，诚难其制。过去业部，所以致乖算测。圣监既谓臣愚短，不可试用，岂容久居显禁，徒秽黄枢？忝窃稍积，恐招物议。请解今职，乞屏退私门，伏愿天照，特垂允许。臣虽叨荣两宫，报效无地，方违省闼，伏深恋悚。”高祖手诏答曰：“昱表如此。古者用人，必前明试，皆须绩用既立，乃可自退之高。昔汉光武兄子章、兴二人，并有名宗室，就欲习吏事，不过章为平阴令，兴为缑氏宰，政事有能，方迁郡守，非直政绩见称，即是光武犹子。昱之才地，岂得比类焉！往岁处以淮南郡，既不肯行；续用为招远将军、镇北长史、襄阳太守，又以边外致辞；改除招远将军、永嘉太守，复云内地非愿；复问晋安、临川，随意所择，亦复不行。解巾临郡，事不为薄，数有致辞，意欲何在？且昱诸兄递居连率，相继推毂，未尝缺岁。其同产兄景，今正居藩镇。朕岂厚于景而薄于昱，正是朝序物议，次第若斯，于其一门，差自无愧。无论今日不得如此，昱兄弟昔在布衣，以处成长，于何取立，岂得任情反道，背天违地！熟谓朝廷无有宪章，特是未欲致之于理。既表解职，可听如启。”坐免官。因此杜门绝朝觐，国家庆吊不复通。

　　普通五年，坐于宅内铸钱，为有司所奏，下廷尉，得免死，徙临海郡。行至上虞，有敕追还，且令受苦萨戒。昱既至，恂恂尽礼，改意蹈道，持戒又精洁，高祖甚嘉之，以为招远将军、晋陵太守。下车励名迹，除烦苛，明法宪，严于奸吏，优养百姓，旬日之间，郡中大化。俄而暴疾卒，百姓行坐号哭，市里为之喧沸，设祭奠于郡庭者四百余人。田舍有女人夏氏，年百余岁，扶曾孙出郡，悲泣不自胜。其惠化所感如此。百姓相率为立庙建碑，以纪其德。又诣京师求赠谥。

诏赠湘州刺史，谥曰恭。

　　史臣曰：高祖光有天下，庆命傍流，枝戚属连，咸被任遇。萧景之才辩识断，益政佐时，盖梁宗室令望者矣。

梁书卷二五
列传第一九

周舍　徐勉

　　周舍字升逸，汝南安城人，晋左光禄大夫颢之八世孙也。父颙，齐中书侍郎，有名于时。舍幼聪颖，颙异之，临卒谓曰："汝不患不富贵，但当持之以道德。"既长，博学多通，尤精义理，善诵书，背文讽说，音韵清辩。

　　起家齐太学博士，迁后军行参军。建武中，魏人吴包南归，有儒学，尚书仆射江祏招包讲，舍造坐，累折包，辞理遒逸，由是名为口辩。王亮为丹阳尹，闻而悦之，辟为主簿，政事多委焉。迁太常丞。

　　梁台建，为奉常丞。高祖即位，博求异能之士，吏部尚书范云与颙素善，重舍才器，言之于高祖，召拜尚书祠部郎。时天下草创，礼仪损益，多自舍出。寻为后军记室参军、秣陵令。入为中书通事舍人，累迁太子洗马，散骑常侍，中书侍郎，鸿胪卿。时王亮得罪归家，故人莫有至者，舍独敦恩旧，及卒，身营殡葬，时人称之。迁尚书吏部郎，太子右卫率，右卫将军。虽居职屡徙，而常留省内，罕得休下，国史诏诰，仪体法律，军旅谋谟，皆兼掌之。日夜侍上，预机密，二十余年未尝离左右。舍素辩给，与人泛论谈谑，终日不绝口，而竟无一言漏泄机事，众尤叹服之。性俭素，衣服器用，居处床席，如布衣之贫者。每入官府，虽广厦华堂，闺阁重邃，舍居之则尘埃满积。以获为鄙，坏亦不营。为右卫，母忧去职，起为明威将军、右骁骑将军。服阕，除侍中，领步兵校尉。未拜，仍迁员外散骑常侍、太子左卫率。顷之,加散骑常侍、本州大中正,迁太子詹事。

普通五年,南津获武陵太守白涡书,许遗舍面钱百万,津司以闻。虽书自外入,犹为有司所奏,舍坐免。迁右骁骑将军,知太子詹事。以其年卒,时年五十六。上临哭,哀恸左右。诏曰:"太子詹事、豫州大中正舍,奄至殒丧,恻怆于怀。其学思坚明,志行开敏,勖劳机要,多历岁年,才用未穷,弥可嗟恸。宜隆追远,以旌善人。可赠侍中、护军将军,鼓吹一部,给东园秘器,朝服一具,衣一袭,丧事随由资给。谥曰简子。"明年,又诏曰:"故侍中、护军将军简子舍,义该玄儒,博穷文史,奉亲能孝,事君尽忠。历掌机密,清贞自居,食不重味,身靡兼衣。终亡之日,内无妻妾,外无田宅,两儿单贫,有过古烈。往者,南司白涡之劾,恐外议谓朕有私,致此黜免,追愧若人一介之善。外可量加褒异,以旌善人。"二子:弘义,弘信。

徐勉字修仁,东海郯人也。祖长宗,宋高祖霸府行参军。父融,南昌相。勉幼孤贫,早励清节。年六岁,时属霖雨,家人祈霁,率尔为文,见称耆宿。及长,笃志好学。

起家国子生。太尉文宪公王俭时为祭酒,每称勉有宰辅之量。射策举高第,补西阳王国侍郎。寻迁太学博士,镇军参军,尚书殿中郎,以公事免。又除中兵郎、领军长史。琅邪王元长才名甚盛,尝欲与勉相识,每托人召之。勉谓人曰:"王郎名高望促,难可轻辙衣裾。"俄而元长及祸,时人莫不服其机鉴。

初与长沙宣武王游,高祖深器赏之。及义兵至京邑,勉于新林谒见,高祖甚加恩礼,使管书记。高祖践阼,拜中书侍郎,迁建威将军、后军咨议参军、本邑中正,尚书左丞。自掌枢宪,多所纠举,时论以为称职。

天监二年,除给事黄门侍郎、尚书吏部郎,参掌大选。迁侍中。时王师北伐,候驿填委。勉参掌军书,勖劳凤夜,动经数旬,乃一还宅。每还,群犬惊吠。勉叹曰:"吾忧国忘家,乃至于此。若吾亡后,亦是传中一事。"六年,除给事中、五兵尚书,迁吏部尚书。勉居选官，彝伦有序，既闲尺牍，兼善辞令，虽文案填积，坐客充满，应对如流，手不停笔。又该综百氏，皆为避讳。常与门人夜集，客有虞高求詹事五官，勉正色答云："今夕止可谈风月，不宜及公事。"故时人咸服其无私。

除散骑常侍，领游击将军，未拜，改领太子右卫率。迁左卫将军，领太子中庶子，侍东宫。昭明太子尚幼，敕知宫事。太子礼之甚重，每事询谋。尝于殿内讲《孝经》，临川静惠王、尚书令沈约备二傅，勉与国子祭酒张充为执经，王莹、张稷、柳憕、王暕为侍讲。时选极亲贤，妙尽时誉。勉陈让数四，又与沈约书，求换侍讲，诏不许，然后就焉。转太子詹事，领云骑将军，寻加散骑常侍，迁尚书右仆射，詹事如故。又改授侍中，频表解宫职，优诏不许。

时人间丧事，多不遵礼，朝终夕殡，相尚以速。勉上疏曰："《礼记·问丧》云：'三日而后敛者，以俟其生也；三日而不生，亦不生矣。'自顷以来，不遵斯制。送终之礼，殡以期日，润屋豪家，乃或半暮。衣衾棺椁，以速为荣，亲戚徒隶，各念休反。故属纩才毕，灰钉已具，忘狐鼠之顾步，愧燕雀之徊翔。伤情戚理，莫此为大。且人子承衾之时，志溃心绝，丧事所资，悉关他手，爱憎深浅，事实难原，如觇视或爽，存没违滥，使万有其一，怨酷已多，岂不缓其告敛之晨，申其望生之冀。请自今士庶，宜悉依古，三日大敛。如有不奉，加以纠绳。"诏可其奏。

寻授宣惠将军，置佐史，侍中、仆射如故。又除尚书仆射、中卫将军。勉以旧恩，越升重位，尽心奉上，知无不为。爰自小选，迄于此职，常参掌衡石，甚得士心。禁省中事，未尝漏泄，每有表奏，辄焚藁草。博通经史，多识前载。朝仪国典，婚冠吉凶，勉皆预图议。普通六年，上修五礼表曰：

> 臣闻"立天之道，曰阴与阳；立人之道，曰仁与义"。故称"导之以德，齐之以礼"。夫礼所以安上治人，弘风训俗，经国家，利后嗣者也。唐虞三代，咸必由之。在乎有周，宪章尤备，因殷革夏，损益可知。虽复经礼三百，曲礼三千，经文三百，威

仪三千，其大归有五，即宗伯所掌典礼：吉为上，凶次之，宾次之，军次之，嘉为下也。故祠祭不以礼，则不齐不庄；丧纪不以礼，则背死忘生者众；宾客不以礼，则朝觐失其仪；军旅不以礼，则致乱于师律；冠婚不以礼，则男女失其时。为国修身，于斯攸急。

　　洎周室大坏，王道既衰，官守斯文，日失其序，礼乐征伐，出自诸侯，《小雅》尽废，旧章缺矣。是以韩宣适鲁，知周公之德，叔侯在晋，辨郊劳之仪。战国从横，政教愈泯，暴秦灭学，扫地无余。汉氏郁兴，日不暇给，犹命叔孙于外野，方知帝王之为贵。末叶纷纶，递有兴毁，或以武功锐志，或好黄老之言，礼义之式，于焉中止。及东京曹褒，南宫制述，集其散略，百有余篇，虽写以尺简，而终阙平奏。其后兵革相寻，异端互起，章句既沦，俎豆斯辍。方领矩步之容，事灭于旌鼓；兰台石室之文，用尽于帷盖。至乎晋初，爰定新礼，荀颉制之于前，挚虞删之于末，既而中原丧乱，罕有所遗。江左草创，因循而已，厘革之风，是则未暇。

　　伏惟陛下睿明启运，先天改物，拨乱惟武，经时以文。作乐在乎功成，制礼弘于业定。光启二学，皇枝等于贵游；辟兹五馆，草莱升以好爵。爰自受命，迄于告成，盛德形容备矣，天下能事毕矣。明明穆穆，无德而称焉。至若玄符灵贶之祥，浮溟机山之赆，固亦日书左史，副在司存，今可得而略也。是以命彼群才，搜甘泉之法；延兹硕学，阐曲台之仪。淄上淹中之儒，连踪继轨；负笈怀铅之彦，匪旦伊夕。谅以化穆三雍，人从五典，秩宗之教，勃焉以兴。

　　伏寻所定五礼，起齐永明三年，太子步兵校尉伏曼容表求制一代礼乐，于时参议置新旧学士十人，止修五礼，咨禀卫将军、丹阳尹王俭，学士亦分住郡中，制作历年，犹未克就。及文宪薨殂，遗文散逸，后又以事付国子祭酒何胤，经涉九载，犹复未毕。建武四年，胤还东山，齐明帝敕委尚书令徐孝嗣。旧事本末，随在南第。永元中，孝嗣于此遇祸，又多零落。当时鸠敛所余，权付尚书左丞蔡仲熊、骁骑将军何佟之，共掌其事。时修礼局住在国子学中门外，东昏之代，频有军火，其所散失，又逾太半。天监元年，佟之启审省置之宜，敕使外详。时尚书参详，以天地初革，庶务权舆，宜俟隆平，徐议删撰，欲且省礼局，并还尚书仪曹。诏旨云："礼坏乐缺，故国异家殊，实宜以时修定，以为永准。但顷之修撰，以情取人，不以学进，其掌知者，以贵总一，不以稽古，所以历年不就，有名无实。此既经国所先，外可议其人，人定，便即撰次。"于是尚书仆射沈约等参议，请五礼各置旧学士一人，人各自举学士二人，相助抄撰。其中有疑者，依前汉石渠、后汉白虎，随源以闻，请旨断决。乃以旧学士右军记室参军明山宾掌吉礼，中军骑兵参军严植之掌凶礼，中军田曹行参军兼太常丞贺场掌宾礼，征虏记室参军陆琏掌军礼，右军参军司马裴掌嘉礼，尚书左丞何佟之总参其事。佟之后，以镇北谘议参军伏暅代之。后又以暅代严植之掌凶礼。暅寻迁官，以五经博士缪昭掌凶礼。复以礼仪深广，记载残缺，宜须博论，共尽其致，更使镇军将军丹阳尹沈约、太常卿张充及臣三人同参厥务。臣又奉别敕，总知其事。末又使中书侍郎周舍、庾於陵二人复豫参知。若有疑义，所掌学士当职先立议，通咨五礼旧学士及参知，各言同异，条牒启闻，决之制旨。疑事既多，岁时又积，制旨裁断，其数不少，莫不网罗经诰，玉振金声，义贯幽微，理入神契，前儒所不释，后学所未闻。凡诸奏决，皆载篇首，其列圣旨，为不刊之则。共规盛范，冠绝百王；茂实英声，方垂千载。宁孝宣之能拟，岂孝章之足云！

　　五礼之职，事有繁简，及其列毕，不得同时。《嘉礼仪注》以天监六年五月七日上尚书，合十有二秩，百一十六卷，五百四十六条；《宾礼仪注》以天监六年五月二十日上尚书，合十有七秩，一百三十卷，四十五条；《军礼仪注》以天监九年十月二十九日上尚书，合十有八秩，一百八十九卷，二百四十条；《吉礼仪注》以天监十一年十一月十日上尚书,合二十有六秩,二百二十四卷,一千五条;《凶礼仪注》以天监十一年十一月十七日上尚书,合四十有七秩,五百一十四卷,五千六百九十三条。大凡一百二十秩,一千一百七十六卷,八千一十九条。又列副秘阁及五经典书各一通,缮写校定,以普通五年二月始获洗毕。

窃以撰正履礼,历代罕就,皇明在运,厥功克成。周代三千,举其盈数;今之八千,随事附益。质文相变,故其数兼倍,犹如八卦之爻,因而重之,错综成六十四也。昔文武二王,所以纲纪周室,君临天下,公旦修之,以致太平龙凤之瑞。自斯厥后,甫备兹日。孔子曰:"其有继周,虽百代可知。"岂所谓齐功比美者欤!臣以庸识,谬司其任,淹留历稔,允当斯责;兼勒成之初,未遑表上,实由才轻务广,思力不周,永言惭惕,无忘寤寐。自今春舆驾将亲六师,搜寻军礼,阅其条章,靡不该备。所谓郁郁文哉,焕乎洋溢,信可以悬诸日月、颁之天下者矣。愚心喜抃,弥思陈述;兼前后联官,一时皆逝,臣虽幸存,耄已将及,虑皇世大典,遂阙腾奏,不任下情,辄具载撰修始末,并职掌人、所成卷秩、条目之数,谨拜表以闻。

诏曰:"经礼大备,政典载弘,今诏有司,案以行事也。"又诏曰:"勉表如此。因革允厘,宪章孔备,功成业定,于是乎在。可以光被八表,施诸百代,俾万世之下,知斯文在斯。主者其按以遵行,勿有失坠。"寻加中书令,给亲信二十人。勉以疾自陈,求解内任,诏不许,乃令停下省,三日一朝,有事遣主书论决。脚疾转剧,久阙朝觐,固陈求解,诏乃赍假,须疾差还省。

勉虽居显位,不营产业,家无蓄积,俸禄分赡亲族之穷乏者。门人故旧或从容致言,勉乃答曰:"人遗子孙以财,我遗之以清白。子孙才也,则自致辎轩;如其不才,终为他有。"尝为书诫其子崧曰:

吾家世清廉,故常居贫素,至于产业之事,所未尝言,非直不经营而已。薄躬遭逢,遂至今日,尊官厚禄,可谓备之。每念叨窃若斯,岂由才致,仰藉先代风范及以福庆,故臻此耳。古人所谓"以清白遗子孙，不亦厚乎"。又云："遗子黄金满籝，不如一经。"详求此言，信非徒语。吾虽不敏，实有本志，庶得遵奉斯义，不敢坠失。所以显贵以来，将三十载，门人故旧，亟荐便宜，或使创辟田园，或劝兴立邸店，又欲舳舻运致，亦令货殖聚敛。若此事众，皆距而不纳。非谓拔葵去织，且欲省息纷纭。

中年聊于东田间营小园者，非在播艺以要利入，正欲穿池种树，少寄情赏。又以郊际闲旷，终可为宅，傥获悬车致事，实欲歌哭于斯。慧日、十住等，既应营婚，又须住止，吾清明门宅，无相容处。所以尔者，亦复有以。前割西边施宣武寺，既失西厢，不复方幅，意亦谓此逆旅舍耳，何事须华？常恨时人谓是我宅。古往今来，豪富继踵，高门甲第，连闼洞房，宛其死矣，定是谁室？但不能不为培塿之山，聚石移果，杂以花卉，以娱休沐，用托性灵。随便架立，不在广大，惟功德处，小以为好。所以内中逼促，无复房宇。近营东边儿孙二宅，乃藉十住南还之资，其中所须，犹为不少，既牵挽不至，又不可中涂而辍，郊间之园，遂不办保，货与韦黯，乃获百金，成就两宅，已消其半。寻园价所得，何以至此？由吾经始历年，粗已成立，桃李茂密，桐竹成阴，塍陌交通，渠畎相属。华楼迥榭，颇有临眺之美；孤峰丛薄，不无纠纷之兴。渎中并饶菰蒋，湖里殊富芰莲。虽云人外，城阙密迩，韦生欲之，亦雅有情趣。追述此事，非有吝心，盖是笔势所至耳。忆谢灵运《山家诗》云："中为天地物，今成鄙夫有。"吾此园有之二十载矣，今为天地物，物之与我，相校几何哉！此吾所余，今以分汝，营小田舍，亲累既多，理亦须此。且释氏之教，以财物谓之外命；儒典亦称"何以聚人曰财"。况汝曹常情，安得忘此。闻汝所买姑孰田地，甚为乌卤，弥复何安。所以如此，非物竞故也。虽事异寝丘，聊可仿佛。孔子曰："居家理治，可移于官。"既已营之，宜使成立。进退两亡，更贻耻笑。若有所收获，汝可自分赡内外大小，宜令得所，非吾所知，又复应沾之诸女耳。汝既居长，故有此及。

凡为人长，殊复不易，当使中外谐缉，人无间言，先物后已，然后可贵。老生云："后其身而身先。"若能尔者，更招巨利。汝当自勖，见贤思齐，不宜忽略以弃日也。弃日，乃是弃身，身名美恶，岂不大哉！可不慎欤？今之所敕，略言此意，正谓为家已来，不事资产，既立墅舍，以乖旧业，陈其始末，无愧怀抱。兼吾年时朽暮，心力稍殚，牵课奉公，略不克举，其中余暇，裁可自休。或复冬日之阳，夏日之阴，良辰美景，文案间隙，负杖蹑屦，逍遥陋馆，临池观鱼，披林听鸟，浊酒一杯，弹琴一曲，求数刻之暂乐，庶居常以待终，不宜复劳家间细务。汝交关既定，此书又行，凡所资须，付给如别。自兹以后，吾不复言及田事，汝亦勿复与吾言之。假使尧水汤旱，吾岂知如何；若其满庾盈箱，尔之幸遇。如斯之事，并无俟令吾知也。《记》云："夫孝者，善继人之志，善述人之事。"今且望汝全吾此志，则无所恨矣。

勉第二子恻卒，痛悼甚至，不欲久废王务，乃为《答客喻》。其辞曰：

普通五年春二月丁丑，余第二息晋安内史恻丧之问至焉，举家伤悼，心情若陨。二宫并降中使，以相慰勖，亲游宾客，毕来吊问，辄恸哭失声，悲不自已，所谓父子天性，不知涕之所从来也。

于是门人虑其肆情所钟，容致委顿，乃敛衽而进曰："仆闻古往今来，理运之常数；春荣秋落，气象之定期。人居其间，譬诸逆旅，生寄死归，著于通论。是以深识之士，悠尔忘怀。东门归无之旨，见称往哲；西河丧明之过，取诮友朋。足下受遇于朝，任居端右，忧深责重，休戚是均，宜其遗情下流，止哀加饭，上存奉国，俯示隆家。岂可纵此无益，同之儿女，伤神损识，或亏生务？门下窃议，咸为君侯不取也。"

余雪泣而答曰："彭殇之达义，延吴之雅言，亦常闻之矣，顾所以未能弭意者，请陈其说。夫植树阶庭，钦柯叶之茂；为山累仞，惜覆篑之功。故秀而不实，尼父为之叹息；杌彼歧路，杨子所以留连。事有可深，圣贤靡抑。今吾所悲，亦以恻始逾立岁,孝悌之至,自幼而长,文章之美,得之天然,好学不倦,居无尘杂,多所著述,盈帙满笥,淡然得失之际,不见喜愠之容。及翰飞东朝,参伍盛列,其所游往,皆一时才俊,赋诗颂咏,终日忘疲。每从容谓吾以遭逢时来,位隆任要,当应推贤下士,先物后身,然后可以报恩明主,克保元吉。俾余二纪之中,忝窃若是,幸无大过者,繄此子之助焉。自出闽区,政存清静,冀其旋反,少慰衰暮,言念今日,眇然长往。加以阖棺千里之外,未知归骨之期,虽复无情之伦,庸讵不痛于昔!夷甫孩抱中物,尚尽恸以待宾;安仁未及七旬,犹殷勤于词赋。况夫名立官成,半途而废者,亦焉可已已哉!求其此怀,可谓苗实之义。诸贤既贻格言,喻以大理,即日辍哀,命驾修职事焉。”

中大通三年,又以疾自陈,移授特进、右光禄大夫、侍中、中卫将军,置佐史,余如故。增亲信四十人。两宫参问,冠盖结辙,服膳医药,皆资天府。有敕每欲临幸,勉以拜伏有亏,频启停出,诏许之,遂停舆驾。大同元年,卒,时年七十。高祖闻而流涕,即日车驾临殡,乃诏赠特进、右光禄大夫、开府仪同三司,余并如故。给东园秘器,朝服一具,衣一袭。赠钱二十万,布百匹。皇太子亦举哀朝堂。谥曰简肃公。

勉善属文,勤著述,虽当机务,下笔不休。尝以《起居注》烦杂,乃加删撰为《别起居注》六百卷;《左丞弹事》五卷;在选曹,撰《选品》五卷;齐时,撰《太庙祝文》二卷;以孔、释二教殊途同归,撰《会林》五十卷。凡所著前、后二集四十五卷,又为《妇人集》十卷,皆行于世。大同三年,故佐史尚书左丞刘览等诣阙陈勉行状,请刊石纪德,即降诏许立碑于墓云。

悱字敬业,幼聪敏,能属文。起家著作佐郎,转太子舍人,掌书记之任。累迁洗马、中舍人,犹管书记。出入宫坊者历稔,以足疾出为湘东王友,迁晋安内史。

陈吏部尚书姚察曰:徐勉少而厉志忘食,发愤修身,慎言行,择交游,加运属兴王,依光日月,故能明经术以绾青紫,出闾阎而取卿相。及居重任,竭诚事主,动师古始,依则先王,提衡端执,物无异议,为梁宗臣,盛矣。

梁书卷二六
列传第二○

范岫　傅昭 弟映　萧琛　陆杲

范岫字懋宾,济阳考城人也。高祖宣,晋征士。父羲,宋兖州别
驾。岫早孤,事母以孝闻,与吴兴沈约俱为蔡兴宗所礼。

泰始中,起家奉朝请。兴宗为安西将军,引为主簿。累迁临海、
长城二县令,骠骑参军,尚书删定郎,护军司马,齐司徒竟陵王子良
记室参军。累迁太子家令。

文惠太子之在东宫,沈约之徒以文才见引,岫亦预焉。岫文虽
不逮约,而名行为时辈所与,博涉多通,尤悉魏晋以来吉凶故事。约
常称曰:"范公好事该博,胡广无以加。"南乡范云谓人曰:"诸君进
止威仪,当问范长头。"以岫多识前代旧事也。

迁国子博士。永明中,魏使至,有诏妙选朝士有词辩者,接使于
界首,以岫兼淮阴长史迎焉。还迁尚书左丞,母忧去官,寻起摄职。
出为宁朔将军、南蛮长史、南义阳太守,未赴职,迁右军谘议参军,
郡如故。除抚军司马。出为建威将军、安成内史。入为给事黄门侍
郎。迁御史中丞,领前军将军、南北兖二州大中正。永元未,出为辅
国将军、冠军晋安王长史,行南徐州事。义师平京邑,承制征为尚书
吏部郎,参大选。梁台建,为度支尚书。天监五年,迁散骑常侍、光
禄大夫,侍皇太子,给扶。六年,领太子左卫率。七年,徙通直散骑
常侍、右卫将军,中正如故。其年表致事,诏不许。八年,出为晋陵
太守,秩中二千石。九年,入为祠部尚书,领右骁骑将军。其年,迁

金紫光禄大夫,加亲信二十人。十三年,卒官,时年七十五。赙钱五万,布百匹。

岫身长七尺八寸,恭敬俨恪,进止以礼。自亲丧之后,蔬食布衣以终身。每所居官,恒以廉洁著称。为长城令时,有梓材巾箱至数十年,经贵遂不改易。在晋陵,惟作牙管笔一双,犹以为费。所著文集、《礼论》、《杂仪》、《字训》行于世。二子:褒,伟。

傅昭字茂远,北地灵州人,晋司隶校尉咸七世孙也。祖和之,父淡,善三《礼》,知名宋世。淡事宋竟陵王刘诞,诞反,淡坐诛。昭六岁而孤,哀毁如成人者,宗党咸异之。十一,随外祖于朱雀航卖历日。为雍州刺史袁颛客,颛尝来昭所,昭读书自若,神色不改。颛叹曰:“此儿神情不凡,必成佳器。”司徒建安王休仁闻而悦之,因欲致昭,昭以宋氏多故,遂不往。或有称昭于廷尉虞愿,愿乃遣车迎昭。时愿宗人通之在坐,并当世名流,通之赠昭诗曰:“英妙擅山东,才子倾洛阳。清尘谁能嗣,及尔遘遗芳。”太原王延秀荐昭于丹阳尹袁粲,深为所礼,辟为郡主簿,使诸子从昭定其所制。每经昭户,辄叹曰:“经其户,寂若无人,披其帷,其人斯在,岂得非名贤!”寻为总明学士、奉朝请。齐永明中,累迁员外郎,司徒竟陵王子良参军,尚书仪曹郎。

先是,御史中丞刘休荐昭于武帝,永明初,以昭为南郡王侍读。王嗣帝位,故时臣隶争求权宠,惟昭及南阳宗史,保身守正,无所参入,竟不罹其祸。明帝践阼,引昭为中书通事舍人。时居此职,皆势倾天下,昭独廉静,无所干豫。器服率陋,身安粗粝。常插烛于板床,明帝闻之,赐漆合烛盘等,敕曰:“卿有古人之风,故赐卿古人之物。”累迁车骑临海王记室参军,长史校尉,太子家令,骠骑晋安王谘议参军。寻除尚书左丞、本州大中正。

高祖素悉昭能,建康城平,引为骠骑录事参军。梁台建,迁给事黄门侍郎,领著作郎,顷之,兼御史中丞,黄门、著作、中正并如故。天监三年,兼五兵尚书,参选事,四年,即真。六年,徙为左民尚书,未拜，出为建威将军、平南安成王长史、寻阳太守。七年，入为振远将军、中权长史。八年，迁通直散骑常侍，领步兵校尉，复领本州大中正。十年，复为左民尚书。

十一年，出为信武将军、安成内史。安成自宋已来兵乱，郡舍号凶。及昭为郡，郡内人夜梦见兵马铠甲甚盛，又闻有人云"当避善人"，军众相与腾虚而逝。梦者惊起，俄而疾风暴雨，倏忽便至，数间屋俱倒，即梦者所见军马践蹈之所也。自后郡舍遂安，咸以昭正直所致。郡溪无鱼，或有暑月荐昭鱼者，昭既不纳，又不欲拒，遂喂于门侧。

十二年，入为秘书监，领后军将军。十四年，迁太常卿。十七年，出为智武将军、临海太守。郡有蜜岩，前后太守皆自封固，专收其利。昭以周文之囿，与百姓共之，大可喻小，乃教勿封。县令常饷粟，实绢于薄下，昭笑而还之。普通二年，入为通直散骑常侍、光禄大夫，领本州大中正，寻领秘书监。五年，迁散骑常侍、金紫光禄大夫，中正如故。

昭所莅官，常以清静为政，不尚严肃。居朝廷，无所请谒，不畜私门生，不交私利。终日端居，以书记为乐，虽老不衰。博极古今，尤善人物，魏晋以来，官宦簿伐，姻通内外，举而论之，无所遗失。性尤笃慎，子妇尝得家饷牛肉以进，昭召其子曰："食之则犯法，告之则不可，取而埋之。"其居身行己，不负暗室，类皆如此。京师后进，宗其学，重其道，人人自以为不逮。大通二年九月，卒，时年七十五。诏赙钱三万，布五十匹，即日举哀，谥曰贞子。长子谞，尚书郎，临安令。次子肱。

映字徽远，昭第也。三岁而孤，兄弟友睦，修身厉行，非礼不行。始昭之守临海，陆倕饯之，宾主俱欢，日昏不反，映以昭年高，不可连夜极乐，乃自往迎候，同乘而归，兄弟并已斑白，时人美而服焉。及昭卒，映丧之如父，年逾七十，哀戚过礼，服制虽除，每言辄感恸。

映泛涉记传，有文才，而不以篇什自命。少时与刘绘、萧琛相友善，绘之为南康相，映时为府丞，文教多令具草。褚彦回闻而悦之，乃屈与子贲等游处。年未弱冠，彦回欲令仕，映以昭未解褐，固辞，须昭仕乃官。永元元年，参镇军江夏王军事，出为武康令。

及高祖师次建康，吴兴太守袁昂自谓门世忠贞，固守诚节，乃访于映曰：“卿谓时事云何？”映答曰：“元嘉之末，开辟未有，故太尉杀身以明节，司徒当寄托之重，理无苟全，所以不顾夷险，以殉名义。今嗣主昏虐，狎近群小，亲贤诛戮，君子道消，外难屡作，曾无悛改。今荆、雍协举，乘据上流，背昏向明，势无不济。百姓思治，天人之意可知；既明且哲，忠孝之途无爽。愿明府更当雅虑，无祗悔也。”寻以公事免。

天监初，除征虏鄱阳王参军，建安王中权录事参军，领军长史，乌程令。所受俸禄，悉归于兄。复为临川王录事参军，南台治书，安成王录事，太子翊军校尉。累迁中散大夫，光禄卿，太中大夫。大同五年，卒，年八十三。子弘。

萧琛字彦瑜，兰陵人。祖僧珍，宋廷尉卿。父惠训，太中大夫。琛年数岁，从伯惠开抚其背曰：“必兴吾宗。”琛少而朗悟，有纵横才辩。

起家齐太学博士。时王俭当朝，琛年少，未为俭所识，负其才气，欲候俭。时俭宴于乐游苑，琛乃著虎皮靴，策桃枝杖，直造俭坐，俭与语，大悦。俭为丹阳尹，辟为主簿，举为南徐州秀才，累迁司徒记室。

永明九年，魏始通好，琛再衔命至桑乾，还为通直散骑侍郎。时魏遣李道固来使，齐帝燕之，琛于御筵举酒劝道固，道固不受，曰：“公庭无私礼，不容受劝。”琛徐答曰：“《诗》所谓‘雨我公田，遂及我私’。”座者皆服，道固乃受琛酒。迁司徒右长史。出为晋熙王长史，行南徐州事。还兼少府卿、尚书左丞。

东昏初嗣立，时议以无庙见之典，琛议据《周颂·烈文》、《闵予》皆为即位朝庙之典，于是从之。高祖定京邑，引为骠骑谘议，领录事，迁给事黄门侍郎。梁台建，为御史中丞。天监元年，迁庶子，出为宣城太守。征为卫尉卿,俄迁员外散骑常侍。三年,除太子中庶子、散骑常侍。九年,出为宁远将军、平西长史、江夏太守。

始琛在宣城,有北僧南度,惟赍一葫芦,中有《汉书序傅》。僧曰:"三辅旧老相傅,以为班固真本。"琛固求得之,其书多有异今者,而纸墨亦古,文字多如龙举之例,非隶非篆,琛甚秘之。及是行也,以书饷鄱阳王范,范乃献于东宫。

琛寻迁安西长史、南郡太守。母忧去官,又丁父艰。起为信武将军、护军长史,俄为贞毅将军、太尉长史。出为信威将军、东阳太守,迁吴兴太守。郡有项羽庙,土民名为愤王,甚有灵验,遂于郡厅事安施床幕为神座,公私请祷,前后二千石皆于厅拜祠,而避居他室。琛至,徙神还庙,处之不疑。又禁杀牛解祀,以脯代肉。琛频莅大郡,不治产业,有阙则取,不以为嫌。普通元年,征为宗正卿。迁左民尚书,领南徐州大中正,太子右卫率。徙度支尚书,左骁骑将军,领军将军。转秘书监,后军将军,迁侍中。

高祖在西邸,早与琛狎,每朝燕,接以旧恩,呼为宗老。琛亦奉陈昔恩,以"早篸中阳,夙忝同闻,虽迷兴运,犹荷洪慈"。上答曰:"虽云早契阔,乃自非同志;勿谈兴运初,且道狂奴异。"琛常言:"少壮三好,音律、书、酒。年长以来,二事都废,惟书籍不衰。"而琛性通脱,常自解灶,事毕馂余,必陶然致醉。

大通二年,为金紫光禄大夫,加特进,给亲信三十人。中大通元年,为云麾将军、晋陵太守,秩中二千石。以疾自解,改授侍中、特进、金紫光禄大夫。卒,年五十二。遗令诸子,与妻同坟异藏,祭以蔬菜,葬日止车十乘,事存率素。乘舆临哭甚哀。诏赠本官,加云麾将军,给东园秘器,朝服一具,衣一袭,赙钱二十万,布百匹。谥曰平子。

陆杲字明霞,吴郡吴人。祖徽,宋辅国将军、益州刺史。父睿,扬州治中。杲少好学,工书画。舅张融有高名,杲风韵举动,颇类于融,时称之曰:"无对日下,惟舅与甥。"

起家齐中军法曹行参军,太子舍人,卫军王俭主簿。迁尚书殿中曹郎,拜日,八座丞郎并到上省交礼,而杲至晚,不及时刻,坐免官。久之,以为司徒竟陵王外兵参军,迁征虏宜都王功曹史,骠骑晋安王谘议参军,司徒从事中郎。梁台建,以为骠骑记室参军,迁相国西曹掾。天监元年,除抚军长史,母忧去职。服阕,拜建威将军、中军临川王谘议参军,寻迁黄门侍郎,右军安成王长史。五年,迁御史中丞。

杲性婞直,无所顾望。山阴令虞肩在任,赃污数百万,杲奏收治。中书舍人黄睦之以肩事托杲,杲不答。高祖闻之,以问杲,杲答曰"有之"。高祖曰:"卿识睦之不?"杲答曰:"臣不识其人。"时睦之在御侧,上指示杲曰:"此人是也。"杲谓睦之曰:"君小人,何敢以罪人属南司?"睦之失色。领军将军张稷,是杲从舅,杲尝以公事弹稷,稷因侍宴诉高祖曰:"陆杲是臣通亲,小事弹臣不贷。"高祖曰:"杲职司其事,卿何得为嫌!"杲在台,号称不畏强御。

六年,迁秘书监,顷之,为太子中庶子、光禄卿。八年,出为义兴太守,在郡宽惠,为民下所称。还为司空临川王长史,领扬州大中正。十四年,迁通直散骑侍郎,俄迁散骑常侍,中正如故。十五年,迁司徒左长史。十六年,入为左民尚书,迁太常卿。普通二年,出为仁威将军、临川内史。五年,入为金紫光禄大夫,又领扬州大中正。中大通元年,加特进,中正如故。四年,卒,时年七十四。谥曰质子。

杲素信佛法,持戒甚精,著《沙门传》三十卷。

弟煦,学涉有思理。天监初,历中书侍郎,尚书左丞,太子家令,卒。撰《晋书》,未就。又著《陆史》十五卷,《陆氏骊泉志》一卷,并行于世。

子罩,少笃学,有文才,仕至太子中庶子、光禄卿。

史臣曰:范岫、傅昭,并笃行清慎,善始令终,斯石建、石庆之徒矣。萧琛、陆杲俱以才学著名。琛朗悟辩捷,加谙究朝典,高祖在田,与琛游旧,及践天历,任遇甚隆,美矣。杲性婞直,无所忌惮,既而执法宪台，纠绳不避权幸，可谓允兹正色。《诗》云："彼己之子，邦之司直。"杲其有焉。

梁书卷二七
列传第二一

陆倕　到洽　明山宾　殷钧
陆襄

陆倕字佐公，吴郡吴人也。晋太尉玩六世孙。祖子真，宋东阳太守。父慧晓，齐太常卿。倕少勤学，善属文。于宅内起两间茅屋，杜绝往来，昼夜读书，如此者数载。所读一遍，必诵于口。尝借人《汉书》，失《五行志》四卷，乃暗写还之，略无遗脱。幼为外祖张岱所异，岱常谓诸子曰："此儿汝家之阳元也。"

十七，举本州秀才。刺史竟陵王子良开西邸，延英俊，倕亦预焉。辟议曹从事参军，庐陵王法曹行参军。天监初，为右军安成王外兵参军，转主簿。

倕与乐安任昉友善，为《感知己赋》以赠昉，昉因此名以报之曰："信伟人之世笃，本侯服于陆乡。缅风流与道素，袭衮衣与绣裳。还伊人而世载，并三骏而龙光。过龙津而一息，望凤条而曾翔。彼白玉之虽洁，此幽兰之信芳。思在物而取譬，非斗斛之能量。匹耸峙于东岳，比凝厉于秋霜。不一饭以妄过，每三钱以投渭。匪蒙袂之敢嗟，岂沟壑之能衣。既蕴藉其有余，又淡然而无味。得意同乎卷怀，违方似乎仗气。类平叔而靡雕，似子云之不朴。冠众善而贻操，综群言而名学。折高、戴于后台，异邹、颜乎董幄。采三《诗》于河间，访九师于淮曲。术兼口传之书，艺广铿锵之乐。时坐睡而梁悬，裁枝梧而锥握。既文过而意深，又理胜而辞缛。咨余生之茬苒，迫岁暮而伤情。测祖阴于堂下,听鸣钟于洛城。唯忘年之陆子,定一遇于班荆。余获田苏之价,尔得海上之名。信落魄而无产,终长对于短生。饥虚表于徐步,逃责显于疾行。子比我于叔则,又方余于耀卿。心照情交,流言靡惑。万类暗求,千里悬得。言象可废,蹄筌自默。居非连栋,行则同车。冬日不足,夏日靡余。肴核非饵,丝竹岂娱。我未舍驾,子已回舆。中饭相顾,怅然动色。邦壤既殊,离会莫测。存异山阳之居,没非要离之侧。似胶投漆中,离娄岂能识。”其为士友所重如此。

迁骠骑临川王东曹掾。是时,礼乐制度多所创革,高祖雅爱倕才,乃敕撰《新漏刻铭》,其文甚美。迁太子中舍人,管东宫书记。又诏为《石阙铭记》,奏之。敕曰:“太子中舍人陆倕所制《石阙铭》,辞义典雅,足为佳作。昔虞丘辩物,邯郸献赋,赏以金帛,前史美谈,可赐绢三十匹。”迁太子庶子、国子博士,母忧去职。服阕,为中书侍郎,给事黄门侍郎,扬州别驾从事史。以疾陈解,迁鸿胪卿,入为吏部郎,参选事。出为云麾晋安王长史、寻阳太守,行江州府州事。以公事免,左迁中书侍郎,司徒司马,太子中庶子,廷尉卿。又为中庶子,加给事中、扬州大中正。复除国子博士,中庶子、中正并如故。守太常卿,中正如故。普通七年,卒,年五十七。文集二十卷,行于世。

第四子缵,早慧,十岁通经,为童子奉车郎,卒。

到洽字茂㳂,彭城武原人也。宋骠骑将军彦之曾孙。祖仲度,骠骑江夏王从事中郎。父坦,齐中书郎。

洽年十八,为南徐州迎西曹行事。洽少知名,清警有才学士行。谢朓文章盛于一时,见洽深相赏好,日引与谈论。每谓洽曰:“君非直名人,乃亦兼资文武。”朓后为吏部,洽去职,朓欲荐之,洽睹世方乱,深相拒绝。除晋安王国左常侍,不就,遂筑室岩阿,幽居者积岁。乐安任昉有知人之鉴,与洽兄沼、溉并善。尝访洽于田舍,见之叹曰:“此子日下无双。”遂申拜亲之礼。

天监初,沼、溉俱蒙擢用,洽尤见知赏,从弟沆亦相与齐名。高祖问待诏丘迟曰："到洽何如沆、溉?"迟对曰："正清过于沆,文章不减溉,加以清言,殆将难及。"即召为太子舍人。御华光殿,诏洽及沆、萧琛、任昉侍燕,赋二十韵诗,以洽辞为工,赐绢二十匹。高祖谓昉曰:"诸到可谓才子。"昉对曰:"臣常窃议,宋得其武,梁得其文。"

二年,迁司徒主簿,直待诏省,敕使□甲部书。五年,迁尚书殿中郎。洽兄弟群从,递居此职,时人荣之。七年,迁太子中舍人,与庶子陆倕对掌东官管记。俄为侍读,侍读省仍置学士二人,洽复充其选。

九年,迁国子□□,奉敕撰《太学碑》。十二年,出为临川内史,在郡称职。十四年,入为太子家令,迁给事黄门侍郎,兼国子博士。十六年,迁太子中庶子。普通元年,以本官领博士。顷之,入为尚书吏部郎,请托一无所行。俄迁员外散骑常侍,复领博士,母忧去职。五年,复为太子中庶子,领步兵校尉。未拜,仍迁给事黄门侍郎,领尚书左丞。准绳不避贵戚,尚书省贿赂莫敢通。时銮舆欲亲戎,军国容礼,多自洽出。六年,迁御史中丞,弹纠无所顾望,号为劲直,当时肃清。以公事左降,犹居职。旧制,中丞不得入尚书下舍,洽兄溉为左民尚书,洽引服亲不应有碍,刺省详决。左丞萧子云议许入溉省,亦以其兄弟素笃,不能相别也。七年,出为贞威将军、云麾长史、寻阳太守。大通元年,卒于郡,时年五十一。赠侍中,谥曰理子。昭明太子与晋安王讳令曰:"明北兖、到长史遂相系凋落,伤怛悲惋,不能已已。去岁陆太常殂殁,今兹二贤长谢。陆生资忠履贞,冰清玉洁,文该四始,学遍九流,高情胜气,贞然直上。明公儒学稽古,淳厚笃诚,立身行道,始终如一,傥值夫子,必升孔堂。到子风神开爽,文义可观,当官莅事,介然无私。皆海内之俊义,东序之秘宝。此之嗟惜,更复何论。但游处周旋,并淹岁序,造膝忠规,岂可胜说,幸免祇悔,实二三子之力也。谈对如昨,音言在耳,零落相仍,皆成异物,每一念至,何时可言。天下之宝,理当恻怆。近张新安又致故,其人文笔弘雅,亦足嗟惜,随弟府朝,东西日久,尤当伤怀也。比人物零落,特可伤惋,属有今信,乃复及之。"

洽文集行于世。子伯淮、仲举。

明山宾字孝若,平原鬲人也。父僧绍,隐居不仕,宋末国子博士征,不就。山宾七岁能言名理,十三博通经传,居丧尽礼。服阕,州辟从事史。

起家奉朝请。兄仲璋婴痼疾,家道屡空,山宾乃行干禄。齐始安王萧遥光引为抚军行参军,后为广阳令,顷之去官。义师至,高祖引为相府田曹参军。梁台建,为尚书驾部郎,迁治书侍御史,右军记室参军,掌治吉礼。时初置五经博士,山宾首膺其选。迁北中郎谘议参军,侍皇太子读。累迁中书侍郎,国子博士,太子率更令,中庶子,博士如故。天监十五年,出为持节、督缘淮诸军事、征远将军、北兖州刺史。普通二年,征为太子右卫率,加给事中,迁御史中丞。以公事左迁黄门侍郎,司农卿。四年,迁散骑常侍,领青冀二州大中正。东宫新置学士,又以山宾居之,俄以本官兼国子祭酒。

初,山宾在州,所部平陆县不稔,启出仓米以赡人,后刺史检州曹,失簿书,以山宾为耗阙,有司追责,籍其宅入官,山宾默不自理,更市地造宅。昭明太子闻筑室不就,有令曰:“明祭酒虽出抚大藩,拥旄推毂,珥金拖紫,而恒事屡空。闻构宇未成,今送薄助。”并贻诗曰:“平仲古称奇,夷吾昔檀美。令则挺伊贤,东秦固多士。筑室非道傍,置宅归仁里。庚桑方有系,原生今易拟。必来三迳人,将招三迳士。”

山宾性笃实,家中尝乏用,货所乘牛。既售受钱,乃谓买主曰:“此牛经患漏蹄,治差已久,恐后脱发,无容不相语。”买主遽追取钱。处士阮孝绪闻之,叹曰:“此言足使还淳反朴,激薄停浇矣。”

五年,又为国子博士,常侍、中正如故。其年以本官假节,权摄北兖州事。大通元年,卒,时年八十五。诏赠侍中、信威将军。谥曰质子。昭明太子为举哀,赙钱十万,布百匹,并使舍人王颛监护丧事。又与前司徒左长史殷芸令曰:“北兖信至,明常侍遂至殂逝,闻之伤恒。此贤儒术该通,志用稽古,温厚淳和,伦雅弘笃。授经以来,迄今二纪。若其上交不谄，造膝忠规，非显外迹，得之胸怀者，盖亦积矣。摄官连率，行当言归，不谓长往，眇成畴日。追忆谈绪，皆为悲端，往矣如何！昔经联事，理当酸怆也。”

山宾累居学官，甚有训导之益，然性颇疏通，接于诸生，多所狎比，人皆爱之。所著《吉礼仪注》二百二十四卷，《礼仪》二十卷，《孝经丧礼服义》十五卷。

子震，字兴道，亦传父业。历官太学博士，太子舍人，尚书祠部郎，余姚令。

殷钧字季和，陈郡长平人也。晋太常融八世孙。父睿，有才辩，知名齐世，历官司徒从事中郎。睿妻王奂女。奂为雍州刺史、镇北将军，乃言于朝，以睿为镇北长史、河南太守。奂诛，睿并见害。钧时年九岁，以孝闻。及长，恬静简交游，好学有思理。善隶书，为当时楷法，南郡范云、乐安任昉并称赏之。高祖与睿少旧故，以女妻钧，即永兴公主也。

天监初，拜驸马都尉，起家秘书郎，太子舍人，司徒主簿，秘书丞。钧在职，启校定秘阁四部书，更为目录。又受诏料检西省法书古迹，别为品目。迁骠骑从事中郎，中书郎，太子家令，掌东宫书记。顷之，迁给事黄门侍郎，中庶子，尚书吏部郎，司徒左长史，侍中。东宫置学士，复以钧为之。公事免，复为中庶子，领国子博士，左骁骑将军，博士如故。出为明威将军、临川内史。

钧体羸多疾，闭阁卧治，而百姓化其德，劫盗皆奔出境。尝禽劫帅，不加考掠，但和言诮责，劫帅稽颡乞改过，钧便命遣之，后遂为善人。郡旧多山疟，更暑必动，自钧在伍，郡境无复疟疾。母忧去职，居丧过礼，昭明太子忧之，手书诫喻曰：“知比诸德，哀顿为过，又所进殆无一溢，甚以酸耿。迥然一身，宗奠是寄，毁而灭性，圣教所不许。宜微自遣割，俯存礼制，饘粥果蔬，少加勉强。忧怀既深，指故有及，并令缪道臻口具。”钧答曰：“奉赐手令，并缪道臻宣旨，伏读感咽，肝心涂地。小人无情，动不及礼，但禀生尪劣，假推年岁，罪戾所钟，复加横疾。顷者绵微，守尽晷漏，目乱玄黄，心迷哀乐，惟救危苦，未能以远理自制。姜桂之滋，实闻前典，不避粱肉，复忝今慈，臣亦何人，降此忧慼。谨当循复圣旨，思自补续，如脱申延，实由亭造。”服阕，迁五兵尚书，犹以顿瘵经时，不堪拜受，乃更授散骑常侍，领步兵校尉，侍东宫。寻改领中庶子。昭明太子薨，官属罢，又领右游击，除国子祭酒，常侍如故。中大通四年，卒，时年四十九。谥曰贞子。二子：构，渥。

陆襄字师卿，吴郡吴人也。父闲，齐始安王遥光扬州治中。永元末，遥光据东府作乱，或劝闲去之，闲曰：“吾为人吏，何所逃死。”台军攻陷城，闲见执，将刑，第二子绛求代死，不获，遂以身蔽刃，刑者俱害之。哀痛父兄之酷，丧过于礼，服释后犹若居忧。

天监三年，都官尚书范岫表荐襄。起家擢拜著作佐郎，除永宁令。秩满，累迁司空临川王法曹、外兵、轻车庐陵王记室参军。昭明太子闻襄业行，启高祖引与游处，除太子洗马，迁中舍人，并掌管记。出为扬州治中，襄父终此官，固辞职，高祖不许，听与府司马换廨居之。昭明太子敬耆老，襄母年将八十，与萧琛、傅昭、陆杲每月常遣存问，加赐珍羞衣服。襄母尝卒患心痛，医方须三升粟浆，是时冬月，日又逼暮，求索无所，忽有老人诣门货浆，量如方剂，始欲酬直，无何失之，时以襄孝感所致也。累迁国子博士，太子家令，复掌管记，母忧去职。襄年已五十，毁顿过礼，太子忧之，日遣使诫喻。服阕，除太子中庶子，复掌管记。中大通三年，昭明太子薨，官属罢，妃蔡氏别居金华宫，以襄为中散大夫，领步兵校尉、金华宫家令，知金华宫事。

七年，出为鄱阳内史。先是，郡民鲜于琛服食修道法，尝入山采药，拾得五色幡眊，又于地中得石玺，窃怪之。琛先与妻别室，望琛所处，常有异气，益以为神。大同元年，遂结其徒，杀广晋令王筠，疏上愿元年，署置官属，其党转相诳惑，有众万余人。将出攻郡，襄先已帅民吏修城隍，为备御，及贼至，连战破之，生获琛，余众逃散。

时邻郡豫章、安成等守宰,案治党与,因求贿货,皆不得其实,或有善人尽室离祸,惟襄郡部枉直无滥。民作歌曰:"鲜于平后善恶分,民无枉死,赖有陆君。"又有彭、李二家,先因忿诤,遂相诬告,襄引入内室,不加责诮,但和言解喻之,二人感恩,深自咎悔,乃为设酒食,令其尽欢,酒罢,同载而还,因相亲厚。民又歌曰:"陆君政,无怨家,斗既罢,仇共车。"在政六年,郡中大治,民李眖等四百二十人诣阙拜表,陈襄德化,求于郡立碑,降敕许之。又表乞留襄,襄固求还,征为吏部郎,迁秘书监,领扬州大中正。太清元年,迁度支尚书,中正如故。

二年,侯景举兵围宫城,以襄直侍中省。三年三月,城陷,襄逃还吴。贼寻寇东境,没吴郡。景将宋子仙进攻钱塘,会海盐人陆黯举义,有众数千人,夜出袭郡,杀伪太守苏单于,推襄行郡事。时淮南太守文成侯萧宁逃贼入吴,襄遣迎宁为盟主,遣黯及兄子映公帅众拒子仙。子仙闻兵起,乃退还,与黯等战于松江,黯败走,吴下军闻之,亦各奔散。襄匿于墓下,一夜忧愤卒,时年七十。

襄弱冠遭家祸,终身蔬食布衣,不听音乐,口不言杀害五十许年。侯景平,世祖追赠侍中、云麾将军。以建义功,追封余干县侯,邑五百户。

陈史部尚书姚察曰:陆倕博涉文理,到洽匪躬贞劲,明山宾儒雅笃实,殷钧静素恬和,陆襄淳深孝性,虽任遇有异,皆列于名臣矣。

梁书卷二八
列传第二二

裴邃 兄子之高　之平　之横　夏侯亶
弟襄　鱼弘　韦放

裴邃字渊明，河东闻喜人，魏襄州刺史绰之后也。祖寿孙，寓居
寿阳，为宋武帝前军长史。父仲穆，骁骑将军。邃十岁能属文，善
《左氏春秋》。

齐建武初，刺史萧遥昌引为府主簿。寿阳有八公山庙，遥昌为
立碑，使邃为文，其见称赏。举秀才，对策高第，奉朝请。东昏践阼，
始安王萧遥光为抚军将军、扬州刺史，引邃为参军。后遥光败，邃还
寿阳，值刺史裴叔业以寿阳降魏，豫州豪族皆被驱掠，邃遂随众北
徙。魏主宣武帝雅重之，以为司徒属，中书郎，魏郡太守。魏遣王萧
镇寿阳，邃固求随肃，密图南归。

天监初，自拔还朝，除后军谘议参军。邃求边境自效，以为辅国
将军、庐江太守。时魏将吕颇率众五万奄来攻郡，邃率麾下拒破之，
加右军将军。五年，征邵阳洲，魏人为长桥断淮以济。邃筑垒逼桥，
每战辄克，于是密作没突舰。会甚雨，淮水暴溢，邃乘舰径造桥侧，
魏众惊溃，邃乘胜追击，大破之。进克羊石城，斩城主元康。又破霍
丘城，斩城主宁永仁。平小岘，攻合肥。以功封夷陵县子，邑三百户。

迁冠军长史、广陵太守。邃与乡人共入魏武庙，因论帝王功业。
其妻甥王篆之密启高祖，云"裴邃多大言，有不臣之迹"。由是左迁
为始安太守。邃志欲立功边陲，不愿闲远，乃致书于吕僧珍曰："昔

阮彧、颜延有'二始'之叹,吾才不逮古人,今为三始,非其愿也,将如之何!"未及至郡,会魏攻宿预,诏邃拒焉。行次直渎,魏众退。迁右军谘议参军、豫章王云麾府司马,率所领助守石头。出为竟陵太守,开置屯田,公私便之。迁为游击将军、朱衣直阁,直殿省。寻迁假节、明威将军、西戎校尉、北梁秦二州刺史。复开创屯田数千顷,仓廪盈实,省息边运。民吏获安,乃相率饷绢千余匹,邃从容曰:"汝等不应尔,吾又不可逆。"纳其绢二匹而已。还为给事中、云骑将军、朱衣直阁将军,迁大匠卿。

普通二年,义州刺史文僧明以州叛入于魏,魏军来援。以邃为假节、信武将军,督众军讨焉。邃深入魏境,从边城道,出其不意,魏所署义州刺史封寿据檀公岘,邃击破之,遂围其城,寿面缚请降,义州平。除持节、督北徐州诸军事、信武将军、北徐州刺史。未之职,又迁督豫州北豫霍三州诸军事、豫州刺史,镇合肥。

四年,进号宣毅将军。是岁,大军将北伐,以邃督征讨诸军事,率骑三千,先袭寿阳。九月壬戌,夜至寿阳,攻其郛,斩关而入,一日战九合,为后军蔡秀成失道不至,邃以援绝拔还。于是邃复整兵,收集士卒,令诸将各以服色相别。邃自为黄袍骑,先攻狄丘、甓城、黎浆等城,皆拔之。屠安成、马头、沙陵等戍。是冬,始修芍陂。明年,复破魏新蔡郡,略地至于郑城,汝颍之间,所在响应。魏寿阳守将长孙稚、河间王元琛率众五万,出城挑战。邃勒诸将为四甄以待之,令直阁将军李祖怜伪遁以引稚,稚等悉众追之,四甄竞发,魏众大败,斩首万余级。稚等奔走,闭门自固,不敢复出。其年五月,卒于军中。追赠侍中、左卫将军,给鼓吹一部,进爵为侯,增邑七百户。谥曰烈。

邃少言笑,沉深有思略,为政宽明,能得士心。居身方正有威重,将吏惮之,少敢犯法。及其卒也,淮、肥间莫不流涕,以为邃不死,洛阳不足拔也。

子之礼,字子义,自国子生推第,补邵陵王国左常侍,信威行参军。王为南兖,除长流参军,未行,仍留宿卫,补直阁将军。丁父忧,服阕,袭封,因请随军讨寿阳,除云麾将军,迁散骑常侍。又别攻魏广陵城,平之。除信武将军、西豫州刺史,加轻车将军,除黄门侍郎,迁中军宣城王司马。寻为都督北徐仁睢三州诸军事、信武将军、北徐州刺史。征太子左卫率,兼卫尉卿,转少府卿。卒,谥曰壮。子政,承圣中,官至给事黄门侍郎。江陵陷,随例入西魏。

兄子之高字如山,邃兄中散大夫髦之子也。起家州从事,新都令,奉朝请,迁参军。颇读书,少负意气,常随叔父邃征讨,所在立功,甚为邃所器重,戎政咸以委焉。

寿阳之役,邃卒于军所,之高隶夏侯夔,平寿阳,仍除平北豫章长史、梁郡太守,封都城县男,邑二百五十户。时魏汝阴来附,敕之高应接,仍除假节、飙勇将军、颍州刺史。士民夜反,逾城而入,之高率家僮与麾下奋击,贼乃散走。父忧还京。起为光远将军,合讨阴陵盗贼,平之,以为谯州刺史。又还为左军将军,出为南谯太守、监北徐州,迁员外散骑常侍。寻除雄信将军、西豫州刺史,余如故。

侯景乱,之高率众入援,南豫州刺史鄱阳嗣王范命之高总督江右援车诸军事,顿于张公洲。柳仲礼至横江,之高遣舸舸二百余艘迎致仲礼,与韦粲等俱会青塘立营,据建兴苑。及城陷,之高还合肥,与鄱阳王范西上。稍至新蔡,众将一万,未有所属,元帝遣萧慧正召之,以为侍中、护军将军。到江陵,承制除特进、金紫光禄大夫。卒,时年七十三。赠侍中、仪同三司,鼓吹一部。谥曰恭。

子畿,累官太子右卫率、隽州刺史。西魏攻陷江陵,畿力战死之。

之平字如原,之高第五弟。少亦随邃征讨,以军功封都亭侯。历武陵王常侍,扶风弘农二郡太守,不行,除谯州长史、阳平太守。拒侯景,城陷后,迁散骑常侍、右卫将军、太子詹事。

之横字如岳,之高第十三弟也。少好宾激,重气侠,不事产业。之高以其纵诞,乃为狭被蔬食以激厉之。之横叹曰:“大丈夫富贵,必作百幅被。”遂与僮属数百人于芍陂大营田墅,遂致殷积。太宗在东宫,闻而要之,以为河东王常侍、直殿主帅,迁直阁将军。侯景乱,出为贞威将军,隶鄱阳王范讨景。景济江,仍与范长子嗣入援,连营度淮,据东城。京都陷,退还合肥,与范溯流赴溢城。景遣任约上逼晋熙,范令之横下援,未及至,范薨,之横乃还。

时寻阳王大心在江州,范副梅思立密要大心袭溢城,之横斩思立而拒大心。大心以州降景。之横率众与兄之高同归元帝,承制除散骑常侍、廷尉卿,出为河东内史。又随王僧辩拒侯景于巴陵。景退,迁持节、平北将军、东徐州刺史、中护军,封豫宁侯,邑三千户。又随僧辩追景,平郢、鲁、江、晋等州,恒为前锋陷阵。仍至石头,破景,景东奔,僧辩令之横与杜崱入守台城。及陆纳据湘州叛,又隶王僧辩南讨焉,于阵斩纳将李贤明,遂平之。又破武陵王于硖口。还除吴兴太守,乃作百幅被,以成其初志。

后江陵陷,齐遣上党王高涣挟贞阳侯攻东关,晋安王讳承制,以之横为使持节、镇北将军、徐州刺史,都督众军,给鼓吹一部,出守蕲城。之横营垒未周,而魏军大至,兵尽矢穷,遂于阵没,时年四十一。赠侍中、司空公,谥曰忠壮。子凤宝嗣。

夏侯亶字世龙,车骑将军详长子也。齐初,起家奉朝请。永元末,详为西中郎南康王司马,随府镇荆州,亶留京师,为东昏听政主帅。及崔慧景作乱,亶以捍御功,除骁骑将军。及高祖起师,详与长史萧颖胄协同义举,密遣信下都迎亶,亶乃赍宣德皇后令,令南康王纂承大统,封十郡为宣城王,进位相国,置僚属,选百官。建康城平,以亶为尚书吏部郎,俄迁侍中,奉玺于高祖。天监元年,出为宣城太守。寻入为散骑常侍,领右骁骑将军。六年,出为平西始兴王长史、南郡太守。父忧解职,居丧尽礼,庐于墓侧,遗财悉推诸弟。八年,起为持节、督司州诸军事、信武将军、司州刺史,领安陆太守。服阕,袭封丰城县公。居州甚有威惠,为边人所悦服。十二年,以本号还朝,除都官尚书,迁给事中、右卫将军,领豫州大中正。十五年,出为信武将军、安西长史、江夏太守。十七年,入为通直散骑常侍、太子右卫率,迁左卫将军,领前军将军。俄出为明威将军、吴兴太守。在郡复有惠政,吏民图其像,立碑颂美焉。普通三年,入为散骑常侍,领右骁骑将军。转太府卿,常侍如故。以公事免,未几,优诏复职。五年,迁中护军。

六年,大举北伐,先遣豫州刺史裴邃帅谯州刺史湛僧智、历阳太守明绍世、南谯太守鱼弘、晋熙太守张澄,并世之骁将,自南道伐寿阳城,未克而邃卒。乃加亶使持节,驰驿代邃,与魏将河间王元琛、临淮王元彧等相拒,频战克捷。寻有密敕,班师合肥,以休士马,须堰成复进。七年夏,淮堰水盛,寿阳城将没,高祖复遣北道军元树帅彭宝孙、陈庆之等稍进,亶帅湛僧智、鱼弘、张澄等通清流涧,将入淮、肥。魏军夹肥筑城,出亶军后,亶与僧智还袭,破之。进攻黎浆,贞威将军韦放自北道会焉。两军既合,所向皆降下。凡降城五十二,获男女口七万五千人,米二十万石。诏以寿阳依前代置豫州,合肥镇改为南豫州,以亶为使持节、都督豫州缘淮南豫霍义定五州诸军事、云麾将军、豫南豫二州刺史。寿春久离兵荒,百姓多流散,亶轻刑薄赋,务农省役,顷之民户充复。大通二年,进号平北将军。三年,卒于州镇。高祖闻之,即日素服举哀,赠车骑将军,谥曰襄。州民夏侯简等五百人表请为亶立碑置祠,诏许之。

亶为人美风仪,宽厚有器量,涉猎文史,辩给能专对。宗人夏侯溢为衡阳内史,辞日,亶侍御坐,高祖谓亶曰:“夏侯溢于卿疏近?”亶答曰:“是臣从弟。”高祖知溢于亶已疏,乃曰:“卿伧人,好不辩族从。”亶对曰:“臣闻服属易疏,所以不忍言族。”时以为能对。

亶历为六郡三州,不修产业,禄赐所得,随散亲故。性俭率,居处服用,充足而已,不事华侈。晚年颇好音乐,有妓妾十数人,并无被服姿容。每有客,常隔帘奏之,时谓帘为夏侯妓衣也。

亶二子:谊,损。谊袭封丰城公,历官太子舍人、洗马。太清中,侯景入寇,谊与弟损帅部曲入城,并卒围内。

夔字季龙,亶弟也。起家齐南康王府行参军。中兴初,迁司徒属。天监元年,为太子洗马、中舍人,中书郎。丁父忧。服阕,除大匠卿,知造太极殿事。普通元年,为邵陵王信威长史,行府国事。其年,出为假节、征远将军,随机北讨,还除给事黄门侍郎。二年,副装遂讨义州,平之。三年,代兄亶为吴兴太守,寻迁假节、征远将军、西阳武昌二郡太守。七年,征为卫尉,未拜,改授持节、督司州诸军事、信武将军、司州刺史,领安陆太守。

八年,敕夔帅壮武将军裴之礼、直阁将军任思祖出义阳道,攻平静、穆陵、阴山三关,克之。是时,谯州刺史湛僧智围魏东豫州刺史元庆和于广陵,入其郛。魏将元显伯率军赴援,僧智逆击破之,夔自武阳会僧智,断魏军归路。庆和于内筑栅以自固,及夔至,遂请降。夔让僧智,僧智曰:"庆和志欲降公,不愿降僧智,今往必乖其意。且僧智所将为合募人,不可御之以法。公持军素严,必无犯令,受降纳附,深得其宜。"于是,夔乃登城拔魏帜,建官军旗鼓,众莫敢妄动,庆和束兵以出,军无私焉。凡降男女口四万余人,粟六十万斛,余物称是。显伯闻之夜遁,众军追之,生擒二万余人,斩获不可胜数。诏以僧智领东豫州,镇广陵。夔引军屯安阳。夔又遣偏将屠楚城,尽俘其众,由是义阳北道遂与魏绝。

二年,魏郢州刺史元愿达请降,高祖敕郢州刺史元树往迎愿达,夔亦自楚城会之,遂留镇焉。诏改魏郢州为北司州,以夔为刺史,兼督司州。三年,迁使持节,进号仁威将军,封保城县侯,邑一千五百户。中大通二年,征为右卫将军。丁所生母忧,去职。

时魏南兖州刺史刘明以谯城入附,诏遣镇北将军元树帅军应接,起夔为云麾将军,随机北讨。寻授使持节、督南豫州诸军事、南豫州刺史。六年,转使持节、督豫淮陈颍建霍义七州诸军事、豫州刺史。豫州积岁寇戎,人颇失业,夔乃帅军人于苍陵立堰,溉田千余顷,岁收谷百余万石,以充储备,兼赡贫人,境内赖之。夔兄亶先经此任,者是夔又居焉。兄弟并有恩惠于乡里,百姓歌之曰:"我之有州,频仍夏侯;前兄后弟,布政优优。"在州七年,甚有声绩,远近多附之。有部曲万人,马二千匹,并服习精强,为当时之盛。性奢豪,后房伎妾曳罗縠饰金翠者亦有百数。爱好人士,不以贵势自高,文武宾客常满坐,时亦以此称之。大同四年,卒于州,时年五十六。有诏举哀,赠钱二十万,布二百匹。追赠侍中、安北将军。谥曰桓。

子譔嗣，官至太仆卿。譔弟谭，少粗险薄行，常停乡里，领其父部曲，为州助防。刺史萧渊明引为府长史。渊明彭城战没，复为侯景长史。景寻举兵反，谭前驱济江，顿兵城西士林馆，破掠邸第及居人富室，子女财货，尽略有之。渊明在州有四妾，章、于、王、阮，并有国色。渊明没魏，其妾并还京第，谭至，破第纳焉。

鱼弘，襄阳人。身长八尺，白皙美姿容。累从征讨，常为军锋。历南谯、盱眙、竟陵太守。常语人曰："我为郡，所谓四尽：水中鱼鳖尽，山中獐鹿尽，田中米谷尽，村里民庶尽。丈夫生世，如轻尘栖弱草，白驹之过隙。人生欢乐富贵几何时！"于是姿意酣赏，侍妾百余人，不胜金翠，服玩车马，皆穷一时之绝。迁为平西湘东王司马、新兴永宁二郡太守，卒官。

韦放字元直，车骑将军睿之子。初为齐晋安王宁朔迎主簿，高祖临雍州，又召为主簿。放身长七尺七寸，腰带八围，容貌甚伟。天监元年，为盱眙太守，还除通直郎，寻为轻车晋安王中兵参军，迁镇右始兴王谘议参军，以父忧去职。服阕，袭封永昌县侯，出为轻车南平王长史、襄阳太守。转假节、明威将军、竟陵太守。在郡和理，为吏民所称。六年，大举北伐，以放为贞威将军，与胡龙牙会曹仲宗进军。七年，夏侯亶攻黎浆不克，高祖复使帅军自北道会寿春城。寻迁云麾南康王长史、寻阳太守。放累为藩佐，并著声绩。

普通八年，高祖遣兼领军曹仲宗等攻涡阳，又以放为明威将军，帅师会之。魏大将费穆帅众奄至，放军营未立，麾下止有二百余人。放从弟洵骁果有勇力，一军所杖。放令洵单骑击刺，屡折魏军，洵马亦被伤不能进，放胄又三贯流矢。众皆失色，请放突去，放厉声叱之曰："今日唯有死耳！"乃免胄下马，据胡床处分。于是士皆殊死战，莫不一当百，魏军遂退，放逐北至涡阳。魏又遣常山王元昭、大将军李奖、乞佛宝、费穆等众五万来援，放率所督将陈度、赵伯超等夹击，大破之。涡阳城主王伟以城降。放乃登城，简出降口四千二百人，器仗充牣；又遣降人三十，分报李奖、费穆等。魏人弃诸营垒，一时奔溃，众军乘之，斩获略尽。擒穆弟超，并王伟送于京师。

还为太子右卫率，转通直散骑常侍。出为持节、督梁南秦二州诸军事、信武将军、梁南秦二州刺史。中大通二年，徙督北徐州诸军事、北徐州刺史，增封四百户，持节、将军如故。在镇三年，卒，时年五十九。谥曰宜侯。

放性弘厚笃实，轻财好施，于诸弟尤雍睦。每将远别及行役初还，常同一室卧起，时称为"三姜"。初，放与吴郡张率皆有侧室怀孕，因指为婚姻。其后各产男女，未及成长而率亡，遗嗣孤弱，放常赡恤之。及为北徐州，时有势族请姻者，放曰："吾不失信于故友。"乃以息岐娶率女，又以女适率子，时称放能笃旧。长子粲嗣，别有传。

史臣曰：裴邃之词采早著，兼思略沉深，夏侯亶之好学辩给，夔之奢豪爱士，韦放之弘厚笃行，并遇主逢时，展其才用矣。及牧州典郡，破敌安边，咸著功绩，允文武之任，盖梁室之名臣欤。

梁书卷二九
列传第二三

高祖三王

　　高祖八男：丁贵嫔生昭明太子统，太宗简文皇帝，庐陵威王续；阮修容生世祖孝元皇帝；吴淑媛生豫章王综；董淑仪生南康简王绩；丁充华生邵陵携王纶；葛修容生武陵王纪。综及纪别有传。

　　南康简王绩字世谨，高祖第四子。天监八年，封南康郡王，邑二千户。出为轻车将军，领石头戍军事。十年，迁使持节、都督南徐州诸军事、南徐州刺史，进号仁威将军。绩时年七岁，主者有受货，洗改解书，长史王僧孺弗之觉，绩见而辄诘之，便即时首服，众咸叹其聪警。十六年，征为宣毅将军、领石头戍军事。十七年，出为使持节、都督南北兖徐青冀五州诸军事、南兖州刺史，在州著称。寻有诏征还，民曹嘉乐等三百七十人诣阙上表，称绩尤异一十五条，乞留州任，优诏许之，进号北中郎将。普通四年，征为侍中、云麾将军，领石头戍军事。五年，出为使持节、都督江州诸军事、江州刺史。丁董淑仪忧，居丧过礼，高祖手诏勉之，使摄州任，固求解职，乃征授安右将军、领石头戍军事，寻加护军。羸瘠弗堪视事。大通三年，因感病薨于任，时年二十五。赠侍中、中军将军、开府仪同三司，给鼓吹一部。谥曰简。
　　绩寡玩好，少嗜欲，居无仆妾，躬事约俭，所有租秩，悉寄天府。及薨后，府有南康国无名钱数千万。

子会理嗣，字长才。少聪慧，好文史。年十一而孤，特为高祖所爱，衣服礼秩与正王不殊。年十五，拜轻车将军、湘州刺史，又领石头戍军事。迁侍中，兼领军将军。寻除宣惠将军、丹阳尹，置佐史。出为使持节、都督南兖北兖北徐青冀东徐谯七州诸军事、平北将军、南兖州刺史。太清元年，督众军北讨，至彭城，为魏师所败，退归本镇。

二年，侯景围京邑，会理治严将入援，会北徐州刺史封山侯正表将应其兄正德，外托赴援，实谋袭广陵，会理击破之，方得进路。台城陷，侯景遣前临江太守董绍先以高祖手敕召会理，其僚佐咸劝距之，会理曰："诸君心事，与我不同，天子年尊，受制贼虏，今有手敕召我入朝，臣子之心，岂得违背。且远处江北，功业难成，不若身赴京都，图之肘腋。吾计决矣。"遂席卷而行，以城输绍先。至京，景以为侍中、司空，兼中书令。虽在寇手，每思匡复，与西乡侯欢等潜布腹心，要结壮士。时范阳祖皓斩绍先，据广陵城起义，期以会理为内应。皓败，辞相连及，景矫诏免会理官，犹以白衣领尚书令。

是冬，景往晋熙，京师虚弱，会理复与柳敬礼谋之。敬礼曰："举大事必有所资，今无寸兵，安可以动？"会理曰："湖熟有吾旧兵三千余人，昨来相知，克期响集，听吾日定，便至京师。计贼守兵不过千人耳，若大兵外攻，吾等内应，直取王伟，事必有成。纵景后归，无能为也。"敬礼曰"善"，因赞成之。于时百姓厌贼，咸思用命，自丹阳至于京口，靡不同之。后事不果，与建安侯通理并遇害。

通理字季英，会理第六弟也。生十旬而简王薨，至三岁而能言，见内人分散，涕泣相送，通理问其故，或曰："此简王宫人，丧毕去尔。"通理便号泣，悲不自胜，诸宫人见之，莫不伤感，为之停者三人焉。服阕后，见高祖，又悲泣不自胜。高祖为之流涕，谓左右曰："此儿大必为奇士。"大同八年，封建安县侯，邑五百户。

通理性慷慨，慕立功名，每读书见忠臣烈士，未尝不废卷叹曰："一生之内，当无愧古人。"博览多识，有文才，尝祭孔文举墓，并为立碑，制文甚美。

太清中，侯景内寇，通理聚宾客数百，轻装赴南兖州，随兄会理入援，恒亲当矢石，为士卒先。及城陷，又随会理还广陵，因入齐为质，乞师。行二日，会侯景遣董绍先据广陵，遂迫会理，因为所获。绍先防之甚严，不得与兄弟相见，乃伪请先还京，得入辞母，谓其姊安固公主曰：“事既如此，岂可合家受毙。兄若至，愿为言之，善为计自勉，勿赐以为念也。家国阽危，虽死非恨，前途亦思立效，但未知天命何如耳。”至京师，以魏降人元贞立节忠正，可以托孤，乃以玉柄扇赠之。贞怪其故，不受，通理曰：“后当见忆，幸勿推辞。”会祖皓起兵，通理奔长芦，收军得千余人。其左右有应贼者，因间劫会理，其众遂骇散，为景所害，时年二十一。元贞始悟其前言，往收葬焉。

庐陵威王续字世欣，高祖第五子。天监八年，封庐陵郡王，邑二千户。十年，拜轻车将军、南彭城琅邪太守。十三年，转会稽太守。十六年，为都督江州诸军事、云麾将军、江州刺史。普通元年，征为宣毅将军，领石头戍军事。

续少英果，膂力绝人，驰射游猎，应发命中。高祖常叹曰：“此我之任城也。”尝与临贺王正德及胡贵通、赵伯超等驰射于高祖前，续冠于诸人，高祖大悦。三年，为使持节、都督南徐梁秦沙四州诸军事、西中郎将、南徐州刺史。七年，加宣毅将军。中大通二年，又为使持节、都督雍梁秦沙四州诸军事、平北将军、宁蛮校尉、雍州刺史，给鼓吹一部。续多聚马仗，畜养骁雄，金帛内盈，仓廪外实。四年，迁安北将军。大同元年，为使持节、都督江州诸军事、安南将军、江州刺史。三年，征为护军将军、领石头戍军事。五年，为骠骑将军、开府仪同三司。又出为使持节、都督荆郢司雍南北秦梁巴华九州诸军事、荆州刺史。中大同二年，薨于州，时年四十四。赠司空、散骑常侍、骠骑大将军，鼓吹一部，谥曰威。长子安嗣。

邵陵携王纶字世调，高祖第六子也。少聪颖，博学善属文，尤工尺牍。天监十三年，封邵陵郡王，邑二千户。出为宁远将军、琅邪彭城二郡太守,迁轻车将军、会稽太守。十八年,征为信威将军。普通元年,领石头戍军事,寻为江州刺史。五年,以西中郎将权摄南兖州,坐事免官夺爵。七年,拜侍中。大通元年,复封爵,寻加信威将军,置佐史。中大通元年,为丹阳尹。四年,为侍中、宣惠将军、扬州刺史。以侵渔细民,少府丞何智通以事启闻,纶知之,令客戴子高于都巷刺杀之。智通子诉于阙下,高祖令围纶第,捕子高,纶匿之,竟不出。坐免为庶人。顷之,复封爵。大同元年,为侍中、云麾将军。七年,出为使持节、都督郢定霍司四州诸军事、平西将军、郢州刺史,迁为安前将军、丹阳尹。中大同元年,出为镇东将军、南徐州刺史。

太清二年,进位中卫将军、开府仪同三司。侯景构逆,加征讨大都督,率众讨景。将发,高祖诫曰:"侯景小竖,颇习行阵,未可以一战即殄,当以岁月图之。"纶次钟离,景已度采石。纶乃昼夜兼道,游军入赴。济江中流风起,人马溺者十一二。遂率宁远将军西丰公大春、新涂公大成等,步骑三万,发自京口。将军赵伯超曰:"若从黄城大道,必与贼遇,不如迳路直指钟山,出其不意。"纶从之。众军奄至,贼徒大骇,分为三道攻纶,纶与战,大破之,斩首千余级。翌日,贼又来攻,相持日晚,贼稍引却,南安侯骏以数十骑驰之。贼回拒骏,骏部乱,贼因逼大军,军遂溃。纶至钟山,众裁千人,贼围之,战又败,乃奔还京口。

三年春,纶复与东扬州刺史大连等入援,至于骠骑洲。进位司空。台城陷,奔禹穴。大宝元年,纶至郢州,刺史南平王恪让州于纶,纶不受,乃上纶为假黄钺、都督中外诸军事。纶于是置百官,改厅事为正阳殿。数有灾怪,纶甚恶之。时元帝围河东王誉于长沙既久,内外断绝,纶闻其急,欲往救之,为军粮不继,遂止。乃与世祖书曰:

伏以先朝圣德,孝治天下,九亲雍睦,四表无怨,诚为国政,实亦家风。唯余与尔,同奉神训,宜敦旨喻,共承无改。且道之斯美,以和为贵,况天时地利,不及人乎。岂可手足肱支,自相屠害。日者闻誉专情先训,以幼陵长,湘、峡之内,遂至交锋。方等身遇乱兵，毙于行阵，殒于吴局，方此非冤。闻问号悒，惟增摧愤，念以兼悼，当何可称。吾在州所居遥隔，虽知其状，未喻所然。及屈此藩，备加亲访，咸云誉应接多替，兵粮闭壅；弟教亦不悛，故兴师以伐。誉未识大体，意断所行，虽存急难，岂知窃思。不能礼争，复以兵来。萧墙兴变，体亲成敌，一朝至此，能不呜呼。既有书问，云雨传流，嘈嗜其间，委悉无因详究。

方今社稷危耻，创巨痛深，人非禽虫，在知君父。即日大敌犹强，天仇未雪，余尔昆季，在外三人，如不匡难，安用臣子。唯应剖心尝胆，泣血枕戈，感誓苍穹，凭灵宗祀，昼谋夕计，共思匡复。至于其余小忿，或宜宽贷。诚复子憾须臾，将奈国冤未逞。正当轻重相推，小大易夺，遣无益之情，割下流之悼，弘豁以理，通识勉之。今已丧钟山，复诛犹子，将非扬汤止沸，吞冰疗寒。若以誉之无道，近远同疾，弟复效尤，攸非独罪。幸宽于众议，忍以事宁。如使外寇未除，家祸仍构，料今访古，未或弗亡。

夫征战之理，义在克胜。至于骨肉之战，愈胜愈酷。捷则非功，败则有丧，劳兵损义，亏失多矣。侯景之军所以未窥江外者，正为藩屏盘固，宗镇强密。若自相鱼肉，是代景行师，景便不劳兵力，坐致成效。丑徒闻此，何快如之。又庄铁小竖作乱，久挟观宁、怀安二侯，以为名号，当阳有事充掣，殊废备境，第闻征伐，复致分兵，便是自于瓜州至于湘、雍，莫非战地，悉以劳师。侯景卒承虚藉衅，浮江豕突，岂不表里成虞，首尾难救？可为寒心，其事已切。弟若苦陷洞庭，兵戈不戢，雍州疑迫，何以自安，必引进魏军，以求形援。侯景事等内痈，西秦外同瘤肿。直置关中，已为咽气，况复贪狼难测，势必侵吞。弟若不安，家国去矣。吾非有深鉴，独能弘理，正是采藉风谣，博参物论，咸以为疑，皆欲解体故耳。

自我国五十许年，恩格玄穹，德弥赤县，虽有逆难，未乱邕熙。溥天率土，忠臣愤慨，比屋罹祸，忠义奋发，无不抱甲负戈，冲冠裂眦，咸欲剚刃于侯景腹中，所须兵主唱耳。今人皆乐死，赴者如流。弟英略振远，雄伯当代，唯德唯艺，资文资武，拯溺济难，朝野咸属。一匡九合，非弟而谁？岂得自违物望，致招群齮！其间患难，具如所陈。斯理皎然，无劳请箸；验之以实，宁须确引。吾所以间关险道，出自东川，政谓上游诸藩，必连师狎至，庶以残命，预在行间；及到九江，安北兄遂溯流更上，全由饩馈悬绝，卒食半菽，阻以菜色，无因进取。侯景方延假息，复缓诛刑，倍增号愤，启处无地。计潇湘谷粟，犹当红委，若阻弟严兵，唯事交切，至于运转，恐无暇发遣。即日万心慊望，唯在民天，若遂等西河，时事殆矣。必希令弟豁照兹途，解汩川之围，存社稷之计，使其运输粮储，应赡军旅，庶叶力一举，指日宁泰。宗庙重安，天下清复，推弟之功，岂非幸甚。吾才懦兵寡，安能为役，所寄令弟，庶得申情，朝闻夕死，万殒何恨。聊陈闻见，幸无怪焉。临纸号迷，诸失次绪。

世祖复书，陈河东有罪，不可解围之状。纶省书流涕曰："天下之事，一至于斯！"左右闻之，莫不掩泣。于是大修器甲，将讨侯景。元帝闻其强盛，乃遣王僧辩帅舟师一万以逼纶，纶将刘龙武等降僧辩，纶军溃，遂与子确等十余人轻舟走武昌。

时纶长史韦质、司马姜律先在于外，闻纶败，驰往迎之，于是复收散卒，屯于齐昌郡，将引魏军共攻南阳。侯景将任约闻之，使铁骑二百袭纶，纶无备，又败走定州。定州刺史田龙祖迎纶，纶以龙祖荆镇所任，惧为所执，复归齐昌。行至汝南，西魏所署汝南城主李素者，纶之故吏，闻纶败，开城纳之。纶乃修浚城池，收集士卒，将攻竟陵。西魏安州刺史马岫闻之，报于西魏，西魏遣大将军杨忠、仪同侯几通率众赴焉。二年二月，忠等至于汝南，纶婴城自守。会天寒大雪，忠等攻之不能克，死者甚众。后李素中流矢卒，城乃陷。忠等执纶，纶不为屈，遂害之，投于江岸，经日颜色不变，鸟兽莫敢近焉。时年三十三。百姓怜之，为立祠庙，后世祖追谥曰携。

长子坚，字长白。大同元年，以例封汝南侯，邑五百户。亦善草隶,性颇庸短。侯景围城,坚屯太阳门,终日蒱饮,不抚军政。吏士有功,未尝申理,疫疠所加,亦不存恤,士咸愤怨。太清三年三月,坚书佐董勋华、白昙朗等以绳引贼登楼,遂陷,坚遇害。

弟确,字仲正。少骁勇,有文才。大同二年,封为正阶侯,邑五百户,后徙封永安。常在第中习骑射,学兵法,时人皆以为狂。左右或以进谏,确曰:“听吾为国家破贼,使汝知之。”除秘书丞,太子中舍人。

钟山之役,确苦战,所向披靡,群虏惮之。确每临阵对敌,意气详赡,带甲据鞍,自朝及夕,驰骤往反,不以为劳,诸将服其壮勇。及侯景乞盟,确在外,虑为后患,启求召确入城。诏乃召确为南中郎将、广州刺史,增封二千户。确知此盟多贰,城必沦没,因欲南奔。携王闻之,逼确使入,确犹不肯,携王流涕谓曰:“汝欲反邪!”时台使周石珍在坐,确谓石珍曰:“侯景虽云欲去,而不解长围,以意而推,其事可见。今召我入,未见其益也。”石珍曰:“敕旨如此,侯岂得辞?”确执意犹坚,携王大怒,谓赵伯超曰:“谯州,卿为我斩之,当赍首赴阙。”伯超挥刃呵确曰:“我识君耳,刀岂识君?”确于是流涕而出,遂入城。及景背盟复围城,城陷,确排闼入,启高祖曰:“城已陷矣。”高祖曰:“犹可一战不?”对曰:“不可。臣向者亲格战,势不能禁,自缒下城,仅得至此。”高祖叹曰:“自我得之,自我失之,亦复何恨!”乃使确为慰劳文。

确既出见景,景爱其膂力,恒令在左右。后从景行,见天上飞鸢,群虏争射不中,确射之,应弦而落。贼徒忿嫉,咸劝除之。先是,携王遣人密导确,确谓使者曰:“侯景轻佻,可一夫力致。确不惜死,正欲手刃之,但未得其便耳。卿还启家王,愿勿以为念也。”事未遂而为贼所害。

史臣曰:自周、汉,广树藩屏,固本深根。高祖之封建,将遵古制也。南康、庐陵并以宗室之贵,据盘石之重,绩以孝著,续以勇闻。纶聪警有才学,性险躁,屡以罪黜,及太清之乱,忠孝独存,斯可嘉矣。

梁书卷三〇
列传第二四

裴子野　顾协　徐摛　鲍泉

　　裴子野字几原，河东闻喜人，晋太子左率康八世孙。兄黎，弟楷、绰，并有盛名，所谓"四裴"也。曾祖松之，宋太中大夫。祖骃，南中郎外兵参军。父昭明，通直散骑常侍。子野生而偏孤，为祖母所养。年九岁，祖母亡，泣血哀恸，家人异之。少好学，善属文。

　　起家齐武陵王国左常侍，右军江夏王参军。遭父忧去职，居丧尽礼，每之墓所，哭泣处草为之枯，有白兔驯扰其侧。天监初，尚书仆射范云嘉其行，将表奏之，会云卒，不果。乐安任昉有盛名，为后进所慕，游其门者，昉必相荐达。子野于昉为从中表，独不至，昉亦恨焉。久之，除右军安成王参军，俄迁兼廷尉正。时三官通署狱牒，子野尝不在，同僚辄署其名，奏有不允，子野从坐免职。或劝言诸有司，可得无咎。子野笑而答曰："虽惭柳季之道，岂因讼以受服。"自此免黜久之，终无恨意。

　　二年，吴平侯萧景为南兖州刺史，引为冠军录事，府迁职解。时中书范缜与子野未遇，闻其行业而善焉。会迁国子博士，乃上表让之曰："伏见前冠军府录事参军河东裴子野，年四十，字几原，幼禀至人之行，长厉国士之风，居丧有礼，毁瘠几灭，免忧之外，蔬水不进。栖迟下位，身贱名微，而性不惮惮，情无汲汲，是以有识嗟推，州闾叹服。且家传素业，世习儒史，苑囿经籍，游息文艺。著《宋略》二十卷，弥纶首尾，勒成一代，属辞比事，有足观者。且章句洽悉，训故可传,脱置之胶庠,以弘奖后进,庶一夔之辩可寻,三豕之疑无谬矣。伏惟皇家淳耀,多士盈庭,官人迈乎有妫,棫朴越于姬氏,苟片善宜录,无论厚薄,一介可求,不由等级。臣历观古今人君,钦贤好善未有圣朝孜孜若是之至也。敢缘斯义,轻陈愚瞽,乞以臣斯忝,回授子野。如此,则贤否之宜,各全其所,讯之物议,谁曰不允。臣与子野虽未尝衔杯,访之邑里,差非虚谬,不胜惓惓微见,冒昧陈闻。伏愿陛下哀怜悾款,鉴其愚实,干犯之愆,乞垂赦宥。"有司以资历非次,弗为通。寻除尚书比部郎,仁威记室参军。出为诸暨令,在县不行鞭罚,民有争者,示之以理,百姓称悦,合境无讼。

初,子野曾祖松之,宋元嘉中受诏续修何承天《宋史》,未及成而卒。子野常欲继成先业。及齐永明末,沈约所撰《宋书》既行,子野更删撰为《宋略》二十卷。其叙事评论多善,约见而叹曰:"吾弗逮也。"兰陵萧琛、北地傅昭、汝南周舍咸称重之。至是,吏部尚书徐勉言之于高祖,以为著作郎,掌国史及起居注。顷之,兼中书通事舍人,寻除通直、正员郎,著作、舍人如故。又敕掌中书诏诰。是时西北徼外有白题及滑国,遣使由岷山道入贡。此二国历代弗宾,莫知所出。子野曰:"汉颍阴侯斩胡白题将一人。服虔注云:'白题,胡名也。'又汉定远侯击虏,八滑从之,此其后乎。"时人服其博识。敕仍使撰《方国使图》,广述怀来之盛,自要服至于海表,凡二十国。

子野与沛国刘显、南阳刘之遴、陈郡殷芸、陈留阮孝绪、吴郡顾协、京兆韦棱,皆博极群书,深相赏好,显尤推重之。时吴平侯萧励、范阳张缵,每讨论坟籍,咸折中于子野焉。普通七年,王师北伐,敕子野为喻魏文,受诏立成。高祖以其事体大,召尚书仆射徐勉、太子詹事周舍、鸿胪卿刘之遴、中书侍郎朱异,集寿光殿以观之,时并叹服。高祖目子野而言曰:"其形虽弱,其文甚壮。"俄又敕为书喻魏相元乂,其夜受旨,子野谓可待旦方奏,未之为也。及五鼓,敕催令开斋速上,子野徐起操笔,昧爽便就。既奏,高祖深嘉焉。自是凡诸符檄,皆令草创。子野为文典而速,不尚丽靡之词,其制作多法古,与今文体异,当时或有诋诃者,及其末皆翕然重之。或问其为文速者,子野答云："人皆成于手，我独成于心，虽有见否之异，其于刊改一也。"俄迁中书侍郎，余如故。大通元年，转鸿胪卿，寻领步兵校尉。

子野在禁省十余年，静默自守，未尝有所请谒，外家及中表贫乏。所得俸悉分给之。无宅，借官地二亩，起茅屋数间。妻子恒苦饥寒，唯以教诲为本，子侄祗畏，若奉严君。末年深信释氏，持其教戒，终身饭麦食蔬。中大通二年，卒官，年六十二。先是，子野自克死期，不过庚戌岁。是年自省移病，谓同官刘之亨曰："吾其逝矣。"遗命俭约，务在节制。高祖悼惜，为之流涕，诏曰："鸿胪卿、领步兵校尉、知著作郎、兼中书通事舍人裴子野，文史足用，廉白自居，劬劳通事，多历年所。奄致丧逝，恻怆空怀。可赠散骑常侍，赙钱五万，布五十匹，即日举哀。谥曰贞子。"

子野少时，集注《丧服》、续《裴氏家传》各二卷，抄合后汉事四十余卷，又敕撰《众僧传》二十卷，《百官九品》二卷，《附益谥法》一卷，《方国使图》一卷，文集二十卷，并行于世。又欲撰《齐梁春秋》，始草创，未就而卒。子謇，官至通直郎。

顾协字正礼，吴郡吴人也。晋司空和七世孙。协幼孤，随母养于外氏。外从祖宋右光禄张永尝携内外孙侄游武丘山，协年数岁，永抚之曰："儿欲何戏？"协对曰："儿正欲枕石漱流。"永叹息曰："顾氏兴于此子。"既长，好学，以精力称。外氏诸张多贤达有识鉴，从内弟率尤推重焉。

起家扬州议曹从事史，兼太学博士。举秀才，尚书令沈约览其策而叹曰："江左以来，未有此作。"迁安成王国左常侍，兼廷尉正。太尉临川王闻其名，召掌书记，仍侍西丰侯正德读。正德为巴西、梓潼郡，协除所部安都令，未至县，遭母忧。服阕，出补西阳郡丞。还除北中郎行参军，复兼廷尉正。久之，出为庐陵郡丞，未拜，会西丰侯正德为吴郡，除中军参军，领郡五官。迁轻车湘东王参军事，兼记室。普通六年，正德受诏北讨，引为府录事参军，掌书记。

军还，会有诏举士，湘东王表荐协曰："臣闻贡玉之士，归之润山；论珠之人，出于枯岸。是以刍荛之言，择于廊庙者也。臣府兼记室参军吴郡顾协，行称乡闾，学兼文武，服膺道素，雅量邃远，安贫守静，奉公抗直，傍阙知已，志不自营，年方六十，室无妻子。臣欲言于官人，申其屈滞，协必苦执贞退，立志难夺，可谓东南之遗宝矣。伏惟陛下未明求衣，思贤如渴，爰发明诏，各举所知。臣识非许、郭，虽无知人之鉴，若守固无言，惧贻蔽贤之咎。昔孔愉表韩缋之才，庾亮荐翟汤之德，臣虽未齿二臣，协实无惭两士。"即召拜通直散骑侍郎，兼中书通事舍人。累迁步兵校尉，守鸿胪卿，员外散骑常侍，卿、舍人并如故。大同八年，卒，时年七十三。高祖悼惜之，手诏曰："员外散骑常侍、鸿胪卿、兼中书通事舍人顾协，廉洁自居，白首不衰，久在省闼，内外称善。奄然殒丧，恻怛之怀，不能已已。傍无近亲，弥足哀者。大殓既毕，即送其丧枢还乡，并营家椁，并皆资给，悉使周办。可赠散骑常侍，令便举哀。谥曰温子。"

协少清介有志操。初为廷尉正，冬服单薄，寺卿蔡法度谓人曰："我愿解身上襦与顾郎，恐顾郎难□食者。"竟不敢以遗之。及为舍人，同官者皆润屋，协在省十六载，器服饮食，不改于常。有门生始来事协，知其廉洁，不敢厚饷，止送钱二千，协发怒，杖二十，因此事者绝于馈遗。自丁艰忧，遂终身布衣蔬食。少时将娉嫁舅息女，未成婚而协母亡，免丧后不复娶。至六十余，此女犹未他适，协义而迎之。晚虽判合，卒无胤嗣。

协博极群书，于文字及禽兽草木尤称精详。撰《异姓苑》五卷，《琐语》十卷，并行于世。

徐摛字士秀，东海郯人也。祖凭道，宋海陵太守。父超之，天监初仕至员外散骑常侍。摛幼而好学，及长，遍览经史。属文好为新变，不拘旧体。

起家太学博士，迁左卫司马。会晋安王讳出戍石头，高祖谓周舍曰："为我求一人，文学俱长兼有行者，欲令与晋安游处。"舍曰："臣外弟徐摛，形质陋小，若不胜衣，而堪此选。"高祖曰："必有仲宣之才，亦不简其容貌。"以摛为侍读。后王出镇□□，仍补云麾府记室参军，又转平西府中记室。王移镇京口，复随府转为安北中录事参军，带郏令，以母忧去职。王为丹阳尹，起摛为秣陵令。普通四年，王出镇襄阳，摛固求随府西上，迁晋安王谘议参军。大通初，王总戎北伐，以摛兼宁蛮府长史，参赞戎政，教命军书，多自摛出。王入为皇太子，转家令，兼掌管记，寻带领直。

摛文体既别，春坊尽学之，"宫体"之号，自斯而起。高祖闻之怒，召摛加让，及见，应对明敏，辞义可观，高祖意释。因问五经大义，次问历代史及百家杂说，末论释教，摛商较纵横，应答如响，高祖甚加叹异，更被亲狎，宠遇日隆。领军朱异不说，谓所亲曰："徐叟出入两宫，渐来逼我，须早为之所。"遂承间白高祖曰："摛年老，又爱泉石，意在一郡，以自怡养。"高祖谓摛欲之，乃召摛曰："新安大好山水，任昉等并经为之，卿为我卧治此郡。"中大通三年，遂出为新安太守。至郡，为治清静，教民礼义，劝课农桑，期月之中，风俗便改。秩满，还为中庶子，加戎昭将军。

是时，临城公纳夫人王氏，即太宗妃之侄女也。晋宋已来，初婚三日，妇见舅姑，众宾皆列观。引《春秋》义云"丁丑，夫人姜氏至。戊寅，公使大夫宗妇觌用币。"戊寅，丁丑之明日。故礼官据此，皆云宜依旧贯。太宗以问摛，摛曰："《仪礼》云'质明赞见妇于舅姑。'《杂记》又云'妇见舅姑，兄弟姊妹皆立于堂下'。政言妇是外宗，未审娴令，所以停坐三朝，观其七德。舅延外客，姑率内宾，堂下之仪，以备盛礼。近代妇于舅姑，本有戚属，不相瞻看。夫人乃妃侄女，有异他姻，觌见之仪，谓应可略。"太宗从其议。除太子左卫率。

太清三年，侯景攻陷台城。时太宗居永福省，贼众奔入，举兵上殿，侍卫奔散，莫有存者。摛独嶷然侍立不动，徐谓景曰："侯公当以礼见，何得如此。"凶威遂折。侯景乃拜，由是常惮摛。太宗嗣位，进授左卫将军，固辞不拜。太宗后被幽闭，摛不获朝谒，因感气疾而卒，年七十八。长子陵，最知名。

鲍泉字润岳，东海人也。父机，湘东王咨议参军。泉博涉史传，兼有文笔。

少事元帝，早见擢任。及元帝承制，累迁至信州刺史。太清三年，元帝命泉征河东王誉于湘州。泉至长沙，作连城以逼之，誉率众攻泉，泉据栅坚守，誉不能克。泉因其弊出击之，誉大败，尽俘其众，遂围其城。久未能拔，世祖乃数泉罪，遣平南将军王僧辩代泉为都督。僧辩至，泉愕然，顾左右曰："得王竟陵助我经略，贼不足平矣。"僧辩既入，乃背泉而坐，曰："鲍郎有罪，令旨使我锁卿，卿勿以故意见期。"因出令示泉，锁之床下。泉曰："稽缓王师，甘罪是分，但恐后人更思鲍泉之愦愦耳。"乃为启谢淹迟之罪。世祖寻复其任，令与僧辩等率舟师东逼邵陵王于郢州。

郢州平，元帝以长子方诸为刺史，泉为长史，行府州事。侯景密遣将宋子仙、任约率精骑袭之。方诸与泉不恤军政，唯蒲酒自乐。贼骑至，百姓奔告，方诸与泉方双陆，不信，曰："徐文盛大军在东，贼何由得至？"既而传告者众，始令阖门。贼纵火焚之，莫有抗者，贼骑遂入，城乃陷，执方诸及泉送之景所。后景攻王僧辩于巴陵，不克，败还，乃杀泉于江夏，沉其尸于黄鹄矶。

初，泉之为南讨都督也，其友人梦泉得罪于世祖，觉而告之。后未旬，果见囚执。顷之，又梦泉著朱衣而行水上，又告泉曰："君勿忧，寻得免矣。"因说其梦，泉密记之，俄而复见任，皆如其梦。

泉于《仪礼》尤明，撰《新仪》四十卷，行于世。

陈吏部尚书姚察曰：阮孝绪常言，仲尼论四科，始乎德行，终乎文学。有行者多尚质朴，有文者少蹈规矩，故卫、石靡余论可传，屈、贾无立德之誉。若夫宪章游、夏，祖述回、骞，体兼文行，于裴几原见之矣。

梁书卷三一
列传第二五

袁昂 子君正

　　袁昂字千里，陈郡阳夏人。祖洵，宋征虏将军、吴郡太守。父颛，冠军将军、雍州刺史，泰始初，举兵奉寻阳王子勋，事败诛死。昂时年五岁，乳媪携抱匿于庐山，会赦得出，犹徙晋安。至元徽中听还，时年十五。初，颛败，传首京师，藏于武库，至是始还。昂号恸呕血，绝而复苏，从兄象尝抚视抑譬，昂更制服，庐于墓次。后与象同见从叔司徒粲，粲谓象曰："其幼孤而能至此，故知名器自有所在。"

　　齐初，起家冠军安成王行参军，迁征虏主簿，太子舍人，王俭镇军府功曹史。俭时为京尹，经于后堂独引见昂，指北堂谓昂曰："卿必居此。"累迁秘书丞，黄门侍郎。昂本名千里，齐永明中，武帝谓之曰："昂昂千里之驹，在卿有之，今改卿名为昂，即千里为字。"出为安南鄱阳王长史、寻阳公相。还为太孙中庶子、卫军武陵王长史。

　　丁内忧，哀毁过礼。服未除而从兄象卒。昂幼孤，为象所养，乃制期服。人有怪而问之者，昂致书以喻之曰："窃闻礼由恩断，服以情申，故小功他邦，加制一等，同爨有缌，明之典籍。孤子夙以不天，幼倾乾荫，资敬未奉，过庭莫承，藐藐冲人，未达朱紫。从兄提养训教，示以义方，每假其谈价，虚其声誉，得及人次，实亦有由。兼开拓房宇，处以华旷，同财共有，恣其取足。尔来三十余年，怜爱之至，无异于己。姊妹孤侄，成就一时，笃念之深，在终弥固，此恩此爱，毕壤不追。既情若同生，而服为诸从，言心即事，实未忍安。者马棱与弟毅同居，毅亡，棱为心服三年。由也之不除丧，亦缘情而致制，虽识不及古，诚情感慕。常愿千秋之后，从服期齐；不图门衰，祸集一旦，草土残息，复罹今酷，寻惟恸绝，弥剧弥深。今以余喘，欲遂素志，庶寄其罔慕之痛，少申无已之情。虽礼无明据，乃事有先例，率迷而至，必欲行之。君问礼所归，谨以咨白。临纸号哽，言不识次。"

服阕，除右军邵陵王长史，俄迁御史中丞。时尚书令王晏弟诩为广州，多纳赇货，昂依事劾奏，不惮权豪，当时号为正直。出为豫章内史，丁所生母忧，去职以丧还，江路风浪暴骇，昂乃缚衣著柩，誓同沉溺。及风止，余舸皆没，唯昂所乘船获全，咸谓精诚所致。葬讫，起为建武将军、吴兴太守。

永元末，义师至京师，州牧郡守皆望风降款，昂独拒境不受命。高祖手书喻曰："夫祸福无门，兴亡有数，天之所弃，人孰能匡？机来不再，图之宜早。顷藉听道路，承欲狼顾一隅，既未悉雅怀，聊申往意。独夫狂勃，振古未闻，穷凶极虐，岁月滋甚。天未绝齐，圣明启运，兆民有赖，百姓来苏。吾荷任前驱，扫除京邑，方拨乱反正，伐罪吊民，至止以来，前无横阵。今皇威四临，长围已合，遐迩毕集，人神同奋。锐卒万计，铁马千群，以此攻战，何往不克。况建业孤城，人怀离阻，面缚军门，日夕相继，屠溃之期，势不云远。兼荧惑出端门，太白入氐室，天文表于上，人事符于下，不谋同契，实在兹辰。且范岫、申胄，久荐诚款，各率所由，仍为掎角，沈法珊、孙胕、朱端，已先肃清吴会，而足下欲以区区之郡，御堂堂之师，根本既倾，枝叶安附？童儿牧竖，咸谓其非，求之明鉴，实所未达。今竭力昏主，未足为忠，家门屠灭，非所谓孝，忠孝俱尽，将欲何依？岂若翻然改图，自招多福，进则远害全身，退则长守禄位。去就之宜，幸加详择。若执迷遂往，同恶不悛，大军一临，诛及三族。虽贻后悔，宁复云补。欲布所怀，故致今白。"昂答曰："都史至，辱诲。承藉以众论，谓仆有勤王之举，兼蒙诮责，独无送款，循复严旨，若临万仞。三吴内地，非用兵之所，况以偏隅一郡，何能为役？近奉敕，以此境多虞，见使安慰。自承麾旆届止，莫不膝祖军门，惟仆一人敢后至者，政以内揆庸素，文武无施,直是陈国贱男子耳。虽欲献心,不增大师之勇;置其愚默,宁沮众军之威。幸藉将军含弘之大,可得从容以礼。窃以一餐微施,尚复投殒,况食人之禄,而顿忘一旦。非惟物议不可,亦恐明公鄙之,所以踌躇,未遑荐璧。遂以轻微,爰降重命,震灼于心,忘其所厝,诚推理鉴,犹惧威临。"建康城平,昂束身诣阙,高祖宥之不问也。

天监二年,以为后军临川王参军事。昂奉启谢曰:"恩降绝望之辰,庆集寒心之日,焰灰非喻,萋枯未拟,抠衣聚足,颠狈不胜。臣遍历三坟,备详六典,巡校赏罚之科,调检生死之律,莫不严五辟于明君之朝,峻三章于圣人之世。是以涂山始会,致防风之诛;�スス邑方构,有崇侯之伐。未有缓宪于斩戮之人,赊刑于耐罪之族,出万死入一生如臣者也。推恩及罪,在臣实大,披心沥血,敢乞言之。臣东国贱人,学行何取,既殊鸣雁直木,故无结绶弹冠,徒藉羽仪,易农就仕。往年滥职,守秩东隅,仰属龚行,风驱电掩。当其时也,负鼎图者日至,执玉帛者相望。独在愚臣,顿昏大义,殉鸿毛之轻,忘同德之重。但三吴险薄,五湖交通,屡起田儋之变,每惧殷通之祸,空慕君鱼保境,遂失师涓抱器。后至者斩,臣甘斯戮。明刑徇众,谁曰不然。幸约法之弘,承解网之宥,犹当降等薪粲,遂乃顿释钳赭。敛骨吹魂,还编黔庶,濯疵荡秽,入楚游陈,天波既洗,云油遽沐。古人有言:'非死之难,处死之难。'臣之所荷,旷古不书;臣之死所,未知何地。"高祖答曰:"朕遗射钩,卿无自外。"

俄除给事黄门侍郎。其年迁侍中。明年,出为寻阳太守,行江州事。六年,征为吏部尚书,累表陈让,徙为左民尚书,兼右仆射。七年,除国子祭酒;兼仆射如故,领豫州大中正。八年,出为仁威将军、吴郡太守。十一年,入为五兵尚书,复兼右仆射,未拜,有诏即真。封寻以本官领起部尚书,加侍中。十四年,马仙琕破魏军于朐山,诏权假昂节,往劳军。十五年,迁右仆射,寻为尚书令、宣惠将军。普通三年,为中书监、丹阳尹。其年进号中卫将军,复为尚书令,即本号开府仪同三司,给鼓吹。未拜,又领国子祭酒。大通元年,加中书监,给亲信三十人。寻表解祭酒,进号中抚军大将军。迁司空、侍中、尚书令,亲信、鼓吹并如故。五年,加特进、左光禄大夫,增亲信为八十人。大同六年,薨,时年八十。诏曰:"侍中、特进、左光禄大夫、司空昂,奄至薨逝,恻怛于怀。公器寓凝素,志诚贞方,端朝燮理,嘉猷载缉。追荣表德,实惟令典。可赠本官,鼓吹一部,给东园秘器,朝服一具,衣一袭,钱二十万,绢布一百匹,蜡二百斤,即日举哀。"

初,昂临终遗疏,不受赠谥,敕诸子不得言上行状及立志铭,凡有所须,悉皆停省。复曰:"吾释褐从仕,不期富贵,但官序不失等伦,衣食粗知荣辱,以此圆棺,无惭乡里。往忝吴兴,属在昏明之际,既暗于前觉,无识于圣朝,不知天命,甘贻显戮,幸遇殊恩,遂得全门户。自念罪私门,阶荣望绝,保存性命,以为幸甚,不谓叨窃宠灵,一至于此。常欲竭诚酬报,申吾乃心,所以朝廷每兴师北伐,吾辄启求行,誓之丹款,实非矫言。既庸懦无施,皆不蒙许,虽欲罄命,其议莫从。今日瞑目,毕恨泉壤,若魂而有知,方期结草。圣朝遵古,知吾名品,或有追远之恩。虽是经国恒典,在吾无应致此,脱有赠官,慎勿祗奉。"诸子累表陈奏,诏不许。册谥曰穆正公。

子君正,美风仪,善自居处,以贵公子得当世名誉。顷之,兼吏部郎,以母忧去职。服阕,为邵陵王友、北中郎长史、东阳太守。寻征还都,郡民征士徐天佑等三百人诣阙乞留一年,诏不许,仍除豫章内史,寻转吴郡太守。侯景乱,率数百人随邵陵王赴援,及京城陷,还郡。

君正当官莅事有名称,而蓄聚财产,服玩靡丽。贼遣于子悦攻之,新城戍主戴僧易劝令拒守,吴陆映公等惧贼脱胜,略其资产,乃曰:"贼军甚锐,其锋不可当;今若拒之,恐民心不从也。"君正性怯懦,乃送米及牛酒,郊迎子悦。子悦既至,掠夺其财物子女,因是感疾卒。

史臣曰:夫天尊地卑,以定君臣之位;松筠等质,无革岁寒之心。袁千里命属崩离,身逢厄季,虽独夫丧德,臣志不移;及抗疏高祖,无亏忠节,斯亦存夷、叔之风矣。终为梁室台鼎,何其美焉!

梁书卷三二
列传第二六

陈庆之　兰钦

陈庆之字子云，义兴国山人也。幼而随从高祖。高祖性好棋，每从夜达旦不辍，等辈皆倦寐，惟庆之不寝，闻呼即至，甚见亲赏。从高祖东下平建邺，稍为主书，散财聚士，常思效用。除奉朝请。

普通中，魏徐州刺史元法僧于彭城求入内附，以庆之为武威将军，与胡龙牙、成景俊率诸军应接。还除宣猛将军、文德主帅。仍率军二千，送豫章王综入镇徐州。魏遣安丰王元延明、临淮王元彧率众二万来拒，屯据陟□。延明先遣其别将丘大千筑垒浔梁，观兵近境。庆之进薄其垒，一鼓便溃。后豫章王弃军奔魏，众皆溃散，诸将莫能制止，庆之乃斩关夜追，军士得全。普通七年，安西将军元树出征寿春，除庆之假节、总知军事。魏豫州刺史李宪遣其子长钧别筑两城相拒，庆之攻之，宪力屈遂降，庆之入据其城。转东宫直阁，赐爵关中侯。

大通元年，隶领军曹仲宗伐涡阳。魏遣征南将军常山王元昭等率马步十五万来援，前军至驼涧，去涡阳四十里。庆之欲逆战，韦放以贼之前锋必是轻锐，与战若捷，不足为功，如其不利，沮我军势，兵法所谓以逸待劳，不如勿击。庆之曰："魏人远来，皆已疲倦，去我既远，必不见疑，及其未集，须挫其气，出其不意，必无不败之理。且闻房所据营，林木甚盛，必不夜出。诸君若疑惑，庆之请独取之。"于是与麾下二百骑奔击，破其前军，魏人震恐。庆之乃还，与诸将连营而进，据涡阳城，与魏军相持。自春至冬，数十百战，师老气衰，魏之援兵复欲筑垒于军后，仲宗等恐腹背受敌，谋欲退师。庆之杖节军门曰："共来至此，涉历一岁，糜费粮仗，其数极多，诸军并无斗心，皆谋退缩，岂是欲立功名，直聚为抄暴耳。吾闻置兵死地，乃可求生，须虏大合，然后与战。审欲班师，庆之别有密敕，今日犯者，便依明诏。"仲宗壮其计，乃从之。魏人掎角作十三城，庆之衔枚夜出，陷其四垒，涡阳城主王纬乞降。所余九城，兵甲犹盛，乃陈其俘馘，鼓噪而攻之，遂大奔溃，斩获略尽，涡水咽流，降城中男女三万余口。诏以涡阳之地置西徐州。众军乘胜前顿城父。高祖嘉焉，赐庆之手诏曰："本非将种，又非豪家，觖望风云，以至于此。可深思奇略，善克令终。开朱门而待宾，扬声名于竹帛，岂非大丈夫哉！"

大通初，魏北海王元颢以本朝大乱，自拔来降，求立为魏主。高祖纳之，以庆之为假节、飙勇将军，送元颢还北。颢于涣水即魏帝号，授庆之使持节、镇北将军、护军、前军大都督，发自铚县，进拔荥城，遂至睢阳。魏将丘大千有众七万，分筑九城以相拒。庆之攻之，自旦至申，陷其三垒，大千乃降。时魏征东将军济阴王元晖业率羽林庶子二万人来救梁、宋，进屯考城，城四面萦水，守备严固。庆之命浮水筑垒，攻陷其城，生擒晖业，获租车王千八百两。仍趋大梁，望旗归款。颢进庆之卫将军、徐州刺史、武都公。仍率众而西。魏左仆射杨昱、西阿王元庆、抚军将军元显恭率御仗羽林宗子庶子众凡七万，据荥阳拒颢。兵既精强，城又险固，庆之攻未能拔。魏将元天穆大军复将至，先遣其骠骑将军小朱吐没儿领胡骑五千，骑将曾安领夏州步骑九千，援杨昱；又遣右仆射尔朱隆、西荆州刺史王罴骑一万，据武牢。天穆、没儿前后继至，旗鼓相望。时荥阳未拔，士众皆恐，庆之乃解鞍秣马，宣喻众曰："吾至此以来，屠城略地，实为不少；君等杀人父兄，略人子女，又为无算。天穆之众，并是仇仇。我等才有七千，虏众三十余万，今日之事，义不图存。吾以虏骑不可争力平原，及未尽至前，须平其城垒，诸君无假狐疑，自贻屠脍。"一鼓悉使登城，壮士东阳宋景休、义兴鱼天愍逾堞而入，遂克之。俄而魏阵外合，庆之率骑三千背城逆战，大破之，曾安于阵乞降，元天穆、尔朱吐没儿单骑获免。收荥阳储实，牛马谷帛不可胜计。进赴武牢，尔朱隆弃城走。魏主元子攸惧，奔并州。其临淮王元彧、安丰王元延明率百僚，封府库，备法驾，奉迎颢入洛阳宫，御前殿，改元，大赦。颢以庆之为侍中、车骑大将军、左光禄大夫，增邑万户。魏大将军上党王元天穆、王老生、李叔仁又率众四万，攻陷大梁，分遣老生、费穆兵二万，据武牢，刀宣、刀双入梁、宋，庆之随方掩袭，并皆降款。天穆与十余骑北渡河。高祖复赐手诏称美焉。庆之麾下悉著白袍，所向披靡。先是洛阳童谣曰："名师大将莫自牢，千兵万马避白袍。"自发铚县至于洛阳，十四旬，平三十二城，四十七战，所向无前。

初，元子攸止单骑奔走，宫卫嫔侍无改于常。颢既得志，荒于酒色，乃日夜宴乐，不复视事，与安丰、临淮共立奸计，将背朝恩，绝宾贡之礼，直以时事未安，且资庆之之力用，外同内异，言多忌刻。庆之心知之，亦密为其计，乃说颢曰："今远来至此，求伏尚多，若人知虚实，方更连兵，而安不忘危，须预为其策。宜启天子，更请精兵，并勒诸州，有南人没此者，悉须部送。"颢欲从之，元延明说颢曰："陈庆之兵不出数千，已自难制；今增其众，宁肯复为用乎？权柄一去，动转听人，魏之宗社，于斯而灭。"颢由是致疑，稍成疏贰。虑庆之密启，乃表高祖曰："河北、河南一时已定，唯尔朱荣尚敢跋扈，臣与庆之自能擒讨。今州郡新服，正须绥抚，不宜更复加兵，摇动百姓。"高祖遂诏众军皆停界首。洛下南人不出一万，羌夷十倍，军副马佛念言于庆之曰："功高不赏，震主身危，二事既有，将军岂得无虑？自古以来，废昏立明，扶危定难，鲜有得终。今将军威震中原，声动河塞，屠颢据洛，则千载一时也。"庆之不从。颢前以庆之为徐州刺史，因固求之镇。颢心惮之，遂不遣。乃曰："主上以洛阳之地全相任委，忽闻舍此朝寄，欲往彭城，谓君遽取富贵，不为国计，手敕频仍，恐成仆责。"庆之不敢复言。魏天柱将军尔朱荣、右仆射尔朱隆、大都督元天穆、骠骑将军尔朱吐没儿、荣长史高欢、鲜卑、芮芮，勒众号百万，挟魏主元子攸来攻颢。颢据洛阳六十五日，凡得所城，一时反叛。庆之渡河守北中郎城，三日中十有一战，伤杀甚众。荣将退，时有刘助者，善天文，乃谓荣曰："不出十日，河南大定。"荣乃缚木为筏，济自硖石，与颢战于河桥，颢大败，走至临颍，遇贼被擒，洛阳陷。庆之马步数千，结阵东反，荣亲自来追，值嵩高山水洪溢，军人死散。庆之乃落须发为沙门，间行至豫州，豫州人程道雍等潜送出汝阴。至都，仍以功除右卫将军，封永兴县侯，邑一千五百户。

出为持节、都督缘淮诸军事、奋武将军、北兖州刺史。会有妖贼沙门僧强自称为帝，土豪蔡伯龙起兵应之。僧强颇知幻术，更相扇惑，众至三万，攻陷北徐州，济阴太守杨起文弃城走，钟离太守单希宝见害，使庆之讨焉。车驾幸白下临饯，谓庆之曰："江、淮兵劲，其锋难当，卿可以策制之，不宜决战。"庆之受命而行。曾未浃辰，斩伯龙、僧强，传其首。

中大通二年，除都督南北司西豫豫四州诸军事、南北司二州刺史，余并如故。庆之至镇，遂围悬瓠。破魏颍州刺史娄起、扬州刺史是云宝于溱水，又破行台孙腾、大都督侯进、豫州刺史尧雄、梁州刺史司马恭于楚城。罢义阳镇兵，停水陆转运，江湖诸州并得休息。开田六千顷，二年之后，仓廪充实。高祖每嘉劳之。又表省南司州，复安陆郡，置上明郡。

大同二年，魏遣将侯景率众七万寇楚州，刺史桓和陷没，景仍进军淮上，贻庆之书使降。敕遣湘潭侯退、右卫夏侯夔等赴援，军至黎浆，庆之已击破景。时大寒雪，景弃辎重走，庆之收之以归。进号仁威将军。是岁，豫州饥，庆之开仓赈给，多所全济。州民李升等八百人表请树碑颂德，诏许焉。五年十月，卒，时年五十六。赠散骑常侍、左卫将军，鼓吹一部。谥曰武。敕义兴郡发五百丁会丧。

庆之性祗慎，衣不纨绮，不好丝竹，射不穿札，马非所便，而善抚军士，能得其死力。长子昭嗣。

第五子昕，字君章。七岁能骑射。十二随父入洛，于路遇疾，还京师。诣鸿胪卿朱异，异访北间形势，昕聚土画地，指麾分别，异甚奇之。

大同四年，为邵陵王常侍、文德主帅、右卫仗主，敕遣助防义阳。魏豫州刺史尧雄，北间骁将，兄子宝乐，特为敢勇。庆之围悬瓠，雄来赴其难，宝乐求单骑校战，昕跃马直趣宝乐，雄即散溃，仍陷溱城。六年，除威远将军、小岘城主，以公事免。十年，妖贼王勤宗起于巴山郡，以昕为宣猛将军、假节讨焉。勤宗平，除阴陵戍主、北谯太守，以疾不之官。又除骠骑外兵，俄为临川太守。

太清二年，侯景围历阳，敕召昕还，昕启云："采石急须重镇，王质水军轻弱，恐虑不济。"乃板昕为云旗将军，代质。未及下渚，景已渡江，仍遣率所令游防城外，不得入守。欲奔京口，乃为景所擒。景见昕殷勤，因留极饮，曰："我至此得卿，余人无能为也。"令昕收集部曲，将用之，昕誓而不许。景使其仪同范桃棒严禁之，昕因说桃棒，令率所领归降，袭杀王伟、宋子仙为信。桃棒许之，遂盟约，射启城中，遣昕夜缒而入。高祖大喜，敕即受降，太宗迟疑累日不决，外事发泄，昕弗之知，犹依期而下。景邀得之，乃逼昕令更射书城中，云"桃棒且轻将数十人先入"，景欲裹甲随之。昕既不肯为书，期以必死，遂为景所害，时年三十三。

兰钦字休明，中昌魏人也。父子云，天监中，军功官至云麾将军、冀州刺史。

钦幼而果决，趫捷过人，随父北征，授东宫直阁。大通元年，攻魏萧城，拔之。仍破彭城别将郊仲，进攻拟山城，破其大都督刘属众二十万。进攻笼城，获马千余匹。又破其大将柴集及襄城太守高宣、别将范思念、郑承宗等。仍攻厥固、张龙、子城，未拔，魏彭城守将杨目遣子孝邕率轻兵来援，钦逆击走之。又破谯州刺史刘海游，还拔厥固，收其家口。杨目又遣都督范思念、别将曹龙牙数万众来援，钦与战，于阵斩龙牙，传首京师。

又假钦节，都督衡州三郡兵，讨桂阳、阳山、始兴叛蛮，至即平破之。封安怀县男，邑五百户。又破天漆蛮帅晚时得。会衡州刺史元庆和为桂阳人严容所围,遣使告急,钦往应援,破容罗溪,于是长乐诸洞一时平荡。又密敕钦向魏兴,经南郑,属魏将托跋滕寇襄阳,仍敕赴援。除持节、督南梁南北秦沙四州诸军事、光烈将军、□西校尉、梁南秦二州刺史,增封五百户,进爵为侯。破通生,擒行台元子礼、大将薛俊、张菩萨,魏梁州刺史元罗遂降,梁、汉底定。进号智武将军,增封二千户。

俄改授持节、都督衡桂二州诸军事、衡州刺史。未及赴职,魏遣都督董绍、张献攻围南郑,梁州刺史杜怀瑶请救,钦率所领援之,大破绍、献于高桥城,斩首三千余,绍、献奔退,追入斜谷,斩获略尽。西魏相宇文黑泰致马二千匹,请结邻好。诏加散骑常侍,进号仁威将军,增封五百户,仍令述职。

经广州,因破俚帅陈文彻兄弟,并擒之。至衡州,进号平南将军,改封曲江县公,增邑五百户。在州有惠政,吏民诣阙请立碑颂德,诏许焉。征为散骑常侍、左卫将军,寻改授散骑常侍、安南将军、广州刺史。既至任所,前刺史南安侯密遣厨人置药于食,钦中毒而卒,时年四十二。诏赠侍中、中卫将军,鼓吹一部。

子夏礼,侯景至历阳,其部曲邀击景,兵败死之。

史臣曰:陈庆之、兰钦俱有将略,战胜攻取,盖颇、牧、卫、霍之亚欤。庆之警悟,早侍高祖,既预旧恩,加之谨肃,蝉冕组佩,亦一世之荣矣。

梁书卷三三
列传第二七

王僧孺　张率　刘孝绰
王筠

　　王僧孺字僧孺，东海郯人，魏卫将军肃八代孙。曾祖雅，晋左光禄大夫、仪同三司。祖准，宋司徒左长史。僧孺年五岁，读《孝经》，问授者此书所载述，曰："论忠孝二事。"僧孺曰："若尔，常愿读之。"六岁能属文，既长，好学。家贫，常佣书以养母，所写既毕，讽诵亦通。

　　仕齐，起家王国左常侍，太学博士。尚书仆射王晏深相赏好。晏为丹阳尹，召补郡功曹，使僧孺撰《东宫新记》。迁大司马豫章王行参军，又兼太学博士。司徒竟陵王子良开西邸，招文学，僧孺亦游焉。文惠太子闻其名，召入东宫，直崇明殿。欲拟为宫僚，文惠薨，不果。时王晏子德元出为晋安郡，以僧孺补郡丞，除候官令。建武初，有诏举士，扬州刺史始安王遥光表荐秘书丞王暕及僧孺曰："前候官令东海王僧孺，年三十五，理尚栖约，思致悟敏，既笔耕为养，亦佣书成学。至乃照萤映雪，编蒲缉柳，先言往行，人物雅俗，甘泉遗仪，南宫故事，画地成图，抵掌可述；岂直题鼠有必对之辩，竹书无落简之谬，访对不休，质疑斯在。"除尚书仪曹郎，迁治书侍御史，出为钱唐令。初，僧孺与乐安任昉遇竟陵王西邸，以文学友会。及是将之县，昉赠诗，其略曰："惟子见知，惟余知子。观行视言，要终犹始。敬之重之，如兰如茞。形应影随，曩行今止。百行之首，立人斯著。子之有之，谁毁谁誉。修名既立，老至何遽。谁其执鞭，吾为子御。刘《略》班《艺》，虞《志》荀《录》，伊昔有怀，交相欣勖。下帷无倦，升高有属。嘉尔晨灯，惜余夜烛。”其为士友推重如此。

天监初，除临川王后军记室参军，待诏文德省。寻出为南海太守。郡常有高凉生口及海舶，每岁数至，外国贾人以通货易。旧时州郡以半价就市，又买而即卖，其利数倍，历政以为常。僧孺乃叹曰：“昔人为蜀部长史，终身无蜀物，吾欲遗子孙者，不在越装。”并无所取。视事期月，有诏征还，郡民道俗六百人诣阙请留，不许。既至，拜中书郎，领著作，复直文德省，撰《中表簿》及《起居注》。迁尚书左丞，领著作如故。俄除游击将军，兼御史中丞。僧孺幼贫，其母鬻纱布以自业，尝携僧孺至市，道遇中丞卤簿，驱迫沟中。及是拜日，引驺清道，悲感不自胜。寻以公事降为云骑将军，兼职如故，顷之即真。是时高祖制《春景明志诗》五百字，敕在朝之人沈约已下同作，高祖以僧孺诗为工。迁少府卿，出监吴郡。还除尚书吏部郎，参大选，请谒不行。

出为仁威南康王长史，行府、州、国事。王典签汤道愍昵于王，用事府内，僧孺每裁抑之，道愍遂谤讼僧孺，逮诣南司。奉笺辞府曰：“下官不能避溺山隅，而正冠李下，既贻疵辱，方致徽绳，解簪收箨，且归初服。窃以董生伟器，止相骄王；贾子上才，爰傅卑土。下官生年有值，谬仰清尘，假翼西雍，窃步东阁，多惭衮服，取乱长裾，高榻相望，直居坐右，长阶如画，独在僚端。借其从容之词，假以宽和之色，恩礼远过申、白，荣望多厕应、徐。厚德难逢，小人易说。方谓离肠陨首，不足以报一言；露胆披诚，何能以酬屡顾。宁谓蔚罗裁举，微禽先落；闾阖始吹，细草仍坠。一辞九畹，方去五云。纵天网是漏，圣恩可恃，亦复孰寄心骸，何施眉目。方当横潭乱海，就鱼鳖而为群；披榛扪树，从虺蛇而相伍。岂复仰听金声，式瞻玉色。顾步高轩，悲如霰委；踟蹰下席，泪若缏縻。”

僧孺坐免官，久之不调。友人庐江何炯犹为王府记室，乃致书于炯，以见其意。曰：

近别之后，将隔暄寒，思子为劳，未能忘弭。昔季入秦，梁生适越，犹怀怅恨，且或吟谣；况歧路之日，将离严网，辞无可怜，罪有不测。盖画地刻木，昔人所恶，丛棘既累，于何可闻，所以握手恋恋，离别珍重。弟爱同邹季，淫淫承睫，吾犹复抗手分背，羞学妇人。素钟肇节，金飙戒序，起居无恙，动静履宜。子云笔札，元瑜书记，信用既然，可乐为甚。且使目明，能祛首疾。甚善甚善。

吾无昔人之才而有其病，癫眩屡动，消渴频增。委化任期，故不复呼医饮药，但恨一旦离大辱，蹈明科，去皎皎而非自污，抱郁结而无谁告，丁年蓄积，与此销亡，徒切高价厚名，横叨公器人爵，智能无所报，筋力未之酬，所以悲至抚膺，泣尽而继之以血。

顾惟不肖，文质无所底，盖困于衣食，迫于饥寒，依隐易农，所志不过钟庾。久为尺板斗食之吏，以从皂衣黑绶之役，非有奇才绝学，雄略高谟，吐一言可以匡俗振民，动一议可以固邦兴国。全璧归赵，飞矢救燕，偃息藩魏，甘卧安郢，脑日逐，髓月支，拥十万而横行，提五千而深入，将能执圭裂壤，功勒景钟，锦绣为衣，朱丹被毂，斯大丈夫之志，非吾曹之所能及已。直以章句小才，虫篆末艺，含吐缃缥之上，翻跱樽俎之侧，委曲同之针缕，系碎譬之米盐，孰致显荣，何能至到。加性疏涩，拙于进取，未尝去来许、史，遨游梁、窦，俛首胁肩，先意承旨，是以三叶靡遭，不与运并，十年未徙，孰非能薄。及除旧布新，清晷方旦，抱乐衔图，讼讴有主，而犹限一吏于岑石，隔千里于泉亭，不得奉板中涓，预衣裳之会，提戈后劲，厕龙豹之谋。及其投刻归来，恩均旧隶，升文石，登玉陛，一见而降颜色，再睹而接话言，非藉左右之容，无劳群公之助，又非同席共研之凤逢，笥饵卮酒之早识，一旦陪武帐，仰文陛，备聃、佚之柱下，充严、朱之席上，入班九棘，出专千里，据操撮之雄官，参人伦之显职，虽古之爵人不次，取士无名，未有蹑景追风，奔骤之若此者也。

盖基薄墙高，涂遥力踬，倾蹶必然，颠匐可俟。竟以福过灾生，人指鬼瞰，将均宥器，有验顷庖，是以不能早从曲影，遂乃取疑邪径。故司隶懔懔，思得应弦，譬县厨之兽，如离缴之鸟，将充庖鼎，以饵鹰鹯。虽事异钻皮，文非刺骨，犹复因兹舌杪，成此笔端，上可以投畀北方，次可以论输左校，变为丹赭，充彼春薪。幸圣主留善贷之德，纡好生之施，解网咒禽，下车泣罪，愍兹褒诉，怜其觳觫，加肉朽骴，布叶枯株，辍薪止火，得不销烂，所谓还魂斗极，追气泰山，止复除名为民，幅巾家巷，此五十年之后，人君之赐焉。木石感阴阳，犬马识厚薄，员首方足，孰不戴天？而窃自有悲者，盖士无贤不肖，在朝见嫉；女无美恶，入宫见妒。家贫，无苞苴可以事朋类，恶有乡原，耻彼戚施，何以从人？何以徇物？外无奔走之友，内乏强近之亲。是以构市之徒，随相媒蘖。及一朝捐弃，以快怨者之心，呼悲可矣。

盖先贵后贱，古富今贫，季伦所以发此哀音，雍门所以和其悲曲。又迫以严秋杀气，具物多悲，长夜展转，百忧俱至。况复霜销草色，风摇树影。寒虫夕叫，合轻重而同悲；秋叶晚伤，杂黄紫而俱坠。蜘蛛络幕，熠耀争飞，故无车辙马声，何闻鸣鸡吠犬。俛眉事妻子，举手谢宾游。方与飞走为邻，永用蓬蒿自没。忾其长息，忽不觉生之为重。素无一廛之田，而有数口之累。岂曰匏而不食，方当长为佣保，糊口寄身，溘死沟渠，以实蝼蚁，悲夫！岂复得与二三士友，抱接膝之欢，履足差肩，摛绮縠之清文，谈希微之道德。唯吴冯之遇夏馥，范彧之值孔嵩，愍其留赁，怜此行乞耳。傥不以垢累，时存寸札，则虽先犬马，犹松乔焉。去矣何生，高树芳烈。裁书代面，笔泪俱下。

久之，起为安西成王参军，累迁镇右始兴王中记室，北中郎南康王谘议参军，入直西省，知撰谱事。普通三年，卒，时年五十八。

僧孺好坟籍，聚书至万余卷，率多异本，与沈约、任昉家书相埒。少笃志精力，于书无所不睹。其文丽逸，多用新事人所未见者，世重其富。僧孺集《十八州谱》七百一十卷,《百家谱集》十五卷,《东南谱集抄》十卷,文集三十卷,《两台弹事》不入集内为五卷,及《东宫新记》,并行于世。

张率字士简,吴郡吴人。祖永,宋右光禄大夫。父环,齐世显贵,归老乡邑,天监初,授右光禄,加给事中。率年十二,能属文,常日限为诗一篇,稍进作赋颂,至年十六,向二千许首。

齐始安王萧遥光为扬州,召迎主簿,不就。起家著作佐郎。建武三年,举秀才,除太子舍人。与同郡陆倕幼相友狎,常同载诣左卫将军沈约,适值任昉在焉,约乃谓昉曰:“此二子后进才秀,皆南金也,卿可与定交。”由此与昉友善。迁尚书殿中郎。出为西中郎南康王功曹史,以疾不就。久之,除太子洗马。高祖霸府建,引为相国主簿。天监初,临川王已下并置友、学。以率为鄱阳王友,迁司徒谢朏掾,直文德待诏省,敕使抄乙部书,又使撰妇人事二十余条,勒成百卷,使工书人琅邪王深、吴郡范怀约、褚洵等缮写,以给后宫。率又为《待诏赋》奏之,甚见称赏。手敕答曰:“省赋殊佳。相如工而不敏,枚皋速而不工,卿可谓兼二子于金马矣。”又侍宴赋诗,高祖乃别赐率诗曰:“东南有才子,故能服官政。余虽惭古昔,得人今为盛。”率奉诏往返数首。其年,迁秘书丞,引见玉衡殿。高祖曰:“秘书丞天下清官,东南胄望未有为之者,今以相处,足为卿誉。”其恩遇如此。

四年三月,禊饮华光殿。其日,河南国献舞马,诏率赋之,曰:

臣闻天用莫如龙,地用莫如马。故《礼》称骊骐,诗诵骈骆。先景遗风之美,世所得闻;吐图腾光之异,有时而出。洎我大梁,光有区夏,广运自中,员照无外,日入之所,浮琛委贽,风被之域,越险效珍,轻服鸟号之骏,驹骖骖龙之名。而河南又献赤龙驹,有奇貌绝足,能拜善舞。天子异之,使臣作赋,曰:

维梁受命四载,元符既臻,协律之事具举,胶庠之教必陈,檀舆之用已偃,玉辂之御方巡。考帝文而率通,披皇图以大观。庆惟道而必先,灵匪圣其谁赞。见河龙之瑞唐,瞩天马之祯汉。

既叶符而比德，且同条而共贯。询国美于斯今，迈皇王于曩昔。散大明以烛幽，扬义声而远斥。固施之于不穷，谅无所乎朝夕。并承流以请吏，咸向风而率职。纳奇贡于绝区，致龙媒于殊域。伊况古而赤文，爰在兹而朱翼。既效德于炎运，亦表祥于尚色。资皎月而载生，祖河房而挺授。种北唐之绝类，嗣西宛之鸿胄。禀妙足而逸伦，有殊姿而特茂。善环旋于茅夏，知蹹踽于金奏。超六种于周闲，逾八品于汉厩。伊自然之有质，宁改观于肥瘦。岂徒服皂而养安，与进驾以驰骤。尔其挟尺县凿之辨，附蝉伏兔之别，十形五观之姿，三毛八肉之势。臣何得而称焉，固已详于前制。

徒观其神爽，视其豪异，轶跨野而忽逾轮，齐秀骐而并末驷。贬代盘而陋小华，越定单而少天骥。信无等于漏面，孰有取于决鼻。可以迹章、亥之所未游，逾禹、益之所未至。将不得而屈指，亦何暇以理辔。若迹遍而忘反，非我皇之所事。方润色于前古，邈深文而储思。

既而机事多暇，青春未移。时惟上巳，美景在斯。遵镐饮之故实，陈洛燕之旧仪。漕伊川而分流，引激水以回池。集国良于民俊，列树茂于皇枝。纷高冠以连袿，锵鸣玉而肩随。清辇道于上林，肃华台之金座。望发色于绿苞，仴流芬于紫裹。听磬铺之毕举，聆《韶》、《夏》之咸播。承六奏之既阕，及九变之已成。均仪禽于唐序，同舞兽于虞庭。怀夏后之九代，想陈王之紫骍。乃命涓人，效良骏，经周卫，入钩陈。言右牵之已来，宁执朴而后进。既倾首于律同，又蹀足于鼓振。擢龙首，回鹿躯，睒两镜，蹙双凫。既就场而雅拜，时赴曲而徐趋。敏躁中于促节，捷繁外于惊桴。骐行骥动，兽发龙骧；雀跃燕集，鹄引凫翔。妍七盘之绰约，陵九剑之抑扬。岂借仪于榆袂，宁假器于髦皇。婉脊投颂，俛膺合雅。露沫喷红，沾汗流赭。乃却走于集灵，驯惠养于丰夏。郁风雷之壮心，思展足于南野。

若彼符瑞之富，可以臻介丘而昭卒业，搢绅群后，诚希末光,天子深穆为度,未之访也。何则?进让殊事,岂非帝者之弥文哉。今四卫外封,五岳内郡,宜弘下禅之规,增上封之训,背清都而日行,指云郊而玄运。将绝尘而弭辙,类飞鸟与驱骥。总三才而驱鹜,按五御而超摅。翳卿云于华盖,翼条风于属车。无逸御于玉轸,不泛驾于金舆。饰中岳之绝轨,营奉高之旧墟。训厚况于人神,弘施育于黎献。垂景炎于长世,集繁祉于斯万,在庸臣之方刚,有从军之大愿。必自兹而展采,将同昊于庖辉。悼长卿之遗书,悯周南之留恨。

时与到洽、周兴嗣同奉诏为赋,高祖以率及兴嗣为工。

其年,父忧去职。其父侍妓数十人,善讴者有色貌,邑子仪曹郎顾玩之求娉焉,讴者不愿,遂出家为尼。尝因斋会率宅,玩之乃飞书言与率奸,南司以事奏闻,高祖惜其才,寝其奏,然犹致世论焉。服阕后,久之不仕。七年,敕召出,除中权建安王中记室参军,预长名问讯,不限日。俄有敕直寿光省,治景、丁部书抄。八年,晋安王戍石头,以率为云麾中记室。王迁南兖州,转宣毅谘议参军,并兼记室。王还都,率除中书侍郎。十三年,王为荆州,复以率为宣惠谘议,领江陵令。府迁江州,以谘议领记室,出监豫章、临川郡。率在府十年,恩礼甚笃。还除太子仆,累迁招远将军、司徒右长史、扬州别驾。率虽历居职务,未尝留心簿领,及为别驾奏事,高祖览牒问之,并无对,但奉答云"事在牒中",高祖不悦。

俄迁太子家令,与中庶子陆倕、仆射刘孝绰对掌东宫管记。迁黄门侍郎,出为新安太守。秩满还都,未至,丁所生母忧。大通元年,服未阕,卒,时年五十三。昭明太子遣使赠赙,与晋安王讳令曰:"近张新安又致故。其人才笔弘雅,亦足嗟惜。随弟府朝,东西日久,尤当伤怀也。比人物零落,特可潸慨,属有今信,乃复及之。"

率嗜酒,事事宽恕,于家务尤忘怀。在新安,遣家僮载米三千石还吴宅,既至,遂耗太半。率问其故,答曰:"雀鼠耗也。"率笑而言曰:"壮哉雀鼠。"竟不研问。少好属文,而《七略》及《艺文志》所载诗赋,今亡其文者,并补作之。所著《文衡》十五卷,文集三十卷,行于世。子长公嗣。

刘孝绰字孝绰，彭城人，本名冉。祖勔，宋司空、忠昭公。父绘，齐大司马霸府从事中郎。孝绰幼聪敏，七岁能属文。舅齐中书郎王融深赏异之，常与同载适亲友，号曰神童。融每言曰："天下文章，若无我，当归阿士。"阿士，孝绰小字也。绘，齐世掌诏诰。孝绰年未志学，绘常使代草之。父党沈约、任昉、范云等闻其名，并命驾先造焉，昉尤相赏好。范云年长绘十余岁，其子季才与孝绰年并十四五，及云遇孝绰，便申伯季，乃命季才拜之。

天监初，起家著作佐郎，为《归沐诗》以赠任昉，昉报章曰："彼美洛阳子，投我怀秋作。讵慰耋嗟人，徒深老夫托。直史兼褒贬，辖司专疾恶。九折多美疹，匪报庶良药。子其崇锋颖，春耕励秋获。"其为名流所重如此。迁太子舍人。俄以本官兼尚书水部郎，奉启陈谢，手敕答曰："美锦未可便制，簿领亦宜稍习。"顷之即真。高祖雅好虫篆，时因宴幸，命沈约、任昉等言志赋诗，孝绰亦见引。尝侍宴，于坐为诗七首，高祖览其文，篇篇嗟赏，由是朝野改观焉。

寻有敕知青、北徐、南徐三州事，出为平南安成王记室，随府之镇。寻补太子洗马，迁尚书金部侍郎，复为太子洗马，掌东宫管记。出为上虞令。还除秘书丞，高祖谓舍人周舍曰："第一官当用第一人。"故以孝绰居此职。公事免，寻复除秘书丞。出为镇南安成王谘议，入以事免。起为安西、记室，累迁安西、骠骑谘议参军，敕权知司徒右长史事。迁太府卿，太子仆，复掌东宫管记。时昭明太子好士爱文，孝绰与陈郡殷芸、吴郡陆倕、琅邪王筠、彭城到洽等，同见宾礼。太子起乐贤堂，乃使画工先图孝绰焉。太子文章繁富，群才咸欲撰录，太子独使孝绰集而序之。迁员外散骑常侍，兼廷尉卿，顷之即真。

初，孝绰与到洽友善，同游东宫。孝绰自以才优于洽，每于宴坐，嗤鄙其文，洽衔之。及孝绰为廷尉正，携妾入官府，其母犹停私宅。洽寻为御史中丞，遣令史案其事，遂劾奏之，云："携少妹于华省,弃老母于下宅。"高祖为隐其恶,改"妹"为"姝"。坐免官。孝绰诸弟,时随藩皆在荆、雍,乃与书论共沼不平者十事,其辞皆鄙到氏。又写别本封呈东宫,昭明太子命焚之,不开视也。

时世祖出为荆州,至镇与孝绰书曰:"君屏居多暇,差得肆意典坟,吟咏情性,比复稀数古人,不以委约而能不伎痒。且虞卿、史迁由斯而作,想摛属之兴,益当不少。洛地纸贵,京师名动,彼此一时,何其盛也!近在道务闲,微得点翰,虽无纪行之作,颇有怀旧之篇。至此已来,众诸屑役。小生之诋,恐取辱于庐江;遮道之奸,虑兴谋于从事。方且蹇帷自厉,求瘼不休,笔墨之功,曾何暇豫。至于心乎爱矣,未尝有歇,思乐惠音,清风靡闻。譬夫梦想温玉,饥渴明珠,虽愧卞、随。犹为好事。新有所制,想能示之,勿等清虑,徒虚其请。无由赏悉,遣此代怀。数路计行,迟还芳札。"孝绰答曰:"伏承自辞皇邑,爰至荆台,未劳刺举,且摛高丽。近虽预观尺锦,而不睹全玉。昔临淄词赋,悉与杨修,未殚宝笥,顾惭先哲。渚宫旧俗,朝衣多故,李固之荐二邦,徐珍之奏七邑,威怀之道,兼而有之。当欲使金石流功,耻用翰墨垂迹。虽乖知二,偶达圣心。爰自退居素里,却扫穷闲,比杨伦之不出,譬张挚之杜门。昔赵卿穷愁,肆言得失;汉臣郁志,广叙盛衰。彼此一时,拟非其匹。窃以文豹何辜,以文为罪。由此而谈,又何容易。故韬翰吮墨,多历寒暑,既阙子幼南山之歌,又微敬通渭水之赋,无以自同献笑,少酬褒诱。且才乖体物,不拟作于玄根;事殊宿诺,宁贻惧于朱亥。顾已反躬,载怀累息。但瞻言汉广,邈若天涯,区区一心,分宵九逝。殿下降情白屋,存问相寻,食椹怀音,矧伊人矣。"

孝绰免职后,高祖数使仆射徐勉宣旨慰抚之,每朝宴常引与焉。及高祖为《籍田诗》,又使勉先示孝绰。时奉诏作者数十人,高祖以孝绰尤工。即日有敕,起为西中郎湘东王谘议。启谢曰:"臣不能衔珠避颠,倾柯卫足,以兹疏幸,与物多忤。兼逢匦怨之友,遂居司隶之官,交构是非,用成蓁斐。日月昭回,俯明枉直。狱书每御,辄鉴蒋济之冤;炙发见明,非关陈正之辩。遂漏斯密网,免彼严棘,得使还同士伍,比屋唐民,生死肉骨,岂侔其施。臣诚无识,孰不戴天。疏远亩陇,绝望高阙,而降其接引,优以旨喻,于臣微物,足为荣陨。况刚条落叶,忽沾云露;周行所寘,复齿盛流。但雕朽污粪,徒成延奖;捕影系风,终无效答。”又启谢东宫曰:“臣闻之,先圣以众恶之,必监焉;众好之,必监焉。岂非孤特则积毁所归,比周则积誉斯信?知好恶之间,必待明鉴。故晏婴再为阿宰,而前毁后誉。后誉出于阿意,前毁由于直道。是以一犬所噬,旨酒贸其甘酸;一手所摇,嘉树变其生死。又邹阳有言,士无贤愚,入朝见嫉。至若臧文之下展季,靳尚之放灵均,缝侯之排贾生,平津之陷主父,自兹厥徒,其徒实繁。曲笔短辞,不暇弹述,寸管所窥,常由切齿。殿下海道观书,俯同好学,前载枉直,备该神览。臣昔因立侍,亲承绪言,飘风贝锦,譬彼谗慝,圣旨殷勤,深以为叹。臣资愚履直,不能杜渐防微,曾未几何,逢谗罹难。虽吹毛洗垢,在朝而同嗟;而严文峻法,肆奸其必奏。不顾卖友,志欲要君,自非上帝运超已之光,昭陵阳之虐,舞文虚谤,不取信于宸明,在缧绁缨,幸得蠲于庸暗。裁下免黜之书,仍颁朝会之旨。小人未识通方,絷马悬车,息绝朝觐,方愿灭影销声,遂移林谷。不悟天听罔已,造次必彰,不以距违见疵,复使引籍云陛。降宽和之色,垂布帛之言,形之千载,所蒙已厚,况乃恩等特召,荣同起家,望古自惟,弥觉多忝。但未渝丹石,永藏轮轨,相彼工言,构兹媒谇。且款冬而生,已凋柯叶,空延德泽,无谢阳春。”

后为太子仆,母忧去职。服阕,除安西湘东王谘议参军,迁黄门侍郎,尚书吏部郎,坐受人绢一束,为饷者所讼,左迁信威临贺王长史。顷之,迁秘书监。大同五年,卒官,时年五十九。

孝绰少有盛名,而仗气负才,多所陵忽,有不合意,极言诋訾。领军臧盾、太府卿沈僧杲等,并被时遇,孝绰尤轻之。每于朝集会同处,公卿间无所与语,反呼驺卒访道途间事,由此多忤于物。

孝绰辞藻为后进所宗,世重其文,每作一篇,朝成暮遍,好事者咸讽诵传写,流闻绝域。文集数十万言,行于世。

孝绰兄弟及群从诸子侄,当时有七十人,并能属文,近古未之有也。其三妹适琅邪王叔英、吴郡张嵊、东海徐悱，并有才学；悱妻文尤清拔。悱，仆射徐勉子，为晋安郡，卒，丧还京师，妻为祭文，辞甚凄怆。勉本欲为哀文，既睹此文，于是阁笔。

孝绰子谅，字求信。少好学，有文才，尤博悉晋代故事，时人号曰"皮裏晋书"。历官著作佐郎，太子舍人，王府主簿，功曹史，中城王记室参军。

王筠字元礼，一字德柔，琅邪临沂人。祖僧虔，齐司空、简穆公。父楫，太中大夫。筠幼警寤，七岁能属文。年十六，为《芍药赋》，甚美。及长，清静好学，与从兄泰齐名。陈郡谢览，览弟举，亦有重誉，时人为之语曰："谢有览、举，王有养、炬。"炬是泰，养即筠，并小字也。

起家中军临川王行参军，迁太子舍人，除尚书殿中郎。王氏过江以来，未有居郎署者。或劝逡巡不就，筠曰："陆平原东南之秀，王文度独步江东，吾得比踪昔人，何所多恨？"乃欣然就职。尚书令沈约，当世辞宗，每见筠文，咨嗟吟味，以为不逮也。尝谓筠："昔蔡伯喈见王仲宣，称曰：'王公之孙也，吾家书籍，悉当相与。'仆虽不敏，请附斯言。自谢朓诸贤零落已后，平生意好，殆将都绝，不谓疲暮，复逢于君。"约于郊居宅造阁斋，筠为草木十咏，书之于壁，皆直写文词，不加篇题。约谓人云："此诗指物呈形，无假题署。"约制《郊居赋》，构思积时，犹未都毕，乃要筠示其草，筠读至"雌霓五激反连蜷"，约抚掌欣抃曰："仆尝恐人呼为霓五鸡反。"次至"坠石碨星"，及"冰悬坎而带坻"，筠皆击节称赞。约曰："知音者希，真赏殆绝，所以相要，政在此数句耳。"筠又尝为诗呈约，即报书云："览所示诗，实为丽则，声和被纸，光影盈字。夔、牙接响，顾有余惭；孔翠群翔，岂不多愧。古情拙目，每伫新奇，烂然总至，权舆已尽。会昌昭发，兰挥玉振，克谐之义，宁止笙簧。思力所该，一至乎此，叹服吟研，周流忘念。昔时幼壮，颇爱斯文，含咀之间，倏焉疲暮。不及后进，诚非一人，擅美推能，实归吾子。迟比闲日，清觐乃申。"筠为文能压强韵,每公宴并作,辞必妍美。约常从容启高祖曰:"晚来名家,唯见王筠独步。"

累迁太子洗马、中舍人,并掌东宫管记。昭明太子爱文学士,常与筠及刘孝绰、陆倕、到洽、殷芸等游宴玄圃,太子独执筠袖抚孝绰肩而言曰:"所谓左把浮丘袖,右拍洪崖肩。"其见重如此。筠又与殷芸以方雅见礼焉。出为丹阳尹丞、北中郎谘议参军,迁中书郎。奉敕制《开善寺宝志大师碑文》,词甚丽逸。又敕撰《中书表奏》三十卷,及所上赋颂,都为一集。俄兼宁远湘东王长史,行府、国、郡事。除太子家令,复掌管记。

普通元年,以母忧去职。筠有孝性,毁瘠过礼,服阕后,疾废久之。六年除尚书吏部郎,迁太子中庶子,领羽林监,又改领步兵。中大通二年,迁司徒左长史。三年,昭明太子薨,敕为哀策文,复见嗟赏。寻出为贞威将军、临海太守,在郡被讼,不调累年。大同初,起为云麾豫章王长史,迁秘书监。五年,除太府卿。明年,迁度支尚书。中大同元年,出为明威将军、永嘉太守,以疾固辞,徙为光禄大夫。俄迁云旗将军、司徒左长史。太清二年,侯景寇逼,筠时不入城。明年,太宗即位,为太子詹事。筠旧宅先为贼所焚,乃寓居国子祭酒萧子云宅,夜忽有盗攻之,惊惧坠井卒,时年六十九。家人十余人同遇害。

筠状貌寝小,长不满六尺。性弘厚,不以艺能高人,而少擅才名,与刘孝绰见重当世。其自序曰:"余少好书,老而弥笃,虽遇见瞥观,皆即疏记,后重省览,欢兴弥深,习与性成,不觉笔倦。自年十三四,齐建武二年乙亥至梁大同六年,四十六载矣。幼年读五经,皆七八十遍。爱《左氏春秋》,吟讽常为口实,广略去取,凡三过立抄。余经及《周官》、《仪礼》、《国语》、《尔雅》、《山海经》、《本草》并再抄。子史诸集皆一遍。未尝倩人假手,并躬自抄录,大小百余卷。不足传之好事,盖以备遗忘而已。"又与诸儿书论家世集云:"史传称,安平崔氏及汝南应氏并累世有文才,所以范蔚宗'世擅雕龙',然不过父子两三世耳。非有七叶之中,名德重光,爵位相继,人人有集,如吾门世者也。沈少傅约语人云：‘吾少好百家之言，身为四代之史，自开辟已来，未有爵位蝉联，文才相继，如王氏之盛者也。’汝等仰观堂构，思各努力。”筠自撰其文章，以一官为一集，自洗马、中书、中庶子、吏部、佐、临海、太府各十卷，尚书三十卷，凡一百卷，行于世。

　　史臣陈吏部尚书姚察曰：王僧孺之巨学，刘孝绰之词藻，主非不好也，才非不用也，其拾青紫，取极贵，何难哉！而孝绰不拘言行，自颣身名，徒郁抑当年，非不遇也。

梁书卷三四
列传第二八

张缅 弟缵 绾

张缅字元长，车骑将军弘策子也。年数岁，外祖中山刘仲德异之，尝曰：“此儿非常器，为张氏宝也。”齐永元末，义师起，弘策从高祖入伐，留缅襄阳，年始十岁，每闻军有胜负，忧喜形于颜色。天监元年，弘策任卫尉卿，为妖贼所害，缅痛父之酷，丧过于礼，高祖遣戒喻之。服阕，袭洮阳县侯，召补国子生。

起家秘书郎，出为淮南太守，时年十八。高祖疑其年少未闲吏事，乃遣主书封取郡曹文案，见其断决允惬，甚称赏之。还除太子舍人，云麾外兵参军。缅少勤学，自课读书，手不辍卷，尤明后汉及晋代众家。客有执卷质缅者，随问便对，略无遗失。殿中郎缺，高祖谓徐勉曰：“此曹旧用文学，且居鹓行之首，宜详择其人。”勉举缅充选。顷之，出为武陵太守，还拜太子洗马、中舍人。缅母刘氏，以父没家贫，葬礼有阙，遂终身不居正室，不随子入官府。缅在郡所得禄俸不敢用，乃至妻子不易衣裳，及还都，并供其母赈赡亲属，虽累载所畜，一朝随尽，缅私室常阒然如贫素者。累迁北中郎谘议参军、宁远长史，出为豫章内史。缅为政任恩惠，不设钩距，吏人化其德，亦不敢欺，故老咸云“数十年未之有也。”

大通元年，征为司徒左长史，以疾不拜，改为太子中庶子，领羽林监。俄迁御史中丞，坐收捕人与外国使斗，左降黄门郎，兼领先职，俄复为真。缅居宪司，推绳无所顾望，号为劲直，高祖乃遣画工图其形于台省,以励当官。

中大通三年,迁侍中,未拜,卒,时年四十二。诏赠侍中,加贞威将军,侯如故。赠钱五万,布五十匹。高祖举哀。昭明太子亦往临哭,与缅弟缵书曰:"贤兄学业该通,莅事明敏,虽倚相之读坟典,郤縠之敦《诗》《书》,惟今望古,蔑以斯过。自列宫朝,二纪将及,义惟僚属,情实亲友。文筵讲席,朝游夕宴,何曾不同兹胜赏,共此言寄。如何长谢,奄然不追!且年甫强仕,方申才力,摧苗落颖,弥可伤惋。念天伦素睦,一旦相失,如何可言。言及增哽,揽笔无次。"

缅性爱坟籍,聚书至万余卷。抄《后汉》、《晋书》众家异同,为《后汉纪》四十卷,《晋抄》三十卷。又抄《江左集》,未及成。文集五卷。子傅嗣。

缵字伯绪,缅第三弟也,出后从伯弘籍。弘籍,高祖舅也,梁初赠廷尉卿。缵年十一,尚高祖第四女富阳公主,拜驸马都尉,封利亭侯,召补国子生。

起家秘书郎,时年十七。身长七尺四寸,眉目疏朗,神采爽发。高祖异之,尝曰:"张壮武云'后八叶有逮吾者',其此子乎!"缵好学,兄缅有书万余卷,昼夜披读,殆不辍手。秘书郎有四员,宋、齐以来,为甲族起家之选,待次入补,其居职例数十百日便迁任。缵固求不徙,欲遍观阁内图籍。尝执四部书目曰:"若读此毕,乃可言优仕矣。"如此数载,方迁太子舍人,转洗马、中舍人,并掌管记。

缵与琅邪王锡齐名。普通初,魏遣彭城人刘善明诣京师请和,求识缵。缵时年二十三,善明见而嗟服。累迁太尉谘议参军,尚书吏部郎,俄为长史兼侍中,时人以为早达。河东裴子野曰:"张吏部在喉舌之任,已恨其晚矣。"子野性旷达,自云"年出三十,不复诣人。"初未与缵遇,便虚相推重,因为忘年之交。

大通元年,出为宁远华容公长史,行琅邪彭城二郡国事。二年,仍迁华容公北中郎长史、南兰陵太守,加贞威将军,行府州事。三年,入为度支尚书,母忧去职。服阕,出为吴兴太守。缵治郡,省烦苛,务清静,民吏便之。大同二年,征为吏部尚书。缵居选,其后门寒素,有一介皆见引拔,不为贵要屈意,人士翕然称之。

五年,高祖手诏曰:"缵外氏英华,朝中领袖,司空以后,名冠范阳。可尚书仆射。"初,缵与参掌何敬容意趣不协,敬容居权轴,宾客辐凑,有过诣缵者,辄距不前,曰:"吾不能对何敬容残客。"及是迁,为表曰:"自出守股肱,入尸衡尺,可以仰首伸眉,论列是非者矣。而寸衿所滞,近蔽耳目,深浅清浊,岂有能预。加以矫心饰貌,酷非所闲,不喜俗人,与之共事。"此言以指敬容也。缵在职,议南郊御乘素辇,适古今之衷;又议印绶官备朝服,宜并著绶,时并施行。

九年,迁宣惠将军、丹阳尹,未拜,改为使持节、都督湘桂东宁三州诸军事、湘州刺史。述职经途,乃作《南征赋》。其词曰:

　　岁次娵訾,月惟中吕,余谒帝于承明,将述职于南楚。忽中川而反顾,怀旧乡而延伫;路漫漫以无端,情容容而莫与。乃弭节叹曰:"人之寓于宇宙也,何异夫栖蜗之争战,附螊之游禽。而盈虚倚伏,俯仰浮沉,矜荣华于尺景,总万虑于寸阴。彼忘机于粹日,乃圣达之明箴。妙品物于贞观,曾何足而系心。抚余躬之末迹,属兴王之盛世;蒙三栾之休宠,荷通家之渥惠。登石渠之三阁,典校文乎六艺。振长缨于承华,眷储皇之上睿。居衔觞而接席,出方舟以同济。彼华坊兴禁苑,常宵盘而昼憩。思德音其在耳,若清尘之未逝。经二纪以及兹,悲明离之永翳。惟平生之褊能,实有志于栖息。惭灭没之千里,谢韩哀于八极。如襄裘之代用,譬轮辕之曲直。愧周任之清规,谅无取于陈力。逢濯缨之嘉运,遇井汲之明时。怀君恩而未答,顾灵琐而依迟。总端揆以居副,长庶僚而称师。犹深泉之短绠,若高墉而无基。伊吾人之罪薄,岂斯满之能持。奉皇命以奏举,方驱传于衡疑。遵夕宿以言迈,戒晨装而永辞。行摇摇于南逝,心眷眷而西悲。

　　尔乃横济牵牛,傍瞻雄库;前观隐脉,却视云布。追晋氏之启戎,覆中州之鼎祚。鞠三川于茂草,沾两京于朝露。故黄旗紫盖,运在震方;金陵之兆,允符厥祥。及归命之衔璧,爰献玺于武王;启中兴之英主,宣十世而重光。观其内招人望,外攘干纪;草创江南,缔构基址。岂徒能布其德,主晋有祀,《云汉》作诗,《斯干》见美而已哉！乃得正朔相承,于兹四代;多历年所,二百余载。割疆场于华戎,拯生灵于宇内;不被发而左衽,繄明德其是赉。次临沧之层巘,寻叔宝之旧埏,蕴珠玉之余润,昭罗绮之遗妍。怀若人之远理,岂喜愠其能迁;虽魂埋于百世,犹映澈于九泉。经法王之梵宇,睹因时之或跃;从四海之宅心,故取乱而诛虐。在苍精之将季,薿洪柯以销落;既观蝎而逞刑,又施兽而为谴。候高褮以巧笑,俟长星而欢噱。何慄慄之黔首,思假命其无托。信人欲而天从,爰物睹而圣作。

我皇帝膺箓受图,聪明神武,乘衅而运,席卷三楚。师克在和,仁义必取,形犹积决,应若飙举。于是殪桑林之封狶,缴青丘之大风;戢干戈以耀德,肆《时夏》而成功。放流声于郑、卫,屏艳质于倾宫;配轩皇以迈迹,岂商、周之比隆。化致升平,于兹四纪;六夷膜拜,八蛮同轨。教穆于上庠,冤申于大理;显三光之照烛,降五灵之休祉。谅殊功于百王,固无得而称矣。

溯金牛之迅渚,睹灵山之雄壮,实江南之丘墟,平云霄而竦状。标素岭乎青壁,茸赪文于翠嶂;跳巨石以惊湍,批冲岩而骇浪。铲千寻之峭岸,潨万流之大壑;隐日月以蔽亏,搏风烟而回薄。崖映川而晃朗,水腾光而倏烁;积霜霰之往还,鼓波涛之前却。下流沫以洊险,上岑崟而将落;闻知命之是虞,故违风而靡托。讯会骸之诡状,云怒特之来奔。及渔人之垂饵,沉潜锁于洪源。鉴幽涂于忠武,驰四马之高轩。不语神以征怪,情存之而勿论。晒姑熟之旧朔,访遗迹兮宣武;挟仲谋之雄气,朝委裘而作辅。历祖宗之明君,犹负芒于盛主;势倾河以覆岱,威回天而震宇。虽明允之笃诚,在伊、稷而未举;刓有功而无志,岂季叶其能处。惧贻笑于文、景,忧象贤之覆餗;虽苞蘖以代兴,终夷宗而殄族。彼儋石之赢储,尚邀之而俟福;况神明之大宝,乃暗干于天禄。造扃键之候司,发传书于关尉;据辕辕乎伊、洛,守衡津于河、渭。无矫且以招宾,阙捐繻而待贵。宝祗敬于王典,怀鞠躬而屏气。惟函谷之襟带,疑武库之精兵。采风谣于往昔,闻乳兽于宁成。在当今而简易,止讥鉴其奸情;陋文仲之废职,鄙邴门之食征。

于是近睇赭岑,遥瞻鹊岸,岛屿苍茫,风云萧散。属时雨之新晴,观百川之浩汧;水泓澄以暗夕,山参差而辨旦。忽临眺于故乡,眇江天其无畔;溯洄流而右阻,遵长薄而左贯。独向风以舒情,搴芳洲其谁玩。息铜山而系缆,访叔文之灵宇;得旧名而犹存,皆攒芜而积楚。想夫君之令问,实有声于前古;拯巴汉之废业,爰配名于邹鲁。辨山精以息讼,对祠星而瘳主。每抚事以怀人,非末学其能睹。嘉梅根之孝女,尚乘肥于胜姬;嗟吴人之重辟,忧峻网于将贻。彼沉瓜而显义,指沧波而为期;此浮履以明节,赴丹焰其何疑。信理感而情悼,实凄怅于余悲。空沉吟以遐想,愧邯郸之妙词。望南陵以寓目,美牙门之守志;当晋师之席卷,岂藩篱而不庇。携老弱于穷城,犹区区乎一篑。虽挈瓶之小善,实君子之所识。阙一句是谓事人之礼。入雷池之长浦,想恭、岱之芳尘;临鱼官以辍膳,践寒蒲之抽筍。又有生为令德,没为明神。或捐家事主,携手拜亲;或正身殉义,哀感市人。所以家称纯孝,国号能臣。扬清徽于上列,并异世而为邻。发晓渚而溯风,苦神吴之难习。岸曜舟而不进,水腾沙以惊急。天曀曀其垂阴,雨霏霏而来集;愍征夫之劳瘁,每搴帷而伫立。由江沲之流别,望彭汇之通津,涂未中乎及绛,日已盈于浃旬。

于是千流共归,万岭分状;倒景悬高,浮天泻壮。清江洗涤,平湖夷畅;翻光转彩,出没摇漾。岷山、嶓冢,悠远寂寥;青溢、赤岸,控汐引潮。望归云之蓊蓊,扬清风之飘飘;界飞流于翠薄,耿长虹于青霄。若夫灌莽川涯,层潭水府,游泳之所往还,喧鸣之所攒聚,群飞沙涨,掩薄草渚;奇甲异鳞,雕文绰羽。听寡鹤之偏鸣,闻孤鸿之慕侣;在客行而多思,独伤魂而凄楚。美中流之冲要,因习坎以守固。既固之而设险,又居之而务德。

南通珠崖、夜郎，西款玉津、华墨。莫不内清奸宄，外弭苛慝，篱屏京师，事有均于齐德也。

眄匡岭以踌躇，想霞裳于云仞；流姮娥之逸响，发王子之清韵。若夜光而可投，岂荣华之难揆。羡还丹其何术，伫一丸于来信。径遵途乎鄂渚，迹孙氏之霸墓；陈利兵而蓄粟，抗十倍之锐师。在贤才之必用，宁推诚而忍欺；图富强以法立，属贞臣而日嬉。识徐基于江畔，云钓台之旧址；方战国之多虞，犹从容而宴喜。钦辅吴之忠谅，叹仲谋之虚己；处君臣而并得，良致霸其有以。伊文侯之雅望，诚一代之伟人；祢观书以心服，玉比德而誉均。遭时雄之应运，方协义以经纶；名既逼而愈赏，言虽闻而弥亲。惜勤王于延献，俾汉京之惟新；何天命其弗与，悲盛业之未申。泛芦洲以延伫，闻伍员之所济；出怀珠而免仇，归投金以答惠。彼无求于万钟，唯长歌而鼓枻；慨斯诚之未感，乃沉躯以明誓。空负恨其何追，徒临餐而先祭；及旋师于郑国，美邀福于来裔。入郢都而抵掌，壮天险之难窥；允分荆之胜略，成百代之良规。贾生方于指大，应侯譬之木披。所以居宗振末，强本弱枝，闻古今之通制，历盛衰而不移，可不谓然与，美经国之远体也。

酌忠言于城郢，播终古方芳猷；忘我躬之匪阅，顾社稷而怀忧。服庄王之高义，乃征名于夏州；耻蹊田之过罚，纳申叔之嘉谋。观巫臣之献箴，鉴《周书》以明喻；何自谋其多僻，要桑中而远赴。若□申之诛丹，实匡君以成务；在两臣而优劣，居二主其并裕。临赤崖而慷忾，榷雄图于魏武；乘战胜以长驱，志吞吴而并楚。总八州之毅卒，期姑苏而振旅；时有便乎建瓴，事无留于萧斧。霸孙赫其霆奋，杖万俗之英辅；裂宇宙而三分，诚决机乎一举。嗟玄德之矫矫，思兴复于旧京；招卧龙于当世，配管仲而称英。收散亡之余弱，结与国而连横，延五纪乎岷汉，绍四百于炎精。望巴丘以邅回，遵洞庭而敞悦，沉轻舟而不系，何灵胥之浩荡。眺君、褊之双峰，徒临风以增想；偿瑶觞而一酌，驾彩霓而独往。

尔乃南奠衡、霍，北距沮、漳；包括沅、沣，汲引潇、湘。澷澷长迈，漫漫回翔；荡云沃日，吐霞含光。青碧潭屿，万顷澄澈；绮兰从风，素沙被雪。杂云霞以舒卷，间河洲而断绝；回晓仄于中川，起长飙而半灭。税遗枸之旧浦，瞻汨罗以陨涕；岂怀宝而迷邦，犹殷勤而一致。蕴芳华以襞积，非党人之所媚；合《小雅》之怨辞，兼《国风》之美志。譬弹冠而振衣，犹自别于泥滓；且杀身以成义，宁露才而扬己。悲先生之不辰，逢椒、兰之妒美；有骅骝而不驭，焉遑遑于千里。既践境以思人，弥流连其无已。修行潦之薄荐，敢凭诚于沼沚。谒黄陵而展敬，莫瑶席乎川湄。具兰香以膏沐，怀椒糈而要之。延帝子于三后，降虁、龙于九疑。腾河灵之水驾，下太一之灵旗。抚安哥以会儛，疏缓节而依迟。日徘徊以将暮，情眇默而无辞。愠秦皇之川幸，尤土壤以加戮；昧天道之无亲，勤望祀以祈福。将人怨而神怒，故飞川而荡谷；推冥理以归愆，遂刊山而赭木。

于是下车入部，班条理务，砥课庸薄，夕惕兢惧。存问长老，隐恤㟧庶，奉宣皇恩，宽徭省赋。远哉盛乎！斯帮之旧也。有虞巡方以托终，夏后开图而疏决，太伯让嗣以来游，□臣祈仙而齐洁。固是明王之尘轨，圣贤之踪辙也。若夫屈平《怀沙》之赋，贾子游湘之篇，史迁摛文以投吊，扬雄《反骚》而沉川。其风谣雅什，又是词人之所流连也。亦有仲宁、咸德，仍世相继，父子三台，缁衣改敝。古初抱于烈火，刘先高而忤世，蒋公琰之弘通，桓伯绪之匡济，邓究时之绝述，谷思恭之藻丽，实川岳之精灵，常间出而无替也。至于殊庭之客，帝乡之贤，神奔鬼化，吐吸云烟。玉笋登之而却老，金人植杖以尊泉，苏生骑龙而出入，处静驾鹿以周旋。配以烛之神女，偶南荣之偓佺。时仿佛其遥见，亦往往而有焉。

尔乃历省府庭，周行街术，山川远览，邑居近悉。割黔中以置守，献青阳而背质，邹生所谓还舟，楚王于焉乘驲。巡高山之累仞,褒吴文之为宰;彼非刘而八王,皆国士而身醢。在长沙而著令,经五叶其未改;知天道之福谦,胜一时之经始。寻太傅之故宅,今筑室以安禅;邑无改于旧井,尚开流而冽泉。怀伊、管之政术,遇庸臣而见迁;终被知于时主,嗟汉宗之得贤。受齐居之远托,岂理谢而生全;哀怀王之不秀,遂抱恨而伤年。修定祀于北郭,对林野而幽蔼;庶无吐于馨香,祀琼茅而沃酹。景十三以启国,惟君王其能大;迨炎正之中微,实斯藩而是赖。顾四阜之纤余,乍升高以游目;审山川之面带,将取名于衡麓。下弥漫以爽垲,上钦亏而重复;风瑟瑟以鸣松,水琤琤而响谷。低四照于若华,竦千寻于建木。冀嚣尘之可屏,登岩阿而寐宿。舍域中之常恋,慕游仙之灵族。是时凉风暮节,万实西成,华池迥远,飞阁凄明。嘉南州之炎德,爱兰蕙之秋荣。下名甘于曲榭,采芳菊于高城。树罗轩而并列,竹被岭而丛生。玩栖禽之夕返,送旅雁之晨征。悲去乡而远客,寄览物而娱情。惟传车之所骛,实鹰扬其是掌,或解组以立威,乍露服而加赏。遵圣主之恩刑,荷天地之厚德。沾河润于九里,泽自家而刑国。阙小道之可观,宁畏涂其易克;眄高衢而愿骋,忧取累于长缰。闻困石之非据,承炯戒乎明则;愧寿陵之余子,学邯郸而匍匐也。

缅至州,停遣十郡尉劳,解放老疾吏役,及关市戍逻先所防人,一皆省并。州界零陵、衡阳等郡,有莫徭蛮者,依山险为居,历政不宾服,因此向化。益阳县人作田二顷,皆异亩同颖。缅在政四年,流人自归,户口增益十余万,州境大安。

太清二年,征为领军,俄改授使持节、都督雍梁北秦东益郢州之竟陵司州之随郡诸军事、平北将军、宁蛮校尉。缅初闻邵陵王纶当代己为湘州,其后定用河东王誉,缅素轻少王,州府候迎及资待甚薄,誉深衔之。及至州,遂托疾不见缅,仍检括州府庶事,留缅不遣。会闻侯景寇京师,誉饰装当下援,时荆州刺史湘东王赴援,军次郢州武城,缅驰信报曰:"河东已竖楯上水,将袭荆州。"王信之,便回军镇,荆、湘因构嫌隙。寻弃其部伍,单舸赴江陵,王即遣使责让誉,索缵部下。既至,仍遣缵向襄阳,前刺史岳阳王詧推迁未去镇,但以城西白马寺处之。会闻贼陷京师,詧因不受代。州助防杜岸绐缵曰:"观岳阳殿下必不容使君,使君素得物情,若走入西山,招聚义众,远近必当投集,又帅部下继至,以此义举,无往不克。"缵信之,与结盟约,因夜遁入山。岸反以告詧,仍遣岸帅军追缵。缵众望岸军大喜,谓是赴期,既至,即执缵并其众,并俘送之。始被囚絷,寻又逼缵剃发为道人。其年,詧举兵袭江陵,常载缵随后。及军退败,行至溠水南,防守缵者虑追兵至,遂害之,弃尸而去,时年五十一。元帝承制,赠缵侍中、中卫将军、开府仪同三司。谥简宪公。

缵有识鉴,自见元帝,便推诚委结。及元帝即位,追思之,尝为诗,其序曰:"简宪之为人也,不事王侯,负才任气,见余则申旦达夕,不能已已。怀夫人之德,何日忘之。"缵著《鸿宝》一百卷,文集二十卷。

次子希,字子颜,早知名,选尚太宗第九女海盐公主。承圣初,官至黄门侍郎。

绾字孝卿,缵第四弟也。初为国子生,射策高第。起家长兼秘书郎,迁太子舍人、洗马、中舍人,并掌管记。累迁中书郎,国子博士。出为北中郎长史、兰陵太守,还除员外散骑常侍。时丹阳尹西昌侯萧深藻以久疾未拜,敕绾权知尹事。迁中军宣城王长史,俄徙御史中丞。高祖遣其弟中书舍人绚宣旨曰:"为国之急,惟在执宪直绳,用人本不限升降。晋宋之世,周闵、蔡廓并以侍中为之,卿勿疑是左迁也。"时宣城王府望重,故有此旨焉。大同四年元日,旧制仆射、中丞坐位东西相当,时绾兄缵为仆射,及百司就列,兄弟导驺,分趋两陛,前代未有也,时人荣之。岁余,出为豫章内史。绾在郡,述《制旨礼记正言》义,四姓衣冠士子听者常数百人。

八年,安成人到敬官挟祅道,遂聚党攻郡,内史萧恬弃城走。贼转寇南康、庐陵,屠破县邑,有众数万人。进寇豫章新淦县,南中久不习兵革,吏民惶扰奔散。或劝绾宜避其锋,绾不从,仍修城隍,设战备,募占敢勇,得万余人。刺史湘东王遣司马王僧辩帅兵讨贼,受缩节度,旬月间,贼党悉平。十年,复为御史中丞,加通直散骑常侍。缩再为宪司,弹纠无所回避,豪右惮之。是时城西开士林馆,聚学者,缩与右卫朱异、太府卿贺琛递述《制旨礼记中庸》义。

太清二年,迁左卫将军。会侯景寇至,入守东掖门。三年,迁吏部尚书。宫城陷,缩出奔外,转至江陵。湘东王承制,授侍中、左卫将军,相国长史,侍中如故。出为持节、云麾将军、湘东内史。承圣二年,征为尚书右仆射,寻加侍中。明年,江陵陷,朝士皆俘入关,缩以疾免。后卒于江陵,时年六十三。

次子交,字少游,颇涉文学,选尚太宗第十□女安阳公主。承圣二年,官至太子洗马,秘书丞,掌东宫管记。

陈吏部尚书姚察曰:太清版荡,亲属离贰,缵不能叶和藩岳,成温陶之举,苟怀私怨,构隙潇湘,遂及祸于身,非由忠节,继以江陵沦覆,实萌于此。以缵之风格,卒为梁之乱阶,惜矣哉!

梁书卷三五
列传第二九

萧子恪　弟子范　子显　子云

　　萧子恪字景冲,兰陵人,齐豫章文献王嶷第二子也。永明中,以王子封南康县侯。年十二,和从兄司徒竟陵王《高松赋》,卫军王俭见而奇之。初为宁朔将军、淮陵太守,建武中,迁辅国将军、吴郡太守。及司马王敬则于会稽举兵反,以奉子恪为名,明帝悉召子恪兄弟亲从七十余人入西省,至夜当害之。会子恪弃郡奔归,是日亦至,明帝乃止,以子恪为太子中庶子。东昏即位,迁秘书监,领右军将军,俄为侍中。中兴二年,迁辅国谘议参军。天监元年,降爵为子,除散骑常侍,领步兵校尉,以疾不拜,徙为光禄大夫,俄为司徒左长史。

　　子恪与弟子范等,尝因事入谢,高祖在文德殿引见之,从容谓曰:“我欲与卿兄弟有言。夫天下之宝,本是公器,非可力得。苟无期运,虽有项籍之力,终亦败亡。所以班彪《王命论》云:‘所求不过一金,然终转死沟壑。’卿不应不读此书。宋孝武为性猜忌,兄弟粗有令名者,无不因事鸩毒,所遗唯有景和。至余朝臣之中,或疑有天命而致害者,枉滥相继。然而或疑有天命而不能害者,或不知有天命而不疑者,于时虽疑卿祖,而无如之何。此是疑而不得。又有不疑者,如宋明帝本为庸常被免,岂疑而得全。又复我于时已年二岁,彼岂知我应有今日。当知有天命者,非人所害,害亦不能得。我初平建康城,朝廷内外皆劝我云:‘时代革异,物心须一,宜行处分。’

我于时依此而行,谁谓不可!我政言江左以来,代谢必相诛戮,此是
伤于和气,所以国祚例不灵长。所谓'殷鉴不远,在夏后之代'。此
是一义。二者,齐、梁虽曰革代,义异往时。我与卿兄弟虽复绝服二
世,宗属未远。卿勿言兄弟是亲,人家兄弟自有周旋者,有不周旋
者,况五服之属邪?齐业之初,亦是甘苦共尝,腹心在我。卿兄弟年
少,理当不悉。我与卿兄弟,便是情同一家,岂当都不念此,作行路
事?此是二义。我有今日,非是本意所求。且建武屠灭卿门,致卿
兄弟涂炭。我起义兵,非惟自雪门耻,亦是为卿兄弟报仇。卿若能
在建武、永元之世,拨乱反正,我虽起樊、邓,岂得不释戈推奉;其虽
欲不已,亦是师出无名。我今为卿报仇,且时代革异,望卿兄弟尽节
报我耳。且我自藉丧乱,代明帝家天下耳,不取卿家天下。昔刘子
舆自称成帝子,光武言:'假使成帝更生,天下亦不复可得,况子舆
乎!'梁初,人劝我相诛灭者,我答之:'犹如向孝武时事,彼若苟有
天命,非我所能杀;若其无期运,何忽行此?政足示无度量。'曹志亲
是魏武帝孙,陈思之子,事晋武能为晋室忠臣,此即卿事例。卿是宗
室,情义异佗,方坦然相期,卿无复怀自外之意。小待,自当知我寸
心。"又文献王时内斋直帐阉人赵叔祖,天监初,入为台斋帅,在寿
光省。高祖呼叔祖曰:"我本识汝在北第,以汝旧人,故每驱使。汝
比见北第诸郎不?"叔祖奉答云:"比多在直,出外甚疏,假使暂出,
亦不能得往。"高祖曰:"若见北第诸郎,道我此意:我今日虽是革
代,情同一家;但今磐石未立,所以未得用诸郎者,非惟在我未宜,
亦是欲使诸郎得安耳。但闭门高枕,后自当见我心。"叔祖即出外具
宣敕语。

　　子恪寻出为永嘉太守。还除光禄卿,秘书监。出为明威将军、
零陵太守。十七年,入为散骑常侍、辅国将军。普通元年,迁宗正卿。
三年,迁都官尚书。四年,转吏部。六年,迁太子詹事。大通二年,
出为宁远将军、吴郡太守。三年,卒于郡舍,时年五十二。诏赠侍中、
中书令。谥曰恭。

　　子恪兄弟十六人,并仕梁。有文学者,子恪、子质、子显、子云、

子晖五人。子恪尝谓所亲曰：“文史之事，诸弟备之矣，不烦吾复牵率，但退食自公，无过足矣。”子恪少亦涉学，颇属文，随弃其本，故不传文集。子瑳，亦知名，太清中，官至吏部郎，避乱东阳，后为盗所害。

子范字景则，子恪第六弟也。齐永明十年，封祁阳县侯，拜太子洗马。天监初，降爵为子，除后军记室参军，复为太子洗马，俄迁司徒主簿，丁所生母忧去职。子范有孝性，居丧以毁闻。服阕，又为司徒主簿，累迁丹阳尹丞，太子中舍人。出为建安太守，还除大司马南平王户曹属，从事中郎。王爱文学士，子范偏被恩遇，尝曰：“此宗室奇才也。”使制《千字文》，其辞甚美，王命记室蔡薳注释之。自是府中文笔，皆使草之。王薨，子范迁宣惠谘议参军，护军临贺王正德长史。正德为丹阳尹，复为正德信威长史，领尹丞。历官十余年，不出藩府，常以自慨，而诸弟并登显列，意不能平，及是为到府笺曰：“上藩首佐，于兹再忝，河南雌伏，自此重升。以老少异时，盛衰殊日，虽佩恩宠，还羞年鬓。”子范少与弟子显、子云才名略相比，而风采容止不逮，故宦途有优劣。每读《汉书》，杜缓兄弟“五人至大官，唯中弟钦官不至而最知名”，常吟讽之，以况己也。

寻复为宣惠武陵王司马，不就。仍除中散大夫，迁光禄、廷尉卿。出为戎昭将军、始兴内史。还除太中大夫，迁秘书监。太宗即位，召为光禄大夫，加金章紫绶，以逼贼不拜。其年葬简皇后，使与张缵俱制哀策文，太宗览读之，曰：“今葬礼虽阙，此文犹不减于旧。”寻遇疾卒，时年六十四。贼平后，世祖追赠金紫光禄大夫。谥曰文。前后文集三十卷。

二子滂、确，并少有文章。太宗东宫时，尝与邵陵王数诣萧文士，滂、确亦预焉。滂官至尚书殿中郎，中军宣城王记室，先子范卒。确，太清中历官宣城王友，司徒右长史。贼平后，赴江陵，因没关西。

子显字景阳，子恪第八弟也。幼聪慧，文献王异之，爱过诸子。七岁，封宁都县侯。永元末，以王子例拜给事中。天监初，降爵为子。累迁安西外兵，仁威记室参军，司徒主簿，太尉录事。

子显伟容貌，身长八尺。好学，工属文。尝著《鸿序赋》，尚书令沈约见而称曰："可谓得明道之高致，盖《幽通》之流也。"又采众家《后汉》，考正同异，为一家之书。又启撰《齐史》，书成，表奏之，诏付秘阁。累迁太子中舍人，建康令，邵陵王友，丹阳尹丞，中书郎，守宗正卿。出为临川内史，还除黄门郎。中大通二年，迁长兼侍中。高祖雅爱子显才，又嘉其容止吐纳，每御筵侍坐，偏顾访焉。尝从容谓子显曰："我造《通史》，此书若成，众史可废。"子显对曰："仲尼赞《易》道，黜《八索》，述职方，除《九丘》，圣制符同，复在兹日。"时以为名对。三年，以本官领国子博士。高祖所制经义，未列学官，子显在职，表置助教一人，生十人。又启撰高祖集，并《普通北伐记》。其年迁国子祭酒，又加侍中，于学递述高祖五经义。五年，选吏部尚书，侍中如故。

子显性凝简，颇负其才气。及掌选，见九流宾客，不与交言，但举扇一拂而已，衣冠窃恨之。然太宗素重其为人，在东宫时，每引与促宴。子显尝起更衣，太宗谓坐客曰："尝闻异人间出，今日始知是萧尚书。"其见重如此。大同三年，出为仁威将军、吴兴太守，至郡未几，卒，时年四十九。诏曰："仁威将军、吴兴太守子显，神韵峻举，宗中佳器。分竹未久，奄到丧殒，恻怆于怀。可赠侍中、中书令。今便举哀。"及葬请谥，手诏："恃才傲物，宜谥曰骄。"

子显尝为自序，其略云："余为邵陵王友，忝还京师，远思前比，即楚之唐、宋，梁之严、邹。追寻平生，颇好辞藻，虽在名无成，求心已足。若乃登高目极，临水送归，风动春朝，月明秋夜，早雁初莺，开花落叶，有来斯应，每不能已也。前世贾、傅、崔、马、邯郸、缪、路之徒，并以文章显，所以屡上歌颂，自比古人。天监十六年，始预九日朝宴，稠人广坐，独受旨云：'今云物甚美，卿得不斐然赋诗。'诗既成，又降帝旨曰：'可谓才子。'余退谓人曰：'一顾之恩，非望而至。遂方贾谊何如哉？未易当也。'每有制作，特寡思功，须其自来，不以力构。少来所为诗赋，则《鸿序》一作，体兼众制，文备多方，颇为好事所传，故虚声易远。"子显所著《后汉书》一百卷，《齐书》六十卷，

《普通北伐记》五卷,《贵俭传》三十卷,文集二十卷。

二子序、恺,并少知名。序,太清中历官太子家令、中庶子,并掌管记。及乱,于城内卒。恺,初为国子生,对策高第,州又举秀才。起家秘书郎,迁太子中舍人,王府主簿,太子洗马,父忧去职。服阕,复除太子洗马,迁中舍人,并掌管记。累迁宣城王文学,中书郎,太子家令,又掌管记。恺才学誉望,时论以方其父,太宗在东宫,早引接之。时中庶子谢嘏出守建安,于宣猷堂宴饯,并召时才赋诗,同用十五剧韵,恺诗先就,其辞又美。太宗与湘东王令曰:"王筠本自旧手,后进有萧恺可称,信为才子。"先是时,太学博士顾野王奉令撰《玉篇》,太宗嫌其书详略未当,以恺博学,于文字尤善,使更与学士删改。迁中庶子,未拜,徙为吏部郎。太清二年,迁御史中丞。顷之,侯景寇乱,恺于城内迁侍中,寻卒官,时年四十四。文集并亡逸。

子云字景乔,子恪第九弟也。年十二,齐建武四年,封新浦县侯,自制拜章,便有文采。天监初,降爵为子。既长勤学,以晋代竟无全书,弱冠便留心撰著,至年二十六,书成,表奏之,诏付秘阁。

子云性沉静,不乐仕进。年三十,方起家为秘书郎。迁太子舍人,撰《东宫新记》奏之,敕赐束帛。累迁北中郎外兵参军,晋安王文学,司徒主簿,丹阳尹丞。时湘东王为京尹,深相赏好,如布衣之交。迁北中郎庐陵王谘议参军,兼尚书左丞。大通元年,除黄门郎,俄迁轻车将军,兼司徒左长史。二年,入为吏部。三年,迁长兼侍中。大通元年,转太府卿。三年,出为贞威将军、临川内史。在郡以和理,民吏悦之。还除散骑常侍,俄复为侍中。大同二年,迁员外散骑常侍、国子祭酒,领南徐州大中正。顷之,复为侍中,祭酒、中正如故。

梁初,郊庙未革牲牷,乐辞皆沈约撰,至是承用。子云始建言宜改,启曰:"伏惟圣敬率由,尊严郊庙,得西邻之心,知周、孔之迹,载革牢俎,德通神明,黍稷蘋藻,竭诚严配,经国制度,方悬日月,垂训百王,于是乎在。臣比兼职齐官,见伶人所歌,犹用未革牲前曲。圜丘视燎,尚言'式备牲牷';北郊《诚雅》,亦奏'牲云孔备';清庙登歌,而称'我牲以洁';三朝食举,犹咏'朱尾碧鳞'。声被鼓钟,未符盛制。臣职司儒训,意以为疑,未审应改定乐辞以不?"敕答曰:"此是主者守株,宜急改也。"仍使子云撰定。敕曰:"郊庙歌辞,应须典诰大语,不得杂用子史文章浅言;而沈约所撰,亦多舛谬。"子云答敕曰:"殷荐朝飨,乐以雅名,理应正采五经,圣人成教。而汉来此制,不全用经典;约之所撰,弥复浅杂。臣前所易约十曲,惟知牲牷既革,宜改歌辞,而犹承例,不嫌流俗乖体。既奉令旨,始得发矇。臣夙本庸滞,昭然忽朗,谨依成旨,悉改约制。惟用五经为本,其次《尔雅》、《周易》、《尚书》、《大戴礼》,即是经诰之流,愚意亦取兼用。臣又寻唐、虞诸书,殷《颂》周《雅》,称美是一,而复各述时事。大梁革服,偃武修文,制礼作乐,义高三正;而约撰歌辞,惟浸称圣德之美,了不序皇朝制作事。《雅》、《颂》前例,于体为违。伏以圣旨所定乐论钟律纬绪,文思深微,命世一出,方悬日月,不刊之典,礼乐之教,致治所成。谨一二采缀,各随事显义,以明制作之美。覃思累日,今始克就,谨以上呈。"敕并施用。

子云善草隶书,为世楷法,自云善效钟元常、王逸少而微变字体。答敕云:"臣昔不能拔赏,随世所贵,规摹子敬,多历年所。年二十六,著《晋史》,至《二王列传》,欲作论语草隶法,言不尽意,遂不能成,略指论飞白一势而已。十许年来,始见敕旨《论书》一卷,商略笔势,洞澈字体;又以逸少之不及元常,犹子敬之不及逸少。自此研思,方悟隶式,始变子敬,全范元常。逮尔以来,自觉功进。"其书迹雅为高祖所重,尝论子云书曰:"笔力劲骏,心手相应,巧逾杜庶,美过崔寔,当与元常并驱争先。"其见赏如此。

七年,出为仁威将军、东阳太守。中大同元年,还拜宗正卿。太清元年,复为侍中、国子祭酒,领南徐州大中正。二年,侯景寇逼,子云逃民间。三年三月,宫城失守,东奔晋陵,馁卒于显灵寺僧房,年六十三。所著《晋书》一百一十卷,《东宫新记》二十卷。

第二子特字世达。早知名,亦善草隶。高祖尝谓子云曰:"子敬之书,不及逸少。近见特迹,遂逼于卿。"历官著作佐郎,太子舍人,宣惠主簿,中军记室。出为海盐令,坐事免。年二十五,先子云卒。

　　子晖字景光，子云弟也。少涉书史，亦有文才。起家员外散骑侍郎，迁南中郎记室。出为临安令。性恬静，寡嗜好。尝预重云殿听制讲《三慧经》，退为《讲赋》奏之，甚见称赏。迁安西武陵王谘议，带新繁令，随府转仪同从事、中骑长史，卒。

　　陈吏部尚书姚察曰：昔魏藉兵威而革汉运，晋因宰辅乃移魏历，异乎古之禅授，以德相传，故抑前代宗枝，用绝民望，然刘晔、曹志，犹显于朝。及宋遂为废姓，而齐代，宋之戚属，一皆歼焉。其祚不长，抑亦由此。有梁革命，弗取前规，故子恪兄弟及群从，并随才任职，通贵满朝，不失于旧，岂惟魏幽晋显而已哉！君子以是知高祖之弘量度越前代矣。

梁书卷三六
列传第三〇

孔休源　江革

孔休源字庆绪，会稽山阴人也。晋丹阳太守冲之八世孙。曾祖遥之，宋尚书水部郎。父珮，齐庐陵王记室参军，早卒。休源年十一而孤，居丧尽礼，每见父手所写书，必哀恸流涕，不能自胜，见者莫不为之垂泣。后就吴兴沈驎士受经，略通大义。

建武四年，州举秀才，太尉徐孝嗣省其策，深善之，谓同坐曰："董仲舒、华令思何以尚此，可谓后生之准也。观其此对，足称王佐之才。"琅邪王融雅相友善，乃荐之于司徒竟陵王，为西邸学士。梁台建，与南阳刘之遴同为太学博士，当时以为美选。休源初到京，寓于宗人少府卿孔登宅，曾以祠事入庙，侍中范云一与相遇，深加褒赏，曰："不期忽觌清颜，顿祛鄙吝，观天披雾，验之今日。"后云命驾到少府门，登便拂筵整带，谓当诣已，既而独造休源，高谈尽日，同载还家，登深以为愧。尚书令沈约当朝贵显，轩盖盈门，休源或时后来，必虚襟引接，处之坐右，商略文义。其为通人所推如此。

俄除临川王府行参军。高祖尝问吏部尚书徐勉曰："今帝业初基，须一人有学艺解朝仪者，为尚书仪曹郎。为朕思之，谁堪其选？"勉对曰："孔休源识具清通，谙练故实，自晋、宋《起居注》，诵略上口。"高祖亦素闻之，即日除兼尚书仪曹郎中。是时多所改作，每谘访前事，休源即以所诵记随机断决，曾无疑滞。吏部朗任昉常谓之为"孔独诵"。

迁建康狱正,及辨讼折狱,时罕冤人。后有选人为狱司者,高祖尚引休源以励之。除中书舍人,司徒临川王府记室参军,迁尚书左丞,弹肃礼闱,雅允朝望。时太子詹事周舍撰《礼疑义》,自汉魏至于齐梁,并皆搜采,休源所有奏议,咸预编录。除给事黄门侍郎,迁长兼御史中丞,正色直绳,无所回避,百僚莫不惮。除少府卿,又兼行丹阳尹事。出为宣惠晋安王府长史、南郡太守、行荆州府州事。高祖谓之曰:"荆州总上流冲要,义高分陕,今以十岁儿委卿,善匡翼之,勿惮周昌之举也。"对曰:"臣以庸鄙,曲荷恩遇,方揣丹诚,效其一割。"上善其对,乃敕晋安王曰:"孔休源人伦仪表,汝年尚幼,当每事师之。"寻而始兴王憺代镇荆州,复为憺府长史,南郡太守、行府州事如故。在州素政甚有治绩,平心决断,请托不行,高祖深嘉之。除通直散骑常侍,领羽林监,转秘书监,迁明威将军,复为晋安王府长史、南兰陵太守,别敕专行南徐州事。休源累佐名藩,甚得民誉,王深相倚仗,军民机务,动止询谋。常于中斋别施一榻,云"此是孔长史坐",人莫得预焉。其见敬如此。

征为太府卿,俄授都官尚书,顷之,领太子中庶子。普通七年,扬州刺史临川王宏薨,高祖与群臣议王代居州任者久之。于时贵戚公王,咸望迁授,高祖曰:"朕已得人。孔休源才识通敏,实应此选。"乃授宣惠将军、监扬州。休源初为临川王行佐,及王薨而管州任,时论荣之。而神州都会,簿领殷繁,休源割断如流,傍无私谒。中大通二年,加授金紫光禄大夫,监扬州如故。累表陈让,优诏不许。在州昼决辞讼,夜览坟籍。每车驾巡幸,常以军国事委之。

昭明太子薨,有敕夜召休源入宴居殿,与群公参定谋议,立晋安王讳为皇太子。四年,遘疾,高祖遣中使候问,并给医药,日有十数。其年五月,卒,时年六十四。遗令薄葬,节朔荐蔬菲而已。高祖为之流涕,顾谓谢举曰:"孔休源奉职清忠,当官忠直,方欲共康治道,以隆王化。奄至殒殁,朕甚痛之。"举曰:"此人清介强直,当今罕有,微臣窃为陛下惜之。"诏曰:"慎终追远,历代通规;褒德畴庸,先王令典。宣惠将军、金紫光禄大夫、监扬州孔休源,风业贞正,雅量冲邈，升荣建礼，誉重搢绅。理务神州，化覃哥咏，方兴仁寿，穆是彝伦。奄然永逝，倍用悲恻。可赠散骑常侍、金紫光禄大夫，赗第一材一具，布五十匹，钱五万，蜡二百斤，克日举哀。丧事所须，随便资给。谥曰贞子。”皇太子手令曰：“金紫光禄大夫孔休源，立身中正，行己清恪。昔岁西浮渚宫，东泊枌壤，毗佐蕃政，实尽厥诚。安国之详审，公仪之廉白，无以过之。奄至殒丧，情用恻怛。今须举哀，外可备礼。”

休源少孤，立志操，风范强正，明练治体，持身俭约，学穷文艺，当官理务，不惮强御，常以天下为己任，高祖深委仗之。累居显职，纤毫无犯。性慎密，寡嗜好。出入帷幄，未尝言禁中事，世以此重之。聚书盈七千卷，手自校治。凡奏议弹文，勒成十五卷。

长子云童，颇有父风，而笃信佛理，遍持经戒。官至岳阳王府谘议、东扬州别驾。

少子宗轨，聪敏有识度，历尚书都官郎，司徒左西掾，中书郎。

江革字休映，济阳考城人也。祖齐之，宋尚书金部郎。父柔之，齐尚书仓部郎，有孝行，以母忧毁卒。革幼而聪敏，早有才思，六岁便解属文，柔之深加赏器，曰：“此儿必兴吾门。”九岁丁父艰，与弟观同生，孤贫，傍无师友，兄弟自相训勖，读书精力不倦。十六丧母，以孝闻。服阕，与观俱诣太学，补国子生，举高第。齐中书郎王融、吏部谢朓雅相钦重。朓尝宿卫，还过候革，时大雪，见革弊絮单席，而耽学不倦，嗟叹久之，乃脱所著襦，并手割半毡与革充卧具而去。司徒竟陵王闻其名，引为西邸学士。弱冠举南徐州秀才。时豫章胡谐之行州事，王融与谐之书，令荐革。谐之方贡琅邪王泛，便以革代之。

解褐奉朝请，仆射江祏深相引接。祏为太子詹事，启革为府丞。祏时权倾朝右，以革才堪经国，令参掌机务，诏诰文檄，皆委以具。革防杜形迹，外人不知。祏诛，宾客皆罹其罪，革独以智免。除尚书驾部郎。

中兴元年,高祖入石头,时吴兴太守袁昂据郡距义师,乃使革制书与昂,于坐立成,辞义典雅,高祖深赏叹之,因令与徐勉同掌书记。建安王为雍州刺史,表求管记,以革为征北记室参军,带中庐令。与弟观少长共居,不忍离别,苦求同行,乃以观为征北行参军,兼记室。时吴兴沈约、乐安任昉并相赏重,昉与革书云:"此段雍府妙选英才,文房之职,总卿昆季,可谓驭二龙于长途,骋骐骥于千里。"途次江夏,观遇疾卒。革时在雍,为府王所礼,款若布衣。王被征为丹阳尹,以革为记室,领五官掾。除通直散骑常侍,建康正。频迁秣陵、建康令,为治明肃,豪强惮之。入为中书舍人,尚书左丞,司农卿,复出为云麾晋安王长史、寻阳太守、行江州府事。徙仁威庐陵王长史,太守、行事如故,以清严为百城所惮。时少王行事多倾意于签帅,革以正直自居,不与签帅等同坐。俄迁左光禄大夫,南平王长史,御史中丞,弹奏豪权,一无所避。除少府卿。

出为贞威将军、北中郎南康王长史、广陵太守,改授镇北豫章王长史,将军、太守如故。时魏徐州刺史元法僧降附,革被敕随府王镇彭城。城既失守,革素不便马,乃泛舟而还,途经下邳,遂为魏人所执。魏徐州刺史元延明闻革才名,厚加接待,革称患脚不拜,延明将加害焉,见革辞色严正,更相敬重。时祖暅同被拘执,延明使暅作《欹器》、《漏刻铭》,革骂暅曰:"卿荷国厚恩,已无报答,今乃为虏立铭,孤负朝廷。"延明闻之,乃令革作大小寺碑并祭彭祖文,革辞以囚执既久,无复心思。延明逼之逾苦,将加篣扑。革厉色而言曰:"江革行年六十,不能杀身报主,今日得死为幸,誓不为人执笔。"延明知不可屈,乃止。日给脱粟三升,仅余性命。值魏王讨中山王元略反北,乃放革及祖暅还朝。诏曰:"前贞威将军、镇北长史、广陵太守江革,才思通赡,出内有闻,在朝正色,临危不挠,首佐台铉,实允金谐。可太尉临川王长史。"

时高祖盛于佛教,朝贤多启求受戒。革精信因果,而高祖未知,谓革不奉佛教,乃赐革《觉意诗》五百字,云"惟当勤精进,自强行胜修;岂可作底突,如彼必死囚。以此告江革,并及诸贵游。"又手敕云:"世间果报,不可不信,岂得底突如对元延明邪?"革因启乞受菩萨戒。

重除少府卿、长史、校尉。时武陵王在东州,颇自骄纵。上召革面敕曰:"武陵王年少,臧盾性弱,不能匡正,欲以卿代为行事。非卿不可,不得有辞。"乃除折冲将军、东中郎武陵王长史、曾稽郡丞、行府州事。革门生故吏,家多在东州,闻革应至,并赍持缘道迎候。革曰:"我通不受饷,不容独当故人筐篚。"至镇,惟资公俸,食不兼味。郡境殷广,辞讼日数百,革分判辨析,曾无疑滞。功必赏,过必罚,民安吏畏,百城震恐。琅邪王骞为山阴令,赃货狼藉,望风自解。府王惮之,遂雅相钦重。每至侍宴,言论必以《诗》《书》,王因此耽学好文。典签沈炽文以王所制诗呈高祖,高祖谓仆射徐勉曰:"江革果能称职。"乃除都官尚书。将还,民皆恋惜之,赠遗无所受。送故依旧订舫,革并不纳,惟乘台所给一舸。舸艚偏欹,不得安卧。或谓革曰:"船既不平,济江甚险,当移徙重物,以迮轻艚。"革既无物,乃于西陵岸取石十余片以实之。其清贫如此。

寻监吴郡。于时境内荒俭,劫盗公行。革至郡,惟有公给仗身二十人,百姓皆惧不能静寇,反省游军尉,民下逾恐。革乃广施恩抚,明行制令,盗贼静息,民吏安之。武陵王出镇江州,乃曰:"我得江革,文华清丽,岂能一日忘之,当与其司饱。"乃表革同行。又除明威将军、南中郎长史、寻阳太守。征入为度支尚书。好奖进闾阎,为后生延誉,由是衣冠士子,翕然归之。时尚书令何敬容掌选,序用多非其人。革性强直,每至朝宴,恒有褒贬,以此为权势所疾,乃谢病还家。除光禄大夫,领步兵校尉、南北兖二州大中正,优游闲放,以文酒自娱。

大同元年二月,卒,谥曰强子。有集二十卷,行于世。革历官八府长史,四王行事,二为二千石,傍无姬侍,家徒壁立,世以此高之。

长子行敏,好学有才俊,官至通直郎,早卒,有集五卷。

次子从简,少有文性,年十七,作《采荷词》以刺敬容,为当时所赏。历官司徒从事中郎。侯景乱,为任约所害,子兼叩头流血,乞代父命,以身蔽刃,遂俱见杀,天下莫不痛之。

史臣曰:高祖留心政道,孔休源以识治见知,既遇其时,斯为幸矣。江革聪敏亮直,亦一代之盛名欤。

梁书卷三七
列传第三一

谢举　何敬容

　　谢举字言扬,中书令览之弟也。幼好学,能清言,与览齐名。举年十四,尝赠沈约五言诗,为约称赏。世人为之语曰:"王有养、炬,谢有览、举。"养、炬,王筠、王泰小字也。

　　起家秘书郎,迁太子舍人,轻车功曹史,秘书丞,司空从事中郎,太子庶子、家令,掌东宫管记,深为昭明太子赏接。秘书监任昉出为新安郡,别举诗云:"詎念耋嗟人,方深老夫托。"其属意如此。尝侍宴华林园,高祖访举于览,览对曰:"识艺过臣甚远,惟饮酒不及于臣。"高祖大悦。转太子中庶子,犹掌管记。

　　天监十一年,迁侍中。十四年,出为宁远将军、豫章内史,为政和理,甚得民心。十八年,复入为侍中,领步兵校尉。普通元年,出为贞毅将军、太尉临川王长史。四年,入为左民尚书。其年迁掌吏部,寻以公事免。五年,起为太子中庶子,领右军将军。六年,复为左民尚书,领步兵校尉。俄徙为吏部尚书,寻加侍中。出为仁威将军、晋陵太守。在郡清静,百姓化其德,境内肃然。罢郡还,吏民诣阙请立碑,诏许之。大通二年,入为侍中、五兵尚书,未拜,迁掌吏部,侍中如故。举祖庄,宋世再典选,至举又三为此职,前代未有也。

　　举少博涉多通,尤长玄理及释氏义。为晋陵郡时,常与义僧递讲经论,征士何胤自虎丘山赴之,其盛如此。先是,北渡人卢广有儒术,为国子博士,于学发讲,仆射徐勉以下毕至。举造坐,屡折广,辞理通迈，广深叹服，仍以所执麈尾荐之，以况重席焉。

四年，加侍中。五年，迁尚书右仆射，侍中如故。大同三年，以疾陈解，徙为右光禄大夫，给亲信二十人。其年，出为云麾将军、吴郡太守。先是，何敬容居郡有美绩，世称为何吴郡，及举为政，声迹略相比。六年，入为侍中、中书监，未拜，迁太子詹事、翊左将军，侍中如故。举父灞，齐世终此官，累表乞改授，敕不许，久之方就职。九年，迁尚书仆射，侍中、将军如故。举虽居端揆，未尝肯预时务，多因疾陈解，敕辄赐假，并手敕处分，加给上药，其恩遇如此。其年，以本官参掌选事。

太清二年，迁尚书令，侍中、将军如故。是岁，侯景寇京师，举卒于围内。诏赠侍中、中卫将军、开府仪同三司，侍中、尚书令如故。文集乱中并亡逸。

二子禧、暇，并少知名。暇，太清中，历太子中庶子，出为建安太守。

何敬容字国礼，庐江人也。祖攸之，宋太常卿，父昌宇，齐吏部尚书，并有名前代。

敬容以名家子，弱冠选尚齐武帝女长城公主，拜驸马都尉。天监初，为秘书郎，历太子舍人，尚书殿中郎，太子洗马，中书舍人，秘书丞，迁扬州治中。出为建安内史，清公有美绩，民吏称之。还除黄门郎，累迁太子中庶子，散骑常侍，侍中，司徒左长史。普通二年，复为侍中，领羽林监，俄又领本州大中正。顷之，守吏部尚书，铨序明审，号为称职。四年，出为招远将军、吴郡太守，为政勤恤民隐，辨讼如神。视事四年，治为天下第一，吏民诣阙请树碑，诏许之。大通二年，征为中书令，未拜，复为吏部尚书，领右军将军，俄加侍中。中大通元年，改太子中庶子。

敬容身长八尺，白皙美须眉。性矜庄，衣冠尤事鲜丽，每公庭就列，容止出入。三年，迁尚书右仆射，参掌选事，侍中如故。时仆射徐勉参掌机密，以疾陈解，因举敬容自代，故有此授焉。五年，迁左仆射，加宣惠将军，置佐史，侍中、参掌如故。大同三年正月，朱雀门灾，高祖谓群臣曰："此门制卑狭，我始欲构，遂遭天火。"并相顾未有答。敬容独曰："此所谓陛下'先天而天不违'。"时以为名对。俄迁中权将军、丹阳尹，侍中、参掌、佐史如故。五年，入为尚书令，侍中、将军、参掌、佐史如故。敬容久处台阁，详悉旧事，且聪明识治，勤于簿领，诘朝理事，日旰不休。自晋、宋以来，宰相皆文义自逸，敬容独勤庶务，为世所嗤鄙。时萧琛子巡者，颇有轻薄才，因制封名离合等诗以嘲之，敬容处之如初，亦不屑也。

十一年，坐妾弟费慧明为导仓丞，夜盗官米，为禁司所执，送领军府。时河东王誉为领军将军，敬容以书解慧明，誉即封书以奏。高祖大怒，付南司推劾，御史中丞张缩奏敬容挟私罔上，合弃市刑，诏特免职。初，天监中，有沙门释宝志者，尝遇敬容，谓曰："君后必贵，然终是何败何耳。"及敬容为宰相，谓何姓当为其祸，故抑没宗族，无仕进者，至是竟为河东所败。

中大同元年三月，高祖幸同泰寺讲《金字三慧经》，敬容请预听，敕许之。又有敕听朔望问讯，寻起为金紫光禄大夫，未拜，又加侍中。敬容旧时宾客门生喧哗如昔，冀其复用。会稽谢郁致书戒之曰："草莱之人，闻诸道路，君侯已得瞻望多士，出入禁门，醉尉将不敢呵，灰然不无其渐，甚休，甚休！敢贺于前，又将吊也。昔流言裁作，公且东奔；燕书始来，子孟不入。夫圣贤被虚过以自斥，未有婴时衅而求亲者也。且曝鳃之鳞，不念杯杓之水；云霄之翼，岂顾笼樊之粮。何者？所托已盛也。昔君侯纳言加首，鸣玉在要，回丰貂以步文昌，耸高蝉而趋武帐，可谓盛矣。不以此时荐才拔士，少报圣主之恩；今卒如爱丝之说，受责见过，方复欲更窥朝廷，觖望万分，窃不为左右取也。昔窦婴、杨恽亦得罪明时，不能谢绝宾客，独交党援，卒无后福，终益前祸。仆之所吊，实在于斯。人人所以颇犹有踵君侯之门者，未必皆感惠怀仁，有灌夫、任安之义，乃戒翟公之大署，冀君侯之复用也。夫在思过之日，而挟复用之意，未可为智者说矣。君侯宜杜门念失，无有所通，筑茅茨于钟阜，聊优游以卒岁，见

可怜之意，著待终之情，复仲尼能改之言，惟子贡更也之譬，少戢言
于众口，微自救于竹帛，所谓'失之东隅，收之桑榆'。如此，令明主
闻知，尚有冀也。仆东皋鄙人，入穴幸无衔窭，耻天下之士不为执事
道之，故披肝胆，示情素，君侯岂能鉴焉。"

太清元年，迁太子詹事，侍中如故。二年，侯景袭京师，敬容自
府移家台内。初，景于涡阳退败，未得审实，传者乃云其将暴显及，
景身与众并没，朝廷以为忧。敬容寻见东宫，太宗谓曰："淮北始更
有信，侯景定得身免，不如所传。"敬容对曰："得景遂死，深是朝廷
之福。"太宗失色，问其故，敬容曰："景翻覆叛臣，终当乱国，"是年，
太宗频于玄圃自讲《老》、《庄》二书，学士吴孜时寄詹事府，每日入
听。敬容谓孜曰："昔晋代丧乱，颇由祖尚玄虚，胡贼殄覆中夏。今
东宫复袭此，殆非人事，其将为戒乎？"俄而侯景难作，其言有征也。
三年正月，敬容卒于围内，诏赠仁威将军，本官并如故。

何氏自晋司空充、宋司空尚之，世奉佛法，并建立塔寺；至敬容
又舍宅东为伽蓝，趋势者因助材造构，敬容并不拒，故此寺堂宇校
饰，颇为宏丽，时轻薄者因呼为"众造寺"焉。及敬容免职出宅，止有
常用器物及囊衣而已，竟无余财货，时亦以此称之。

子琁，秘书丞，早卒。

陈吏部尚书姚察曰：魏正始及晋之中朝，时俗尚于玄虚，贵为
放诞，尚书丞郎以上，簿领文案，不复经怀，皆成于令史。逮乎江左，
此道弥扇，惟卞壸以台阁之务，颇欲综理，阮孚谓之曰："卿常无闲
暇，不乃劳乎？"宋世王敬弘身居端右，未尝省牒，风流相尚，其流遂
远。望白署空，是称清贵；恪勤匪懈，终滞鄙俗。是使朝经废于上，
职事隳于下。小人道长，抑此之由。呜呼！伤风败俗，曾莫之悟。永
嘉不竞，戎马生郊，宜其然矣。何国礼之识治，见讥薄俗，惜哉！

梁书卷三八
列传第三二

朱异　贺琛

　　朱异字彦和，吴郡钱唐人也。父巽，以义烈知名，官至齐江夏王参军、吴平令。异年数岁，外祖顾欢抚之谓异祖昭之曰："此儿非常器，当成聊门户。"年十余岁，好群聚蒲博，颇为乡党所患。既长，乃折节从师，遍治五经，尤明《礼》、《易》，涉猎文史，兼通杂艺，博弈书算，皆其所长。年二十，诣都，尚书令沈约面试之，因戏异曰："卿年少，何乃不廉？"异逡巡未达其旨，约乃曰："天下唯有文义棋书，聊一时将去，可谓不廉也。"其年，上书言建康宜置狱司，比廷尉，敕付尚书议详，从之。

　　旧制，年二十五方得释褐。时异适二十一，特敕擢为扬州议曹从事史。寻有诏求异能之士，五经博士明山宾表荐异曰："窃见钱唐朱异，年时尚少，德备老成，在独无散逸之想，处暗有对宾之色，器宇弘深，神表峰峻。金山万丈，缘陟未登；玉海千寻，窥映不测。加以圭璋新琢，锦组初构，触响铿锵，值采便发。观其信行，非惟十室所稀，若使负重遥途，必有千里之用。"高祖召见，使说《孝经》、《周易》义，甚悦之，谓左右曰："朱异实异。"后见明山宾，谓曰："卿所举殊得其人。"仍召异直西省，俄兼太学博士。其年，高祖自讲《孝经》，使异执读。迁尚书仪曹郎，入兼中书通事舍人，累迁鸿胪卿，太子右卫率，寻加员外常侍。

　　普通五年，大举北伐，魏徐州刺史元法僧遣使请举地内属，诏有司议其虚实。异曰："自王师北讨,克获相继,徐州地转削弱,咸愿归罪法僧,法僧惧祸之至,其降必非伪也。"高祖仍遣异报法僧,并敕众军应接,受异节度。既至,法僧遵承朝旨,如异策焉。

中大通元年,迁散骑常侍。自周舍卒后,异代掌机谋,方镇改换,朝仪国典,诏诰敕书,并兼掌之。每四方表疏,当局簿领,咨询详断,填委于前,异属辞落纸,览事下议,从横敏赡,不暂停笔,顷刻之间,诸事便了。大同四年,迁右卫将军。六年,异启于仪贤堂奉述高祖《老子义》,敕许之。及就讲,朝士及道俗听者千余人,为一时之盛。时城西又开士林馆以延学士,异与左丞贺琛递日述高祖《礼记中庸义》,皇太子又召异于玄圃讲《易》。八年,改加侍中。太清元年,迁左卫将军,领步兵。二年,迁中领军,舍人如故。

高祖梦中原平,举朝称庆,且以语异,异对曰:"此宇内方一之征。"及侯景归降,敕召群臣议,尚书仆射谢举等以为不可。高祖欲纳之,未决,尝夙兴至武德阁,自言:"我国家承平若此,今便受地,讵是事宜,脱致纷纭,悔无所及。"异探高祖微旨,应声答曰:"圣明御宇,上应苍玄,北土遗黎,谁不慕仰,为无机会,未达其心。今侯景分魏国太半,输诚送款,远归圣朝,岂非天诱其衷,人奖其计。原心审事,殊有可嘉。今若不容,恐绝后来之望。此诚易见,愿陛下无疑。"高祖深纳异言,又感前梦,遂纳之。及贞阳败没,自魏使还,述魏相高澄欲更申和睦,敕有司定议,异又以和为允,高祖果从之。其年六月,遣建康令谢挺、通直郎徐陵使此通好。事时,侯景镇寿春,累启绝和及请追使,又致书与异,辞意甚切,异但述敕旨以报之。八月,景遂举兵反,以讨异为名。募兵得三千人,及景至,仍以其众守大司马门。

初,景谋反,合州刺史鄱阳王范、司州刺史羊鸦仁并累有启闻,异以景孤立寄命,必不应尔,乃谓使者:"鄱阳王遂不许国家有一客!"并抑而不奏,故朝廷不为之备。及寇至,城内文武咸尤之。皇太子又制《围城赋》,其末章云:"彼高冠及厚履,并鼎食而乘肥,升紫霄之丹地,排玉殿之金扉,陈谋谟之启沃,宣政刑之福威,四郊以

之多垒,万邦以之未绥。问豺狼其何者?访虺蜴之为谁?"盖以指于
异。异因惭愤,发病卒,时年六十七。诏曰:"故中领军异,器宇弘通,
才力优赡,咨谋帷幄,多历年所。方赞朝经,永申寄任,奄先物化,恻
悼兼怀。可赠侍中、尚书右仆射,给秘器一具。凶事所须,随由资
办。"旧尚书官不以为赠,及异卒,高祖惜之,方议赠事,左右有善异
者,乃启曰:"异忝历虽多,然平生所怀,愿得执法。"高祖因其宿志,
特有此赠焉。

异居权要三十余年,善窥人主意曲,能阿谀以承上旨,故特被
宠任。历官自员外常侍至侍中,四职并驱卤簿,近代未之有也。异
及诸子自潮沟列宅至青溪,其中有台池玩好,每暇日与宾客游焉。
四方所馈,财货充积。性吝啬,未尝有散施。厨下珍羞腐烂,每月常
弃十数车,虽诸子别房,亦不分赡。所撰《礼》《易》讲疏及仪注、文集
百余篇,乱中多亡逸。

长子肃,官至国子博士;次子闰,司徒掾。并遇乱卒。

贺琛字国宝,会稽山阴人也。伯父玚,步兵校尉,为世硕儒。琛
幼,玚授其经业,一闻便通义理。玚异之,常曰:"此儿当以明经致
贵。"玚卒后,琛家贫,常往还诸暨,贩粟以自给。闲则习业,尤精三
《礼》。初,玚于乡里聚徒教授,至是又依琛焉。

普通中,刺史临川王辟为祭酒从事史。琛始出都,高祖闻其学
术,召见文德殿,与语悦之,谓仆射徐勉曰:"琛殊有世业。"仍补王
国侍郎,俄兼太学博士,稍迁中卫参军事、尚书通事舍人,参礼仪
事。累迁通直、正员郎,舍人如故。又征西鄱阳王中录事,兼尚书左
丞,满岁为真。诏琛撰新《谥法》,至今施用。

时皇太子议,大功之末,可以冠子嫁女。琛驳之曰:

令旨以"大功之末可得冠子嫁女,不得自冠自嫁。"推以
《记》文,窃犹致惑。案嫁冠之礼,本是父之所成,无父之人,乃
可自冠,故称大功小功,并以冠子嫁子为文,非关惟得为子,己
身不得也。小功之末,既得自嫁娶,而亦云"冠子娶妇",其义益

明。故先列二服,每明冠子嫁子,结于后句,方显自娶之义。既明小功自娶,大功自冠矣,盖是约言而见旨。若谓缘父服大功,子服小功,小功服轻,故得为子冠嫁,大功服重,故不得自嫁自冠者,则小功之末,非明父子服殊,不应复云"冠子嫁子"也。若谓小功之文言己可娶,大功之文不言己冠,故知身有大功,不得自行嘉礼,但得为子冠嫁。窃谓有服不行嘉礼,本为吉凶不可相干。子虽小功之末,可得行嫁冠,犹应须父得为其冠嫁。若父于大功之末可以冠子嫁子,是于吉凶礼无碍;吉凶礼无碍,岂不得自冠自嫁?若自冠自嫁于事有碍,则冠子嫁子宁独可通?今许其冠子而塞其自冠,是琛之所惑也。

又令旨推"下殇小功不可娶妇,则降服大功亦不得为子冠嫁。"伏寻此旨,若谓降服大功不可冠子嫁子,则降服小功亦不可自冠自娶,是为凡厥降服大功小功皆不得冠娶矣。《记》文应云降服则不可,宁得惟称下殇?今不言降服,的举下殇,实有其义。夫出嫁出后,或有再降,出后之身,于本姊妹降为大功;若是大夫服士,又以尊降,则成小功。其于冠嫁,义无以异。所以然者,出嫁则有受我,出后则有传重,并欲薄于此而厚于彼,此服虽降,彼服则隆。昔实期亲,虽再降犹依小功之礼,可冠可嫁。若夫期降大功,大功降为小功,止是一等,降杀有伦,服末嫁冠,故无有异。惟下殇之服,特明不娶之义者,盖缘以幼稚之故,夭丧情深,既无受厚佗姓,又异传重彼宗,嫌其年稚服轻,顿成杀略,故特明不娶,以示本重之恩。是以凡厥降服,冠嫁不殊;惟在下殇,乃明不娶。其义若此,则不得言大功之降服,皆不可冠嫁也。且《记》云"下殇小功",言下殇则不得通于中上,语小功则不得兼于大功。若实大小功降服皆不冠嫁,上中二殇亦不冠嫁者,《记》不得直云"下殇小功则不可"。恐非文意。此又琛之所疑也。

遂从琛议。

迁员外散骑常侍。旧尚书南坐,无貂,貂自琛始也。顷之,迁御史中丞，参礼仪事如先。琛家产既丰，买主第为宅，为有司所奏，坐免官。俄复为尚书左丞，迁给事黄门侍郎，兼国子博士，未拜，改为通直散骑常侍，领尚书左丞，并参礼仪事。琛前后居职，凡郊庙诸仪，多所创定。每见高祖，与语常移晷刻，故省中为之语曰："上殿不下有贺雅。"琛容止都雅，故时人呼之。迁散骑常侍，参礼仪如故。

是时，高祖任职者，皆缘饰奸谄，深害时政，琛遂启陈事条封奏曰：

臣荷拔擢之恩，曾不能效一职；居献纳之任，又不能荐一言。窃闻"慈父不爱无益之子，明君不畜无益之臣"，臣所以当食废飧，中宵而叹息也。辄言时事，列之于后。非谓谋猷，宁云启沃。独缄胸臆，不语妻子。辞无粉饰，削稿则焚。脱得听览，试加省鉴。如不允合，亮其戆愚。

其一事曰：今北边稽服，戈甲解息，政是生聚教训之时，而天下户口减落，诚当今之急务。虽是处凋流，而关外弥甚，郡不堪州之控总，县不堪郡之裒削，更相呼扰，莫得治其政术，惟以应赴征敛为事。百姓不能堪命，各事流移，或依于大姓，或聚于屯封，盖不获已而窜亡，非乐之也。国家于关外赋税盖微，乃至年常租课，动致逋积，而民失安居，宁非牧守之过。东境户口空虚，皆由使命繁数。夫犬不夜吠，故民得安居。今大邦大县，舟舸衔命者，非惟十数；复穷幽之乡，极远之邑，亦皆必至。每有一使，属所搔扰；况复烦扰积理，深为民害。弩困邑宰，则拱手听其渔猎；桀黠长吏，又因之而为贪残。纵有廉平，郡犹掣肘，故邑宰怀印，类无考绩。细民弃业，流冗者多，虽年降复业之诏，屡下蠲赋之恩，而终不得反其居也。

其二事曰：圣主恤隐之心，纳隍之念，闻之遐迩，至于翾飞蠕动，犹且度脱，况在兆庶。而州郡无恤民之志，故天下颙颙，惟注仰于一人，诚所谓"爱之如父母，仰之如日月，敬之如鬼神，畏之如雷霆"。苟须应痛逗药，岂可不治之哉？今天下宰守所以皆尚贪残罕有廉白者，良由风俗侈靡使之然也。淫奢之弊，其事多端，粗举二条，言其尤者。夫食方丈于前，所甘一味。
今之燕喜，相竞夸豪，积果如山岳，列肴同绮绣，露台之产，不
周一燕之资，而宾主之间，裁取满腹，未及下堂，已同臭腐。又
歌姬舞女，本有品制，二八之锡，良待和戎。今言妓之夫，无有
等秩，虽复庶贱微人，皆盛姬姜，务在贪污，争饰罗绮。故为吏
牧民者，竞为剥削，虽致赀巨亿，罢归之日，不支数年，便已消
散。盖由宴醑所费，既破数家之产，歌谣之具，必俟千金之资。
所费事等丘山，为欢止在俄顷。乃更追恨向所取之少，今所费
之多。如复傅翼，增其搏噬，一何悖哉！其余淫侈，著之凡百，
习以成俗，日见滋甚。欲使人守廉隅，吏尚清白，安可得邪！今
诚宜严为禁制，道之以节俭，贬黜雕饰，纠奏浮华，使众皆知，
变其耳目，改其好恶。夫失节之嗟，亦民所自患，正耻不及群，
故勉强而为之，苟力所不至，还受其弊矣。今若厘其风而正其
失，易于反掌。夫论至治者，必以淳素为先，正凋流之弊，莫有
过俭朴者也。

　　其三事曰：圣躬荷负苍生以为任，弘济四海以为心，不惮
胼胝之劳，不辞癯瘦之苦，岂止日昃忘饥，夜分废寝。至于百
司，莫不奏事，上息责下之嫌，下无逼上之咎，斯实道迈百王，
事超千载。但斗筲之人，藻棁之子，既得伏奏帷扆，便欲诡竞求
进，不说国之大体。不知当一官，处一职，贵使理其紊乱，匡其
不及，心在明恕，事乃平章。但务吹毛求疵，擘肌分理，运掣瓶
之智，徼分外之求，以深刻为能，以绳逐为务，迹虽似于奉公，
事更成其威福。犯罪者多，巧避滋甚，旷官废职，长弊增奸，实
由于此。今诚愿责其公平之效，黜其谗愚之心，则下安上谧，无
徼幸之患矣。

　　四事曰：自征伐北境，帑藏空虚。今天下无事，而犹日不暇
给者，良有以也。夫国弊则省其事而息其费，事省则养民，费息
则财聚，止五年之□，尚于无事，必能使国丰民阜。若积以岁
月，斯乃范蠡灭吴之术，管仲霸齐之由。今应内省职掌，各检其

所部。凡京师治、署、邸、肆应所为，或十条宜省其五，或三条宜除其一；及国□戎备，在昔应多，在今宜少。虽于后应多，即事未须，皆悉减省。应四方屯、传、邸、治，或旧有，或无益，或妨民，有所宜除，除之；有所宜减，减之。凡厥兴造，凡厥费财，有非急者，有役民者；又凡厥讨召，凡厥征求，虽关国计，权其事宜，皆□□□□。不息费，则无以聚财；不休民，则无以聚力。故蓄其财者，所以大用之也；息其民者，所以大役之也。若言小事不足害财，则终年不息矣；以小役不足妨民，则终年不止矣。扰其民而欲求生聚殷阜，不可得矣；耗其财而务赋敛繁兴，则奸诈盗窃弥生。是弊不息而其民不可使也，则难可以语富强而图远大矣。自普通以来，二十余年，刑役荐起，民力凋流。今魏氏和亲，疆场无警，若不及于此时大息四民，使之生聚，减省国费，令府库蓄积，一旦异境有虞，关河可扫，则国弊民疲，安能振其远略？事至方图，知不及矣。

言奏，高祖大怒，召至书于前，口授敕责琛曰：

謇謇有闻，殊称所期。但朕有天下四十余年，公车谠言，见闻听览，所陈之事，与卿不异，常欲承用，无替怀抱，每苦悾愡，更增愍惑。卿珥貂纡组，博问洽闻，不宜同于阘茸，止取名字，宣之行路，言"我能上事，明言得失，恨朝廷之不能用"，或诵《离骚》"荡荡其无人，遂不御乎千里"，或诵《老子》"知我者希，则我贵矣"。如是献替，莫不能言，正旦兽樽，皆其人也。卿可分别言事，启乃心，沃朕心。

卿云"今北边稽服，政是生聚教训之时，而民失安居，牧守之过"。朕无则哲之知，触向多弊，四聪不开，四明不达，内省责躬，无处逃咎。尧为圣主，四凶在朝，况乎朕也，能无恶人？但大泽之中，有龙有蛇，纵不尽善，不容皆恶。卿可分明显出：某刺史横暴，某太守贪残，某官长凶虐；尚书、兰台，主书、舍人，某人奸猾，某人取与，明言其事，得以黜陟。向令舜但听公车上书，四凶终自不知，尧亦永为暗主。

卿又云"东境户口空虚,良由使命繁多",但未知此是何使?卿云"驽困邑宰,则拱手听其渔猎;桀黠长吏,又因之而为贪残",并何姓名?□□掣肘,复是何人?朝廷思贤,有如饥渴,廉平掣肘,实为异事。宜速条闻,当更擢用。凡所遣使,多由□□,或复军粮,诸所飙急,盖不获已而遣之。若不遣使,天下枉直云何综理?事实云何济办?恶人日滋,善人日蔽,欲求安卧,其可得乎!不遣使而得事理,此乃佳事。无足而行,无翼而飞,能到在所,不威而伏,岂不幸甚!卿既言之,应有深见,宜陈秘术,不可怀宝迷邦。

卿又云:守宰贪残,皆由滋味过度。贪残縻费,已如前答。汉文虽爱露台之产,邓通之钱布于天下,以此而治,朕无愧焉。若以下民饮食过差,亦复不然。天监之初,思之已甚。其勤力营产,则无不富饶;惰游缓事,则家业贫窭。勤修产业,以营盘案,自己营之,自己食之,何损于天下?无赖子弟,惰营产业,致于贫窭,无可施设,此何益于天下? 且又意虽曰同富,富有不同?悭而富者,终不能设;奢而富者,于事何损?若使朝廷缓其刑,此事终不可断;若急其制,则曲屋密房之中,去何可知?若家家搜检,其细已甚,欲使吏不呼门,其可得乎? 更相恐胁,以求财帛,足长祸萌,无益治道。若以此指朝廷,我无此事。昔之牲牢,久不宰杀,朝中会同,菜蔬而已。意粗得奢约之节,若复减此,必有《蟋蟀》之讥。若以为功德事者,皆是园中之所产育。功德之事,亦无多费,变一瓜为数十种,食一菜为数十味,不变瓜菜,亦无多种。以变故多,何损于事?亦豪芥不关国家。如得财如法而用,此不愧乎人。我自除公宴,不食国家之食,多历年稔,乃至宫人,亦不食国家之食,积累岁月。凡所营造,不关材官,及以国匠,皆资雇借,以成其事。近之得财,颇有方便,民得其利,国得其利,我得其利,营诸功德。或以卿之心度我之心,故不能得知。所得财用,暴于天下,不得曲辞辩论。

卿又云:女妓越滥。此有司之责,虽然,亦有不同。贵者多畜妓乐，至于勋附若两掖，亦复不闻家有二八，多畜女妓者。此并宜具言其人，当令有司振其霜豪。卿又云"乃追恨所取为少，如复傅翼，增其搏噬，一何悖哉"。勇怯不同，贪廉各用，勇者可使进取，怯者可使守城，贪者可使捍御，廉者可使牧民。向使叔齐守于西河，岂能济事？吴起育民，必无成功。若使吴起而不重用，则西河之功废。今之文武，亦复如此。取其搏噬之用，不能得不重更任，彼亦非为朝廷为之傅翼。卿以朝廷为悖，乃自甘之，当思致悖所以。卿云"宜导之以节俭"。又云"至治者必以淳素为先"。此言大善。夫子言"其身正，不令而行；其身不正，虽令不从"。朕绝房室三十余年，无有淫佚，朕颇自计，不与女人同屋而寝，亦三十余年。至于居处不过一床之地，雕饰之物不入于宫，此亦人所共知。受生不饮酒，受生不好音声，所以朝中曲宴，未尝奏乐，此群贤之所观见。朕三更出理事，随事多少，事少或中前得竟，或事多至日昃方得就食。日常一食，若昼若夜时。疾苦之日，或亦再食。昔要腹过于十围，今之瘦削裁二尺余，旧带犹存，非为妄说。为谁为之？救物故也。《书》曰："股肱惟人，良臣惟圣。"向使朕有股肱，故可得中主。令乃不免九品之下，"不令而行"，徒虚言耳。卿今慊言，便罔知所答。

卿又云"百司莫不奏事，诡竞求进"。此又是谁？何者复是诡事？今不使外人呈事，于义可否？无人废职，职可废乎？职废则人乱，人乱则国安乎？以咽废飧，此之谓也。若断呈事，谁尸其任？专委之人，云何可得？是故古人云："专听生奸，独任成乱。"犹二世之委赵高，元后之付王莽。呼鹿为马，卒有阎乐望夷之祸，王莽亦终移汉鼎。

卿云"吹毛求疵"，复是何人所吹之疵？"擘肌分理"，复是何人乎？事及"深刻""绳逐"，并复是谁？又云"治、署、邸、肆"，何者宜除？何者宜省？"国容戎备"，何者宜省？何者未须？"四方屯传"，何者无益？何者妨民？何处兴造而是役民？何处费财而是非急？若为"讨召"，若为"征赋"，朝廷从来无有此事，静息之方复何者？宜各出其事，具以奏闻。

　　卿云“若不及于时大息其民，事至方图，知无及也”。如卿此言，即时便是大役其民，是何处所？卿云“国弊民疲”，诚如卿言，终须出其事，不得空作漫语。夫能言之，必能行之。富国强兵之术，急民省役之宜，号令远近之法，并宜具列。若不具列，则是欺罔朝廷，空示颊舌。凡人有为，先须内省，惟无瑕者，可以戮人。卿不得历诋内外，而不极言其事。伫闻重奏，当后省览，付之尚书，班下海内，庶乱羊永除，害马长息，惟新之美，复见今日。

琛奉敕，但谢过而已，不敢复有指斥。

　　久之，迁太府卿。太清二年，迁云骑将军、中军宣城王长史。侯景举兵袭京师，王移入台内，留琛与司马杨曒守东府。贼寻攻陷城，放兵杀害，琛被枪未至死，贼求得之，舆至阙下，求见仆射王克、领军朱异，劝开城纳贼。克等让之，涕泣而止，贼复舆送庄严寺疗治之。明年，台城不守，琛逃归乡里。其年冬，贼进寇会稽，复执琛送出都，以为金紫光禄大夫。后遇疾卒，年六十九。

　　琛所撰《三礼讲疏》、《五经滞义》及诸仪法，凡百余篇。

　　子诩，太清初，自仪同西昌侯掾，出为巴山太守，在郡遇乱卒。

　　陈吏部尚书姚察云：夏侯胜有言曰：“士患不明经术，经术明，取青紫如拾地芥耳。”朱异、贺琛并起微贱，以经术逢时，致于贵显，符其言矣。而异遂徼宠幸，任事居权，不能以道佐君，苟取容媚。及延寇败国，实异之由。祸难既彰，不明其罪，至于身死，宠赠犹殊。罚既弗加，赏亦斯滥，失于劝沮，何以为国？君子是以知太清之乱能无及是乎。

梁书卷三九
列传第三三

元法僧　元树　元愿达
王神念 杨华　羊侃 子鹍
羊鸦仁

元法僧,魏氏之支属也。其始祖道武帝。父钟葵,江阳王。法僧仕魏,历光禄大夫,后为使持节、都督徐州诸军事、徐州刺史,镇彭城。普通五年,魏室大乱,法僧遂据镇称帝,诛锄异己,立诸子为王,部署将帅,欲议匡复。既而魏乱稍定,将讨法僧,法僧惧,乃遣使归款,请为附庸,高祖许焉,授侍中、司空,封始安郡公,邑五千户。及魏军既逼,法僧请还朝,高祖遣中书舍人朱异迎之。既至,甚加优宠。时方事招携,抚悦降附,赐法僧甲第女乐及金帛,前后不可胜数。法僧以在魏之日,久处疆场之任,每因寇掠,杀戮甚多,求兵自卫,诏给甲仗百人,出入禁闼。大通二年,加冠军将军。中大通元年,转车骑将军。四年,进太尉,领金紫光禄。其年,立为东魏主,不行,仍授使持节、散骑常侍、骠骑大将军、开府同三司之仪、郢州刺史。大同二年,征为侍中、太尉,领军师将军,薨,时年八十三。二子景隆、景仲,普通中随法僧入朝。

景隆封沌阳县公,邑千户,出为持节、都督广越交桂等十三州诸军事、平南将军、平越中郎将、广州刺史。中大通三年,征侍中、安右将军。四年,为征北将军、徐州刺史,封彭城王,不行,俄除侍中、度支尚书。太清初，又为使持节、都督广越交桂等十三州诸军事、征南将军、平越中郎将、广州刺史。行至雷首，遇疾卒，时年五十八。

景仲封枝江县公，邑千户，拜侍中、右卫将军。大通三年，增封，并前为二千户，仍赐女乐一部。出为持节、都督广越等十三州诸军事、宣惠将军、平越中郎将、广州刺史。大同中，征侍中、左卫将军。以景隆后为广州刺史。侯景作乱，以景仲元氏之族，遣信诱之，许奉为主。景仲乃举兵，将下应景，会西江督护陈霸先与成州刺史王怀明等起兵攻之。霸先徇其众曰：“朝廷以元景仲与贼连从，谋危社稷，今使曲江公勃为刺史，镇抚此州。”众闻之，皆弃甲而散，景仲乃自缢而死。

元树字君立，亦魏之近属也。祖献文帝。父僖，咸阳王。树仕魏为宗正卿，属尔朱荣乱，以天监八年归国，封为邺王，邑二千户，拜散骑常侍。普通六年，应接元法僧还朝，迁使持节、都郢司霍三州诸军事、云麾将军、郢州刺史，增封并前为三千户。讨南蛮贼，平之，加散骑常侍、安西将军，又增邑五百户。中大通二年，征侍中、镇右将军。四年，为使持节、镇北将军、都督北讨诸军事，加鼓吹一部，以伐魏。攻魏谯城，拔之，会魏将独孤如愿来援，遂围树，城陷被执，发愤卒于魏，时年四十八。

子贞，大同中，求随魏使崔长谦至邺葬父，还拜太子舍人。太清初，侯景降，请元氏戚属，愿奉为主，诏封贞为咸阳王，以天子之礼遣还□，会景败而返。

元愿达，亦魏之支庶也。祖明元帝，父乐平王。愿达仕魏为中书令、司州刺史。普通中，大军北伐，攻义阳，愿达举州献款，诏封乐平公，邑千户，赐甲第女乐。仍出为使持节、散骑常侍、都督湘州诸军事、平南将军、湘州刺史。中大通二年，征侍中、太中大夫、翊左将军。大同三年，卒，时年五十七。

王神念，太原祁人也。少好儒术，尤明内典。仕魏起家州主簿，稍迁颍川太守，遂据郡归款。魏军至，与家属渡江，封南城县侯，邑五百户。顷之，除安成内史，又历武阳、宣城内史，皆著治绩。还除太仆卿。出为持节、都督青冀二州诸军事、信武将军、青冀二州刺史。

神念性刚正，所更州郡必禁止淫祠。时青、冀州东北有石鹿山临海，先有神庙，妖巫欺惑百姓，远近祈祷，糜费极多，及神念至，使令毁撤，风俗遂改。

普通中，大举北伐，征为右卫将军。六年，迁使持节、散骑常侍、爪牙将军，右卫如故。遘疾卒，时年七十五。诏赠本官、衡州刺史，兼给鼓吹一部。谥曰壮。

神念少善骑射，既老不衰，尝于高祖前手执二刀盾，左右交度，驰马往来，冠绝群伍。时复有杨华者，能作惊军骑，并一时妙捷。高祖深叹赏之。

子尊业，仕至太仆卿。卒，赠信威将军、青冀二州刺史，鼓吹一部。次子僧辩，别有传。

杨华，武都仇池人也。父大眼，为魏名将。华少有勇力，容貌雄伟，魏胡太后逼通之。华惧及祸，乃率其部曲来降。胡太后追思之不能已，为作《杨白华歌辞》，使宫人昼夜连臂蹋足歌之，辞甚凄惋焉。华后累征伐，有战功，历官太仆卿，太子左卫率，封益阳县侯。太清中，侯景乱，华欲立志节，妻子为贼所擒，遂降之，卒于贼。

羊侃字祖忻，泰山梁甫人，汉南阳太守续之裔也。祖规，宋武帝之临徐州，辟祭酒从事、大中正。会薛安都举彭城降北，规由是陷魏，魏授卫将军、营州刺史。父祉，魏侍中、金紫光禄大夫。

侃少而瑰伟，身长七尺八寸，雅爱文史，博涉书记，尤好《左氏春秋》及《孙吴兵法》。弱冠随父在梁州立功。魏正光中，稍为别将。时秦州羌有莫遮念生者，据州反，称帝，仍遣其弟天生率众攻陷岐州，遂寇雍州。侃为偏将，隶萧宝夤往讨之，潜身巡堑，伺射天生，应弦即倒,其众遂溃。以功迁使持节、征东大将军、东道行台,领泰山太守,进爵钜平侯。

初,其父每有南归之志,常谓诸子曰:"人生安可久淹异域,汝等可归奉东朝。"侃至是将举河济以成先志。兖州刺史羊敦,侃从兄也,密知之,据州拒侃。侃乃率精兵三万袭之,弗克,仍筑十余城以守之。朝廷赏授,一与元法僧同。遣羊鸦仁、王弁率军应接,李元履运给粮仗。魏帝闻之,使授侃骠骑大将军、司徒、泰山郡公,长为兖州刺史,侃斩其使者以徇。魏人大骇,令仆射于晖率众数十万,及高欢、尔朱阳都等相继而至,围侃十余重,伤杀甚众。栅中矢尽,南军不进,乃夜溃围而出,且战且行,一日一夜,乃出魏境。至渣口,众尚万余人,马二千匹,将入南,士卒并竟夜悲歌。侃乃谢曰:"卿等怀土,理不能见随,幸适去留,于此别异。"因各拜辞而去。

侃以大通三年至京师,诏授使持节、散骑常侍、都督瑕丘征讨诸军事、安北将军、徐州刺史,并其兄默及三弟忱、给、元,皆拜为刺史。寻以侃为都督北讨诸军事,出顿日城,会陈庆之失律,停进。其年,诏以为持节、云麾将军、青冀二州刺史。

中大通四年,诏为使持节、都督瑕丘诸军事、安北将军、兖州刺史,随太尉元法僧北讨。法僧先启云:"与侃有旧,愿得同行。"高祖乃召侃问方略,侃具陈进取之计。高祖因曰:"知卿愿与太尉同行。"侃曰:"臣拔迹还朝,常思效命,然实未曾愿与法僧同行。北人虽谓臣为吴,南人已呼臣为虏,今与法僧同行,还是群类相逐,非止有乖素心,亦使匈奴轻汉。"高祖曰:"朝廷今者要须卿行。"乃诏以为大军司马。高祖谓侃曰:"军司马废来已久,此段为卿置之。"行次官竹,元树又于谯城丧师。军罢,入为侍中。五年,封高昌县侯,邑千户。六年,出为云麾将军、晋安太守。闽越俗好反乱,前后太守莫能止息,侃至讨击,斩其渠帅陈称、吴满等,于是郡内肃清,莫敢犯者。顷之,征太子左卫率。

大同三年,车驾幸乐游苑,侃预宴。时少府奏新造两刃矟成,长丈四尺,围一尺三寸,高祖因赐侃马,令试之。侃执矟上马,左右击

刺，特尽其妙，高祖善之。又制《武宴诗》三十韵以示侃，侃即席应
诏，高祖览曰："吾闻仁者有勇，今见勇者有仁，可谓邹、鲁遗风，英
贤不绝。"六年，迁司徒左长史。八年，迁都官尚书。时尚书令何敬
容用事，与之并省，未尝游造。有宦者张僧胤候侃，侃曰："我床非阉
人所坐。"竟不前之，时论美其贞正。九年，出为使持节、壮武将军、
衡州刺史。

太清元年，征为侍中。会大举北伐，仍以侃为持节、冠军，监作
韩山堰事，两旬堰立。侃劝元帅贞阳侯乘水攻彭城，不纳；既而魏援
大至，侃频劝乘其远来可击，且日又劝出战，并不从，侃乃率所领出
顿堰上。及众军败，侃结阵徐还。

二年，复为都官尚书。侯景反，攻陷历阳。高祖问侃讨景之策，
侃曰："景反迹久见，或容豕突，宜急据采石，令邵陵王袭取寿春。景
进不得前，退失巢窟，乌合之众，自然瓦解。"议者谓景未敢便逼京
师，遂寝其策，令侃率千余骑顿望国门。景至新林，追侃入，副宣城
王都督城内诸军事。时景既卒至，百姓竞入，公私混乱，无复次第。
侃乃区分防拟，皆以宗室间之。军人争入武库，自取器甲，所司不能
禁，侃命斩数人，方得止。及贼逼城，众皆恟惧，侃伪称得射书，云
"邵陵王、西昌侯已至近路"，众乃少安。贼攻东掖门，纵火甚盛，侃
亲自距抗，以水沃火，火灭，引弓射杀数人，贼乃退。加侍中、军师将
军。有诏送金五千两，银万两，绢万匹，以赐战士，侃辞不受。部曲
千余人，并私加赏赉。贼为尖顶木驴攻城，矢石所不能制，侃作雉尾
炬，施铁镞，以油灌之，掷驴上焚之，俄尽。贼又东西两面起土山，以
临城，城中震骇，侃命为地道，潜引其土，山不能立。贼又作登城楼，
高十余丈，欲临射城内，侃曰："车高堑虚，彼来必倒，可卧而观之，
不劳设备。"及车动果倒，众皆服焉。贼既频攻不捷，乃筑长围。朱
异、张绾议欲出击之，高祖以问侃，侃曰："不可。贼多日攻城，既不
能下，故立长围，欲引城中降者耳。今击之，出人若少，不足破贼，若
多，则一旦失利，自相腾践，门隘桥小，必大致挫衄，此乃示弱，非骋
王威也。"不从，遂使千余人出战，未及交锋，望风退走，果以争桥赴

水,死者太半。

初,侃长子䎡为景所获,执来城下示侃,侃谓曰:"我倾宗报主,犹恨不足,岂复计此一子?幸汝早能杀之。"数日复持来,侃谓䎡曰:"久以汝为死,犹复在邪?吾以身许国,誓死行阵,终不以尔而生进退。"因引弓射之。贼感其忠义,亦不之害也。景遣仪同傅士哲呼侃与语曰:"侯王远来问讯天子,何为闭距,不时进纳?尚书国家大臣,宜启朝廷。"侃曰:"侯将军奔亡之后,归命国家,重镇方城,悬相任寄,何所患苦,忽致称兵?今驱乌合之卒,至王城之下,虏马饮淮,矢集帝室,岂有人臣而至于此?吾荷国重恩,当禀承庙算,以扫大逆耳,不能妄受浮说,开门揖盗。幸谢侯王,早自为所。"士哲又曰:"侯王事君尽节,不为朝廷所知,正欲面启至尊,以除奸佞。既居戎旅,故带甲来朝,何谓作逆?"侃曰:"圣上临四海将五十年,聪明睿哲,无幽不照,有何奸佞而得在朝。欲饰其非,宁无诡说。且侯王亲举白刃,以向城阙,事君尽节,正若是邪?"士哲无以应,乃曰:"在北之日,久挹风猷,每恨平生未获披叙,愿去戎服,得一相见。"侃为之免胄,士哲瞻望久之而去。其为北人所钦慕如此。

后大雨,城内土山崩,贼乘之垂入,若战不能禁,侃乃令多掷火,为火城以断其路,徐于里筑城,贼不能进。十二月,遘疾,卒于台内,时年五十四。诏给东园秘器,布绢各五百匹,钱三百万,赠侍中、护军将军,鼓吹一部。

侃少而雄勇,旅力绝人,所用弓至十余石。尝于兖州尧庙蹋壁,直上至五寻,横行得七迹。泗桥有数石人,长八尺,大十围,侃执以相击,悉皆破碎。

侃性豪侈,善音律,自造《采莲》、《棹歌》两曲,甚有新致。姬妾侍列,穷极奢靡。有弹筝人陆太喜,著鹿角爪长七寸。舞人张净琬,腰围一尺六寸,时人咸推能掌中舞。又有孙荆玉,能反腰帖地,衔得席上玉簪。敕赉歌人王娥儿,东宫亦赉歌者屈偶之,并妙尽奇曲,一时无对。初赴衡州,于两艒艒起三间通梁水斋,饰以珠玉,加之锦缋,盛设帷屏,陈列女乐,乘潮解缆,临波置酒,缘塘傍水,观者填咽。大同中，魏使阳斐，与侃在北尝同学，有诏令侃延斐同宴。宾客三百余人，器皆金玉杂宝，奏三部女乐，至夕，侍婢百余人，俱执金花烛。侃不能饮酒，而好宾客交游，终日献酬，同其醉醒。性宽厚，有器局，尝南还至连口，置酒，有客张孺才者，醉于船中失火，延烧七十余艘，所燔金帛不可胜数。侃闻之，都不挂意，命酒不辍，孺才惭惧，自逃匿，侃慰喻使还，待之如旧。第三子鹍。

鹍字子鹏。随侃台内，城陷，□于阳平，侯□呼还，待之甚厚。及景败，鹍密图之，乃随其东走。景于松江战败，惟余三舸，下海欲向蒙山。会景倦昼寝，鹍语海师：“此中何处有蒙山？汝但听我处分。”遂直向京口。至胡豆洲，景觉，大惊，问岸上人，云“郭元建犹在广陵”，景大喜，将依之。鹍拔刀叱海师，使向京口。景欲透水，鹍抽刀斫之，景乃走入船中，以小刀抉船，鹍以矟入刺杀之。世祖以鹍为持节、通直散骑常侍、都督青冀二州诸军事、明威将军、青州刺史，封昌国县公，邑二千户，赐钱五百万，米五千石，布绢各一千匹，又领东阳太守。征陆纳，加散骑常侍。平峡中，除西晋州刺史。破郭元建于东关，迁使持节、信武将军、东晋州刺史。承圣三年，西魏围江陵，鹍赴援不及，从王僧愔征萧玭于岭表。闻太尉僧辩败，乃还，为侯瑱所破，于豫章遇害，时年二十八。

羊鸦仁字孝穆，太山钜平人也。少骁果有胆力。仕郡为主簿。普通中，率兄弟自魏归国，封广晋县侯。征伐青、齐间，累有功绩，稍迁员外散骑常侍、历阳太守。中大通四年，为持节、都督谯州诸军事、信威将军、谯州刺史。大同七年，除太子左卫率，出为持节、都督南北司豫楚四州诸军事、轻军将军、北司州刺史。侯景降，诏鸦仁督士州刺史桓和之、仁州刺史湛海珍等精兵三万，趋悬瓠应接景，仍为都督豫司淮冀殷应西豫等七州诸军事、司豫二州刺史，镇悬瓠。会侯景败于涡阳，魏军渐逼，鸦仁恐粮运不继，遂还北司。上表陈谢，高祖大怒，责之，鸦仁惧，又顿军于淮上。及侯景反，鸦仁率所部入援。太清二年，景既背盟，鸦仁乃与赵伯超及南康王会理共攻贼于东府城,反为贼所败。台城陷,鸦仁见景,为景所留,以为五兵尚书。鸦仁常思奋发,谓所亲曰:"吾以凡流,受宠朝廷,竟无报效,以答重恩。社稷倾危,身不能死,偷生苟免,以至于今。若以此终,没有余愤。"因遂泣下,见者伤焉。三年,出奔江陵,其故部曲数百人迎之。将赴江陵,至东莞,为故北徐州刺史荀伯道诸子所害。

史臣曰:高祖革命受终,光期宝运,威德所渐,莫不怀来,其皆殉难投身,前后相属。元法僧之徒入国,并降恩遇,位重任隆,击钟鼎食。美矣!而羊侃、鸦仁值太清之难,并竭忠奉国。侃则临危不挠,鸦仁守义殒命,可谓志等松筠,心均铁石。古之殉节,斯其谓乎!

梁书卷四〇
列传第三四

司马暠　　到溉　　刘显
刘之遴　弟之亨　　许懋

　　司马暠字元素,河内温人也。曾祖纯之,晋大司农高密敬王。祖让之,员外常侍。父燮,善三《礼》,仕齐官至国子博士。暠少传家业,强力专精,手不释卷,其礼文所涉书,略皆遍睹。沛国刘瓛为儒者宗,嘉其学,深相赏好。少与乐安任昉善,昉亦推重焉。

　　初为国子生,起家奉朝请,稍迁王府行参军。天监初,诏通儒治五礼,有司举暠治嘉礼,除尚书祠部郎中。是时创定礼乐,暠所议多见施行。除步兵校尉,兼中书通事舍人。暠学尤精于事数,国家吉凶礼,当世名儒明山宾、贺玚等疑不能断,皆取决焉。

　　累迁正员郎,镇南谘议参军,兼舍人如故。迁尚书右丞。出为仁威长史、长沙内史。还除云骑将军,兼御史中丞,顷之即真。十六年,出为宣毅南康王长史、行府国并石头戍军事。暠虽居外官,有敕预文德、武德二殿长名问讯,不限日。十七年,迁明威将军、晋安王长史,未几卒。王命记室庾肩吾集其文为十卷,所撰《嘉礼仪注》一百一十二卷。

　　到溉字茂灌,彭城武原人。曾祖彦之,宋骠骑将军。祖仲度,骠骑江夏王从事中郎。父坦,齐中书郎。溉少孤贫,与弟洽俱聪敏有才学,早为任昉所知,由是声名益广。

起家王国左常侍,转后军法曹行参军,历殿中郎,出为建安内史,迁中书郎,兼吏部,太子中庶子。湘东王讳为会稽太守,以溉为轻车长史、行府郡事。高祖敕王曰:"到溉非直为汝行事,足为汝师,间有进止,每须询访。"遭母忧,居丧尽礼,朝廷嘉之。服阕,犹蔬食布衣者累载。除通直散骑常侍,御史中丞,太府卿,都官尚书,郢州长史、江夏太守,加招远将军,入为左民尚书。溉身长八尺,美风仪,善容止,所莅以清白自修。性又率俭,不好声色,虚室单床,傍无姬侍,自外车服,不事鲜华,冠履十年一易,朝服或至穿补,传呼清路,示有朝章而已。

顷之,坐事左迁金紫光禄大夫,俄授散骑常侍,侍中,国子祭酒。溉素谨厚,特被高祖赏接,每与对棋,从夕达旦。溉第山池有奇石,高祖戏与赌之,并《礼记》一部,溉并输焉,未进,高祖谓朱异曰:"卿谓到溉所输可以送未?"溉敛板对曰:"臣既事君,安敢失礼。"高祖大笑。其见亲爱如此。后因疾失明,诏以金紫光禄大夫、散骑常侍,就第养疾。

溉家门雍睦,兄弟特相友爱。初与弟洽常共居一斋,洽卒后,便舍为寺,因断腥膻,终身蔬食,别营小室,朝夕从僧徒礼诵。高祖每月三置净馔,恩礼甚笃。蒋山有延贤寺者,溉家世创立,故生平公俸,咸以供焉,略无所取。性又不好交游,惟与朱异、刘之遴、张缵同志友密。及卧疾家园,门可罗雀,三君每岁时常鸣驺枉道,以相存问,置酒叙生平,极欢而去。临终,托张、刘勒子孙以薄葬之礼。卒,时年七十二。诏赠本官。有集二十卷,行于世。时以溉、洽兄弟比之二陆,故世祖赠诗曰:"魏世重双丁,晋朝称二陆,何如今两到,复似凌寒竹。"

子镜,字圆照,安西湘东王法曹行参军,太子舍人,早卒。

镜子荩,早聪慧,起家著作佐郎,历太子舍人,宣城王主簿,太子洗马,尚书殿中郎。尝从高祖幸京口,登北顾楼赋诗,荩受诏便就,上览,以示溉曰:"荩定是才子,翻恐卿从来文章假手于荩。"因赐溉《连珠》曰:"研磨墨以腾文,笔飞毫以书信。如飞蛾之赴火,岂焚身之可吝。必耋年其已及,可假之于少茂。"其见知赏如此。除丹阳尹丞。太清乱,赴江陵,卒。

刘显字嗣芳,沛国相人也。父凝,晋安内史。显幼而聪敏,当世号曰神童。

天监初,举秀才,解褐中军临川王行参军,俄署法曹。显好学,博涉多通,任昉尝得一篇缺简书,文字零落,历示诸人,莫能识者,显云是《古文尚书》所删逸篇,昉检《周书》,果如其说,昉因大相赏异。丁母忧,服阕,尚书令沈约命驾造焉,于坐策显经史十事,显对其九。约曰:"老夫昏忘,不可受策;虽然,聊试数事,不可至十也。"显问其五,约对其二。陆倕闻之叹曰:"刘郎可谓差人,虽吾家平原诣张壮武,王粲谒伯喈,必无此对。"其为名流推赏如此。及约为太子少傅,乃引为五官掾,俄兼廷尉正。五兵尚书傅昭掌著作,撰国史,引显为佐。九年,始革尚书五都选,显以本官兼吏部郎,又除司空临川王外兵参军,迁尚书仪曹郎。尝为《上朝诗》,沈约见而美之,时约郊居宅新成,因命工书人题之于壁。出为临川王记室参军。建康平,复入为尚书仪曹侍郎,兼中书通事舍人。出为秣陵令,又除骠骑鄱阳王记室,兼中书舍人,累迁步兵校尉、中书侍郎,舍人如故。

显与河东裴子野、南阳刘之遴、吴郡顾协,连职禁中,递相师友,时人莫不慕之。显博闻强记,过于裴、顾,时魏人献古器,有隐起字,无能识者,显案文读之,无有滞碍,考校年月,一字不差,高祖甚嘉焉。

迁尚书左丞,除国子博士。出为宣远岳阳王长史,行府国事,未拜,迁云麾邵陵王长史、寻阳太守。大同九年,王迁镇郢州,除平西谘议参军,加戎昭将军。其年卒,时年六十三。友人刘之遴启皇太子曰:"之遴尝闻,夷、叔、柳惠,不逢仲尼一言,则西山饿夫,东国黜士,名岂施于后世。信哉!生有七尺之形,终为一棺之士。不朽之事,寄之题目,怀珠抱玉,有殁世而名不称者,可为长太息,孰过于斯。窃痛友人沛国刘显,韫椟艺文,研精覃奥,聪明特达,出类拔群。

阖棺郢都，归魂有日，须镌墓板。之遴已略撰其事行，今辄上呈。伏愿鸿慈，降兹睿藻，荣其枯骴，以尉幽魂。冒昧尘闻，战栗无地。”乃蒙令为志铭曰：“繁弱挺质，空桑吐声，分器见重，播乐传名。谁其均之？美有髦士。礼著幼年，业明壮齿。厌饫典坟，研精名理。一见弗忘，过目则记。若访贾逵，如问伯始。颖脱斯出，学优而仕。议狱既佐，芸兰乃握。抟凤池水，推羊太学。内参禁中，外相藩岳。斜光已道，殒彼西浮。百川到海，还逐东流。营营返魄，泛泛□舟。白马向郊，丹旐背巩。野埃兴伏，山云轻重。吕掩书坟，扬归玄冢。尔其戒行，途穷土垒。弱葛方施，丛柯日拱。隧柳薿春，禽寒敛毷。长空常暗，阴泉独涌。祔彼故茔，流芬相踵。”

显有三子：蒡，茬，臻。臻早著名。

刘之遴字思贞，南阳涅阳人也。父虬，齐国子博士，谥文范先生。之遴八岁能属文，十五举茂才对策，沈约、任昉见而异之。

起家宁朔主簿。吏部尚书王瞻尝候任昉，值之遴在坐，昉谓瞻曰：“此南阳刘之遴，学优未仕，水镜所宜甄擢。”瞻即辟为太学博士。时张稷新除尚书仆射，托昉为让表，昉令之遴代作，操笔立成。昉曰：“荆南秀气，果有异才，后仕必当过仆。”御史中丞乐蔼，即之遴舅，宪台奏弹，皆之遴草焉。迁平南行参军，尚书起部郎，延陵令，荆州治中。太宗临荆州，仍迁宣惠记室。之遴笃学明审，博览群籍。时刘显、韦棱并强记，之遴每与讨论，咸不能过也。

还除通直散骑侍郎，兼中书通事舍人。迁正员郎，尚书右丞，荆州大中正。累迁中书侍郎，鸿胪卿，复兼中书舍人。出为征西翻阳王长史、南郡太守，高祖谓曰：“卿母年德并高，故令卿衣锦还乡，尽荣养之理。”后转为西中郎湘东王长史，太守如故。初，之遴在荆府，尝寄居南郡廨，忽梦前太守袁象谓曰：“卿后当为折臂太守，即居此中。”之遴后果损臂，遂临此郡。丁母忧，服阕，征秘书监，领步兵校尉。出为郢州行事，之遴意不愿出，固辞，高祖手敕曰：“朕闻妻子具，孝衰于亲；爵禄具，忠衰于君。卿既内足，理忘奉公之节。”遂为有司所奏免。久之，为太府卿，都官尚书，太常卿。

之遴好古爱奇，在荆州聚古器数十百种。有一器似瓯，可容一斛，上有金错字，时人无能知者。又献古器四种于东宫。其第一种，镂铜鸥夷槅二枚，两耳有银镂，铭云"建平二年造"。其第二种，金银错镂古樽二枚，有篆铭云"秦容成侯适楚之岁造"。其第三种，外国澡灌一口，铭云"元封二年，龟兹国献"。其第四种，古制澡盘一枚，铭云"初平二年造"。

时鄱阳嗣王范得班固所上《汉书》真本，献之东宫，皇太子令之遴与张缵、到溉、陆襄等参校异同。之遴具异状十事，其大略曰："案古本《汉书》称'永平十六年三月二十一日己酉，郎班固上'，而今本无上书年月日字。又案古本《叙传》号为中篇，今本称为《叙傅》。又今本《叙傅》载班彪事行，而古本云'稚生彪，自有传'。又今本纪及表、志、列传不相合为次，而古本相合为次，总成三十八卷。又今本《外戚》在《西域》后，古本《外戚》次《帝纪》下。又今本《高五子》、《文三王》、《景十三王》、《武五子》、《宣元六王》杂在诸传秩中，古本诸王悉次《外戚》下，在《陈项传》前。又今本《韩彭英卢吴》述云'信惟饿隶，布实黥徒，越亦狗盗，芮尹江湖，云起龙骧，化为侯王'，古本述云'淮阴毅毅，杖剑周章，邦之杰子，实惟彭、英，化为侯王，云起龙骧'。又古本第三十七卷，解音释义，以助雅诂，而今本无此卷。"

之遴好属文，多学古体，与河东裴子野、沛国刘显常共讨论书籍，因为交好。是时《周易》、《尚书》、《礼记》、《毛诗》并有高祖义疏，惟《左氏传》尚阙，之遴乃著《春秋大意》十科，《左氏》十科，《三传同异》十科，合三十事以上之。高祖大悦，诏答之曰："省所撰《春秋》义，比事论书，辞微旨远。编年之教，言阐义繁，丘明传洙泗之风，公羊禀西河之学，铎椒之解不追，瑕丘之说无取。继踵胡母，仲舒云盛，因修《谷梁》，千秋最笃。张苍之传《左氏》，贾谊之袭荀卿，源本分镳，指归殊致，详略纷然，其来旧矣。昔在弱年，乃经研味，一从遗置，迄将五纪。兼晚冬暑促，机事罕暇，夜分求衣，未遑搜括。须待夏景，试取推寻，若温故可求，别酬所问也。"

太清二年,侯景乱,之遴避难还乡,未至,卒于夏口,时年七十二。前后文集五十卷,行于世。

之亨字嘉会,之遴弟也。少有令名。举秀才,拜太学博士,稍迁兼中书通事舍人,步兵校尉,司农卿。又代兄之遴为安西湘东王长史、南郡太守。在郡有异绩。数年,卒于官,时年五十。荆士至今怀之,不忍斥其名,号为"大南郡"、"小南郡"云。

许懋字昭哲,高阳新城人,魏镇北将军允九世孙。祖珪,宋给事中,著作郎,桂阳太守。父勇惠,齐太子家令,冗从仆射。懋少孤,性至孝,居父忧,执丧过礼。笃志好学,为州党所称。十四入太学,受《毛诗》,且领师说,晚而覆讲,座下听者常数十百人,因撰《风雅比兴义》十五卷,盛行于世。尤晓故事,称为仪注之学。

起家后军豫章王行参军,转法曹,茂才,迁骠骑大将军仪同中记室。文惠太子闻而召之,侍讲于崇明殿,除太子步兵校尉。永元中,转散骑侍郎,兼国子博士。与司马褧同志友善,仆射江祏甚推重之,号为"经史笥"。天监初,吏部尚书范云举懋参详五礼,除征西鄱阳王谘议,兼著作郎,待诏文德省。时有请封会稽禅国山者,高祖雅好礼,因集儒学之士,草封禅仪,将欲行焉。懋以为不可,因建议曰:

臣案舜幸岱宗,是为巡狩,而郑引《孝经钩命决》云:"封于泰山,考绩柴燎,禅乎梁甫,刻石纪号。"此纬书之曲说,非正经之通义也。依《白虎通》云:"封者,言附广也;禅者,言成功相传也。"若以禅授为义,则禹不应传启至桀十七世也,汤又不应传外景至纣三十七世也。又《礼记》云:"三皇禅奕奕,谓盛德也。五帝禅亭亭,特立独起于身也。三王禅梁甫,连延不绝,父没子继也。"若谓禅奕奕为盛德者,古义以伏羲、神农、黄帝,是为三皇。伏羲封泰山,禅云云,黄帝封泰山,禅亭亭,皆不禅奕奕,而云盛德,则无所寄矣。若谓五帝禅亭亭,特立独起于身者,颛顼封泰山,禅云云,帝喾封太山,禅云云,尧封太山,禅云云,舜封太山,禅云云,亦不禅亭亭。若合黄帝以为五帝者,少昊即黄帝子，又非独立之义矣。若谓三王禅梁甫，连延不绝，父没子继者，禹封太山，禅云云，周成王封太山，禅社首，旧书如此，异乎《礼》说，皆道听所得，失其本文。假使三王皆封太山禅梁甫者，是为封太山则有传世之义，禅梁甫则有揖让之怀，或欲禅倦，或欲传子，义既矛盾，理必不然。

又七十二君，夷吾所记，此中世数，裁可得二十余主：伏羲、神农、女娲、大庭、柏皇、中央、栗陆、骊连、赫胥、尊卢、混沌、昊英、有巢、朱襄、葛天、阴康、无怀、黄帝、少昊、颛顼、高辛、尧、舜、禹、汤、文、武，中间乃有共工，霸有九州，非帝之数，云何得有七十二君封禅之事？且燧人以前至周之世，未有君臣，人心淳朴，不应金泥玉检，升中刻石。燧人、伏羲、神农三皇结绳而治，书契未作，未应有镂文告成。且无怀氏，伏羲后第十六主，云何得在伏羲前封太山禅云云？

夷吾又曰："惟受命之君然后得封禅。"周成王非受命君，云何而得封太山禅社首？神农与炎帝是一主，而云神农封太山禅云云，炎帝封太山禅云云，分为二人，妄亦甚矣。若是圣主，不须封禅；若是凡主，不应封禅。当是齐桓欲行此事，管仲知其不可，故举怪物以屈之也。

秦始皇登太山，中坂，风雨暴至，休松树下，封为五大夫，而事不遂。汉武帝宗信方士，广召儒生，皮弁搢绅，射牛行事，独与霍嬗俱上，既而子侯暴卒，厥足用伤。至魏明使高堂隆撰其礼仪，闻隆没，叹息曰："天不欲成吾事，高生舍我亡也。"晋武太始中欲封禅，乃至太康议犹不定，竟不果行。孙皓遣兼司空董朝、兼太常周处至阳羡封禅国山。此朝君子，有何功德？不思古道而欲封禅，皆是主好名于上，臣阿旨于下也。

夫封禅者，不出正经，惟《左传》说"禹会诸侯于涂山，执玉帛者万国"，亦不谓为封禅。郑玄有参、柴之风，不能推寻正经，专信纬候之书，斯为谬矣。盖《礼》云："因天事天，因地事地，因名山升中于天，因吉土享帝于郊，"燔柴岱宗，即因山之谓矣。

故《曲礼》云："天子祭天地"，是也。又祈谷一，报谷一，礼乃不显祈报地，推文则有。《乐记》云："大乐与天地同和，大礼与天地同节；和故百物不失，节故祀天祭地。"百物不失者，天生之，地养之，故知地亦有祈报，是则一年三郊天，三祭地。《周官》有员丘方泽者，总为三事，郊祭天地，故《小宗伯》云"兆五帝于四郊"，此即《月令》迎气之郊也。《舜典》有"岁二月东巡狩，至于岱宗"，夏南，秋西，冬北，五年一周，若为封禅，何其数也！此为九郊，亦皆正义。至如大旅于南郊者，非常祭也。《大宗伯》："国有大故则旅上帝"。《月令》云："仲春玄鸟至，祀于高禖"。亦非常祭。故《诗》云："克《禋》克祀，以弗无子。"并有雩祷，亦非常祭。《礼》云："雩，崇水旱也"。是为合郊天地有三，特郊天有九，非常祀又有三。《孝经》云："宗祀文王于明堂，以配上帝。"雩祭与明堂虽是祭天，而不在郊，是为天祀有十六，地祭有三，惟大禘祀不在此数。《大传》云："王者禘其祖之所自出，以其祖配之。"异于常祭，以故云大于时祭。案《系辞》云："《易》之为书也，广大悉备。有天道焉，有地道焉，有人道焉，兼三才而两之，故六。六者非佗，三才之道也。"《乾象》云："大哉乾元，万物资始，乃统天。云行雨施，品物流形，大明终始，六位时成。"此则应六年一祭，坤元亦尔。诚敬之道，尽此而备。至于封禅，非所敢闻。

高祖嘉纳之，因推演懋议，称制旨以答，请者由是遂停。

十年，转太子家令。宋、齐旧仪，郊天祀帝皆用衮冕，至天监七年，懋始请造大裘。至是，有事于明堂，仪注犹云"服衮冕"。懋驳云："《礼》云：'大裘而冕，祀昊天上帝亦如之。'良由天神尊远，须贵诚质。今泛祭五帝，理不容文。"改服大裘，自此始也。又降敕问："凡求阴阳，应各从其类，今雩祭燔柴，以火祈水，意以为疑。"懋答曰："雩祭燔柴，经无其文，良由先儒不思故也。按周宣《云汉》之诗曰：'上下奠瘗，靡神不宗。'毛注云：'上祭天，下祭地，奠其币，瘗其物。'以此而言，为旱而祭天地，并有瘗埋之文，不见有燔柴之说。若以祭五帝必应燔柴者,今明堂之礼,又无其事。且《礼》又云'埋少牢以祭时',时之功是五帝,此又是不用柴之证矣。昔雩坛在南方正阳位,有乖求神,而已移于东,实柴之礼犹未革。请停用柴,其牲牢等物,悉从坎瘗,以符周宣《云汉》之说。"诏并从之。凡诸礼仪,多刊正。

以足疾出为始平太守,政有能名。加散骑常侍,转天门太守。中大通三年,皇太子召诸儒参录《长春义记》。四年,拜中庶子。是岁,卒,时年六十九。撰《述行记》四卷,有集十五卷。

陈吏部尚书姚察曰:司马絧儒术博通,到溉文义优敏,显、懋、之遴强学淹洽,并职经便繁,应对左右,斯盖严、朱之任焉。而溉、之遴遂至显贵,亟拾青紫。然非遇时,焉能致此仕也。

梁书卷四一
列传第三五

王规　刘珏　宗懔　　王承　　褚翔
萧介　从父兄洽　　褚球　　刘孺
弟览　遵　　刘潜　弟孝胜　孝威　孝先
殷芸　萧几

　　王规字威明，琅邪临沂人。祖俭，齐太尉、南昌文宪公。父骞，金紫光禄大夫、南昌安侯。规八岁，以丁所生母忧居丧，有至性，太尉徐孝嗣每见必为之流涕，称曰孝童。叔父暕亦深器重之，常曰："此儿吾家千里驹也。"年十二，五经大义，并略能通。既长，好学有口辩。州举秀才，郡迎主簿。

　　起家秘书郎，累迁太子舍人，安右南康王主簿，太子洗马。天监十二年，改构太极殿，功毕，规献《新殿赋》，其辞甚工。拜秘书丞。历太子中舍人，司徒左西属，从事中郎。晋安王讳出为南徐州，高选僚属，引为云麾谘议参军。久之，出为新安太守，父忧去职。服阕，袭封南昌县侯，除中书黄门侍郎。敕与陈郡殷钧、琅邪王锡、范阳张缅同侍东宫，俱为昭明太子所礼。湘东王时为京尹，与朝士宴集，属规为酒令。规从容对曰："自江左以来，未有兹举。"特进萧深、金紫傅昭在坐，并谓为知言。普通初，陈庆之北伐，克复洛阳，百僚称贺，规退曰："道家有云，非为功难，成功难也。羯寇游魂，为日已久，桓温得而复失，宋武竟无成功。我孤军无援，深入寇境，威势不接，馈运难系，将是役也，为祸阶矣。"俄而王师覆没。其识达事机，多如此类。

六年，高祖于文德殿饯广州刺史元景隆，诏群臣赋诗，同用五十韵，规援笔立奏，其文又美，高祖嘉焉。即日诏为侍中。大通三年，迁五兵尚书，俄领步兵校尉。中大通二年，出为贞威将军、骠骑晋安王长史。其年，王立为皇太子，仍为吴郡太守。主书芮珍宗家在吴，前守宰皆倾意附之，是时珍宗假还，规遇之甚薄，珍宗还都，密奏规云"不理郡事"。俄征为左民尚书，郡吏民千余人诣阙请留，表三奏，上不许。寻以本官领右军将军，未拜，复为散骑常侍、太子中庶子，领步兵校尉。规辞疾不拜，于钟山宋熙寺筑室居焉。

大同二年，卒，时年四十五。诏赠散骑常侍、光禄大夫，赙钱二十万，布百匹。谥曰章。皇太子出临哭，与湘东王㧑令曰："威明昨宵奄复殂化，甚可痛伤。其风韵遒正，神峰摽映，千里绝迹，百尺无枝。文辩纵横，才学优赡，跌宕之情弥远，濠梁之气特多，斯实俊民也。一尔过隙，永归长夜，金刀掩芒，长淮绝涸。去岁冬中，已伤刘子，今兹寒孟，复悼王生，俱往之伤，信非虚说。"规集《后汉》众家异同，注《续汉书》二百卷，文集二十卷。

子褒，字子汉。七岁能属文。外祖司空袁昂爱之，谓宾客曰："此儿当成吾宅相。"弱冠，举秀才，除秘书郎，太子舍人，以父忧去职。服阕，袭封南昌侯，除武昌王文学，太子洗马，兼东宫管记，迁司徒属，秘书丞，出为安成内史。太清中，侯景陷京城，江州刺史当阳公大心举州附贼，贼转寇南中，褒犹据郡拒守。大宝二年，世祖命征褒赴江陵，既至，以为忠武将军、南平内史，俄迁吏部尚书、侍中。承圣二年，迁尚书右仆射，仍参掌选事，又加侍中。其年，迁左仆射，参掌如故。三年，江陵陷，入于周。

褒著《幼训》，以诫诸子。其一章云：

陶士衡曰："昔大禹不吝尺璧而重寸阴。"文士何不诵书，武士何不马射。若乃玄冬修夜，朱明永日，肃其居处，崇其墙切，门无糅杂，坐阙号呶，以之求学，则仲尼之门人也，以之为文，则贾生之升堂也。古者盘盂有铭，几杖有诫，进退循焉，俯仰观焉。文王之诗曰：“靡不有初，鲜克有终。”立身行道，终始若一。“造次必于是”，君子之言欤。

儒家则尊卑等差，吉凶降杀，君南面而臣北面，天地之义也，鼎俎奇而边豆偶，阴阳之义也。道家则堕支体，黜聪明，弃义绝仁，离形去智。释氏之义，见苦断习，证灭循道，明因辨果，偶凡成圣。斯虽为教等差，而义归汲引。吾始乎幼学，及于知命，既崇周、孔之教，兼循老、释之谈。江左以来，斯业不坠，汝能修之，吾之志也。

初，有沛国刘珏、南阳宗懔，与褒俱为中兴佐命，同参帷幄。

刘珏字仲宝，晋丹阳尹真长七世孙也。少方正有器局。自国子礼生射策高第，为宁海令，稍迁湘东王记室参军，又转中记室。太清中，侯景乱，世祖承制上流，书檄多委珏焉，珏亦竭力尽忠，甚蒙赏遇。历尚书左丞，御史中丞。承圣二年，迁吏部尚书、国子祭酒，余如故。

宗懔字元懔。八世祖承，晋宜都郡守，属永嘉东徙，子孙因居江陵焉。懔少聪敏好学，昼夜不倦，乡里号为“童子学士”。普通中，为湘东王府兼记室，转刑狱，仍掌书记。历临汝、建成、广晋等令，后又为世祖荆州别驾。及世祖即位，以为尚书郎，封信安县侯，邑一千户。累迁吏部郎中，五兵尚书，吏部尚书。承圣三年，江陵没，与珏俱入于周。

王承字安期，仆射暕子。七岁通《周易》，选补国子生。年十五，射策高第，除秘书郎。历太子舍人，南康王文学，邵陵王友，太子中舍人，以父忧去职。服阕，复为中舍人，累迁中书黄门侍郎，兼国子博士。时膏腴贵游，咸以文学相尚，罕以经术为业，惟承独好之，发言吐论，造次儒者。在学训诸生，述《礼》、《易》义。中大通五年，迁长兼侍中，俄转国子祭酒。承祖俭及父暕尝为此职，三世为国师，前代未之有也,当世以为荣。久之,出为戎昭将军、东阳太守。为政宽惠,吏民悦之。视事未期,卒於郡,时年四十一。谥曰章子。

承性简贵有风格。时右卫朱异当朝用事,每休下,车马常填门。时有魏郡申英好危言高论,以忤权右,常指异门曰:“此中辐辏,皆以利往,能不至者,惟有大小王东阳。”小东阳,即承弟稚也。当时惟承兄弟及褚翔不至异门,时以此称之。

褚翔字世举,河南阳翟人。曾祖渊,齐太宰、文简公,佐命齐室。祖蓁,太常、穆子。父向,字景政,年数岁,父母相继亡没,向哀毁若成人者,亲表咸异之。既长,淹雅有器量,高祖践阼,选补国子生。起家秘书郎,迁太子舍人,尚书殿中郎。出为安成内史。还除太子洗马、中舍人,累迁太尉从事中郎,黄门侍郎,镇右豫章王长史。顷之,入为长兼侍中。向风仪端丽,眉目如点,每公庭就列,为众所瞻望焉。大通四年,出为宁远将军、北中郎庐陵王长史,三年,卒官。外兄谢举为制墓铭,其略曰:“弘治推华,子嵩惭量;酒归月下,风清琴上。”论者以为拟得其人。

翔初为国子生,举高第。丁父忧,服阕,除秘书郎,累迁太子舍人,宣城王主簿。中大通五年,高祖宴群臣乐游苑,别诏翔与王训为二十韵诗,限三刻成。翔于坐立奏,高祖异焉,即日转宣城王文学,俄迁为友。时宣城友、文学加它王二等,故以翔超为之,时论美焉。

出为义兴太守。翔在政洁己,省繁苛,去浮费,百姓安之。郡之西亭有古树,积年枯死,翔至郡,忽更生枝叶,百姓咸以为善政所感。及秩满,吏民诣阙请之,敕许焉。寻征为吏部郎,去郡,百姓无老少追送出境,涕泣拜辞。翔居小选公清,不为请属易意,号为平允。俄迁侍中,顷之,转散骑常侍,领羽林监,侍东宫。出为晋陵太守,在郡未期,以公事免。俄复为散骑常侍,侍东宫。太清二年,迁守吏部尚书。其年冬,侯景围宫城,翔于围内丁母忧,以毁卒,时年四十四。诏赠本官。

翔少有孝性。为侍中时,母疾笃,请沙门祈福,中夜忽见户外有异光,又闻空中弹指,及晓疾遂愈。或以翔精诚所致焉。

萧介字茂镜,兰陵人也。祖思话,宋开府仪同三司、尚书仆射。父惠茜,齐左民尚书。介少颖悟,有器识,博涉经史,兼善属文。

齐永元末,释褐著作佐郎。天监六年,除太子舍人。八年,迁尚书金部郎。十二年,转主客郎。出为吴令,甚著声绩。湘东王闻介名,思共游处,表请之。普通三年,乃以介为湘东王谘议参军。大通二年,除给事黄门侍郎。大同二年,武陵王为扬州刺史,以介为府长史,在职清白,为朝廷所称。高祖谓何敬容曰:"萧介甚贫,可处以一郡。"敬容未对,高祖曰:"始兴郡顷无良守,岭上民颇不安,可以介为之。"由是出为始兴太守。介至任,宣布威德,境内肃清。七年,征为少府卿,寻加散骑常侍。会侍中阙,选司举王筠等四人,并不称旨,高祖曰:"我门中久无此职,宜用萧介为之。"介博物强识,应对左右,多所匡正,高祖甚重之。迁都官尚书,每军国大事,必先询访于介焉,高祖谓朱异曰:"端右之材也。"中大同二年,辞疾致事,高祖优诏不许,终不肯起,乃遣谒者仆射魏祥就拜光禄大夫。

太清中,侯景于涡阳败走,入寿阳,高祖敕防主韦默纳之,介闻而上表谏曰:

臣抱患私门,窃闻侯景以涡阳败绩,只马归命,陛下不悔前祸,复敕容纳。臣闻凶人之性不移,天下之恶一也。昔吕布杀丁原以事董卓,终诛董而为贼;刘牢反王恭以归晋,还背晋以构妖。何者?狼子野心,终无驯狎之性;养兽之喻,必见饥噬之祸。侯景兽心之种,鸣镝之类。以凶狡之才,荷高欢翼长之遇,位忝台司,任居方伯,然而高欢坟土未干,即还反噬。逆力不逮,乃复逃死关西;宇文不容,故复投身于我。陛下前者所以不逆细流,正欲以属国降胡以讨匈奴,冀获一战之效耳。今既亡师失地,直是境上之匹夫,陛下爱匹夫而弃与国之好,臣窃不取也。

若国家犹待其更鸣之晨,岁暮之效,臣窃惟侯景必非岁暮之臣；弃乡国如脱屣，背君亲如遗芥，岂知远慕圣德，为江淮之纯臣。事迹显然，无可致惑。一隅尚其如此，触类何可具陈。

　　臣朽老疾侵，不应辄干朝政，但楚囊将尸，有城郢之忠，卫鱼临亡，亦不尸谏之节。臣忝为宗室遗老，敢忘刘向之心。伏愿天慈，少思危苦之语。

高祖省表叹息，卒不能用。

　　介性高简，少交游，惟与族兄琛、从兄眹素及洽、从弟淑等文酒赏会，时人以比谢氏乌衣之游。初，高祖招延后进二十余人，置酒赋诗，臧盾以诗不成，罚酒一斗，盾饮尽，颜色不变，言笑自若；介染翰便成，文无加点。高祖两美之曰："臧盾之饮，萧介之文，即席之美也。"年七十三，卒於家。

　　第三子允，初以兼散骑常侍聘魏，还为太子中庶子，后至光禄大夫。

　　洽字宏称，介从父兄也。父惠基，齐吏部尚书，有重名前世。洽幼敏寤，年七岁，诵《楚辞》略上口。及长，好学博涉，亦善属文。

　　齐永明中，为国子生，举明经，起家著作佐郎，迁西中郎外兵参军。天监初，为前军鄱阳王主簿，尚书□郎，迁太子中舍人。出为南徐州治中，既近畿重镇，吏数千人，前后居之者皆致巨富，洽为之，清身率职，馈遗一无所受，妻子不免饥寒。还除司空从事中郎，为建安内史，坐事免。久之，起为护军长史，北中郎谘议参军，迁太府卿，司徒临川王司马。普通初，拜员外散骑常侍，兼御史中丞，以公事免。顷之，为通直散骑常侍。洽少有才思，高祖令制同泰、大爱敬二寺刹下铭，其文甚美。二年，迁散骑常侍。出为招远将军、临海太守，为政清平，不尚威猛，民俗便之。还拜司徒左长史，又敕撰当涂堰碑，辞亦赡丽。六年，卒官，时年五十五。有诏出举哀，赙钱二万，布五十匹。集二十卷，行于世。

　　褚球字仲宝，河南阳翟人。高祖叔度，宋征虏将军、雍州刺史。祖暖，太宰外兵参军。父绩，太子舍人。并尚宋公主。球少孤贫，笃志好学,有才思。宋建平王景素,元徽中诛灭,惟有一女得存,其故吏何昌宇、王思远闻球清立,以此女妻之,因为之延誉。

仕齐起家征虏行参军,俄署法曹,迁右军曲江公主簿。出为溧阳令,在县清白,资公俸而已。除平西主簿。天监初,迁太子洗马、散骑侍郎,兼中书通事舍人。出为建康令,母忧去职,以本官起之,固辞不拜。服阕,除北中郎谘议参军,俄迁中书郎,复兼中书通事舍人。除云骑将军,累兼廷尉,光禄卿,舍人如故。迁御史中丞。球性公强,无所屈挠,在宪司甚称职。普通四年,出为北中郎长史、南兰陵太守。入为通直散骑常侍,领羽林监。七年,迁太府卿,顷之,迁都官尚书。中大同中,出为仁威临川王长史、江夏太守,以疾不赴职。改授光禄大夫,未拜,复为太府卿,领步兵校尉。俄迁通直散骑常侍,秘书监,领著作。迁司徒左长史,常侍、著作如故。自魏孙礼、晋荀组以后,台佐加貂,始有球也。寻出为贞威将军、轻车河东王长史、南兰陵太守。入为散骑常侍,领步兵。寻表致仕,诏不许。俄复拜光禄大夫,加给事中,卒官,时年七十。

刘孺字孝稚,彭城安上里人也。祖勔,宋司空、忠昭公。父悛,齐太常、敬子。孺幼聪敏,七岁能属文。年十四,居父丧,毁瘠骨立,宗党咸异之。服阕,叔父瑱为义兴郡,携以之官,常置坐侧,谓宾客曰:“此儿吾家之明珠也。”既长,美风彩,性通和,虽家人不见其喜愠。本州召迎主簿。

起家中军法曹行参军。时镇军沈约闻其名,引为主簿,常与游宴赋诗,大为约所嗟赏。累迁太子舍人,中军临川王主簿,太子洗马,尚书殿中郎。出为太末令,在县有清绩。还除晋安王友,转太子中舍人。

孺少好文章,性又敏速,尝於御坐为《李赋》,受诏便成,文不加点,高祖甚称赏之。后侍宴寿光殿,诏群臣赋诗,时孺与张率并醉,未及成,高祖取孺手板题戏之曰:“张率东南美,刘孺雒阳才,揽笔便应就,何事久迟回?”其见亲爱如此。

转中书郎，兼中书通事舍人。顷之，迁太子家令，余如故。出为宣惠晋安王长史，领丹阳尹丞，迁太子中庶子，尚书吏部郎。出为轻车湘东王长史，领会稽郡丞，公事免。顷之，起为王府记室，散骑侍郎，兼光禄卿。累迁少府卿，司徒左长史，御史中丞，号为称职。大通二年，迁散骑常侍。三年，迁左民尚书，领步兵校尉。中大通四年，出为仁威临川王长史、江夏太守，加贞威将军。五年，为宁远将军、司徒左长史，未拜，改为都官尚书，领右军将军。大同五年，守吏部尚书。其年，出为明威将军、晋陵太守。在郡和理，为吏民所称。七年，入为侍中，领右军。其年，复为吏部尚书，以母忧去职。居丧未期，以毁卒，时年五十九。谥曰孝子。

孺少与从兄苞、孝绰齐名，苞早卒，孝绰数坐免黜，位并不高，惟孺贵显。有文集二十卷。

子刍，著作郎，早卒。孺二弟：览，遵。

览字孝智。十六通《老》、《易》。历官中书郎，以所生母忧，庐于墓，再期，口不尝盐酪，冬止著单布。家人患其不胜丧，中夜窃寘炭于床下，览因暖气得睡，既觉知之，号恸欧血。高祖闻其有至性，数省视之。服阕，除尚书左丞。性聪敏，尚书令史七百人，一见并记名姓。当官清正，无所私。姊夫御史中丞褚湮，从兄吏部郎孝绰，在职颇通赃货，览劾奏，并免官。孝绰怨之，尝谓人曰："犬啮行路，览噬家人。"出为始兴内史，治郡尤励清节。还，复为左丞，卒官。

字孝陵。少清雅，有学行，工属文。起家著作郎，太子舍人，累迁晋安王宣惠、云麾二府记室，甚见宾礼，转南徐州治中。王后为雍州，复引为安北谘议参军、带邵县令。中大通二年，王立为皇太子，仍除中庶子。遵自随藩及在东宫，以旧恩偏蒙宠遇，同时莫及。大同元年，卒官。皇太子深悼惜之，与遵从兄阳羡令孝仪令曰：

　　贤从中庶，奄至殒逝，痛可言乎！其孝友淳深，立身贞固，内含玉润，外表澜清。美誉嘉声，流于士友，言行相符，终始如一。文史该富，琬琰为心，辞章博赡，玄黄成采。既以鸣谦表性，又以难进自居，未尝造请公卿，缔交荣利，是以新沓莫之举，杜武弗之知。自阮放之官，野王之职，栖迟门下，已逾五载，同僚已陟，后进多升，而怡然清静，不以少多为念。确尔之志，亦何易得。西河观宝，东江独步，书籍所载，必不是过。

吾昔在汉南，连翩书记，及忝朱方，从容坐首。良辰美景，清风月夜，鹢舟乍动，朱鹭徐鸣，未尝一日而不追随，一时而不会遇。酒阑耳热，言志赋诗，校覆忠贤，榷扬文史，益者三友，此实其人。及弘道下邑，未申善政，而能使民结去思，野多驯雉，此亦威凤一羽，足以验其五德。比在春坊，载获申晤，博望无通宾之务，司成多节文之科。所赖故人时相媲偶，而此子溘然，实可嗟痛。"惟与善人"，此为虚说；天之报施，岂若此乎！想卿痛悼之诚，亦当何已。往矣奈何，投笔恻怆。

吾昨欲为志铭，并为撰集。吾之劣薄，其生也不能揄扬吹歔，使得骋其才用，今者为铭为集，何益既往？故为痛惜之情，不能已已耳。

刘潜字孝仪，秘书监孝绰弟也。幼孤，与兄弟相励勤学，并工属文。孝绰常曰"三笔六诗"，三即孝仪，六孝威也。

天监五年，举秀才。起家镇右始兴王法曹行参军，随府益州，兼记室。王入为中抚军，转主簿，迁尚书殿中郎。敕令制《雍州平等寺金像碑》，文甚宏丽。晋安王讳出镇襄阳，引为安北功曹史，以母忧去职。王立为皇太子，孝仪服阕，仍补洗马，迁中舍人。出为戎昭将军、阳羡令，甚有称绩，擢为建康令。大同三年，迁中书郎，以公事左迁安西谘议参军。兼散骑常侍，使魏。还，复除中书郎。顷之，权兼司徒右长史，又兼宁远长史，行彭城琅邪二郡事。累迁尚书左丞，兼御史中丞。在职弹纠无所顾望，当时称之。十年，出为伏波将军、临海太守。是时政网疏阔，百姓多不遵禁，孝仪下车，宣示条制，励精绥抚，境内翕然，风俗大革。中大同元年，入守都官尚书。太清元年，出为明威将军、豫章内史。二年，侯景寇京邑，孝仪遣子励师郡兵三千人，随前衡州刺史韦粲入援。三年，宫城不守，孝仪为前历阳太守庄铁所逼，失郡。大宝元年，病卒，时年六十七。

孝仪为人宽厚，内行尤笃。第二兄孝能早卒，孝仪事寡嫂甚谨，家内巨细，必先谘决，与妻子朝夕供事，未尝失礼，世以此称之。有文集二十卷，行於世。

第五弟孝胜，历官邵陵王法曹，湘东王安西主簿、记室，尚书左丞。出为信义太守，公事免。久之，复为尚书右丞。兼散骑常侍，聘魏。还，为安西武陵王纪长史、蜀郡太守。太清中，侯景陷京师，纪僭号于蜀，以孝胜为尚书仆射。承圣中，随纪出峡口，兵败，被执下狱。世祖寻宥之，起为司徒右长史。

第六弟孝威，初为安北晋安王法曹，转主簿，以母忧去职。服阕，除太子洗马，累迁中舍人，庶子，率更令，并掌管记。大同九年，白雀集东宫，孝威上颂，其辞甚美。太清中，迁中庶子，兼通事舍人。及侯景寇乱，孝威于围城得出，随司州刺史柳仲礼西上，至安陆，遇疾卒。

第七弟孝先，武陵王法曹、主簿，王迁益州，随府转安西记室。承圣中，与兄孝胜俱随纪军出峡口，兵败，至江陵，世祖以为黄门侍郎，迁侍中。兄弟并善五言诗，见重于世。文集值乱，今不具存。

殷芸字灌蔬，陈郡长平人。性倜傥，不拘细行，然不妄交游，门无杂客。励精勤学，博洽群书。幼而庐江何宪见之，深相叹赏。

永明中，为宜都王行参军。天监初，为西中郎主簿，后军临川王记室。七年，迁通直散骑侍郎，兼中书通事舍人。十年，除通直散骑侍郎，兼尚书左丞，又兼中书舍人，迁国子博士，昭明太子侍读，西中郎豫章王长史，领丹阳尹丞，累迁通直散骑常侍，秘书监，司徒左长史。普通六年，直东宫学士省。大通三年，卒，时年五十九。

萧几字德玄，齐曲江公遥欣子也。年十岁，能属文。早孤，有弟九人，并皆稚小，几恩爱笃睦，闻于朝野。性温和，与物无竞，清贫自立。好学，善草隶书。湘州刺史杨公则，曲江之故吏也，每见几，谓人曰："康公此子,可谓桓灵宝出。"及公则卒,几为之诔,时年十五,沈约见而奇之,谓其舅蔡撙曰："昨见贤甥杨平南诔文,不减希逸之作,始验康公积善之庆。"

释褐著作佐郎,庐陵王文学,尚书殿中郎,太子舍人,掌管记,迁庶子,中书侍郎,尚书左丞。末年,专尚释教。为新安太守,郡多山水,特其所好,适性游履,遂为之记。卒于官。

子为,字元专,亦有文才,仕至太子舍人,永康令。

史臣曰:王规之徒,俱著名誉,既逢休运,才用各展,美矣。萧洽《当涂》之制,见伟辞人,刘孝仪兄弟,并以文章显。君子知梁代之有人焉。

梁书卷四二
列传第三六

臧盾 弟厥 　傅歧

臧盾字宣卿，东莞莒人。高祖焘，宋左光禄大夫。祖潭之，左民尚书。父未甄，博涉文史，有才干，少为外兄汝南周颙所知。宋末，起家为领军主簿，所奉即齐武帝。入齐，历太尉祭酒，尚书主客郎，建安、庐陵二王府记室，前军功曹史，通直郎，南徐州中正，丹阳尹丞。高祖平京邑，霸府建，引为骠骑刑狱参军。天监初，除后军谘议中郎、南徐州别驾，入拜黄门郎，迁右军安成王长史，少府卿。出为新安太守，有能名。还为太子中庶子，司农卿，太尉长史。丁所生母忧，三年庐于墓侧。服阕，除廷尉卿。出为安成王长史、江夏太守，卒官。

盾幼从征士琅邪诸葛璩受五经，通章句。璩学徒常有数十百人，盾处其间，无所狎比。璩异之，叹曰："此生重器，王佐才也。"初为抚军行参军，迁尚书中兵郎。盾美风姿，善举止，每趋奏，高祖甚悦焉。入兼中书通事舍人，除安右录事参军，舍人如故。

盾有孝性，随父宿直于廷尉，母刘氏在宅，夜暴亡，左手中指忽痛，不得寝，及晓，宅信果报凶问，其感通如此。服制未终，父又卒，盾居丧五年，不出庐户，形骸枯瘠，家人不复识。乡人王端以状闻，高祖嘉之，敕累遣抑譬。

服阕，除丹阳尹丞，转中书郎，复兼中书舍人，迁尚书左丞，为东中郎武陵王长史，行府州国事，领会稽郡丞。还除少府卿，领步兵校尉,迁御史中丞。盾性公强,居宪台甚称职。

中大通五年二月,高祖幸同泰寺开讲,设四部大会,众数万人,南越所献驯象,忽于众中狂逸,乘舆羽卫及会皆骇散,惟盾与散骑郎裴之礼巍然自若,高祖甚嘉焉。

俄有诏加散骑常侍,未拜,又诏曰:"总一六军,非才勿授。御史中丞、新除散骑常侍盾,志怀忠密,识用详慎,当官平允,处务勤恪,必能缉斯戎政。可兼领军,常侍如故。"大同二年,迁中领军。领军管天下兵要,监局事多。盾为人敏赡,有风力,长于拨繁,职事甚理。天监中,吴平侯萧景居此职,著声称,至是盾复继之。

五年,出为仁威将军、吴郡太守。视事未期,以疾陈解,拜光禄大夫,加金章紫绶。七年,疾愈,复为领军将军。九年,卒,时年六十六。即日有诏举哀。赠侍中,领军如故。给东园秘器,朝服一具,衣一袭,钱布各有差。谥曰忠。

子长博,字孟弘,桂阳内史。次子仲博,曲阿令。盾弟厥。

厥字献卿,亦以干局称。初为西中郎行参军,尚书主客郎。入兼中书通事舍人,累迁正员郎,鸿胪卿,舍人如故。迁尚书右丞,未拜,出为晋安太守。郡居山海,常结聚逋逃,前二千石虽募讨捕,而寇盗不止。厥下车,宣风化,凡诸凶党,皆缧负而出,居民复业,商旅流通。然为政严酷少恩,吏民小事,必加杖罚,百姓谓之"臧兽"。还除骠骑庐陵王谘议参军,复兼舍人。迁员外散骑常侍,兼司农卿,舍人如故。大同八年,卒官,时年四十八。

厥前后居职,所掌之局大事及兰台、廷尉所不能决者,敕并付厥。厥辨断精详,咸得其理。厥卒后,有抂登闻鼓诉者,求付清直舍人。高祖曰:"臧厥既亡,此事便无可付。"其见知如此。

子操,尚书三公郎。

傅歧字景平,北地灵州人也。高祖弘仁,宋太常。祖琰,齐世为山阴令,有治能,自县擢为益州刺史。父翙,天监中,历山阴、建康令,亦有能名,官至骠骑谘议。

歧初为国子明经生，起家南康王宏常侍，迁行参军，兼尚书金部郎。母忧去职，居丧尽礼，服阕后，疾废久之。是时改创北郊坛，初起歧监知缮筑，事毕，除如新令。县民有因斗相殴而死者，死家诉郡，郡录其仇人，考掠备至，终不引咎，郡乃移狱於县。歧即命脱械，以和言问之，便即首服。法当偿死，会冬节至，歧乃放其还家，使过节一日复狱。曹掾固争曰："古者乃有此，于今不可行。"歧曰："其或负信，县令当坐，主者勿忧。"竟如期而反。太守深相叹异，遂以状闻。歧后去县，民无老小，皆出境拜送，啼号之声，闻于数十里。至都，除廷尉正，入兼中书通事舍人，迁宁远岳阳王记室参军，舍人如故。

歧美容止，博涉能占对。大同中，与魏和亲，其使岁中再至，常遣歧接对焉。太清元年，累迁太仆，司农卿，舍人如故。在禁省十余年，机事密勿，亚于朱异。此年冬，豫州刺史贞阳侯萧渊明率众伐彭城，兵败陷魏。二年，渊明遣使还，述魏人欲更通和好，敕有司及近臣定议。左卫朱异曰："高澄此意，当复欲继好，不爽前和，边境且得静寇息民，于事为便。"议者并然之。歧独曰："高澄既新得志，其势非弱，何事须和？此必是设间，故令贞阳遣使，令侯景自疑当以贞阳易景。景意不安，必图祸乱。今若许澄通好，正是堕其计中。且彭城去岁丧师，涡阳新复败退，今便就和，益示国家之弱。若如愚意，此和宜不可许。"朱异等固执，高祖遂从异议。及遣和使，侯景果有此疑，累启请追使，敕但依违报之，至八月，遂举兵反，十月，入寇京师，请诛朱异。三年，迁中领军，舍人如故。二月，景于阙前通表，乞割江右四州，安其部下，当解围还镇，敕许之。乃于城西立盟，求遣宣城王出送。歧固执宣城嫡嗣之重，不宜许，遣石城公大款送之。及与景盟讫，城中文武喜跃，望得解围，歧独言于众曰："贼举兵为逆，未遂求和，夷情兽心，必不可信，此和终为贼所诈也。"众并怨怪之。及景背盟，莫不叹服。寻有诏，以歧勤劳，封南丰县侯，邑五百户，固辞不受。宫城失守，歧带疾出围，卒于宅。

　　陈吏部尚书姚察曰：夫举事者定于谋，故万举无遗策，信哉是言也。傅歧识齐氏之伪和，可谓善于谋事，是时若纳歧之议，太清祸乱，固其不作。申子曰："一言倚，天下靡。"此之谓乎！

梁书卷四三

列传第三七

韦粲 江子一 弟子四 子五 张嵊
沈浚 柳敬礼

　　韦粲字长蒨,车骑将军睿之孙,北徐州刺史放之子也。有父风,好学壮气,身长八尺,容貌湛伟。初为云麾晋安王行参军,俄署法曹,迁外兵参军,兼中兵。时颍川庾仲容、吴郡张率,前辈知名,与粲同府,并忘年交好。及王迁镇雍州,随转记室,兼中兵如故。王立为皇太子,粲迁步兵校尉,入为东宫领直。丁父忧去职,寻起为招远将军,复为领直。服阕,袭爵永昌县侯,除安西湘东王谘议,累迁太子仆、左卫率,领直并如故。粲以旧恩,任寄绸密,虽居职屡徙,常宿卫,颇擅威名,诞倨,不为时辈所平。右卫朱异尝於酒席厉色谓粲曰:“卿何得已作领军面向人!”

　　中大同十一年,迁通直散骑常侍,未拜,出为持节、督衡州诸军事、安远将军、衡州刺史。皇太子出饯新亭,执粲手曰:“与卿不为久别。”太清元年,粲至州无几,便表解职。二年,征为散骑常侍。粲还至庐陵,闻侯景作逆,便简阅部下,得精卒五千,马百匹,倍道赴援。至豫章,奉命报云“贼已出横江”,粲即就内史刘孝仪共谋之。孝仪曰:“必期如此,当有别敕。岂可轻信单使,妄相惊动?或恐不然。”时孝仪置酒,粲怒,以杯抵地曰:“贼已渡江,便逼宫阙,水陆俱断,何暇有报;假令无敕,岂得自安?韦粲今日何情饮酒!”即驰马出,部分将发,会江州刺史当阳公大心遣使要粲,粲乃驰往见大心,曰:

"上游蕃镇,江州去京最近,殿下情计,实宜在前;但中流任重,当须应接,不可阙镇。今直且张声势,移镇湓城,遣偏将赐随,于事便足。"大心然之,遣中兵柳昕帅兵二千人随粲。粲悉留家累于江州,以轻舸就路。至南洲,粲外弟司州刺史柳仲礼亦帅步骑万余人至横江,粲即送粮仗赡给之,并散私金帛以赏其战士。

先是,安北将军鄱阳王范亦自合肥遣西豫州刺史裴之高与其长子嗣,帅江西之众赴京师,屯于张公洲,待上流诸军至。是时,之高遣船渡仲礼,与合军进屯王游苑。粲建议推仲礼为大都督,报下流众军。裴之高自以年位,耻居其下,乃云:"柳节下是州将,何须我复鞭板。"累日不决。粲乃抗言于众曰:"今者同赴国难,义在除贼,所以推柳司州者,政以久捍边疆,先为侯景所惮,且士马精锐,无出其前。若论位次,柳在粲下,语其年齿,亦少于粲,直以社稷之计,不得论。今日形势,贵在将和;若人心不同,大事去矣。裴公朝之旧齿,年德已隆,岂应复挟私情,以沮大计。粲请为诸君解释之。"乃单舸至之高营,切让之曰:"前诸将之议,豫州意所未同,即二宫危逼,猾寇滔天,臣子当戮力同心,岂可自相矛盾!豫州必欲立异,锋镝便有所归。"之高垂泣曰:"吾荷国恩荣,自应帅先士卒,顾恨衰老,不能效命,企望柳使君共平凶逆,谓众议已从,无俟老夫耳。若必有疑,当剖心相示。"于是诸将定议,仲礼方得进军。

次新亭,贼列阵于中兴寺,相持至晚,各解归。是夜,仲礼入粲营,部分众军,旦日将战,诸将各有据守,令粲顿青塘。青塘当石头中路,粲虑栅垒未立,贼必争之,颇以为惮,谓仲礼曰:"一官才非御侮,直欲以身殉国。节下善量其宜,不可致有亏丧。"仲礼曰:"青塘立栅,迫近淮渚,欲以粮储船乘尽就泊之。此是大事,非兄不可,若疑兵少,当更差军相助。"乃使直阁将军刘叔胤师助粲,帅所部水陆俱进。时值昏雾,军人迷失道,比及青塘,夜已过半,垒栅至晓未合。景登禅灵寺门阁,望粲营未立,便率锐卒来攻。军副王长茂劝据栅待之,粲不从,令军主郑逸逆击之,命刘叔胤以水军截其后。叔胤畏懦不敢进,逸遂败。贼乘胜入营,左右牵粲避贼,粲不动,犹叱子弟力战，兵死略尽，遂见害，时年五十四。粲子尼及三弟助、警、构、从弟昂皆战死，亲戚死者数百人。贼传粲首阙下，以示城内，太宗闻之流涕曰："社稷所寄，惟在韦公，如何不幸，先死行阵。"诏赠护军将军。世祖平侯景，追谥曰忠贞，并追赠助、警、构及尼皆中书郎，昂员外散骑常侍。

粲长子臧，字君理，历官尚书三公郎，太子洗马，东宫领直。侯景至，帅兵屯西华门。城陷，奔江州，收旧部曲，据豫章，为其部下所害。

江子一字元贞，济阳考城人也，晋散骑常侍统之七世孙。父法成，天监中，奉朝请。子一少好学，有志操，以家贫阙养，因蔬食终身。

起家王国侍郎，朝请。启求观书秘阁，高祖许之，有敕直华林省。其姑夫右卫将军朱异，权要当朝，休下之日，宾客辐凑，子一未尝造门，其高洁如此。稍迁尚书仪曹郎，出为逐昌、曲阿令，皆著美绩。除通直散骑侍郎，出为戎昭将军、南津校尉。

弟子四，历尚书金部郎，大同初，迁右丞。兄弟性并刚烈。子四自右丞上封事，极言得失，高祖甚善之，诏尚书详择施行焉。左民郎沈炯、少府丞顾玙尝奏事不允，高祖厉色呵责之，子四乃趋前代炯等对，言甚激切，高祖怒呼缚之，子四据地不受，高祖怒亦殆，乃释之，犹坐免职。

及侯景反，攻陷历阳，自横江将渡，子一帅舟师千余人，于下流欲邀之，其副董桃生家在江北，因与其党散走。子一乃退还南洲，复收余众，步道赴京师。贼亦寻至，子一启太宗云："贼围未合，犹可出荡，若营栅一固，无所用武。"请与其弟子四、子五帅所领百余人，开承明门挑贼，许之。子一乃身先士卒，抽戈独进，群贼夹攻之，从者莫敢继，子四、子五见事急，相引赴贼，并见害。诏曰："故戎昭将军、通直散骑侍郎、南津校尉江子一，前尚书右丞江子四，东宫直殿主帅子五，祸故有闻，良以矜恻，死事加等，抑惟旧章。可赠子一给事黄门侍郎,子四中书侍郎,子五散骑侍郎。"侯景平,世祖又追赠子一侍中,谥义子;子四黄门侍郎,谥毅子;子五中书侍郎,谥烈子。

子一续《黄图》及班固"九品",并辞赋文笔数十篇,行於世。

张嵊字四山,镇北将军稷之子也。少方雅有志操,能清言。父临青州,为土民所害,嵊感家祸,终身蔬食布衣,手不执刀刃。州举秀才。

起家秘书郎,累迁太子舍人,洗马,司徒左西掾,中书郎。出为永阳内史,还除中军宣城王司马、散骑常侍。又出为镇南湘东王长史、寻阳太守。中大同元年,征为太府卿,俄迁吴兴太守。

太清二年,侯景围京城,嵊遣弟伊率郡兵数千人赴援。三年,宫城陷,御史中丞沈浚违难东归,嵊往见而谓曰:"贼臣凭陵,社稷危耻,正是人臣效命之秋。今欲收集兵力,保据贵乡。若天道无灵,忠节不展,虽复及死,诚亦无恨。"浚曰:"鄙郡虽小,仗义拒逆,谁敢不从!"固劝嵊举义。于是收集士卒,缮筑城垒。时邵陵王东奔至钱唐,闻之,遣板授嵊征东将军,加秩中二千石。嵊曰:"朝廷危迫,天子蒙尘,今日何情复受荣号?"留板而已。贼行台刘神茂攻破义兴,遣使说嵊曰:"若早降附,当还以郡相处,复加爵赏。"嵊命斩其使,仍遣军主王雄等帅兵于鱣溇逆击之,破神茂,神茂退走。侯景闻神茂败,乃遣其中军侯子鉴□精兵二万人,助神茂以击嵊。嵊遣军主范智朗出郡西拒战,为神茂所败,退归。贼骑乘胜焚栅,栅内众军皆土崩,嵊乃释戎服,坐于听事。贼临之以刃,终不为屈,乃执嵊以送景,景刑之于都市,子弟同遇害者十余人,时年六十二。贼平,世祖追赠侍中、中卫将军、开府仪同三司。谥曰忠贞子。

沈浚字叔源,吴兴武康人。祖宪,齐散骑常侍,齐史有传。

浚少博学,有才干。历山阴、吴、建康令,并有能名。入为中书郎,尚书左丞。侯景逼京城,迁御史中丞。是时,外援并至,侯景表请求和,诏许之。既盟,景知城内疾疫,复怀奸计,迟疑不去。数日,皇太子令浚诣景所，景曰："即已向热，非复行时，十万之军，何由可去？还欲立效朝廷，君可见为申闻。"浚曰："将军此论，意在得城。城内兵粮，尚支百日。将军储积内尽，国家援军外集，十万之众，将何所资？而反设此言，欲胁朝廷邪？"景横刃于膝，瞋目叱之。浚正色责景曰："明公亲是人臣，举兵向阙，圣主申恩赦过，已共结盟，口血未干，而有翻背。沈浚六十之年，且天子之使，死生有命，岂畏逆臣之刀乎！"不顾而出。景曰："是真司直也。"然密衔之。及破张嵊，乃求浚以害之。

柳敬礼，开府仪同三司庆远之孙。父津，太子詹事。敬礼与兄仲礼，皆少以勇烈知名。

起家著作佐郎，稍迁扶风太守。侯景渡江，敬礼率马步三千赴援，至都，据青溪埭，与景频战，恒先登陷陈，甚著威名。台城没，敬礼与仲礼俱见于景，景遣仲礼经略上流，留敬礼为质，以为护军。景饯仲礼于后渚，敬礼密谓仲礼曰："景今来会，敬礼抱之，兄拔佩刀，便可斫杀，敬礼死亦无所恨。"仲礼壮其言，许之。及酒数行，敬礼目仲礼，仲礼见备卫严，不敢动，计遂不果。会景征晋熙，敬礼与南康王会理共谋袭其城，克期将发，建安侯萧贲知而告之，遂遇害。

史臣曰：若夫义重于生，前典垂诰，斯盖先哲之所贵也。故孟子称："生者我所欲，义亦我所欲，二事必不可兼得，宁舍生而取义。"至如张嵊二三子之徒，捐躯殉节，赴死如归，英风劲气，笼罩今古。君子知梁代之有忠臣焉。

梁书卷四四
列传第三八

太宗十一王　世祖二子

　　太宗王皇后生哀太子大器，南郡王大连；陈淑容生浔阳王大心；左夫人生南海王大临，安陆王大春；谢夫人生浏阳公大雅；张夫人生新兴王大庄；包昭华生西阳王大钧；范夫人生武宁王大威；褚修华生建平王大球；陈夫人生义安王大昕；朱夫人生绥建王大挚。自余诸子，本书不载。

　　浔阳王大心字仁恕。幼而聪朗，善属文。中大通四年，以皇孙封当阳公，邑一千五百户。大同元年，出为使持节、都督郢南北司定新五州诸军事、轻车将军、郢州刺史，时年十三。太宗以其幼，恐未达民情，戒之曰：“事无大小，悉委行事，纤毫不须措怀。”大心虽不亲州务，发言每合于理，众皆惊服。七年，征为侍中，兼石头戍军事。太清元年，出为云麾将军、江州刺史。二年，侯景寇京邑，大心招集士卒，远近归之，众至数万，与上流诸军赴援宫阙。三年，城陷，上甲侯萧韶南奔，宣密诏，加散骑常侍，进号平南将军。大宝元年，封浔阳王，邑二千户。

　　初，历阳太守庄铁以城降侯景，既而又奉其母来奔，大心以铁旧将，厚为其礼，军旅之事，悉以委之，仍以为豫章内史。侯景数遣军西上寇抄，大心辄令铁击破之，贼不能进。时鄱阳王范率众弃合肥，屯于栅口，待援兵总集，欲俱进。大心闻之，遣要范西上，以溢城处之,廪馈甚厚,与戮力共除祸难。会庄铁据豫章反,大心令中兵参军韦约等将军击之,铁败绩,又乞降。鄱阳世子嗣先与铁游处,因称:"其人才略从横,且旧将也,欲举大事,当资其力,若降江州,必不全其首领,嗣请援之。"范从之,乃遣将侯瑱率精甲五千往救铁,夜袭破韦约等营。大心闻之大惧,于是二藩衅起,人心离贰。景将任约略地至于湓城,大心遣司马韦质据战,败绩。时帐下犹有勇士千余人,咸说曰:"即无粮储,难以守固,若轻骑往建州,以图后举,策之上者也。"大心未决,其母陈淑容曰:"即日圣御年尊,储宫万福,汝久奉违颜色,不念拜谒阙庭,且吾已老,而欲远涉险路,粮储不给,岂谓孝子,吾终不行。"因抚胸恸哭,大心乃止。遂与约和。二年秋,遇害,时年二十九。

南海王大临字仁宣。大同二年,封宁国县公,邑一千五百户。少而敏慧。年十一,遭左夫人忧,哭泣毁脊,以孝闻。后入国学,明经,射策甲科,拜中书侍郎,迁给事黄门侍郎。十一年,为长兼侍中。出为轻车将军、琅邪彭城二郡太守。侯景乱,为使持节、宣惠将军,屯新亭。俄又征还,屯端门,都督城南诸军事。时议者皆劝收外财物,拟供赏赐,大临独曰:"物乃赏士,而牛可犒军。"命取牛,得千余头,城内赖以飨士。大宝元年,封南海郡王,邑二千户。出为使持节、都督扬南徐二州诸军事、安南将军、扬州刺史。又除安东将军、吴郡太守。时张彪起义于会稽,吴人陆令公、颖川庾孟卿等劝大临走投彪,大临曰:"彪若成功,不资我力;如其挠败,以我说焉。不可往也。"二年秋,遇害于郡,时年二十五。

南郡王大连字仁靖。少俊爽,能属文,举止风流,雅有巧思,妙达音乐,兼善丹青。大同二年,封临城县公,邑一千五百户。七年,与南海王俱入国学,射策甲科,拜中书侍郎。十年,高祖幸朱方,大连与兄大临并从。高祖问曰:"汝等习骑不?"对曰:"臣等未奉诏,不敢辄习。"敕各给马试之,大连兄弟据鞍往还,各得驰骤之节,高祖大悦，即赐所乘马。及为启谢，词又甚美。高祖佗日谓太宗曰："昨见大临、大连，风韵可爱，足以慰吾老年。"迁给事黄门侍郎，转侍中，寻兼石头戍军事。太清元年，出为使持节、轻车将军、东扬州刺史。侯景入寇京师，大连率众四万来赴。及台城没，援军散，复还扬州。三年，会稽山贼田领群党聚众数万来攻，大连命中兵参军张彪击斩之。大宝元年，封为南郡王，邑二千户。景仍遣其将赵伯超、刘神茂来讨，大连设备以待之。会将留异以城应贼，大连弃城走，至信安，为贼所获。侯景以为轻车将军、行扬州事，迁平南将军、江州刺史。大连既迫寇手，恒思逃窜，乃与贼约曰："军民之事，吾不豫焉，候我存亡，但听鍾响。"欲简与相见，因得亡逸，贼亦信之，事未果。二年秋，遇害，时年二十五。

安陆王大春字仁经。少博涉书记，天性孝谨，体貌瑰伟，腰带十围。大同六年，封西丰县公，邑一千五百户。拜中书侍郎。后为宁远将军，知石头戍军事。侯景内寇，大春奔京口，随邵陵王入援，战于钟山，为贼所获。京城既陷，大宝元年，封安陆郡王，邑二千户。出为使持节、云麾将军、东扬州刺史。二年秋，遇害，时年二十二。

浏阳公大雅字仁风。大同九年，封浏阳县公，邑一千五百户。少聪警，美姿仪，特为高祖所爱。太清三年，京城陷，贼已乘城，大雅犹命左右格战，贼至渐众，乃自缒而下。因发愤感疾，薨，时年十七。

新兴王大庄字仁礼。大同九年，封高唐县公，邑一千五百户。大宝元年，封新兴郡王，邑二千户。尝为使持节、都督南徐州诸军事、宣毅将军、南徐州刺史。二年秋，遇害，时年十八。

西阳王大钧字仁辅。性厚重，不妄戏弄。年七岁，高祖尝问读何书，对曰"学诗"。因命讽诵，音韵清雅，高祖因赐王羲之书一卷。大宝元年，封西阳郡王，邑二千户。出为宣惠将军、丹阳尹。二年，监扬州,将军如故。至秋遇害,时年十三。

武宁王大威字仁容。美风仪,眉目如画。大宝元年,封武宁郡王,邑二千户。二年,出为信威将军、丹阳尹。其年秋,遇害,时年十三。

建平王大球字仁琏。大宝元年,封建平郡王,邑二千户。性明惠夙成。初,侯景围京城,高祖素归心释教,每发誓愿恒云:“若有众生应受诸苦,悉讳身代当。”时大球年甫七岁,闻而惊谓母曰:“官家尚尔,儿安敢辞。”乃六时礼佛,亦云:“凡有众生应获苦报,悉大球代受。”其早慧如此。二年,出为轻车将军、兼石头戍军事。其年秋,遇害,时年十一。

义安王大昕字仁朗。年四岁,母陈夫人卒,便哀慕毁顇,有若成人。及高祖崩,大昕奉慰太宗,呜咽不能自胜,左右见之,莫不掩泣。大宝元年,封义安郡王,邑二千户。二年,出为宁远将军、琅邪彭城二郡太守,未之镇,遇害,时年十一。

绥建王大挚字仁瑛。幼雄壮有胆气,及京城陷,乃叹曰:“大丈夫会当灭虏属。”奶媪惊,掩其口曰:“勿妄言,祸将及。”大挚笑曰:“祸至非由此言。”大宝元年,封绥建郡王,邑二千户。二年,为宁远将军,遇害,时年十岁。

世祖诸男:徐妃生忠壮世子方等;王夫人生贞惠世子方诸;其愍怀太子方矩,本书不载所生,别有传;夏贤妃生敬皇帝。自余诸子,并本书无传。

忠壮世子方等字实相,世祖长子也,母曰徐妃。少聪敏,有俊才,善骑射,尤长巧思。性爱林泉,特好散逸。尝著论曰:“人生处世,如白驹过隙耳。一壶之酒，足以养性；一箪之食，足以怡形。生在蓬蒿，死葬沟壑，瓦棺石椁，何以异兹？吾尝梦为鱼，因化为鸟。当其梦也，何乐如之，及其觉也，何忧斯类，良由吾之不及鱼鸟者远矣。故鱼鸟飞浮，任其志性，吾之进退，恒存掌握，举手惧触，摇足恐堕。若使吾终得与鱼鸟同游，则去人间如脱屣耳。”初，徐妃以嫉妒失宠，方等意不自安，世祖闻之，又忌方等，方等益惧，故述论以申其志焉。

会高祖欲见诸王长子，世祖遣方等入侍，方等欣然升舟，冀免忧辱。行至繇水，值侯景乱，世祖召之，方等启曰：“昔申生不爱其死，方等岂顾其生。”世祖省书叹息，知无还意，乃配步骑一万，使援京都。贼每来攻，方等必身当矢石。宫城陷，方等归荆州，收集士马，甚得众和，世祖始叹其能。方等又劝修筑城栅，以备不虞。既成，楼雉相望，周回七十余里。世祖观之甚悦，入谓徐妃曰：“若更有一子如此，吾复何忧。”徐妃不答，垂泣而退。世祖愤之，因疏其秽行，榜于大阁。方等入见，益以自危。时河东王为湘州刺史，不受督府之令，方等乃乞征之，世祖许焉，拜为都督，令帅精卒二万南讨。方等临行，谓所亲曰：“吾此段出征，必死无二；死而获所，吾岂爱生。”及至麻溪，河东王率军逆战，方等击之，军败，遂溺死，时年二十二。世祖闻之，不以为戚。后追思其才，赠侍中、中军将军、扬州刺史。谥曰忠壮世子。并为招魂以哀之。

方等注范晔《后汉书》，未就。所撰《三十国春秋》及《静住子》，行于世。

贞惠世子方诸字智相，世祖第二子，母王夫人。幼聪警博学，明《老》、《易》，善谈玄，风采清越，辞辩锋生，特为世祖所受，母王氏又有宠。及方等败没，世祖谓之曰：“不有所废，其何以兴。”因拜为中抚军以自副，又出为郢州刺史，镇江夏，以鲍泉为行事，防遏下流。时世祖遣徐文盛督众军，与侯景将任约相持未决，方诸恃文盛在近，不恤军政，日与鲍泉蒱酒为乐。侯景知之，乃遣其将宋子仙率轻骑数百,从间道袭之。属风雨晦冥,子仙至,百姓奔告,方诸与鲍泉犹不信,曰:"徐文盛大军在下,虏安得来?"始命闭门,贼骑已入,城遂陷,子仙执方诸以归。王僧辩军至蔡洲,景遂害之。世祖追赠侍中、大将军。谥曰贞惠世子。

史臣曰:太宗、世祖诸子,虽开土宇,运属乱离,既拘寇贼,多殒非命。吁!可嗟矣。

梁书卷四五
列传第三九

王僧辩

　　王僧辩字君才,右卫将军神念之子也,以天监中随父来奔。起家为湘东王国左常侍。王为丹阳尹,转府行参军。王出守会稽,兼中兵参军事。王为荆州,仍除中兵,在限内。时武宁郡反,王命僧辩讨平之。迁贞威将军、武宁太守。寻迁振远将军、广平太守。秩满,还为王府中录事,参军如故。王被征为护军,僧辩兼府司马。王为江州,仍除云旗将军司马,守湓城。俄监安陆郡,无几而还。寻为新蔡太守,犹带司马,将军如故。王除荆州,为贞毅将军府谘议参军事,赐食千人,代柳仲礼为竟陵太守,改号雄信将军。属侯景反,王命僧辩假节,总督舟师一万,兼粮馈赴援。才至京都,宫城陷没,天子蒙尘。僧辩与柳仲礼兄弟及赵伯超等,先屈膝于景,然后入朝。景悉收其军实,而厚加绥抚。未几,遣僧辩归于竟陵,于是倍道兼行,西就世祖。世祖承制,以僧辩为领军将军。

　　及荆、湘疑贰,军师失律,世祖又命僧辩及鲍泉统军讨之,分给兵粮,克日就道。时僧辩以竟陵部下犹未尽来,意欲待集,然后上顿。谓鲍泉曰:“我与君俱受命南讨,而军容若此,计将安之?”泉曰:“既禀庙算,驱率骁勇,事等沃雪,何所多虑。”僧辩曰:“不然。君之所言,故是文士之常谈耳。河东少有武干,兵刃又强,新破军师,养锐待敌,自非精兵一万,不足以制之。我竟陵甲士,数经行阵,已遣召之,不久当及。虽期日有限,犹可重申,欲与卿共入言之,望相佐也。"泉曰："成败之举,系此一行,迟速之宜,终当仰听。"世祖性严忌,微闻其言,以为迁延不肯去,稍已含怒。及僧辩将入,谓泉曰:"我先发言,君可见系。"泉又许之。及见世祖,世祖迎问曰:"卿已办乎?何日当发?"僧辩具对如向所言。世祖大怒,按剑厉声曰:"卿惮行邪!"因起入内。泉震怖失色,竟不敢言。须臾,遣左右数十人收僧辩。既至,谓曰:"卿拒命不行,是欲同贼,今唯有死耳。"僧辩对曰:"僧辩食禄既深,忧责实重,今日就戮,岂敢怀恨;但恨不见老母。"世祖因斫之,中其左髀,流血至地。僧辩闷绝,久之方苏。即送付廷尉,并收其子侄,并皆系之。会岳阳王军袭江陵,人情搔扰,未知其备,世祖遣左右往狱,问计于僧辩,僧辩具陈方略,登即赦为城内都督。俄而岳阳奔退,而鲍泉力不能克长沙,世祖乃命僧辩代之。数泉以十罪,遣舍人罗重欢领齐仗三百人,与僧辩俱发。既至,遣通泉云:"罗舍人被令,送王竟陵来。"泉甚愕然,顾左右曰:"得王竟陵助我经略,贼不足平。"俄而重欢赍令书先入,僧辩从齐仗继进,泉方拂席,坐而待之。僧辩既入,背泉而坐,曰:"鲍郎,卿有罪,令旨使我锁卿,勿以故意见待。"因语重欢出令,泉即下地,锁于床侧。僧辩仍部分将帅,并力攻围,遂平湘土。

　　还复领军将军。侯景浮江西寇,军次夏首,僧辩为大都督,率巴州刺史淳于量、定州刺史杜龛、宜州刺史王琳、郴州刺史裴之横等,俱赴西阳。军次巴陵,闻郢州已没,僧辩因据巴陵城。世祖乃命罗州刺史徐嗣徽、武州刺史杜崱并会僧辩于巴陵。景既陷郢城,兵众益广,徒党甚锐,将进寇荆州。乃使伪仪同丁和统兵五千守江夏,大将宋子仙前驱一万造巴陵,景悉凶徒水步继进,于是缘江戍逻,望风请服,贼拓逻至于隐矶。僧辩悉上江渚米粮,并沉公私船于水。及贼前锋次江口,僧辩乃分命众军,乘城固守,偃旗卧鼓,安若无人。翌日,贼众济江,轻骑至城下,问:"城内是谁?"答曰:"是王领军。"贼曰:"语王领军,事势如此,何不早降?"僧辩使人答曰:"大军但向荆州,此城自当非碍。僧辩百口在人掌握,岂得便降。"贼骑既去,俄尔又来,曰:"我王已至,王领军何为不出与王相见邪?"僧辩不答。

顷之，又执王珣等至于城下，珣为书诱说城内。景帅船舰并集北寺，又分入港中，登岸治道，广设毡屋，耀军城东陇上，芟除草荐，开八道向城，遣五十兔头肉薄苦攻。城内同时鼓噪，矢石雨下，杀贼既多，贼乃引退，世祖又命平北将军胡僧佑率兵下援僧辩。是日，贼复攻巴陵，水步十处，鸣鼓吹唇，肉薄斫上。城中放木掷火礧垒石，杀伤甚多。午后，贼退，乃更起长栅绕城，大列舸舰，以楼船攻水城西南角；又遣人渡洲岸，引牂舸推虾蟆车填堑，引障车临城，二日方止。贼又于舰上竖木桔槔，聚茅置火，以烧水栅，风势不利，自焚而退。既频战挫衄，贼帅任约又为陆法和所擒，景乃烧营夜遁，旋军夏首。世祖策勋行赏，以僧辩为征东将军、开府仪同三司、江州刺史，封长宁县公。

于是，世祖命僧辩即率巴陵诸军，沿流讨景。师次郢城，步攻鲁山。鲁山城主支化仁，景之骁将也，率其党力战，众军大破之，化仁乃降。僧辩仍督诸军渡兵攻郢，即入罗城。宋子仙蚁聚金城拒守，攻之未克。子仙使其党时灵护率众三千，开门出战，僧辩又大破之，生擒灵护，斩首千级。子仙众退据仓门，带江阻险，众军攻之，频战不克。景即闻鲁山已没，郢镇复失罗城，乃率余众倍道归建业。子仙等困蹙，计无所之，乞输郢城，身还就景。僧辩伪许之，命给船百艘，以老其意。子仙谓为信然，浮舟将发，僧辩命杜龛率精勇千人，攀堞而上，同时鼓噪，掩至仓门。水军主宋遥率楼船，暗江四面云合，子仙行战行走，至于白杨浦，乃大破之，生擒子仙送江陵，即率诸军进师九水。贼伪仪同范希荣、卢晖略尚据溢城，及僧辩军至，希荣等因挟江州刺史临城公弃城奔走。世祖加僧辩侍中、尚书令、征东大将军，给鼓吹一部。仍令僧辩且顿江州，须众军齐集，得时更进。顷之，世祖命江州众军悉同大举，僧辩乃表皇帝凶问，告于江陵。仍率大将百余人，连名劝世祖即位，将欲进军，又重奉表，虽未见从，并蒙优答。事见本纪。

僧辩于是发自江州，直指建业，乃先命南衮州刺史侯瑱率锐卒轻舸，袭南陵、鹊头等戍，至即克之。先是，陈霸先率众五万，出自南江,前军五千,行至溢口。霸先倜傥多谋策,名盖僧辩,僧辩畏之。既至溢口,与僧辩会于白茅洲,登坛盟誓,霸先为其文曰:"贼臣侯景,凶羯小胡,逆天无状,构造奸恶,违背我恩义,破掠我国家,毒害我生民,移毁我社庙。我高祖武皇帝灵圣聪明,光宅天下,勤劳兆庶,亭育万民,如我考妣,五十所载。哀景以穷见归,全景将戮之首,置景要害之地,崇景非次之荣。我高祖于景何薄?我百姓于景何怨?而景长戟强弩,陵蹑朝廷,锯牙郊甸,残食含灵,刳肝斮趾,不恹其快,曝骨焚尸,不谓为酷。高祖菲食卑宫,春秋九十,屈志凝威,愤终贼手。大行皇帝温严恭默,丕守鸿名,于景何有,复加忍毒。皇枝�襁抱已上,緦功以还,穷刀极俎,既屠且鲙。岂有率土之滨,谓为王臣,食人之禾,饮人之水,忍闻此痛,而不悼心?况臣僧辩、臣霸先等,荷称国藩湘东王臣讳泣血衔哀之寄,摩顶至足之恩,世受先朝之德,身当将帅之任,而不能沥胆抽肠,共诛奸逆,雪天地之痛,报君父之仇,则不可以禀灵含识,戴天履地。今日相国至孝玄感,灵武斯发,已破贼徒,获其元帅,正余景身,尚在京邑。臣僧辩与臣霸先协和将帅,同心共契,必诛凶竖,尊奉相国,嗣膺鸿业,以主郊祭。前途若有一功,获一赏,臣僧辩等不推己让物,先身帅众,则天地宗庙百神之灵,共诛共责。臣僧辩、臣霸先同心共事,不相欺负,若有违戾,明神殛之。"于是升坛歃血,共读盟文,皆泪下沾襟,辞色慷慨。

及王师次于南洲,贼帅侯子鉴等率步骑万余人于岸挑战,又以鹢舯千艘并载土,两边悉八十棹,棹手皆越人,去来趣袭,捷过风电。僧辩乃麾细船,皆令退缩,悉使大舰夹泊两岸。贼谓水军欲退,争出趋之,众军乃棹大舰,截其归路,鼓噪大呼,合战中江,贼悉赴水。僧辩即督诸军沿流而下,进军于石头之斗城,作连营以逼贼。贼乃横岭上筑五城拒守,侯景自出,与王师大战于石头城北。霸先谓僧辩曰:"丑虏游魂,贯盈已稔,遭诛送死,欲为一决,我众贼寡,宜分其势。"即遣强弩二千张攻贼西面两城,仍使结阵以当贼,僧辩在后麾军而进,复大破之。卢晖略闻景战败,以石头城降,僧辩引军入据之。景之退也,北走朱方,于是景散兵走告僧辩,僧辩令众将入据台城。其夜,军人采栿失火,烧太极殿及东西堂等。时军人卤掠京邑,剥剔士庶,民为其执缚者,袒衣不免,尽驱逼居民以求购赎,自石头至于东城,缘淮号叫之声,震响京邑。于是百姓失望。

僧辩命侯瑱、裴之横率精甲五千,东入讨景。僧辩收贼党王伟等二十余人,送于江陵。伪行台赵伯超自吴松江降於侯瑱,瑱时送至僧辩,僧辩谓伯超曰:"赵公,卿荷国重恩,遂复同逆。今日之事,将欲何如?"因命送江陵。伯超既出,僧辩顾坐客曰:"朝廷昔唯知有赵伯超耳,岂识王僧辩。社稷既倾,为我所复,人之兴废,亦复何常。"宾客皆前称叹功德。僧辩瞿然,乃谬答曰:"此乃圣上之威德,群帅之用命。老夫虽滥居戎首,何力之有焉。"于是逆寇悉平,京都克定。

世祖即帝位,以僧辩功,进授镇卫将军、司徒,加班剑二十人,改封永宁郡公,食邑五千户,侍中、尚书令、鼓吹并如故。是后,湘州贼陆纳等攻破衡州刺史丁道贵于渌口,尽收其军实;李洪雅又自零陵率众出空灵滩,称助讨纳。朝廷未达其心,深以为虑,乃遣中书舍人罗重欢征僧辩上就骠骑将军宜丰侯循南征。僧辩因督杜崱等众军发于建业,师次巴陵,诏僧辩为都督东上诸军事,霸先为都督西上诸军事。先时霸先让都督于僧辩,僧辩不受,故世祖分为东西都督,而俱南讨焉。时纳等下据车轮,夹岸为城,前断水势,士卒骁猛,皆百战之余。僧辩惮之,不与轻进,于是稍作连城以逼贼。贼见不敢交锋,并怀懈怠。僧辩因其无备,命诸军水步攻之,亲执旗鼓,以诫进止。于是诸军竞出,大战于车轮,与骠骑循并力苦攻,陷其二城。贼大败,步走归保长沙,驱逼居民,入城据守。僧辩追蹑,乃命筑垒围之,悉令诸军广建围栅,僧辩出坐垄上而自临视。贼望识僧辩,知不设备,贼党吴藏、李贤明等乃率锐卒千人,开门掩出,蒙盾直进,迳趋僧辩。时杜崱、杜龛并侍左右,带甲卫者止百余人,因下遣人与贼交战。李贤明乘铠马,从者十骑,大呼冲突,僧辩尚据胡床,不为之动,于是指挥勇敢,遂获贤明,因即斩之。贼乃退归城内。初,陆纳阻兵内逆,以王琳为辞,"朝廷若杀王琳,纳等自当降伏"。

于时众军并进,未之许也。而武陵王拥众上流,内外骇惧,世祖乃遣琳和解之。至是湘州平,僧辩旋于江陵,因被诏会众军西讨,督舟师二万,舆驾出天居寺饯行。俄而武陵败绩,僧辩自枝江班师于江陵,旋镇建业。

是月,居少时,复回江陵。齐主高洋遣郭元建率众二万,大列舟舰于合肥,将谋袭建业,又遣其大将邢景远、步大汗萨、东方老等率众继之。时陈霸先镇建康,既闻此事,驰报江陵,世祖即诏僧辩次于姑熟,即留镇焉。先命豫州刺史侯瑱率精甲三千人筑垒于东关,以拒北寇,征吴郡太守张彪、吴兴太守裴之横会瑱于关,因与北军战,大败之,僧辩率众军振旅于建业。承圣三年二月甲辰,诏曰:"赞俊遂贤,称于秦典;自上安下,闻之汉制。所以仰协台曜,俯佐弘图。使持节、侍中、司徒、尚书令、都督扬南徐东扬三州诸军事、镇卫将军、扬州刺史、永宁郡开国公僧辩,器宇凝深,风格详远,行为士则,言表身文,学贯九流,武该七略。顷岁征讨,自西徂东,师不疲劳,民无怨黩,王业艰难,实兼夷险。宜其变此中台,膺兹上将;寄之经野,匡我朝猷。加太尉、车骑大将军,余悉如故。"

顷之,丁母太夫人忧,世祖遣侍中、谒者监护丧事,策谥曰贞敬太夫人。夫人姓魏氏,神念以天监初董率徒众据东关,退保合肥巢湖西,因娶以为室,生僧辩。性甚安和,善于绥接,家门内外,莫不怀之。初,僧辩下狱,夫人流泪徒行,将谢罪,世祖不与相见。时贞惠世子有宠于世祖,军国大事多关领焉。夫人往诣阁,自陈无训,涕泗呜咽,众并怜之。及僧辩免出,夫人深相责励,辞色俱严,云:"人之事君,惟须忠烈,非但保佑当世,亦乃庆流子孙。"及僧辩克复旧京,功盖天下,夫人恒自谦损,不以富贵骄物。朝野咸共称之,谓为明哲妇人也。及既薨殒,甚见愍悼。且以僧辩勋业隆重,故丧礼加焉。灵柩将归建康,又遣谒者至舟渚吊祭。命尚书左仆射王褒为其文曰:"维尔世基武子,族懋阳元,金相比映,玉德齐温。既称女则,兼循妇言。书图镜览,辞章讨论。教贻俎豆,训及平原。楚发将兵,孟轲成德,尽忠资敬,自家刑国。显允其仪,惟民之则。反命师旅,既修我戎。补兹衮职，奄有龟、蒙。母由子贵，亶尔斯崇。嘉命允集，宠章所隆。居高能降，处贵思冲。庆资善始，荣兼令终。崦嵫既夕，蒹葭早秋，奔驷难返，冲涛讵留。背龙门而西顾，过夏首而东浮。越三宫之�退岳，经三江之流流。郁郁增岭，浮云蔽亏。滔滔江、汉，逝者如斯。铭旌故旐，宇毁遗碑。即虚舟而设奠，想徂魂之有知。呜呼哀哉！”

　　其年十月，西魏相宇文黑泰遣兵及岳阳王众合五万，将袭江陵，世祖遣主书李膺征僧辩于建业，为大都督、荆州刺史。别敕僧辩云：“黑泰背盟，忽便举斧。国家猛将，多在下流，荆陕之众，悉非劲勇。公宜率貔虎，星言就路，倍道兼行，赴倒悬也。”僧辩因命豫州刺史侯瑱等为前军，衮州刺史杜僧明等为后军。处分既毕，乃谓膺云：“泰兵骁猛，难与争锐，众军若集，吾便直指汉江，截其后路。凡千里馈粮，尚有饥色；况贼越数千里者乎？此孙膑克庞涓时也。”俄而京城陷没，宫车晏驾。及敬帝初即梁上位，僧辩预树立之功，承制进骠骑大将军、中书监、都督中外诸军事、录尚书，与陈霸先参谋讨伐。

　　时齐主高洋又欲纳贞阳侯渊明以为梁嗣，因与僧辩书曰：“梁国不造，祸难相仍。侯景倾荡建业，武陵弯弓巴、汉。卿志格玄穹，精贯白日，戮力齐心，芟夷逆丑。凡在有情，莫不嗟尚；况我邻国，缉事言前。而西寇承间，复相掩袭，梁主不能固守江陵，殒身宗祐，王师未及，便已降败，士民小大，皆毕寇虏，乃眷南顾，愤叹盈怀。卿臣子之情，念当鲠裂。如闻权立支子，号令江阴，年甫十余，极为冲藐，梁衅未已，负荷谅难。祭则卫君，政由宁氏。干弱枝强，终古所忌。朕以天下为家，大道济物。以梁国沦灭，有怀好在，存亡拯坠，义在今辰，扶危嗣事，非长伊德。彼贞阳侯，梁武犹子，长沙之胤，以年以望，堪保金陵，故置为梁主，纳于彼国。便诏上党王涣总摄群将，扶送江表，雷动风驰，助扫冤逆。清河王岳，前救荆城，军度安陆，既不相及，愤惋良深。恐及西寇乘流，复蹑江左，今转次汉口，与陆居士相会。卿宜协我良规，厉彼群帅，部分舟舻，迎接今王，鸠勒劲勇，并心一力。西羌乌合，本非勍寇，直是湘东怯弱，致此沦胥。今者之师，何往不克。善建良图，副朕所望也。"

贞阳承齐遣送，将届寿阳。贞阳前后频与僧辩书，论还国继统之意，僧辩不纳。及贞阳、高涣至于东关，散骑常侍裴之横率众拒战，败绩，僧辩因遂谋纳贞阳，仍定君臣之礼。启曰："自秦兵寇陕，臣便营赴援，才及下船，荆城陷没，即遣刘周入国，具表丹城，左右勋豪，初并同契。周既多时不还，人情疑阻；比册降中使，复遣诸处询谋，物论参差，未甚决定。始得侯瑱信，示西寇权景宣书，令以真迹上呈。观视将帅，恣欲同泰，若一朝仰违大国，臣不辞灰粉，悲梁祚永绝中兴。伏愿陛下便事济江，仰藉皇齐之威，凭陛下至圣之略，树君以长，雪报可期，社稷再辉，死且非苄。请押别使曹冲驰表齐都，续启事以闻，伏迟拜奉在促。"贞阳答曰："姜皓至，枉示具公忠义之怀。家国丧乱，于今积年。三后蒙尘，四海腾沸。天命元辅，匡救本朝。弘济艰难，建武宗祐。至于丘园板筑，尚想来仪，公室皇枝，岂不虚迟，闻孤还国，理会高怀，但近再命行人，或不宣具。公既询谋卿士，访逮藩维，沿溯往来，理淹旬月，使乎届止，殊副所期。便是再立我萧宗，重兴我梁国，亿兆黎庶，咸蒙此恩，社稷宗祧，曾不相愧。近军次东关，频遣信裴之横处，示其可否。答对骄凶，殊骇闻瞩。上党王陈兵见卫，欲叙安危，无识之徒，忽然逆战，前旌未举，即自披猖，惊悼之情，弥以伤恻。上党王深自矜嗟，不传首级，更蒙封树，饰棺厚殡，务从优礼，齐朝大德，信感神民。方仰藉皇威，敬凭元宰，讨逆贼于咸阳，诛叛子于云梦，同心叶力，克定邦家。览所示权景宣书，上流诸将，本有忠略，弃亲向仇，庶当不尔，防奸定乱，终在于公。今且顿东关，更待来信，未知水陆何处见迎。夫建国立君，布在方策，入盟出质，有自来矣。若公之忠节，上感苍旻，群帅同谋，必匪携贰，则齐师反斾，义不陵江，如致爽言，誓以无克。韬旗侧席，迟复行人。曹冲奉表齐都，即押送也。渭桥之下，惟迟叙言；氾水之阳，预有号惧。"僧辩又重启曰："员外常侍姜皓还，奉敕伏具动止。大齐仁义之风，曲被邻国，恤灾救难，申此大猷，皇家枝戚，莫不荣荷，江东冠冕，俱知凭赖。今猷不忘信，信实由衷，谨遣臣第七息显，显所生刘并弟子世珍，往彼充质；仍遣左民尚书周弘正至历阳奉迎。舻舳浮江，俟一龙之渡；清宫丹陛，候六传之入。万国倾心，同荣晋文之反；三善克宣，方流宋昌之议。国祚既隆，社稷有奉，则群臣竭节，报厚施于大齐，戮力展愚，效忠诚于陛下。今遣吏部尚书王通奉启以闻。”僧辩因求以敬帝为皇太子。贞阳又答曰：“王尚书通至，复枉示，知欲遣贤弟世珍以表诚质，具悉忧国之怀。复以庭中玉树，掌内明珠，无累胸怀，志在匡救，岂非劬劳我社稷，弘济我邦家，惭叹之怀，用忘兴寝。晋安王东京贻厥之重，西都继体之贤，嗣守皇家，宁非民望。但世道丧乱，宜立长君，以其蒙孽，难可承业。成、昭之德，自古希傅；冲、质之危，何代无此。孤身当否运，志不图生。忽荷不世之拟晋安。如或虚言，神明所殛。览令所示，深遂本怀。戢慰之情，无寄言象。但公忧劳之重，既禀齐恩，忠义之情，复及梁贰。华夷兆庶，岂不怀风，宗庙明灵，岂不相感。正尔回旆，仍向历阳，所期质累，便望来彼。众军不渡，已著盟书。斯则大齐圣主之恩规，上党英王之然诺，得原失信，终不为也。惟迟相见，使在不赊。乡国非遥，触目号咽。”僧辩使送质于邺。贞阳求渡卫士三千，僧辩虑其为变，止受散卒千人而已，并遣龙舟法驾往迎。贞阳济江之日，僧辩拥楫中流，不敢就岸，后乃同会于江宁浦。

贞阳既践伪位，仍授僧辩大司马，领太子太傅、扬州牧，余悉如故。陈霸先时为司空、南徐州刺史，恶其翻覆，与诸将议，因自京口举兵十万，水陆俱至，袭于建康。于是水军到，僧辩常处于石头城，是日正视事，军人已逾城北而入，南门又驰白有兵来。僧辩与其子颁遽走出阁，左右心腹尚数十人。众军悉至，僧辩计无所出，乃据南门楼乞命拜请。霸先因命纵火焚之，方共颁下就执。霸先曰：“我有何辜，公欲与齐师赐讨？”又曰：“何意全无防备？”僧辩曰：“委公北门，何谓无备。”尔夜斩之。

长子颁，承圣初，历官至侍中。初，僧辩平建业，遣霸先守京口，都无备防，颁屡以为言，僧辩不听，竟及于祸。西魏寇江陵，世祖遣颁督城内诸军事。荆城陷，颁随王琳入齐，为竟陵郡守。齐遣琳镇寿春,将图江左。陈既平淮南,执琳杀之。颙闻琳死,乃出郡城南,登高冢上号哭,一恸而绝。

颙弟颁,少有志节,恒随从世祖。及荆城陷覆,没于西魏。

史臣曰:自侯景寇逆,世祖据有上游,以全楚之兵委僧辩将率之任,及克平祸乱,功亦著焉,在乎策勋,当上台之赏。敬帝以高祖贻厥之重,世祖继体之尊,洎渚宫沦覆,理膺宝祚。僧辩位当将相,义存伊、霍;乃受胁齐师,傍立支庶。苟欲行夫忠义,何忠义之远矣?树国之道既亏,谋身之计不足。自致歼灭,悲矣!

梁书卷四六
列传第四○

胡僧佑　徐文盛　杜崱 兄岸
弟幼安　兄子龛　　阴子春

　　胡僧佑字愿果,南阳冠军人。少勇决,有武干。仕魏至银青光禄大夫,以大通二年归国。频上封事,高祖器之,拜假节、超武将军、文德主帅,使戍项城。城陷,复没于魏。中大通元年,陈庆之送魏北海王元颢入洛阳,僧佑又得还国,除南天水、天门二郡太守,有善政。性好读书,不解缉缀,然每在公宴,必强赋诗,文辞鄙俚,多被嘲谑,僧佑怡然自若,谓己实工,矜伐愈甚。

　　晚事世祖,为镇西录事参军。侯景乱,西沮蛮反,世祖令僧佑讨之,使尽诛其渠帅,僧佑谏,忤旨下狱。大宝二年,侯景寇荆陕,围王僧辩于巴陵,世祖乃引僧佑于狱,拜为假节、武猛将军,封新市县侯,令赴援。僧佑将发,谓其子曰:“汝可开两门,一门拟朱,一门拟白。吉则由朱门,凶则由白门,吾不捷不归也。”世祖闻而壮之。至杨浦,景遣其将任约卒锐卒五千,据白墕,遥以待之。僧佑由别路西上,约谓畏己而退,急追之,及于南安芊口,呼僧佑曰:“吴儿,何为不早降? 走何处去。”僧佑不与之言,潜引却,至赤砂亭,会陆法和至,乃与并军击约,大破之,擒约送于江陵,侯景闻之遂遁。世祖以僧佑为侍中、领军将军,征还荆州。

　　承圣二年。进为车骑将军、开府仪同三司,余悉如故。西魏寇至,以僧佑为都督□东诸军事。魏军四面起攻,百道齐举,僧佑亲当

矢石，昼夜督战，奖励将士，明于赏罚，众皆感之，咸为致死，所向摧
殄，贼莫敢前。俄而中流矢卒，时年六十三。世祖闻之，驰往临哭。
于是内外惶骇，城遂陷。

徐文盛字道茂，彭城人也。世仕魏为将。父庆之，天监初，率千
余人自北归款，未至，道卒。文盛仍统其众，稍立功绩，高祖甚优宠
之。大同末，以为持节、督宁州刺史。先是，州在僻远，所管群蛮不
识教义，贪欲财贿，劫纂相寻，前后刺史莫能制。文盛推心抚慰，示
以威德，夷獠感之，风俗遂改。

太清二年，闻国难，乃召募得数万人来赴。世祖嘉之，以为持
节、散骑常侍、左卫将军、督梁南秦沙东益巴北巴六州诸军事、仁威
将军、秦州刺史，授以东讨之略。于是，文盛督众军东下，至武昌，遇
侯景将任约，遂与相持久之。世祖又命护军将军尹悦、平东将军杜
幼安、巴州刺史王珣等会之，并授文盛节度。击任约于贝矶，约大
败，退保西阳，文盛进据芦洲，又与相持。侯景闻之，乃率大众西上
援约，至西阳。文盛不敢战，诸将咸曰："景水军轻进，又甚饥疲，可
因此击之，必大捷。"文盛不许。文盛妻石氏，先在建邺，至是，景载
以还之，文盛深德景，遂密通信使，都无战心，众咸愤怨。杜幼安、宋
簉等乃率所领独进，与景战，大破之，获其舟舰以归。会景密遣骑从
间道袭陷郢州，军中凶惧，遂大溃。文盛奔还荆州，世祖仍以为城北
面都督。又聚赃污甚多，世祖大怒，下令责之，数其十罪，除其官爵。
文盛既失兵权，私怀怨望，世祖闻之，以下狱。时任约被擒，与文盛
同禁。文盛谓约曰："汝何不早降，令我至此。"约曰："门外不见卿马
迹，使我何遽得降？"文盛无以答，遂死狱中。

杜崱，京兆杜陵人也。其先自北归南，居于雍州之襄阳，子孙因
家焉。祖灵启，齐给事中。父怀宝，少有志节，常邀际会。高祖义师
东下，随南平王伟留镇襄阳。天监中，稍立功绩，官至骁猛将军、梁
州刺史。大同初，魏梁州刺史元罗举州内附，怀宝复进督华州。值

秦州所部武兴氐王杨绍反,怀宝击破之。五年,卒于镇。剀即怀宝第七子也。幼有志气,居乡里以胆勇称。释褐庐江骠骑府中兵参军。世祖临荆州,仍参幕府,后为新兴太守。

太清二年,随岳阳王来袭荆州,世祖以与之有旧,密邀之,剀乃与兄岸、弟幼安、兄子嶲等夜归于世祖,世祖以为持节、信威将军、武州刺史。俄迁宣毅将军,领镇蛮护军、武陵内史,枝江县侯,邑千户。令随王僧辩东讨侯景。至巴陵,会黄来攻,数十日不克而遁。加侍中、左卫将军,进爵为公,增邑五百户。仍随僧辩追景至石头,与贼相持横岭。及战,景亲率精锐,左右冲突,剀从岭后横截之,景乃大败,东奔晋陵,剀入据城。景平,加散骑常侍、持节、督江州诸军事、江州刺史,增邑千户。

是月,齐将邢元建攻秦州刺史严超远于秦郡,王僧辩令剀赴援,陈霸先亦自欧阳来会,与元建大战于土林,霸先令强弩射,元建众却,剀因纵兵击,大破之,斩首万余级,生擒千余人,元建收余众□遁。时世祖执王琳于江陵,其长史陆纳等遂于长沙反,世祖征剀与王僧辩讨之。承圣二年,及纳等战于车轮,大败,陷其二垒,纳等走保长沙,剀等围之。后纳等降,剀又与王僧辩西讨武陵王于硖口,至即破平之。于是旋镇,遘疾卒。诏曰:“剀京兆旧姓,元凯苗裔,家传学业,世载忠贞。自驱传江渚,政号廉能,推毂浅源,实闻清静。奄致殒丧,恻怆于怀。可赠车骑将军,加鼓吹一部。谥曰武。”

剀兄弟九人,兄嵩、岑、炭、岌、嶷、嶽、岸及弟幼安,并知名当世。

岸字公衡。少有武干,好从横之术。太清中,与剀同归世祖,世祖以为持节、平北将军、北梁州刺史,封江陵县侯,邑一千户。岸因请袭襄阳,世祖许之。岸乃昼夜兼行,先往攻其城,不克,岳阳至,遂走保其兄嶽于南阳,嶽时为南阳太守。岳阳寻遣攻陷其城,岸及嶽俱遇害。

幼安性至孝,宽厚,雄勇过人。太清中,与兄剀同归世祖,世祖以为云麾将军、西荆州刺史,封华容县侯,邑一千户。令与平南将军王僧辩讨河东王誉于长沙，平之。又命率精甲一万，助左卫将军徐文盛东讨侯景。至贝矶，遇景将任约来逆，遂与战，大败之，斩其仪同叱罗子通、湘州刺史赵威方等，传首江陵。乃进军大举，因与景相持。别攻武昌，拔之。景渡芦洲上流以压文盛等，幼安与众军攻之，景大败，尽获其舟舰。会景密遣袭陷郢州，执刺史方诸等以归，人情大骇，徐文盛由汉口遁归，众军大败，幼安遂降于景。景杀之，以其多反覆故也。

龛，勔第二兄岑之子。少骁勇，善用兵，亦太清中与诸父同归世祖，世祖以为持节、忠武将军、郧州刺史，庐县侯，邑一千户。与叔幼安俱僧王僧辩讨河东王，平之。又随僧辩下，继徐文盛军至巴陵，闻侯景袭陷郢州，西上将至，乃与僧辩等守巴陵以待之。景至，围之数旬，不克而遁。迁太府卿、安北将军、督定州诸军事、定州刺史，加通直散骑常侍，增邑五百户。仍随僧辩追景至江夏，围其城。景将宋子仙弃城遁，龛追至杨浦，生擒之。大宝三年，众军至姑熟，景将侯子鉴逆战，龛与陈霸先、王琳等率精锐击之，大败子鉴，遂至于石头。景亲率其党会战，龛与众军奋击，大破景，景遂东奔。论功为最，授平东将军、东扬州刺史，益封一千户。

承圣二年，又与王僧辩讨陆纳等于长沙，降之。又征武陵王于西陵，亦平之。后江陵陷，齐纳贞阳侯以绍梁嗣，以龛为震州刺史、吴兴太守。又除镇南将军、都督南豫州诸军事、南豫州刺史，溧阳县侯，给鼓吹一部；又加散骑常侍、镇东大将军。会陈霸先袭陷京师，执王僧辩杀之。龛，僧辩之婿也，为吴兴太守，以霸先既非贵素，兵又猥杂，在军府日，都不以霸先经心，及为本郡，每以法绳其宗门，无所纵舍，霸先衔之切齿。及僧辩败，龛及据吴兴以距之，遣军副杜秦攻陈茜于长城，反为茜所败。霸先乃遣将周文育讨龛，龛令从弟北叟出距，又为文育所破，走义兴，霸先亲率众围之。会齐将柳达摩等袭京师，霸先恐，遂还与齐人连和。龛闻齐兵还，乃降，遂遇害。

阴子春字幼文，武威姑臧人也。晋义熙末，曾祖袭随宋高祖南迁，至南平，因家焉。父智伯，与高祖邻居，少相友善，尝入高祖卧内，见有异光成五色，因握高祖手曰："公后必大贵，非人臣也。天下方乱，安苍生者，其在君乎！"高祖曰："幸勿多言。"是情好转密，高祖每有求索，如外府焉。及高祖践阼，官至梁、秦二州刺史。

子春，天监初，起家宣惠将军、西阳太守。普通中，累迁至明威将军、南梁州刺史；又迁信威将军、都督梁秦华三州诸军事、梁秦二州刺史。太清二年，讨峡中叛蛮，平之。征为左卫将军，又迁侍中。属侯景乱，世祖令子春随领军将军王僧辩攻邵陵王于郢州，平之。又与左卫将军徐文盛东讨侯景，至贝矶，与景遇，子春力战，恒冠诸军，频败景，值郢州陷没，军遂退败。大宝二年，卒于江陵。

孙颙，少知名。释初奉朝请，历尚书金部郎。后入周。撰《琼林》二十卷。

史臣曰：胡僧佑勇干有闻，搴旗破敌者数矣，及捐躯殉节，殒身王事，虽古之忠烈，何以加焉。徐文盛始立功绩，不能终其成名，为不义也。杜崱识机变之理，知向背之宜，加以身屡典军，频殄寇逆，勋庸显著，卒为中兴功臣，义哉！

梁书卷四七
列传第四一

孝　行

滕昙恭　　沈崇傃　　荀匠　　庾黔娄
吉翂　　甄恬　　韩怀明　　刘昙净
何炯　　庾沙弥　　江紑　　刘霁　　褚脩
谢蔺

经云："夫孝，德之本也。"此生民之为大，有国之所先欤！高祖
创业开基，饬躬化俗，浇弊之风以革，孝治之术斯著。每发丝纶，远
加旌表。而淳和比屋，罕要诡俗之誉；潜晦成风，俯列逾群之迹。彰
于视听，盖无几焉。今采缀以备遗逸云尔。

滕昙恭，豫章南昌人也。年五岁，母杨氏患热，思食寒瓜，土俗
所不产，昙恭历访不能得，衔悲哀切。俄值一桑门问其故，昙恭具以
告，桑门曰："我有两瓜，分一相遗。"昙恭拜谢，因捧瓜还，以荐其
母。举室惊异，寻访桑门，莫知所在。及父母卒，昙恭水浆不入口者
旬日，感恸呕血，绝而复苏。隆冬不著茧絮，蔬食终身。每至忌日，
思慕不自堪，昼夜哀恸。其门外有冬生树二株，时忽有神光自树而
起，俄见佛像及夹侍之仪，容光显著，自门而入，昙恭家人大小，咸
共礼拜，久之乃灭。远近道俗咸传之。太守王僧度引昙恭为功曹，

固辞不就。王俭时随僧度在郡，号为曾子。天监元年，陆琏奉使巡行风俗，表言其状。昙恭有子三人，皆有行业。

时有徐普济者，长沙临湘人。居丧未及葬，而邻家火起，延及其舍，普济号恸伏棺上，以身蔽火。邻人往救之，焚灸已闷绝，累日方苏。

宣城宛陵有女子，与母同床寝，母为猛兽所搏，女号叫挈兽，兽毛尽落，行十数里，兽乃弃之，女抱母还，犹有气，经时乃绝。太守萧琛赙焉；表言其状，有诏旌其门闾。

沈崇傃字思整，吴兴武康人也。父怀明，宋衮州刺史。崇傃六岁丁父忧，哭踊过礼。及长，佣书以养母焉。齐建武初，起家为奉朝请。永元末，迁司徒行参军。天监初，为前军鄱阳王参军事。三年，太守柳恽辟为主簿。崇傃从恽到郡，还迎其母，母卒，崇傃以不及侍疾，将欲致死，水浆不入口，昼夜号哭，旬日殆将绝气。兄弟谓之曰："殡葬未申，遽自毁灭，非全孝之道也。"崇傃之瘗所，不避雨雪，倚坟哀恸。每夜恒有猛兽来望之，有声状如叹息者。家贫无以迁窆，乃行乞经年，始获葬焉。既而庐于墓侧，自以初行丧礼不备，复以葬后更治服三年。久食麦屑，不啖盐酢，坐卧于单荐，因虚肿不能起。郡县举其至孝。高祖闻，即遣中书舍人慰勉之，乃下诏曰："前军沈崇傃，少有志行，居丧逾礼。斋制不终，未得大葬，自以行乞淹年，哀典多阙，方欲以永慕之晨，更为再期之始，虽即情可矜，礼有明断。可便今除释，擢补太子洗马。旌彼门闾，敦兹风教。"崇傃奉诏释服，而涕泣如居丧，固辞不受官，苦自陈让，经年乃得为永宁令。自以禄不及养，恒恨愈甚，哀思不自堪，至县卒，时年三十九。

荀匠字文师，颍阴人也，晋太保勖九世孙。祖琼，年十五，复父仇于成都市，以孝闻。宋元嘉末，渡淮赴武陵王义，为元凶追兵所杀，赠员外散骑侍郎。父法超，齐中兴末为安复令，卒于官。凶问至，匠号恸气绝，身体皆冷，至夜乃苏。既而奔丧，每宿江渚，商旅皆不忍闻其哭声。服未阕，兄斐起家为郁林太守，征俚贼，为流矢所中，死于阵。丧还，匠迎于豫章，望舟投水，傍人赴救，仅而得全。既至，家贫不得时葬，居父忧并兄服，历四年不出庐户。自括发后，不复栉沐，发皆秃落。哭无时，声尽则系之以泣，目眦皆烂，形体枯顇，皮骨裁连，虽家人不复识。郡县以状言，高祖诏遣中书舍人为其除服，擢为豫章王国左常侍。匠虽即吉，毁顇逾甚。外祖孙谦诚之曰："主上以孝治天下，汝行过古人，故发明诏，擢汝此职。非唯君父之命难拒，故亦扬名后世，所显岂独汝身哉？"匠于是乃拜。竟以毁卒于家，时年二十一。

庾黔娄字子贞，新野人也。父易，司徒主簿征，不至，有高名。

黔娄少好学，多讲诵《孝经》，未尝失色于人，南阳高士刘虬、宗测并叹异之。起家本州主簿，迁平西行参军。出为编令，治有异绩。先是，县境多兽暴，黔娄至，兽皆渡往临沮界，当时以为仁化所感。齐永元初，除孱陵令，到县未旬，易在家遘疾，黔娄忽然心惊，举身流汗，即日弃官归家，家人悉惊其忽至。时易疾始二日，医云："欲知差剧，但尝粪甜苦。"易泄痢，黔娄辄取尝之，味转甜滑，心逾忧苦。至夕，每稽颡北辰，求以身代。俄闻空中有声曰："征君寿命尽，不复可延，汝诚祷既至，止得申至月末。"及晦而易亡，黔娄居丧过礼，庐于冢侧。和帝即位，将起之，镇军萧颖胄手书敦譬，黔娄固辞。服阕，除西台尚书仪曹郎。

梁台建，邓元起为益州刺史，表黔娄为府长史、巴西梓潼二郡太守。及成都平，城中珍宝山积，元起悉分与僚佐，惟黔娄一无所取。元起恶其异众，厉声曰："长史何独尔为！"黔娄示不违之，请书数箧。寻除蜀郡太守，在职清素，百姓便之。元起死于蜀，部曲皆散，黔娄身营殡殓，携持丧枢归乡里。还为尚书金部郎，迁中军表记室参军。东宫建，以本官侍皇太子读，甚见知重，诏与太子中庶子殷钧、中舍人到洽、国子博士明山宾等，递日为太子讲五经义。迁散骑侍郎、荆州大中正。卒，时年四十六。

　　吉翂字彦霄,冯翊莲勺人也,世居襄阳。翂幼有孝性。年十一,遭所生母忧,水浆不入口,殆将灭性,亲党异之。天监初,父为吴兴原乡令,为奸吏所诬,逮诣廷尉。翂年十五,号泣衢路,祈请公卿,行人见者,皆为陨涕。其父理虽清白,耻为吏讯,乃虚自引咎,罪当大辟。翂乃挝登闻鼓,乞代父命。高祖异之,敕廷尉卿蔡法度曰:"吉翂请死赎父,义诚可嘉;但其幼童,未必自能造意,卿可严加胁诱,取其款实。"法度受敕还寺,盛陈徽纆,备列官司,厉色问翂曰:"尔求代父死,敕已相许,便应伏法;然刀锯至剧,审能死不?且尔童孺,志不及此,必为人所教。姓名是谁,可具列答。若有悔异,亦相听许。"翂对曰:"囚虽蒙弱,岂不知死可畏惮;顾诸弟稚藐,唯囚为长,不忍见父极刑,自延视息,所以内断胸臆,上干万乘。今欲殉身不测,委骨泉壤,此非细故,奈何受人教邪!明诏听代,不异登仙,岂有回贰。"法度知翂至心有在,不可屈挠,乃更和颜诱语之曰:"主上知尊侯无罪,行当释亮。观君神仪明秀,足称佳童,今若转辞,幸父子同济,奚以此妙年苦求汤镬?"翂对曰:"凡鲲鲕蝼蚁,尚惜其生,况在人斯,岂愿齑粉。但囚父挂深劾,必正刑书,故思殒仆,冀延父命。今瞑目引领,以听大戮,情殚意极,无言复对。"翂初见囚,狱掾依法备加桎梏,法度矜之,命脱其二械,更令著一小者。翂弗听,曰:"翂求代父死,死罪之囚,唯宜增益,岂可减乎?"竟不脱械。法度具以奏闻,高祖乃宥其父。丹阳尹王志求其在廷尉故事,并请乡居,欲于岁首举充纯孝之选。翂曰:"异哉王尹,何量翂之薄乎!夫父辱子死,斯道固然;若翂有靦面目,当其此举,则是因父置名,一何甚辱。"拒之而止。年十七,应辟为本州主簿。出监万年县,摄官期月,风化大行。自雍还至郢,湘州刺史柳悦复召为主簿。后乡人裴俭、丹阳尹丞臧盾、扬州中正张仄连名荐翂,以为孝行纯至,明通《易》、《老》。敕付太常旌举。初,翂以父陷罪,因成悸疾,后因发而卒。

　　甄恬字彦约,中山无极人也,世居江陵。祖钦之,长宁令。父摽之,州从事。

恬数岁丧父,哀感有若成人。家人矜其小,以肉汁和饭饲之,恬不肯食。年八岁,问其母,恨生不识父,遂悲泣累日,忽若有见,言其形貌,则其父也,时以为孝感。家贫,养母常得珍羞。及居丧,庐于墓侧,恒有鸟玄黄杂色,集于庐树,恬哭则鸣,哭止则止。又有白雀栖宿其庐。州将始兴王憺表其行状。诏曰:"朕虚己钦贤,寤寐盈想,诏彼群岳,务尽搜扬。恬既孝行殊异,声著邦壤,敦风厉俗,弘益兹多。牧守腾闻,义同亲览。可旌表室闾,加以爵位。"恬官至安南行参军。

韩怀明,上党人也,客居荆州。年十岁,母患尸疰,每发辄危殆。怀明夜于星下稽颡祈祷,时寒甚切,忽闻香气,空中有人语曰:"童子母须臾永差,无劳自苦。"未晓,而母豁然平复。乡里异之。十五丧父,几至灭性,负土成坟,赠助无所受。免丧,与乡人郭麞俱师事南阳刘虬。虬尝一日废讲,独居涕泣。怀明窃问其故,虬家人答云:"是外祖亡日。"时虬母亦亡矣。怀明闻之,即日罢学,还家就养。虬叹曰:"韩生无虞丘之恨矣。"家贫,常肆力以供甘脆,嬉怡膝下,朝夕不离母侧。母年九十一,以寿终,怀明水浆不入口一旬,号哭不绝声。有双白鸠巢其庐上,字乳驯狎,若家禽焉,服释乃去。既除丧,蔬食终身,衣衾无改。天监初,刺史始兴王憺表言之。州累辟不就,卒于家。

刘昙净字元光,彭城吕人也。祖元真,淮南太守,居郡得罪,父慧镜,历诣朝士乞哀,恳恻甚至,遂以孝闻。昙净笃行有父风,解褐安成王国左常侍。父卒于郡,昙净奔丧,不食饮者累日,绝而又苏,每哭辄呕血。服阕,因毁脊成疾。会有诏,士姓各举四科,昙净叔父慧斐举以应孝行,高祖用为海宁令。昙净以兄未为县,因以让兄,乃除安西行参军。父亡后,事母尤淳至,身营飧粥,不以委人。母疾,衣不解带。及母亡,水浆不入口者殆一旬。母丧权瘗药王寺,时天

寒,昙净身衣单布,庐于瘗所,昼夜哭泣不绝声,哀感行路,未及期
而卒。

　　何炯字士光,庐江灊人也。父撙,太中大夫。

　　炯年十五,从兄胤受业,一期并通五经章句。炯白皙,美容貌,
从兄求、点每称之曰:"叔宝神清,弘治肤清,今观此子,复见卫、杜
在目。"炯常慕恬退,不乐进仕。从叔昌寓谓曰:"求、点皆已高蹈,汝
无宜复尔。且君子出处,亦各一途。"年十九,解褐扬州主簿。举秀
才,累迁王府行参军,尚书兵、库部二曹郎。出为永康令,以和理称。
还为仁威南康王限内记室,迁治书侍御史。以父疾,经旬衣不解带,
头不栉沐,信宿之间,形貌顿改。及父卒,号恸不绝声,枕凷藉地,腰
虚脚肿,竟以毁卒。

　　庾沙弥,颍阴人也。晋司空冰六世孙。父佩玉,辅国长史、长沙
内史,宋升明中坐沈攸之事诛,沙弥时始生。年至五岁,所生母为制
采衣,辄不肯服,母问其故,流涕对曰:"家门祸酷,用是何为!"既
长,终身布衣蔬食。起家临川王国左常侍,迁中军田曹行参军。嫡
母刘氏寝疾,沙弥晨昏侍侧,衣不解带,或应针灸,辄以身先试之。
及母亡,水浆不入口累日,终丧不解衰绖,不出户户,昼夜号恸,邻
人不忍闻。墓在新林,因有旅松百余株自生坟侧。族兄都官尚书咏
表言其状,应纯孝之举,高祖召见嘉之,以补歊令。还除轻车邵陵王
参军事,随府会稽,复丁所生母忧。丧还都,济浙江,中流遇风,舫将
覆没,沙弥抱柩号哭,俄而风静,盖孝感所致。服阕,除信威刑狱参
军,兼丹阳郡□□□累迁宁远录事参军,转司马。出为长城令,卒。

　　江紑字含洁,济阳考城人也。父茜,光禄大夫。紑幼有孝性,年
十三,父患眼,紑侍疾将期月,衣不解带。夜梦一僧云:"患眼者,饮
慧眼水必差。"及觉说之,莫能解者。紑第三叔禄与草堂寺智者法师
善,往访之。智者曰:"《无量寿经》云:慧眼见真,能渡彼岸。"茜乃因

智者启，舍同夏县界牛屯里舍为寺，乞赐嘉名，敕答云："纯臣孝子，往往感应，晋世颜含，遂见冥中送药。近见智者，知卿第二息感梦，云慧眼水。慧眼则是五眼之一号，若欲造寺，可以慧眼为名。"及就创造，泄故井，井水清冽，异于常泉。依梦取水洗眼及煮药，稍觉有瘳，因此遂差。时人谓之孝感。南康王为南州，召为迎主簿。纤性静，好《老》、《庄》玄言，尤善佛义，不乐进仕。及父卒，纤庐于墓，终日号恸不绝声，月余卒。

刘霁字士烜，平原人也。祖乘民，宋冀州刺史。父闻慰，齐正员郎。

霁年九岁，能诵《左氏传》，宗党咸异之。十四居父忧，有至性，每哭辄呕血。家贫，与弟杳、歊相笃励学。既长，博涉多通。天监中，起家奉朝请，稍迁宣□晋安王府参军，兼限内记室。出补西昌相，入为尚书主客侍郎，未期，除海盐令。霁前后宰二邑，并以和理著称。还为建康正，非所好，顷之，以疾免。寻除建康令，不拜。母明氏寝疾，霁年已五十，衣不解带者七旬，诵《观世音经》，数至万遍，夜因感梦，见一僧谓曰："夫人算尽，君精诚笃至，当相为申延。"后六十余日乃亡。霁庐于墓，哀恸过礼。常有双白鹤驯翔庐侧。处士阮孝绪致书抑譬。霁思慕不已，服未终而卒，时年五十二。著《释俗语》八卷，文集十卷。弟杳在《文士传》，歊在《处士传》。

褚脩，吴郡钱唐人也。父仲都，善《周易》，为当时最。天监中，历官五经博士。脩少传父业，兼通《孝经》、《论语》，善尺牍，颇解文章。初为湘东王国侍郎，稍迁轻车湘东府行参军，并兼国子助教。武陵王为扬州，引为宣惠参军、限内记室。脩性至孝，父丧毁瘠过礼，因患冷气。及丁母忧，水浆不入口二十三日，气绝复苏，每号恸呕血，遂以毁卒。

谢蔺字希如，陈郡阳夏人也。晋太傅安八世孙。父经，中郎谘议参军。蔺五岁，每父母未饭，乳媪欲令蔺先饭，蔺曰："即不觉饥。"
强食终不进。舅阮孝绪闻之叹曰："此儿在家则曾子之流，事君则蔺
生之匹。"因名之曰蔺。稍受以经史，过目便能讽诵。孝绪每曰"吾
家阳元也"。及丁父忧，昼夜号恸，毁瘠骨立，母阮氏常自守视譬抑
之。服阕后，吏部尚书萧子显表其至行，擢为王府法曹行参军，累迁
外兵记室参军。时甘露降士林馆，蔺献颂，高祖嘉之，因有诏使制
《北兖州刺史萧楷德政碑》，又奉令制《宣城王奉述中庸颂》。太清元
年，迁散骑侍郎，兼散骑常侍，使于魏。会侯景举地入附，境上交兵，
蔺母虑不得还，感气卒。及蔺还入境，尔夕梦不祥，旦便投劾驰归。
既至，号恸呕血，气绝久之，水浆不入口。亲友虑其不全，相对悲恸，
强劝以饮粥。蔺初勉强受之，终不能进，经月余日，因夜临而卒，时
年三十八。蔺所制诗赋碑颂数十篇。

　　史臣曰：孔子称"毁不灭性"，教民无以死伤生也，故制丧纪，为
之节文。高柴、仲由伏膺圣教，曾参、闵损虔恭孝道，或水浆不入口，
泣血终年，岂不知创钜痛深，蓼莪慕切，所谓先王制礼，贤者俯就。
至如丘、吴，终于毁灭。若刘昙净、何炯、江纴、谢蔺者，亦二子之志
欤。

梁书卷四八
列传第四二

儒 林

伏曼容　何佟之　范缜　严植之
贺玚　司马筠　卞华　崔灵恩
孔佥　卢广　沈峻 太史叔明
孔子祛　皇侃

　　汉氏承秦燔书，大弘儒训，太学生徒，动以万数，郡国黉舍，悉皆充满，学于山泽者，至或就为列肆，其盛也如是。汉末丧乱，其道遂衰。魏正始以后，仍尚玄虚之学，为儒者盖寡。时荀颉、挚虞之徒，虽删定新礼，改官职，未能易俗移风。自是中原横溃，衣冠殄尽，江左草创，日不暇给，以迄于宋、齐，国学时或开置，而劝课未博，建之不及十年，盖取文具，废之多历世祀，其弃也忽诸。乡里莫或开馆，公卿罕通经术，朝廷大儒，独学而弗肯养众，后生孤陋，拥经而无所讲习，三德六艺，其废久矣。高祖有天下，深愍之，诏求硕学，治五礼，定六律，改斗历，正权衡。天监四年，诏曰："二汉登贤，莫非经术，服膺雅道，名立行成。魏、晋浮荡，儒教沦歇，风节罔树，抑此之由。朕日昃罢朝，思闻俊异，收士得人，实惟酬奖。可置五经博士各一人，广开馆宇，招内后进。"于是以平原明山宾、吴兴沈峻、建平严植之、会稽贺玚补博士，各主一馆。馆有数百生，给其饩廪，其射策通明者,即除为吏。十数月间,怀经负笈者云会京师。又选遣学生如会稽云门山,受业于庐江何胤。分遣博士祭酒,到州郡立学。七年,又诏曰:"建国君民,在教为首,砥身砺行,由乎经术。朕肇基明命,光宅区宇,虽耕耘雅业,傍阐艺文,而成器未广,志本犹阙,非以熔范贵游,纳诸轨度,思欲式敦让齿,自家刑国。今声训所渐,戎夏同风,宜大启庠斅,博延胄子,务彼十伦,弘此三德,使陶钧远被,微言载表。"于是皇太子、皇子、宗室、王侯始就业焉。高祖亲屈舆驾,释奠于先师先圣,申之以燕语,劳之以束帛,济济焉,洋洋焉,大道之行也如是。其伏曼容、何佟之、范缜,有旧名于世;为时儒者,严植之、贺场等首膺兹选。今并缀为《儒林传》云。

伏曼容字公仪,平昌安丘人。曾祖滔,晋著作郎。父胤之,宋司空主簿。

曼容早孤,与母兄客居南海。少笃学,善《老》、《易》,倜傥好大言,常云:"何晏疑《易》中九事,以吾观之,晏了不学也,故知平叔有所短。"聚徒教授以自业。为骠骑行参军。宋明帝好《周易》,集朝臣于清暑殿讲,诏曼容执经。曼容素美风采,帝恒以方嵇叔夜,使吴人陆探微画叔夜像以赐之。迁司徒参军。袁粲为丹阳尹,请为江宁令,入拜尚书外兵郎。升明末,为辅国长史、南海太守。齐初,为通直散骑侍郎。永明初,为太子率更令,侍皇太子讲。卫将军王俭深相交好,令与河内司马宪、吴郡陆澄共撰《丧服义》,既成,又欲与之定礼乐。会俭薨,迁中书侍郎、大司马谘议参军,出为武昌太守。建武中,入拜中散大夫。时明帝不重儒术,曼容宅在瓦官寺东,施高坐于听事,有宾客辄升高坐为讲说,生徒常数十百人。梁台建,以曼容旧儒,召拜司马,出为临海太守。天监元年,卒官,时年八十二。为《周易》、《毛诗》、《丧服集解》、《老》、《庄》、《论语义》。子暅,在《良吏传》。

何佟之字士威,庐江灊人,豫州刺史恽六世孙也。祖劭之,宋员外散骑常侍。父歆，齐奉朝请。

佟之少好三《礼》，师心独学，强力专精，手不辍卷，读礼论三百篇，略皆上口。时太尉王俭为时儒宗，雅相推重。起家扬州从事，仍为总明馆学士，频迁司徒、车骑参军事，尚书祠部郎。齐建武中，为镇北记室参军，侍皇太子讲，领丹阳邑中正。时步兵校尉刘瓛、征士吴苞皆已卒，京邑硕儒，唯佟之而已。佟之明习事数，当时国家吉凶礼则，皆取决焉，名重于世。历步兵校尉，国子博士，寻迁骠骑谘议参军，转司马。永元末，京师兵乱，佟之常集诸生讲论，孜孜不息。中兴初，拜骁骑将军。高祖践阼，尊重儒术，以佟之为尚书左丞。是时百度草创，佟之依礼定议，多所裨益。天监二年，卒官，年五十五。高祖甚悼惜，将赠之官，故事左丞无赠官者，特诏赠黄门侍郎，儒者荣之。所著文章、《礼》义百许篇。子朝隐、朝晦。

范缜字子真，南乡舞阴人也。晋安北将军汪六世孙。祖璩之，中书郎。父濛，早卒。

缜少孤贫，事母孝谨。年未弱冠，闻沛国刘瓛聚众讲说，始往从之，卓越不群而勤学，瓛甚奇之，亲为之冠，在瓛门下积年，去来归家，恒芒屩布衣，徒行于路。瓛门多车马贵游，缜在其门，聊无耻愧。既长，博通经术，尤精三《礼》。性质直，好危言高论，不为士友所安，唯与外弟萧琛相善，名曰口辩，每服缜简诣。

起家齐宁蛮主簿，累迁尚书殿中郎。永明年中，与魏氏和亲，岁通聘好，特简才学之士，以为行人。缜及从弟云、萧琛、琅邪颜幼明、河东裴昭明相继将命，皆著名邻国。于时竟陵王子良盛招宾客，缜亦预焉。建武中，迁领军长史，出为宜都太守。母忧去职，归居于南州，义军至，缜墨缞来迎。高祖与缜有西邸之旧，见之甚悦。及建康城平，以缜为晋安太守，在郡清约，资公禄而已。视事四年，征为尚书左丞。缜去还，虽亲戚无所遗，唯饷前尚书令王亮。缜仕齐时，与亮同台为郎，旧相友，至是亮被摈弃在家。缜自迎王师，志在权轴，既而所怀未满，亦常怏怏，故私相亲结，以矫时云。后竟坐亮徙广州,语在亮传。

初,缜在齐世,尝侍竟陵王子良。子良精信释教,而缜盛称无佛。子良问曰:"君不信因果,世间何得有富贵?何得有贱贫?"缜答曰:"人之生譬如一树花,同发一枝,俱开一蒂,随风而堕,自有拂帘幌坠于茵席之上,自有关篱墙落于溷粪之侧。坠茵席者,殿下是也;落粪溷者,下官是也。贵贱虽复殊途,因果竟在何处?"子良不能屈,深怪之。缜退论其理,著《神灭论》曰:

或问予云:"神灭,何以知其灭也?"答曰:"神即形也,形即神也,是以形存则神存,形谢则神灭也。"

问曰:"形者无知之称,神者有知之名,知与无知,即事有异,神之与形,理不容一。形神相即,非所闻也。"答曰:"形者神之质,神者形之用,是则形称其质,神言其用,形之与神,不得相异也。"

问曰:"神故非用,不得为异,其义安在?"答曰:"名殊而体一也。"

问曰:"名既已殊,体何得一?"答曰:"神之于质,犹利之于刀,形之于用,犹刀之于利。利之名非刀也,刀之名非利也,然而舍利无刀,舍刀无利。未闻刀没而利存,岂容形亡而神在。"

问曰:"刀之与利,或如来说,形之与神,其义不然。何以言之?木之质无知也,人之质有知也,人既有如木之质,而有异木之知,岂非木有一,人有二邪?"答曰:"异哉言乎!人若有如木之质以为形,又有异木之知以为神,则可如来论也。今人之质,质有知也,木之质,质无知也,人之质非木质也,木之质非人质也,安有如木之质而复有异木之知哉!"

问曰:"人之质所以异木质者,以其有知耳。人而无知,与木何异?"答曰:"人无无知之质,犹木无有知之形。"

问曰:"死者之形骸岂非无知之质邪?"答曰:"是无人质。"

问曰:"若然者,人果有如木之质,而有异木之知矣。"答曰:"死者如木,而无异木之知;生者有异木之知,而无如木之质也。

问曰:"死者之骨骼,非生之形骸邪?"答曰:"生形之非死形,死形之非生形,区已革矣。安有生人之形骸,而有死人之骨骼哉?"

问曰:"若生者之形骸非死者之骨骼,非死者之骨骼,则应不由生者之形骸,不由生者之形骸,则此骨骼从何而至此邪?"答曰:"是生者之形骸,变为死者之骨骼也。"

问曰:"生者之形骸虽变为死者之骨骼,岂不从生而有死?则知死体犹生体也。"答曰:"如因荣木变为枯木,枯木之质,宁是荣木之体?"

问曰:"荣体变为枯体,枯体即是荣体;丝体变为缕体,缕体即是丝体,有何别焉?"答曰:"若枯即是荣,荣即是枯,应荣时凋零,枯时结实也。又荣木不应变为枯木,以荣即枯,无所复变也。荣枯是一,何不先枯后荣?要先荣后枯,何也?丝缕之义,亦同此破。"

问曰:"生形之谢,便应豁然都尽,何故方爱死形,绵历未已邪?"答曰:"生灭之体,要有其次故也。夫欻而生者必欻而灭,渐而生者必渐而灭。欻而生者,飘骤是也;渐而生者,动植是也。有欻有渐,物之理也。"

问曰:"形即是神者,手等亦是邪?"答曰:"皆是神之分也。"

问曰:"若皆是神之分,神既能虑,手等亦应能虑也。"答曰:"手等亦应能有痛痒之知,而无是非之虑。"

问曰:"虑,为一为异?"答曰:"知即是虑,浅则为知,深则为虑。"

问曰:"若尔,应有二乎?"答曰:"人体惟一,神何得二。"

问曰:"若不得二,安有痛痒之知,复有是非之虑?"答曰:"如手足虽异,总为一人。是非、痛痒虽复有异,亦总为一神矣。"

问曰:"是非之虑,不关手足,当关何处?"答曰:"是非之虑,心器所主。"

问曰:"心器是五藏之心,非邪?"答曰:"是也。"

问曰:"五藏有何殊别,而心独有是非之虑乎?"答曰:"七窍亦复何殊,而司用不均。"

问曰:"虑思无方,何以知是心器所主?"答曰:"五藏各有所司,无有能虑者,是以心为虑本。"

问曰:"何不寄在眼等分中?"答曰:"若虑可寄于眼分,何故不寄于耳分邪?"

问曰:"虑体无本,故可寄之于眼分;眼自有本,不假寄于佗分也。"答曰:"眼何故有本而虑无本?苟无本于我形,而可遍寄于异地,亦可张甲之情,寄王乙之躯,李丙之性,托赵丁之体。然乎哉?不然也。"

问曰:"圣人形犹凡人之形,而有凡圣之殊,故知形神异矣。"答曰:"不然。金之精者能昭,秽者不能昭,有能昭之精金,宁有不昭之秽质?又岂有圣人之神而寄凡人之器,亦无凡人之神而托圣人之体。是以八采、重瞳,勋、华之容,龙颜、马口、轩、皞之状,形表之异也。比干之心,七窍列角,伯约之胆,其大若拳,此心器之殊也。是知圣人定分,每绝常区,非惟道革群生,乃亦形超万有。凡圣均体,所未敢安。"

问曰:"子云圣人之形必异于凡者,敢问阳货类仲尼,项籍似大舜,舜、项、孔、阳,智革形同,其故何邪?"答曰:"珉似玉而非玉,鸡类凤而非凤,物诚有之,人故宜尔。项、阳貌似而非实似,心器不均,虽貌无益。"

问曰:"凡圣之殊,形器不一,可也;员极,理无有二,而丘、旦殊姿,汤、文异状,神不俟色,于此益明矣。"答曰:"圣同于心器,形不必同也,犹马殊毛而齐逸,玉异色而均美。是以晋棘、荆和,等价连成,骅骝、盗骊,俱致千里。"

问曰:"形神不二,既闻之矣,形谢神灭,理固宜然。敢问经云'为之宗庙,以鬼飨之'何谓也?"答曰:"圣人之教然也,所以弸孝子之心,而厉偷薄之意,神而明之,此之谓矣。"

问曰:"伯有被甲,彭生豕见,坟素著其事,宁是设教而已邪?"答曰:"妖怪茫茫,或存或亡,强死者众,不皆为鬼,彭生、伯有何独能然?乍为人豕,未必齐、郑之公子也。"

问曰:"《易》称'故知鬼神之情状,与天地相似而不违'。又曰'载鬼一车'。其义云何?"答曰:"有禽焉,有兽焉,飞走之别也;有人焉,有鬼焉,幽明之别也。人灭而为鬼,鬼灭而为人,则未之知也。"

问曰:"知此神灭,有何利用邪?"答曰:"浮屠害政,桑门蠹俗,风惊雾起,驰荡不休。吾哀其弊,思拯其溺。夫竭财以赴僧,破产以趋佛,而不恤亲戚,不怜穷匮者何?良由厚我之情深,济物之意浅。是以圭撮涉于贫友,吝情动于颜色;千钟委于富僧,欢意畅于容发。岂不以僧有多稌之期,友无遗秉之报,务施阙于周急,归德必于在己。又惑以茫昧之言,惧以阿鼻之苦,诱以虚诞之辞,欣以兜率之乐。故舍逢掖,袭横衣,废俎豆,列瓶钵,家家弃其亲爱,人人绝其嗣续。致使兵挫于行间,吏空于官府,粟罄于惰游,货殚于泥木。所以奸宄弗胜,颂声尚拥,惟此之故,其流莫已,其病无限。若陶甄禀于自然,森罗均于独化,忽焉自有,况尔而无,来也不御,去也不追,乘夫天理,各安其性。小人甘其垄亩,君子保其恬素,耕而食,食不可穷也,蚕而衣,衣不可尽也,下有余以奉其上,上无为以待其下,可以全生,可以匡国,可以霸君,用此道也。"

此论出,朝野喧哗,子良集僧难之而不能屈。

缜在南累年,追还京。既至,以为中书郎、国子博士,卒官。文集十卷。

子胥,字长才。传父学,起家太学博士。胥有口辩,大同中,常兼主客郎,对接北使。迁平西湘东王谘议参军,侍宣城王读。出为鄱阳内史,卒于郡。

严植之字孝源，建平秭归人也。祖钦，宋通直散骑常侍。植之少善《庄》、《老》，能玄言，精解《丧服》、《孝经》、《论语》。及长，遍治郑氏《礼》、《周易》、《毛诗》、《左氏春秋》。性淳孝谨厚，不以所长高人。少遭父忧，因菜食二十三载，后得风冷疾，乃止。

齐永明中，始起家为庐陵王国侍郎。迁广汉王国右常侍，王诛，国人莫敢视，植之独奔哭，手营殡殓，徒跣送丧墓所，为起冢，葬毕乃还，当时义之。建武中，迁员外郎，散骑常侍。寻为康乐侯相，在县清白，民吏称之。天监二年，板后军骑兵参军事。高祖诏求通儒治五礼，有司奏植之治凶礼。四年，初置五经博士，各开馆教授，以植之兼五经博士。植之馆在潮沟，生徒常百数。植之讲，五馆生必至，听者千余人。六年，迁中抚军记室参军，犹兼博士。七年，卒于馆，时年五十二。

植之自疾后，便不受廪俸，妻子困乏。既卒，丧无所寄，生徒为市宅，乃得成丧焉。植之性仁慈，好阴德，虽在暗室，未尝息也。少尝山行，见一患者，植之问其姓名，不能答，载与俱归，为营医药，六日而死，植之为棺殓殡之，卒不知何许人也。尝缘栅塘行，见患人卧塘侧，植之下车问其故，云姓黄氏，家本荆州，为人佣赁，疾既危笃，船主将发，弃之于岸。植之心恻然，载还治之，经年而黄氏差，请终身充奴仆以报厚恩，植之不受，遗以资粮，遣之。其义行多如此。撰《凶礼仪注》四百七十九卷。

贺玚字德琏，会稽山阴人也。祖道力，善三《礼》，仕宋为尚书三公郎、建康令。

玚少传家业。齐时沛国刘瓛为会稽府丞，见玚深器异之，尝与俱造吴郡张融，指玚谓融曰："此生神明聪敏，将来当为儒者宗。"瓛还，荐之为国子生。举明经，扬州祭酒，俄兼国子助教。历奉朝请，太学博士，太常丞，遭母忧去职。天监初，复为太常丞，有司举治宾礼，召见说《礼》义，高祖异之，诏朝朔望，预华林讲。四年，初开五馆,以场兼五经博士,别诏为皇太子定礼,撰《五经义》。场悉礼旧事,时高祖方创定礼乐,场所建议,多见施行。七年,拜步兵校尉,领五经博士。九年,遇疾,遣医药省问,卒于馆,时年五十九。所著《礼》、《易》、《老》、《庄》讲疏,《朝廷博议》数百篇,《宾礼仪注》一百四十五卷。场于《礼》尤精,馆中生徒常百数,弟子明经对策至数十人。

二子。革字文明,少通三《礼》,及长,遍治《孝经》、《论语》、《毛诗》、《左传》。起家晋安王国侍郎,兼太学博士,侍湘东王读。敕于永福省为邵陵、湘东、武陵三王讲礼。稍迁湘东王府行参军,转尚书仪曹郎,寻除秣陵令。迁国子博士,于学讲授,生徒常数百人。出为西中郎湘东王谘议参军,带江陵令。王初于府置学,以革领儒林祭酒,讲三《礼》,荆楚衣冠听者甚众。前后再监南平郡,为民吏所德。寻加贞威将军、兼平西长史、南郡太守。革性至孝,常恨贪禄代耕,不及养。在荆州历为郡县,所得俸秩,不及妻孥,专拟还乡造寺,以申感思。大同六年,卒官,时年六十二。

弟季,亦明三《礼》,历官尚书祠部郎,兼中书通事舍人,累迁步兵校尉,中书、黄门郎,兼著作。

司马筠字贞素,河内温人,晋骠骑将军谯烈王承七世孙。祖亮,宋司空从事中郎。父端,齐奉朝请。筠孤贫好学,师事沛国刘瓛,强力专精,深为瓛所器异。既长,博通经术,尤明三《礼》。

齐建武中,起家奉明请,迁王府行参军。天监初,为本州治中,除暨阳令,有清绩。入拜尚书祠部郎。

七年,安成太妃陈氏薨,江州刺史安成王季、荆州刺史始兴王憺,并以慈母表解职,诏不许,还摄本任,而太妃薨京邑,丧祭无主。舍人周舍议曰:"贺彦先称:'慈母之子不服慈母之党,妇又不从夫而服慈姑,小功服无从故也。'庾蔚之云:'非徒子不从其母而服其党,孙又不从父而服其慈。'由斯而言,慈祖母无服明矣。寻门内之哀,不容自同于常;按父之祥禫,子并受吊。今二王诸子,宜以成服日，单衣一日，为位受吊。"制曰："二王在远，□子宜摄祭事。"舍又曰："《礼》云'缟冠玄武，子姓之冠'，则世子衣服宜异于常。可著细布衣，绢为领带，三年不听乐。又《礼》及《春秋》，庶母不世祭，盖谓无王命者耳。吴太妃既朝命所加，得用安成礼秩，则当祔庙，五世亲尽乃毁。陈太妃命数之重，虽则不异，慈孙既不从服，庙食理无传祀，子祭孙止，是会经文。"高祖因是敕礼官议皇子慈母之服。筠议："宋朝五服制，皇子服训养母，礼依庶母慈己，宜从小功之制。按《曾子问》云：'子游曰：丧慈母，礼欤？孔子曰：非礼也。古者男子外有傅，内有慈母，君命所使教子也，何服之有？'郑玄注云：'此指谓国君之子也。'若国君之子不服，则王者之子不服可知。又《丧服》经云：'君子子为庶母慈己者。'传曰：'君子子者，贵人子也。'郑玄引《内则》，三母止施于卿大夫。以此而推，则慈母之服，上不在五等之嗣，下不逮三士之息。傥其服者止卿大夫，寻诸侯之子尚无此服，况乃施之皇子。谓宜依《礼》刊除，以反前代之惑。"高祖以为不然，曰："《礼》言慈母，凡有三条：一则妾子之无母，使妾之无子者养之，命为母子，服以三年，《丧服》《齐衰章》所言'慈母'是也；二则嫡妻之子无母，使妾养之，慈抚隆至，虽均乎慈爱，但嫡妻之子，妾无为母之义，而恩深事重，故服以小功，《丧服》《小功章》所以不直言'慈母'，而云'庶母慈己'者，明异于三年之慈母也；其三则子非无母，正是择贱者视之，义同师保，而不无慈爱，故亦有'慈母'之名。师保既无其服，则此慈亦无服矣。《内则》云：'择于诸母与可者，使为子师；其次为慈母；其次为保母。'此其明文。此言择诸母，是择人而为此三母，非谓择取兄弟之母也。何以知之？若是兄弟之母其先有子者，则是长妾，长妾之礼，实有殊加，何容次妾生子，乃退成保母，斯不可也。又有多兄弟之人，于义或可；若始生之子，便应三母俱阙邪？由是推之，《内则》所言'诸母'，是谓三母，非兄弟之母明矣。子游所问，自是师保之慈，非三年小功之慈也，故夫子得有此对。岂非师保之慈母无服之证乎？郑玄不辩三慈，混为训释，引彼无服，以注'慈己'，后人致谬，实此之由。经言'君子子'者，此虽起于大夫，明大夫犹尔,自斯以上,弥应不异,故传云'君子子者,贵人之子也'。总言曰贵,则无所不包。经传互文相显发,则知慈加之义,通乎大夫以上矣。宋代此科,不乖《礼》意,便加除削,良是所疑。"于是筠等请依制改定:嫡妻之子,母没为父妾所养,服之五月,贵贱并同,以为永制。

累迁王府谘议,权知左丞事,寻除尚书左丞。出为始兴内史,卒官。

子寿,传父业,明三《礼》。大同中,历官尚书祠部郎,出为曲阿令。

卞华字昭丘,济阴冤句人也。晋骠骑将军、忠贞公壶六世孙。父伦之,给事中。华幼孤贫,好学。年十四,召补国子生,通《周易》。既长,遍治五经,与平原明山宾、会稽贺玚同业友善。

起家齐豫章王国侍郎,累迁奉朝请,征西行参军。天监初,迁临川王参军事,兼国子助教,转安成王功曹参军,兼五经博士,聚徒教授。华博涉有机辩,说经析理,为当时之冠。江左以来,钟律绝学,至华乃通焉。迁尚书仪曹郎,出为吴令,卒。

崔灵恩,清河武城人也。少笃学,从师遍通五经,尤精三《礼》、三《传》。先在北仕为太常博士,天监十三年归国。高祖以其儒术,擢拜员外散骑侍郎,累迁步兵校尉,兼国子博士。灵恩聚徒讲授,听者常数百人。性拙朴无风采,及解经析理,甚有精致。京师旧儒咸称重之,助教孔金尤好其学。灵恩先习《左传》服解,不为江东所行,及改说杜,每文句常申服以难杜,遂著《左氏条义》以明之。时有助教虞僧诞又精杜学,因作《申杜难服》,以答灵恩,世并行焉。僧诞,会稽余姚人,以《左氏》教授,听者亦数百人,其该通义例,当时莫及。

先是,儒者论天,互执浑、盖二义,论盖不合于浑,论浑不合于盖。灵恩立义,以浑、盖为一焉。

　　出为长沙内史,还除国子博士,讲众尤盛。出为明威将军、桂州刺史,卒官。灵恩集注《毛诗》二十二卷,集注《周礼》四十卷,制《三礼义宗》四十七卷,《左氏经传义》二十二卷,《左氏条例》十卷,《公羊穀梁文句义》十卷。

　　孔佥,会稽山阴人。少师事何胤,通五经,尤明三《礼》、《孝经》、《论语》,讲说并数十遍,生徒亦数百人。历官国子助教,三为五经博士,迁尚书祠部郎。出为海盐、山阴二县令。佥儒者,不长政术,在县无绩。太清乱,卒于家。

　　子俶玄,颇涉文学,官至太学博士。佥兄子元素,又善三《礼》,有盛名,早卒。

　　卢广,范阳涿人,自云晋司空从事中郎谌之后也。谌没死冉闵之乱。晋中原旧族,谌有后焉。

　　广少明经,有儒术。天监中归国。初拜员外散骑侍郎,出为始安太守,坐事免。顷之,起为折冲将军,配千兵北伐,还拜步兵校尉,兼国子博士,遍讲五经。时北来人儒学者有崔灵恩、孙详、蒋显,并聚徒讲说,而音辞鄙拙;惟广言论清雅,不类北人。仆射徐勉,兼通经术,深相赏好。寻迁员外散骑常侍,博士如故。出为信武桂阳嗣王长史、寻阳太守。又为武陵王长史,太守如故,卒官。

　　沈峻字士嵩,吴兴武康人。家世农夫,至峻好学,与舅太史叔明师事宗人沈麟士,门下积年,昼夜自课,时或睡寐,辄以杖自击,其笃志如此。麟士卒后,乃出都,遍游讲肆,遂博通五经,尤长三《礼》。初为王国中尉,稍迁侍郎,并兼国子助教。时吏部郎陆倕与仆射徐勉书荐峻曰:"五经博士庾季达须换,计公家必欲详择其人。凡圣贤可讲之书,必以《周官》立义,则《周官》一书,实为群经源本。此学不传,多历年世,北人孙详、蒋显亦经听习,而音革楚、夏,故学徒不至;惟助教沈峻,特精此书。比日时闻讲肆,群儒刘岊、沈宏、沈熊之徒,并执经下坐,北面受业,莫不叹服,人无间言。弟谓宜即用此人,命其专此一学,周而复始,使圣人正典废而更兴,累世绝业传于学者。"勉从之,奏峻兼五经博士。于馆讲授,听者常数百人。出为华容令,还除员外散骑侍郎,复兼五经博士。时中书舍人贺琛奉敕撰《梁官》,乃启峻及孔子祛补西省学士,助撰录。书成,入兼中书通事舍人。出为武康令,卒官。

子文阿,传父业,尤明《左氏传》。太清中,自国子助教为五经博士。传峻业者,又有吴郡张及、会稽孔子云,官皆至五经博士、尚书祠部郎。

太史叔明,吴兴乌程人,吴太史慈后也。少善《庄》、《老》,兼治《孝经》、《礼记》,其三玄尤精解,当世冠绝,每讲说,听者常五百余人。历官国子助教。邵陵王纶好其学,及出为江州,携叔明之镇。王迁郢州,又随府,所至辄讲授,江外人士皆传其学焉。大同十三年,卒,时年七十三。

孔子祛,会稽山阴人。少孤贫好学,耕耘樵采,常怀书自随,投闲则诵读。勤苦自励,遂通经术,尤明《古文尚书》。初为长沙嗣王侍郎,兼国子助教,讲《尚书》四十遍,听者常数百人。中书舍人贺琛受敕撰《梁官》,启子祛为西省学士,助撰录。书成,兼司文侍郎,不就。久之,兼主客郎、舍人,学士如故。累迁湘东王国侍郎,常侍,员外散骑侍郎,又云麾□江公记室参军,转兼中书通事舍人,寻迁步兵校尉,舍人如故。高祖撰《五经讲疏》及《孔子正言》,专使子祛检阅群书,以为义证。事竟,敕子祛与右卫朱异、左丞贺琛于士林馆递日执经。累迁通直、正员郎,舍人如故。中大同元年,卒官,时年五十一。子祛凡著《尚书义》二十卷,集注《尚书》三十卷,续朱异集注《周易》一百卷,续何承天集《礼论》一百五十卷。

皇侃,吴郡人也,青州刺史皇象九世孙。侃少好学,师事贺场,精力专门,尽通其业,尤明三《礼》、《孝经》、《论语》。起家兼国子助教,于学讲说,听者数百人。撰《礼记讲疏》五十卷,书成奏上,诏付秘阁。顷之,召入寿光殿讲《礼记》义,高祖善之,拜员外散骑侍郎,兼助教如故。性至孝,常日限诵《孝经》二十遍,以拟《观世音经》。丁母忧,解职还乡里。平西邵陵王钦其学,厚礼迎之,侃既至,因感心疾,大同十一年,卒于厚首,时年五十八。所撰《论语义》十卷,与《礼记义》并见重于世,学者传焉。

陈吏部尚书姚察曰:昔叔孙通讲论马上,桓荣精力凶荒,既逢平定,自致光宠,若夫崔、伏、何、严互有焉。曼容、佟之讲道于齐季,不为时改,贺玚、严植之之徒,遭梁之崇儒重道,咸至高官,稽古之力,诸子各尽之矣。范缜墨经侥幸,不遂其志,宜哉!

梁书卷四九
列传第四三

文学上

到沆　丘迟　刘苞　袁峻
庾於陵　弟肩吾　刘昭　何逊
钟嵘　周兴嗣　吴均

　　昔司马迁、班固书,并为《司马相如传》,相如不预汉廷大事,盖取其文章尤著也。固又为《贾邹枚路传》,亦取其能文传焉。范氏《后汉书》有《文苑传》,所载之人,其详已甚;然经礼乐而纬国家,通古今而述美恶,非文莫可也。是以君临天下者,莫不敦悦其义,缙绅之学,咸贵尚其道,古往今来,未之能易。高祖聪明文思,光宅区宇,旁求儒雅,诏采异人,文章之盛,焕乎俱集。每所御幸,辄命群臣赋诗,其文善者,赐以金帛,诣阙庭而献赋颂者,或引见焉。其有位者,则沈约、江淹、任昉,并以文采妙绝当时。至若彭城到沆、吴兴丘迟、东海王僧孺、吴郡张率等,或入直文德,通燕寿光,皆后来之选也。约、淹、昉、僧孺、率,别以功迹论。今缀到沆等文兼学者,至太清中人,为《文学传》云。

　　到沆字茂瀣,彭城武原人也。曾祖彦之,宋将军。父挕,齐五兵尚书。沆幼聪敏,五岁时,挕于屏风抄古诗,沆请教读,一遍便能讽诵，无所遗失。既长勤学，善属文，工篆隶。美风神，容止可悦。

齐建武中，起家后军法曹参军。天监初，迁征虏主簿。高祖初临天下，收拔贤俊，甚爱其才。东宫建，以为太子洗马。时文德殿置学士省，召高才硕学者待诏其中，使校定坟史，诏沆通籍焉。时高祖燕华元殿，命群臣赋诗，独诏沆为二百字，二刻使成。沆于坐立奏，其文甚美。俄以洗马管东宫书记、散骑省优策文。三年，诏尚书郎在职清能或人才高妙者为侍郎，以沆为殿中曹侍郎。沆从父兄溉、洽，并有才名，时皆相代为殿中，当世荣之。四年，迁太子中舍人。沆为人不自伐，不论人长短，乐安任昉、南乡范云皆友善。其年，迁丹阳尹丞，以疾不能处职事，迁北中郎谘议参军。五年，卒官，年三十。高祖甚伤惜焉，诏赐钱二万，布三十匹。所著诗赋百余篇。

丘迟字希范，吴兴乌程人也。父灵鞠，有才名，仕齐官至太中大夫。迟八岁便属文，灵鞠常谓“气骨似我”。黄门郎谢超宗、征士何点并见而异之。

及长，州辟从事，举秀才，除太学博士。迁大司马行参军，遭父忧去职。服阕，除西中郎参军。累迁殿中郎，以母忧去职。服除，复为殿中郎，迁车骑录事参军。高祖平京邑，霸府开，引为骠骑主簿，甚被礼遇，时劝进梁王及殊礼，皆迟文也。高祖践祚，拜散骑侍郎，俄迁中书侍郎，领吴兴邑中正，待诏文德殿。时高祖著《连珠》，诏群臣继作者数十人，迟文最美。天监三年，出为永嘉太守，在郡不称职，为有司所纠，高祖爱其才，寝其奏。四年，中军将军临川王宏北伐，迟为谘议参军，领记室。时陈伯之在北，与魏军来距，迟以书喻之，伯之遂降。还拜中书郎，迁司徒从事中郎。七年，卒官，时年四十五。所著诗赋行于世。

刘苞字孝尝，彭城人也。祖勔，宋司空。父悛，齐太子中庶子。苞四岁而父终，及年六七岁，见诸父常泣。时世叔父悛、绘等并显贵，苞母谓其畏惮，怒之。苞对曰：“早孤不及有识，闻诸父多相似，故心中欲悲,无有佗意。"因而歔欷,母亦恸甚。初,苞父母及两兄相继亡没,悉瘗焉,苞年十六,始移墓所,经营改葬,不资诸父,未几而皆毕,绘常叹服之。

少好学,能属文。起家为司徒法曹行参军,不就。天监初,以临川王妃弟故,自征虏主簿仍迁王中军功曹,累迁尚书库部侍郎,丹阳尹丞,太子太傅丞,尚书殿中侍郎,南徐州治中,以公事免。久之,为太子洗马,掌书记,侍讲寿光殿。自高祖即位,引后进文学之士,苞及从兄孝绰、从弟孺、同郡到溉、溉弟洽、从弟沆、吴郡陆倕、张率并以文藻见知,多预燕坐,虽仕进有前后,其赏赐不殊。天监十年,卒,时年三十。临终,呼友人南阳刘之遴,托以丧事,务从俭率。苞居官有能名,性和而直,与人交,面折其非,退称其美,情无所隐,士友咸以此叹惜之。

袁峻字孝高,陈郡阳夏人,魏郎中令涣之八世孙也。峻早孤,笃志好学,家贫无书,每从人假借,必皆抄写,自课日五十纸,纸数不登,则不休息。讷言语,工文辞。义师克京邑,鄱阳王恢东镇破冈,峻随王,知管记事。天监初,鄱阳国建,以峻为侍郎,从镇京口。王迁郢州,兼都曹参军。高祖雅好辞赋,时献文于南阙者相望焉,其藻丽可观,或见赏擢。六年,峻乃拟扬雄《官箴》奏之。高祖嘉焉,赐束帛。除员外散骑侍郎,直文德学士省,抄《史记》、《汉书》各为二十卷。又奉敕与陆倕各制《新阙铭》,辞多不载。

庾於陵字子介,散骑常侍黔娄之弟也。七岁能言玄理。既长,清警博学,有才思。齐随王子隆为荆州,召为主簿,使与谢朓、宗史抄撰群书。子隆代还,又以为送故主簿。子隆寻为明帝所害,僚吏畏避,莫有至者,唯於陵与史独留,经理丧事。始安王遥光为抚军,引为行参军,兼记室。永元末,除东阳遂安令,为民吏所称。天监初,为建康狱平,迁尚书工部郎,待诏文德殿。出为湘州别驾,迁骠骑录事参军,兼中书通事舍人。俄领南郡邑中正,拜太子洗马,舍人如故。旧事，东宫官属通为清选，洗马掌文翰，尤其清者。近世用人，皆取甲族有才望，时於陵与周舍并擢充职，高祖曰："官以人而清，岂限以甲族。"时论以为美。俄迁散骑侍郎，改领荆州大中正。累迁中书、黄门侍郎，舍人、中正并如故。出为宣毅晋安王长史、广陵太守，行府州事，以公事免。复起为通直郎，寻除鸿胪卿，复领荆州大中正。卒官，时年四十八。文集十卷。弟肩吾。

肩吾字子慎。八岁能赋诗，特为兄於陵所友爱。初为晋安王国常侍，仍迁王宣惠府行参军，自是每王徙镇，肩吾常随府。历王府中郎，云麾参军，并兼记室参军。中大通三年，王为皇太子，兼东宫通事舍人。除安西湘东王录事参军，俄以本官领荆州大中正。累迁中录事谘议参军，太子率更令、中庶子。初，太宗在藩，雅好文章士，时肩吾与东海徐摛、吴郡陆杲、彭城刘遵、刘孝仪、仪弟孝威，同被赏接。及居东宫，又开文德省，置学士，肩吾子信、摛子陵、吴郡张长公、北地傅弘、东海鲍至等充其选。齐永明中，文士王融、谢朓、沈约，文章始用四声，以为新变，至是转拘声韵，弥尚丽靡，复逾于往时。时太子与湘东王书论之曰：

吾辈亦无所游赏，止事披阅，性既好文，时复短咏。虽是庸音，不能阁笔，有惭伎痒，更同故态。比见京师文体，懦钝殊常，竞学浮疏，争为阐缓。玄冬修夜，思所不得，既殊比兴，正背《风》、《骚》。若夫六典三《礼》，所施则有地，吉凶嘉宾，用之则有所。未闻吟咏情性，反拟《内则》之篇；操笔写志，更摹《酒诰》之作；迟迟春日，翻学《归藏》；湛湛江水，遂同《大传》。

吾既拙于为文，不敢轻有揢摭。但以当世之作，历方古之才人，远则扬、马、曹、王，近则潘、陆、颜、谢，而观其遣辞用心，了不相似。若以今文为是，则古文为非；若昔贤可称，则今体宜弃。俱为盍各，则未之敢许。又时有效谢康乐、裴鸿胪文者，亦颇有惑焉。何者？谢客吐言天拔，出于自然，时有不拘，是其糟粕；裴氏乃是良史之才，了无篇什之美。是为学谢则不届其精华，但得其冗长；师裴则蔑绝其所长，惟得其所短。谢故巧不可

阶，裴亦质不宜慕。故胸驰臆断之侣，好名忘实之类，方分肉于
仁兽，逞郤克于邯郸，入鲍忘臭，效尤致祸。决羽谢生，岂三千
之可及；伏膺裴氏，惧两唐之不传。故玉徽金铣，反为拙目所
嗤；《巴人》《下里》，更合郢中之听。《阳春》高而不和，妙声绝而
不寻，竟不精讨锱铢，核量文质，有异巧心，终愧妍手。是以握
瑜怀玉之士，瞻郑邦而知退；章甫翠履之人，望闽乡而叹息。诗
既若此，笔又如之。徒以烟墨不言，受其驱染；纸札无情，任其
摇襞。甚矣哉，文之横流，一至于此！

　　至如近世谢朓、沈约之诗，任昉、陆倕之笔，斯实文章之冠
冕，述作之楷模。张士简之赋，周升逸之辩，亦成佳手，难可复
遇。文章未坠，必有英绝，领袖之者，非弟而谁。每欲论之，无
可与语，吾子建，一共商榷。辩兹清浊，使如泾、渭；论兹月旦，
类彼汝南。朱丹既定，雌黄有别，使夫怀鼠知惭，滥竽自耻。譬
斯袁绍，畏见子将；同彼盗牛，遥羞王烈。相思不见，我劳如何。
太清中，侯景寇陷京都，及太宗即位，以肩吾为度支尚书。时上
流诸蕃，并据州拒景，景矫诏遣肩吾使江州，喻当阳公大心。大心寻
举州降贼，肩吾因逃入建昌界，久之，方得赴江陵。未几，卒。文集
行于世。

　　刘昭字宣卿，平原高唐人，晋太尉寔九世孙也。祖伯龙，居父忧
以孝闻，宋武帝敕皇太子、诸王并往吊慰，官至少府卿。父彪，齐征
虏晋安王记室。昭幼清警，七岁通《老》《庄》义。既长，勤学善属文，
外兄江淹早称赏。

　　天监初，起家奉朝请，累迁征北行参军，尚书仓部郎，寻除无锡
令。历为宣惠豫章王、中军临川记室。初，昭伯父肜集众家《晋书》
注干宝《晋纪》为四十卷，至昭又集《后汉》同异以注范晔书，世称博
悉。迁通直郎，出为剡令，卒官。集注《后汉》一百八十卷，《幼童
传》十卷，文集十卷。

　　子绦，字言明，亦好学，通三《礼》。大同中，为尚书祠部郎，寻去

职,不复仕。

缘弟缓,字含度,少知名。历官安西湘东王记室,时西府盛集文学,缓居其首。除通直郎,俄迁镇南湘东王中录事,复随府江州,卒。

何逊字仲言,东海剡人也。曾祖承天,宋御史中丞。祖翼,员外郎。父询,齐太尉中兵参军。逊八岁能赋诗,弱冠州举秀才,南乡范云见其对策,大相称赏,因结忘年交好。自是一文一咏,云辄嗟赏,谓所亲曰:“顷观文人,质则过儒,丽则伤俗;其能含清浊,中今古,见之何生矣。”沈约亦爱其文,尝谓逊曰:“吾每读卿诗,一日三复,犹不能已。”其为名流所称如此。

天监中,起家奉朝请,迁中卫建安王水曹行参军,兼记室。王爱文学之士,日与游宴,及迁江州,逊犹掌书记。迁为安西安成王参军事,兼尚书水部郎,母忧去职。服阕,除仁威庐陵王记室,复随府江州,未几卒。东海王僧孺集其文为八卷。

初,逊文章与刘孝绰并见重于世,世谓之“何刘”。世祖著论论之云:“诗多而能者沈约,少而能者谢朓、何逊。”

时有会稽虞骞,工为五言诗,名与逊相埒,官至王国侍郎。其后又有会稽孔翁归、济阳江避,并为南平王大司马府记室。翁归亦工为诗。逊博学有思理,更注《论语》、《孝经》。二人并有文集。

钟嵘字仲伟,颍川长社人,晋侍中雅七世孙也。父蹈,齐中军参军。嵘与兄岏、弟屿并好学,有思理。嵘,齐永明中为国子生,明《周易》,卫军王俭领祭酒,颇赏接之。举本州秀才。

起家王国侍郎,迁抚军行参军,出为安国令。永元末,除司徒行参军。天监初,制度虽革,而日不暇给,嵘乃言曰:“永元肇乱,坐弄天爵,勋非即戎,官以贿就。挥一金而取九列,寄片札以招六校,骑都塞市,郎将填街。服既缨组,尚为臧获之事;职唯黄散,犹躬胥徒之役。名实淆紊,兹焉莫甚。臣愚谓军官是素族士人,自有清贯,而因斯受爵,一宜削除,以惩侥竞。若吏姓寒人,听极其门品,不当因军遂滥清级。若侨杂伧楚，应在绥附，正宜严断禄力，绝其妨正，直乞虚号而已。谨竭愚忠，不恤众口。"敕付尚书行之。迁中军临川王行参军。衡阳王元简出守会稽，引为宁朔记室，专掌文翰。时居士何胤筑室若邪山，山发洪水，漂拔树石，此室独存，元简命嵘作《瑞室颂》以旌表之，辞甚典丽。选西中郎晋安王记室。

嵘尝品古今五言诗，论其优劣，名为《诗评》。其序曰：

> 气之动物，物之感人，故摇荡性情，形诸舞咏，欲以照烛三才，辉丽万有，灵祇待之以致飨，幽微藉之以昭告，动天地，感鬼神，莫近于诗。昔《南风》之辞，《卿云》之颂，厥义夐矣。《夏歌》曰"郁陶乎予心"，楚谣云"名余曰正则"，虽诗体未全，然略是五言之滥觞也。逮汉李陵，始著五言之目。古诗眇邈，人代难详，推其文体，固是炎汉之制，非衰周之倡也。自王、扬、枚、马之徒，辞赋竞爽，而吟咏靡闻。从李都尉讫班婕妤，将百年间，有妇人焉，一人而已。诗人之风，顿已缺丧。东京二百载中，唯有班固咏史，质木无文致。降及建安，曹公父子，笃好斯文；平原兄弟，郁为文栋；刘桢、王粲，为其羽翼。次有攀龙托凤，自致于属车者，盖将百计。彬彬之盛，大备于时矣。尔后陵迟衰微，讫于有晋。太康中，三张二陆，两潘一左，勃尔复兴，踵武前王，风流未沫，亦文章之中兴也。永嘉时，贵黄、老，尚虚谈，于时篇什，理过其辞，淡乎寡味。爰及江表，微波尚传，孙绰、许询、桓、庾诸公，皆平典似《道德论》，建安之风尽矣。先是，郭景纯用俊上之才，创变其体；刘越石仗清刚之气，赞成厥美。然彼众我寡，未能动俗。逮义熙中，谢益寿斐然继作。元嘉初，有谢灵运，才高辞盛，富艳难踪，固已含跨刘、郭，陵轹潘、左。故知陈思为建安之杰，公干、仲宣为辅；陆机为太康之英，安仁、景阳为辅；谢客为元嘉之雄，颜延年为辅。此皆五言之冠冕，文辞之命世。

> 夫四言文约意广，取效《风》、《骚》，便可多得，每苦文烦而意少，故世罕习焉。五言居文辞之要，是众作之有滋味者也，故

云会于流俗，岂不以指事造形，穷情写物，最为详切者邪！故诗有六义焉，一曰兴，二曰赋，三曰比。文已尽而意有余，兴也；因物喻志，比也；直书其事，寓言写物，赋也。弘斯三义，酌而用之，干之以风力，润之以丹采，使味之者无极，闻之者动心，是诗之至也。若专用比、兴，则患在意深，意深则辞踬。若但用赋体，则患在意浮，意浮则文散。嬉成流移，文无止泊，有芜漫之累矣。若乃春风春鸟，秋月秋蝉，夏云暑雨，冬月祁寒，斯四候之感诸诗者也。嘉会寄诗以亲，离群托诗以怨。至于楚臣去境，汉妾辞宫，或骨横朔野，或魂逐飞蓬，或负戈外戍，或杀气雄边，塞客衣单，霜闺泪尽。又士有解佩出朝，一去忘反；女有扬蛾入宠，再盼倾国。凡斯种种，感荡心灵，非陈诗何以展其义？非长歌何以释其情？故曰"诗可以群，可以怨"。使穷贱易安，幽居靡闷，莫尚于诗矣。故辞人作者，罔不爱好。今之士俗，斯风炽矣。才能胜衣，甫就小学，必甘心而驰骛焉。于是庸音杂体，各为家法。至于膏腴子弟，耻文不逮，终朝点缀，分夜呻吟，独观谓为警策，众视终沦平钝。次有轻荡之徒，笑曹、刘为古拙。谓鲍照羲皇上人，谢朓今古独步；而师鲍照终不及"日中市朝满"，学谢朓劣得"黄鸟度青枝"。徒自弃于高听，无涉于文流矣。

嵘观王公搢绅之士，每博论之余，何尝不以诗为口实，随其嗜欲，商榷不同，淄渑并泛，朱紫相夺，喧哗竞起，准的无依。近彭城刘士章俊赏之士，疾其淆乱，欲为当世诗品，口陈标榜，其文未遂，嵘感而作焉。昔九品论人，七略裁士，校以宾实，诚多未值；至若诗之为技，较尔可知，以类推之，殆同博弈。方今皇帝资生知之上才，体沉郁之幽思，文丽日月，学究天人，昔在贵游，已为称首；况八纮既掩，风靡云蒸，抱玉者连肩，握珠者踵武，固以睨汉、魏而弗顾，吞晋、宋于胸中，谅非农歌辕议，敢致流别。嵘之今录，庶周游于闾里，均之于谈笑耳。

顷之，卒官。

峴字长岳，官至府参军、建康平。著《良吏传》十卷。屿字季望，永嘉郡丞。天监十五年，敕学士撰《遍略》，屿亦预焉。兄弟并有文集。

周兴嗣字思纂，陈郡项人，汉太子太傅堪后也。高祖凝，晋征西府参军、宜都太守。兴嗣世居姑熟。年十三，游学京师，积十余载，遂博通记传，善属文。尝步自姑熟，投宿逆旅，夜有人谓之曰："子才学迈世，初当见识贵臣，卒被知英主。"言终，不测所之。齐隆昌中，侍中谢朏为吴兴太守，唯与兴嗣谈文史而已。及罢郡还，因大相称荐。

本州举秀才，除桂阳郡丞，太守王嵘素相赏好，礼之甚厚。高祖革命，兴嗣奏《休平赋》，其文甚美，高祖嘉之。拜安成王国侍郎，直华林省。其年，河南献舞马，诏兴嗣与待诏到沆、张率为赋，高祖以兴嗣为工。擢员外散骑侍郎，进直文德、寿光省。是时，高祖以三桥旧宅为光宅寺，敕兴嗣与陆倕各制寺碑，及成俱奏，高祖用兴嗣所制者。自是《铜表铭》、《栅塘碣》、《北伐檄》、《次韵王羲之书千字》，并使兴嗣为文，每奏，高祖辄称善，加赐金帛。九年，除新安郡丞，秩满，复为员外散骑侍郎，佐撰国史。十二年，迁给事中，撰史如故。兴嗣两手先患风疽，是年又染疠疾，左目盲，高祖抚其手，嗟曰："斯人也而有斯疾也！"手疏治疽方以赐之。其见惜如此。任昉又爱其才，常言曰："周兴嗣若无疾，旬日当至御史中丞。"十四年，除临川郡丞。十七年，复为给事中，直西省。左卫率周舍奉敕注高祖所制《历代赋》，启兴嗣助焉。普通二年，卒。所撰《皇帝实录》、《皇德记》、《起居注》、《职仪》等百余卷，文集十卷。

吴均字叔庠，吴兴故鄣人也。家世寒贱，至均好学有俊才。沈约尝见均文，颇相称赏。天监初，柳恽为吴兴，召补主簿，日引与赋诗。均文体清拔有古气，好事者或学之，谓为"吴均体"。建安王伟为扬州，引兼记室，掌文翰。王迁江州，补国侍郎，兼府城局。还除

奉朝请。先是，均表求撰《齐春秋》，书成奏之，高祖以其书不实，使
中书舍人刘之遴诘问数条，竟支离无对，敕付省焚之，坐免职。寻有
敕召见，使撰《通史》，起三皇，讫齐代，均草本纪、世家功已毕，唯列
传未就。普通元年，卒，时年五十二。均注范晔《后汉书》九十卷，著
《齐春秋》三十卷，《庙记》十卷，《十二州记》十六卷，《钱唐先贤传》
五卷，《续文释》五卷，文集二十卷。

　　先是，有广陵高爽、济阳江洪、会稽虞骞，并工属文。爽，齐永明
中赠卫军王俭诗，为俭所赏，及领丹阳尹，举爽郡孝廉。天监初，历
官中军临川王参军。出为晋阳令，坐事系治，作《镬鱼赋》以自况，其
文甚工。后遇赦获免，顷之卒。洪为建阳令，坐事死。骞官至王国
侍郎，并有文集。

梁书卷五〇
列传第四四

文学下

**刘峻　刘沼　谢几卿　刘勰　王籍
何思澄　刘杳　谢征　臧严　伏挺
庾仲容　陆云公　任孝恭　颜协**

　　刘峻字孝标，平原平原人。父珽，宋始兴内史。峻生期月，母携
还乡里。宋泰始初，青州陷魏，峻年八岁，为人所略至中山，中山富
人刘实愍峻，以束帛赎之，教以书学。魏人闻其江南有戚属，更徙之
桑乾。峻好学，家贫，寄人庑下，自课读书，常燎麻炬，从夕达旦，时
或昏睡，爇其发，既觉复读，终夜不寐，其精力如此。齐永明中，从桑
乾得还，自谓所见不博，更求异书，闻京师有者，必往祈借，清河崔
慰祖谓之"书淫"。
　　时竟陵王子良博招学士，峻因人求为子良国职，吏部尚书徐孝
嗣抑而不许，用为南海王侍郎，不就。至明帝时，萧遥欣为豫州，为
府刑狱，礼遇甚厚。遥欣寻卒，久之不调。天监初，召入西省，与学
士贺踪典校秘书。峻兄孝庆，时为青州刺史，峻请假省之，坐私载禁
物，为有司所奏，免官。安成王秀好峻学，及迁荆州，引为户曹参军，
给其书籍，使抄录事类，名曰《类苑》，未及成，复以疾去，因游东阳
紫岩山，筑室居焉。为《山栖志》，其文甚美。

高祖招文学之士,有高才,多被引进,擢以不次。峻率性而动,不能随众沉浮,高祖颇嫌之,故不任用。峻乃著《辨命论》以寄其怀,曰:

　　主上尝与诸名贤言及管辂,叹其有奇才而位不达。时有在赤堰之下,预闻斯议,归以告余。余谓士之穷通,无非命也,故谨述大目,因言其略云。

　　臣观管辂天才英伟,圭璋特秀,实海内之髦杰,岂日者卜祝之流。而官止少府丞,年终四十八,天之报施,何其寡欤!然则高才而无贵仕,饕餮而居大位,自古所叹,焉独公明而已哉!故性命之道,穷通之数,夭阏纷纶,莫知其辩。仲任蔽其源,子长阐其惑。至于褐冠瓮牖,必以玄天有期;鼎贵高门,则曰唯人所召。诙诙让咋,异端俱起。萧远论其本而不畅其流,子玄语其流而未详其本。尝试言之曰:夫通生万物,则谓之道;生而无主,谓之自然。自然者,物见其然,不知所以然,同焉皆得,不知所以得。鼓动陶铸而不为功,庶类混成而非其力。生之无亭毒之心,死之岂虔刘之志。坠之渊泉非其怒,升之霄汉非其悦。荡乎大乎,万宝以之化;确乎纯乎,一化而不易,则谓之命。命也者,自天之命也。定于冥兆,终然不变。鬼神莫能预,圣哲不能谋。触山之力无以抗,倒日之诚弗能感。短则不可缓之于寸阴,长则不可急之于箭漏。至德未能逾,上智所不免。是以放勋之代,浩浩襄陵;天乙之时,燋金流石。文公厄其尾,宣尼绝其粮。颜回败其丛兰,冉耕歌其芣苢。夷、叔毙淑媛之言,子舆困臧仓之诉。圣贤且犹若此,而况庸庸者乎!至乃伍员浮尸于江流;三闾沉骸于湘渚,贾大夫沮志于长沙;冯都尉皓发于郎署;君山鸿渐,铩羽仪于高云;敬通凤起,摧迅翮于风次。此岂才不足而行有遗哉。

　　近代有沛国刘瓛、瓛弟琎,并一时之秀士也。瓛则关西孔子,通涉六经,循循善诱,服膺儒行。琎则志烈秋霜,心贞昆玉,亭亭高竦,不杂风尘。皆毓德于衡门,并驰声于天地。而官有微于侍郎,位不登于执戟,相继徂落,宗祀无飨。因斯两贤,以言古则:昔之玉质金相,英髦秀达,皆摈斥于当年,韫奇才而莫用,候草木以共凋,与麋鹿而同死,膏涂平原,骨填川谷,湮灭而无闻者,岂可胜道哉!此则宰衡之与皂隶,容、彭之与殇子,猗顿之与黔娄,阳文之与敦洽,感得之于自然,不假道于才智。故曰"死生有命,富贵在天",其斯之谓矣。然命体周流,变化非一,或先号后笑,或始吉终凶,或不召自来,或因人以济。交错纷纠,循环倚伏,非可以一理征,非可以一途验,而其道密微,寂寥忽慌,无形可以见,无声可以闻。必御物以效灵,亦凭人而成众,譬天王之冕旒,任百官以司职。而惑者睹汤、武之龙跃,谓龛乱在神功;闻孔、墨之挺生,谓英睿擅奇响;视彭、韩之豹变,谓鸷猛致人爵;见张、桓之朱绂,谓明经拾青紫。岂知有力者运之而趋乎?故言而非命,有六蔽焉。余请陈其梗概:

　　夫靡颜腻理,哆噄顬頠,形之异也。朝秀辰终,龟鹤千岁,年之殊也。闻言如响,智昏菽麦,神之辨也。固知三者定乎造化,荣辱之境,独曰由人,是知二五而未识于十,其蔽一也。龙犀日角,帝王之表;河目龟文,公侯之相。抚镜知其将刑,压纽显其膺录。星虹枢电,昭圣德之符;夜哭聚云,郁兴王之瑞。皆兆发于前期,涣汗于后叶。若谓驱貔兽,奋尺剑,入紫微,升帝道,则未达窅冥之情,未测神明之数,其蔽二也。空桑之里,变成洪川;历阳之都,化为鱼鳖。楚师屠汉卒,睢河鲠其流;秦人坑赵士,沸声若雷电。火炎昆岳,砾石与琬琰俱焚;严霜夜零,萧艾与芝兰共尽。虽游、夏之英才,伊、颜之殆庶,焉能抗之哉?其蔽三也。或曰:明月之珠,不能无类;夏后之璜,不能无考。故亭伯死于县长,长卿卒于园令。才非不杰也,主非不明也,而碎结绿之鸿辉,残悬黎之夜色,抑尺之量有短哉?若然者,主父偃、公孙弘对策不升第,历说而不入,牧豕淄原,见弃州部,设令忽如过隙,溘死霜露,其为诟耻,岂崔、马之流乎?及至开东阁,列五鼎,电照风行,声驰海外,宁前愚而后智,先非而终是?

将荣悴有定数，天命有至极？而谬生妍蚩，其蔽四也。夫虎啸风驰，龙兴云属。故重华立而元、凯升，辛受生而飞廉进。然则天下善人少，恶人多，暗主众，明君寡。而薰莸不同器，枭鸾不接翼。是使浑沌、梼杌，踵武云台之上；仲容、庭坚，耕耘岩石之下。横谓废兴在我，无系于天，其蔽五也。彼戎狄者，人面兽心，宴安鸩毒。以诛杀为道德，以蒸报为仁义。虽大风立于青丘，凿齿奋于华野，比其狼戾，曾何足逾。自金行不竞，天地版荡，左带沸唇，乘间电发。遂覆漊、洛，倾五都。居先王之桑梓，窃名号于中县。与三皇竞其氓黎，五帝角其区宇。种落繁炽，充牣神州。呜呼！福善祸淫，徒虚言耳。岂非否泰相倾，盈缩递运，而泪之以人？其蔽六也。

　　然所谓命者，死生焉，贵贱焉，贫富焉，理乱焉，祸福焉，此十者天之所赋也。愚智善恶，此四者人之所行也。夫神非舜、禹，心异朱、均，才绁中庸，在于所习。是以素丝无恒，玄黄代起；鲍鱼芳兰，入而自变。故季路学于仲尼，厉风霜之节；楚穆谋于潘崇，成悖逆之祸。而商臣之恶，盛业光于后嗣；仲由之善，不能息其结缨。斯则邪正由于人，吉凶存乎命。或以鬼神害盈，皇天辅德。故宋公一言，法星三徙；殷帝自翦，千里来云。善恶无征，未洽斯义。且于公高门以待封，严母扫墓以望丧。此君子所以自强不息也。如使仁而无报，奚为修善立名乎？斯径廷之辞也。夫圣人之言，显而晦，微而婉，幽远而难闻，河汉而不极。或立教以进庸惰，或言命以穷性灵。积善余庆，立教也；凤鸟不至，言命也。今以其片言辩其要趣，何异乎夕死之类而论春秋之变哉？且荆昭德音，丹云不卷；周宣祈雨，圭璧斯罄。于叟种德，不逮勋、华之高；延年残狁，未甚东陵之酷。为善一，为恶均，而祸福异其流，废兴殊其迹。荡荡上帝，岂如是乎？《诗》云："风雨如晦，鸡鸣不已。"故善人为善，焉有息哉！

　　夫食稻粱，进刍豢，衣狐貉，袭冰纨，观窈眇之奇舞，听云和之琴瑟，此生人之所急，非有求而为也。修道德，习仁义，敦孝悌，立忠贞，渐礼乐之腴润，蹈先王之盛则，此君子之所急，非有求而为也。然则君子居正体道，乐天知命。明其无可奈何，识其不由智力。逝而不召，来而不距，生而不喜，死而不戚。瑶台夏屋，不能悦其神；土室编蓬，未足忧其虑。不充诎于富贵，不遑遑于所欲。岂有史公、董相不遇之文乎？

论成，中山刘沼致书以难之，凡再反，峻并为申析以答之。会沼卒，不见峻后报者，峻乃为书以序之曰："刘侯既有斯难，值余有天伦之戚，竟未之致也。寻而此君长逝，化为异物，绪言余论，蕴而莫传。或有自其家得而示余者，悲其音徽未沫，而其人已亡；青简尚新，而宿草将列，泫然不知涕之无从。虽隙驷不留，尺波电谢，而秋菊春兰，英华靡绝，故存其梗概，更酬其旨。若使墨翟之言无爽，宣室之谈有征。冀东平之树，望咸阳而西靡；盖山之泉，闻弦歌而赴节。但悬剑空垄，有恨如何！"其论文多不载。

峻又尝为自序，其略曰："余自比冯敬通，而有同之者三，异之者四。何则？敬通雄才冠世，志刚金石；余虽不及之，而节亮慷慨，此一同也。敬通值中兴明君，而终不试用；余逢命世英主，亦摈斥当年，此二同也。敬通有忌妻，至于身操井臼；余有悍室，亦令家道轗轲，此三同也。敬通当更始之世，手握兵符，跃马食肉；余自少迄长，戚戚无欢，此一异也。敬通有一子仲文，官成名立；余祸同伯道，永无血胤，此二异也。敬通膂力方刚，老而益壮；余有犬马之疾，溘死无时，此三异也。敬通虽芝残蕙焚，终填沟壑，而为名贤所慕，其风流郁烈芬芳，久而弥盛；余声尘寂漠，世不吾知，魂魄一去，将同秋草，此四异也。所以自力为叙，遗之好事云。"

峻居东阳，吴、会人士多从其学。普通二年，卒，时年六十。门人谥曰玄靖先生。

刘沼字明信，中山魏昌人。六代祖舆，晋骠骑将军。沼幼善属文，既长博学。仕齐起家奉朝请，冠军行参军。天监初，拜后军临川王记室参军，秣陵令，卒。

谢几卿,陈郡阳夏人。曾祖灵运,宋临川内史,父超宗,齐黄门郎,并有重名于前代。几卿幼清辩,当世号曰神童。后超宗坐事徙越州,路出新亭渚,几卿不忍辞诀,遂投赴江流,左右驰救,得不沉溺。及居父忧,哀毁过礼。服阕,召补国子生。齐文惠太子自临策试,谓祭酒王俭曰:"几卿本长玄理,今可以经义访之。"俭承旨发问,几卿随事辨对,辞无滞者,文惠大称赏焉。俭谓人曰:"谢超宗为不死矣。"既长好学,博涉有文采。

起家豫章王国常侍,累迁车骑法曹行参军,相国祭酒,出为宁国令,入补尚书殿中郎,太尉晋安王主簿。天监初,除征虏鄱阳王记室,尚书三公郎,寻为治书侍御史。旧郎官转为此职者,世谓为"南奔"。几卿颇失志,多陈疾,台事略不复理。徙为散骑侍郎,累迁中书郎,国子博士,尚书左丞。几卿详悉故实,仆射徐勉每有疑滞,多询访之。然性通脱,会意便行,不拘朝宪,尝预乐游苑宴,不得醉而还,因诣道边酒垆,停车褰幔,与车前三驺对饮,时观者如堵,几卿处之自若。后以在省署夜著犊鼻裈,与门生登阁道饮酒酣呼,为有司纠奏,坐免官。寻起为国子博士,俄除河东太守,秩未满,陈疾解。寻除太子率更令,迁镇卫南平王长史。普通六年,诏遣领军将军西昌侯萧深藻督众军北伐,几卿启求行,擢为军师长史,加威戎将军。军至涡阳退败,几卿坐免官。

居宅在白扬石井,朝中交好者载酒从之,宾客满坐。时左丞庾仲容亦免归,二人意志相得,并肆情诞纵,或乘露车历游郊野,既醉则执铎挽歌,不屑物议。湘东王在荆镇,与书慰勉之。几卿答曰:"下官自奉违南浦,卷迹东郊,望日临风,瞻言伫立。仰寻惠慈,陪奉游宴,漾桂棹于清池,席落英于曾岨。兰香兼御,羽觞竞集,侧听余论,沐浴玄流。涛波之辩,悬河不足譬,春藻之辞,丽文无以匹。莫不相顾动容,服心胜口,不觉春日为遥,更谓修夜为促。嘉会难常,抟云易远,言念如昨,忽焉素秋。恩光不遗,善谑远降。因事罢归,岂云栖。□匪商官,理就一廛。田家作苦,实符清海。本乏金羁之饰，无假玉璧为资，徒以老使形疏，疾令心阻，沉滞床簟，弥历七旬，梦幻俄顷，忧伤在念，竟知无益，思自祛遣。寻理涤意，即以任命为膏酥；揽境照形，翻以支离代萱树。故得仰慕徽猷，永言前哲，鬼欲深栖，接舆高举，遁名屠肆，发迹关市，其人缅邈，余流可想。若今亡者有知，宁不萦悲玄壤，恨隔芳尘；如其逝者可作，必当昭被光景，欢同游豫，使夫一介老圃，得造虚心末席。去日已疏，来侍未屡，连剑飞凫，拟非其类，怀私茂德，窃用涕零。"

几卿虽不持检操，然于家门笃睦。兄才卿早卒，其子藻幼孤，几卿抚养甚至。及藻成立，历清官公府祭酒、主簿，皆几卿奖训之力也。世以此称之。

几卿未及序用，病卒。文集行于世。

刘勰字彦和，东莞莒人。祖灵真，宋司空秀之弟也。父尚，越骑校尉。勰早孤，笃志好学，家贫不婚娶，依沙门僧佑，与之居处，积十余年，遂博通经论，因区别部类，录而序之。今定林寺经藏，勰所定也。

天监初，起家奉朝请，中军临川王宏引兼记室，迁车骑仓曹参军。出为太末令，政有清绩。除仁威南康王记室，兼东宫通事舍人。时七庙飨荐已用蔬果，而二郊农社犹有牺牲，勰乃表言二郊宜与七庙同改，诏付尚书议，依勰所陈。迁步兵校尉，兼舍人如故。昭明太子好文学，深爱接之。

初，勰撰《文心雕龙》五十篇，论古今文体，引而次之。其序曰：

夫文心者，言为文之用心也。昔涓子琴心，王孙巧心，心哉美矣夫，故用之焉。古来文章，以雕缛成体，岂取驺奭群言雕龙也。夫宇宙绵邈，黎献纷杂，拔萃出类，智术而已。岁月飘忽，性灵不居，腾声飞实，制作而已。夫肖貌天地，禀性五才，拟耳目于日月，方声气乎风雷，其超出万物，亦已灵矣。形甚草木之脆，名逾金石之坚，是以君子处世，树德建言，岂好辩哉，不得已也。

予齿在逾立，尝夜梦执丹漆之礼器，随仲尼而南行，旦而寤，乃怡然而喜。大哉圣人之难见也！乃小子之垂梦欤！自生人以来，未有如夫子者也。敷赞圣旨，莫若注经，而马、郑诸儒，弘之已精，就有深解，未足立家。唯文章之用，实经典枝条，五礼资之以成，六典因之致用，君臣所以炳焕，军国所以昭明，详其本源，莫非经典。而去圣久远，文体解散，辞人爱奇，言贵浮诡，饰羽尚画，文绣鞶帨，离本弥甚，将遂讹滥。盖《周书》论辞，贵乎体要；尼父陈训，恶乎异端。辞训之异，宜体于要。于是搦笔和墨，乃始论文。

详观近代之论文者多矣。至如魏文述《典》，陈思序《书》，应玚《文论》，陆机《文赋》，仲治《流别》，弘范《翰林》，各照隅隙，鲜观衢路。或臧否当时之才，或铨品前修之文，或泛举雅俗之旨，或撮题篇章之意。魏《典》密而不周，陈《书》辩而无当，应《论》华而疏略，陆《赋》巧而碎乱，《流别》精而少功，《翰林》浅而寡要。又君山、公干之徒，吉甫、士龙之辈，泛议文意，往往间出，并未能振叶以寻根，观澜而索源。不述先哲之诰，无益后生之虑。

盖《文心》之作也，本乎道，师乎圣，体乎经，酌乎纬，变乎《骚》，文之枢纽，亦云极矣。若乃论文叙笔，则囿别区分，原始以表末，释名以章义，选文以定篇，敷理以举统。上篇以上，纲领明矣。至于割情析采，笼圈条贯，摛神性，图风势，苞会通，阅声字，崇替于《时序》，褒贬于《才略》，怊怅于《知音》，耿介于《程器》，长怀《序志》，以驭群篇。下篇以下，毛目显矣。位理定名，彰乎大《易》之数，其为文用，四十九篇而已。

夫铨叙一文为易，弥纶群言为难，虽复轻采毛发，深极骨髓，或有曲意密源，似近而远，辞所不载，亦不胜数矣。及其品评成文，有同乎旧谈者，非雷同也，势自不可异也；有异乎前论者，非苟异也，理自不可同也。同之与异，不屑古今，擘肌分理，唯务折衷。案辔文雅之场，而环络藻绘之府，亦几乎备矣。但言不尽义,圣人所难,识在瓶管,何能矩矱。茫茫往代,既洗予闻;眇眇来世,倪尘彼观。

既成,未为时流所称。勰自重其文,欲取定于沈约。约时贵盛,无由自达,乃负其书,候约出,干之于车前,状若货鬻者。约便命取读,大重之,谓为深得文理,常陈诸几案。

然勰为文长于佛理,京师寺塔及名僧碑志,必请勰制文。有敕与慧震沙门于定林寺撰经证,功毕,遂启求出家,先燔鬓发以自誓,敕许之。乃于寺变服,改名慧地。未期而卒。文集行于世。

王籍字文海,琅邪临沂人。祖远,宋光禄勋。父僧佑,齐骁骑将军。籍七岁能属文,及长好学,博涉有才气,乐安任昉见而称之。尝于沈约坐赋咏《得烛》,甚为约赏。

齐末,为冠军行参军,累迁外兵、记室。天监初,除安成王主簿,尚书三公郎,廷尉正。历余姚、钱塘令,并以放免。久之,除轻车湘东王谘议参军,随府会稽。郡境有云门、天柱山,籍尝游之,或累月不反。至若邪溪赋诗,其略云:“蝉噪林逾静,鸟鸣山更幽。”当时以为文外独绝。还为大司马从事中郎,迁中散大夫,尤不得志,遂徒行市道,不择交游。湘东王为荆州,引为安西府谘议参军,带作塘令,不理县事,日饮酒,人有讼者,鞭而遣之。少时,卒。文集行于世。

子碧,亦有文才,先籍卒。

何思澄字元静,东海郯人。父敬叔,齐征东录事参军、余杭令。

思澄少勤学,工文辞。起家为南康王侍郎,累迁安成王左常侍,兼太学博士,平南安成王行参军,兼记室。随府江州,为《游庐山诗》,沈约见之,大相称赏,自以为弗逮,约郊居宅新构阁斋,因命工书人题此诗于壁。傅昭常请思澄制《释奠诗》,辞文典丽。除廷尉正。天监十五年,敕太子詹事徐勉举学士入华林撰《遍略》,勉举思澄等五人以应选。迁治书侍御史。宋、齐以来,此职稍轻,天监初始重其选,车前依尚书二丞给三骑,执盛印青囊,旧事纠弹官印绶在前故也。久之，迁秣陵令，入兼东宫通事舍人。除安西湘东王录事参军，兼舍人如故。时徐勉、周舍以才具当朝，并好思澄学，常递日招致之。昭明太子薨，出为黟县令，迁除宣惠武陵王中录事参军。卒官，时年五十四。文集十五卷。

初，思澄与宗人逊及子朗俱擅文名，时人语曰："东海三何，子朗最多。"思澄闻之，曰："此言误耳。如其不然，故当归逊。"思澄意谓宜在己也。

子朗字世明，早有才思，工清言，周舍每与共谈，服其精理。尝为《败冢赋》，拟庄周马棰，其文甚工。世人语曰："人中爽爽何子朗。"历官员外散骑侍郎，出为固山令，卒，时年二十四。文集行于世。

刘杳字士深，平原平原人也。祖乘人，宋冀州刺史。父闻慰，齐东阳太守，有清绩，在《齐书·良政传》。杳年数岁，征士明僧绍见之，抚而言曰："此儿实千里之驹。"十三，丁父忧，每哭，哀感行路。

天监初，为太学博士，宣惠豫章王行参军。杳少好学，博综群书，沈约、任昉以下，每有遗忘，皆访问焉。尝于约坐语及宗庙牺樽，约云："郑玄答张逸，谓为画凤皇尾娑娑然。今无复此器，则不依古。"杳曰："此言未必可按。古者樽彝，皆刻木为鸟兽，凿顶及背，以出内酒。顷魏世鲁郡地中得齐大夫子尾送女器，有牺樽作牺牛形；晋永嘉贼曹嶷于青州发齐景公冢，又得此二樽，形亦为牛象。二处皆古之遗器，知非虚出。"约大以为然。约又云："何承天《纂文》奇博，其书载张仲师及长颈王事，此何出？"杳曰："仲师长尺二寸，唯出《论衡》。长颈是毗骞王，朱建安《扶南以南记》云：古来至今不死。"约即取二书寻检，一如杳言。约郊居宅时新构阁斋，杳为赞二首，并以所撰文章呈约，约即命工书人题其赞于壁。仍报杳书曰："生平爱嗜，不在人中，林壑之欢，多与事夺。日暮涂殚，此心往矣；犹复少存闲远，征怀清旷。结宇东郊，匪云止息，政复颇寄夙心，时得休偃。仲长游居之地，休琏所述之美，望慕空深，何可仿佛。君爱素情多，惠以二赞，辞采妍富，事义毕举，句韵之间，光影相照，便觉此地，自然十倍。故知丽辞之益，其事弘多，辄当置之阁上，坐卧嗟览。别卷诸篇，并为名制。又山寺既为警策，诸贤从时复高奇，解颐愈疾，义兼乎此。迟比叙会，更共申析。"其为约所赏如此。又在任昉坐，有人饷昉桷酒而作榹字。昉问杳："此字是不？"杳对曰："葛洪《字苑》作木旁若。"昉又曰："酒有千日醉，当是虚言。"杳云："桂阳程乡有千里酒，饮之至家而醉，亦其例也。"昉大惊曰："吾自当遗忘，实不忆此。"杳云："出杨元凤所撰《置郡事》。元凤是魏代人，此书仍载其赋，云三重五品，商溪擦里。"时即检杨记，言皆不差。王僧孺被敕撰谱，访杳血脉所因。杳云："桓谭《新论》云：'太史《三世表》，旁行邪上，并效周谱。'以此而推，当起周代。"僧孺叹曰："可谓得所未闻。"周舍又问杳："尚书官著紫荷橐，相传云'契囊'，竟何所出？"杳答曰："《张安世传》曰：'持橐簪笔，事孝武皇帝数十年'。韦昭、张晏注并云'橐，囊也。近臣簪笔，以待顾问'。"范岫撰《字书音训》，又访杳焉。其博识强记，皆此类也。

寻佐周舍撰国史。出为临津令，有善绩，秩满，县人三百余人诣阙请留，敕许焉。杳以疾陈解，还除云麾晋安王府参军。詹事徐勉举杳及顾协等五人入华林撰《遍略》，书成，以本官兼廷尉正，又以足疾解。因著《林庭赋》。王僧孺见之叹曰："郊居以后，无复此作。"普通元年，复除建康正，迁尚书驾部郎，数月，徙署仪曹郎，仆射勉以台阁文议专委杳焉。出为余姚令，在县清洁，人有馈遗，一无所受，湘东王发教褒称之。还除宣惠湘东王记室参军，母忧去职。服阕，复为王府记室，兼东宫通事舍人。大通元年，迁步兵校尉，兼舍人如故。昭明太子谓杳曰："酒非卿所好，而为酒厨之职，政为不愧古人耳。"俄有敕代裴子野知著作郎。事昭明太子。太子薨，新宫建，旧人例无停者，敕特留杳焉。仍注太子《徂归赋》，称为博悉。仆射何敬容奏转杳王府谘议，高祖曰："刘杳须先经中书。"仍除中书侍郎。寻为平西湘东王谘议参军，兼舍人、知著作如故。迁为尚书左丞。大同二年，卒官，时年五十。

杳治身清俭，无所嗜好。为性不自伐，不论人短长，及睹释氏经教，常行慈忍。天监十七年，自居母忧，便长断腥膻，持斋蔬食。及临终，遗命敛以法服，载以露车，还葬旧墓，随得一地，容棺而已，不得设灵筵祭醊。其子遵行之。杳自少至长，多所著述。撰《要雅》五卷，《楚辞草木疏》一卷，《高士传》二卷，《东宫新旧记》三十卷，《古今四部书目》五卷，并行于世。

谢征字玄度，陈郡阳夏人。高祖景仁，宋尚书左仆射。祖稚，宋司徒主簿。父璟，少与从叔朓俱知名。齐竟陵王子良开西邸，招文学，璟亦预焉。隆昌中，为明帝骠骑谘议参军，领记室。迁中书郎，晋安内史。高祖平京邑，为霸府谘议，梁台黄门郎。天监初，累迁司农卿，秘书监，左民尚书，明威将军、东阳太守。高祖用为侍中，固辞年老，求金紫，未序，会疾卒。

征幼聪慧，璟异之，常谓亲从曰：“此儿非常器，所忧者寿；若天假其年，吾无恨矣。”既长，美风采，好学，善属文。初为安西安成王法曹，迁尚书金部、三公二曹郎，豫章王记室，兼中书舍人。迁除平北谘议参军，兼鸿胪卿，舍人如故。

征与河东裴子野、沛国刘显同官友善，子野尝为《寒夜直宿赋》以赠征，征为《感友赋》以酬之。时魏中山王元略还北，高祖饯于武德殿，赋诗三十韵，限三刻成。征二刻便就，其辞甚美，高祖再览焉。又为临汝侯渊猷制《放生文》，亦见赏于世。

中大通元年，以父丧去职，续又丁母忧。诏起为贞威将军，还摄本任。服阕，除尚书左丞。三年，昭明太子薨，高祖立晋安王讳为皇太子，将出诏，唯召尚书左仆射何敬容、宣惠将军孔休源及征三人与议。征时年位尚轻，而任遇已重。四年，累迁中书郎，鸿胪卿，舍人如故。六年，出为北中郎豫章王长史、南兰陵太守。大同二年，卒官，时年三十七。友人琅邪王籍集其文为二十卷。

臧严字彦威，东莞莒人也。曾祖寿，宋左光禄。祖凝，齐尚书右丞。父棱，后军参军。严幼有孝性，居父忧以毁闻。孤贫勤学，行止书卷不离于手。

初为安成王侍郎，转常侍。从叔未甄为江夏郡，携严之官，于涂作《屯游赋》，任昉见而称之。又作《七算》，辞亦富丽。性孤介，于人间未尝造请，仆射徐勉欲识之，严终不诣。迁冠军行参军，侍湘东王读，累迁王宣惠轻车府参军，兼记室。严于学多所暗记，尤精《汉书》，讽诵略皆上口。王尝自执四部书目以试之，严自甲至丁卷中，各对一事，并作者姓名，遂无遗失，其博洽如此。王迁荆州，随府转西中郎安西录事参军。历监义阳、武宁郡，累任皆蛮左，前郡守常选武人，以兵镇之；严独以数门生单车入境，群蛮悦服，遂绝寇盗。王入为石头戍军事，除安右录事。王迁江州，为镇南谘议参军，卒官。文集十卷。

伏挺字士摽。父暅，为豫章内史，在《良吏传》。挺幼敏寤，七岁通《孝经》、《论语》。及长，有才思，好属文，为五言诗，善效谢康乐体。父友人乐安任昉深相叹异，常曰："此子目下无双。"齐末，州举秀才，对策为当时弟一。

高祖义师至，挺迎谒于新林，高祖见之甚悦，谓曰"颜子"，引为征东行参军，时年十八。天监初，除中军参军事。宅居在潮沟，于宅讲《论语》，听者倾朝。迁建康正，俄以劾免。久之，入为尚书仪曹郎，迁西中郎记室参军，累为晋陵、武康令。罢县还，仍于东郊筑室，不复仕。

挺少有盛名，又善处当世，朝中势素，多与交游，故不能久事隐靖。时仆射徐勉以疾假还宅，挺致书以观其意，曰：

> 昔士德怀顾，恋兴数日；辅嗣思友，情劳一旬。故知深心所系，贵贱一也。况复恩隆世亲，义重知己，道庇生人，德弘覆盖。而朝野悬隔，山川邈殊，虽咳唾时沾，而颜色不觏。东山之叹，岂云旋复；西风可怀，孰能无思。加以静居廊处，顾影莫酬，秋风四起，园林易色，凉野寂寞，寒虫吟叫。怀抱不可直置，情虑

不能无托,时因吟咏,动辄盈篇。扬生沉郁,且犹覆盎;惠子五
车,弥多舛驳。一日聊呈小文,不期过赏,还逮隆渥,累牍无翰,
纸缮字磨,诵复无已,徒恨许与过当,有伤准的。昔子建不欲妄
赞陈琳,恐见嗤哂后代。今之过奢余论,将不有累清谈。

　　挺窜迹草莱,事绝闻见,藉以讴谣,得之舆牧。仰承有事砭
石,仍成简通,娱肠悦耳,稍从摈落,宴处荣观,务在涤除。绮罗
丝竹,二列顿遣;方丈员案,三杯仅存。故以道变区中,情冲域
外;操彼弦诵,贲兹观损。追留侯之却粒,念韩卿之辞荣,眷想
东都,属怀南岳,钻仰来贶,有符下风。虽云幸甚,然则未喻。虽
复帝道康宁,走马行却,由庚得所,寅亮有归。悠悠之人,展氏
犹且攘袂;浩浩白水,宁叟方欲褰裳。是知君子拯物,义非徇
己。思与赤松子游,谁其克遂。愿驱之仁寿,绥此多福。虽则
不言,四时行矣。然后黔首有庇,荐绅靡夺;白驹不在空谷,屠
羊豫蒙其赉。岂不休哉!岂不休哉!昔杜真自闭深室,郎宗绝
迹幽野,难矣,诚非所希。井丹高洁,相如慢世,尚复游涉权门,
雍容乡邑,常谓此道为泰,每窃慕之。方念拥帚延思,以陈侍
者,请至农隙,无待邀求。

　　挺诚好属文,不会今世,不能促节局步,以应流俗。事待昌
菹,谬彼偏嗜,是用不羞固陋,无惮龙门。昔敬通之赏景卿,孟
公之知仲蔚,止乎通人,犹称盛美,况在时宗,弥为未易。近以
蒲絮勿用,笺素多阙,聊效东方,献书丞相,须得善写,更请润
诃,傥逢子侯,比复削牍。

勉报曰:

　　复览来书,累牍兼翰,事苞出处,言兼语默,事义周悉,意
致深远,发函伸纸,倍增愤叹。卿雄州擢秀,弱冠升朝,穿综百
家,佃渔六学,观眸表其韶慧,视色见其英朗,若鲁国之名驹,
迈云中之白鹤。及占显邑,试吏腴壤,将有武城弦歌,桐乡谣
咏,岂与卓鲁断断同年而语邪?方当见赏良能,有加宠授,饰兹
簪带,寅彼周行。而欲远慕卷舒,用怀愚智,既知益之为累,爰

悟满则辞多，高蹈风尘，良所钦挹。况以金商戒节，素秋御序，萧条林野，无人相乐，偃卧坟籍，游浪儒玄，物我兼忘，宠辱谁滞？诚乃欢羡，用有殊同。今遂听傍求，兴怀瘵宿，白驹空谷，幽人引领，贫贱为耻，鸟兽难群，故当捐此薜萝，出从鹓鹭，无乖隐显，不亦休哉！

吾智乏佐时，才惭济世，禀承朝则，不敢荒宁，力弱途遥，愧心非一。天下有道，尧人何事，得因疲病，念从闲逸。若使车书混合，尉候无警，作乐制礼，纪石封山，然后乃返服衡门，实为多幸。但夙有风欹，遭兹虚眩，瘠类士安，羸同长孺，簿领沉废，台阁未理，娱耳烂肠，因事而息，非关欲追松子，远慕留侯。若乃天假之年，自当靖恭所职。拟非伦匹，良觉辞废。览复循环，爽焉如失。清尘独远，白云飘荡，依然何极。

猥降书札，示之文翰，览复成诵，流连缛纸。昔仲宣才敏，藉中郎而表誉；正平颖悟，赖北海以腾声。望古料今，吾有惭德。傥成卷帙，力为称首。无令独耀随掌，空使辞人扼腕。式闻愿见，宜事扫门，亦有来思，赴其悬榻。轻苔鱼网，别当以荐。城阙之叹，曷日无怀。所迟萱苏，书不尽意。

挺后遂出仕，寻除南台治书，因事纳贿，当被推劾，挺惧罪，遂变服为道人，久之藏匿，后遇赦，乃出大心寺。会邵陵王为江州，携挺之镇，王好文义，深被恩礼，挺因此还俗。复随王迁镇郢州，征入为京尹，挺留夏首，久之还京师。太清中，客游吴兴、吴郡，侯景乱中卒。著《迩说》十卷，文集二十卷。

子知命，先随挺事邵陵王，掌书记。乱中，王于郢州奔败，知命仍下投侯景。常以其父宦途不至，深怨朝廷，遂尽心事景。景袭郢州，围巴陵，军中书檄，皆其文也。及景篡位，为中书舍人，专任权宠，势倾内外。景败被执，送江陵，于狱中幽死。挺弟捶，亦不才名，先为邵陵王所引，历为记室、中记室参军。

庾仲容字仲容，颍川鄢陵人也。晋司空冰六代孙。祖徽之，宋御史中丞。父漪，齐邵陵王记室。仲容幼孤，为叔父泳所养。既长，杜绝人事，专精笃学，昼夜手不辍卷。

初为安西法曹行参军，泳时已贵显，吏部尚书徐勉拟泳子晏婴为宫僚，泳垂泣曰："兄子幼孤，人才粗可，愿以晏婴所忝回用之。"勉许焉。因转仲容为太子舍人。迁安成王主簿。时平原刘孝摽亦为府佐，并以强学为王所礼接。迁晋安功曹史。历为永康、钱唐、武康令，治县并无异绩，多被劾。久之，除安成王中记室，当出随府，皇太子以旧恩，特降饯宴，赐诗曰："孙生陟阳道，吴子朝歌县，未若樊林举，置酒临华殿。"时辈荣之。迁安西武陵王谘议参军。除尚书左丞，坐推纠不直免。

仲容博学，少有盛名，颇任气使酒，好危言高论，士友以此少之。唯与王籍、谢几卿情好相得，二人时亦不调，遂相追随，诞纵谋饮，不复持检操。久之，复为谘议参军，出为黝县令。及太清乱，客游会稽，遇疾卒，时年七十四。仲容抄诸子书三十卷，众家地理书二十卷，《列女传》三卷，文集二十卷，并行于世。

陆云公字子龙，吴郡人也。祖闲，州别驾。父完，宁远长史。云公五岁诵《论语》、《毛诗》，九岁读《汉书》，略能记忆。从祖倕、沛国刘显质问十事，云公对无所失，显叹异之。既长，好学有才思。

州举秀才，累迁宣惠武陵王、平西湘东王行参军。云公先制《太伯庙碑》，吴兴太守张缵罢郡经途，读其文叹曰："今之蔡伯喈也。"缵至都掌选，言之于高祖，召兼尚书仪曹郎，顷之即真，入直寿光省，以本官知著作郎事。俄除著作郎，累迁中书、黄门郎，并掌著作。云公善弈棋，常夜侍御坐，武冠触烛火，高祖笑谓曰："烛烧卿貂。"高祖将用云公为侍中，故以此言戏之也。是时天渊池新制鳊鱼舟，形阔而短，高祖暇日常泛此舟，在朝唯引太常刘之遴、国子祭酒到溉、右卫朱异，云公时年位尚轻，亦预焉。其恩遇如此。

太清元年，卒，时年三十七。高祖悼惜之，手诏曰："给事黄门侍郎、掌著作陆云公，风尚优敏，后进之秀。奄然殂谢，良以恻然。可克日举哀,赙钱五万,布四十匹。"张缵时为湘州,与云公叔襄、兄晏子书曰:"都信至,承贤兄子、贤弟黄门殒折,非唯贵门丧宝,实有识同悲,痛惋伤惜,不能已已。贤兄子、贤弟神情早著,标令弱年,经目所睹,殆无再问。怀橘抱奈,禀自天情;偃坐列薪,非因外奖。学以聚之,则一箸能立;问以辩之,则师心独寤。始逾弱岁,辞艺通洽,升降多士,秀也诗流。见与齿过肩随,礼殊拜绝,怀抱相得,忘其年义。朝游夕宴,一载于斯;玩古披文,终晨讫暮。平生知旧,零落稍尽,老夫记意,其数几何。至若此生,宁可多过,赏心乐事,所寄伊人。弟迁职潇、湘,维舟洛汭,将离之际,弥见情款。夕次帝郊,亟淹信宿,徘徊握手,忍分歧路。行役数年,羁病侵迫,识虑惛怳,久绝人世。凭几口授,素无其功;翰动若飞,弥有多愧。京洛游故,咸成云雨,唯有此生,音尘数嗣。形迹之外,不为远近隔情;襟素之中,岂以风霜改节。客游半纪,志切首丘,日望东归,更敦昔款。如何此别,永成异世!挥袂之初,人谁自保,但恐衰谢,无复前期。不谓华龄,方春掩质,埋玉之恨,抚事多情。想引进之情,怀抱素笃,友于之至,兼深家宝。奄有此恤,当何可言。临白增悲,言以无次。"

云公从兄才子,亦有才名,历官中书郎,宣成王友,太子中庶子,廷尉卿,先云公卒。才子、云公文集,并行于世。

任孝恭字孝恭,临淮临淮人也。曾祖农夫,宋南豫州刺史。孝恭幼孤,事母以孝闻。精力勤学,家贫无书,常崎岖从人假借。每读一遍,讽诵略无所遗。外祖丘它,与高祖有旧,高祖闻其有才学,召入西省撰史。

初为奉朝请,进直寿光省,为司文侍郎,俄兼中书通事舍人。敕遣制《建陵寺刹下铭》,又启撰高祖集《序文》,并富丽,自是专掌公家笔翰。孝恭为文敏速,受诏立成,若不留意,每奏,高祖辄称善,累赐金帛。孝恭少从萧寺云法师读经论,明佛理,至是蔬食持戒,信受甚笃。而性颇自伐,以才能尚人,于时辈中多有忽略,世以此少之。

太清二年,侯景寇逼,孝恭启募兵,隶萧正德,屯南岸。及贼至,正德举众入贼,孝恭还赴台,台门已闭,因奔入东府,寻为贼所攻,城陷见害。文集行于世。

颜协字子和,琅邪临沂人也。七代祖含,晋侍中、国子祭酒、西平靖侯。父见远,博学有志行。初,齐和帝之镇荆州也,以见远为录事参军,及即位于江陵,以为治书侍御史,俄兼中丞。高祖受禅,见远乃不食,发愤数日而卒。高祖闻之曰:"我自应天从人,何预天下士大夫事?而颜见远乃至于此也。"

协幼孤,养于舅氏。少以器局见称。博涉群书,工于草隶。释褐湘东王国常侍,又兼府记室。世祖出镇荆州,转正记室。时吴郡顾协亦在蕃邸,与协同名,才学相亚,府中称为"二协"。舅陈郡谢暕卒,协以有鞠养恩,居丧如伯叔之礼,议者重焉。又感家门事义,不求显达,恒辞征辟,游于蕃府而已,大同五年,卒,时年四十二。世祖甚叹惜之,为《怀旧诗》以伤之。其一章曰:"弘都多雅度,信乃含宾实,鸿渐殊未升,上才淹下秩。"协撰《晋仙传》五篇,《日月灾异图》两卷,遇火湮灭。

有二子:之仪,之推,并早知名。之推,承圣中仕至正员郎、中书舍人。

陈史部尚书姚察曰:魏文帝称,古之文人鲜能以名节自全。何哉?夫文者妙发性灵,独拔怀抱,易遒等夷,必兴矜露。大则凌慢侯王,小则傲蔑朋党,速忌离讥,启自此作。若夫屈、贾之流斥,桓、冯之摈放,岂独一世哉,盖恃才之祸也。群士值文明之运,摛艳藻之辞,无郁抑之虞,不遭向时之患,美矣。刘氏之论,命之徒也。命也者,圣人罕言欤,就而必之,非经意也。

梁书卷五一
列传第四五

处 士

何点 弟胤 **阮孝绪 陶弘景
诸葛璩 沈颙 刘惠斐 范元琰
刘讦 刘歊 庾诜 张孝秀
庾承先**

《易》曰："君子遁世无闷，独立不惧。"孔子称长沮、桀溺隐者也。古之隐者，或耻闻禅代，高让帝王，以万乘为垢辱，之死亡而无悔。此则轻生重道，希世间出，隐之上者也。或托仕监门，寄臣柱下，居易而以求其志，处污而不愧其色。此所谓大隐隐于市朝，又其次也。或裸体佯狂，盲暗绝世，弃礼乐以反道，忍孝慈而不恤。此全身远害，得大雅之道，又其次也。然同不失语默之致，有幽人贞吉矣，与夫没身乱世，争利干时者，岂同年而语哉！《孟子》曰："今人之於爵禄，得之若其生，失之若其死。"《淮南子》曰："人皆鉴于止水，不鉴于流潦。"夫可以扬清激浊，抑贪止竞，其惟隐者乎！自古帝王，莫不崇尚其道。虽唐尧不屈巢、许，周武不降夷、齐，以汉高肆慢而长揖黄、绮，光武按法而折意严、周，自兹以来，世有人矣。有梁之盛，继绍风猷，斯乃道德可宗，学艺可范，故以备《处士篇》云。

何点字子晳，庐江灊人也。祖尚之，宋司空。父铄，宜都太守。乐素有风疾，无故害妻，坐法死。点年十一，几至灭性。及长，感家祸，欲绝婚宦，尚之强为之婚琅邪王氏。礼毕，将亲迎，点累涕泣，求执本志，遂得罢。容貌方雅，博通群书，善谈论。家本甲族，亲姻多贵仕。点虽不入城府，而遨游人世，不簪不带，或驾柴车，蹑草屩，恣心所适，致醉而归。士大夫多慕从之，时人号为"通隐"。兄求，亦隐居吴郡虎丘山。求卒，点菜食不饮酒，讫于三年，要带灭半。

宋泰始末，征太子洗马；齐初，累征中书郎、太子中庶子，并不就。与陈郡谢瀹、吴国张融、会稽孔稚珪为莫逆友。从弟遁，以东篱门园居之，稚珪为筑室焉。园内有卞忠贞冢，点植花卉于冢侧，每饮必举酒酹之。初，褚渊、王俭为宰相，点谓人曰："我作《齐书赞》，云'渊既世族，俭亦国华；不赖舅氏，遑恤国家'。"王俭闻之，欲候点，知不可见，乃止。豫章王嶷命驾造点，点从后门遁去。司徒竟陵王子良欲就见之，点时在法轮寺，子良乃往请，点角巾登席，子良欣悦无已，遗点稽叔夜酒杯，徐景山酒铛。

点少时尝患渴痢，积岁不愈，后在吴中石佛寺建讲，于讲所昼寝，梦一道人形貌非常，授丸一掬，梦中服之，自此而差，时人以为淳德所感。性通脱，好施与，远近致遗，一无所逆，随复散焉。尝行经朱雀门街，有自车后盗点衣者，见而不言，傍有人擒盗与之，点乃以衣施盗，盗不敢受，点命告有司，盗惧，乃受之，催令急去。

点雅有人伦识鉴，多所甄拔。知吴兴丘迟于幼童，称济阳江淹于寒素，悉如其言。点既老，又娶鲁国孔嗣女，嗣亦隐者也。点虽婚，亦不与妻相见，筑别室以处之，人莫谕其意也。吴国张融少时免官，而为诗有高尚之言，点答诗曰："昔闻东都日，不在简书前。"虽戏也，而融久病之。及点后婚，融始为诗赠点曰："惜哉何居士，薄暮遘荒淫。"点亦病之，而无以释也。

高祖与点有旧，及践阼，手诏曰："昔因多暇，得访逸轨，坐修竹，临清池，忘今语古，何其乐也！暂别丘园，十有四载，人事艰阻，亦何可言。自应运在天，每思相见，密迩物色，劳甚山阿。严光排九重,践九等,谈天人,叙故旧,有所不臣,何伤于高?文先以皮弁谒子桓,伯况以縠绡见文叔,求之往策,不无前例。今赐卿鹿皮巾等。后数日,望能入也。”点以巾褐引入华林园,高祖甚悦,赋诗置酒,恩礼如旧。仍下诏曰:“前征士何点,高尚其道,志安容膝,脱落形骸,栖志杳冥。朕日昃思治,尚想前哲;况亲得同时,而不与为政。喉唇任切,必俟邦良,诚望惠然,屈居献替。可征为侍中。”辞疾不赴。乃复诏曰:“征士何点,居贞物表,纵心尘外,夷坦之风,率由自远。往因素志,颇申燕言,眷彼子陵,情兼惟旧。昔仲虞迈俗,受俸汉朝;安道勉志,不辞晋禄。此盖前代盛轨,往贤所同。可议加资给,并出在所,日契资须,太官别给。既人高曜卿,故事同垣下。”

天监三年,卒,时年六十八。诏曰:“新除侍中何点,栖迟衡泌,白首不渝。奄至殒丧,倍怀伤恻。可给第一品材一具,赙钱二万,布五十匹。丧事所须,内监经理。”又敕点弟胤曰:“贤兄征君,弱冠拂衣,华首一操。心游物表,不滞近迹;脱落形骸,寄之远理。性情胜致,遇兴弥高;文会酒德,抚际逾远。朕膺箓受图,思长声教。朝多君子,既贵成雅俗;野有外臣,宜弘此难进。方赖清徽,式隆大业。昔在布衣,情期早著,资以仲虞之秩,待以子陵之礼,听览暇日,角巾引见,睿然汾射,兹焉有托。一旦万古,良怀震悼。卿友于纯至,亲从凋亡,偕老之愿,致使反夺,缠绵永恨,伊何可任。永矣奈何!”点无子,宗人以其从弟耽子迟任为嗣。

胤字子季,点之弟也。年八岁居忧,哀毁若成人。既长好学,师事沛国刘瓛,受《易》及《礼记》、《毛诗》;又入钟山定林寺听内典。其业皆通。而纵情诞节,时人未之知也;唯献与汝南周颙深器异之。

起家齐秘书郎,迁太子舍人。出为建安太守,为政有恩信,民不忍欺。每伏腊放囚还家,依期而返。入为尚书三公郎,不拜,迁司徒主簿。注《易》,又解《礼记》,于卷背书之,谓为《隐义》。累迁中书郎,员外散骑常侍,太尉从事中郎,司徒右长史,给事黄门侍郎,太子中庶子,领国子博士,丹阳邑中正。尚书令王俭受诏撰新礼,未就而卒,又使特进张绪续成之,绪又卒,属在司徒竟陵王子良,子良以让胤，乃置学士二十人，佐胤撰录。永明十年，迁侍中，领步兵校尉，转为国子祭酒。郁林嗣位，胤为后族，甚见亲待。累迁左民尚书，领骁骑，中书令，领临海、巴陵王师。

胤虽贵显，常怀止足。建武初，已筑郊外，号曰小山，恒与学徒游处其内。至是，遂卖园宅，欲入东山，未及发，闻谢朏罢吴兴郡不还，胤恐后之，乃拜表辞职，不待报辄去。明帝大怒，使御史中丞袁昂奏收胤，寻有诏许之。胤以会稽山多灵异，往游焉，居若邪山云门寺。初，胤二兄求、点并栖遁，求先卒，至是胤又隐，世号点为"大山"；胤为"小山"，亦曰"东山"。

永元中，征太常、太子詹事，并不就。高祖霸府建，引胤为军谋祭酒，与书曰："想恒清豫，纵情林壑，致足欢也。既内绝心战，外劳物役，以道养和，履候无爽。若邪擅美东区，山川相属，前世嘉赏，是为乐土。仆推迁簿官，自东徂西，悟言素对，用成睽阕，倾首东顾，曷日无怀。畴昔欢遇，曳裾儒肆，实欲卧游千载，畎渔百氏，一行为吏，此事遂乖。属以世道威夷，仍离屯故，投袂数千，克黜衅祸。思得瞩卷谘款，寓情古昔，夫岂不怀，事与愿谢。君清襟素托，栖寄不近，中居人世，殆同隐沦。既俯拾青组，又脱屣朱黻。但理存用舍，义贵随时，往识祸萌，实为先觉，超然独善，有识钦嗟。今者为邦，贫贱咸耻，好仁由己，幸无凝滞。比别具白，此未尽言。今遣候承音息，矫首还翰，慰其引领。"胤不至。

高祖践阼，诏为特进、右光禄大夫。手敕曰："吾猥当期运，膺此乐推，而顾己蒙蔽，昧于治道。虽复劬劳日昃，思致隆平，而先王遗范，尚蕴方策，自举之用，存乎其人。兼以世道浇暮，争诈繁起，改俗迁风，良有未易。自非以儒雅弘朝，高尚轨物，则汩流所至，莫知其限。治人之与治身，独善之与兼济，得失去取，为用孰多？吾虽不学，颇好博古，尚想高尘，每怀击节。今世务纷乱，忧责是当，不得不屈道岩阿，共成世美。必望深达往怀，不吝濡足。今遣领军司马王果宣旨谕意。迟面在近。"果至，胤单衣鹿巾，执经卷，下床跪受诏书，就席伏读。胤因谓果曰："吾昔于齐朝欲陈两三条事，一者欲正郊丘,二者欲更铸九鼎,三者欲树双阙。世传晋室欲立阙,王丞相指牛头山云:"此天阙也。"是则未明立阙之意。阙者,谓之象魏。县象法于其上,浃日而收之。象者,法也;魏者,当涂而高大貌也。鼎者神器,有国所先,故王孙满斥言,楚子顿尽。圆丘国郊,旧典不同。南郊祠五帝灵威仰之类,圆丘祠天皇大帝、北极大星是也。往代令之郊丘,先儒之巨失。今梁德告始,不宜遂因前谬。卿宜诣阙陈之。"果曰:"仆之鄙劣,岂敢轻议国典,此当敬俟叔孙生耳。"胤:"卿讵不遣传诏还朝拜表,留与我同游邪?"果愕然曰:"古今不闻此例。"胤曰:"《檀弓》两卷,皆言物始。自卿而始,何必有例。"果曰:"今君遂当邈然绝世,犹有致身理不?"胤曰:"卿但以事见推,吾年已五十七,月食四斗米不尽,何容得有宦情。昔荷圣王眄识,今又蒙旌贲,甚愿诣阙谢恩;但比腰脚大恶,此心不遂耳。"果还,以胤意奏闻,有敕给白衣尚书禄,胤固辞。又敕山阴库钱月给五万,胤又不受。乃敕胤曰:"顷者学业沦废,儒术将尽,闾阎搢绅,鲜闻好事。吾每思弘奖,其风未移,当宸兴言为叹。本欲屈卿暂出,开导后生,既属废业,此怀未遂,延伫之劳,载盈梦想。理舟虚席,须俟来秋,所望惠然申其宿抱耳。卿门徒中经明行修,厥数有几?且欲瞻彼堂堂,寘此周行。便可具以名闻,副其劳望。"又曰:"比岁学者殊为寡少,良由无复聚徒,故明经斯废。每一念此,为之慨然。卿居儒宗,加以德素,当敕后进有意向者,就卿受业。想深思诲诱,使斯文载兴。"于是遣何子朗、孔寿等六人于东山受学。

太守衡阳王元简深加礼敬,月中常命驾式间,谈论终日。胤以若邪处势迫隘,不容生徒,乃迁秦望山。山有飞泉,西起学舍,即林成援,因岩为堵。别为小阁室,寝处其中,躬自启闭,僮仆无得至者。山侧营田二顷,讲隙从生徒游之。胤初迁,将筑室,忽见二人著玄冠,容貌甚伟,问胤曰:"君欲居此邪?"乃指一处云:"此中殊吉。"忽不复见,胤依其言而止焉。寻而山发洪水,树石皆倒拔,唯胤所居室岿然独存。元简乃命记室参军钟嵘作《瑞室颂》,刻石以旌之。及元简去郡,入山与胤别,送至都赐埭,去郡三里,因曰:"仆自弃人事,

交游路断,自非降贵山薮,岂容复望城邑?此埵之游,于今绝矣。"执
手涕零。

何氏过江,自晋司空充并葬吴西山。胤家世年皆不永,唯祖尚
之至七十二。胤年登祖寿,乃移还吴,作《别山诗》一首,言甚凄怆。
至吴,居兽丘西寺讲经论,学徒复随之,东境守宰经途者,莫不毕
至。胤常禁杀,有虞人逐鹿,鹿径来趋胤,伏而不动。又有异鸟如鹤,
红色,集讲堂,驯狎如家禽焉。

初,开善寺藏法师与胤遇于秦望,后还都,卒于钟山。其死日,
胤在般若寺,见一僧授胤香奁并函书,云"呈何居士"。言讫失所在。
胤开函,乃是《大庄严论》,世中未有。又于寺内立明珠柱,乃七日七
夜放光,太守何远以状启。昭明太子钦其德,遣舍人何思澄致手令
以褒美之。

中大通三年,卒,年八十六。先是胤疾,妻江氏梦神人告之曰:
"汝夫寿尽,既有至德,应获延期,尔当代之。"妻觉说焉,俄得患而
卒,胤疾乃瘳。至是胤梦一神女,并八十许人,并衣帕,行列至前,俱
拜休下,觉又见之,便命营凶具。既而疾动,因不自治。

胤注《百法论》、《十二门论》各一卷,注《周易》十卷,《毛诗总
集》六卷,《毛诗隐义》十卷,《礼记隐义》二十卷,《礼答问》五十五
卷。

子撰,亦不仕,庐陵王辟为主簿,不就。

阮孝绪字士宗,陈留尉氏人也。父彦之,宋太尉从事中郎。孝
绪七岁,出后从伯胤之。胤之母周氏卒,有遗财百余万,应归孝绪,
孝绪一无所纳,尽以归胤之姊琅邪王晏之母,闻者咸叹异之。幼至
孝,性沉静,虽与儿童游戏,恒以穿池筑山为乐。年十三,遍通五经。
十五,冠而见其父,彦之诫曰:"三加弥尊,人伦之始。宜思自勖,以
庇尔躬。"答曰:"愿迹松子于瀛海,追许由于穷谷,庶保促生,以免
尘累。"自是屏居一室,非定省未尝出户,家人莫见其面,亲友因呼
为"居士"。外兄王晏贵显,屡至其门,孝绪度之必至颠覆,常逃匿不

与相见。曾食酱美，问之，云是王家所得，便吐飧覆醢。及晏诛，其亲戚咸为之惧，孝绪曰："亲而不党，何坐之及？"竟获免。

义师围京城，家贫无以爨，僮妾窃邻人樵以继火，孝绪知之，乃不食，更令撤屋而炊。所居室唯有一鹿床，竹树环绕。天监初，御史中丞任昉寻其兄履之，欲造而不敢，望而叹曰："其室虽迩，其人甚远。"为名流所钦尚如此。

十二年，与吴郡范元琰俱征，并不到。陈郡袁峻谓之曰："往者，天地闭，贤人隐；今世路已清，而子犹遁，可乎？"答曰："昔周德虽兴，夷、齐不厌薇蕨；汉道方盛，黄、绮无间山林。为仁由己，何关人世！况仆非往贤之类邪？"

后于钟山听讲，母王氏忽有疾，兄弟欲召之，母曰："孝绪至性冥通，必当自到。"果心惊而返，邻里嗟异之。合药须得生人参，旧传钟山所出，孝绪躬历幽险，累日不值，忽见一鹿前行，孝绪感而随后，至一所遂灭，就视，果获此草。母得服之，遂愈。时皆叹其孝感所致。

时有善筮者张有道谓孝绪曰："见子隐迹而心难明，自非考之龟□，无以验也。"及布卦，既构五爻，曰："此将为咸，应感之法，非嘉遁之兆。"孝绪曰："安知后爻不为上九？"果成遁卦。有道叹曰："此谓'肥遁无不利'。象实应德，心迹并也。"孝绪曰："虽获遁卦，而上九爻不发，升退之道，便当高谢。"乃著《高隐传》，上自炎、黄，终于天监之末，斟酌分为三品，凡若干卷。又著论云："夫至道之本，贵在无为；圣人之迹，存乎拯弊。弊拯由迹，迹用有乖于本，本既无为，为非道之至。然不垂其迹，则世无以平；不究其本，则道实交丧。丘、旦将存其迹，故宜权晦其本；老、庄但明其本，亦宜深抑其迹。迹既可抑，数子所以有余；本方见晦，尼丘是故不足。非得一之士，阙彼明智；体之之徒，独怀鉴识。然圣已极照，反创其迹；贤未居宗，更言其本。良由迹须拯世，非圣不能；本实明理，在贤可照。若能体兹本迹，悟彼抑扬，则孔、庄之意，其过半矣。"

南平元襄王闻其名，致书要之，不赴。孝绪曰："非志骄富贵，但性畏庙堂。若使麕麚可骖，何以异夫骥骦。"初，建武末，青溪宫东门无故自崩，大风拔东宫门外杨树，或以问，孝绪曰："青溪皇家旧宅。齐为木行，东者木位。今东门自坏，木其衰矣。"鄱阳忠烈王妃，孝绪之姊。王尝命驾，欲就之游，孝绪凿垣而逃，卒不肯见。诸甥岁时馈遗，一无所纳。人或怪之，答云："非我愿始，故不受也。"其恒所供养石像，先有损坏，心欲治补，经一夜忽然完复，众并异之。

大同二年，卒，时年五十八。门徒谥其德行，谥曰文贞处士。所著《七录》等书二百五十卷，行于世。

陶弘景字通明，丹阳秣陵人也。初，母梦青龙自怀而出，并见两天人手执香炉来至其所，已而有娠，遂产弘景。幼有异操。年十岁，得葛洪《神仙传》，昼夜研寻，便有养生之志。谓人曰："仰青云，睹白日，不觉为远矣。"及长，身长七尺四寸，神仪明秀，朗目疏眉，细形长耳。读书万余卷。善琴棋，工草隶。

未弱冠，齐高帝作相，引为诸王侍读，除奉朝请。虽在朱门，闭影不交外物，唯以披阅为务。朝仪故事，多取决焉。永明十年，上表辞禄，诏许之，赐以束帛。及发，公卿祖之于征虏亭，供帐甚盛，车马填咽，咸云宋、齐已来，未有斯事。朝野荣之。

于是止于句容之句曲山。恒曰："此山下是第八洞宫，名金坛华阳之天，周回一百五十里。昔汉有咸阳三茅君得道，来掌此山，故谓之茅山。"乃中山立馆，自号华阳隐居。始从东阳孙游岳受符图经法。遍历名山，寻访仙药。每经涧谷，必坐卧其间，吟咏盘桓，不能已已。时沈约为东阳郡守，高其志节，累书要之，不至。

弘景为人，圆通谦谨，出处冥会，心如明镜，遇物便了，言无烦舛，有亦辄觉。建武中，齐宜都王铿为明帝所害，其夜，弘景梦铿告别，因访其幽冥中事，多说秘异，因著《梦记》焉。永元初，更筑三层楼，弘景处其上，弟子居其中，宾客至其下，与物遂绝，唯一家僮得侍其旁。特爱松风，每闻其响，欣然为乐。有时独游泉石，望见者以为仙人。性好著述，尚奇异，顾惜光景，老而弥笃。尤明阴阳五行，风角星算,山川地理,方图产物,医术本草。著《帝代年历》,又尝造浑天象,云"修道所须,非止史官是用"。

义师平建康,闻议禅代,弘景援引图谶,数处皆成"梁"字,令弟子进之。高祖既早与之游,及即位后,恩礼逾笃,书问不绝,冠盖相望。天监四年,移居积金东涧。善辟谷导引之法,年逾八十而有壮容。深慕张良之为人,云"古贤莫比"。曾梦佛授其菩提记,名为胜力菩萨。乃诣鄮县阿育王塔自誓,受五大戒。后太宗临南徐州,钦其风素,召至后堂与谈论,数日而去,太宗甚敬异之。大通初,令献二刀于高祖,其一名善胜,一名成胜,并为佳宝。

大同二年,卒,时年八十五。颜色不变,屈申如恒。诏赠中散大夫,谥曰贞白先生,仍遣舍人监护丧事。弘景遗令薄葬,弟子遵而行之。

诸葛璩字幼玟,琅邪阳都人,世居京口。璩幼事征士关康之,博涉经史。复师征士臧荣绪,荣绪著《晋书》,称璩有发摘之功,方之壶遂。

齐建武初,南徐州行事江祀荐璩于明帝曰:"璩安贫守道,悦《礼》敦《诗》,未尝投刺邦宰,曳裾府寺,如其简退,可以扬清厉俗。请辟为议曹从事。"帝许之,璩辞不去。陈郡谢朓为东海太守,教曰:"昔长孙东组,降龙丘之节;文举北辐,高通德之称。所以激贪立懦,式扬风范。处士诸葛璩,高风所渐,结辙前修。岂怀珠披褐,韬玉待价?将幽贞独往,不事王侯者邪?闻事亲有啜菽之窭,就养寡藜蒸之给,岂得独享万钟,而忘兹五秉。可饷谷百斛。"天监中,太守萧琛、刺史安成王秀、鄱阳王恢并礼异焉。璩丁母忧毁脊,恢累加存问。服阕,举秀才,不就。

璩性勤于诲诱,后生就学者日至,居宅狭陋,无以容之,太守张庂为起讲舍。璩处身清正,妻子不见喜愠之色。旦夕孜孜,讲诵不辍,时人益以此宗之。七年,高祖敕问太守王份,份即具以实对。未及征用,是年卒于家。璩所著文章二十卷,门人刘曒集而录之。

沈颛字处默，吴兴武康人也。父坦之，齐都官郎。颛幼清静有至行，慕黄叔度、徐孺子之为人。读书不为章句，著述不尚浮华。常独处一室，人罕见其面。颛从叔勃，贵显齐世，每还吴兴，宾客填咽，颛不至其门。勃就见，颛送迎不越于阃。勃叹息曰："吾仍今知贵不如贱。"

俄征为南郡王左常侍，不就。颛内行甚修，事母兄弟孝友，为乡里所称慕。永明三年，征著作郎；建武二年，征太子舍人，俱不赴。永元二年，又征通直郎，亦不赴。

颛素不治家产，值齐末兵荒，与家人并日而食。或有馈其粱肉者，闭门不受。唯以樵采自资，怡怡然恒不改其乐。

天监四年，大举北伐，订民丁，吴兴太守柳恽以颛从役，扬州别驾陆任以书责之，恽大惭，厚礼而遣之。其年卒于家。所著文章数十篇。

刘慧斐字文宣，彭城人也。少博学，能属文，起家安成王法曹行参军。尝还都，途经寻阳，游于匡山，过处士张孝秀，相得甚欢，遂有终焉之志。因不仕，居于东林寺。又于山北构园一所，号曰"离垢园"，时人乃谓为"离垢先生"。

慧斐尤明释典，工篆隶，在山手写佛经二千余卷，常所诵者百余卷。昼夜行道，孜孜不息，远近钦慕之。太宗临江州，遗以几杖。论者云：自远法师没后，将二百年，始有张、刘之盛矣。世祖及武陵王等书问不绝。大同二年，卒，时年五十九。

范元琰字伯珪，吴郡钱唐人也。祖悦之，太学博士征，不至。父灵瑜，居父忧，以毁卒。元琰时童孺，哀慕尽礼，亲党异之。及长，好学，博通经史，兼精佛义。然性谦敬，不以所长骄人。家贫，唯以园蔬为业。尝出行，见人盗其菜，元琰遽退走，母问其故，具以实答，母问盗者为谁，答曰："向所以退，畏其愧耻，今启其名，愿不泄也。"于是母子秘之。或有涉沟盗其笋者，元琰因伐木为桥以渡之。自是盗者大惭，一乡无复草窃。居常不出城市，独坐如对严宾，见之者莫不改容正色。沛国刘瓛深加器异，尝表称之。

齐建武二年，始征为安北参军事，不赴。天监九年，县令管慧辨上言义行，扬州刺史临川王宏辟命，不至。十年，王拜表荐焉，竟未征。其年卒于家，时年七十。

刘讦字彦度，平原人也。父灵真，齐武昌太守。讦幼称纯孝，数岁，父母继卒，讦居丧，哭泣孺慕，几至灭性，赴吊者莫不伤焉。后为伯父所养，事伯母及昆姊，孝友笃至，为宗族所称。自伤早孤，人有误触其讳者，未尝不感结流涕。长兄絜为之娉妻，克日成婚，讦闻而逃匿，事息乃还。本州刺史张稷辟为主簿，不就，主者敦召，讦乃挂檄于树而逃。

讦，善玄言，尤精释典。曾与族兄刘歊听讲于钟山诸寺，因共卜筑宋熙寺东涧，有终焉之志。天监十七年，卒于歊舍，时年三十一。临终，执歊手曰："气绝便敛，敛毕即埋，灵筵一不须立，勿设飨祀，无求继嗣。"歊从而行之。宗人至友相与刊石立铭，谥曰玄贞处士。

刘歊字士光，讦族兄也。祖乘民，宋冀州刺史，父闻慰，齐正员郎，世为二千石，皆有清名。

歊幼有识慧，四岁丧父，与群儿同处，独不戏弄。六岁诵《论语》、《毛诗》，意所不解，便能问难。十一，读《庄子·逍遥篇》，曰："此可解耳。"客因问之，随问而答，皆有情理，家人每异之。及长，博学有文才，不娶不仕，与族弟讦并隐居求志，遨游林泽，以山水书籍相娱而已。常欲避人世，以母老不忍违离，每随兄霁、杳从宦。少时好施，务周人之急，人或遗之，亦不距也。久而叹曰："受人者必报，不则有愧于人。吾固无以报人，岂可常有愧乎？"

天监十七年，无何而著《革终论》。其辞曰：

死生之事，圣人罕言之矣。孔子曰："精气为物，游魂为变。"知鬼神之情状,与天地相似而不违。其言约,其旨妙,其事隐,其意深,未可以臆断,难得而精核,聊肆狂瞽,请试言之。

夫形虑合而为生,魂质离而称死,合则起动,离得休寂。当其动也,人皆知其神;及其寂也,物莫测其所趣。皆知则不言而义显,莫测则逾辩而理微。是以勋、华旷而莫陈,姬、孔抑而不说,前达往贤,互生异见。季札云:"骨肉归于土,魂气无不之。"庄周云:"生为徭役,死为休息。"寻此二说,如或相反。何者?气无不之,神有也;死为休息,神无也。原宪云:"夏后氏用明器,示民无知也。殷人用祭器,示人有之也。周人兼用之,示民疑也。"考之记籍,验之前志,有无之辩,不可历言。若稽诸内教,判乎释部,则诸子之言可寻,三代之礼无越。何者?神为生本,形为生具,死者神离此具,而即非彼具也。虽死者不可复反,而精灵递变,未尝灭绝。当其离此之日,识用廓然,故夏后明器,示其弗反。即彼之时,魂灵知灭,故殷人祭器,显其犹存。不存则合乎庄周,犹存则同乎季札,各得一隅,无伤厥义。设其实也,则亦无,故周人有兼用之礼,尼父发游魂之唱,不其然乎?若废偏携之论,探中途之旨,则不仁不智之讥,于是乎可息。

夫形也者,无知之质也;神也者,有知之性也。有知不独存,依无知以自立,故形之于神,逆旅之馆耳。及其死也,神去此而适彼也。神已去此,馆何用存?速巧得理也。神已适彼,祭何所祭?祭则失理。而姬、孔之教不然者,其有以乎?盖礼乐之兴,出于浇薄,俎豆缀兆,生于俗弊。施灵筵,陈棺椁,设馈奠,建丘陇,盖欲令孝子有追思之地耳,夫何补于已迁之神乎?故上古衣之以薪,弃之中野,可谓尊卢、赫胥、皇雄、炎帝蹈于失理哉?是以子羽沉川,汉伯方圹,文楚黄壤,士安麻索。此四子者,得理也,忘教也。若从四子而游,则平生之志得矣。

然积习生常,难卒改革,一朝肆志,俛不见从。今欲翦截烦厚,务存俭易,进不裸尸,退异常俗,不伤存者之念,有合至人之道。孔子云:"敛首足形,还葬而无椁。"斯亦贫者之礼也,余何陋焉。且张奂止用幅巾，王肃唯盥手足，范冉殓毕便葬，奚珍无设筵几，文度故舟为榇，子廉牛车载枢，叔起诚绝坟陇，康成使无卜吉。此数公者，尚或如之；况于吾人，而当华泰！今欲仿佛景行，以为轨则，傥合中庸之道，庶免徒费之讥。气绝不须复魄，盥洗而敛。以一千钱市治棺，单故裙衫，衣巾枕履，此外送往之具，棺中常物，及余阁之祭，一不得有所施。世多信李、彭之言，可谓惑矣。余以孔、释为师，差无此惑。敛讫，载以露车，归于旧山，随得一地，地足为坎，坎足容棺，不须砖甓，不劳封树，勿设祭飨，勿置机筵，无用茅君之虚座，伯夷之杅水。其烝尝继嗣，言象所绝，事止余身，无伤世教。家人长幼，内外姻戚，凡厥友朋，爰及寓所，咸愿成余之志，幸勿夺之。

明年，疾卒，时年三十二。

歆幼时尝独坐空室，有一老公至门，谓歆曰："心力勇□，能精心生；但不得久滞一方耳。"因弹指而去。歆既长，精心学佛，有道人释宝志者，时人莫测也，遇歆于兴皇寺，惊起曰："隐居学道，清净登佛。"如此三说。歆未死之春，有人为其庭中栽柿，歆谓兄子异曰："吾不见此实，尔其勿言。"至秋而亡，人以为知命。亲故诔其行迹，谥曰贞节处士。

庾诜字彦宝，新野人也。幼聪警笃学，经史百家，无不该综，纬候书射，棋算机巧，并一时之绝。而性托夷简，特爱林泉。十亩之宅，山池居半。蔬食弊衣，不治产业。尝乘舟从田舍还，载米一百五十石，有人寄载三十石，既至宅，寄载者曰："君三十斛，我百五十石。"诜嘿然不言，恣其取□。邻人有被诬为盗者，被治劾，妄款，诜矜之，乃以书质钱二万，令门生诈为其亲，代之酬备。邻人获免，谢诜，诜曰："吾矜天下无辜，岂期谢也。"其行多如此类。

高祖少与诜善，雅推重之。及起义，署为平西府记室参军，诜不屈。平生少所游狎，河东柳恽欲与之交，诜距而不纳。后湘东王临荆州，板为镇西府记室参军，不就。普通中，诏曰："明扬振滞，为政所先;旌贤求士,梦伫斯急。新野庾诜,止足栖退,自事却扫,经史文艺,多所贯习;颍川庾承先,学道黄、老,□涉释教;并不竞不营,安兹枯槁,可以镇躁敦俗。诜可黄门侍郎,承先可中书侍郎。勒州县时加敦遣,庶能屈志,方冀盐梅。"诜称疾不赴。

晚年以后,尤遵释教,宅内立道场,环绕礼忏,六时不辍。诵《法华经》,每日一遍。后夜中忽见一道人,自称愿公,容止甚异,呼诜为上行先生,授香而去。中大通四年,因昼寝,忽惊觉曰:"愿公复来,不可久住。"颜色不变,言终而卒,时年七十八。举室咸闻空中唱:"上行先生已生弥陁净域矣。"高祖闻而下诏曰:"旌善表行,前王所敦。新野庾诜,荆山珠玉,江陵杞梓,静侯南度,固有名德,独贞苦节,孤芳素履。奄随运往,恻怆于怀。宜谥贞节处士,以显高烈。"诜所撰《帝历》二十卷,《易林》二十卷,续伍端休《江陵记》一卷,《晋朝杂事》五卷,《总抄》八十卷,行于世。

子曼倩,字世华,亦早有令誉。世祖在荆州,辟为主簿,迁中录事。每出,世祖常目送之,谓刘之遴曰:"荆南信多君子,虽美归田凤,清属桓阶,赏德摽奇,未过此子。"后转谘议参军。所著《丧服仪》、《文字体例》、《庄老义疏》,注《算经》及《七曜历术》,并所制文章,凡九十五卷。

子季才,有学行,承圣中,仕至中书侍郎。江陵陷,随例入关。

张孝秀字文逸,南阳宛人也。少仕州为治中从事史,遭母忧。服阕,为建安王别驾。顷之,遂去职归山,居于东林寺。有田数十顷,部曲数百人,率以力田,尽供山众,远近归慕,赴之如市。孝秀性通率,不好浮华,常冠谷皮巾,蹑蒲履,手执并桐皮麈尾。服寒食散,盛冬能卧于石。博涉群书,专精释典。善谈论,工隶书,凡诸艺能,莫不明习。普通三年,卒,时年四十二,室中皆闻有非常香气。太宗闻甚伤悼焉,与刘慧斐书,述其贞白云。

庾承先字子通,颍川鄢陵人也。少沉静有志操,是非不涉于言,喜愠不形于色，人莫能窥也。弱岁受学于南阳刘虬，强记敏识，出于群辈。玄经释典，靡不该悉，九流七略，咸所精练。郡辟工曹，不就，乃与道士王僧镇同游衡岳。晚以弟疾还乡里，遂居于士台山。鄱阳忠烈王在州，钦其风味，要与游处。又令讲《老子》，远近名僧，咸来赴集，论难锋起，异端竞至，承先徐相酬答，皆得所未闻。忠烈王尤加钦重，征州主簿，湘东王闻之，亦板为法曹参军，并不赴。

中大通三年，庐山刘慧斐至荆州，承先与之有旧，往从之。荆陕学徒，因请承先讲《老子》，湘东王亲命驾临听，论议终日，深相赏接。留连月余日，乃还山，王亲祖道，并赠篇什，隐者美之。其年卒，时年六十。

陈吏部尚书姚察曰：世之诬处士者，多云纯盗虚名，而无适用，盖有负其实者。若诸葛璩之学术，阮孝绪之簿阅，其取进也岂难哉？终于隐居，固亦性而已矣。

梁书卷五二
列传第四六

止　足

顾宪之　陶季直　萧视素

　　《易》曰："亢之为言也,知进而不知退,知存而不知亡。知进退存亡而不失其正者,其唯圣人乎!"《传》曰："知足不辱,知止不殆。"然则不知夫进退,不达乎止足,殆辱之累,期月而至矣。古人之进也,以康世济务也,以弘道厉俗也。然其进也,光宠夷易,故愚夫之所乾没;其退也,苦节艰贞,故庸曹之所忌惮。虽祸败危亡,陈乎耳目,而轻举高蹈,寡乎前史。汉世张良,功成身退,病卧却粒,比于乐毅、范蠡至乎颠狈,斯为优矣。其后薛广德及二疏等,去就以礼,有可称焉。鱼豢《魏略·知足传》,方田、徐于管、胡,则其道本异。谢灵运《晋书·止足传》,先论晋世文士之避乱者,殆非其人;唯阮思旷遗荣好遁,远殆辱矣。《宋书·止足传》有羊欣、王微,咸其流亚。齐时沛国刘瓛,字子珪,辞禄怀道,栖迟养志,不戚戚于贫贱,不耽耽于富贵,儒行之高者也。梁有天下,小人道消,贤士大夫相招在位,其量力守志,则当世罔闻,时或有致事告老,或有基于少欲,国史书乏,亦以为《止足传》云。

　　顾宪之字士思,吴郡吴人也。祖觊之,宋镇军将军、湘州刺史。宪之未弱冠,州辟议曹从事,举秀才,累迁太子舍人,尚书比部郎,抚军主簿。元徽中,为建康令。时有盗牛者,被主所认,盗者亦称己牛,二家辞理等,前后令莫能决。宪之至,覆其状,谓二家曰:"无为多言,吾得之矣。"乃令解牛,任其所去,牛迳还本主宅,盗者始伏其辜。发奸擿伏,多如此类,时人号曰神明。至于权要请托,长吏贪残,据法直绳,无所阿纵。性又清俭,强力为政,甚得民和,故京师饮酒者得醇旨,辄号为"顾建康",言醝清且美焉。

迁车骑功曹、晋熙王友。齐高帝执政,以为骠骑录事参军,迁太尉西曹掾。齐台建,为中书侍郎。齐高帝即位,除衡阳内史。先是,郡境连岁疾疫,死者太半,棺木尤贵,悉裹以苇席,弃之路傍。宪之下车,分告属县,求其亲党,悉令殡葬。其家人绝灭者,宪之为出公禄,使纲纪营护之。又土俗,山民有病,辄云先人为祸,皆开冢剖棺,水洗枯骨,名为除祟。宪之晓喻,为陈生死之别,事不相由,风俗遂改。时刺史王奂新至,唯衡阳独无讼者,乃叹曰:"顾衡阳之化至矣。若九郡率然,吾将何事!"

还为太尉从事中郎。出为东中郎长史,行会稽郡事。山阴人吕文度有宠于齐武帝,于余姚立邸,颇纵横。宪之至郡,即表除之。文度后还葬母,郡县争赴吊,宪之不与相闻。文度深衔之,卒不能伤也。迁南中郎巴陵王长史,加建威将军,行婺州事。时司徒竟陵王于宣城、临成、定陵三县界立屯,封山泽数百里,禁民樵采。宪之固陈不可,言甚切直,王答之曰:"非君无以闻此德音。"即命无禁。

迁给事黄门侍郎,兼尚书吏部郎中。宋世,其祖觊之尝为吏部,于庭植嘉树,谓人曰:"吾为宪之种耳。"至是,宪之果为此职。出为征虏长史,行南兖州事,遭母忧。服阕,建武中,复除给事黄门侍郎,领步兵校尉,未拜,仍迁太子中庶子,领吴邑中正。出为宁朔将军、临川内史,未赴,改授辅国将军、晋陵太守。顷之,遇疾,陈解还乡里。永元初,征为廷尉,不拜,除豫章太守。有贞妇万希者,少孀居无子,事舅姑尤孝,父母欲夺而嫁之,誓死不许,宪之赐以束帛,表其节义。

中兴二年,义师平建康,高祖为扬州牧,征宪之为别驾从事史。

比至，高祖已受禅，宪之风疾渐笃，固求还吴。天监二年，就家受太中大夫。宪之虽累经宰郡，资无担石，及归，环堵，不免饥寒。八年，卒于家，年七十四。临终为制，以敕其子曰：

夫出生入死，理均昼夜。生既不知所从来，死亦安识所往。延陵所云"精气上归于天，骨肉下归于地，魂气则无所不之"，良有以也。虽复茫昧难征，要若非妄。百年之期，迅若驰隙。吾今豫为终制，瞑目之后，念并遵行，勿违吾志也。

庄周、澹台，达生者也；王孙、士安，矫俗者也。吾进不及达，退无所矫。常谓中都之制，允理惬情。衣周于身，示不违礼；棺周于衣，足以蔽臭。入棺之物，一无所须。载以辒车，覆以粗布，为使人勿恶也。汉明帝天子之尊，犹祭以杅水脯糗；范史云烈士之高，亦奠以寒水干饭。况吾卑庸之人，其可不节衷也？丧易宁戚，自是亲亲之情；礼奢宁俭，差可得由吾意。不须常施灵筵，可止设香灯，使致哀者有凭耳。朔望祥忌，可权安小床，暂设几席，唯下素馔，勿用牲牢，蒸尝之祠，贵贱罔替，备物难辨，多致疏怠。祠先人自有旧典，不可有阙。自吾以下，祠止用蔬食时果，勿同于上世也，示令子孙，四时不忘其亲耳。孔子云："虽菜羹瓜祭，必齐如也。"本贵诚敬，岂求备物哉？

所著诗、赋、铭、赞并《衡阳郡记》数十篇。

陶季直，丹阳秣陵人也。祖愍祖，宋广州刺史。父景仁，中散大夫。季直早慧，愍祖甚爱异之。愍祖尝以四函银列置于前，令诸孙各取，季直时甫四岁，独不取。人问其故，季直曰："若有赐，当先父伯，不应度及诸孙，是故不取。"愍祖益奇之。五岁丧母，哀若成人。初，母未病，于外染衣，卒后，家人始赎，季直抱之号恸，闻者莫不酸感。及长好学，淡于荣利。

起家桂阳王国侍郎，北中郎镇西行参军，并不起，时人号曰"聘君"。父忧服阕，尚书令刘景领丹阳尹，引为后军主簿，领郡功曹。出为望蔡令，顷之以病免。时刘景、袁粲以齐高帝权势日盛，将图之，景素重季直，欲与之定策。季直以袁、刘儒者，必致颠殒，固辞不赴，俄而景等伏诛。

齐初，为尚书比部郎，时褚彦回为尚书令，与季直素善，频以为司空、司徒主簿，委以府事。彦回卒，尚书令王俭以彦回有至行，欲谥为文孝公，季直请曰："文孝是司马道子谥，恐其人非具美，不如文简。"俭从之。季直又请俭为彦回立碑，终始营护，甚有吏节，时人美之。

迁太尉记室参军。出为冠军司马、东莞太守，在郡号为清和。还除散骑侍郎，领左卫司马，转镇西谘议参军。齐武帝作相，诛锄异己，季直不能阿意，明帝颇忌之，乃出为辅国长史、北海太守。边职上佐，素士罕为之者。或劝季直造门致谢，明帝既见，便留之，以为骠骑谘议参军，兼尚书左丞。仍迁建安太守，政尚清静，百姓便之。还为中书侍郎，迁游击将军，兼廷尉。

梁台建，迁给事黄门侍郎。常称仕至二千石，始愿毕矣，无为务人间之事，乃辞疾还乡里。天监初，就家拜太中大夫。高祖曰："梁有天下，遂不见此人。"十年，卒于家，时年七十五。

季直素清苦绝伦，又屏居十余载，及死，家徒四壁，子孙无以殡敛，闻者莫不伤其志焉。

萧视素，兰陵人也。祖思话，宋征西、仪同三司，父惠明，吴兴太守，皆有盛名。视素早孤贫，为叔父惠休所收恤。

起家为齐司徒法曹行参军，迁著作佐郎，太子舍人，尚书三公郎。永无末，为太子洗马。梁台建，高祖引为中尉骠骑记室参军。天监初，为临川王友，复为太子中舍人，丹阳尹丞。初拜，高祖赐钱八万，视素一朝散之亲友。又迁司徒左西属，南徐州治中。

性静退，少嗜欲，好学，能清言，荣利不关于口，喜怒不形于色。在人间及居职，并任情通率，不自矜高，天然简素，士人以此咸敬之。及在京口，便有终焉之志，乃于摄山筑室。会征为中书侍郎，遂辞不就，因还山宅，独居屏事，非亲戚不得至其篱门。妻，太尉王俭女,久与别居,遂无子。八年,卒。亲故迹其事行,谥曰贞文先生。

　　史臣曰:顾宪之、陶季直,引年者也,萧视素则宦情鲜焉。比夫怀禄耽宠,婆娑人世,则殊间矣。

梁书卷五三
列传第四七

良　吏

庾荜　沈瑀　范述曾　丘仲孚
孙谦　伏暅　何远

　　昔汉宣帝以为"政平讼理,其惟良二千石乎!"前史亦云:"今之郡守,古之诸侯也。"故长吏之职,号□亲民,是以导德齐礼,移风易俗,咸必由之。齐末昏乱,政移群小,赋调云起,徭役无度,守宰多倚附权门,互长贪虐,掊刻聚敛,侵愁细民,天下摇动,无所厝其手足。高祖在田,知民疾苦,及梁台建,仍下宽大之书,昏时杂调,咸悉除省,于是四海之内,始得息肩。逮践皇极,躬览庶事,日昃听政,求民之瘼。乃命辎轩以省方俗,置肺石以达穷民,务加隐恤,舒其急病。元年,始去赀,计丁为布;身服浣濯之衣,御府无文饰,宫掖不过绫彩,无珠玑锦绣;太官撤牢馔,每日膳菜蔬,饮酒不过三盏:以俭先海内。每选长吏,务简廉平,皆召见御前,亲勖治道。始擢尚书殿中郎到溉为建安内史,左民侍郎刘璬为晋安太守,溉等居官,并以廉洁著。又著令:小县有能,迁为大县;大县有能,迁为二千石。于是山阴令丘仲孚治有异绩,以为长沙内史;武康令何远清公,以为宣城太守。剖符为吏者,往往承风焉。若新野庾荜诸任职者,以经术润饰吏政,或所居流惠,或去后见思,盖后来之良吏也。缀为《良吏篇》云。

　　庾荜字休野,新野人也。父深之,宋应州剌史。为州荜年十岁,遭父忧,居丧毁瘠,为州党所称。

　　弱冠,为州迎主簿,举秀才,累迁安西主簿,尚书殿中郎,骠骑功曹史。博涉群书,有口辩。齐永明中,与魏和亲,以荜兼散骑常侍报使。还,拜散骑侍郎,知东宫管记事。

　　郁林王即位废,掌中书诏诰,出为荆州别驾。仍迁西中郎谘议参军,复为州别驾。前后纲纪,皆致富饶,荜再为之,清身率下,杜绝请托,布被蔬食,妻子不免饥寒。明帝闻而嘉焉,手敕褒美,州里荣之。

　　迁司徒谘议参军、通直散骑常侍。高祖平京邑,霸府建,引为骠骑功曹参军,迁尚书左丞。出为辅国长史、会稽郡丞,行郡府事。时承凋弊之后,百姓凶荒,所在谷贵,米至数千,民多流散,荜抚循甚有治理。唯守公禄,清节逾厉,至有经日不举火。太守襄阳王闻而馈之,荜谢不受。天监元年,卒,停尸无以殓,柩不能归,高祖闻之,诏赐绢百匹,米五十斛。

　　初,荜为西楚望族,早历显官,乡人乐蔼有干用,素与荜不平,互相陵竞。蔼事齐豫章王嶷,嶷薨,蔼仕不得志,自步兵校尉求助戍归荆州,时荜为州别驾,益忽蔼。及高祖践阼,蔼以西朝勋为御史中丞,荜始得会稽行事。既耻之矣,会职事微有谴,高祖以蔼其乡人也,使宣旨诲之,荜大愤,故发病卒。

　　沈瑀字伯瑜,吴兴武康人也。叔父昶,事宋建平王景素,景素谋反,昶先去之,及败,坐系狱,瑀诣台陈请,得免罪,由是知名。

　　起家州从事、奉朝请。尝诣齐尚书右丞殷沵,沵与语及政事,甚器之,谓曰:“观卿才干,当居吾此职。”司徒竟陵王子良闻瑀名,引为府参军,领扬州部传从事。时建康令沈徽孚恃势陵瑀,瑀以法绳之,众惮其强。子良甚相知赏,虽家事皆以委瑀。子良薨,瑀复事剌史始安王遥光。尝被使上民丁,速而无怨。遥光谓同使曰:“尔何不学沈瑀所为?"乃令专知州狱事。湖熟县方山埭高峻,冬月,公私行侣以为艰难,明帝使瑀行治之。瑀乃开四洪,断行客就作,三日立办。扬州书佐私行,诈称州使,不肯就作,瑀鞭之三十。书佐归诉遥光,遥光曰:"沈瑀必不枉鞭汝。"覆之,果有诈。明帝复使瑀筑赤山塘,所费减材官所量数十万,帝益善之。永泰元年,为建德令,教民一丁种十五株桑、四株柿及梨、栗,女丁半之,人咸欢悦,顷之成林。

去官还京师,兼行选曹郎。随陈伯之军至江州,会义师围郢城。瑀说伯之迎高祖,伯之泣曰:"余子在都,不得出城,不能不爱之。"瑀曰:"不然。人情匈匈,皆思改计,若不早图,众散难合。"伯之遂举众降,瑀从在高祖军中。

初,瑀在竟陵王家,素与范云善。齐末,尝就云宿,梦坐屋梁柱上,仰见天中字曰"范氏宅"。至是,瑀为高祖说之,高祖曰:"云得不死,此梦可验。"及高祖即位,云深荐瑀,自暨阳令擢兼尚书右丞。时天下初定,陈伯之表瑀催督运转,军国获济。高祖以为能,迁尚书驾部郎,兼右丞如故。瑀荐族人沈僧隆、僧照有吏干,高祖并纳之。

以母忧去职,起为振武将军、余姚令。县大姓虞氏千余家,请谒如市,前后令长莫能绝,自瑀到,非讼所通,其有至者,悉立之阶下,以法绳之。县南又有豪族数百家,子弟纵横,递相庇荫,厚自封植,百姓甚患之。瑀召其老者为石头仓监,少者补县僮,皆号泣道路,自是权右屏迹。瑀初至,富吏皆鲜衣美服,以自彰别。瑀怒曰:"汝等下县吏,何自拟贵人耶?"悉使著芒屩粗布,侍立终日,足有蹉跌,辄加榜棰。瑀微时,尝自至此鬻瓦器,为富人所辱,故因以报焉,由是士庶骇怨。然瑀廉白自守,故得遂行其志。

后王师北伐,征瑀为建威将军,督运漕,寻兼都水使者。顷之,迁少府卿。出为安南长史、寻阳太守。江州刺史曹景宗疾笃,瑀行府州事。景宗卒,仍为信威萧颖达长史,太守如故。瑀性屈强,每忤颖达,颖达衔之。天监八年,因入谘事,辞又激厉,颖达作色曰:"朝廷用君作行事耶?"瑀出,谓人曰:"我死而后已,终不能倾侧面从。"是日,于路为盗所杀,时年五十九,多以为颖达害焉。子续累讼之,遇颖达亦寻卒,事遂不穷竟。续乃布衣蔬食,终其身。

范述曾字子玄,吴郡钱唐人也。幼好学,从余杭吕道惠受五经,略通章句。道惠学徒常有百数,独称述曾曰:"此子必为王者师。"齐文惠太子、竟陵文宣王幼时,高帝引述曾为之师友。

起家为守晋熙王国侍郎。齐初,至南郡王国郎中令,迁尚书主客郎,太子步兵校尉,带开阳令。述曾为人謇谔,在宫多所谏争,太子虽不能全用,然亦弗之罪也。竟陵王深相器重,号为周舍,时太子左卫率沈约亦以述曾方汲黯。以父母年老,乞还就养,乃拜中散大夫。

明帝即位,除游击将军,出为永嘉太守。为政清平,不尚威猛,民俗便之。所部横阳县,山谷崄峻,为逋逃所聚,前后二千石讨捕莫能息。述曾下车,开示恩信,凡诸凶党,绲负而出,编户属籍者二百余家。自是商贾流通,居民安业。在郡励志清白,不受馈,明帝闻,甚嘉之,下诏褒美焉。征为游击将军。郡送故旧钱二十余万,述曾一无所受。始之郡,不将家属,及还,吏无荷担者。民无老少,皆出拜辞,号哭闻于数十里。

东昏时,拜中散大夫,还乡里。高祖践阼,乃轻舟出诣阙,仍辞还东。高祖诏曰:"中散大夫范述曾,昔在齐世,忠直奉主,往莅永嘉,治身廉约,宜加礼秩,以厉清操。可太中大夫,赐绢二十匹。"

述曾生平得奉禄,皆以分施。及老,遂壁立无所资。以天监八年卒,时年七十九。注《易文言》,著杂诗赋数十篇。

丘仲孚字公信,吴兴乌程人也。少好学,从祖灵鞠有人伦之鉴,常称为千里驹也。齐永明初,选为国子生,举高第,未调,还乡里。家贫,无以自资,乃结群盗,为之计画,劫掠三吴。仲孚聪明有智略,群盗畏而服之,所行皆果,故亦不发。

太守徐嗣召补主簿,历扬州从事,太学博士,于湖令,有能名。太守吕文显当时幸臣,陵诋属县,仲孚独不为之屈。以父丧去职。

明帝即位,起为烈武将军、曲阿令。值会稽太守王敬则举兵反,乘朝廷不备,反问始至,而前锋已届曲阿。仲孚谓吏民曰:"贼乘胜虽锐,而乌合易离,今若收船舰,凿长岗埭,泻渎水以阻其路,得留数日,台军必至,则大事济矣。"敬则军至,值渎涸,果顿兵不得进,遂败散。仲孚以距守有功,迁山阴令,居职甚有声称,百姓为之谣曰:"二傅沈刘,不如一丘。"前世傅琰父子、沈宪、刘玄明,相继宰山阴,并有政绩,言仲孚皆过之也。齐末政乱,颇有赃贿,为有司所举,将收之,仲孚窃逃,迳还京师诣阙,会赦,得不治。

高祖践阼,复为山阴令。仲孚长于拨烦,善适权变,吏民敬服,号称神明,治为天下第一。起迁车骑长史、长沙内史,视事未期,征为尚书右丞,迁左丞,仍擢为卫尉卿,恩任甚厚。初起双阙,以仲孚领大匠,事毕,出为安西长史、南郡太守。迁云麾长史、江夏太守,行郢州州府事。遭母忧,起摄职,坐事除名。复起为司空参军,俄迁豫章内史,在郡更励清节。顷之,卒,时年四十八。诏曰:"豫章内史丘仲孚,重试大邦,责以后效,非直悔吝云亡,实亦政绩克举。不幸殒丧,良以伤恻。可赠给事黄门侍郎。"仲孚丧将还,豫章老幼号哭举送,车轮不得前。

仲孚为左丞,撰《皇典》二十卷,《南宫故事》百卷,又撰《尚书具事杂仪》,行于世焉。

孙谦字长逊,东莞莒人也。少为亲人赵伯符所知。谦年十七,伯符为豫州刺史,引为左军行参军,以治干称。父忧去职,客居历阳,躬耕以养弟妹,乡里称其敦睦。宋江夏王义恭闻之,引为行参军,历仕大司马、太宰二府。出为句容令,清慎强记,县人号为神明。

泰始初,事建安王休仁,休仁以为司徒参军,言之明帝,擢为明威将军、巴东建平二郡太守。郡居三峡,恒以威力镇之。谦将述职,敕募千人自随,谦曰:"蛮夷不宾,盖待之失节尔,何烦兵役,以为国费。"固辞不受。至郡,布恩惠之化,蛮獠怀之,竞饷金宝,谦慰喻而一无所纳。及掠得生口,皆放还家。俸秩出吏民者,悉原除之。郡境翕然，威信大著。视事三年，征还，为抚军中兵参军。

元徽初，迁梁州刺史，辞不赴职，迁越骑校尉、征北司马府主簿。建平王将称兵，患谦强直，托事遣使京师，然后作乱。及建平诛，迁左军将军。

齐初，为宁朔将军、钱唐令，治烦以简，狱无系囚。及去官，百姓以谦在职不受饷遗，进载缣帛以送之，谦却不受。每去官，辄无私宅，常借官空车厩居焉。永明初，为冠军长史、江夏太守，坐被代辄去郡，系尚方，顷之，免为中散大夫。明帝将废立，欲引谦为心膂，使兼卫尉，给甲仗百人，谦不愿处际会，辄散甲士，帝虽不罪，而弗复任焉。出为南中郎司马。东昏永元元年，迁大夫。

天监六年，出为辅国将军、零陵太守，已衰老，犹强力为政，吏民安之。先是，郡多虎暴，谦至绝迹。及去官之夜，虎即害居民。谦为郡县，常勤劝课农桑，务尽地利，收入常多于邻境。九年，以年老，征为光禄大夫。既至，高祖嘉其清洁，甚礼异焉。每朝见，犹请剧职自效，高祖笑曰："朕使卿智，不使卿力。"十四年，诏曰："光禄大夫孙谦清慎有闻，白首不怠，高年旧齿，宜加优秩。可给亲信二十人，并给扶。"

谦自少及老，历二县五郡，所在廉洁。居身俭素，床施蓬籧屏风，冬则布被莞席。夏日无帱帐，而夜卧未尝有蚊蚋，人多异焉。年逾九十，强壮如五十者，每朝会，辄先众到公门。力于仁义，行己过人甚远。从兄灵庆常病寄于谦，谦出行还问起居，灵庆曰："向饮冷热不调，即时犹渴。"谦退遣其妻。有彭城刘融者，行乞疾笃无所归，友人举送谦舍，谦开厅事以待之。及融死，以礼殡葬之。众咸服其行义。十五年，卒官，时年九十二。诏赗钱三万，布五十匹。高祖为举哀，甚悼惜之。

谦从子廉，便辟巧宦。齐时已历大县，尚书右丞。天监初，沈约、范云当朝用事，廉倾意奉之，及中书舍人黄睦之等，亦尤所结附。凡贵要每食，廉必日进滋旨，皆手自煎调，不辞勤剧，遂得为列卿，御史中丞，晋陵、吴兴太守。时广陵高爽有险薄才，客于廉，廉委以文记。爽当有求不称意，乃为履谜以喻廉曰："刺鼻不知嚏，蹋面不知瞋，啮齿作步数，持此得胜人。"讥其不计耻辱，以此取名是也。

伏暅字玄耀，曼容之子也。幼传父业，能言玄理，与乐安任昉、彭城刘曼俱知名。

起家齐奉朝请，仍兼太学博士，等除东阳郡丞，秩满，为鄞令。时曼容已致仕，故频以外职处暅，令其得养焉。齐末，始为尚书都官郎，仍为卫军记室参军。高祖践阼，迁国子博士，父忧去职。服阕，为车骑谘议参军，累迁司空长史，中书侍郎，前军将军，兼五经博士，与吏部尚书徐勉、中书侍郎周舍，总知五礼事。

出为永阳内史，在郡清洁，治务安静。郡民何贞秀等一百五十四人诣州言状，湘州刺史以闻。诏勘有十五事为吏民所怀，高祖善之，征为东阳太守。在郡清恪，如永阳时。民赋税不登者，辄以太守田米助之。郡多麻苎，家人乃至无以为绳，其厉志如此。属县始新、遂安、海宁，并同时生为立祠。

征为国子博士，领长水校尉。时始兴内史何远累著清绩，高祖诏擢为黄门侍郎，俄迁信武将军、监吴郡。暅自以名辈素在远前，为吏俱称廉白，远累见擢，暅迁阶而已，意望不满，多托疾居家。寻求假到东阳迎妹丧，因留会稽筑宅，自表解，高祖诏以为豫章内史，暅乃出拜。治书御史虞嚼奏曰：

臣闻失忠与信，一心之道以亏；貌是情非，两观之诛宜及。未有陵犯名教，要冒君亲，而可纬俗经邦者也。

风闻豫章内史伏暅，去岁启假，以迎妹丧为解，因停会稽不去。入东之始，货宅卖车，以此而推，则是本无还意。暅历典二邦，少免贪浊，此自为政之本，岂得称功。常谓人才品望，居何远之右，而远以清公见擢，名位转隆，暅深诽怨，形于辞色，兴居叹咤，瘖寐失图。天高听卑，无私不照。去年十二月二十一日诏曰："国子博士、领长水校尉伏暅，为政廉平，宜加将养，勿使患望，致亏士风。可豫章内史。"岂有人臣奉如此之诏，而不亡魂破胆，归罪有司，擢发抽肠，少自论谢；而循奉憿然，了无异色。暅识见所到，足达此旨，而冒宠不辞，吝斯苟得，故以士流解体，行路沸腾，辩迹求心，无一可恕。窃以暅踉跼落魄，三十余年，皇运勃兴，咸与维始，除旧布新，濯之江、汉，一纪之间，三世隆显，曾不能少怀感激，仰答万分，反覆拙谋，成兹巧罪，不忠不敬，于斯已及。请以暅大不敬论。以事详法，应弃市刑，辄收所近狱洗结，以法从事。如法所称，暅即主。

　　臣谨案：豫章内史臣伏暅，含疵表行，藉悖成心，语嘿一违，资敬兼尽。幸属昌时，擢以不次，溪壑可盈，志欲无满。要君东走，岂曰止足之归；负志解巾，异乎激处之致。甘此脂膏，孰非荼苦；佩兹龟组，岂殊缧绁。宜明风宪，肃正简书。臣等参议，请以见事免暅所居官，凡诸位任，一皆削除。

有诏勿治，暅遂得就郡。

　　视事三年，征为给事黄门侍郎，领国子博士。未及起，普通元年，卒于郡，时年五十九。尚书右仆射徐勉为之墓志，其一章曰："东区南服，爱结民胥，相望伏阙，继轨奏书。或卧其辙，或扳其车，或图其像，或式其闾。思耿借寇，曷以尚诸。"

　　初，暅父曼容与乐安任遥皆昵于齐太尉王俭，遥子昉及暅并见知。顷之，昉才遇稍盛，齐末，昉已为司徒右长史，暅犹滞于参军事，及其终也，名位略相侔。暅性俭素，车服粗恶，外虽退静，内不免心竞，故见讥于时，能推荐后来，常若不及，少年士子，或以此依之。

　　何远字义方，东海郯人也。父慧炬，齐尚书郎。

　　远释褐江夏王国侍郎，转奉朝请。永元中，江夏王宝玄于京口为护军将军崔慧景所奉，入围宫城，远豫其事。事败，乃亡抵长沙宣武王，王深保匿焉。远求得桂阳王融保藏之，既而发觉，收捕者至，远逾垣以免；融及远家人皆见执，融遂遇祸，远家属系尚方。远亡渡江，使其故人高江产共聚众。欲迎高祖义师，东昏党闻之，使捕远等，众复溃散。远因降魏，入寿阳，见刺史王肃，欲同义举，肃不能用。乃求迎高祖，肃许之，遣兵援送，得达高祖。高祖见远，谓张弘策曰："何远美丈夫，而能破家报旧德，未易人也。"板辅国将军，随军东下。既破朱雀军，以为建康令。高祖践阼，为步兵校尉，以奉迎勋封广兴男，邑三百户。迁建武将军、后军鄱阳王恢录事参军。远与恢素善，在府尽其志力，知无不为，恢亦推心杖之，恩寄甚密。

顷之，迁武昌太守。远本倜傥，尚轻侠，至是乃折节为吏，杜绝交游，馈遗秋毫无所爱。武昌俗皆汲江水，盛夏远患水温，每以钱买民井寒水，不取钱者，则�水还之。其佗事率多如此。迹虽似伪，而能委曲用意焉。车服尤弊素，器物无铜漆。江左多水族，甚贱，远每食不过干鱼数片而已。然性刚严，吏民多以细事受鞭罚者，遂为人所讼，征下廷尉，被劾数十条。当时士大夫坐法，皆不受立，远度己无赃，就立三七日不款，犹以私藏禁仗除名。

后起为镇南将军、武康令。愈厉廉节，除淫祀，正身率职，民甚称之。太守王彬巡属县，诸县盛供帐以待焉，至武康，远独设糗水而已。彬去，远送至境，进斗酒只鹅为别。彬戏曰："卿礼有过陆纳，将不为古人所笑乎。"高祖闻其能，擢为宣城太守。自县为近畿大郡，近代未之有也。郡经寇抄，远尽心绥理，复著名迹。期年，迁树功将军、始兴内史。进泉陵侯染朗为桂州，缘道剽掠，入始兴界，草木无所犯。

远在官，好开途巷，修葺墙屋，民居市里，城隍厩库，所过若营家焉。田秩俸钱，并无所取，岁暮，择民尤穷者，充其租调，以此为常。然其听讼犹人，不能过绝，而性果断，民不敢非，畏而惜之。所至皆生为立祠，表言治状，高祖每优诏答焉。天监十六年，诏曰："何远前在武康，已著廉平；复莅二邦，弥尽清白。政先治道，惠留民爱，虽古之良二千石，无以过也。宜升内荣，以显外绩。可给事黄门侍郎。"远即还，仍为仁威长史。顷之，出为信武将军，监吴郡，在吴颇有酒失，迁东阳太守。远处职，疾强富如仇雠，视贫细如子弟，特为豪右所畏惮。在东阳岁余，复为受罚者所谤，坐免归。

远耿介无私曲，居人间，绝请谒，不造诣。与贵贱书疏，抗礼如一。其所会遇，未尝以颜色于人，以此多为俗士所恶。其清公实为天下第一。居数郡，见可欲终不变其心。妻子饥寒，如下贫者。及去东阳归家，经年岁，口不言荣辱，士类益以此多之。其轻财好义，周人之急，言不虚妄，盖天性也。每戏语人云："卿能得我一妄语，则谢卿以一缣。"众共伺之，不能记也。

后复起为征西谘议参军、中抚司马。普通二年，卒，时年五十二。高祖厚赠赐之。

陈吏部尚书姚察曰：前史有循吏，何哉？世使然也。汉武役繁奸起，循平不能，故有苛酷诛戮以胜之，亦多怨滥矣。梁兴，破觚为圆，断雕为朴，教民以孝悌，劝之以农桑，于是桀黠化为由余，轻薄变为忠厚。淳风已洽，民自知禁。尧舜之民，比屋可封，信矣。若夫酷吏，于梁无取焉。

梁书卷五四
列传第四八

诸　夷

海南诸国　东夷　西北诸戎

　　海南诸国，大抵在交州南及西南大海洲上，相去近者三五千里，远者二三万里，其西与西域诸国接。汉元鼎中，遣伏波将军路□□开百越，置日南郡。其徼外诸国，自武帝以来□献见。后汉桓帝世，大秦、天竺皆由此道遣使□□吴孙权时，遣宣化从事朱应、中郎康泰□其所经及传闻，则有百数十国，因立记□□通中国者盖鲜，故不载史官。及宋、齐，至者有十余国，始为之传。自梁革运，其奉正朔，修贡职，航海岁至，逾于前代矣。今采其风俗粗著者，缀为《海南传》云。

　　林邑国者，本汉日南郡象林县，古越裳之界也。伏波将军马援开汉南境，置此县。其地纵广可六百里，城去海百二十里，去日南界四百余里，北接九德郡。其南界，水步道二百余里，有西国夷亦称王，马援植两铜柱表汉界处也。其国有金山，石皆赤色，其中生金。金夜则出飞，状如萤火。又出玳瑁、贝齿、吉贝、沉木香。吉贝者，树名也。其华成时如鹅毳，抽其绪纺之以作布，洁白与纻布不殊，亦染成五色，织为班布也。沉木者，土人斫断之，积以岁年，朽烂而心节独在，岁置水中则沉，故名曰沉香。次不沉不浮者，曰栈香也。

　　汉末大乱，功曹区达杀县令，自立为王。传数世，其后王无嗣，立外甥范熊。熊死，子逸嗣。晋成帝咸康三年，逸死，奴文篡立。文本日南西卷县夷帅范稚家奴，常牧牛于山涧，得鳢鱼二头，化而为铁，因以铸刀。铸成，文向石而咒曰：“若斫石破者，文当王此国。”因举刀斫石，如断刍藁，文心独异之。范稚常使之商贾至林邑，因教林邑王作宫室及兵车器械，王宠任之。后乃谗王诸子，各奔余国。及王死无嗣，文伪于邻国迓王子，置毒于浆中而杀之，遂胁国人自立。举兵攻旁小国，皆吞灭之，有众四五万人。时交州刺史姜庄使所亲韩戢、谢稚，前后监日南郡，并贪残，诸国患之。穆帝永和三年，台遣夏侯览为太守，侵刻尤甚。林邑先无田土，贪日南地肥沃，常欲略有之，至是，因民之怨，遂举兵袭日南，杀览，以其尸祭天。留日南三年，乃还林邑。交州刺史朱藩后遣督护刘雄戍日南，文复屠灭之。进寇九德郡，残害吏民。遣使告藩，愿以日南北境横山为界，藩不许，又遣督护陶缓、李衢讨之。文归林邑，寻复屯日南。五年，文死，子佛立，犹屯日南。征西将军桓温遣督护滕畯、九真太守灌邃帅交、广州兵讨之，佛婴城固守。邃令畯盛兵于前，邃帅劲卒七百人，自后逾垒而入，佛众惊溃奔走，邃追至林邑，佛乃请降。哀帝升平初，复为寇暴，刺史温放之讨破之。安帝隆安三年，佛孙须达复寇日南，执太守炅源，又进寇九德，执太守曹炳。交趾太守杜瑗遣都护邓逸等击破之，即以瑗为刺史。义熙三年，须达复寇日南，杀长史，瑗遣海逻督护阮斐讨破之，斩获甚众。九年，须达复寇九真，行郡事杜慧期与战，斩其息交龙王甄知及其将范健等，生俘须达息郁能，及虏获百余人。自瑗卒后，林邑无岁不寇日南、九德诸郡，杀荡甚多，交州遂致虚弱。

　　须达死，子敌真立，其弟敌铠携母出奔。敌真追恨不能容其母弟，舍国而之天竺，禅位于其甥，国相藏驎固谏不从。其甥既立而杀藏驎，驎子又攻杀之，而立敌铠同母异父之弟曰文敌。文敌后为扶南王子当根纯所杀，大臣范诸农平其乱，而自立为王。诸农死，子阳迈立。宋永初二年，遣使贡献，以阳迈为林邑王。阳迈死，子咄立，篡其父,复曰阳迈。

其国俗:居处为阁,名曰干阑,门户皆北向;书树叶为纸;男女
皆以横幅吉贝绕腰以下,谓之千漫,亦曰都漫;穿耳贯小环;贵者著
革屣,贱者跣行。自林邑、扶南以南诸国皆然也。其王著法服,加璎
珞,如佛像之饰。出则乘象,吹螺击鼓,罩吉贝伞,以吉贝为幡旗。国
不设刑法,有罪者使象踏杀之。其大姓号婆罗门。嫁娶必用八月,
女先求男,由贱男而贵女也。同姓还相婚姻,使婆罗门引婿见妇,握
手相付,咒曰"吉利吉利",以为成礼。死者焚之中野,谓之火葬。其
寡妇孤居,散发至老。国王事尼乾道,铸金银人像,大十围。

元嘉初,阳迈侵暴日南、九德诸郡,交州刺史杜弘文□牙欲讨
之,闻有代乃止。八年,□寇□□郡,入四会浦口,交州刺史阮弥之
遣□□相□□□兵赴讨,攻区栗城不克,乃引还。尔后□□遣使贡
献,而寇盗不已。二十三年,使交州刺史檀和之、振武将军宗悫伐
之。和之遣司马萧景宪为前锋,阳迈闻之惧,欲输金一万斤,银十万
斤,还所略日南民户,其大臣萅僧达谏止之,乃遣大帅范扶龙戍其
北界区栗城。景宪攻城,克之,斩扶龙首,获金银杂物不可胜计。乘
胜迳进,即克林邑。阳迈父子并挺身逃奔。获其珍异,皆是未名之
宝。又销其金人,得黄金数十万斤。和之后病死,见胡神为祟。

孝武建元、大明中,林邑王范神成累遣长史奉表贡献。明帝泰
豫元年,又遣使献方物。齐永明中,范文赞累遣使贡献。天监九年,
文赞子天凯奉献白猴,诏曰:"林邑王范天凯介在海表,乃心款至,
远修职贡,良有可嘉。宜班爵号,被以荣泽。可持节、督缘海诸军事、
威南将军、林邑王。"十年,十三年,天凯累遣使献方物。俄而病死,
子弼毳跋摩立,奉表贡献。普通七年,王高式胜铠遣使献方物,诏以
为持节、督缘海诸军事、绥南将军、林邑王。大通元年,又遣使贡献。
中大通二年,行林邑王高式律陁罗跋摩遣使贡献,诏以为持节、督
缘海诸军事、绥南将军、林邑王。六年,又遣使献方物。

扶南国,在日南郡之南,海西大湾中,去日南可七千里,在林邑

西南三千余里。城去海五百里。有大江广十里,西北流,东入于海。其国轮广三千余里,土地洿下而平博,气候风俗大较与林邑同。出金、银、铜、锡、沉木香、象牙、孔翠、五色鹦鹉。

其南界三千余里有顿逊国,在海崎上,地方千里,城去海十里。有五王,并羁属扶南。顿逊之东界通交州,其西界接天竺、安息徼外诸国,往还交市。所以然者,顿逊回入海中千余里,涨海无崖岸,船舶未曾得迳过也。其市,东西交会,日有万余人。珍物宝货,无所不有。又有酒树,似安石榴,采其花汁停瓮中,数日成酒。

顿逊之外,大海洲中,又有毗骞国,去扶南八千里。传其王身长丈二,头长三尺,自古来不死,莫知其年。王神圣,国中人善恶及将来事,王皆知之,是以无敢欺者。南方号曰长颈王。国俗:有室屋、衣服,啖粳米。其人言语,小异扶南。有山出金,金露生石上,无所限也。国法刑罪人,并于王前啖其肉。国内不受估客,有往者亦杀而啖之,是以商旅不敢至。王常楼居,不血食,不事鬼神。其子孙生死如常人,唯王不死。扶南王数遣使与书相报答,常遗扶南王纯金五十人食器,形如圆盘,又如瓦坯,名为多罗,受五升,又如碗者,受一升。王亦能作天竺书,书可三千言,说其宿命所由,与佛经相似,并论善事。

又传扶南东界即大涨海,海中有大洲,洲上有诸薄国,国东有马五洲。复东行涨海千余里,至自然大洲。其上有树生火中,洲左近人剥取其皮,纺绩作布,极得数尺以为手巾,与焦麻无异,而色微青黑;若小垢洿,则投火中,复更精洁。或作灯炷,用之不知尽。

扶南国俗本裸体,身被发,不制衣裳。以女人为王,号曰柳叶。年少壮健,有似男子。其南有徼国,有事鬼神者字混填,梦神赐之弓,乘贾人舶入海,混填晨起即诣庙,于神树下得弓,便依梦乘船入海,遂入扶南外邑。柳叶人众见舶至,欲取之,混填即张弓射其舶,穿度一面,矢及侍者,柳叶大惧,举众降混填。混填乃教柳叶穿布贯头,形不复露,遂治其国,纳柳叶为妻,生子分王七邑。其后王混盘况以诈力间诸邑,令相疑阻,因举兵攻并之,乃遣子孙中分治诸邑,号曰小王。

盘况年九十余乃死,立中子盘盘,以国事委其大将范蔓。盘盘立三年死,国人共举蔓为王。蔓勇健有权略,复以兵威攻伐旁国,咸复属之,自号扶南大王。乃治作大船,穷涨海,攻屈都昆、九稚、典孙等十余国,开地五六千里。次当伐金邻国,蔓遇疾,遣太子金生代行。蔓姊子旃,时为二千人将,因篡蔓自立,遣人诈金生而杀之。蔓死时,有乳下儿名长,在民间,至年二十,乃结国中壮士袭杀旃,旃大将范寻又杀长而自立。更缮治国内,起观阁游戏之,朝旦中晡三四见客。民人以焦蔗龟鸟为礼。国法无牢狱,有罪者,先斋戒三日,乃烧斧极赤,令讼者捧行七步。又以金环、鸡卵投沸汤中,令探取之,若无实者,手即焦烂,有理者则不。又于城沟中养鳄鱼,门外圈猛兽,有罪者,辄以喂猛兽及鳄鱼,鱼、兽不食为无罪,三日乃放之。鳄大者长二丈余,状如鼍,有四足,喙长六七尺,两边有齿,利如刀剑,常食鱼,遇得獐鹿及人亦啖,自苍梧以南及外国皆有之。

吴时,遣中郎康泰、宣化从事朱应使于寻国,国人犹裸,唯妇人著贯头。泰、应谓曰:"国中实佳,但人亵露可怪耳。"寻始令国内男子著横幅。横幅,今干漫也。大家乃截锦为之,贫者乃用布。

晋武帝太康中,寻始遣使贡献。穆帝升平元年,王竺旃檀奉表献驯象。诏曰:"此物劳费不少,驻令勿送。"其后王憍陈如,本天竺婆罗门也,有神语曰"应王扶南",憍陈如心悦,南至盘盘。扶南人闻之,举国欣戴,迎而立焉。复改制度,用天竺法。憍陈如死,后王持梨陁跋摩,宋文帝世奉表献方物。齐永明中,王阇邪跋摩遣使贡献。

天监二年,跋摩复遣使送珊瑚佛像,并献方物。诏曰:"扶南王憍陈如阇邪跋摩,介居海表,世纂南服,厥诚远著,重译献琛。宜蒙酬纳,班以荣号。可安南将军、扶南王。"

今其国人皆丑黑,拳发。所居不穿井,数十家共一池引汲之。俗事天神,天神以铜为像,二面者四手,四面者八手,手各有所持,或小儿,或鸟兽,或日月。其王出入乘象,嫔侍亦然。王坐则偏踞翘膝,垂左膝至地,以白叠敷前,设金盆香炉于其上。国俗:居丧则剃除须发。死者有四葬：水葬则投之江流，火葬则焚为灰烬，土葬则瘗埋之，鸟葬则弃之中野。人性贪吝，无礼义，男女恣其奔随。

十年，十三年，跋摩累遣使贡献。其年死，庶子留陁跋摩杀其嫡弟自立。十六年，遣使竺当抱老奉表贡献。十八年，复遣使送天竺旃檀瑞像、婆罗树叶，并献火齐珠、郁金、苏合等香。普通元年，中大通二年，大同元年，累遣使献方物。五年，复遣使献生犀。又言其国有佛发，长一丈二尺，诏遣沙门释云宝随使往迎之。

先是，三年八月，高祖改造阿育王寺塔，出旧塔下舍利及佛爪发，发青绀色，众僧以手伸之，随手长短，放之则旋屈为螺形。案《僧伽经》云："佛发青而细，犹如藕茎丝。"《佛三昧经》云："我昔在宫沐头，以尺量发，长一丈二尺，放已右旋，还成螺文。"则与高祖所得同也。

阿育王即铁轮王，王阎浮提，一天下，佛灭度后，一日一夜，役鬼神造八万四千塔，此即其一也。吴时有尼居其地，为小精舍，孙𬘯寻毁除之，塔亦同泯。吴平后，诸道人复于旧处建立焉。晋中宗初渡江，更修饰之，至简文咸安中，使沙门安法师程造小塔，未及成而亡，弟子僧显继而修立。至孝武太元九年，上金相轮及承露。

其后西河离石县有胡人刘萨何遇疾暴亡，而心下犹暖，其家未敢便殡，经十日更苏，说云："有两吏见录，向西北行，不测远近，至十八地狱，随报重轻，受诸楚毒。见观世音语云：'汝缘未尽，若得活，可作沙门。洛下、齐城、丹阳、会稽并有阿育王塔，可往礼拜。若寿终，则不堕地狱。'语竟，如堕高岩，忽然醒寤。"因此出家，名慧达。游行礼塔，次至丹阳，未知塔处，乃登越成四望，见长千里有异气色，因就礼拜，果是育王塔所，屡放光明。由是定知必有舍利，乃集众就掘之，入一丈，得三石碑，并长六尺，中一碑有铁函，函中又有银函，函中又有金函，盛三舍利及爪发各一枚，发长数尺。即迁舍利近北，对简文所造塔西，造一层塔。十六年，又使沙门僧尚伽为三层，即高祖所开者也。初穿土四尺，得龙窟及昔人所舍金银环钏钗镊等诸杂宝物。可深九尺许，方至石磉，磉下有石函，函内有铁壶，以盛银坩,坩内有金镂罂,盛三舍利,如粟粒大,圆正光洁。函内又有琉璃碗,内得四舍利及发爪,爪有四枚,并为沉香色。至其月二十七日,高祖又到寺礼拜,设无导大会,大赦天下。是日,以金钵盛水泛舍利,其最小者隐钵不出,高祖礼数十拜,舍利乃于钵内放光,旋回久之,乃当钵中而止。高祖问大僧正慧念:"今日见不可思议事不?"慧念答曰:"法身常住,湛然不动。"高祖曰:"弟子欲请一舍利还台供养。"至九月五日,又于寺设无导大会,遣皇太子王侯朝贵等奉迎。是日,风景明和,京师倾属,观者百数十万人。所设金银供具等物,并留寺供养,并施钱一千万为寺基业。至四年九月十五日,高祖又至寺设无导大会,竖二刹,各以金罂,次玉罂,重盛舍利及爪发,内七宝塔中。又以石函盛宝塔,分入两刹下,及王侯妃主百姓富室所舍金、银、环、钏等珍宝充积。十一年十一月二日,寺僧又请高祖于寺发《般若经》题,尔夕二塔俱放光明,敕镇东将军邵陵王纶制寺《大功德碑》文。先是,二年,改造会稽鄮县塔,开旧塔出舍利,遣光宅寺释敬脱等四僧及舍人孙照暂迎还台,高祖礼拜竟,即送还县入新塔下,此县塔亦是刘萨何所得也。

晋咸和中,丹阳尹高悝行至张侯桥,见浦中五色光长数尺,不知何怪,乃令人于光处捶视之,得金像,未有光趺。悝乃下车,载像还,至长干巷首,牛不肯进,悝乃令驭人任牛所之,牛径牵车至寺,悝因留像付寺僧。每至中夜,常放光明,又闻空中有金石之响。经一岁,捕鱼人张系世,于海口忽见有铜花趺浮出水上,系世取送县,县以送台,乃施像足,宛然合。会简文咸安元年,交州合浦人董宗之采珠没水,于底得佛光艳,交州押送台,以施像,又合焉。自咸和中得像,至咸安初,历三十余年,光趺始具。

初,高悝得像后,西域胡僧五人来诣悝,曰:"昔于天竺得阿育王造像,来至邺下,值胡乱,埋像于河边,今寻觅失所。五人尝一夜俱梦见像曰:已出江东,为高悝所得。"悝乃送此五僧至寺,见像嘘欷涕泣,像便放光,照烛殿宇。又瓦官寺慧邃欲模写像形,寺主僧尚虑亏损金色,谓邃曰:"若能令像放光,回身西向,乃可相许。"慧邃便恳到拜请,其夜像即转坐放光,回身西向,明旦便许模之。像趺先有外国书,模有识者,后有三藏郁求跋摩识之,云是阿育王为第四女所造也。及大同中,出旧塔舍利,敕市寺侧数百家宅地,以广寺域,造诸堂殿并瑞像周回阁等,穷于轮奂焉。其图诸经变,并吴人张繇运手。繇丹青之工,一时冠绝。

盘盘国,宋文帝元嘉,孝武孝建、大明中,并遣使贡献。大通元年,其王使使奉表曰:"扬州阎浮提震旦天子:万善庄严,一切恭敬,犹如天净无云,明耀满目,天子身心清净,亦复如是。道俗济济,并蒙圣王光化,济度一切,永作舟航,臣闻之庆善。我等至诚敬礼常胜天子足下,稽首问讯。今奉薄献,愿垂哀受。"中大通元年五月,累遣使贡牙像及塔,并献沉檀等香数十种。六年八月,复使送菩提国真舍利及画塔,并献菩提树叶、詹糖等香。

丹丹国,中大通二年,其王遣使奉表曰:"伏承圣主至德仁治,信重三宝,佛法兴显,众僧殷集,法事日盛,威严整肃。朝望国执,慈愍苍生,八方六合,莫不归服,化邻诸天,非可言喻。不任庆善,若暂奉见尊足。谨奉送牙像及塔各二躯,并献火齐珠、古贝、杂香药等。"大同元年,复遣使献金、银、琉璃、杂宝、香药等物。

干陁利国,在南海洲上。其俗与林邑、扶南略同。出班布、古贝、槟榔。槟榔特精好,为诸国之极。宋孝武世,王释婆罗郁怜陁遣长史竺留献金银宝器。

天监元年,其王瞿昙脩跋陁罗以四月八日梦见一僧,谓之曰:"中国今有圣主,十年之后,佛法大兴。汝若遣使贡奉敬礼,则土地丰乐,商旅百倍;若不信我,则境土不得自安。"脩跋陁罗初未能信,既而又梦此僧曰:"汝若不信我,当与汝往观之。"乃于梦中来至中国,拜观天子。既觉,心异之。陁罗本工画,乃写梦中所见高祖容质,饰以丹青,仍遣使并画工奉表献玉盘等物。使人既至,模写高祖形以还其国,比本画则符同焉。因盛以宝函,□加礼敬。后跋陁死,子毗邪跋摩立。十七年,遣长史毗□跋摩奉表曰:"常胜天子陛下:诸佛世尊,常乐安乐,六通三达,为世间尊,是名如来。应供正觉,遗形舍利,造诸塔像,壮严国土,如须弥山。邑居聚落,次第罗满,城郭馆宇,如忉利天宫。具足四兵,能伏怨敌。国土安乐,无诸患难,人民和善,受化正法,庆无不通。犹处雷山,流注雪水,八味清净,百川洋溢,周回屈曲,顺趋大海,一切众生,咸得受用。于诸国土,殊胜第一,是名震旦。大梁扬郡天子,仁荫四海,德合天心,虽人是天,降生护世,功德宝藏,救世大悲,为我尊生,威仪具足。是故至诚敬礼天子足下,稽首问讯。奉献金芙蓉、杂香药等,愿垂纳受。"普通元年,复遣使献方物。

狼牙脩国,在南海中,其界东西三十日行,南北二十日行,去广州二万四千里。土气物产,与南略同,偏多筏沉婆律香等。其俗男女皆袒而被发,以古贝为干缦。其王及贵臣乃加云霞布覆胛,以金绳为络带,金环贯耳。女子则被布,以璎珞绕身。其国累楼为城,重门楼阁。王出乘象,有幡毦旗鼓,罩台盖,兵卫甚设。国人说,立国以来四百余年,后嗣襄弱,王族有贤者,国人归之。王闻知,乃加囚执,其锁无故自断,王以为神,因不敢害,乃斥逐出境。遂奔天竺,天竺妻以长女,俄而狼牙王死,大臣迎还为王。二十余年死,子婆伽达多立。天监十四年,遣使阿撤多奉表曰:"大吉天子足下:离淫怒痴,哀愍众生,慈心无量。端严相好,身光明朗,如水中月,普照十方。眉间白毫,其白如雪,其色照曜,亦如月光。诸天善神之所供养,以垂正法宝,梵行众增,庄严都邑。城阁高峻,如乾陁山,楼观罗列,道途平正,人民炽盛,快乐安稳,著种种衣,犹如天服。于一切国,为极尊胜。天王愍念群生,民人安乐,慈心深广,律仪清净,正法化治,供养三宝,名称宣扬,布满世界,百姓乐见,如月初生。譬如梵王,世界之主,人天一切,莫不归依。敬礼大吉天子足下,犹如现前,忝承先业,庆嘉无量。今遣使问讯大意。欲自往,复畏大海风波不达。今奉薄献,愿大家曲垂领纳。"

婆利国,在广州东南海中洲上。去广州二月日行。国界东西五十日行,南北二十日行。有一百三十六聚。土气署热,如中国之盛夏。谷一岁再熟,草木尝荣。海出文螺、紫贝。有石名蚶贝罗,初采之柔软,及刻削为物干之,遂大坚强。其国人披古贝如帊,及为都缦。王乃用班丝布,以璎珞绕身,头著金冠高尺余,形如弁,缀以七宝之饰。带金装剑,偏坐金高坐,以银镫支足。侍女皆为金花杂宝之饰,或持白毦拂及孔雀扇。王出,以象驾舆,舆以杂香为之,上施羽盖珠帘,其导从吹螺击鼓。王姓憍陈如,自古未通中国。问其先及年数,不能记焉,而言白净王夫人即其国女也。

天监十六年,遣使奉表曰:"伏承圣王信重三宝,兴立塔寺,校饰庄严,周遍国土。四衢平坦,清净无秽。台殿罗列,状若天宫,壮丽微妙,世无与等。圣主出时,四兵具足,羽仪导从,布满左右。都人士女,丽服光饰。市廛丰富,充积珍宝。王法清整,无相侵夺。学徒皆至,三乘竞集,敷说正法,云布雨润。四海流通,交会万国。长江眇漫,清冷深广,有生咸资,莫能消秽。阴阳和畅,灾厉不作。大梁扬都圣王无等,临覆上国,有大慈悲,子育万民。平等忍辱,怨亲无二。加以周穷,无所藏积。靡不照烛,如日之明;无不受乐,犹如净月。宰辅贤良,群臣贞信,尽忠奉上,心无异想。伏惟皇帝是我真佛,臣是婆利国主,今敬稽首礼圣王足下,惟愿大王知我此心。此心久矣,非适今也。山海阻远,无缘自达,今故遣使献金席等,表此丹诚。"普通三年,其王频伽复遣使珠贝智贡白鹦鹉、青虫、兜鍪、琉璃器、古贝、螺杯、杂香、药等数十种。

中天竺国,在大月支东南数千里,地方三万里,一名身毒。汉世张骞使大夏,见邛竹杖、蜀布,国人云,市之身毒,身毒即天竺,盖传译音字不同,其实一也。从月支、高附以西,南至西海,东至槃越,列国数十,每国置王,其名虽异,皆身毒也,汉时羁属月支。其俗土著,与月支同，而卑湿署热，民弱畏战，弱于月支。国临大江，名新陶，源出昆仑，分为五江，总名曰恒水。其水甘美，下有真盐，色正白如水精。土俗出犀、象、貂、羱、玳瑁、火齐、金、银、铁、金缕织成、金皮罽、细摩白叠、好裘、氍毹。火齐状如云母，色如紫金，有光耀，别之则薄如蝉翼，积之则如纱縠之重沓也。其西与大秦、安息交市海中，多大秦珍物，珊瑚、琥珀、金碧珠玑、琅玕、郁金、苏合。苏合是合诸香汁煎之，非自然一物也。又云大秦人采苏合，先笮其汁以为香膏，乃卖其滓与诸国贾人，是以展转来达中国，不大香也。郁金独出罽宾国，华色正黄而细，与芙蓉华里被莲者相似。国人先取以上佛寺，积日香槁，乃粪去之。贾人从寺中征雇，以转卖与佗国也。

汉桓帝延熹九年，大秦王安敦遣使自日南徼外来献，汉世唯一通焉。其国人行贾，往往至扶南、日南、交趾，其南徼诸国人少有到大秦者。孙权黄武五年，有大秦贾人字秦论来到交趾，交趾太守吴邈遣送诣权，权问方土谣俗，论具以事对。时诸葛恪讨丹阳，获黝、歙短人，论见之曰：“大秦希见此人。”权以男女各十人，差吏会稽刘咸送论，咸于道物故，论乃径还本国。汉和帝时，天竺数遣使贡献，后西域反叛，遂绝。至桓帝延熹二年，四年，频从日南徼外来献。魏、晋世，绝不复通。唯吴时扶南王范旃遣亲人苏物使其国，从扶南发投拘利口，循海大湾中正西北入历湾边数国，可一年余到天竺江口，逆水行七千里乃至焉。天竺王惊曰：“海滨极远，犹有此人。”即呼令观视国内，仍差陈、宋等二人以月支马四匹报旃，遣物等还，积四年方至。其时吴遣中郎康泰使扶南，及见陈、宋等，具问天竺土俗，云“佛道所兴国也。人民敦厖，土地饶沃。其王号茂论。所都城郭，水泉分流，绕于渠渐，下注江。其宫殿皆雕文镂刻，街曲市里，屋舍楼观，钟鼓音乐，服饰香华，水陆通流，百贾交会，奇玩珍玮，恣心所欲。左右嘉维、舍卫、叶波等十六大国，去天竺或二三千里，共尊奉之，以为在天地之中也。”

天监初，其王屈多遣长史竺罗达奉表曰：“伏闻彼国据江傍海，山川周固，众妙悉备，庄严国土，犹如化城。宫殿庄饰，街巷平坦，人民充满，欢娱安乐。王出游，四兵随从，圣明仁爱，不害众生。国中臣民，循行正法，大王仁圣，化之以道，慈悲群生，无所遗弃。常修净戒，式导不及，无上法船，沉溺以济。百官氓庶，受乐无恐。诸天护持，万神侍从，天魔降服，莫不归仰。王身端严，如日初出，仁泽普润，犹如大云，于彼震旦，最为殊胜。臣之所住国土，首罗天守护，令国安乐。王王相承，未曾断绝。国中皆七宝形像，众妙庄严，臣自修检，如化王法。臣名屈多，奕世王种。惟愿大王圣体和平。今以此国群臣民庶，山川珍重，一切归属，五体投地，归诚大王。使人竺达多由来忠信，是故今遣。大王若有所须珍奇异物，悉当奉送。此之境土，便是大王之国，王之法令善道，悉当承用。愿二国信使往来不绝。此信返还，愿赐一使，具宣圣命，备救所宜。款至之诚，望不空返，所白如允，愿加采纳。今奉献琉璃唾壶、杂香、古贝等物。”

师子国，天竺旁国也。其地和适，无冬夏之异。五谷随人所种，不须节。其国旧无人民，止有鬼神及龙居之。诸国商估来共市易，鬼神不见其形，但出珍宝，显其所堪价，商人依价取之。诸国人闻其土乐，因此竞至，或有停住者，遂成大国。

晋义熙初，始遣献玉像，经十载乃至。像高四尺二寸，五色洁润，形制殊特，殆非人工。此像历晋、宋世在瓦官寺，寺先有征士戴安道，手制佛像五躯，及顾长康维摩画图，世人谓为三绝。至齐东昏，遂毁玉像，前截臂，次取身，为嬖妾潘贵妃作钗钏。宋元嘉六年，十二年，其王刹利摩诃遣使贡献。

大通元年，后王伽叶伽罗诃梨邪使奉表曰：“谨白大梁明主：虽山海殊隔，而音信时通。伏承皇帝道德高远，覆载同于天地，明照齐乎日月，四海之表，无有不从，方国诸王，莫不奉献，以表慕义之诚。或泛海三年，陆行千日，畏威怀德，无远不至。我先王以来，唯以修德为本，不严而治。奉事正法道天下，欣人为善，庆若己身，欲与大梁共弘三宝，以度难化。信还，伏听告敕。今奉薄献，愿垂纳受。”

　　东夷之国，朝鲜为大，得箕子之化，其器物犹有礼乐云。魏时，朝鲜以东马韩、辰韩之属，世通中国。自晋过江，泛海东使，有高句骊、百济；而宋、齐间，常通职贡；梁兴，又有加焉。扶桑国，在昔未闻也。普通中，有道人称自彼而至，其言元本尤悉，故并录焉。

　　高句骊者，其先出自东明。东明本北夷橐王之子。离王出行，其侍儿于后任娠，离王还，欲杀之。侍儿曰："前见天上有气如大鸡子，来降我，因以有娠。"王囚之，后遂生男。王置之豕牢，豕以口气嘘之，不死，王以为神，乃听收养。长而善射，王忌其猛，复欲杀之，东明乃奔走，南至淹滞水，以弓击水，鱼鳖皆浮为桥，东明乘之得渡，至夫余而王焉。其后支别为句骊种也。其国，汉之玄菟郡也，在辽东之东，去辽东千里。汉、魏世，南与朝鲜、秽貊，东与沃沮，北与夫余接。汉武帝元封四年，灭朝鲜，置玄菟郡，以高句骊为县以属之。

　　句骊地方可二千里，中有辽山，辽水所出。其王都于丸都之下，多大山深谷，无原泽，百姓依之以居，食涧水。虽土著，无良田，故其俗节食。好治宫室，于所居之左立大屋，祭鬼神，又祠零星、社稷。人性凶急，喜寇抄。其官有相加、对卢、沛者、古邹加、主簿、优台、使者、皂衣、先人，尊卑各有等级。言语诸事，多与夫余同；其性气、衣服有异。本有五族，有消奴部，慎奴部，藋奴部，桂娄部。本消奴部为王，微弱，桂娄部代之。汉时赐衣帻、朝服、鼓吹，常从玄菟郡受之。后稍骄，不复诣郡，但于东界筑小城以受之，至今犹名此城为帻沟娄。"沟娄"者，句骊名"城"也。其置官，有对卢则不置沛者，有沛者则不置对卢。其俗喜歌舞，国中邑落男女，每夜群聚哥戏。其人洁清自喜，善藏酿，跪拜申一脚，行步皆走。以十月祭天大会，名曰"东明"。其公会衣服，皆锦绣金银以自饰。大加、主簿头所著似帻而无后；其小加著折风，形如弁。其国无牢狱，有罪者，则会诸加评议杀之，没入妻子。其俗好淫，男女多相奔诱。已嫁娶，便稍作送终之衣。其死葬，有椁无棺。好厚葬，金银财币尽于送死。积石为封，列植松柏。兄死妻嫂。其马皆小,便登山。国人尚气力,便弓矢刀矛,有铠甲,习战斗。沃沮、东秽皆属焉。

王莽初,发高骊兵以伐胡,不欲行,强迫遣之,皆亡出塞为寇盗。州郡归咎于句骊侯驺,严尤诱而斩之,王莽大悦,更名高句骊为下句骊,当此时为侯矣。光武八年,高句骊王遣使朝贡,始称王。至殇、安之间,其王名宫,数寇辽东,玄菟太守蔡风讨之不能禁。宫死,子伯固立。顺、和之间,复数犯辽东寇抄,灵帝建宁二年,玄菟太守耿临讨之,斩首虏数百级,伯固乃降属辽东。公孙度之雄海东也,伯固与之通好。伯固死,子伊夷摸立。伊夷摸自伯固时已数寇辽东,又受亡胡五百余户。建安中,公孙康出军击之,破其国,焚烧邑落,降胡亦叛伊夷摸,伊夷摸更作新国。其后,伊夷摸复击玄菟,玄菟与辽东合击,大破之。

伊夷摸死,子位宫立。位宫有勇力,便鞍马,善射猎。魏景初二年,遣太傅司马宣王率众讨公孙渊,位宫遣主簿、大加将兵千人助军。正始三年,位宫寇西安,嘉平五年,幽州刺史毋丘俭将万人出玄菟讨位宫,位宫将步骑二万人逆军,大战于沸流。位宫败走,俭军追至岘,悬车束马,登丸都山,屠其所都,斩首虏万余级,位宫单将妻息远窜。六年,俭复讨之,位宫轻将诸加奔沃沮,俭使将军王颀追之,绝沃沮千余里,到肃慎南界,刻石纪功;又到丸都山,铭不耐城而还。其后,复通中夏。

晋永嘉乱,鲜卑慕容廆据昌黎大棘城,元帝授平州刺史。句骊王乙弗利频寇辽东,廆不能制。弗利死,子刘代立,康帝建元元年,慕容廆子晃率兵伐之,刘与战,大败,单马奔走。晃乘胜追至丸都,焚其宫室,掠男子五万余口以归。孝武太元十年,句骊攻辽东、玄菟郡,后燕慕容垂遣弟农伐句骊,复二郡。垂死,子宝立,以句骊王安为平州牧,封辽东、带方二国正。安始置长史、司马、参军官,后略有辽东郡。至孙高琏,晋安帝义熙中,始奉表通贡职,历宋、齐并授爵位,年百余岁死。子云,齐隆昌中,以为使持节、散骑常侍、都督营平二州、征东大将军、乐浪公。高祖即位,进云车骑大将军。天监七年,诏曰："高骊王、乐浪郡公云，乃诚款著，贡驿相寻，宜隆秩命，式弘朝典。可抚东大将军、开府仪同三司，持节、常侍、都督、王并如故。"十一年，十五年，累遣使贡献。十七年，云死，子安立。普通元年，诏安纂袭封爵，持节、督营平二州诸军事、宁东将军。七年，安卒，子延立，遣使贡献，诏以延袭爵。中大通四年，六年，大同元年，七年，累奉表献方物。太清二年，延卒，诏以其子袭延爵位。

百济者，其先东夷有三韩国，一曰马韩，二曰辰韩，三曰弁韩。弁韩、辰韩各十二国，马韩有五十四国。大国万余家，小国数千家，总十余万户，百济即其一也。后渐强大，兼诸小国。其国本与句骊在辽东之东，晋世句骊既略有辽东，百济亦据有辽西、晋平二郡地矣，自置百济郡。晋太元中，王须，义熙中，王余映，宋元嘉中，王余毗，并遣献生口。余毗死，立子庆。庆死，子牟都立。都死，立子牟太。齐永明中，除太都督百济诸军事、镇东大将军、百济王。天监元年，进太号征东将军。寻为高句骊所破，衰弱者累年，迁居南韩地。普通二年，王余隆始复遣使奉表，称"累破句骊，今始与通好"。而百济更为强国。其年，高祖诏曰："行都督百济诸军事、镇东大将军、百济王余隆，守藩海外，远修贡职，乃诚款到，朕有嘉焉。宜率旧章，授兹荣命。可使持节、都督百济诸军事、宁东大将军、百济王。"五年，隆死，诏复以其子明为持节、督百济诸军事、绥东将军、百济王。号所治城曰固麻，谓邑曰檐鲁，如中国之言郡县也。

其国有二十二檐鲁，皆以子弟宗族分据之。其人形长，衣服净洁。其国近倭，颇有文身者。今言语服章略与高骊同，行不张拱，拜不申足则异，呼帽曰复衫，裤曰裈。其言参诸夏，亦秦、韩之遗俗云。中大通六年，大同七年，累遣使献方物；并请《涅盘》等经义、《毛诗》博士，并工匠、画师等，敕并给之。太清三年，不知京师寇贼，犹遣使贡献；既至，见城阙荒毁，并号恸涕泣。侯景怒，囚执之，及景平，方得还国。

　　新罗者，其先本辰韩种也。辰韩亦曰秦韩，相去万里，传言秦世亡人避役来适马韩，马韩亦割其东界居之，以秦人，故名之曰秦韩。其言语名物有似中国人，名国为邦，弓为弧，贼为寇，行酒为行觞。相呼皆为徒，不与马韩同。又辰韩王常用马韩人作之，世相系，辰韩不得自立为王，明其流移之人故也，恒为马韩所制。辰韩始有六国，稍分为十二，新罗则其一也。其国在百济东南五千余里。其地东滨大海，南北与句骊、百济接。魏时曰新卢，宋时曰新罗，或曰斯罗。其国小，不能自通使聘。普通二年，王募名秦，始使使随百济奉献方物。

　　其俗呼城曰健牟罗，其邑在内曰啄评，在外曰邑勒，亦中国之言郡县也。国有六啄评，五十二邑勒。土地肥美，宜植五谷。多桑麻，作缣布。服牛乘马。男女有别。其官名，有子贲旱支、齐旱支、谒旱支、壹告支、奇贝旱支。其冠曰遗子礼，襦曰尉解，裤曰柯半，靴曰洗。其拜及行与高骊相类。无文字，刻木为信。语言待百济而后通焉。

　　倭者，自云太白之后。俗皆文身。去带方万二千余里，大抵在会稽之东，相去绝远。从带方至倭，循海水行，历韩国，乍东乍南，七千余里始度一海。海阔千余里，名瀚海，至一支国。又度一海千余里，名未卢国。又东南陆行五百里，至伊都国。又东南行百里，至奴国。又东行百里，至不弥国。又南水行二十日，至投马国。又南水行十日，陆行一月日，至祁马台国，即倭王所居。其官有伊支马，次曰弥马获支，次曰奴往鞮。民种禾稻纻麻，蚕桑织绩。有姜、桂、橘、椒、苏。出黑雉、真珠、青玉。有兽如牛，名山鼠。又有大蛇吞此兽。蛇皮坚不可斫，其上有孔，乍开乍闭，时或有光，射之中，蛇则死矣。物产略与儋耳、朱崖同。地温暖，风俗不淫。男女皆露纷。富贵者以锦绣杂采为帽，似中国胡公头。食饮用笾豆。其死，有棺无椁，封土作冢。人性皆嗜酒。俗不知正岁，多寿考，多至八九十，或至百岁。其俗女多男少，贵者至四五妻，贱者犹两三妻。妇人无淫妒。无盗窃,少诤讼。若犯法,轻者没其妻子,重则灭其宗族。

汉灵帝光和中,倭国乱,相攻伐历年,乃共立一女子卑弥呼为王。弥呼无夫婿,挟鬼道,能惑众,故国人立之。有男弟佐治国。自为王,少有见者,以婢千人自侍,唯使一男子出入传教令。所处宫室,常有兵守卫。至魏景初三年,公孙渊诛后,卑弥呼始遣使朝贡,魏以为亲魏王,假金印紫绶。正始中,卑弥死,更立男王,国中不服,更相诛杀,复立卑弥呼宗女台与为王。其后复立男王,并受中国爵命。晋安帝时,有倭王赞。赞死,立弟弥。弥死,立子济。济死,立子兴。兴死,立弟武。齐建元中,除武持节、督倭新罗任郍伽罗秦韩慕韩六国诸军事、镇东大将军。高祖即位,进武号征东将军。

其南有朱儒国,人长三四尺。又南黑齿国、裸国,去倭四千余里,船行可一年至。又西南万里有海人,身黑眼白,裸而丑,其肉美,行者或射而食之。

文身国,在倭国东北七千余里。人体有文如兽,其额上有三文,文直者贵,文小者贱。土俗欢乐,物丰而贱,行客不赍粮。有屋宇,无城郭。其王所居,饰以金银珍丽。绕屋为堑,广一丈,实以水银,雨则流于水银之上。市用珍宝。犯轻罪者则鞭仗,犯死罪则置猛兽食之,有枉则猛兽避而不食,经宿则赦之。

大汉国,在文身国东五千余里。无兵戈,不攻战。风俗并与文身国同,而言语异。

扶桑国者,齐永元元年,其国有沙门慧深来至荆州,说云:"扶桑在大汉国东二万余里,地在中国之东,其土多扶桑木,故以为名。扶桑叶似桐,而初生如笋,国人食之,实如梨而赤,绩其皮为布以为衣,亦以为绵。作板屋,无城郭。有文字,以扶桑皮为纸。无兵甲,不攻战。其国法,有南北狱,若犯轻者入南狱,重罪者入北狱,有赦则赦南狱,不赦北狱者。男女相配,生男八岁为奴,生女九岁为婢。

犯罪之身,至死不出。贵人有罪,国乃大会,坐罪人于坑,对之宴饮,分诀若死别焉。以灰绕之,其一重则一身屏退,二重则及子孙,三重则及七世。名国王为乙祁,贵人第一者为大对卢,第二者为小对卢,第三者为纳咄沙。国王行有鼓角导从。其衣色随年改易,甲乙年青,景丁年赤,戊己年黄,庚辛年白,壬癸年黑。有牛角长,以角载物,至胜二十斛。车有马车、牛车、鹿车。国人养鹿,如中国畜牛。以乳为酪。有桑梨,经年不坏。多蒲桃。其地无铁有铜,不贵金银。市无租估。其婚姻,婿往女家门外作屋,晨夕洒扫,经年而女不悦,即驱之,相悦乃成婚。婚礼大抵与中国同。亲丧,七日不食;祖父母丧,五日不食;兄弟伯叔姑姊妹,三日不食。设灵为神像,朝夕拜奠,不制缞绖。嗣王立,三年不视国事。其俗旧无佛法,宋大明二年,罽宾国尝有比丘五人游行至其国,流通佛法、经像,教令出家,风俗遂改。”

慧深又云:“扶桑东千余里有女国,容貌端正,色甚洁白,身体有毛,发长委地。至二、三日,竞入水则任娠,六七月产子。女人胸前无乳,项后生毛,根白,毛中有汁,以乳子,一百日能行,三四年则成人矣。见人惊避,偏畏丈夫。食咸草如禽兽。咸草叶似邪蒿,而气香味咸。”天监六年,有晋安人渡海,为风所飘至一岛,登岸,有人居止。女则如中国,而言语不可晓;男则人身而狗头,其声如吠。其食有小豆。其衣如布。筑土为墙,其形圆,其户如窦云。

西北诸戎,汉世张骞始发西域之迹,甘英遂临西海,或遣侍子,或奉贡献,于时虽穷兵极武,仅而克捷,比之前代,其略远矣。魏时三方鼎跱,日事干戈,晋氏平吴以后,少获宁息,徒置戊己之官,诸国亦未宾从也。继以中原丧乱,胡人递起,西域与江东隔碍,重译不交。吕光之涉龟兹,亦犹蛮夷之伐蛮夷,非中国之意也。自是诸国分并,胜负强弱,难得详载。明珠翠羽,虽侔于后宫;蒲梢龙文,希入于外署。有梁受命,其奉正朔而朝阙庭者,则仇池、宕昌、高昌、邓至、河南、龟兹、于阗、滑诸国焉。今缀其风俗,为《西北戎传》云。

河南王者，其先出自鲜卑慕容氏。初，慕容弈洛干有二子，庶长曰吐谷浑，嫡曰廆。洛干卒，廆嗣位，吐谷浑避之西徙。廆追留之，而牛马皆西走，不肯还，因遂西上陇，度枹罕，出凉州西南，至赤水而居之。其地则张掖之南，陇西之西，在河之南，故以为号。其界东至垒川，西邻于阗，北接高昌，东北通秦岭，方千余里，盖古之流沙地焉。乏草木，少水潦，四时恒有冰雪，唯六七月雨雹甚盛。若晴则风飘沙砾，常蔽光景。其地有麦无谷。有青海方数百里，放牝马其侧，辄生驹，土人谓之龙种，故其国多善马。有屋宇，杂以百子帐，即穹庐也。著小袖袍，小口裤，大头长裙帽。女子披发为辫。

其后吐谷浑孙叶延，颇识书记，自谓曾祖奕洛干始封昌黎公，吾盖公孙之子也。礼以王父字为国氏，因姓吐谷浑，亦为国号。至其末孙阿豺，始受中国官爵。弟子慕延，宋元嘉末又自号河南王。慕延死，从弟拾寅立，乃用书契，起城池，筑宫殿，其小王并立宅。国中有佛法。拾寅死，子度易侯立。易侯死，子休留代立。齐永明中，以代为使持节、都督西秦河沙三州、镇西将军、护羌校尉、西秦河二州刺史。

梁兴，进代为征西将军。代死，子休运筹袭爵位。天监十三年，遣使献金装马脑钟二口，又表于益州立九层佛寺，诏许焉。十五年，又遣使献赤舞龙驹及方物。其使或岁再三至，或再岁一至。其地与益州邻，常通商贾，民慕其利，多往从之，教其书记，为之辞译，稍桀黠矣。普通元年，又奉献方物。筹死，子呵罗真立。大通三年，诏以为宁西将军、护羌校尉、西秦河二州刺史。真死，子佛辅袭爵位，其世子又遣使献白龙驹于皇太子。

高昌国，阚氏为主，其后为河西王沮渠茂虔弟无讳袭破之，其王阚爽奔于芮芮。无讳据之称王，一世而灭。国人又立麹氏为王，名嘉，元魏授车骑将军、司空公、都督秦州诸军事、秦州刺史、金城郡开国公。在位二十四年，卒，谥曰昭武王。子子坚，使持节、骠骑大将军、散骑常侍、都督瓜州诸军事、瓜州刺史、河西郡开国公、仪同三司、高昌王，嗣位。

其国盖车师之故地也。南接河南，东连敦煌，西次龟兹，北邻敕勒。置四十六镇，交河、田地、高宁、临川、横截、柳婆、洿林、新兴、由宁、始昌、笃进、白刀等，皆其镇名。官有四镇将军及杂号将军、长史、司马、门下校郎、中兵校郎、通事舍人、通事令史、谘议、校尉、主簿。国人言语与中国略同。有五经、历代史、诸子集。面貌类高骊，辫发垂之于背，著长身小袖袍、缦裆裤。女子头发辫而不垂，著锦缬缨珞环钏。姻有六礼。其地高燥，筑土为城，架木为屋，土覆其上。寒暑与益州相似。备植九谷，人多啖麦及羊牛肉。出良马、蒲陶酒、石盐。多草木，草实如茧，茧中丝如细纩，名为白叠子，国人多取织以为布，布甚软白，交市用焉。有朝乌者，旦旦集王殿前，为行列，不畏人，日出然后散去。大同中，子坚遣使献鸣盐枕、蒲陶、良马、氍毹等物。

滑国者，车师之别种也。汉永建元年，八滑从班勇击北虏有功，勇上八滑为后部亲汉侯。自魏、晋以来，不通中国，至天监十五年，其王厌带夷栗陁始遣使献方物。普通元年，又遣使献黄师子、白貂裘、波斯锦等物。七年，又奉表贡献。

元魏之居桑乾也，滑犹为小国，属芮芮。后稍强大，征其旁国波斯、盘盘、罽宾、焉耆、龟兹、疏勒、姑墨、于阗、句盘等国，开地千余里。土地温暖，多山川树木，有五谷。国人以麨及羊肉为粮。其兽有师子、两脚骆驼，野驴有角。人皆善射，著小袖长身袍，用金玉为带。女人被裘，头上刻木为角，长六尺，以金银饰之。少女子，兄弟共妻。无城郭，毡屋为居，东向开户。其王坐金床，随太岁转，与妻并坐接客。无文字，以木为契。与旁国通，则使旁国胡为胡书，羊皮为纸。无职官。事天神、火神，每日则出户祀神而后食。其跪一拜而止。葬以木为椁。父母死，其子截一耳，葬讫即吉。其言语待河南人译然后通。

　　周古柯国,滑旁小国也。普通元年,使使随滑来献方物。

　　呵跋檀国,亦滑旁小国也。凡滑旁之国,衣服容貌皆与滑同。普通元年,使使随滑使来献方物。

　　胡蜜丹国,亦滑旁小国也。普通元年,使使随滑使来献方物。

　　白题国,王姓支名史稽毅,其先盖匈奴之别种胡也。汉灌婴与匈奴战,斩白题骑一人。今在滑国东。去滑六日行,西极波斯。土地出粟、麦、瓜果,食物略与滑同。普通三年,遣使献方物。

　　龟兹者,西域之旧国也。后汉光武时,其王名弘,为莎车王贤所杀,灭其族。贤使其子则罗为龟兹王,国人又杀则罗。匈奴立龟兹贵人身毒为王,由是属由匈奴。然龟兹在汉世常为大国,所都曰延城。魏文帝初即位,遣使贡献。晋太康中,遣子入侍。太元七年,秦主苻坚遣将吕光伐西域,至龟兹,龟兹王帛纯载宝出奔,光入其城。城有三重,外城与长安城等。室屋壮丽,饰以琅玕金玉。光立帛纯弟震为王而归,自此与中国绝不通。普通二年,王尼瑞摩珠郍胜遣使奉表贡献。

　　于阗国,西域之属也。后汉建武末,王俞为莎车王贤所破,徙为骊归王,以其弟君得于于阗王,暴虐,百姓患之。永平中,其种人都末杀君得,大人休莫霸又杀都末,自立为王。霸死,兄子广得立,后击虏莎车王贤以归,杀之,遂为强国,西北诸小国皆服从。

　　其地多水潦沙石,气温,宜稻、麦、蒲桃。有水出玉,名曰玉河。国人善铸铜器。其治曰西山城。有屋室市井。菜蔬菜蔬与中国等。尤敬佛法。王所居室,加以朱画。王冠金帻,如今胡公帽。与妻并坐接客。国中妇人皆辫发,衣裘裤。其人恭,相见则跪,其跪则一膝至地。书则以木为笔札，以玉为印。国人得书，戴于首而后开札。

魏文帝时，王山习献名马。天监九年，遣使献方物。十三年，又献波罗婆步䩅。十八年，又献琉璃罂。大同七年，又献外国刻玉佛。

渴盘陁国，于阗西小国也。西邻滑国，南接罽宾国，北连沙勒国。所治在山谷中。城周回十余里，国有十二城。风俗与于阗相类。衣古贝布，著长身小袖袍，小口裤。地宜小麦，资以为粮。多牛马骆驼羊等。出好毡、金、玉。王姓葛沙氏。中大同元年，遣使献方物。

末国，汉世且末国也。胜兵万余户。北与丁零，东与白题，西与波斯接。土人剪发，著毡帽，小袖衣，为衫则开颈而缝前。多牛羊骡驴。其主安末深盘，普通五年，遣使来贡献。

波斯国，其先有波斯匿王者，子孙以王父字为氏，因为国号。国有城，周回三十二里，城高四丈，皆有楼观。城内屋宇数百千间，城外佛寺二三百所。西去城十五里有土山，山非过高，其势连接甚远，中有鹫鸟唉羊，土人极以为患。国中有优钵昙花，鲜华可爱。出龙驹马。咸池生珊瑚树，长一二尺。亦有琥珀、马脑、真珠、玫瑰等，国内不以为珍。市卖用金银。婚姻法：下聘讫，女婿将数十人迎妇，婿著金线锦袍，师子锦裤，戴天冠，妇亦如之。妇兄弟便来捉手付度，夫妇之礼，于兹永毕。国东与滑国，西及南俱与婆罗门国，北与泛栗国接。中大通二年，遣使献佛牙。

宕昌国，在河南之东南，益州之西北，陇西之西，羌种也。宋孝武世，其王梁瑾忽始献方物。天监四年，王梁弥博来献甘草、当归，诏以为使持节、都督河凉二州诸军事、安西将军、东羌校尉、河凉二州刺史、陇西公、宕昌王，佩以金章。弥博死，子弥泰立，大同七年，复授以父爵位。其衣服、风俗与河南略同。

　　邓至国,居西凉州界,羌别种也。世号持节、平北将军、西凉州刺史。宋文帝时,王象屈耽遣使献马。天监元年,诏以邓至王象舒彭为督西凉州诸军事,号安北将军。五年,舒彭遣使献黄耆四百斤,马四匹。其俗呼帽曰突何。其衣服与宕昌同。

　　武兴国,本仇池。杨难当自立为秦王,宋文帝遣裴方明讨之,难当奔魏。其兄子文德又聚众茄卢,宋因授以爵位,魏又攻之,文德奔汉中。从弟僧嗣又自立,复戍茄卢。卒,文德弟文度立,以弟文洪为白水太守,屯武兴,宋世以为武都王。武兴之国,自于此矣。难当族弟广香又攻杀文度,自立为阴平王、茄卢镇主。卒,子炅立。炅死,子崇祖立。崇祖死,子孟孙立。齐永明中,魏氏南梁州刺史仇池公杨灵珍据泥切山归款,齐世以灵珍为北梁州刺史、仇池公。文洪死,以族人集始为北秦州刺史、武都王。天监初,以集始为使持节、都督秦雍二州诸军事、辅国将军、平羌校尉、北秦州刺史、武都王;灵珍为冠军将军;孟孙为假节、督沙州刺史、阴平王。集始死,子绍先袭爵位。二年,以灵珍为持节、督陇右诸军事、左将军、北梁州刺史、仇池王。十年,孟孙死,诏赠安沙将军、北雍州刺史。子定袭封爵。绍先死,子智慧立。大同元年,克复汉中,智慧遣使上表,求率四千户归国,诏许焉,即以为东益州。

　　其国东连秦岭,西接宕昌,去宕昌八百里,南去汉中四百里,北去岐州三百里,东去长安九百里。本有十万户,世世分减。其大姓有付氏、姜氏。言语与中国同。著乌皂突骑帽,长身小袖袍,小口裤,皮靴。地植九谷。婚姻备六礼,知书疏。种桑麻,出绸、绢、精布、漆、蜡、椒等。山出铜铁。

　　芮芮国,盖匈奴别种。魏、晋世,匈奴分为数百千部,各有名号,芮芮其一部也。自元魏南迁,因擅其故地。无城郭,随水草畜牧,以穹庐为居。辫发,衣锦,小袖袍,小口裤,深雍靴。其地苦寒,七月流澌亘河。宋升明中,遣王洪轨使焉,引之共伐魏。齐建元元年,洪轨始至其国,国王率三十万骑,出燕然山东南三千余里,魏人闭关不敢战。后稍侵弱。永明中,为丁零所破,更为小国而南移其居。天监中,始破丁零,复其旧土。始筑城郭,名曰木末城。十四年,遣使献乌貂裘。普通元年,又遣使献方物。是后数岁二至焉。大同七年,又献马一匹,金一斤。

其国能以术祭天而致风雪,前对皎日,后则泥潦横流,故其战败莫能追及。或于中夏为之,则暳而不雨,问其故,以暖云。

史臣曰:海南、东夷、西北戎诸国,地穷边裔,各有疆域,若山奇海异,怪类殊种,前古未闻,往牒不记,故知九州之外,八荒之表,辩方物土,莫究其极,高祖以德怀之,故朝贡岁至,美矣。

梁书卷五五
列传第四九

豫章王综　武陵王纪
临贺王正德　河东王誉

豫章王综字世谦，高祖第二子也。天监三年，封豫章郡王，邑二千户。五年，出为使持节、都督南徐州诸军事、仁威将军、南徐州刺史，寻进号北中郎将。十年，迁都督郢司霍三州诸军事、云麾将军、郢州刺史。十三年，迁安右将军、领石头戍军事。十五年，迁西中郎将，兼护军将军，又迁安前将军、丹阳尹。十六年，复为北中郎将、南徐州刺史。普通二年，入为侍中、镇右将军，置佐史。

初，其母吴淑媛自齐东昏宫得幸于高祖，七月而生综，宫中多疑之者，及淑媛宠衰怨望，遂陈疑似之说，故综怀之。既长，有才学，善属文。高祖御诸子以礼，朝见不甚数，综恒怨不见知。每出藩，淑媛恒随之镇。至年十五六，尚裸袒嬉戏于前，昼夜无别，内外咸有秽议。综在徐州，政刑酷暴。又有勇力，手制奔马。常微行夜出，无有期度。每高祖有敕疏至，辄忿恚形于颜色，群臣莫敢言者。恒于别室祠齐氏七庙，又微服至曲阿拜齐明帝陵。然犹无以自信，闻俗说以生者血沥死者骨，渗，即为父子。综乃私发齐东昏墓，出骨，沥臂血试之，并杀一男，取其骨试之，皆有验。自此常怀异志。

四年，出为使持节、都督南兖兖徐青冀五州诸军事、平北将军、南兖州刺史，给鼓吹一部。闻齐建安王萧宝寅在魏，遂使人入北与之相知，谓为叔父，许举镇归之。会大举北伐，六年，魏将元法僧以彭城降,高祖乃令综都督众军镇于彭城,与魏将安丰王元延明相持。高祖以连兵既久,虑有衅生,敕综退军。综惧南归则无因复与宝寅相见,乃与数骑夜奔于延明,魏以为侍中、太尉、高平公、丹阳王,邑七千户,钱三百万,布绢三千匹,杂彩千匹,马五十匹,羊五百口,奴婢一百人。综乃改名缵,字德文,追为齐东昏服斩衰。于是有司奏削爵土,绝属籍,改其姓为悖氏。俄有诏复之,封其子直为永新侯,邑千户。大通二年,萧宝寅在魏据长安反,综自洛阳北遁,将赴之,为津吏所执,魏人杀之,时年四十九。

初,综既不得志,尝作《听钟鸣》、《悲落叶辞》,以申其志。大略曰:

> 听钟鸣,当知在帝城。参差定难数,历乱百愁生。去声悬窈窕,来响急徘徊。谁怜传漏子,辛苦建章台。

> 听钟鸣,听听非一所。怀瑾握瑜空掷去,攀松折桂谁相许。昔朋旧爱各东西,譬如落叶不更齐。漂漂孤雁何所栖,依依别鹤夜半啼。

> 听钟鸣,听此何穷极。二十有余年,淹留在京域。窥明镜,罢容色,云悲海思徒掩抑。

其《悲落叶》云:

> 悲落叶,连翩下重叠。落且飞,从横去不归。

> 悲落叶,落叶悲,人生譬如此,零落不可持。

> 悲落叶,落叶何时还?凡昔共根本,无复一相关。

当时见者莫不悲之。

武陵王纪字世询,高祖第八字子也。少勤学,有文才,属辞不好轻华,甚有骨气。天监十三年,封为武陵郡王,邑二千户。历位宁远将军、琅邪彭城二郡太守,轻车将军、丹阳尹。出为会稽太守,寻以其郡为东扬州,仍为刺史,加使持节、东中郎将。征为侍中,领石头戍军事。出为宣惠将军、江州刺史。征为使持节、宣惠将军、都督扬南徐二州诸军事、扬州刺史。寻改授持节、都督益梁等十三州诸军事、安西将军、益州刺史，加鼓吹一部。大同十一年，授散骑常侍、征西大将军、开府仪同三司。

初，天监中，震太阳门，成字曰“绍宗梁位唯武王”，解者以为武王者，武陵王也，于是朝野属意焉。及太清中，侯景乱，纪不赴援。高祖崩后，纪乃僭号于蜀。改年曰天正。立子圆照为皇太子，圆正为西阳王，圆满竟陵王，圆普南谯王，圆肃宜都王。以巴西、梓潼二郡太守永丰侯扬为征西大将军、益州刺史，封秦郡王。司马王僧略、直兵参军徐怦并固谏，纪以为贰于己，皆杀之。永丰侯扬叹曰：“王不免矣！夫善人，国之基也，今反诛之，不亡何待！”又谓所亲曰：“昔桓玄年号大亨，识者谓之‘二月了’，而玄之败实在仲春。今年曰天正，在文为‘一止’，其能久乎？”

太清五年夏四月，纪帅军东下至巴郡，以讨侯景为名，将图荆陕。闻西魏侵蜀，遣其将南梁州刺史谯淹回军赴援。五月日，西魏将尉迟迥帅众逼涪水，潼州刺史杨乾运以城降之，迥分军据守，即趋成都。丁丑，纪次于西陵，舳舻翳川，旌甲曜日，军容甚盛。世祖命护军将军陆法和于硖口夹岸筑二垒，镇江以断之。时陆纳未平，蜀军复逼，物情恇扰，世祖忧焉。法和告急，旬日相继。世祖乃拔任约于狱，以为晋安王司马，撤禁兵以配之；并遣宣猛将军刘棻共约西赴。六月，约筑连城，攻绝铁锁。世祖复于狱拔谢答仁为步兵校尉，配众一旅，上赴法和。世祖与纪书曰：“皇帝敬问假黄钺太尉武陵王：自九黎侵轶，三苗寇扰，天长丧乱，獯丑冯陵，虏刘象魏，黍离王室。朕枕戈东望，泣血西浮，殒爱子于二方，无诸侯之八百，身被属甲，手贯流矢。俄而风树之酷，万恨始缠，霜露之悲，百忧继集，扣心饮胆，志不图全。直以宗社缀旒，鲸鲵未翦，尝胆待旦，龚行天罚，独运四聪，坐挥八柄。虽复结坛待将，褰帷纳士，拒赤壁之兵，无谋于鲁肃，烧乌巢之米，不访于荀攸，才智将殚，金贝殆竭，傍无寸助，险阻备尝，遂得斩长狄于驹门，挫蚩尤于枫木。怨耻既雪，天下无尘，经营四方，专资一力，方与岳牧，同兹清静。隆暑炎赫，弟比何如？文武具僚，当有劳弊。今遣散骑常侍、光州刺史郑安忠，指宣往怀。"仍令喻意于纪,许其还蜀,专制岷方。纪不从命,报书如家人礼。庚申,纪将侯睿率众缘山,将规进取,任约、谢答仁与战,破之。既而陆纳平,诸军并西赴,世祖又与纪书曰:"甚苦大智!季月烦暑,流金烁石,聚蚊成雷,封狐千里,以兹玉体,辛苦行阵。乃眷西顾,我劳如何。自獯丑凭陵,羯胡叛换,吾年为一日之长,属有平乱之功,膺此乐推,事归当璧。傥遣使乎,良所迟也。如曰不然,于此投笔。友于兄弟,分形共气。兄肥弟瘦,无复相代之期;让枣推梨,长罢欢愉之日。上林静拱,闻四鸟之哀鸣;宣室披图,嗟万始之长逝。心乎爱矣,书不尽言。"大智,纪之别字也。纪遣所署度支尚书乐奉业至于江陵,论和缉之计,依前旨还蜀。世祖知纪必破,遂拒而不许。景戌,巴东民符升、徐子初等,斩纪硖口城主公孙晃,降于众军。王琳、宋簏、任约、谢答仁等因进攻侯睿,陷其三垒,于是两岸十余城遂俱降。将军樊猛获纪及其第三子圆满,俱杀之于硖口,时年四十六。有司奏请绝其属籍,世祖许之,赐姓饕餮氏。

初,纪将僭号,妖怪非一,其最异者,内寝柏殿柱绕节生花,其茎四十有六,霏靡可爱,状似荷花。识者曰:"王敦仗花,非佳事也。"纪年号天正,与萧栋暗合,金曰天字"二人"也,正字"一止"也。栋、纪僭号,各一年而灭。

临贺王正德字公和,临川靖惠王第三子也。少粗险,不拘礼节。初,高祖未有男,养之为子,及高祖践极,便希储贰。后立昭明太子,封正德为西丰侯,邑五百户,自此怨望,恒怀不轨,睥睨宫宸,觊幸灾变。普通六年,以黄门侍郎为轻车将军,置佐史。顷之,遂逃奔于魏,有司奏削封爵。七年,又自魏逃归,高祖不之过也。复其封爵,仍除征虏将军。

中大通四年,为信武将军、吴郡太守。征为侍中、抚军将军,置佐史,封临贺郡王,邑二千户,又加左卫将军。而凶暴日甚,招聚亡命。侯景知其有奸心,乃密令诱说,厚相要结,遗正德书曰:"今天子年尊,奸臣乱国,宪章错谬,政令颠倒,以景观之,计日必败。况大王属当储贰,中被废辱,天下义士,窃所痛心,在景愚忠,能无忿慨。今四海业业,归心大王,大王岂得顾此私情,弃兹亿兆。景虽不武,实思自奋。愿王允副苍生,鉴斯诚款。"正德览书大喜,曰:"侯景意暗与我同,此天赞也。"遂许之。及景至江,正德潜运空舫,诈称迎获,以济景焉。朝廷未知其谋,犹遣正德守朱雀航。景至,正德乃引军与景俱进,景推正德为天子,改年为正平元年,景为丞相。台城没,复太清之号,降正德为大司马。正德有怨言,景闻之,虑其为变,矫诏杀之。

河东王誉字重孙,昭明太子第二子也。普通二年,封枝江县公。大通三年,改封河东郡王,邑二千户。除宁远将军、石头戍军事。出为琅邪、彭城二郡太守。还,除侍中、轻车将军,置佐史。出为南中郎将、湘州刺史。

未几,侯景寇京邑,誉率军入援,至青草湖,台城没,有诏班师,誉还湘镇。时世祖军于武城,新除雍州刺史张缵密报世祖曰:"河东起兵,岳阳聚米,共为不逞,将袭江陵。"世祖甚惧,因步道间还,遣谘议周弘直至誉所,督其粮众。誉曰:"各自军府,何忽隶人?"前后使三反,誉并不从。世祖大怒,乃遣世子方等征之,反为誉所败死。又令信州刺史鲍泉讨誉,并与书陈示祸福,许其迁善。誉不答,修浚城池,为拒守之计;谓鲍泉曰:"败军之将,势岂誉勇。欲前即前,无所多说。"泉军于石椁寺,誉帅众逆击之,不利而还。泉进军于橘洲,誉又尽锐攻之,不克。会已暮,士卒疲弊,泉因出击,大败之,斩首三千级,溺死者万余人。誉于是焚长沙郭邑,驱居民于城内,鲍泉度军围之。誉幼而骁勇,兼有胆气,能抚循士卒,甚得众心,及被围既久,虽外内断绝,而备守犹固。后,世祖又遣领军将军王僧辩代鲍泉攻誉。僧辩筑土山以临城内,日夕苦攻,矢石如雨,城中将士死伤者太半。誉窘急,乃潜装海船,将溃围而出。会其麾下将慕容华引僧辩入城,誉顾左右皆散,遂被执。谓守者曰:"勿杀我,得一见七官,申此谗贼,死亦无恨。"主者曰:"奉命不许。"遂斩之,传首荆镇,世祖反其首以葬焉。

　　初，誉之将败也，私引镜照面，不见其头；又见长人盖屋，两手据地瞰其斋；又见白狗大如驴，从城而出，不知所在。誉甚恶之，俄而城陷。

　　史臣曰：萧综、萧正德并悖逆猖狂，自致夷灭，宜矣。太清之寇，萧纪据庸、蜀之资，遂不勤王赴难，申臣子之节；及贼景诛翦，方始起兵，师出无名，成其衅祸。呜呼！身当管、蔡之罚，盖自贻哉。

梁书卷五六
列传第五〇

侯　景

　　侯景字万景,朔方人,或云雁门人。少而不羁,见惮乡里。及长,骁勇有旅力,善骑射。以选为北镇戍兵,稍立功效。魏孝昌元年,有怀朔镇兵鲜于脩礼,于定州作乱,攻没郡县;又有柔玄镇兵吐斤洛周,率其党与,复寇幽、冀,与脩礼相合,众十余万。后脩礼见杀,部下溃散,怀朔镇将葛荣因收集之,攻杀吐斤洛周,尽有其众,谓之"葛贼"。四年,魏明帝殂,其后胡氏临朝,天柱将军尔朱荣自晋阳入弑胡氏,并诛其亲属。景始以私众见荣,荣甚奇景,即委以军事。会葛贼南逼,荣自讨,命景先驱,至河内,击大破之,生擒葛荣,以功擢为定州刺史、大行台,封濮阳郡公。景自是威名遂著。

　　顷之,齐神武帝为魏相,又入洛诛尔朱氏,景复以众降之,仍为神武所用。景性残忍酷虐,驭军严整;然破掠所得财宝,皆班赐将士,故咸为之用,所向多捷。总揽兵权,与神武相亚。魏以为司徒、南道行台,拥众十万,专制河南。及神武疾笃,谓子澄曰:"侯景狡猾多计,反覆难知,我死后,必不为汝用。"乃为书召景。景知之,虑及于祸,太清元年,乃遣其行台郎中丁和来上表请降曰:

　　　　臣闻股肱体合,则四海和平;上下猜贰,则封疆幅裂。故周、邵同德,越常之贡来臻;飞、恶离心,诸侯所以背叛。此盖成败之所由,古今如画一者也。

　　　　臣昔与魏丞相高王并肩戮力,共平灾衅,扶危戴主,匡弼社稷。中兴以后，无役不从，天平及此，有事先出。攻城每陷，野战必殄。筋力消于鞍甲，忠贞竭于寸心。乘藉机运，位阶鼎辅。宜应誓死磬节，仰报时恩，陨首流肠，溢焉罔贰。何言翰墨，一旦论此？臣所恨义非死所，壮士弗为，臣不爱命，但恐死之无益耳。

而丞相既遭疾患，政出子澄。澄天性险忌，触类猜嫉，谄谀迭进，共相构毁。而部分未周，累信赐召，不顾社稷之安危，惟恐私门之不植。甘言厚币，规灭忠梗。其父若殒，将何赐容。俱谗畏戮，拒而不返，遂观兵汝、颍，拥旗周、韩。乃与豫州刺史高成、广州刺史郎椿、襄州刺史李密、兖州刺史邢子才、南兖州刺史石长宣、齐州刺史许季良、东豫州刺史丘元征、洛州刺史朱浑愿、扬州刺史乐恂、北荆州刺史梅季昌、北扬州刺史元神和等，皆河南牧伯，大州帅长，各阴结私图，克相影会，秣马潜戈，待时即发。函谷以东，瑕丘以西，咸愿归诚圣朝，息肩有道，戮力同心，死无二志。惟有青、徐数州，仅须折简，一驿走来，不劳经略。

且臣与高氏衅隙已成，临患赐征，前已不赴，纵其平复，终无合理。黄河以南，臣之所职，易同反掌，附化不难。群臣颙仰，听臣而唱。若齐、宋一平，徐事燕、赵。伏惟陛下天网宏开，方同书轨，闻兹寸款，惟应需然。

丁和既至，高祖召群臣廷议，尚书仆射谢举及百辟等议，皆云纳侯景非宜，高祖不从是议而纳景。

及齐神武卒，其子澄嗣，是为文襄帝。高祖乃下诏封景河南大将军、使持节、董督河南南北诸军事、入行台，承制辄行，如邓禹故事，给鼓吹一部。齐文襄遣大将军慕容绍宗围景于长社，景请西魏为援，西魏遣其五城王元庆等率兵救之，绍宗乃退。景复请兵于司州刺史羊鸦仁，鸦仁遣长史邓鸿率兵至汝水，元庆军又夜遁。于是据悬瓠、项城，求遣刺史以镇之。诏以羊鸦仁为豫、司二州刺史，移镇悬瓠；西阳太守羊思建为殷州刺史，镇项城。

　　魏既新丧元帅，景又举河南内附，齐文襄虑景与西、南合从，方为己患，乃以书喻景曰：

　　盖闻位为大宝，守之未易；仁诚重任，终之实难。或杀身成名，或去食存信，比性命于鸿毛，等节义于熊掌。夫然者，举不失德，动无过事，进不见恶，退无谤言。

　　先王与司徒契阔夷险，孤子相于，偏所眷属，缱绻衿期，绸缪寤语，义贯终始，情存岁寒。司徒自少及长，从微至著，共相成生，非无恩德。既爵冠通侯，位标上等，门容驷马，室飨万钟，财利润于乡党，荣华被于亲戚。意气相倾，人伦所重，感于知己，义在忘躯。眷为国士者，乃立漆身之节；馈以壶飧者，便致扶轮之效。若然尚不能已，况其重于此乎！

　　幸以故旧之义，欲持子孙相托，方为秦晋之匹，共成刘范之亲。假使日往月来，时移世易，门无强荫，家有幼孤，犹加璧不遗，分宅相济，无忘先德，以恤后人。况闻负杖行歌，便已狼顾犬噬，于名无所成，于义无所取，不蹈忠臣之迹，自陷叛人之地。力不足以自强，势不足以自保，率乌合之众，为累卵之危。西求救于黑秦，南请援于萧氏，以狐疑之心，为首鼠之事。入则秦人不容，归则吴人不信。当今相视，未见其可，不知终久，持此安归。相推本心，必不应尔。当是不逞之人，曲为口端之说，遂怀市兽之疑，乃致投杼之惑耳。

　　比来举止，事已可见，人相疑误，想自觉知，合门大小，并付司寇。近者，聊命偏师，前驱致讨，南兖、扬州，应时克复。即欲乘机，长驱悬瓠，属以炎暑，欲为后图。方凭国灵，龚行天罚，器械精新，士马强盛。内外感德，上下齐心，三令五申，可蹈汤火。若使旗鼓相望，埃尘相接，势如沃雪，事等注萤。

　　夫明者去危就安，智者转祸为福。宁使我负人，不使人负我。当开从善之门，决改先迷之路。今刷心荡意，除嫌去恶，想犹致疑，未便见信。若能卷甲来朝，垂橐还阙者，当授豫州刺史。即使终君之世，所部文武更不追摄。进得保其禄位，退则不丧功名。君门眷属，可以无恙，宠妻爱子，亦送相还。仍为通家，卒成亲好。所不食言，有如皎日。

君既不能东封函谷，南向移孤，受制于人，威名顿尽。空使兄弟子侄，足首异门，垂发戴白，同之涂炭，闻者酸鼻，见者寒心，矧伊骨肉，能无愧也？

孤子今日不应方遣此书，但见蔡遵道云："司徒本无归西之心，深有悔祸之意，闻西兵将至，遣尊道向崝中参其多少；少则与其同力，多则更为其备。"又云："房长史在彼之日，司徒尝欲遣书启，将改过自新，已差李龙仁，垂欲发遣，闻房已远，遂复停发。"未知遵道此言为虚为实。但既有所闻，不容不相尽告。吉凶之理，想自图之。

景报书曰：

盖闻立身扬名者，义也；在躬所宝者，生也。苟事当其义，则节士不爱其躯；刑罚斯舛，则君子实重其命。昔微子发狂而去殷，陈平怀智而背楚者，良有以也。

仆乡曲布衣，本乖艺用。初逢天柱，赐忝帷幄之谋；晚遇永熙，委以干戈之任。出身为国，绵历二纪，犯危履难，岂避风霜。遂得躬被衮衣，口飨玉食，富贵当年，光荣身世。何为一旦举旌旆，，援桴鼓，而北面相抗者，何哉？实以畏惧危亡，恐招祸害，损躯非义，身名两灭故耳。何者？往年之暮，尊王遘疾，神不佑善，祈祷莫瘳。遂使嬖幸擅威权，阍寺肆诡惑，上下相猜，心腹离贰。仆妻子在宅，无事见围，段康之谋，莫知所以，卢潜入军，未审何故。翼翼小心，常怀战栗，有靦面目，宁不自疑。及回师长社，希自陈状，简书未达，斧钺已临。既旌旗相对，咫尺不送，飞书每奏，兼申鄙情；而群卒恃雄，眇然不顾，运载推锋，专欲屠灭。筑围堰水，三板仅存，举目相看，命悬晷刻，不忍死亡出战城下。禽兽恶死，人伦好生，送地拘□，非乐为也。但尊王平昔见与，比肩共奖帝室，虽形势参差，寒暑小异，承相司徒悬行而已。福禄官荣，自是天爵，劳而后受，理不相干，欲求吞炭，何其谬也！然窃人之财，犹谓为盗，禄去公室，相为不取。今魏德虽衰，天命未改，祈恩私第，何足关言。

赐示"不能东封函谷，受制于人"。当似教仆贤祭仲而褒季氏。无主之国，在礼未闻，动而不法，何以取训。窃以分财养幼，事归令终，舍宅存孤，谁云隙末。复言仆众不足以自强，危如累卵。然纣有亿兆夷人，卒降十乱，桀之百克，终自无后。颍川之战，即是殷监。轻重由人，非鼎在德。苟能忠信，虽弱必强。殷忧启圣，处危何苦。况今梁道邕熙，招携以礼，被我兽文，縻之好爵。方欲苑五岳而池四海，扫夷秽以拯黎元，东羁瓯越，西通汧、陇。吴、楚剽劲，蒂甲千群；吴兵冀马，控弦十万。兼仆所部义勇如林，奋义取威，不期而发，大风一振，枯干必摧，凝霜暂落，秋蒂自殒。此而为弱，谁足称强！又见诬两端，受疑二国。斟酌物情，一何至此。昔陈平背楚，归汉则王；百里出虞，入秦斯霸。盖昏明由主，用舍在时，奉礼而行，神其庇也。

书称士马精新，克日齐举，夸张形胜，指期荡灭。窃以寒飚白露，节候乃同，秋风扬尘，马首何异。徒知北方之力争，未识西、南之合从，苟欲徇意于前途，不觉坑阱在其侧。若云去危令归正朔，转祸以脱网罗，彼既嗤仆之愚迷，此亦笑君之晦昧。今已引二邦，扬旌北讨，熊豹齐奋，克复中原，荆、襄、广、颍已属关右，项城、悬瓠亦奉南朝，幸自取之，何劳恩赐。然权变不一，理有万途。为君计者，莫若割地两和，二分鼎峙，燕、卫、晋、赵，足相奉禄，齐、曹、宋、鲁，悉归大梁，使仆得输力南朝，北敦姻好，束帛交行，戎车不动。仆立当世之功，君卒祖祢之业，各保疆界，躬享岁时，百姓乂宁，四民安堵。孰若驱农夫于陇亩，抗勍敌于三方，避干戈于首尾，当锋镝于心腹。纵太公为将，不能获存，归之高明，何以克济。

复寻来书云，仆妻子悉拘司寇。以之见要，庶其可反。当是见疑褊心，未识大趣。何者？昔王陵附汉，母在不归，太上囚楚，乞羹自若，矧伊妻子，而可介意。脱谓诛之有益，欲止不能，杀之无损，徒复坑戮。家累在君，何关仆也？

而遵道所传，颇亦非谬，但在缧绁，恐不备尽。故重陈辞，更论款曲。所望良图，时惠报旨。然昔与盟主，事等琴瑟，谗人间之，翻为仇敌。抚弦搦矢，不觉伤怀，裂帛还书，知何能述。

十二月，景率军围谯城不下，退攻城甫，拔之。又遣其行台左丞王伟、左民郎中王则诣阙献策，求诸元子弟立为魏主，辅以北伐，许之。诏遣太子舍人元贞为咸阳王，须渡江，许即伪位，乘舆与副御以资给之。

齐文襄又遣慕容绍宗追景，景退入涡阳，马尚有数千匹，甲卒数万人，车万余两，相持于涡北。景军食尽，士卒并北人，不乐南渡，其将暴显等各率所部降于绍宗。景军溃散，乃与腹心数骑自峡石济淮，稍收散卒，得马步八百人，奔寿春，监州韦黯纳之。景启求贬削，优诏不许，仍以为豫州牧，本官如故。

景既据寿春，遂怀反叛，属城居民，悉召募为军士，辄停责市估及田租，百姓子女悉以配将卒。又启求锦万匹，为军人袍，领军朱异议，以御府锦署止充颁赏远近，不容以供边城戎服，请送青布以给之。景得布，悉用为袍衫，因尚青色。又以台所给仗，多不能精，启请东冶锻工，欲更营造，敕并给之。景自涡阳败后，多所征求，朝廷含弘，未尝拒绝。

先是，豫州刺史贞阳侯渊明督众军围彭城，兵败没于魏，至是，遣使还，述魏人请追前好。二年二月，高祖又与魏连和。景闻之惧，驰启固谏，高祖不从。尔后表疏跋扈，言辞不逊。鄱阳王范镇合肥，及司州刺史羊鸦仁俱累启称景有异志，领军朱异曰："侯景数百叛虏，何能为役。"并抑不奏闻，而逾加赏赐，所以奸谋益果。又知临贺王正德怨望朝廷，密令要结，正德许为内启。八月，景遂发兵反，攻马头、木栅，执太守刘神茂、戍主曹璆等。于是，诏郢州刺史鄱阳王范为南道都督，北徐州刺史封山侯正表为北道都督，司州刺史柳仲礼为西道都督，通直散骑常侍裴之高为东道都督，同讨景，济自历阳；又令开府仪同三司、丹阳尹、邵陵王纶持节，董督众军。

　　十月，景留其中军王显贵守寿春城，出军伪向合肥，遂袭谯州，助防董绍先开城降之。执剌史丰城侯泰。高祖闻之，遣太子家令王质率兵三千巡江遏防。景进攻历阳，历阳太守庄铁遣弟均率数百人夜斫景营，不克，均战没，铁又降之。萧正德先遣大船数十艘，伪称载荻，实装济景。景至京口，将渡，虑王质为梗。俄而质无故退，景闻之，尚未信也，乃密遣觇之，谓使者曰："质若审退，可折江东树枝为验。"觇人如言而返，景大喜曰："吾事办矣。"乃自采石济马数百匹，兵千人，京师不之觉。景即分袭姑熟，执淮南太守文成侯宁，遂至慈湖。于是诏以扬州刺史、宣城王大器为都督城内诸军事，都官尚书羊侃为军师将军以副焉；南浦侯推守东府城，西丰公大春守石头城，轻车长史谢禧守白下。既而景至朱雀航，萧正德先屯丹阳郡，至是，率所部与景合。

　　建康令庾信率兵千余人屯航北，见景至航，命撤航。始除一舶，遂弃军走南塘，游军复闭航渡景。皇太子以所乘马授王质，配精兵三千，使援庾信。质至领军府，与贼遇，未阵便奔走，景乘胜至阙下。西丰公大春弃石头城走，景遣其仪同于子悦据之。谢禧亦弃白下城走。景于是百道攻城，持火炬烧大司马、东西华诸门。城中仓卒，未有其备，乃凿门楼，下水沃火，久之方灭。贼又斫东掖门，将开，羊侃凿门扇，刺杀数人，贼乃退。又登东宫墙，射城内，至夜，太宗募人出烧东宫，东宫台殿遂尽。景又烧城西马厩、士林馆、太府寺。明日，景又作木驴数百攻城，城上飞石掷之，所值皆碎破。景苦攻不克，伤损甚多，乃止攻，筑长围以绝内外，启求诛中领军朱异、太子右卫率陆验、兼少府卿徐驎、制局监周石珍等。城内亦射赏格出外："有能斩景首，授以景位，并钱一亿万，布绢各万匹，女乐二部。"

　　十一月，景立萧正德为帝，即伪位于仪贤堂，改年曰正平。初，童谣有"正平"之言，故立号以应之。景自为相国、天柱将军，正德以女妻之。

　　景又攻东府城，设百尺楼车，钩城堞尽落，城遂陷。景使其仪同卢晖略率数千人，持长刀夹城门，悉驱城内文武裸身而出，贼交兵杀之,死者二千余人。南浦侯推是日遇害。景使正德子见理、仪同卢晖略守东府城。

景又于城东西各起一土山,以临城内。城内亦作两山以应之,王公以下皆负土。初,景至,便望克定京师,号令甚明,不犯百姓;既攻城不下,人心离阻,又恐援军总集,众必溃散,乃纵兵杀掠,交死塞路,富室豪家,恣意哀剥,子女妻妾,以配军营。及筑土山,不限贵贱,昼夜不息,乱加殴棰,疲羸者因杀之以填山,号哭之声,响动天地。百姓不敢藏隐,并出从之,旬日之间,众至数万。

景仪同范桃棒密遣使送款乞降,会事泄见杀。至是,邵陵王纶率西丰公大春、新涂将军永安侯确、超武将军安南乡侯骏、前谯州刺史赵百超、武州刺史萧弄璋、步兵校尉尹思合等,马步三万,发自京口,直据钟山。景党大骇,具船舟咸欲逃散,分遣万余人距纶。纶击大破之,斩首千余级。旦日,景复陈兵覆舟山北,纶亦列阵以待之。景不进,相持。会日暮,景引军还,南安侯骏率数十骑挑之,景回军与战,骏退。时赵伯超陈于玄武湖北,见骏急,不赴,乃率军前走,众军因乱,遂败绩。纶奔京口。贼尽□辎重器甲,斩首数百级,生俘千余人,获西丰公大春、纶司马庄丘惠达、直阁将军胡子约、广陵令霍俊等,来送城下徇之,逼云“已擒邵陵王”。俊独云“王小小失利,已全军还京口,城中但坚守,援军寻至”。贼以刀殴之,俊言辞颜色如旧,景义而释之。是日,鄱阳世子嗣、裴之高至后渚,结营于蔡洲。景分军屯南岸。

十二月,景造诸攻具及飞楼、橦车、登城车、登堞车、阶道车、火车,并高数丈,一车至二十轮,陈于阙前,百道攻城并用焉。以火车焚城东南隅火楼,贼因火势以攻城,城上纵火,悉焚其攻具,贼乃退。又筑土山以逼城,城内作地道以引其土山,贼又不能立,焚其攻具,还入于栅。材官将军宋嶷降贼,因为立计,引玄武湖水灌台城,城外水起数尺,阙前御街并为洪波矣。又烧南岸民居营寺,莫不咸尽。

司州刺史柳仲礼、衡州刺史韦粲、南陵太守陈文彻、宣猛将军李孝钦等，皆来赴援。鄱阳世子嗣、裴之高又济江。仲礼营朱雀航南，裴之高营南苑，韦粲营青塘，陈文彻、李孝钦屯丹阳郡，鄱阳世子嗣营小航南，并缘淮造栅。及晓，景方觉，乃登禅灵寺门楼望之，见韦粲营垒未合，先渡兵击之。粲拒战败绩，景斩粲首徇于城下。柳仲礼闻粲败，不遑贯甲，与数十骑驰赴之，遇贼交战，斩首数百，投水死者千余人。仲礼深入，马陷泥，亦被重创。自是贼不敢济岸。

邵陵王纶与临城公大连等，自东道集于南岸，荆州刺史湘东王讳遣世子方等、兼司马吴晔、天门太守樊文皎下赴京师，营于湘子岸前，高州刺史李迁仕、前司州刺史羊鸦仁又率兵继至。既而鄱阳世子嗣、永安侯确、羊鸦仁、李迁仕、樊文皎率众渡淮，攻贼东府城前栅，破之，遂结营于青溪水东。景遣其仪同宋子仙顿南平王第，缘水西立栅相拒。

景食稍尽，至是米斛数十万，人相食者十五六。初，援兵至北岸，百姓抚老携幼以候王师，才得过淮，便竞剥掠，贼党有欲自拔者，闻之咸止。贼之始至，城中才得固守，平荡之事，期望援军。既而四方云合，众号百万，连营相持，已月余日，城中疾疫，死者太半。

景自岁首以来乞和，朝廷未之许，至是事急乃听焉。请割江右四州之地，并求宣城王大器出送，然后解围济江；仍许遣其仪同于子悦、左丞王伟入城为质。中领军傅岐议，以宣城王嫡嗣之重，不容许之。乃请石城公大款出送，诏许焉。遂于西华门外设坛，遣尚书仆射王克、兼侍中上甲乡侯韶、兼散骑常侍萧瑳与于子悦、王伟等，登坛共盟。左卫将军柳津出西华门下，景出其栅门，与津遥相对，刑牲歃血。

南衮州刺史南康嗣王会理、前青冀二州刺史湘潭侯退、西昌侯世子彧率众三万，至于马印州。景虑北军自白下而上，断其江路，请悉勒聚南岸，敕乃遣北军进江潭苑。景启称："永安侯、赵威方频隔栅见诟臣，云'天子自与汝盟，我终当逐汝'。乞召入城，即当进发。"敕并召之。景又启云："西岸信至，高澄已得寿春、钟离，便无处安足，权借广陵、谯州，须征得寿春、钟离，即以奉还朝廷。"

初，彭城刘邈说景曰："大将军顿兵已久，攻城不拔，今援众云集，未易而破；如闻军粮不支一月，运漕路绝，野无所掠，婴儿掌上，信在于今。未若乞和，全师而返，此计之上者。"景然其言，故请和。后知援军号令不一，终无勤王之效；又闻城中死疾转多，必当有应之者，景谋臣王伟又说曰："王以人臣举兵背叛，围守宫阙已盈十旬，逼辱妃主，凌秽宗庙。今日持此，何处容身？愿王且观其变。"景然之，乃抗表曰：

臣闻"书不尽言，言不尽意"。然则意非言不宣，言非笔不尽，臣所以含愤蓄积，不能默已者也。窃惟陛下睿智在躬，多才多艺。昔因世季，龙翔汉、沔，夷凶剪乱，克雪家怨，然后踵武前王，光宅江表，宪章文、武，祖述尧、舜。兼属魏国凌迟，外无勍敌，故能西取华陵，北封淮、泗，结好高氏，轺轩相属，疆场无虞，十有余载。躬览万机，劬劳治道。刊正周、孔之遗文，训释真如之秘奥。享年长久，本枝盘石。人君艺业，莫之与京。臣所以踊跃一隅，望南风而叹息也。岂图名与实爽，闻见不同。臣自委质策名，前后事迹，从来表奏，已具之矣。不胜愤懑，复为陛下陈之：

陛下与高氏通和，岁逾一纪，舟车往复，相望道路，必将分灾蚌患，同休等戚。宁可纳臣一介之服，贪臣汝、颍之地，便绝好河北，檄詈高澄。聘使未归，陷之兽口，扬兵击鼓，侵逼彭、宋。夫敌国相伐，闻丧则止，匹夫之交，托孤寄命，岂有万乘之主，见利忘义若此者哉！其失一也。

臣与高澄，既有仇憾，义不同国，归身有道。陛下授以上将，任以专征，歌钟女乐，车服弓矢。臣受命不辞，实思报效。方欲挂旆嵩、华，县旌冀、赵，刘夷荡涤，一匡宇内。陛下朝服济江，告成东岳，使大梁与轩黄等盛，臣与伊、吕比功，垂裕后昆，流名竹帛，此实生平之志也。而陛下欲分其功，不能赐任，使臣击河北，欲自举徐方，遣庸懦之贞阳，任骄贪之胡、赵，裁见旗鼓，鸟散鱼溃，慕容绍宗乘胜席卷，涡阳诸镇靡不弃甲。疾雷不及掩耳,散地不可固全,便臣狼狈失据,妻子为戮。斯实陛下负臣之深。其失二也。

韦黯之守寿阳,众无一旅,慕容凶锐,欲饮马长江,非臣退保淮南,其势未之可测。既而逃遁,边境获宁,令臣作牧此州,以为蕃捍。方欲收合余烬,劳来安集,励兵秣马,克申后战,封韩山之尸,雪涡阳之耻。陛下丧其精魄,无复守气,便信贞阳谬启,复请通和。臣频陈执,疑闭不听。翻覆若此,童子犹且羞之,况在人君,二三其德。其失三也。

夫畏懦逗留,军有常法。子玉小败,见诛于楚;王恢失律,受戮于汉。贞阳精甲数万,器械山积,慕容轻兵,众无百乘,不能拒抗,身受囚执。以帝之犹子,而面缚敌庭,实宜绝其属籍,以衅征鼓。陛下曾无追责,怜其苟存,欲以微臣,规相贸易。人君之法,当如是哉? 其失四也。

悬瓠大藩,古称汝、颍。臣举州内附,羊鸦仁固不肯入;既入之后,无故弃之,陛下曾无嫌责,使还居北司。鸦仁弃之,既不为罪,臣得之不以为功。其失五也。

臣涡阳退衄,非战之罪,实由陛下君臣相与见误。乃还寿春,曾无悔色,祗奉朝廷,掩恶扬善。鸦仁自知弃州,切齿叹恨,内怀惭惧,遂启臣欲反。欲反当有形迹,何所征验? 诬陷顿尔,陛下曾无辩究,默而信纳。岂有诬人莫大之罪,而可并肩事主者乎? 其失六也。

赵伯超拔自无能,任居方伯,惟渔猎百姓,多蓄士马,非欲为国立功,直是自为富贵。行货权幸,徼卖声名,朱异之徒,积受金贝,遂使咸称胡、赵,比昔关、张,诬掩天听,谓为真实。韩山之役,女妓自随,裁闻敌鼓,与姜俱逝,不待贞阳,故只轮莫返。论其此罪,应诛九族;而纳贿中人,还处州任。伯超无罪,臣功何论? 赏罚无章,何以为国! 其失七也。

臣御下素严,无所侵物,关市征税,咸悉停原,寿阳之民,颇怀优复。裴之悌等助戍在彼,惮臣检制,遂无故逋归,又启臣欲反。陛下不责违命离局,方受其浸润之谮。处臣如此,使何地自安?其失八也。

臣虽才谢古人,实颇更事,抚民率众,自幼至长,少来运动,多无遗策。及归身有道,罄竭忠规,每有陈奏,恒被抑遏。朱异专断军旅,周石珍总尸兵仗,陆验、徐驎典司谷帛,皆明言求货,非令不行。境外虚实,定计于舍人之省,举将出师,责奏于主者之命。臣无贿于中,故恒被抑折。其失九也。

鄱阳之镇合肥,与臣邻接,臣推以皇枝,每相祗敬;而嗣王庸怯,虚见备御,臣有使命,必加弹射,或声言臣反,或启臣纤介。招携当须以礼,忠烈何以堪于此哉!其失十也。

其余条目,不可具陈。进退惟谷,频有表疏。言直辞强,有忤龙鳞,遂发严诏,便见讨袭。重华纯孝,犹逃凶父之杖;赵盾忠贤,不讨杀君之贼。臣何亲何罪,而能坐受歼夷?韩信雄桀,亡项霸汉,末为女子所烹,方悔蒯通之说。臣每览书传,心常笑之。岂容遵彼覆车,而快陛下佞臣之手。是以兴晋阳之甲,乱长江而直济,愿得升赤墀,践文石,口陈枉直,指画臧否,诛君侧之恶臣,清国朝之秕政,然后还守藩翰,以保忠节,实臣之至愿也。

三月朔旦,城内以景违盟,举烽鼓澡,于是羊鸦仁、柳敬礼、鄱阳世子嗣进军于东府城北。栅垒未立,为景将宋子仙所袭,败绩,赴淮死者数千人。贼送首级于阙下。

景又遣于子悦至,更请和。遣御史中丞沈浚至景所,景无去意,浚固责之。景大怒,即决石阙前水,百道攻城,昼夜不息,城遂陷。于是悉卤掠乘舆服玩、后宫嫔妾,收王侯朝士送永福省。撤二宫侍卫,使王伟守武德殿,于子悦顿太极东堂。矫诏大赦天下,自为大都督、督中外诸军事、录尚书,其侍中、使持节、大丞相、王如故。初,城中积尸不暇埋瘗,又有已死而未敛,或将死而未绝,景悉聚而烧之,臭气闻十余里。尚书外兵郎鲍正疾笃,贼曳出焚之,宛转火中,久而方绝。于是援兵并散。

景矫诏曰："日者,奸臣擅命,几危社稷,赖丞相英发,入辅朕躬,征镇牧守可各复本任。"降萧正德为侍中、大司马,百官皆复其职。景遣董绍先率兵袭广陵,南兖州刺史南康嗣王会理以诚降之。景以绍先为南兖州刺史。初,北兖州刺史定襄侯祗与湘潭侯退,及前潼州刺史郭凤同起兵,将赴援。至是,凤谋以淮阴应景,祗等力不能制,并奔于魏。景以萧弄璋为北兖州刺史,州民发兵拒之,景遣厢公丘子英、直阁将军羊海率众赴援。海斩子英,率其军降于魏,魏遂据其淮阴。景又遣仪同于子悦、张大黑率兵入吴,吴郡太守袁君正迎降。子悦等既至,破掠吴中,多自调发,逼掠子女,毒虐百姓,吴人莫不怨愤,于是各立城栅拒守。是月,景移屯西洲,遣仪同任约为南道行台,镇姑熟。

五月,高祖崩于文德殿。初,台城既陷,景先遣王伟、陈庆入竭高祖,高祖曰:"景今安在?卿可召来。"时高祖坐文德殿,景乃入朝,以甲士五百人自卫,带剑升殿。拜讫,高祖问曰:"卿在戎日久,无乃为劳?"景默然。又问:"卿何州人,而敢至此乎?"景又不能对,从者代对。及出,谓厢公王僧贵曰:"吾常据鞍对敌,矢刃交下,而意气安缓,了无怖心。今日见萧公,使人自慑,岂非天威难犯。吾不可再见之。"高祖虽外迹已屈,而意犹忿愤,时有事奏闻,多所谴却。景深敬惮,亦不敢逼。景遣军人直殿省内,高祖问制局监周石珍曰:"是何物人?"对曰:"丞相。"高祖乃谬曰:"何物丞相?"对曰:"是侯丞相。"高祖怒曰:"是名景,何谓丞相!"是后,每所征求,多不称旨,至于御膳亦被裁抑,遂忧愤感疾而崩。

景乃密不发丧,权殡于昭阳殿,自外文武咸莫知之。二十余日,升梓宫于太极前殿,迎皇太子即皇帝位。于是矫诏赦北人为奴婢者,冀收其力用焉。又遣仪同来亮率兵攻宣城,宣城内史杨华诱亮斩之。景复遣其将李贤明讨华,华以郡降。景遣仪同宋子仙等率众东次钱塘,新城戍戴僧易据县拒之。是月,景遣中军侯子鉴入吴军,收于子悦、张大黑还京诛之。时东扬州刺史临城公大连据州,吴兴太守张嵊据郡,自南陵以上,皆各据守。景制命所行,惟吴南以西,南陵以北而已。

六月，景以仪同郭元建为尚书仆射、北道行台、总江北诸军事，镇新秦。郡人陆绪、戴文举等起兵万余人，杀景太守苏单于，推前淮南太守文成侯宁为主，以拒景。宋子仙闻而击之，绪等弃城走。景乃分吴郡海盐、胥浦二县为武原郡。至是，景杀萧正德于永福省。封元罗为西秦王，元景龙为陈留王，诸元子弟封王者十余人。以柳敬礼为使持节、大都督，隶大丞相，参戎事。景遣其中军侯子鉴监行台刘神茂等军东讨，破吴兴，执太守张嵊父子送京师，景并杀之。景以宋子仙为司徒，任约为领军将军，尔朱季伯、叱罗子通、彭俊、董绍先、张化仁、于庆、鲁伯和、纥奚斤、史安和、时灵护、刘归义，并为开府仪同三司。是月，鄱阳嗣王范率兵次栅口，江州刺史寻阳王大心要之西上。景出顿姑熟，范将裴之悌、夏侯威生以众降景。

十一月，宋子仙攻钱塘，戴僧易降。景以钱塘为临江郡，富阳为富春郡。以王伟、元罗并为仪同三司。

十二月，宋子仙、赵伯超、刘神茂进攻会稽，东扬州刺史临城公大连弃城走，遣刘神茂追擒之。景以裴之悌为使持节、平西将军、合州刺史，以夏侯威生为使持节、平北将军、南豫州刺史。是月，百济使至，见城邑丘墟，于端门外号泣，行路见者莫不洒泪。景闻之大怒，送小庄严寺禁止，不听出入。

大宝元年正月，景矫诏自加班剑四十人，给前后部羽葆鼓吹，置左右长史、从事中郎四人。前江都令祖皓起兵于广陵，斩景刺史董绍先，推前太子舍人萧勔为刺史，又结魏人为援，驰檄远近，将以讨景。景闻之大惧，即日率侯子鉴等出自京口，水陆并集。皓婴城拒守，景攻城，陷之。景车裂皓以徇，城中无少长皆斩之。以侯子鉴监南兖州事。是月，景召宋子仙还京口。

四月，景以元思虔为东道行台，镇钱塘。以侯子鉴为南兖州刺史。文成侯宁于吴西乡起兵，旬日之间，众至一万，率以西上。景厢公孟振、侯子荣击破之，斩宁，传首于景。

七月，景以秦郡为西兖州，阳平郡为北兖州。任约、卢晖略攻晋熙郡，杀鄱阳世子嗣。景以王伟为中书监。任约进军袭江州，江州刺史寻阳王大心降之。世祖时闻江州失守，遣卫军将军徐文盛率众军下武昌，拒约。景又矫诏自进位为相国，封泰山等二十郡为汉王，入朝不趋，赞拜不名，剑履上殿，如萧何故事。景以柳敬礼为护军将军，姜询义为相国左长史，徐洪为左司马，陆约为右长史，沈众为右司马。是月，景率舟师上皖口。

十月，盗杀武林侯谘于广莫门。谘常出入太宗卧内，景党不能平，故害之。景又矫诏曰："盖县象在天，四时取则于辰斗；群生育地，万物仰照于大明。是以垂拱当宸，则八纮共辇；负图正位，则九域同归。故乃云名水号之君，龙官人爵之后，莫不启符河、洛，封禅岱宗。奔走四夷，来朝万国。逖听虞、夏，厥道弥新。爰及商、周，未之或改。逮幽、厉不竞，戎马生郊；惠、怀失御，胡尘犯跸。遂使豺狼肆毒，侵穴伊、瀍；猃狁孔炽，巢栖咸、洛。自晋鼎东迁，多历年代，周原不复，岁实永久。虽宋祖经略，中原远图；齐号和亲，空劳冠盖。我大梁膺符作帝，出震登皇。浃宇归仁，绵区饮化。开疆辟土，跨瀚海以扬镳；来庭入觐，等涂山而比辙。玄龟出洛，白雉归丰。鸟塞同文，胡天共轨。不谓高澄跋扈，虔刘魏邦，扇动华夷，不供王职，遂乃狼顾北侵，马首南向。值天厌昏伪，丑徒数尽，龙豹应期，风云会节。相国汉王，上德英姿，盖惟天授；雄谟勇略，出自怀抱。珠鱼表应，辰昂叶晖；剖析六韬，锱铢四履。腾文豹变，凤集虬翔；旧翼来仪，负图而降。爰初秉律，实先启行，奉兹庙算，克除獯丑。直以鼎湖上征，六龙晏驾；干戈暂止，九伐未申。而恶稔贯盈，元凶殒毙，弟洋继逆，续长乱阶。异彼洋音，同兹荐食；偷窃伪号，心希举斧。丰水君臣，奉图乞援，关河百姓，泣血请师，咸愿承奉国灵，思睹王化。朕以寡昧，纂戎下武，庶拯尧黎，冀康禹迹。且夫车服以庸，名因事著。周师克殷，鹰扬创自尚父；汉征戎狄，明友实始度辽。况乃神规睿算，眇乎难测，大功懋绩，事绝言象，安可以习彼常名，保兹守国。相国可加宇宙大将军、都督六合诸军事，余悉如故。"以诏文呈太宗，太宗惊曰："将军乃有宇宙之号乎！"齐遣其将辛术围阳平，景行台郭元建率兵赴援，术退。徐文盛入资矶，任约率水军逆战，文盛大破之，仍进军大举口。时景屯于皖口，京师虚弱，南康王会理及北兖州司马成钦等将袭之。建安侯贲知其谋，以告景，景遣收会理与其弟祈阳侯通理、柳敬礼、成钦等，并害之。

十二月，景矫诏封贲为竟陵王，赏发南康之谋也。是月，张彪起义于会稽，攻破上虞，景太守蔡台乐讨之，不能禁。至是，彪又破诸暨、永兴等诸县，景遣仪同田迁、赵伯超、谢答仁等东伐彪。

二年正月，彪遣别将寇钱塘、富春，田迁进军与战，破之。景以王克为太师，宋子仙为太保，元罗为太□，郭元建为太尉，张化仁为司徒，任约为司空，于庆为太子太师，时灵护为太子太保，纥奚斤为太子太傅，王伟为尚书左仆射，索超世为尚书右仆射。北兖州刺史萧邕谋降魏，事泄，景诛之。是月，世祖遣巴州刺史王珣等率众下武昌助徐文盛。任约以西台益兵，告急于景。

三月，景自率众二万，西上援约。

四月，景次西阳，徐文盛率水军邀战，大破之。景访知郢州无备，兵少，又遣宋子仙率轻骑三百袭陷之，执刺史方诸、行事鲍泉，尽获武昌军人家口。徐文盛等闻之，大溃，奔归江陵，景乘胜西上。

初，世祖遣领军王僧辩率众东下代徐文盛，军次巴陵，会景至，僧辩因坚壁拒之。景设长围，筑土山，昼夜攻击，不克。军中疾疫，死伤太半。世祖遣平北将军胡僧佑率兵二千人救巴陵，景闻，遣任约以精卒数千逆击僧佑，僧佑与居士陆法和退据赤亭以待之，约至，与战，大破之，生擒约。景闻之，夜遁。以丁和为郢州刺史，留宋子仙、时灵护等助和守，以张化仁、阎洪庆守鲁山城，景还京师。王僧辩乃率众东下，次汉口，攻鲁山及郢城，皆陷之。自是众军所至皆捷。

景乃废太宗，幽于永福省。作诏草成，逼太宗写之，至"先皇念神器之重，思社稷之固"，歔欷呜咽，不能自止。是日，景迎豫章王栋即皇帝位，升太极前殿，大赦天下，改元为天正元年。有回风自永福省，吹其文物皆倒折，见者莫不惊骇。初，景既平京邑，便有篡夺之志,以四方须定,且未自立;既巴陵失律,江、郢丧师,猛将外歼,雄心内沮,便欲伪僭大号,遂其奸心。其谋臣王伟云"自古移鼎,必须废立",故景从之。其太尉郭元建闻之,自秦郡驰还,谏景曰:"四方之师所以不至者,政为二宫万福;若遂行弑逆,结怨海内,事几一去,虽悔无及。"王伟固执不从。景乃矫栋诏,追尊昭明太子为昭明皇帝,豫章安王为安皇帝,金华敬妃为敬皇后,豫章国太妃王氏为皇太后,妃张氏为皇后;以刘神茂为司空,徐洪为平南将军,秦晃之、王晔、李贤明、徐永、徐珍国、宋长宝、尹思合并为仪同三司。景以哀太子妃赐郭元建,元建曰:"岂有皇太子妃而降为人妾!"竟不与相见。

十月壬寅夜,景遣其卫尉彭俊、王脩纂奉酒于太宗曰:"丞相以陛下处忧既久,故令臣等奉进一觞。"太宗知其将弑。乃大酣饮酒,既醉还寝,脩纂以肥盛土加于腹,因崩焉。敛用法服,以薄棺密瘗于城北酒库。初,太宗久见幽絷,朝士莫得接觐,虑祸将及,常不自安。惟舍人殷不害后稍得入,太宗指所居殿谓之曰:"庞涓当死此下。"又曰:"吾昨夜梦吞土,卿试为思之。"不害曰:"昔重耳馈块,卒反晋国,陛下所梦,将符是乎。"太宗曰:"傥幽冥有征,冀斯言不妄耳。"至是见弑,实以土焉。是月,景司空东道行台刘神茂、仪同尹思合、刘归义、王晔、云麾将军桑乾王元頵等据东阳归顺,仍遣元頵及别将李占、赵惠朗下据建德江口。君思合收景新安太守元义,夺其兵。张彪攻永嘉,永嘉太守秦远降彪。

十一月,景以赵伯超为东道行台,镇钱塘,遣仪同田迁、谢答仁等将兵东征神茂。景矫萧栋诏,自加九锡之礼,置丞相以下百官。陈备物于庭,忽有野鸟翔于景上,赤足丹觜,形似山鹊,贼徒悉骇,竞射之不能中。景以刘劝、戚霸、朱安玉为开府仪同三司,索九升为护军将军。南兖州刺史侯子鉴献白獐,建康获白鼠以献,萧栋归之于景。景以郭元建为南兖州刺史,太尉、北行台如故。景又矫萧栋诏,追崇其祖为大将军,考为丞相。自加冕十有二旒,建天子旌旗,出警入跸,乘金根车,驾六马,备五时副车,置旄头云罕,乐舞八佾,钟虡宫悬之乐，一如旧仪。景又矫萧栋诏，禅位于己。于是南郊，柴燎于天，升坛受禅，文物并依旧仪。以辂车床载鼓吹，橐驼负牺牲，辇上置筌蹄、垂脚坐。景所带剑水精标无故堕落，手自拾之。将登坛，有兔自前而走，俄失所在。又白虹贯日。景还升太极前殿，大赦，改元为太始元年。封萧栋为淮阴王，幽于监省。伪有司奏改"警跸"为"永吉"，避景名也。改梁律为汉律，改左民尚书为殿中尚书，五兵尚书为七兵尚书，直殿主帅为直寝。景三公之官动置十数，仪同尤多，或匹马孤行，自执羁绊。其左仆射王伟请立七庙。景曰："何谓为七庙？"伟曰："天子祭七世祖考，故置七庙。"并请七世之讳，敕太常具祭祀之礼。景曰："前世吾不复忆，惟阿爷名标。"众闻咸窃笑之。景党有知景祖名周者，自外悉是王伟制其名位，以汉司徒侯霸为始祖，晋征士侯瑾为七世祖。于是追尊其祖周为大丞相，父标为元皇帝。

十二月，谢答仁、李庆等至建德，攻元頵、李占栅，大破之，执頵、占送景。景截其手足徇之，经日乃死。

景二年正月朔，临轩朝会。景自巴丘挫衄，军兵略尽，恐齐人乘衅与西师掎角，乃遣郭元建率步军趣小岘，侯子鉴率舟师向濡须，曜兵肥水，以示武威。子鉴至合肥，攻罗城，克之。郭元建、侯子鉴俄闻王师既近，烧合肥百姓邑居，引军退，子鉴保姑熟，元建还广陵。时谢答仁攻刘神茂，神茂别将王华、丽通并据外营降答仁。刘归义、尹思合等惧，各弃城走。神茂孤危，复降答仁。王僧辩军至芜湖，芜湖城主宵遁。景遣史安和、宋长贵等率兵二千，助子鉴守姑熟。追田迁等还京师。是月，景党郭长献马驹生角。

三月，景往姑熟，巡视垒栅，又诫子鉴曰："西人善水战，不可与争锋；往年任约败绩，良为此也。若得马步一交，必当可破，汝但坚壁，以观其变。"子鉴乃舍舟登岸，闭营不出，僧辩等遂停军十余日。贼党大喜，告景曰："西师惧吾之强，必欲遁逸，不击，将失之。"景复命子鉴为水战之备。子鉴乃率步骑万余人渡洲，并引水军俱进，僧辩逆击，大破之，子鉴仅以身免。景闻子鉴败，大惧涕下，覆面引衾

以卧，良久方起，叹曰："误杀乃公！"僧辩进军次张公洲。景以卢晖
略守石头，纥奚斤守捍国城，悉逼百姓及军士家累入台城内。僧辩
焚景水栅，入淮，至禅灵寺渚。景大惊，乃缘淮立栅，自石头至朱雀
航。僧辩及诸将遂于石头城西步上，连营立栅，至于落星墩。景大
恐，自率侯子鉴、于庆、史安和、王僧贵等，于石头东北立栅拒守。使
王伟、索超世、吕季略守台城，宋长贵守延祚寺。遣掘王僧辩父墓，
剖棺焚尸。王僧辩等进营于石头城北，景列陈挑战，僧辩率众军奋
击，大破之。侯子鉴、史安和、王僧贵各弃栅走。卢晖略、纥奚斤并
以城降。

景既退败，不入宫，敛其散兵，屯于阙下，遂将逃窜。王伟揽辔
谏曰："自古岂有叛天子！今宫中卫士，尚足一战，宁可便走！弃此
欲何所之？"景曰："我在北打贺拔胜，破葛荣，扬名河、朔，与高王一
种人。今来南渡大江，取台城如反掌，打邵陵王于北山，破柳仲礼于
南岸，皆乃所亲见。今日之事，恐是天亡。乃好守城，我当复一决
耳。"仰观石阙，逡巡叹息久之。乃以皮囊盛二子挂马鞍，与其仪同
田迁、氾希荣等百余骑东奔。王伟委台城窜逸，侯子鉴等奔广陵。

王僧辩遣侯瑱率军追景。景至晋陵，劫太守徐永东奔吴郡，进
次嘉兴，赵伯超据钱塘拒之。景退还吴郡，达松江，而侯瑱军掩至，
景众未阵，皆举幡乞降。景不能制，乃与腹心数十人单舸走，推堕二
子于水，自沪渎入海。至壶豆洲，前太子舍人羊鲲杀之，送尸于王僧
辩，传首西台。曝尸于建康市，百姓争取屠脍啖食，焚骨扬灰。曾罹
其祸者，乃以灰和酒饮之。及景首至江陵，世祖命枭之于市，然后煮
而漆之，付武库。

景长不满七尺，而眉目疏秀。性猜忍，好杀戮，刑人或先斩手
足，割舌劓鼻，经日方死。曾于石头立大舂碓，有犯法者，皆捣杀之，
其惨虐如此。自篡立后，时著白纱帽，而尚披青袍，或以牙梳插髻。
床上常设胡床及筌蹄，著靴垂脚坐。或匹马游戏于宫内，及华林园
弹射鸟鸟。谋臣王伟不许轻出，于是郁怏，更成失志。所居殿常有
鸺鹠鸟鸣，景恶之，每使人穷山野讨捕焉。普通中，童谣曰："青丝白

马寿阳来。"后景果乘白马,兵皆青衣。所乘马,每战将胜,辄踯躅嘶鸣,意气骏逸;其奔衄,必低头不前。

初,中大同中,高祖尝夜梦中原牧守皆以地来降,举朝称庆,寤甚悦之。旦见中书舍人朱异,说所梦,异曰:"此岂宇内方一,天道前见其征乎。"高祖曰:"吾为人少梦,昨夜感此,良足慰怀。"及太清二年,景果归附,高祖欣然自悦,谓与神通,乃议纳之,而意犹未决。曾夜出视事,至武德阁,独言:"我家国犹若金瓯,无一伤缺,今便受地,讵是事宜;脱致纷纭,非可悔也。"朱异接声而对曰:"圣明御宇,上应苍玄,北土遗黎,谁不慕仰,为无机会,未达其心。今侯景据河南十余州,分魏土之半,输诚送款,远归圣朝,且非天诱其衷,人奖其计,原心审事,殊有可嘉。今若拒而不容,恐绝后来之望。此诚易见,愿陛下无疑。"高祖深纳异言,又信前梦,乃定议纳景。及贞阳覆败,边镇惶扰,高祖固已忧之,曰:"吾今段如此,勿作晋家事乎?"

先是,丹阳陶弘景隐于华阳山,博学多识,尝为诗曰:"夷甫任散诞,平叔坐谈空,不意昭阳殿,化作单于宫。"大同末,人士竞谈玄理,不习武事;至是,景果居昭阳殿。天监中,有释宝志曰:"掘尾狗子自发狂,当死未死啮人伤,须臾之间自灭亡,起自汝际死三湘。"又曰:"山家小儿果攘臂,太极殿前作兽视。"掘尾狗子,山家小儿,皆猴状。景遂覆陷都邑,毒害皇室。大同,太医令朱耽尝直禁省,无何,夜梦犬羊各一在御坐,觉而恶之,告人曰:"犬羊者,非佳物也。今据御坐,将有变乎?"既而天子蒙尘,景登正殿焉。及景将败,有僧通道人者,意性若狂,饮酒啖肉,不异凡等,世间游行已数十载,姓名乡里,人莫能知。初言隐伏,久乃方验,人并呼为阇梨,景甚信敬之。景尝于后堂与其徒共射,时僧通在坐,夺景弓射景阳山,大呼云"得奴已"。景后又宴集其党,又召僧通。僧通取肉搵盐以进景,问曰:"好不?"景答:"所恨太咸。"僧通曰:"不咸则烂臭。"果以盐封其尸。

王伟,陈留人,少有才学,景之表、启、书、檄,皆其所制。景既得志,规摹篡夺,皆伟之谋。及囚送江陵,烹于市。百姓有遭其毒者,并割灸食之。

　　史臣曰：夫道不恒夷，运无常泰，斯则穷通有数，盛衰相袭，时屯阳九，盖在兹焉。若乃侯景小竖，叛换本国，识不周身，勇非出类，而王伟为其谋主，成此奸慝。驱率丑徒，陵江直济，长戟强弩，沦覆宫阙，祸缠宸极，毒遍黎元，肆其恣睢之心，成其篡盗之祸。呜呼！国之将亡，必降妖孽。虽曰人事，抑乃天时。昔夷羿乱夏，犬戎厄周，汉则莽、卓流灾，晋则敦、玄构祸，方之羯贼，有逾其酷。悲夫！